Perspektiven Religion

ISBN 978-3-525-77558-5

© 2000, Vandenhoeck & Ruprecht GmbH & Co. KG, Göttingen.
www.v-r.de
Alle Rechte vorbehalten. Das Werk und seine Teile sind urheberrechtlich geschützt. Jede Verwertung in anderen als den gesetzlich zugelassenen Fällen bedarf der vorherigen schriftlichen Einwilligung des Verlages. Hinweis zu § 52a UrhG: Weder das Werk noch seine Teile dürfen ohne vorherige schriftliche Einwilligung des Verlages öffentlich zugänglich gemacht werden. Das gilt auch bei einer entsprechenden Nutzung für Lehr- und Unterrichtszwecke.
Printed in Germany.

Gestaltung: Rudolf Stöbener, Göttingen. Gesetzt aus der Rotis.
Satz/Lithografie: weckner media+print GmbH, Göttingen.
Druck und Bindung: Quensen Druck+Verlag, Hildesheim.

Gedruckt auf chlorfrei gebleichtem Papier.

Perspektiven Religion

Arbeitsbuch für die Sekundarstufe II

Erarbeitet von

Frauke Büchner
Bernhard Dressler
Albrecht Geck
Karl Friedrich Haag
Carolin Schaper
Michael Wermke
Albrecht Willert
Birgit Zweigle

Vandenhoeck & Ruprecht

Inhalt

7 Liebe Schülerinnen und Schüler

Carolin Schaper

9 **Die Welt erforschen – die Welt erfahren**
10 So oder so: wissenschaftlich denken
18 Wie wirklich ist die Wirklichkeit? – wissenschaftstheoretische Positionen des 20. Jahrhunderts
26 „Am Anfang schuf Gott Himmel und Erde" – die Diskussion um die Entstehung von Welt und Mensch
38 Der „Sündenfall" – ambivalente Bewertung von Wissen und Fortschritt
52 Bibliothek

Frauke Büchner

53 **Seht, die Wohnung Gottes unter den Menschen!**
54 Gott in der Biografie der Menschen
58 Gott im Spiegelsaal der Bibel
71 Spuren Gottes in der Erkenntnis der Menschen
77 Gott auf dem Prüfstand der Religionskritik
84 Gott in weiblicher Perspektive
86 Die dunklen Seiten Gottes
92 Mit Gott im Gespräch
94 Gott im Haus anderer Religionen
98 Bibliothek

Albrecht Willert

99 **Jesus von Nazareth – der Christus?!**
100 „Gestorben und begraben, aufgefahren in den Himmel" – Kreuz und Auferstehung
107 „Was glauben die Leute, dass ich sei?" – Christologie
118 „Unter Menschen" – Umrisse des historischen Jesus
  118 Jüdische Streitgespräche
  121 In Jesu Nähe: Heilung und Hoffnung für die „Armen"
  128 Jesu Auslegung des Willens Gottes in der „Bergpredigt"
  130 Verantwortliche für Jesu Tod – Juden oder Römer?
136 „Einer von denen, die in die Nähe Gottes zugelassen werden" – Jesus in jüdischer und islamischer Perspektive
140 Perspektiven des Heils
144 Bibliothek

145	**Frei und gebunden –** *Michael Wermke*	
	christliche Deutung des Menschen in der Moderne	
146	Das Selbstverständnis des Menschen in der Tradition der Aufklärung	
150	Menschenbilder in philosophischen und psychologischen Entwürfen	
158	Der Mensch auf der Suche nach sich selbst	
160	Theorie und Praxis des eigenen Lebens	
164	Das Bild vom Menschen im Bild	
166	Das Leben in der Moderne in theologischer Perspektive	
170	Der Tod, der Mensch und die Unendlichkeit	
176	Mann und Frau	
178	Die Würde des Menschen	
180	Sehnsucht spüren	
182	Um einander wissen	
186	„Können wir nochmals anfangen?" Ein Lektürevorschlag	

187	**Wie Christen handeln –**	*Karl Friedrich Haag*
	Bausteine für eine christliche Ethik	
188	Wie sollen wir mit uns selbst und mit anderen umgehen?	
189	Ethisches Nachdenken	
192	Das Ethos der Bibel	
198	Grundlegung christlicher Ethik	
202	Die Vernunft als Maßstab	
206	Ethos und Recht: Beispiel Menschenrechte	
210	Christliche Ethik und gesellschaftliche Praxis	
214	Verantwortlich sein	
218	Bibliothek	

219	**Kirche zwischen Zeitgeist und Tradition**	*Albrecht Geck*
220	Herausforderungen und konkurrierende Deutungen	
226	Grundlagen und Voraussetzungen	
	226 Die biblische Gemeinde	
	227 Das kirchliche Bekenntnis	
	228 Reformatorische Einsichten	
	234 Die Alternative Roms	
	236 Kirche und Staat	
	239 Die evangelische Kirche und der Nationalsozialismus	
244	Anwendungen und Aktualisierungen	
250	Bibliothek	

Bernhard Dressler

251 **Die Religion im Plural –
Spielräume und Konflikte der Religionsfreiheit**
252 Pluralismus – Zumutung der Vielfalt
256 „Multi-kulti" – viele Religionen auf engem Raum
260 Streitfall Kopftuch – nur ein Stück Stoff?
264 Dialog und Unterscheidungen
268 Perspektiven im Dialog
274 Wie frei möchten Sie sein?
276 Bibliothek

Birgit Zweigle

277 **Zeit(t)räume**
278 Zeitzeichen – Phänomen Zeit
280 Zeitziele – Eschatologie
282 Zeitziele – säkulare Eschatologie
284 Zeitbedrängnis – Apokalyptik
286 Zeitbedrängnis – Sciencefiction
288 Hoffnungszeit – Utopie
290 Hoffnungszeit – die Hoffnung der Christen
292 Bibliothek

293 **Anhang**

295 Glossar

303 Namenregister

306 Die Autorinnen und Autoren

307 Quellenverzeichnis

Liebe Schülerinnen und Schüler,

Sie haben Religionsunterricht als Grund- oder Leistungskurs gewählt und erwarten von diesem Fach sicherlich, dass es Ihnen nicht nur gute Noten und einen Zugewinn an Wissen bringt, sondern auch eine Erweiterung Ihrer Perspektiven und diskutable Antworten auf die großen Fragen des Lebens:

Was ist das für eine Welt, in der ich lebe? Gibt es einen Ursprung und ein Ziel? Was kommt nach dem Tod? Warum ist das Leben zwischen Anfang und Ende so voller Glück, aber auch voller Leid? Wie steht es mit der Gerechtigkeit auf der Welt? Was bedeutet dabei der Glaube an Gott? Wie helfen hier die Kirchen mit ihren religiösen und moralischen Traditionen?

Jede Religion in unserem Kulturkreis versucht, die Lebens- und Überlebensfragen, die Antworten und deren künstlerische Gestaltungen vieler Generationen als kulturelle Kostbarkeit aufzubewahren. Aus dem Schatz dieser Dokumente präsentiert dieses Schulbuch Ihnen wichtige Teile, Kostproben, die zur eigenen Suche nach Antworten für die Gegenwart anleiten sollen.

Da dies ein Buch für den evangelischen Religionsunterricht ist, stehen die protestantischen Traditionen im Zentrum. Doch diese brauchen heutzutage den Dialog mit den anderen religiösen Perspektiven. So kommen immer wieder andere christliche, aber auch jüdische, muslimische und buddhistische Stimmen zu Wort. Auf das vielfältige Erscheinungsbild von Religion und die Notwendigkeit, die eigenen Fragen und Positionen im Kontakt mit anderen, zum Teil fremden Denk- und Lebenswegen zu klären, verweist der Titel „Perspektiven Religion".

Bereits beim flüchtigen Blättern werden Sie gemerkt haben, dass viele Seiten paarweise zusammengehören und jeweils in den breiteren Mittelspalten farbig unterlegt sind. Dieser Seitenaufbau orientiert sich am Talmud, dem großen jüdischen Lehrbuch. Es nimmt die Beobachtung ernst, dass ein Buch, sobald es aufgeschlagen wird, zwei Seiten zugleich zur Ansicht bietet und dass Menschen nicht nur eine Zeile nach der anderen lesen, sondern auch die ganze Doppelseite im Blick haben. Wie der Talmud durch seine Form vor allem zum kommunikativen Lernen, zum Fragen, zum Streiten und zum gemeinsamen Finden einer Lösung anleitet, so soll das vorliegende Religionsbuch vor allem den Meinungs- und Erfahrungsaustausch mit Ihren Mitschülerinnen und Mitschülern sowie Lehrern und Lehrerinnen fördern, aber Sie auch zum Selbststudium einladen.

Die Texte auf gelbem Grund in der *Hauptspalte* enthalten die Probleme oder Informationen, um die es auf der gesamten Seite oder Doppelseite geht. Die *Randspalten* bieten Erläuterungen dazu oder andere Meinungen und Sichtweisen. Manche Texte oder Bilder lenken auf weitere Aspekte desselben Themas hin. Die *Aufgaben* sollen nicht nur zur Bearbeitung der vorliegenden Materialien anleiten, sondern auch aus dem Buch in die Beobachtung und Reflexion des Alltags hinausführen.

Die acht Kapitel des Buches öffnen jeweils einen eigenen Bereich von Fragen und können unabhängig voneinander gelesen und durchgearbeitet werden. Dennoch hängen die jeweiligen Perspektiven auch zusammen. Dies ist durch ➡ *Querverweise* deutlich gemacht. Das *Verzeichnis der Text-Autoren* am Ende des Buches gibt Ihnen darüber hinaus die Möglichkeit, einzelne Texte auch „quer" zu den Kapitel-Themen personenbezogen zu lesen. Jedem Kapitel ist eine Seite mit zusätzlichen Literaturhinweisen angefügt, damit Sie an einem für Sie besonders interessanten Thema auch länger und intensiver verweilen können, als dies im Unterricht möglich ist. Das *Glossar* hilft Ihnen beim Aufschlüsseln fachwissenschaftlicher Begriffe. Begriffe, die im Glossar erschlossen werden, sind mit einem Sternchen* gekennzeichnet.

Einen Satz aus dem Weisheitsschatz der jüdischen und christlichen Tradition geben wir Ihnen zur Arbeit an diesem Religionsbuch mit auf den Weg:

Sei schnell bereit zum Hören und lass dir Zeit, freundlich zu antworten.
Jesus Sirach 5,13

Die Autorinnen und Autoren

Die Welt erforschen – die Welt erfahren

Wir sehen jeder einen anderen Regenbogen. *Johann Christoph Lichtenberg*

1.a) Beschreiben Sie möglichst genau die methodischen Verfahren zur Erschließung eines Sachverhaltes, mit denen Sie in den einzelnen Fächern Ihres Schulunterrichtes arbeiten.

Wie erschließen Sie sich ein Bild oder ein Gedicht?

Wie kommen Sie zu Gesetzen oder Gleichungen?

1.b) Vergleichen Sie die Verfahren und erörtern Sie die Gründe möglicher Unterschiede.

So oder so: wissenschaftlich denken

Gedichte zu interpretieren fällt mir sehr schwer

Gedichte zu interpretieren fällt mir sehr schwer. Es fehlt dabei die Möglichkeit des logischen Denkens und es gibt einfach keine Formeln, mit denen man ein Gedicht umschreiben kann bzw. mit denen man den tieferen Sinn eines Gedichtes entdecken kann. In den Naturwissenschaften und der Mathematik hingegen kann man für vieles eine Formel finden und es gibt nur richtig oder falsch und nicht wie bei Gedichten, mehrere Möglichkeiten etwas zu sehen. Ich kann sehr viel Zeit mit mathematischen Problemen verbringen und ich merke dabei, dass es mir einfach Spaß macht, an einem logischen Problem zu sitzen und nächtelang darüber zu grübeln. Und häufig ist die Mathematik auch gar nicht so trocken. ... Es gibt z.B. viele schöne Bilder, die auf Formeln basieren, wie z.B. Fraktale*, die viele Leute sogar in ihrem Wohnzimmer hängen haben.

Christian Z., 18 Jahre

Geistes- und Naturwissenschaften, wie Sie sie heute als Unterrichtsfächer kennen lernen, haben eine lange Entwicklungsgeschichte hinter sich.
In der Antike unterschied man zwischen Logik, Ethik* und Physik. Logik wurde dabei als eine „formale" – auf Verstand und Vernunft bezogene – Wissenschaft verstanden, die im Gegensatz zu den „materialen" Wissenschaften wie Ethik und Physik nicht an bestimmte Gegenstände gebunden war.
Als Gegenstand der Physik galt die Natur, als Gegenstand der Ethik die Freiheit.
Eine heute übliche Aufteilung der Wissenschaften könnte aussehen wie in der nebenstehenden Skizze.

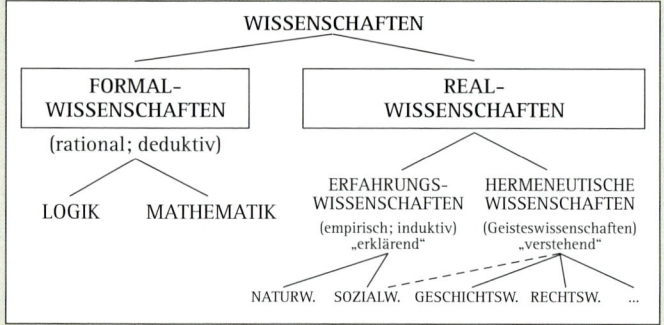

2. Ordnen Sie die einzelnen Schulfächer oder Ihnen bekannte wissenschaftliche Studiengänge in die nebenstehende Skizze ein. Beschreiben Sie die Problematik einer solchen Aufteilung.

Das Netz des Physikers

Was meint eigentlich ein Naturwissenschaftler, wenn er von Erkenntnis spricht, was ist die Art seines Wissens, das einer solchen Erkenntnis entspringt? Wie steht das Wissen der „Wissenschaft", und hier insbesondere der so genannten „exakten Naturwissenschaften", in Beziehung zur eigentlichen Wirklichkeit, zur ursprünglichen Welterfahrung, was immer wir darunter verstehen mögen? ... Lassen Sie mich diese Beziehung zwischen den Erkenntnissen der Naturwissenschaft über die Wirklichkeit zur „eigentlichen" Wirklichkeit mit einer einprägsamen Parabel beschreiben, die von dem berühmten englischen Astrophysiker Sir Arthur Eddington in seinem 1939 erschienenen Buch „The Philosophy of Physical Science" angeführt wird.

Eddington vergleicht in dieser Parabel den Naturwissenschaftler mit einem Ichthyologen, einem Fischkundigen, der das Leben im Meer erforschen will. Er wirft dazu das Netz aus, zieht es an Land und prüft seinen Fang nach der gewohnten Art eines Wissenschaftlers. Nach vielen Fischzügen und gewissenhaften Überprüfungen gelangt er zur Entdeckung von zwei Grundgesetzen der Ichthyologie:

1. Alle Fische sind größer als fünf Zentimeter.
2. Alle Fische haben Kiemen.

Er nennt diese Aussagen „Grundgesetze", da beide Aussagen sich ohne Ausnahme bei jedem Fang bestätigt hatten. Versuchsweise nimmt er deshalb an, dass diese Aussagen auch bei jedem künftigen Fang sich bestätigen, also wahr bleiben werden.

Ein kritischer Betrachter ... ist jedoch mit der Schlussfolgerung des Ichthyologen höchst unzufrieden und wendet energisch ein: „Dein zweites Grundgesetz, dass alle Fische Kiemen haben, lasse ich als Gesetz gelten, aber dein erstes Grundgesetz, über die Mindestgröße der Fische, ist gar kein Gesetz. Es gibt im Meer sehr wohl Fische, die kleiner als fünf Zentimeter sind, aber diese kannst du mit deinem Netz einfach nicht fangen, da dein Netz eine Maschenweite von fünf Zentimetern hat!"

Unser Ichthyologe ist aber von diesem Einwand keineswegs beeindruckt und entgegnet: „Was ich mit meinem Netz nicht fangen kann, liegt prinzipiell außerhalb fischkundlichen Wissens, es bezieht sich auf kein Objekt der Art, wie es in der Ichthyologie als Objekt definiert ist. Für mich als Ichthyologen gilt: Was ich nicht fangen kann, ist kein Fisch." ...

HANS-PETER DÜRR, *geb. 1929, ist Kernphysiker und arbeitet als Direktor des Werner-Heisenberg-Institutes am Max-Planck-Institut für Physik und Astrophysik in München.*

Der Anspruch der Wissenschaftlichkeit liegt – unabhängig von Untersuchungsgegenstand oder Untersuchungsmethode – in dem Anspruch der intersubjektiven Überprüfbarkeit, *d.h. dem Kriterium, ob ein Mensch mit normalem Wahrnehmungsvermögen, der denken gelernt und die entsprechenden Methoden einer Disziplin erlernt hat, eine Beobachtung oder abgeleitete Theorie nachprüfen kann. Die Differenzierung der einzelnen Wissenschaften und der ihnen zugeschriebenen Methoden war nicht von Anfang an gegeben, sondern hat sich über einen langen Zeitraum entwickelt und kann auch heute nicht als abgeschlossen betrachtet werden. Einen besonderen Anstoß bekam die Entwicklung der Naturwissenschaften in der Zeit der Renaissance (15./16. Jh.), wo die Kombination der neu entdeckten griechischen Philosophie mit einem praktischen Interesse an der Nutzung der Natur und einem gewissen technischen Kenntnisstand im Bereich des Handwerks zusammenfiel. Gegen Ende der Renaissance war der Grundstock für die experimentelle mathematische Naturwissenschaft, die klassische Mechanik, gelegt. Dem Wissenschaftsideal des Mittelalters, der* deduktiven Methode, *wurde die* induktive Herangehensweise *gegenübergestellt.*

In so vielen grundlegenden Bereichen der Wissenschaft und eng damit zusammenhängend der Weltanschauung und des Lebensgefühls treten in der Renaissance Veränderungen ein (vgl. Seite 44, Lebensgefühl der Renaissance), sodass man von einem „Paradigmenwechsel" (vgl. Seite 29), einem fundamentalen Umschlag der Grundbegriffe sprechen kann. In Anlehnung daran wird die Epoche der Renaissance als Beginn der Neuzeit betrachtet.

Induktive und deduktive Methode

Das höchste Ziel philosophischer Bemühungen war es schon immer, einen absoluten Anfang des Denkens zu finden, von dem aus sich bei konsequenter Anwendung von Denkregeln Gedanken von einfachen bis zu komplizierten Aussagen entwickeln könnten.
Die Denkrichtung, in der man aus einer einfachen Aussage auf eine weitere schließt, bezeichnet man als Ableitung oder Deduktion. *Das grundlegende Problem dieser Art des Denkens ist die Frage, ob und wie man einen einsehbaren gedanklichen Nullpunkt finden kann (z.B. mathematische Axiome).*
Die Induktion *dagegen geht von sinnlich wahrnehmbaren Beobachtungen aus und schließt aus diesen auf eine allgemeine Aussage, wie z.B. „alle Schwäne sind weiß". Auf das Problem dieses Verfahrens hat der Philosoph* KARL POPPER *(1902–94) hingewiesen: Eine induktiv gewonnene Aussage kann keine absolute Gültigkeit haben, da sie nur bis zum Beweis des Gegenteils – der erste schwarze Schwan – gilt. Sie lässt sich daher nicht* verifizieren, *sondern nur* falsifizieren.

Man mag an dieser Stelle zweifeln, ob die Vorstellung eines bestimmten Netzes – als Metapher für das gedankliche Rüstzeug und die wissenschaftlichen Methoden – der tatsächlichen Situation in der Naturwissenschaft gerecht wird. Es erscheint eher angemessen, sich den Naturwissenschaftler als einen weit intelligenteren Ichthyologen vorzustellen, der mit immer besseren und raffinierteren Netzen – insbesondere mit solchen kleinerer Maschenweite – fischt, um Schritt um Schritt zu einer genaueren und vollständigeren Erfassung der Wirklichkeit zu kommen.

Zweifellos ist in dieser Hinsicht unser ursprüngliches Gleichnis zu einfach. Letztlich war es gerade die Möglichkeit, verschiedene Netze zu verwenden, die unmissverständlich auf den Projektionscharakter der „physikalischen Wirklichkeit" hinwies …. Die „naturwissenschaftliche Welt" unterscheidet sich, wie schon vorher erwähnt, auch qualitativ von der eigentlichen Wirklichkeit, von der sie ein projektives Abbild ist. Dies ist in unserem Ichthyologengleichnis deutlich geworden. Bei der Untersuchung seines Fanges versucht der Ichthyologe nicht zu beschreiben, was ein Fisch (von mehr als fünf Zentimetern) ist, sondern konzentriert sich nur auf gewisse Eigenschaften des Fisches, in unserem Beispiel: seine Länge. Die Länge bezeichnet eine Beziehung zwischen einem Fisch und einem Stück Holz, das er als Messlatte verwendet. Dass ein Fisch und ein Stück Holz sich überhaupt vernünftig vergleichen lassen, liegt daran, dass man sich auf eine Eigenschaft beschränkt, die beiden gemeinsam ist, nämlich die abstrakte Eigenschaft „Länge".

Die quantitative Beschreibung, d.h. die Möglichkeit, Aussagen in Zahlen zu fassen – in unserem Fall die Angabe der Zahl „fünf" in Messlattenlängen „Zentimeter" –, und ganz allgemein die Möglichkeit, bei der Formulierung von Aussagen und Verknüpfungen die Mathematik zu verwenden, hängt genau mit der Möglichkeit zusammen, von den Inhalten der Dinge, also dem „was", ganz abzusehen und sich allein auf die Beziehung von Vergleichbarem, also das „wie", zu konzentrieren.

In engem Kontakt zur eigentlichen Wirklichkeit, aber neben dieser eigentlichen Wirklichkeit, errichtet der Naturwissenschaftler ein neues, andersartiges, nämlich ein mathematisch konstruiertes Gebäude, das er durch einen Prozess von „trial and error" immer besser der Struktur (nicht dem Inhalt) der Wirklichkeit nachzubilden versucht …. Er wählt dazu ein Netz, eine Sprache, ein Paradigma, das der Wirklichkeit in gewisser Weise angepasst ist und eine Optimierung dieses Übersetzungsprozesses erlaubt.

Hans-Peter Dürr, 1988

Einleitung eines Oberstufen-Physikbuches von 1968

Thales von Milet stellte um 580 v.Chr. wohl als Erster bewusst die Frage, wie denn die verwirrende Vielfalt der Dinge und Erscheinungen, die uns umgibt, auf ein einheitliches Weltprinzip zurückgeführt werden kann. Damit begründete er die
5 Philosophie* und auch die Wissenschaften der abendländischen Menschheit. Doch gingen Altertum und Mittelalter viel zu wenig von der kritisch durchdachten Erfahrung aus, um auch nur einen Teil der die Natur betreffenden Probleme lösen zu können. Selbst ein Genie wie *Archimedes* (287–212 v.Chr.*)
10 blieb vereinzelt und ohne nachhaltige Wirkung.
Erst als sich um 1600 das Streben nach naturgesetzlicher Erfassung unserer Umwelt stärker regte, belebten neue Methoden die Naturforschung. *Galilei* (1564–1642) fasste Beobachtungen, Messungen und theoretische Überlegungen
15 zusammen, um die Rätsel der Natur zu erforschen. Er gilt deshalb als Begründer der modernen Physik.
In dieser exakten Naturwissenschaft befruchten sich in steigendem Maße genaue Beobachtungen, quantitative Experimente (Experimentalphysik) sowie logische und mathe-
20 matische Verknüpfungen (theoretische Physik) gegenseitig und helfen so vereint, die ewigen, in der Natur waltenden Gesetze zu ergründen.
Wollen wir Menschen die richtigen, naturgemäßen Begriffe und Gesetze finden, so ist uns nur dann Erfolg beschieden,
25 wenn wir bescheiden und mühsam unser Denken nach den Tatsachen und nicht nach unseren Wünschen richten.
Noch sind lange nicht alle Rätsel, welche die Natur uns aufgibt, gelöst; doch können wir schon große Erfolge verzeichnen, sowohl im Hauptanliegen der Physik, der Gewinnung reiner
30 Erkenntnisse, wie auch bei deren Anwendung in Technik, Medizin und den sonstigen Bereichen des täglichen Lebens.
Naturgesetze und Naturkräfte sind ihrem Wesen nach weder gut noch böse; aber der Mensch, der sie benutzen gelernt hat, kann diese Macht zum Guten gebrauchen und zum Bösen
35 missbrauchen. Daher ist uns mit der Erforschung der Naturgesetze die Verantwortung aufgegeben, unsere Erkenntnisse zum Wohle der Menschheit einzusetzen.

> 2.a) Erarbeiten Sie an der vorliegenden Einleitung eines Physikschulbuches den Anspruch dieser Naturwissenschaft.
>
> 2.b) Welche Aussagen werden über die methodische Vorgehensweise der Physik gemacht? Vergleichen Sie diese mit den Aussagen H.-P. Dürrs.
>
> 3. Ziehen Sie zum Vergleich weitere Einleitungen heutiger naturwissenschaftlicher Schulbücher heran: Was hat sich verändert?

1.a) Zeichnen Sie zur Erschließung des Textes von H.-P. Dürr eine Strukturskizze, die das Verhältnis der Begriffe „eigentliche Wirklichkeit", „physikalische Wirklichkeit", „Netz" und „mathematische Struktur" verdeutlicht.

1.b) Diskutieren Sie die Ausführungen H.-P. Dürrs hinsichtlich der Frage nach der Objektivität von Naturwissenschaft.

Viele Gelehrte haben sich zu Beginn der Neuzeit mit der Frage befasst, wie der Mensch zu wahren Erkenntnissen kommen könne. Zwei grundsätzlich verschiedene Überzeugungen zeichneten sich dabei ab:
Die Empiristen *gehen von der Überzeugung aus, dass die Grundlage für alles Wissen die über die fünf Sinne vermittelte Erfahrung ist.*
Die Rationalisten *dagegen vertreten die Lehre, dass der Verstand, die Logik, das Nicht-Empirische die entscheidenden Einsichten menschlichen Wissens ermöglicht.*

Vorschläge für Referate zu den Positionen Empirismus und Rationalismus:

– René Descartes –
  Zweifel als methodisches Prinzip
– Francis Bacon –
  Die Lehre von der induktiven Erkenntnis
– John Locke –
  Erkenntnis auf der Grundlage von Erfahrung

1. Verstehen, begreifen, kapieren, erfassen, erkennen, ...
Sammeln Sie weitere Bezeichnungen für diesen Vorgang.
Untersuchen Sie die einzelnen Begriffe auf ihre Bedeutung.

Die Kunstlehre des Verstehens

Wir nennen den Vorgang, in welchem wir aus Zeichen, die von außen sinnlich gegeben sind, ein Inneres erkennen: Verstehen. ... Dieses Verstehen reicht von dem Auffassen kindlichen Lallens bis zu dem des Hamlet oder der Vernunftkritik. Aus Steinen, Marmor, musikalisch geformten Tönen, aus Gebäuden, Worten und Schriften, aus Handlungen, wirtschaftlichen Ordnungen und Verfassungen spricht derselbe menschliche Geist zu uns und bedarf der Auslegung. ... Das Verstehen zeigt verschiedene Grade. Diese sind zunächst vom Interesse bedingt. Ist das Interesse eingeschränkt, so ist es auch das Verständnis. Wie ungeduldig hören wir mancher Auseinandersetzung zu: Wir stellen nur einen uns praktisch wichtigen Punkt aus ihr fest, ohne am Innenleben des Redenden ein Interesse zu haben. Wogegen wir in anderen Fällen durch jede Miene, jedes Wort angestrengt in das Innere eines Redenden zu dringen streben. ... Solches kunstmäßige Verstehen von dauernd fixierten Lebensäußerungen nennen wir Auslegung oder Interpretation. ... Diese Kunstlehre des Verstehens schriftlich fixierter Lebensäußerungen nennen wir Hermeneutik. Verstehen ist das grundlegende Verfahren für alle weiteren Operationen der Geisteswissenschaften. *Wilhelm Dilthey, 1924*

WILHELM DILTHEY *(1833–1911), Philosoph und Kulturwissenschaftler, bemühte sich um eine erkenntnistheoretische Grundlegung der Geisteswissenschaften, deren sachliche und methodische Selbständigkeit er gegenüber den Naturwissenschaften hervorhob.*

Kritik der Wissenschaftssprache
„Wissenschaft und Poesie haben sich seit der Antike getrennt. Deshalb ist Wissenschaft oft nicht verständlich. Es fehlen ihr Bilder."
„Das wissenschaftliche Schreiben überschlägt sich in Vernietung von Begriffen, die in den Frostbeeten der Fachsprache gezogen werden. Alltag und Empirie geht in die Begriffspyramiden kaum ein."
Autoren/innen des „Segeberger Kreises", 1993

Die Zirkelstruktur des Verstehens

Natur- und Geisteswissenschaften sind grundlegend unterschieden durch die Art des Zusammenhanges, der in ihrem Gegenstandsbereich gilt. Auf der einen Seite Bestimmtheit des einzelnen Phänomens durch eine Vielzahl von Determinanten, die im isolierenden Verfahren des Experiments in ihrer gesetzmäßigen Wirksamkeit erkannt werden: kausaler Zusammenhang. Auf der anderen Seite der geschichtliche Zusammenhang individueller Sinngebilde, die in ihrer Besonderheit und Einmaligkeit begriffen werden. Hier kann das isolierende Verfahren keine Anwendung finden, denn nicht Erklären durch die Analyse einzelner Kausalverhältnisse, sondern Verstehen eines komplexen Ganzen ist als Aufgabe gestellt. Die Analyse des Naturforschers kann auf kleinste selbständige Einheiten zurückgehen, bei der Interpretation eines Sinnzusammenhanges setzt Analyse ein synthetisches Verstehen bereits voraus und bleibt als seine Differenzierung und Explikation darauf bezogen. Diesem Sachverhalt entspricht es, dass sich

2.a) Überprüfen Sie diese kritischen Aussagen an einzelnen Texten dieses Kapitels (z.B. Das Netz des Physikers, Seite 11f.; Die Zirkelstruktur des Verstehens).

2.b) Versuchen Sie, kurze Passagen so umzuschreiben, dass sie leichter verständlich sind.

3. Diskutieren Sie Nutzen und Grenzen bildhaften Sprachgebrauchs in der Wissenschaftssprache. Wo sehen Sie Vor- und Nachteile mathematischer Sprache?

das Verstehen in einem logisch unerlaubten, aber unauflöslichen und fruchtbaren hermeneutischen Zirkel bewegt, der als das Grundgesetz geisteswissenschaftlichen Erkennens jede hermeneutische Reflexion zu leiten hat. Der wesentlich eine Zirkel ist in doppelter Hinsicht zu betrachten. Nach der Seite des Erkenntnisobjektes besagt der „philologische Zirkel", dass das Einzelne jeweils nur aus dem zugehörigen Ganzen, das Ganze aber seinerseits erst aus dem Einzelnen zu verstehen sei; nach der Seite des Erkenntnissubjektes besagt der „Zirkel der Geschichtlichkeit des Verstehens", dass das Verstehen in den geschichtlich gewordenen Erkenntniszusammenhang des auffassenden Subjekts hinein geschieht, der wiederum in den geschichtlichen Wirkungszusammenhang der geistigen Welt verflochten ist.
Jede Sinnerfahrung ist durch diesen Verstehenshorizont subjektiv bestimmt und erst im Zirkel von subjektivem Vorentwurf eines Sinnganzen und dem Sichdurchsetzen des vom Text gemeinten Ganzen vollendet sich das Verstehen. Der Verstehenszirkel in seinen beiden Hinsichten bleibt dabei unaufgelöst …. Gegenstand und Erkenntnisweise der Geisteswissenschaften sind also geschichtlicher Art, denn nicht nur der (subjektive) Verstehenszusammenhang ist geschichtlich geworden und in lebendiger Umbildung begriffen, sondern auch der (objektive) Sinnzusammenhang eines Textes oder historischen Ereignisses stellt nicht ein fixiertes und eindeutig determiniertes An-sich dar, sondern erscheint in einem bewegten Wirkungs- und Bedeutungsganzen.

Das Fischer Lexikon Literatur, 1965

1.a) Verdeutlichen Sie den geisteswissenschaftlichen Erkenntnisprozess in einer Skizze/in einem Comic (ein Leser und ein Text treffen aufeinander …). Achten Sie auf die richtige Verwendung der Fachbegriffe.

1.b) Was bedeutet das „Interesse" (W. Dilthey) für das Ergebnis einer Interpretation?

2. Welche Arbeitsschritte müssen Sie gehen, um das folgende Gedicht von Paul Wiens in einem hermeneutischen Zirkel zu erschließen?

Der volkseigene Mond

Ich bitt' dich,
Herr mit deinen Scharen,
Auch jetzt die Ruhe zu bewahren!
Das Menschending ist arriviert
Und nichts Besonderes passiert.
Ja, selbst die Sache mit
dem Wimpel
Ist höchst natürlich, sogar simpel:
Das kleine rote Tuch soll zeigen,
Der Mond ist fortan Volkes
eigen.

PAUL WIENS *(1922–82), kommunistischer* Dichter der DDR; sein Gedicht entstand in der Zeit des Kalten Krieges (1949–70).*

Patschel, Der Niederrhein-Otter

1. Lesen Sie die Präambel der Rahmenrichtlinien bzw. der Lehrpläne Ihres Bundeslandes für das Fach Religion.

Diskutieren Sie: Welche Aufgabe und welchen Stellenwert hat das Fach Religion im „gymnasialen Bildungsangebot" Ihrer Schule?

2. Diskutieren Sie: Warum haben die Autoren/innen des Oberstufen-Religionsbuches wohl das Hundertwasser-Bild als Titelbild gewählt? Ziehen Sie dazu das Vorwort heran.

3. Gestalten Sie selbst ein alternatives Titelbild für ein Religionsbuch. Erläutern Sie Ihre Wahl.

Wissenschaftspropädeutisches Lernen im Religionsunterricht

Sachwissen Religion ist ein Begleit- und Arbeitsbuch vornehmlich für die Kursarbeit im Religionsunterricht der Sekundarstufe II. Auch im Bereich der Religion* setzt Sachkompetenz ein fundiertes Wissen und eine breite Sachorientierung voraus. Die einschlägigen Richtlinien der Bundesländer sehen darum als fachspezifische Bildungsziele u.a. auch die Vermittlung einer wissenschaftspropädeutischen* Ausbildung vor. Das schließt im Einzelnen ein:

- den Erwerb von Grundlagenwissen im Bereich des christlichen Glaubens und seiner Wirkungsgeschichte sowie relevanter Fakten zum Verständnis anderer Religionen, Weltanschauungen und Ideologien*;
- die Kenntnis wirkungsgeschichtlicher und systematischer Entwicklungen im Überblick;
- die Fähigkeit, Phänomene, Texte, Positionen und Probleme in einen komplexeren Zusammenhang einordnen zu können;
- das Vermögen, fachspezifische Arbeitsmethoden anzuwenden;
- die Beherrschung von Formen und Prinzipien selbständigen Arbeitens;
- die Kenntnis der Fachterminologie;
- Dialog- und Urteilsfähigkeit. ...

Sie alle sind eingeladen, sich in Aufnahme des Titelmotivs „Der große Weg" (von Friedensreich Hundertwasser) mit offenen Sinnen und Ausdauer auf die Wege einzulassen, die sich als Fragen und Erfahrungen im Bereich der Religion Menschen eingeprägt haben. Manche Wege sind schmal, gewunden und mühsam, andere erweisen sich als Irr- und Umwege; wieder andere sind einladend und spannend. Wege verbinden Menschen miteinander. Wege führen zu einem Ziel.

Vorwort eines Oberstufen-Religionsbuches, 1988/1995

Friedensreich Hundertwasser, Der große Weg, 1955

Wissenschaft Theologie

(von griech. theologia „Rede von Gott"): wissenschaftliche, sowohl historische als auch systematische Erfassung der Glaubens- und Offenbarungsgehalte einer Religion*. Hierbei wird unter Theologie in erster Linie die wissenschaftliche
5 Beschäftigung mit dem Christentum verstanden, während die Erforschung der außerchristlichen Religionen Aufgabe der Religionswissenschaft ist. Die Theologie gliedert sich in verschiedene Unterdisziplinen. Die Wissenschaften vom A.T. und N.T.* haben exegetische, den jeweiligen Urtext interpretierende
10 Aufgaben. Kirchen- und Dogmengeschichte verfolgen die äußeren und lehrmäßigen Entwicklungen des Christentums. Die systematische Theologie widmet sich der Dogmatik* und Ethik*, während die praktische Theologie die wissenschaftliche Grundlage für kirchliches und seelsorgerliches Handeln
15 erarbeitet. *Schülerduden: Die Religionen, 1980*

Es gibt Mineral-logie, weil Mineralien vorhanden sind und Forscher sich über sie kundig und wissend machen. So leitet sich auch Theologie von den Wörtern *theos* (Gott) und *logos* (Lehre) her. Aber kann es überhaupt einen Logos, eine
20 systematische und rationale Erhellung von Gott geben?
Wenn Theologie einfach „Lehre über Gott" wäre, analog zu Ossologie (Knochenkunde), dann wäre sie eine Lästerung Gottes, eine Blasphemie. Der Gegenstand der Theologie kann nur die Beziehung zwischen Gott und den Menschen sein, das
25 bedeutet Reflexion der Erfahrungen, die Menschen dazu gebracht haben, von so etwas wie „Gott" reden zu müssen. ...
Der Wunsch, bestimmte Erfahrungen zu kommunizieren und zu reflektieren, stand also am Beginn dieser eigentümlichen Synthese aus griechischem und hebräischem Denken, die die
30 abendländische Theologie darstellt. Die Spannung zwischen dem sich ihres Gegenstandes bemächtigenden, ihn ordnenden Denken und einem hörend-antwortenden Denken, das der hebräischen Bibel näher steht, bleibt bestehen. ...
Vielleicht müssen wir zugeben, dass es zwei Arten von
35 Erkenntnis gibt: Die eine ist kognitiv und bedient sich des Logos, die andere folgt der Bedeutung, die das Wort „erkennen" im Hebräischen hat, wenn es zum Beispiel heißt: „Und Adam erkannte sein Weib Eva, und sie ward schwanger" (Gen. 4,1) – sie entsteht durch Vereinigung mit dem zu Erkennenden.
Dorothee Sölle, 1990

DOROTHEE SÖLLE, *geb. 1929, studierte Philosophie, Germanistik und Theologie. Von 1975–87 lehrte sie als Professorin Systematische Theologie am Union Theological Seminary in New York. Weitere Informationen zu ihrer Person finden Sie auf Seite 40.*

1. Immer wieder taucht in Diskussionen des Religionsunterrichts der Vorwurf auf, Religion sei unwissenschaftlich. Erläutern Sie, welche Vorstellungen für den Einzelnen mit diesem Vorwurf verbunden sind.

2. Ordnen Sie „Theologie" wissenschaftstheoretisch ein.

Wie wirklich ist die Wirklichkeit? – wissenschaftstheoretische Positionen des 20. Jahrhunderts

Homo faber *ist der Titel des 1957 erschienenen Romans von* MAX FRISCH. *Im Mittelpunkt steht der 50-jährige Schweizer Walter Faber, der seit 1956 in New York lebt und als Ingenieur für die Unesco arbeitet. Auf einer Schiffsreise nach Europa macht er die Bekanntschaft einer Studentin namens Sabeth, die zur engen Bindung wird und mit dem tödlichen Unfall des Mädchens endet. Sabeth ist, wie sich schrittweise enthüllt, Fabers Tochter.*

Vor vierundzwanzig Stunden (es kam mir wie eine Jugenderinnerung vor!) saßen wir noch auf dem Akrokorinth, Sabeth und ich, um den Sonnenaufgang zu erwarten. Ich werde es nie vergessen! Wir sind von Patras gekommen und in Korinth ausgestiegen, um die sieben Säulen eines Tempels zu besichtigen, dann Abendessen in einem Guest-House in der Nähe. Sonst ist Korinth ja ein Hühnerdorf. Als sich herausstellte, daß es keine Zimmer gibt, dämmert es bereits; Sabeth fand es eine Glanzidee von mir, einfach weiterzuwandern in die Nacht hinaus und unter einem Feigenbaum zu schlafen. Eigentlich habe ich's als Spaß gemeint, aber da Sabeth es eine Glanzidee findet, ziehen wir wirklich los, um einen Feigenbaum zu finden, einfach querfeldein. Dann das Gebell von Hirtenhunden, Alarm ringsum, die Herden in der Nacht; es müssen ziemliche Bestien sein, nach ihrem Gekläff zu schließen, und in der Höhe, wohin sie uns treiben, gibt es keine Feigenbäume mehr, nur Disteln, dazu Wind. Von Schlafen keine Rede! Ich habe ja nicht gedacht, daß die Nacht in Griechenland so kalt sein würde, eine Nacht im Juni, geradezu naß. Und dazu keine Ahnung, wohin er uns führen wird, ein Saumpfad zwischen Felsen hinauf, steinig, staubig, daher im Mondlicht weiß wie Gips. Sabeth findet: Wie Schnee! Wir einigen uns: Wie Joghurt! Dazu die schwarzen Felsen über uns: Wie Kohle! finde ich, aber Sabeth findet wieder irgend etwas anderes, und so unterhalten wir uns auf dem Weg, der immer höher führt.

Das Wiehern eines Esels in der Nacht: Wie der erste Versuch auf einem Cello! findet Sabeth, ich finde: Wie eine ungeschmierte Bremse! Sonst Totenstille; die Hunde sind endlich verstummt, seit sie unsere Schritte nicht mehr hören. Die weißen Hütten von Korinth: Wie wenn man eine Dose mit Würfelzucker ausgeleert hat! Ich finde etwas anderes, bloß um unser Spiel weiterzumachen. Eine letzte schwarze Zypresse. Wie ein Ausrufzeichen! findet Sabeth, ich bestreite es; Ausrufzeichen haben ihre Spitze nicht oben, sondern unten. Wir sind die ganze Nacht gewandert. Ohne einen Menschen zu treffen. Einmal erschreckt uns Gebimmel einer Ziege, dann wieder Stille über schwarzen Hängen, die nach Pfefferminz duften, Stille mit Herzklopfen und Durst, nichts als Wind in trockenen Gräsern: Wie wenn man Seide reißt! findet Sabeth, ich muß mich besinnen, und oft fällt mir überhaupt nichts ein, dann ist das ein Punkt für Sabeth, laut Spielregel. Sabeth weiß fast immer etwas. Türme und Zinnen einer mittelalterlichen Bastion: Wie Kulissen in der Opéra! Wir gehen durch Tore und Tore, nirgends ein Geräusch von Wasser, wir hören das Echo unsrer Schritte an den türkischen Mauern, sonst Totenstille, sobald wir stehen. Unsere Mondschatten: Wie Scherenschnitte! findet Sabeth. Wir spielen stets auf einundzwanzig Punkte, wie beim Pingpong, dann eine neues Spiel, bis wir plötzlich, noch mitten in der Nacht, oben auf dem Berg sind. Unser Komet ist nicht mehr zu sehen. In der Ferne das Meer: Wie Zinkblech! finde ich, während Sabeth findet, es sei kalt, aber trotzdem eine Glanzidee, einmal nicht im Hotel zu übernachten. Es ist ihre erste Nacht im Freien gewesen. Sabeth in meinem Arm, während wir auf den Sonnenaufgang warten, schlottert. Vor Sonnenaufgang ist es ja am kältesten. Dann rauchen wir zusammen noch unsere letzte Zigarette; vom kommenden Tag, der für Sabeth die

Heimkehr bedeuten sollte, haben wir kein Wort gesprochen.

Gegen fünf Uhr das erste Dämmerlicht: Wie Porzellan! Von Minute zu Minute wird es heller, das Meer und der Himmel, nicht die Erde; man sieht, wo Athen liegen muß, die schwarzen Inseln in hellen Buchten, es scheiden sich Wasser und Land, ein paar kleine Morgenwolken darüber: Wie Quasten mit Rosa-Puder: findet Sabeth, ich finde nichts und verliere wieder einen Punkt. 19:9 für Sabeth! Die Luft um diese Stunde: Wie Herbstzeitlosen! Ich finde: Wie Cellophan mit nichts dahinter. Dann erkennt man bereits die Brandung an den Küsten: Wie Bierschaum! Sabeth findet: Wie eine Rüsche!! Ich nehme meinen Bierschaum zurück, ich finde: Wie Glaswolle! Aber Sabeth weiß nicht, was Glaswolle ist – und dann die ersten Strahlen aus dem Meer: Wie eine Garbe, wie Speere, wie Sprünge in einem Glas, wie eine Monstranz, wie Fotos von Elektronen-Beschießungen. Für jede Runde zählt aber nur ein einziger Punkt; es erübrigt sich, ein halbes Dutzend von Vergleichen anzumelden, kurz darauf ist die Sonne schon aufgegangen, blendend: Wie der erste Anstich in einem Hochofen! finde ich, während Sabeth schweigt und ihrerseits einen Punkt verliert. –

Ich werde nie vergessen, wie sie auf diesem Felsen sitzt, ihre Augen geschlossen, wie sie schweigt und sich von der Sonne bescheinen läßt. Sie sei glücklich, sagt sie, und ich werde nie vergessen: das Meer, das zusehends dunkler wird, blauer, violett, das Meer von Korinth und das andere, das attische Meer, die rote Farbe der Äcker, die Oliven, grünspanig, ihre langen Morgenschatten auf der roten Erde, die erste Wärme und Sabeth, die mich umarmt, als habe ich ihr alles geschenkt, das Meer und die Sonne und alles, und ich werde nie vergessen, wie Sabeth singt!

1. Charakterisieren Sie die Metaphern Sabeths und Fabers.
Auf welche Weise nehmen beide ihre Umgebung wahr?

2.a) Spielen Sie das Spiel der beiden Protagonisten weiter.
Einigen Sie sich auf einen Raum oder Ausblick – vielleicht können Sie auch nach draußen gehen. Überlegen Sie sich vorher, ob Sie das Spiel lieber mündlich oder schriftlich spielen wollen.

2.b) Welche der beiden Sichtweisen ist Ihrer eigenen näher?

3. Können Sie sich Situationen vorstellen, in denen aus dem Wahrnehmungsspiel ernst wird?

➡ *Seite 186*

1. Beschreiben Sie, was Sie sehen, und vergleichen Sie Ihre Wahrnehmung mit der Ihrer Mitschüler/innen.

2. Führen Sie, ausgehend von den Beobachtungen des vorangegangenen Wahrnehmungsexperimentes, ein Gespräch über die Frage: Was ist wirklich?

Wirklichkeit als Erfindung

ANDREAS GEYER (A.G.):
Konstruktivismus – Ist das ein neuer Zweig der Biologie oder der Psychologie*, ist das eine neue Philosophie* oder keins von allen oder von allem etwas?

CLAUS CHRISTIAN SCHROEDER (C.S.):
Zunächst einmal ist der so genannte Konstruktivismus eine neue Erkenntnistheorie, genauer, er stellt eine sehr radikale Kritik der klassischen Erkenntnislehre dar, greift dabei allerdings auf Argumente zurück, die keineswegs alle ganz neu, sondern teilweise so alt sind, wie die kritisierte Erkenntnislehre selber.

A.G.: Vielleicht sollten wir zunächst den Begriff *Erkenntnistheorie* klären. Was ist das überhaupt, eine Erkenntnistheorie?

C.S.: Der naive Hausverstand fragt sich vermutlich eher, wozu man denn so etwas überhaupt braucht, eine Theorie, die erklärt, wie wir etwas – oder die Welt – erkennen, wie wir Wissen erlangen oder dieses Wissen rechtfertigen können. ...
Die Erfahrung unserer Irrtümer [war] der eigentliche Ursprung der philosophischen Erkenntnistheorie. Weil nämlich Irrtümer äußerst unangenehme, ja lebensbedrohliche Folgen haben können, drängte sich schon sehr früh die Frage auf, wie so etwas denn überhaupt möglich sein könne. Und fast alle Denker der griechischen Antike hegten die energische Hoffnung, dass eine genaue Erforschung der Prozesse, wie Menschen Erkenntnis gewinnen, das Risiko von Irrtümern zumindest erheblich vermindern, am Ende womöglich überhaupt beseitigen könne.
Übrigens waren einige der griechischen Philosophen durchaus nicht sicher, dass es an der Unzuverlässigkeit unserer Sinne liege, wenn wir uns täuschen.

A.G.: Woher könnten solche Täuschungen – abgesehen von den Sinnen – denn sonst noch herkommen?

C.S.: Vom falschen Denken sozusagen, daher, dass wir Trugschlüssen, Vorurteilen oder Illusionen erliegen. Daher, dass wir unsere Verstandesmittel nicht vernunftgemäß gebrauchen und infolgedessen zu irreführenden Urteilen über die Wirklichkeit gelangen. ...
Das ist genau das, was der naive Realist natürlich gar nicht bemerkt! Dass nämlich schon die Sehdinge oder Wahrnehmungsgegenstände selber, die er einfach unmittelbar anzugucken meint, für ihn nur dadurch zustande kommen können, dass diese so genannten *Sinnesdaten* durch bestimmte *kognitive Operationen*, z.B. schon durch die fundamentalen Operationen des Unterscheidens und Identifizierens, strukturiert und organisiert worden sind. Viele archaische Völker waren z.B. davon überzeugt, dass die Sonne, die sie jeden Tag aufgehen sahen, keineswegs stets dieselbe, sondern jeden Morgen eine andere sei. Es dürfte klar sein, dass unsere Überzeugung, die Sonne – oder auch unsere Nachbarin – sei stets dieselbe, dass die nicht der unmittelbaren Anschauung selber entstammen kann, sondern auf einer kognitiven Operation, einer Identifizierung beruht. Darüber hinaus haben wir ja nun alle gelernt, dass es nur so aussieht, als ob die Sonne im Osten aufgehe, während „in Wirklichkeit" – ohne dass wir dies selber bemerken – die Erde dreht.

A.G.: Vieles ist eben ganz anders, als es auf den ersten Blick „aussieht". Ist das die wesentliche Voraussetzung für die Erkenntnistheorie?

C.S.: Nicht nur für die Erkenntnistheorie! Wenn der Realist im Recht wäre, dann wäre es ja völlig unverständlich, warum es überhaupt Mythen*, Religionen*, Philosophie und Wissenschaften gibt. Alle diese geistigen Systeme beruhen doch auf der gleichen Voraussetzung: dass die Welt oder ihr Sein „in Wahrheit" völlig andersartig beschaffen sei, als sie uns im unmittelbaren Erleben erscheint; dass also die „wahre" Realität gleichsam hinter einem Schleier der Erscheinungen verborgen liege und erst durch Anstrengung des Geistes zu enthüllen sei – was ein Quantenphysiker* freilich auf entschieden andere Art und Weise versucht als etwa ein Taoist* oder ein Phänomenologe* wieder ganz anders als ein Mystiker*. ...

A.G.: Soll das heißen, dass es die Bäume und Häuser, die ich sehe, womöglich gar nicht gibt? Es scheint ja noch einleuchtend, dass es die Wirklichkeit vielleicht nicht so gibt, wie ich sie erlebe, aber es gibt doch wohl Strukturen, die irgendeine Ähnlichkeit mit den Dingen meines Erlebens haben müssten? Soll das also heißen, die Sonne am Himmel oder der Tisch, an dem wir sitzen, sind ebensolche „Erfindungen" wie Feen und Heinzelmännchen?

C.S.: Nicht ebensolche, aber immerhin Erfindungen, Konstruktionen, daher ja der Name „Konstruktivismus".

A.G.: D.h. also, das Gravitationsgesetz oder das archimedische Prinzip, überhaupt alle Naturgesetze, sind gar keine Entdeckungen, sondern Erfindungen?

C.S.: Es sind Erfindungen, keine Entdeckungen. Schon Kant war ja zu dem Schluss gelangt, dass die Naturgesetze keineswegs die Gesetze der Natur seien, die wir ihr vermöge irgendeiner überlegenen Erkenntnismethode quasi abgelauscht hätten, sondern Gesetze, die wir der Natur gegeben haben. Sir Karl Popper, der vermutlich bedeutendste Wissenschaftsphilosoph der Gegenwart, teilt gleichfalls die Auffassung, dass alle unsere wissenschaftlichen Theorien „freie Erfindungen des menschlichen Geistes" seien, wie Albert Einstein das immer formulierte. ...
Andererseits ist Popper insofern noch kein radikaler Konstruktivist, als er dennoch nach wie vor an jener klassischen erkenntnistheoretischen Doktrin festhält, die ich jetzt einmal als *ontologischen* Realismus* bezeichnen möchte, nur um sie, weil sie ja nun durchaus nicht mehr naiv ist, vom *naiven Realismus* abzusetzen. Popper glaubt nämlich unverdrossen weiter an die Existenz einer von uns unabhängigen, ontischen Realität und an die Möglichkeit einer objektiven Erkenntnis derselben, wenngleich nur mehr im Sinne eines Ideals. Er glaubt, dass wir uns durch fortschreitende Korrektur unserer Irrtümer der objektiven Erkenntnis der wahren Strukturen zumindest immer weiter annähern könnten, obwohl er energisch bestreitet, dass wir jemals beurteilen könnten, ob oder inwieweit unser Wissen mit dem objektiven Sein exakt übereinstimmt.

Claus Christian Schroeder, 1992

CLAUS CHRISTIAN SCHROEDER *ist Dozent am Institut für Psychologie der Ludwig-Maximilian-Universität München. Das Interview mit ihm führte Andreas Geyer. Es wurde im Schulfunk gesendet.*

1. Was ist Wirklichkeit? Formulieren Sie vom Text ausgehend die Position eines radikalen Konstruktivisten, eines naiven Realisten und die K. Poppers.

2. Benennen Sie die Argumente, die nach Darstellung C.C. Schroeders für eine konstruktivistische Auffassung sprechen: Welche leuchten Ihnen ein, welche nicht?

Konstruktivismus – eine attraktive Position?

Der neuzeitliche Subjektivismus und Konstruktivismus ist für mich keine attraktive Position. Man muss sich klar machen, dass die Evolution ein inzwischen Milliarden Jahre währender Lernprozess ist und dass wir, jede Bakterie, natürlich auch jeder Mensch, verkörpertes Wissen sind. Es wird schon ungefähr stimmen nach vier Milliarden Jahren, was wir über die Welt in Erfahrung bringen, wie wir die Welt erleben. Allerdings denke ich, dass es Wahrnehmungsfelder gibt, die durch die Wissenschaftsreligion stigmatisiert und ausgeklammert werden. Und das ist ein sehr, sehr weiter Bereich, ich denke, ich kann das vielleicht mit dem Bild des Suchscheinwerfers verdeutlichen. Nur das, was in diesem Suchscheinwerfer der Wissenschaft auftaucht, ist angeblich wirklich. Das bedeutet, dass man alle Erlebnisweisen, die sonst noch existieren, ich erinnere z.B. an das Sensorium der Kunst, herabstuft bzw. noch schlimmer zum Aberglauben erklärt, indiskutabel macht.

Also, ich bin ein ausgesprochen weltfrommer Mensch, ich habe ein Urvertrauen zu den Dingen, so wie sie sind, zu diesem Tisch, zu dieser Tasse, zu allem, was wir hier sehen, und kein Atomist kann mir das ausreden. Und ich habe ein Urmisstrauen gegenüber Doktrinen, die z.B. Apparate zum Wahrheitsgaranten erheben und Gefühle nicht mehr zulassen. Kurzum, diese Kanalisierung von Welterfahrung ist fatal.

Ulrich Horstmann, 1994

Vielleicht gibt es am Ende nur eins zu tun, wenn man die Menschen liebt: sie über die Wahrheit zum Lachen bringen, denn die einzige Wahrheit heißt: lernen, sich von der krankhaften Leidenschaft für die Wahrheit zu befreien. ... Ich bin wie ein Besessener hinter einem Anschein von Ordnung hergelaufen, während ich doch hätte wissen müssen, dass es in der Welt keine Ordnung gibt. ... Die einzigen Werkzeuge, die etwas taugen, sind Werkzeuge, die man nach Gebrauch wegwirft.

Umberto Eco, 1982

1.a) Untersuchen Sie den Gedankengang U. Horstmanns: Was ist für ihn „wirklich"?

1.b) Interpretieren Sie den von U. Horstmann verwendeten Begriff „Wissenschaftsreligion".

ULRICH HORSTMANN, *geb. 1949, ist Schriftsteller und lehrt Anglistik an der Universität Gießen. Abgedruckt ist ein Auszug aus einem Interview, das die Zeitschrift „Religion heute" 1994 mit ihm führte.*

UMBERTO ECO, *geb. 1932, ist Schriftsteller und Professor für Semiotik (Lehre von den Zeichen, ihrer Struktur und Funktion) an der Universität Bologna. Das Zitat ist William von Baskerville, einer der Hauptpersonen seines 1982 erschienenen Romans „Der Name der Rose", in den Mund gelegt.*

2. Notieren Sie für sich selbst: Welche festen Überzeugungen habe ich? Wie gehe ich mit ihnen um?

Tauschen Sie sich mit anderen darüber aus, welche Möglichkeiten des Umgangs mit persönlichen Überzeugungen Sie kennen.

3. Entwerfen Sie das Bild eines Zusammenlebens (Partnerschaft, Familie, Clique, Klasse ...), in dem die Einzelnen nach der Position des Wahrheitsrelativismus leben.

RÜDIGER SAFRANSKI, *geb. 1945, schreibt als Wissenschaftsautor in Berlin und ist durch Arbeiten zu E.T.A. Hoffmann und A. Schopenhauer bekannt geworden. Der Auszug stammt aus seinem 1990 erschienenen Buch „Wie viel Wahrheit braucht der Mensch?".*

GÜNTER EWALD, *geb. 1929 in Steinheim / Main, Studium der Mathematik, Physik, Chemie und Philosophie in Mainz, seit 1964 Lehrstuhl für Mathematik in Bochum. Zahlreiche Fachpublikationen in Mathematik sowie Beiträge zu Grenzfragen von Naturwissenschaft und Theologie.*

Die Entdeckung der Freiheit eröffnet die beunruhigende Perspektive auf einen Wahrheitsrelativismus. Auf absolute Wahrheiten wird man sich nicht mehr berufen können. Es gilt dann nicht mehr: „die Wahrheit wird uns frei machen", sondern: „die Freiheit wird uns wahr machen". ... Der Mensch ist frei für die Erfindung seiner Wahrheit. Und darum gibt es unendlich viele Wahrheiten.
Rüdiger Safranski, 1990

Das innere Festbeißen am frommen System, der Versuch, dem „Gesetz" gerecht zu werden, ist inneres Spiegelbild einer äußeren religös-ideologischen Tendenz. Ideologien* sind ja niemals von vornherein als Unterdrückungsinstrumente erfunden worden, sie waren stets vom Willen geprägt, Wahrheit und Klarheit zu schaffen, Wege zum Besseren anzubieten. Die Rigorosität aber, mit der sie erschienen, verkehrten die guten Absichten in ihr Gegenteil.
Günther Ewald, 1993

Wahrheitsrelativismus und Fundamentalismus

Im 20. Jh. setzt sich zunehmend eine Auffassung durch, die das Zerbrechen eines gesellschaftlichen Konsens in den Bereichen Weltanschauung, Kultur, Lebensstil und Moral nicht länger beklagt, sondern als Chance des Individuums begreift. Pluralismus* der Postmoderne fordert das gleichberechtigte Nebeneinanderstehen von unterschiedlichen Wirklichkeitsbildern in ihrer jeweils besonderen Eigenart. In unüberbrückbarem Gegensatz zu jeder Art konstruktivistischer Auffassung der Welt steht der sich im ausgehenden 20. Jh. immer stärker manifestierende Fundamentalismus. Dieser hat seine Wurzel in einer gegen Ende des 19. Jh. entstandenen Bewegung des amerikanischen Protestantismus, der in einer zunehmend disparat erscheinenden modernen Gesellschaft versuchte, dem fortschreitenden Rationalismus und Liberalismus* einen Damm entgegenzusetzen.

Mythos und Logos

Eine verbreitete Vorstellung sieht das Verhältnis von Mythos und Logos so, als habe sich das griechische Denken von der symbolischen Phantastik des Mythos zur reinen Erkenntnis und klaren Eindeutigkeit des Logos hin entwickelt, gewissermaßen auf einem Weg des geistigen Aufstiegs. Dem liegt die fragwürdige Annahme zugrunde, als sei der alte Mythos das Produkt eines noch unfertigen Denkens, das sich noch selbst habe suchen und zum Logos hin klären müssen. ... Mythos meint aber nicht die Wahrheit des Gedachten, sondern die Wahrheit des Erfahrenen als ein Geschehen im wahren Wort. ...

Damit drängt sich die Frage auf, worin denn die mythische Haltung eigentlich besteht, wie sie die alten Völker bestimmte und von der wir uns im heutigen Bewusstsein so deutlich unterscheiden. Der britische Völkerkundler E.B. Taylor meinte, der Naturmensch sei durch eine niemals endende Kette von Traumbildern geprägt, und wahrscheinlich trifft er darin ein konstitutives Element des Mythischen, nämlich das Visuelle, Figurative und Anschaubare. Die originäre Mythentradition lebt im Bereich des Auges, des „gesehenen Wortes". Nachdem der isolierte Logos seinen Siegeszug durch die Welt angetreten hat, verhalten sich Mythos und Logos zueinander wie Bild und Begriff.

Die mythische Weltsicht erlaubt freilich keine andere Fassung als die erlebnishafte, erzählende, brauchtumsbestimmte Lebensform. Die Kultur eines Naturvolkes lässt sich nicht auf den Asphalt, in die Büros und Fabriken unserer Zivilisation übertragen. Sie müsste notwendigerweise und unmittelbar sterben. Naturvölker existieren mythisch oder sie existieren gar nicht. ...
Wir haben bisher das Wort Mythos immer auf sprachliche und kultische Formen der Weltdeutung bezogen. Es ist jedoch möglich noch einen Schritt weiterzugehen und den Mythos in den unbewussten Dimensionen menschlicher Existenz zu entdecken – um ihn schließlich selbst in den Vermögensgründen des Logos beteiligt zu sehen. Der mögliche Anschein, dass Logos und Mythos wie zwei getrennte Realitäten einander gegenüberstehen, ist also zu korrigieren, zugleich auch die Gepflogenheit, die Wissenschaft alleine dem Logos, die Religion ausschließlich dem Mythos zuzuordnen, denn der vom Mythos isolierte Logos kann aus sich selbst nicht als sinnhaft erfahren werden, sodass Legitimation wie Zielsetzung wissenschaftlicher Arbeit tatsächlich stets auf ein mythisches Potential zurückgreift. Für Leszek Kolakowski ist bereits „der Glaube an die Vernunft eine mythische Option, geht somit über die Befugnisse der Vernunft hinaus." Das rationale Wissen ergibt weder im Detail noch in seiner Summe einen unsere Fragen befriedigenden Sinn. Alle Anstrengungen des Menschen, die empirischen Realitäten als Details eines sinnvollen Ganzen verstehen zu können, repräsentieren „mythische Organisation der Welt", die in unserer Kultur trotz allem gegenwärtig ist.

Hubertus Halbfas, 1995

HUBERTUS HALBFAS *(geb. 1932) war Professor für Religionspädagogik an der Pädagogischen Hochschule Reutlingen.*

In fest formulierten Glaubenssätzen, den „fundamentals", wird als Wahrheit formuliert, was unter dem Druck moderner Wissenschaftlichkeit unter Plausibilitätszweifel geraten ist: absolute Irrtumslosigkeit der Schrift, Jungfrauengeburt, Gottheit Jesu, leibliche Auferstehung und Wiederkunft, stellvertetendes Sühneleiden Jesu. Charakteristische fundamentalistische Argumentationsstrukturen sind der Schriftbeweis – die schriftliche Überlieferung der Bibel liefert korrekte und kompetente Informationen für alle Lebensbereiche –, der Anspruch auf einen von geschichtlichen Faktoren unabhängigen Wahrheitsbesitz – die Wahrheit wird von Gott direkt mitgeteilt – und eine ambivalente Verarbeitung wissenschaftlicher Forschungsergebnisse: Stützen diese die eigene Meinung, werden sie übernommen und besonders hervorgehoben, stehen sie im Widerspruch zur eigenen Auffassung, werden sie bekämpft.

Die Bezeichnung „Fundamentalismus" findet sich jedoch nicht nur zur Kennzeichnug einer bestimmten Mentalität des amerikanischen Protestantismus; auch innerhalb der evangelischen und katholischen Kirchen wird von „fundamentalistischen Strömungen" gesprochen, im politischen Raum erfährt das Wort, z.B. innerhalb der grün-alternativen Bewegung, als Selbstbezeichnung eine positive Bedeutung.

1. Verdeutlichen Sie in einer Skizze das Verhältnis von Mythos, Logos, Wahrheit und Wissenschaft nach H. Halbfas.

2. Suchen Sie Alltagsbeispiele für Kommunikationssituationen, in denen eher die Sprache des Logos bzw. die des Mythos benutzt wird.

3. Formulieren Sie Beispiele für
a) eine wissenschaftliche Aussage,
b) eine Glaubensaussage und
c) eine ideologische Aussage.
Erörtern Sie Verbindlichkeit und Geltungsbereich der einzelnen Aussagen.

1. Stellen Sie sich ein zu der Inschrift passendes Haus vor. Beschreiben Sie Ihre Vorstellung von dem Haus und den Menschen, die darin leben.

2. Verfassen Sie eine Haus- (oder Zimmer-) Inschrift, die Ihrem Lebensgefühl entspricht.

Ägyptisches Weltbild:

Am Boden liegt der Erdgott Geb. Über ihm wölbt sich die Himmelsgöttin Nut. Shu, der Luftgott, trennt beide – am Himmel ist die Barke der Sonne, aufgehend und untergehend, dargestellt.

3. Suchen Sie nach bildlichen Darstellungen der Welt aus verschiedenen Kulturen. Analysieren Sie, welchen Elementen oder Zusammenhängen besonderer Wert beigemessen wird.
➡ Seite 58f.

4. Zeichnen, malen oder collagieren Sie selbst ein Welt-Bild, in dem die Aspekte, die Ihnen besonders wichtig sind, betont werden.

„Am Anfang schuf Gott Himmel und Erde" – die Diskussion um die Entstehung von Welt und Mensch

Ich komm', weiß nicht woher
ich leb', weiß nicht wie lang
ich geh', weiß nicht wohin
mich wundert, dass ich fröhlich bin.

Inschrift eines alten Hauses

Schöpfungsmythen – Staunen über die Entstehung der Welt

Ich, *Atum*•, bin der Schöpfer alles dessen, was Leben in sich trägt, nachdem ich selbst in uralten Zeiten ins Leben trat. Selbst erzeugte ich mich aus dem Urwesen, mein Name ist *Osiris*•, das Urwesen aus dem Urstoff. Ich war der Herr über alle Welt und die ganze Welt war von mir erfüllt, denn ich war allein. Die Götter waren noch nicht entstanden. Es gab auch sonst noch keine anderen Geschöpfe und Wesen, ich war ganz allein und ich erschuf alles, was erschaffen ist. Kein Wesen half mir, ich allein erschuf alles. Dann hob ich die ins Leben getretenen Wesen aus dem Urwasser, dem Zustande des Nichtseins, empor, obwohl ich noch keinen festen Platz fand, darauf zu stehen. In meinem Herzen formte ich ein herrliches Urbild, den Uranfang legte ich für mich. So erschuf ich alles Lebendige und es entstanden viele Wesen, die wiederum andere Wesen erzeugten. Ich spie die Gestalten von *Shu* und *Tefnut*• aus und wurde damit aus einem Gott zu einer dreifachen Gottheit, ja aus mir selbst kamen zwei Götter zum Leben. Shu und Tefnut wurden aus dem Urwasser, aus mir selbst hervorgehoben und dann entstand die Pflanzenwelt. Als ich weinte, entstanden die Menschen aus meinen Tränen. Shu und Tefnut gaben *Geb* und *Nut*• das Leben, Geb und Nut erweckten die anderen Götter und diese riefen unzählige Wesen auf der Erde ins Leben.

Papyrus Bremner Rhind, 3000 v.Chr.

• Atum, auch: Chepra – Alles, Nichts
• Osiris – Gott der Fruchtbarkeit und der Toten
• Shu und Tefnut – Luft und Feuchtigkeit
• Geb und Nut – Erde und Himmel

Zu jener Zeit war weder Sein noch Nichtsein, nicht war der Luftraum noch der Himmel darüber. Was regte sich? Und wo? In wessen Obhut? War Wasser da? Und gab's den tiefen Abgrund? Nicht Tod und nicht Unsterblichkeit war damals,
5 nicht gab's den Tag und nicht der Nacht Erscheinung; nur Eines hauchte windlos durch sich selber und außer ihm gab nirgends es ein anderes. Nur Dunkel war, verhüllt von Dunkel, anfangs und unerkennbar wogte dieses alles. Vom leeren Raum war zugedeckt die Öde, das Eine ward durch Macht der
10 Glut geboren. Da regte sich zuerst in ihm Begierde, als sich des Geistes erster Samen zeigte, es fanden da das Band des Seins im Nichtsein die Weisen suchend mit des Herzens Einsicht. Und quer hindurch war ihre Schnur gezogen, was war darunter? Und was war darüber? Erzeuger waren und es waren
15 Mächte und Schöpferkraft war unten, Sterben oben. Wer weiß es recht? Wer mag es hier verkünden? Woher entstand, woher sie kam, die Schöpfung, ob durch sein Schaffen erst die Götter wurden, wer weiß es doch, woher es sei gekommen? Von wannen diese Schöpfung sei gekommen, ob sie geschaffen
20 oder ungeschaffen, der auf sie schaut im höchsten Himmelsraume, der weiß allein es, oder weiß er's nicht?

Rig-Weda 10, 129

Für viele Situationen, in denen etwas beginnt oder abgeschlossen wird, haben sich Rituale entwickelt, in denen der Charakter des Momentes auf besondere Weise zum Ausdruck gebracht wird.

1. Diskutieren Sie, warum Menschen sich für ihre Anfänge (Beziehungsanfang, Kindheit, Familiengeschichte, Stadtgeschichte, Entstehung der Welt) interessieren.

In welchen Situationen werden „Anfangsgeschichten" erzählt?

Der RIG-WEDA ist das erste heilige Buch des Hinduismus. Es entstand um 1200 v.Chr.

„Am Anfang schuf Gott Himmel und Erde"

2. Notieren Sie ohne nachzulesen alle Worte und Bilder, die Ihnen von der biblischen Schöpfungsüberlieferung in Erinnerung sind.

Halten Sie in einer Randspalte stichwortartig fest, welche Einstellungen und Gefühle Sie mit einzelnen Sätzen oder Bildern verbinden.

3. Vergleichen Sie Gen 1,1-2,24 mit Ihren Erinnerungen: Was ist zum Text hinzugekommen? Was fehlt?

4. Tauschen Sie sich zu zweit oder zu dritt über Ihre Randspaltennotizen aus: Versuchen Sie zu klären, wie Sie zu Ihren Erinnerungen und Einstellungen gekommen sind.

5. Erörtern Sie, von welchen Voraussetzungen es abhängt, ob die Schöpfungsüberlieferung in ihrem Bedeutungsgehalt wahrgenommen oder als unzeitgemäß abgetan wird.

➡ *Seite 58f., 147*

Weitere Informationen in:
– Josef Scharbert, Genesis 1–11. Biblische Urgeschichte, Echter, Würzburg 1990³
– Friedrich Johannsen, Arbeitsbuch AT, Kohlhammer, Stuttgart 1998

> Wissenschaftliche Modelle stellen quantitative Beschreibungen der Natur dar, die der gründlichen Prüfung bedürfen, bevor sie allgemein anerkannt werden. ...
> Mythen sind Ausdruck der Ehrfurcht der verschiedenen Kulturen vor dem Geheimnis der Schöpfung.
>
> *Marcelo Gleiser, Physiker, 1997*

Weltbilder – Deutungen naturwissenschaftlicher Beobachtung

Zu allen Zeiten haben sich Menschen ein Bild von der Welt gemacht, in der sie leben. Diese Bilder, wie z.B. die Schöpfungsmythen, tragen Spuren der Versuche des Menschen, Antwort auf die Frage nach seiner Herkunft zu formulieren und seiner Sehnsucht nach der Geborgenheit eines Ganzen, als dessen Teil er sich verstehen möchte. Neben seiner gefühlsmäßigen Verbindung zur Wirklichkeit bringt der Mensch in die Weltbilder seiner jeweiligen Zeit alle vorhandenen Kenntnisse über die Natur, Technik und Gesellschaft ein. Mögen uns aus heutiger Sicht die Erkenntnisse früherer Zeiten eng begrenzt erscheinen, so deckten diese jedoch zu ihrer Zeit einen Großteil des Interessenbereiches der damaligen Menschen ab: Nahrung, Tiere, Pflanzen, Materialien für Werkzeuge und Ausrüstung sowie jene Himmelskörper und Besonderheiten einer Landschaft, von denen eine reichliche Versorgung abhing. Mit der Entwicklung der Gesellschaft entwickelten sich auch die Weltbilder: Sie wurden komplexer und wissenschaftlich, aber sie blieben immer noch an bestimmte Interessensbereiche der Menschen gebunden. In Phasen der Ablösung eines Weltbildes durch ein anderes aufgrund neu gewonnener Erkenntnisse oder Überlegungen gab es heftige Kämpfe um deren jeweilige Gültigkeitsansprüche. Aus solchen Konflikten heraus trennten sich Naturwissenschaft und Kirche bzw. Theologie* in der Neuzeit und treten erst in der zweiten Hälfte unseres Jahrhunderts wieder in Dialog miteinander. Ausgangspunkt ihres Konfliktes waren zwei neue Erkenntnisse der Naturwissenschaften: das *kopernikanische Weltbild* und die *Abstammungslehre Darwins*. Ausgangspunkt für eine Wiederannäherung im 20. Jahrhundert sind neben Änderungen im Selbstverständnis der Theologie wiederum naturwissenschaftliche Erkenntnisse: Die Ergebnisse der Quanten- und Relativitätstheorie* verweisen auf den *Modellcharakter* wissenschaftlicher Theorien, die Abhängigkeit von dem jeweiligen experimentellen Beobachtungsrahmen (z.B. Licht im Modell von Welle oder Korpuskel).

---

1. Untersuchen Sie an den Schöpfungsmythen bzw. Weltbildern dieses Kapitels die von M. Gleiser getroffene Unterscheidung: Woran erkennen Sie „Ehrfurcht" oder „Überprüfbarkeit"?

2. Erläutern Sie das komplementäre Modell des Lichtes als Welle oder Korpuskel.
Worin liegt seine Bedeutung für den Dialog von Naturwissenschaft und Theologie?

3. Welcher Zusammenhang besteht zwischen dem experimentellen Beobachtungsrahmen und dem Gültigkeitsbereich naturwissenschaftlicher Theorien?
Greifen Sie auf die Sprachbilder H.-P. Dürrs (siehe Seite 11f.) zurück.

4. Für Spezialisten:
Was folgt aus der heisenbergschen Unschärferelation bezüglich „vollständiger Erfassung von Realität"?

Es ist heute schwierig, von einem allgemein gültigen, wissenschaftlichen Weltbild zu sprechen. Viele Naturwissenschaftler formulieren deshalb Teilerklärungen zu bestimmten Aspekten der Weltzusammenhänge. Finden sich eine Reihe von zueinander passenden neuen Teiltheorien auf unterschiedlichen Wissensgebieten, so kann sich ein *Paradigmenwechsel* ergeben (vgl. Seite 12), der allerdings oft erst im Nachhinein zu erkennen ist.

Wo Naturwissenschaftler sich weiter um ein einheitliches Weltbild bemühen, können trotz gleichem wissenschaftlich gesicherten Erkenntnisstand durchaus unterschiedliche Weltbilder entstehen: Nicht die naturwissenschaftliche Aussage oder Theorie entwirft ein Weltbild, sondern immer der existenziell betroffene Mensch, der den Aussagen eine Deutung gibt.

Das Weltsystem des Ptolemäus

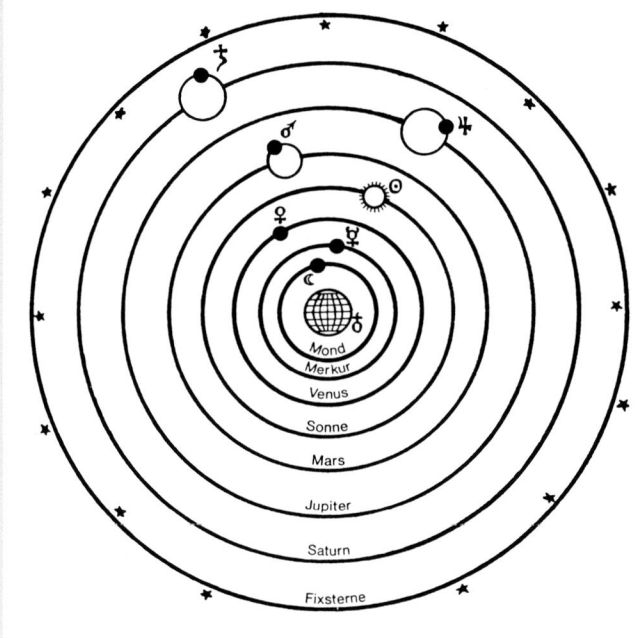

PTOLEMÄUS *lebte von 70–147 n.Chr. in Alexandrien und gilt als der berühmteste Astronom des Altertums.*
Er stellte die Erdkugel in den Mittelpunkt seines Weltsystems, um die der Mond, die Sonne und die Planeten auf sieben konzentrisch umeinander gelagerten Kristallkugeln kreisten. Die äußere Sphäre bildete die Kristallkugel der Fixsterne. Gott gilt als letzter unbewegter Beweger, der zusammen mit anderen Bewegern das Weltsystem in Bewegung hält.
Die Welt wird nicht als Schöpfung verstanden, sondern ist Abbild des ewigen, unveränderlichen Seins. Sie gehorcht immer wiederkehrenden Regeln und Gesetzen.
Die Zeit wird als zyklisch aufgefasst: Alles wiederholt sich beständig.
Man hat sich oft gefragt, warum die Entwicklung der antiken Astronomie, an der hervorragende Denker beteiligt waren, nicht über das geozentrische Weltbild *hinausgeführt hat. Tatsächlich gab es auch Ansätze für heliozentrische Systeme, von denen jedoch zum damaligen Zeitpunkt keines an Genauigkeit in Bezug auf die Vorhersage von Planetenkonstellationen mit dem geozentrischen Modell mithalten konnte. Überdies hatte dieses für sich, dass sich jeder durch eigene Anschauung von den Bewegungen der Sterne um die Erde überzeugen konnte.*

Das Weltbild des Mittelalters

Das Weltbild des Mittelalters baut gedanklich auf dem ptolemäischen Weltsystem auf. Es ist geozentrisch – die Erde und mit ihr der Mensch stehen im Mittelpunkt der Welt. Hauptcharakteristika sind Geschlossenheit und hierarchischer Aufbau: Die Welt ist dreigeteilt, räumlich und endlich.

Ganz allgemein besteht eine kosmische Ordnung, die sich im planmäßigen Gang der Gestirne, in den genauen Gesetzen der Natur, der Ordnung der Gesellschaft und des menschlichen Körpers spiegelt. Alles hat seinen, von der Schöpfung an vorbestimmten Platz und steht in Beziehung zueinander und zu Gottes Willen. Der Kosmos ist komplex und auf ideale Weise rational geordnet.

> Ziehen Sie zum Vergleich mit der nebenstehenden Darstellung den Holzschnitt einer mittelalterlichen Bibel auf Seite 59 heran.

Aus einer Wolke, die in hebräischer Schrift den Namen JHWH trägt, ragt die Hand Gottes hervor. Sie hält an einer Kette eine Frauengestalt, Urania, die den Himmel mit den sieben Planeten repräsentiert. Eine zweite Kette, die sie in der Hand hält, führt zu einem kleinen Affen, der auf der Erde sitzt.

Die Kette ist die Darstellung der Kette der Ursachen, die alles materielle Geschehen auf der Erde bewirken. Außerhalb dieses Bereiches der Erde, zwischen die Planeten und den Erdball gestellt, haben die Menschen ihren Ort. Leiblich betrachtet gehört der Mensch zur Erde und ist damit der Kausalität des Himmels unterworfen, seinem Geist und Willen nach ist er jedoch frei.

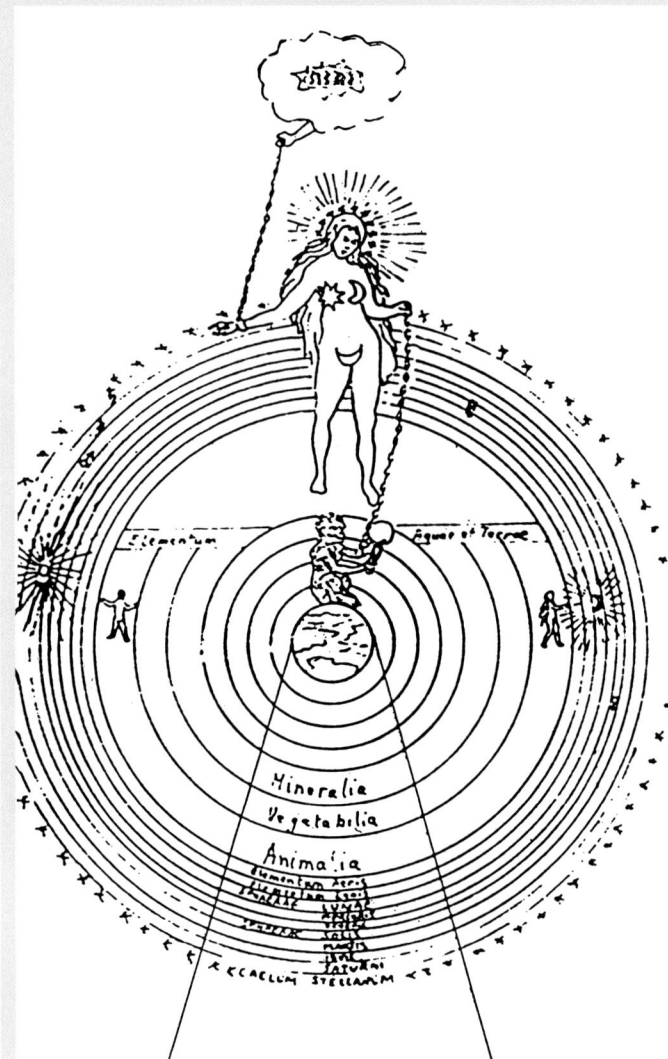

Aus einem mittelalterlichen alchimistischen Handbuch

Das Weltbild des Kopernikus

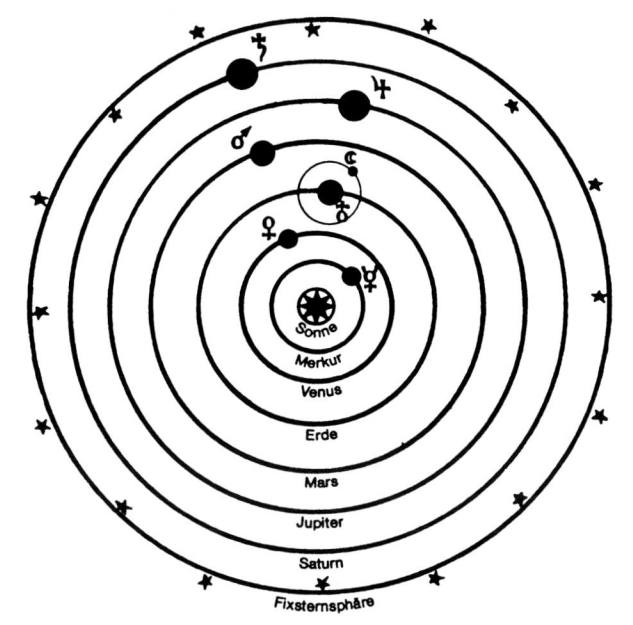

Originalseite aus dem von Nikolaus Kopernikus zu Beginn des 16. Jh. verfassten und 1543 veröffentlichten Hauptwerk „De revolutionibus orbium coelestium" („Über die Umläufe der Himmelskörper")

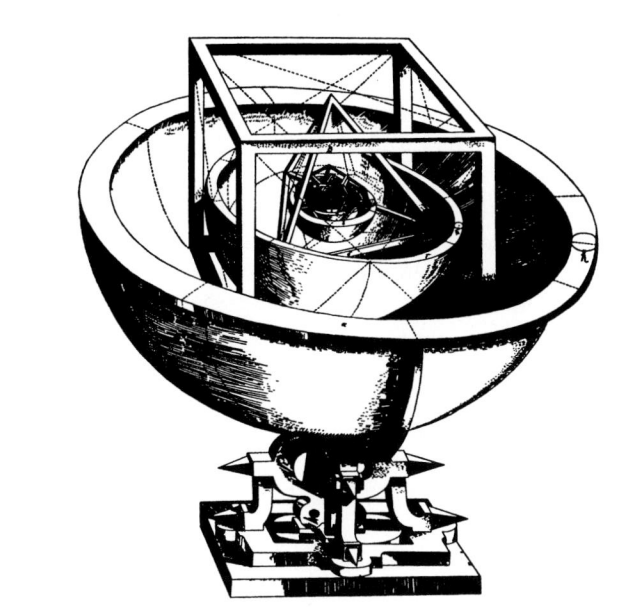

Aus Johann Keplers „Mysterium Cosmographicum" („Geheimnis des Weltbaues") von 1596, in dem er versuchte, die Planetenbahnen als regelmäßige Raumkörper darzustellen

1513 führten mathematische Berechnungen den Domherrn NIKOLAUS KOPERNIKUS (1473–1543) zu der Annahme, dass nicht die Erde, sondern die Sonne im Mittelpunkt des Weltalls stehe. Diese Auffassung wurde durch JOHANN KEPLERS (1571–1630) Entdeckung der Planetenbewegungen und durch Beobachtungen von GALILEO GALILEI (1564–1642) und ISAAC NEWTON (1643–1727) bestätigt.

Das heliozentrische Weltbild wurde theologisch* angefochten, da es mit der zentralen Stellung, die der christliche Glaube der Erde und dem Menschen zuwies, nicht vereinbar zu sein schien. Wissenschaftlicher Streitpunkt war die durch die Berechnungen Kopernikus' und Galileis angeregte Frage, ob sich die anschauliche Wirklichkeit vollständig in mathematischen Strukturen abbilden lasse.

Mit dem heliozentrischen Weltbild zerbrach die mittelalterliche Vorstellung eines geordneten und geschlossenen Weltmodells. Die Kristallschale des Fixsternhimmels galt nicht länger als Ende der Welt, sondern eröffnete den Blick in ein Universum voller unzähliger Sonnen und die Unendlichkeit des Raums. Doch wo hatte in diesem System Gott seinen Platz?
J. Kepler versuchte den Schöpfungsgedanken in Gottes Schöpfung selbst wieder zu entdecken: Für ihn war die Welt selbst voll göttlicher Schönheit und eine kunstvolle, berechenbare Harmonie.
I. Newton beschrieb die Welt als ein himmlisches Uhrwerk, das zwar einmal geschaffen, jedoch auf keinen ständigen Beweger angewiesen war.

Montage aus dem 1880 erschienenen Werk „L'Astronomie populaire" („Astronomie für jedermann") des französischen Astronomen Camille Flammarion

■ Informieren Sie sich über Leben und Werk Galileis.

Literaturhinweise:
- *Bertolt Brecht, Leben des Galilei, Suhrkamp, Berlin 1955*
- *Materialien zu Brechts Leben des Galilei, Suhrkamp, Frankfurt a.M. 1973*
- *Carl Friedrich von Weizsäcker, Die Tragweite der Wissenschaft, Hirzel, Stuttgart 1990*
- *Albrecht Fölsing, Galileo Galilei – Prozess ohne Ende: eine Biografie, Piper, München 1989*

Materialien zum Fall Galilei finden Sie auch in einer Reihe von Religionsbüchern, z.B.:
- *Veit-Jakobus Dieterich, Oberstufe Religion Bd.2: Glaube und Naturwissenschaft, hg. v. Eckhart Marggraf und Eberhard Röhm, Calwer, Stuttgart 1996*
- *Günter Böhm u.a. (Hg.), Religion im Sekundarbereich II, Schroedel, Hannover 1989*

Das Weltbild des 18. und 19. Jahrhunderts

Anders als Isaac Newton verzichtete Pierre Simon Laplace (1749–1827) in seinem Weltmodell auf die Hypothese einer Existenz Gottes. Nach seiner Vorstellung glich die Welt einem riesigen aufgezogenen Uhrwerk aus massiven Atomen, die sich ständig weiterbewegen und Druck oder Stoß aufeinander ausüben. Dieses Uhrwerk bewegt sich ewig und unaufhaltsam weiter. Es ist durchschaubar und berechenbar – alle Vorgänge sind determiniert. Laplace entwirft den Gedanken einer Super-Intelligenz, welche in der Lage ist, das komplexe Zusammenspiel der in der Natur wirksamen Kräfte in Vergangenheit, Gegenwart und Zukunft zu erfassen.
Die menschliche Intelligenz stelle nur ein schwaches Abbild dieser Kraft dar, bemühe sich aber um eine immer weitere Annäherung: Was man nicht weiß, weiß man noch nicht.
Der französische Arzt Julien Offray de Lamettrie (1709-51) vergleicht den Menschen mit einer Maschine.

Das Weltbild des 20. Jahrhunderts

Unser heutiges Verständnis der Entstehung der Welt und unserer eigenen, menschlichen Existenz auf der Erde lässt sich unter verschiedenen Aspekten beschreiben.
Kosmologisch betrachtet, ist die Erde Teil eines Sonnensystems, das mit ungefähr hundert Milliarden anderer Sonnensysteme eine Galaxie oder Milchstraße bildet. Dabei wird von der Existenz Milliarden weiterer Galaxien ausgegangen.
Dem Modell des Urknalls, das die Entstehung unseres Universums beschreibt, kommt zurzeit unter Physikern wie Astronomen eine hohe Akzeptanz zu. Vorrangig beschäftigt sich die wissenschaftliche Diskussion mit Fragen, die die Zeitspanne vor diesem Ereignis betreffen: Wie ist es zu einem Urknall gekommen? Inwieweit kann Energie ohne äußere Ursache auftreten? Ist das Ereignis des Urknalls als singulär oder als statistischer Zufallstreffer zu betrachten? Wann hat die Zeit angefangen – ist sie eine immanente Dimension unseres Universums?
Unter *evolutionärem* Aspekt betrachtet, lässt sich die Entwicklung von der Entstehung des Kosmos bis zur Ausbildung des menschlichen Geistes in drei Phasen unterteilen: die kosmische, die chemische und die biologische Evolution.
In dieser Vorstellung wird die Welt nicht mehr als geschlossenes System, sondern als offener Prozess betrachtet, in dem der Mensch und seine Geschichte als Teil der Natur einen Abschnitt des Evolutionsgeschehens darstellen.

1. Bitten Sie Mitschüler/innen, „Fachfrauen" bzw. „-männer" im Bereich Physik und Biologie, je eine informative Stunde zu den Themen „Urknall" und „Evolution" zu gestalten. Beide Themen eignen sich auch sehr gut für ein fächerverbindendes Unterrichtsprojekt.

2. Informieren Sie sich mithilfe von Zeitschriften, Reportagen, Schulbüchern über den aktuellen Stand der Diskussion „Entstehung der Welt – Entstehung des Menschen".

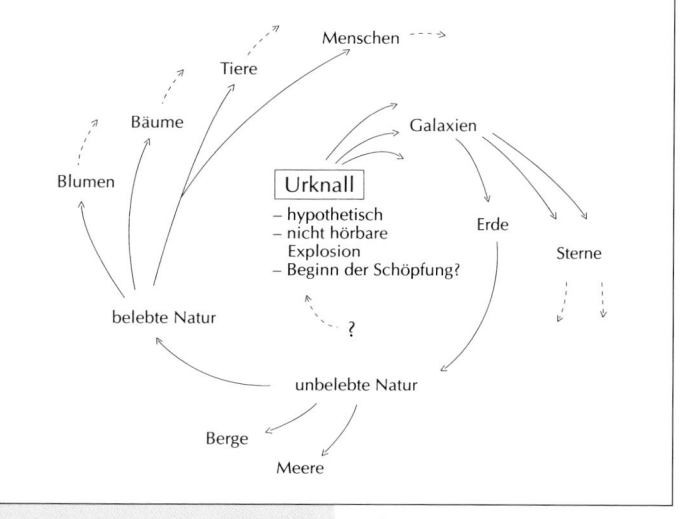

Aus einer Unterrichtsreihe „Schöpfung und Evolution", 1994

3. Untersuchen Sie die bildlichen Darstellungen (Seite 29 ff.) aus verschiedenen Zeiten unter folgenden Gesichtspunkten: Bezeichnung, Beschreibung, Gottesbild, Welt- und Selbstverständnis der Menschen der jeweiligen Zeit.
Ziehen Sie zur Beschreibung der Gottesbilder die philosophischen* Fachbegriffe (siehe Seite 76) heran.

4. Nehmen Sie Stellung zu folgender Behauptung:
Aus heutiger Sicht sind weder der symbolische Gehalt des geozentrischen Weltbildes noch seine Perspektive als erledigt zu betrachten.

Naturwissenschaft als Religion?

Da gibt es in den Naturwissenschaften eine Art von Religion*, nämlich die Religion von Menschen, die glauben, dass jedes Ereignis im Universum als eine Folge davor liegender Ereignisse rational erklärt werden kann. Durch die Entdeckung eines Weltanfanges unter Bedingungen, in denen die uns bekannten Gesetze nicht gelten, wurde dieser Glaube schwer erschüttert. Denn mit dieser Entdeckung verliert der Naturwissenschaftler die Übersicht. Als Reaktion ignoriert er diese Diskrepanz oder er verkleinert das Problem durch den großen Namen Urknall – als wenn das Universum ein Feuerwerkskörper wäre. Für einen Astronomen, dessen Weltverständnis auf logisch fassbarem Geschehen gründet, endet die Geschichte wie ein schlechter Traum. Er hat Berge besiegt und erklimmt nun den Gipfel. Oben, auf der höchsten Felsspitze begrüßen ihn die Theologen*, die dort schon seit Jahrhunderten sitzen. *Robert Jastrow, 1997*

STEPHEN WILLIAM HAWKING, *geb. 1942 in Oxford, ist seit 1977 Physiker an der Universität Cambridge. Sein Gebiet ist der Ursprung und die Entwicklung des Kosmos (die „Große Vereinheitlichte Theorie"). Aufgrund einer schweren Nervenerkrankung ist er an den Rollstuhl gefesselt und verständigt sich nur mittels Computer mit seiner Umwelt. Sein Buch „Eine kurze Geschichte der Zeit" von 1988 wurde weltweit ein Bestseller.*
➡ Seite 157

1. Erläutern Sie, worin nach R. Jastrow die Erschütterung des Naturwissenschaftlers besteht.

2. Vergleichen Sie die von R. Jastrow beschriebenen Reaktionen auf diese Erschütterung mit der Einstellung S. Hawkings. Können Sie sich weitere Reaktionen vorstellen?

3. Entwerfen Sie ein fiktives Gespräch zwischen C. Wolf (siehe Seite 46f.) und S. Hawking. Ausgangspunkt des Gespräches könnte der letzte Satz des nebenstehenden Textauszuges sein. Erarbeiten Sie zunächst beide Positionen getrennt.

Bisher waren die meisten Wissenschaftler zu sehr mit der Entwicklung neuer Theorien beschäftigt, in denen sie zu beschreiben versuchten, was das Universum ist, um die Frage nach dem Warum zu stellen. Andererseits waren die Leute, deren Aufgabe es ist, nach dem Warum zu fragen, nicht in der Lage, mit der Entwicklung naturwissenschaftlicher Theorien Schritt zu halten. Im 18. Jh. betrachteten die Philosophen* den gesamten Bereich menschlicher Erkenntnis, einschließlich der Naturwissenschaften, als ihr angestammtes Gebiet und erörterten auch Fragen wie etwa die nach dem Anfang des Universums. Im 19. und 20. Jh. jedoch wurde die Naturwissenschaft zu fachlich und mathematisch für Laien, zu denen nun auch die Philosophen gehörten. Sie engten den Horizont ihrer Fragen immer weiter ein. ...

Wenn wir jedoch eine vollständige Theorie entdecken, dürfte sie nach einer gewissen Zeit in ihren Grundzügen für jedermann verständlich sein, nicht nur für eine Hand voll Spezialisten. Dann werden wir uns alle – Philosophen, Naturwissenschaftler und Laien – mit der Frage auseinander setzen können, warum es uns und das Universum gibt. Wenn wir die Antwort auf diese Frage fänden, wäre das der endgültige Triumph der menschlichen Vernunft – denn dann würden wir Gottes Plan kennen. *Stephen W. Hawking, 1998*

Evolution und Kreationismus: Wissenschaft kontra Ideologie

Evolution, als Veränderung der Organismenarten, ist eine naturwissenschaftliche Tatsache. Ein Fülle von Phänomenen im Bereich des Lebenden lässt keine andere als die evolutionäre Deutung zu. Das Faktum der Evolution ist durch eine gewaltige Menge an Dokumenten aus verschiedensten biologischen Disziplinen belegt.

In der Evolutionsforschung geht es allerdings keineswegs bloß um die Frage, ob überhaupt Evolution stattgefunden hat (bzw. immer noch stattfindet), sondern vielmehr auch darum, die Abläufe der Stammesentwicklung zu rekonstruieren und die verwandtschaftlichen Beziehungen zwischen verschiedenen Organismen aufzuweisen sowie – ganz besonders – die Mechanismen des Evolutionsgeschehens zu ergründen. Die Evolutionstheorie im engeren Sinne bezieht sich also weniger auf den Tatbestand der Evolution selbst, sondern auf die Frage, wie Evolution erklärt werden kann. In diesem Bereich gibt es allerdings nach wie vor Probleme, Meinungsverschiedenheiten innerhalb der Biologie, so dass streng genommen nicht von der einen Evolutionstheorie die Rede sein kann; es liegen mehrere Evolutionstheorien vor, weil das Problem der Abläufe und Mechanismen der Evolution unterschiedlich bewertet wird. So stellt sich beispielsweise die Frage, ob die Evolution – wie Darwin meinte und was die Auffassung vieler Evolutionsforscher heute ist – kontinuierlich, graduell, d.h. in kleinen Schritten vor sich geht oder gelegentlich auch „Sprünge" macht. Gegenüber der Auffassung von der graduellen, schrittweisen Evolution (Gradualismus) wird von einigen Biologen die Meinung vertreten, dass Phasen der evolutiven Stagnation von relativ schnellen „Evolutionsschüben" abgelöst werden (Punktualismus). ...

Wichtig ist hier aber zu betonen, dass Meinungsverschiedenheiten in Bezug auf die Abläufe und Mechanismen der Evolution nichts am Faktum der Evolution selbst ändern. Wenn daher heute vielerorts beispielsweise die Theorie Darwins kritisiert wird und wenn verschiedene alternative Modelle vorgestellt werden, die die Evolution erklären sollen, dann darf es nicht den Eindruck erwecken, dass jetzt in der Biologie an der Evolution insgesamt gezweifelt wird: Es geht nur darum, das Evolutionsgeschehen, das ja sehr komplex ist, hinreichend zu erklären; und selbstredend setzen die Erklärungsversuche die Evolution als Tatsache voraus.

Franz M. Wuketits, 1989

Vorschläge für Referate:
- Die Evolutionslehre von Charles Darwin
- Die Rezeption der Lehre Ch. Darwins im Dritten Reich
- Die Erweiterung der Evolutionslehre als synökologisches Modell

Literatur:
- *Charles Darwin, Die Entstehung der Arten durch natürliche Zuchtwahl, Reclam, Stuttgart 1967*
- *Johannes Hemleben, Charles Darwin, Rowohlt, Reinbek b. Hamburg, 1968*
- *Theo Sombek u.a., Studienbuch Religionsunterricht 2: Das Bild von der Welt, Vandenhoeck & Ruprecht, Göttingen 1993*

1. Fassen Sie den Inhalt des Textes kurz zusammen. Unterscheiden Sie dabei zwischen „Evolution" und „Evolutionstheorie".

2. Klären Sie die Bedeutung folgender Begriffe für die Evolutionsdebatte: synthetische Theorie, Co-Evolution, Synökologie.

3. Analysieren Sie Aufbau und Sprache des Beitrages. Was ist das Anliegen des Verfassers?

Der Ursprung der Auseinandersetzung zwischen Kreationismus und Evolutionstheorie führt in die USA, wo im Jahre 1925 in Dayton im Staat Tennessee ein Prozess stattfand, der später als der „Affenprozess" („Monkey Trial") Geschichte machte.

In Tennessee war ein Gesetz verabschiedet worden, das in den öffentlichen Schulen jede Lehre verbot, „welche die göttliche Geschichte, wie sie die Bibel lehrt, verneint, und an Stelle dessen lehrt, der Mensch stamme von einer niedrigeren Ordnung von Lebewesen ab". Kurze Zeit nach In-Kraft-Treten des Gesetzes hatte die „Amerikanische Vereinigung für bürgerliche Freiheiten", die sich für eine Verwirklichung der in der amerikanischen Unabhängigkeitserklärung und der in der amerikanischen Verfassung verankerten Bürgerrechte einsetzte, in mehreren Zeitungen eine Inserat aufgesetzt, in dem sie anbot, jedem Lehrer mit Rat und Erstattung der Gerichtskosten beizustehen, der durch das Lehren der Evolutionslehre das Gesetz übertrat. Ein exemplarischer Prozess, der so genannte „Affenprozess" fand statt, konnte aber das Gesetz selbst nicht in Frage stellen, da innerhalb dieses Prozesses nur der Strafbestand der Übertretung verhandelt wurde und keine inhaltliche Auseinandersetzung stattfand. 1967 wurde das Anti-Evolutionsgesetz in Tennessee aufgehoben.

1973 wurde ein Gesetz, das die Gleichbehandlung von Schöpfungslehre und Evolutionstheorie, insbesondere in Schulbüchern, vorschrieb, verabschiedet.

Aus einem kreationistischen Schulbuch

Zu: Mutationen: Gewinn oder Verlust?

Niemand hat jemals Mutationen beobachtet, die eine Tierklasse in einen komplexeren Typ von Organismus umwandeln. Beispiele dafür wären: der Ansatz einer Milchdrüse auf der Brust eines Reptils, was zur Folge hätte, dass sich dieses Lebewesen in ein Säugetier umwandeln würde; oder die Entstehung von Vogelfedern, die sich anstelle von Schuppen entwickeln, wodurch ein Vogel hervorgehen würde.

Zu: Mangel an fossilen Beweisen zur Stützung des Evolutionsgeschehens

Kreationisten glauben – und das scheint sehr logisch zu sein –, dass es in der Vergangenheit Lebenszonen gab, genauso wie es sie heute gibt. Kreationisten fragen sich, warum Triboliten [krebsähnliche altzeitliche Lebensform] nicht in einer Lebenszone gelebt haben könnten, während zur selben Zeit Dinosaurier in einer anderen Lebenszone lebten. ... Es ist wahr, dass in einem gegebenen Gebiet, in dem verschiedene Zeitzonen repräsentiert sind, die untersten Schichten im Allgemeinen weniger komplexe Formen enthalten als die weiter oben liegenden Schichten. Dies könnte durch die Tatsache erklärt werden, dass das meiste fossile Material durch die Sintflut zur Zeit Noahs abgelagert wurde. Mit steigender Flut wurden weniger komplexe Formen, die weniger gut in der Lage waren zu entkommen, zuerst begraben. Komplexe und mobilere Formen konnten sich dagegen auf höher gelegene Gebiete retten.

Zu: Fossile Funde von erkrankten Lebewesen

Das überzeugendste Beispiel für eine Fehlinterpretation, verursacht durch Erkrankung (des früheren Lebewesens; Anmerkung des Übersetzers) ist der Neandertaler. Er wurde zuerst als Höhlenmensch mit gebeugter Haltung, abgewinkelten Knien und langen Haaren dargestellt. Diese Hypothese basiert auf einem Skelett, das bei La Chapelle-aux-Saints in Frankreich gefunden worden war.

Später wurde entdeckt, dass dieses Individuum Knochenarthritis hatte, die zur Krümmung des Rückens führte. Andere Skelette von Neandertalern, die später gefunden wurden, wiesen zu Lebzeiten vermutlich die gleiche aufrechte Haltung auf, wie wir sie von heutigen Menschen kennen. Wären Jungen oder Mädchen von Neandertalern wie Schüler von heute gekleidet und würden sie sich in einer Schule unter diese mischen, so würden sie vermutlich keinerlei Aufmerksamkeit erregen.

Aus den Zielsetzungen der Reihe „Wort und Wissen"

„Wort und Wissen" ist ein Studienkolleg in Baiersbronn-Röt, das Seminare und Kurse für Studenten, Lehrer und Schüler anbietet. Eine eigene Medienstelle des Kollegs stellt Materialien und Unterrichtsentwürfe zur Verfügung.

In einer von Wissenschaftsgläubigkeit geprägten Zeit möchten Herausgeber und Autoren zeigen, dass alle Daten und so genannten „Tatsachen" der Welt, die in Technik, Wissenschaft und Wirtschaft präsent sind, besser und stichhaltiger aus der biblischen Diagnose gedeutet werden können als aus den Eigengesetzlichkeiten und Zufälligkeiten dieser Welt.

Die Schrift, ganz und wörtlich von Gott gegeben, ist in allem, was sie lehrt, ohne Irrtum und Fehler, und zwar sowohl im Blick auf ihre Aussagen über Gottes Handeln in der Schöpfung und in den Ereignissen der Weltgeschichte als auch (in ihren Aussagen) über ihre literarischen Ursprünge unter Gott, wie in ihrem Zeugnis von Gottes Heilshandeln im Leben von Einzelnen.

1978 wurde dieses Gesetz von dem obersten Gerichtshof Amerikas für verfassungswidrig erklärt. In wechselnden Szenarien versuchen immer wieder Eltern, vor allem in den Südstaaten der USA, gegen die Beeinflussung ihrer Kinder durch die Lehren Darwins zu klagen. Die „wissenschaftlichen" Kreationisten („creatio", lat.: „Schöpfung, Erschaffung") versuchten die Aussage der Bibel durch scheinbar wissenschaftliche Befunde zu stützen. Seit 1963 existiert die „Creation Research Society", die – um ihren wissenschaftlichen Anspruch zu betonen – die Vollmitgliedschaft von einem naturwissenschaftlichen oder technischen Hochschulabschluss abhängig macht. In Deutschland findet die Debatte um die Evolutionslehre nicht in gleicher Intensität statt wie in den USA. Allerdings haben die Argumente der amerikanischen Kreationisten Eingang in die klassischen fundamentalistischen Glaubensgemeinschaften gefunden und es gibt eine Reihe von Verlagen und einzelne Studienkollegs, die versuchen, auf den Biologie- und Religionsunterricht des öffentlichen Schulwesens Einfluss zu nehmen.

1. Diskutieren Sie, ob es sich bei dem Streit um die Evolutionslehre um ein naturwissenschaftliches oder ein theologisches Problem handelt.

Grundlegende Informationen zum Thema „Wissenschaft" finden Sie auf Seite 11 ff.

2. Erarbeiten Sie die kreationistische Argumentation aus den verschiedenen Texten:

Welche Bedeutung kommt den Aspekten „Mutation", „Mangel an fossilen Beweisen"... zu?

3. Setzen Sie sich kritisch und begründet mit der Position des Kreationismus auseinander.

Der „Sündenfall" – ambivalente Bewertung von Wissen und Fortschritt

Sündenfall?

In allen Sprachen des Abendlandes hat die Erzählung die Überschrift „Der Sündenfall" erhalten. Diese Überschrift, die fest in der abendländisch-christlichen Tradition verankert ist, enthält eine bestimmte Deutung der Erzählung, die sie immer schon mitbringt. Diese Deutung wurde in der christlich-kirchlichen Dogmatik* in der Lehre vom Urstand, vom Sündenfall, von der Erbsünde festgelegt. Die Bezeichnung und die in ihr implizierte Deutung ist nicht erst in der christlichen Tradition entstanden. … Besonders deutlich [ist sie] im IV. Esrabuch zu erkennen (7, 118; Übersetzung von H. Gunkel):

„Ach, Adam, was hast du gethan!
Als du sündigtest,
kam dein Fall nicht nur auf dich, sondern auch auf uns,
deine Nachkommen!"

Hier ist Adam nicht, wie in der Erzählung selbst, als Repräsentant der von Gott geschaffenen Menschen, sondern als geschichtliches Individuum verstanden, dessen „Sündenfall" durch ihn auf seine Nachkommen übertragen wurde.
Auf dieser … Deutung beruht die Lehre vom Sündenfall und von der Erbsünde. In der Erzählung selbst ist sie nicht begründet.
Paulus steht in seiner Deutung von Genesis 2–3, wie oft festgestellt wurde, in einem erkennbaren Zusammenhang mit … [dieser] Deutung; sie ist nicht erst aus der Begegnung des Paulus mit dem Christusereignis entstanden. Bei Augustin ist die Erbsündenlehre zur vollen Ausbildung gekommen. Ein für die Deutung Augustins typischer Satz ist: „So wird auch der Fall des Menschen als ein Hinuntergleiten in eine niedere Seinsstufe verstanden, sodass Sünde nicht als Mangel, sondern als seinsmäßige Degradierung verstanden werden muss." …

---

1. Lesen Sie Gen 3,1–24.
Formulieren Sie Themen oder Fragestellungen, die in diesem biblischen Text angesprochen werden.

2. Schreiben Sie Passagen des Textes, die Sie irritieren oder ärgern, in Ihrem Sinne um.
Versuchen Sie im Gespräch möglichst genau herauszufinden, auf welcher Ebene (Wortlaut des Textes, Wirkungsgeschichte des Textes, Alltagserfahrungen, …) Ihre Irritation, Ihr Ärger liegt.

3. Arbeiten Sie die Traditionslinie des Sündenfallthemas heraus.
Informieren Sie sich mithilfe von Bibel (Apg 9,1–31) und Lexikon über Paulus und Augustin.
Paulus' Deutung von Gen 2–3 finden Sie: Röm 5,12–21; 1.Kor 15,45.

Man kann heute nicht mehr sagen, dass diese Auffassung Augustins, die einen bestimmenden Einfluss in der christlich-abendländischen Tradition erhielt, dem in der Erzählung am Anfang der Bibel Gemeinten entspricht. Der nicht zutreffende Grundansatz dieser Auffassung liegt darin, dass hier vorausgesetzt wird, unsere gegenwärtige Geschichte beginne mit dem Sündenfall, während der vor diesem Fall liegende „Urstand" als ein Zustand paradiesischer* Unschuld unserer gegenwärtigen Geschichte jenseitig sei. Dabei ist verkannt, dass in der Erzählung selbst der gesamte Geschehensverlauf vom Hineinsetzen des Menschen in den Garten bis zu seiner Vertreibung als urgeschichtliches Geschehen und damit als unserer Geschichte jenseitig gemeint ist. Im gesamten Geschehensverlauf wird Geschehendes auf eine andere Weise dargestellt als das, was wir unter Geschichte verstehen. Die Urgeschichte erklärt das Menschsein in seinen wesentlichen Elementen als Gewordensein. Die eigentliche, die Erzählung bestimmende Frage ist: Warum ist der von Gott geschaffene Mensch ein von Tod, Leid, Mühe und Sünde begrenzter Mensch? Sie ist nicht eigentlich die objektive Frage nach der Ursache, sondern die Frage des von diesem Zwiespalt betroffenen Menschen, die in der Erzählung ihre Antwort enthält. Diese Antwort ist dann auch nicht eine objektive Auskunft, die man in eine Lehre fassen könnte. Die „Aussage" dieser Erzählung ist nicht anders zu hören, als indem man die Erzählung hört. Wohl zeigt die Erzählung einen Zusammenhang zwischen einer Schuld des Menschen und seiner Begrenztheit durch Leid, Mühsal, Tod. Aber dass „der Tod der Sünde Sold" ist, das ist hier nun gerade nicht gesagt. Die zusammen mit dem Verbot angedrohte Todesstrafe tritt nicht ein; dem Menschen wird trotz seines Ungehorsams der Freiheitsraum eines ganzen Lebens gewährt. Der Fluch trifft den Menschen selbst nicht, er trifft an ihm vorbei. Die Strafe entfernt den Menschen von Gott, aber das bedeutet keine völlige Trennung. Schuld und Tod gehören nun unablöslich zu seinem Dasein, aber der von Gott entfernte bleibt der von Gott versorgte, beschützte und gesegnete Mensch; er bleibt Gottes Geschöpf. Dies alles kann nur die Erzählung selbst in ihrem Gesamtverlauf und in allen ihren feinen Nuancen sagen; in eine Lehre ist das nicht zu fassen.

Claus Westermann, 1983

1. Versuchen Sie zu erklären, warum die Interpretation von Gen 3,1–24 als „Sündenfall" so erfolgreich war.

Ziehen Sie dazu den von C. Westermann zitierten Vers des Esrabuches sowie Jer 31,29–30 und Ez 18,2 heran.

Formulieren Sie die hinter diesen Versen stehende Beobachtung und nennen Sie Beispiele für Verkettungen dieser Art.

2. Stellen Sie die Argumente für eine alternative Interpretation von Gen 3,1–24 heraus.

Der evangelische Theologe CLAUS WESTERMANN *(geb. 1909) war Professor für alttestamentliche Wissenschaft in Heidelberg.*

DOROTHEE SÖLLE, *geb. 1929, studierte Philosophie, Germanistik und Theologie. Von 1975–87 war sie Professorin für Systematische Theologie am Union Theological Seminary in New York. Heute lebt sie in Hamburg als freie Schriftstellerin. Die Auszüge aus ihrer Predigt über Gen (=1. Buch Mose) 3,13–24 sind ihrem 1987 veröffentlichten Buch „Uns ist noch nicht erschienen, was wir sein werden" entnommen und stehen in der Tradition der feministischen Bibelauslegung.*

Feministische Bibelauslegung (Exegese) setzt bei der konkreten Erfahrung der Frau an. Ausgangspunkt ist die Feststellung, dass die Welt von Männern geprägt wurde und wird. Dies gilt auch für das Alte und Neue Testament*, die die Geschichte der Abwertung der Frau fortgeschrieben haben. CATHARINA J.M. HALKES, *feministische Theologin, sieht zwei Möglichkeiten des Umgangs mit der Bibel:*

> Die Exegeten unter uns können ... von den inzwischen erworbenen exegetischen Kenntnissen Gebrauch machen; sie sollten sie allerdings mit Vorsicht und einer gewissen Skepsis anwenden – wohl darauf bedacht, dass nun Frauen ihre eigenen Lebens- und Glaubenserfahrung mitsprechen lassen und selbst die Subjekte dieses kritischen Kommentars sind. ... Frauen können die Bibel auch bleiben lassen, was sie ist: ein patriarchalisches Buch, in dem sich Frauen, die es heute lesen, wie in einem fremden Land fühlen.
>
> C.J.M. Halkes, 1982

Der Baum der Erkenntnis und der Baum des Lebens: Predigt über 1. Mose 3,13–24

Liebe Schwestern, wir stehen in einer Tradition, die uns beleidigt. Von der Rippe bis zur Hexe bis zur „Emanze" – ein Beleidigungszusammenhang. ...
Gegen diese Beleidigungstradition steht die der Befreiung. Schiller hat den so genannten Sündenfall als den glücklichsten Moment der Weltgeschichte verstanden. Die Wörter Sünde und Fall erscheinen im biblischen Text nicht, wohl aber das Wort vertreiben, austreiben. Austreibung ist eine Phase des Gebärens. Die Frucht wird ausgetrieben aus dem Mutterleib, in dem alles mühelos da war, Atem und Nahrung. Aber jetzt beginnt das Leben, die Arbeit, die Mühe und die Sexualität.
Adam und Eva verlassen den Garten und kommen heraus in die Kälte und Härte des Lebens. Coming out ist ein Wort, das in der homosexuellen Befreiungsbewegung eine große Rolle spielt. Es bedeutet, dass Menschen ihre Sexualität nicht mehr unter erniedrigenden und zerstörerischen Umständen geheim halten müssen. Coming out – herauskommen – ist ein Befreiungswort. Lasst uns die biblische Tradition im Sinne des Coming out verstehen. Die ersten Menschen kommen heraus, sie entdecken sich selber, sie finden die Freude des Lernens, das Glück des Schönen und die Erkenntnis. Lasst uns Eva loben, die das zuwege gebracht hat! Ohne Eva säßen wir noch immer auf den Bäumen. Wir wüssten nicht, was Erkenntnis bedeutet, ohne die Neugier der Eva. ...
Unsere Situation ist, dass wir von dem Baum der Erkenntnis gegessen haben, der Baum des Lebens aber nicht erreichbar ist. Wir können erkennen, Erkenntnis gewinnen, Verantwortung tragen, aber das Leben ist nicht in unserer Hand. Das ewige Leben ist uns verwehrt und unser tiefster Wunsch, zurück ins Paradies* zu kommen, geht darauf, auch von dem anderen Baum zu essen und eins mit dem Leben zu sein. Wenn Christus den Cherub, der das Paradies bewacht, vertreibt, sodass wir wieder ins Paradies können, wenn er heut wieder aufschließt die Tür, so nicht in dem Sinn, dass wir dann in einer Art adamitischer Unschuld leben, sondern damit wir mehr Anteil am Leben haben und auch von dem Lebensbaum essen. Solange wir hier sind, haben wir Erkenntnis und kein ewiges, vollkommenes Leben.

Gibt es eine Aussöhnung zwischen den beiden Traditionen, der der Unterdrückung und der der Befreiung?
Ist Gott der eifersüchtig über seine Privilegien wachende Unterdrücker oder will er unsere Stärke, unser Wachstum, unser Coming out? Sind wir schuldig, wenn wir die Freiheit wählen, das Risiko, die Erkenntnis, die Fremde? Oder sind wir fähig, Menschen, Männer und Frauen, miteinander Menschen zu werden?
Die Gesamtbotschaft der Bibel sagt, dass Gott auf unserer Seite steht, auf unserer Seite in unserem Herauskommen. Er flucht nicht nur, weil wir da raus mussten. Sondern er geht mit uns. Er hilft uns auf unserem langen Weg zur Menschwerdung. Der schönste Vers dieser Geschichte für mich ist der einundzwanzigste. Da heißt es: „Und Gott der Herr machte Adam und seinem Weibe Röcke von Fellen und kleidete sie."
Es war kalt auf der Erde und es ist immer noch kalt. In der jüdischen Tradition gibt es eine Lehre davon, dass Menschen Gott nachahmen sollen. Sie sollen heilig sein, wie Gott heilig ist. Sie sollen die Werke Gottes tun, das ist, Gerechtigkeit üben. Lasst uns tun, was Gott tut. Die Schlange hat nicht gelogen. Es ist möglich, auch die Nackten auf dieser Erde, dieser kalten Erde, heute zu kleiden.

Dorothee Sölle, 1987

Folgende Fragestellungen interessieren die feministische Exegese:
- *Was sagen die bisher bekannten exegetischen Methoden zum Text?*
- *Ist der Text in seiner Überlieferung/Übersetzung männlich umgedeutet worden?*
- *Was sagt der Text über die Situation der Frau?*
- *Welche Lebens- und Glaubenserfahrungen von Frauen können zum Textverständnis eingebracht werden?*

1. Feministische Exegese ist ein Teilgebiet der feministischen Theologie. Informieren Sie sich mit Hilfe des Kapitels „Seht, die Wohnung ...", Seite 53 ff. über das Anliegen feministischer Theologinnen.

2.a) Auf den folgenden Seiten finden Sie zwei weitere bildliche Interpretationen des Sündenfallthemas.

Analysieren und interpretieren Sie die beiden Darstellungen.
Für die Erschließung des Dürer-Bildes kann es interessant sein, die symbolische Bedeutung der abgebildeten Tiere in einem Symbollexikon nachzuschlagen.

2.b) Stellen Sie die Unterschiede beider Bilder heraus. Wie erklären Sie sich diese?

3. In dieser Zeichnung drückt Barbara (18 Jahre) ihre Gedanken und Gefühle zu Gen 3,13–24 aus.

Die hebräische Bezeichnung für Schlange trägt einen männlichen Artikel.
Wie verstehen Sie die Darstellung der Schülerin?

Albrecht Dürer, Adam und Eva, 1504

Max Beckmann, Adam und Eva, 1917

Lebensgefühl der Renaissance

Die Welt ist wohl von Gott geschaffen, aber der Mensch hat sie verwandelt und verbessert.
Denn alles, was uns umgibt, ist unser eigenes Werk, das Werk der Menschen, alle Wohnstätten, alle Schlösser, alle Gebäude. ... Von uns kommt der Handel, die Wissenschaften, ... alle Erfindungen.
Gianozzo Manetti, italienischer Gelehrter, 1451

... in unserer Zeit sind Kunst und Wissenschaft wieder auf dem Wege, sich aus der Finsternis zu erheben. Gelehrte Männer bringen sie zu neuer Blüte, ... die vor mehr als 800 Jahren verloren gegegangen war. ...
Die Menschen unserer Tage sollten Gott danken, dass sie in dieser Zeit voller Hoffnungen und Versprechungen (leben). ...
Ich sehe den Tag kommen, an dem Philosophie, Wissenschaft und Kunst sich erneuern, und zwar aus der Weisheit der Griechen und Römer.
Cyriacus von Ancona, 15. Jh.

GIOVANNI PICO DELLA MIRANDOLA (1463–94), italienischer Philosoph. Der Textauszug stammt aus seiner berühmten Rede „De hominis dignitate" von 1486.

1. Verdeutlichen Sie sich die historischen Bedingungen, die zu der Entstehung des neuen Lebensgefühls in der Renaissance beitrugen: Informieren Sie sich mithilfe von Geschichtsbüchern und Lexika über kulturelle, wirtschaftliche und naturwissenschaftliche Entwicklungen dieser Zeit.

Es ist nit bös, dass der Mensch viel lernt

Etwas können ist fast gut. Wir könnten gern viel. Dann es ist uns van Natur eingossen, dass wir geren viel wessten, dordurch zu erkennen ein rechte Wahrheit aller Ding. Aber unser blöds Gemüt kann zu solicher Vollkummenheit aller Künsten, Wahrheit und Weisheit nit kummen. Doch sind wir nit gar ausgeschlossen van aller Weissenheit. Woll wir durch Lernung unser Vernunft schärpfen und dos einüben, so mügen wir wohl etlich Wahrheit durch recht Weg suchen, lernen, erkennen, erlangen und darzu kummen.
Dorum der do untersteht zu müßiger Zeit etwas zu lernen, darzu er sich am allergeschicktesten find, Gott zu ehren, ihm selbs und anderen zu Nutz, der tut wohl. ...
Dann er braucht sich des göttlichen Willens, der uns all unser Künnen mitteilet. Es ist nit bös, dass der Mensch viel lernt.
Albrecht Dürer, um 1512

Die Freiheit des Menschen ist seine Würde

Daher ließ sich Gott den Menschen gefallen als ein Geschöpf, das kein deutlich unterscheidbares Bild besitzt, stellte ihn in die Mitte der Welt und sprach zu ihm: „Wir haben dir keinen bestimmten Wohnsitz, noch ein eigenes Gesicht, noch irgendeine besondere Gabe verliehen, o Adam, damit du jeden beliebigen Wohnsitz, jedes beliebige Gesicht und alle Gaben, die du dir sicher wünschst, auch nach deinem Willen und nach deiner eigenen Meinung haben und besitzen mögest. Den übrigen Wesen ist ihre Natur durch die von uns vorgeschriebenen Gesetze bestimmt und wird dadurch in Schranken gehalten. ...
Wir haben dich weder als einen Himmlischen noch als einen Irdischen, weder als einen Sterblichen noch als einen Unsterblichen geschaffen, damit du als dein eigener, vollkommen frei und ehrenhalber schaltender Bildhauer und Dichter dir selbst die Form bestimmst, in der du zu leben wünschst. Es steht dir frei, in diese Unterwelt des Viehs zu entarten. Es steht dir ebenso frei, in die höhere Welt des Göttlichen dich durch den Entschluss deines eigenen Geistes zu erheben."
Pico della Mirandola, 1486

2. Vergleichen Sie die verschiedenen Texte des 15. und 16. Jh. unter den Aspekten Menschenbild, Verhältnis des Menschen zu Gott, Verhältnis von Vernunft und Religion.

Über das naturwissenschaftliche Zeitalter

Wir Älteren unter Ihnen haben das Glück gehabt, Zeuge des gewaltigen Aufschwunges zu sein, zu dem die menschliche Tätigkeit auf fast allen Gebieten des Lebens durch den belebenden Odem der Naturwissenschaften angeregt wurde.
5 Wir haben aber auch gleichzeitig gesehen, wie die Wissenschaft ihrerseits wiederum durch die technischen Errungenschaften gefördert wurde, wie die Technik ihr eine Fülle neuer Erscheinungen und Aufgaben und damit die Anregung zu weiteren Forschungen brachte. ...
10 Und so, meine Herren, wollen wir uns nicht irre machen lassen in unserem Glauben, dass unsere Forschungs- und Erfindungstätigkeit die Menschheit höheren Kulturstufen zuführt, sie veredelt und idealen Bestrebungen zugänglicher macht; dass das hereinbrechende naturwissenschaftliche Zeitalter ihre
15 Lebensnot, ihr Siechtum mindern, ihren Lebensgenuss erhöhen, sie besser, glücklicher und mit ihrem Geschick zufriedener machen wird. Und wenn wir auch nicht immer den Weg klar erkennen können, der zu diesen besseren Zuständen führt, so wollen wir doch an unserer Überzeugung festhalten,
20 dass das Licht der Wahrheit, die wir erforschen, nicht auf Irrwege führen und dass die Machtfülle, die es der Menschheit zuführt, sie nicht erniedrigen kann, sondern sie auf eine höhere Stufe des Daseins erheben muss!

Werner von Siemens, 1886

WERNER VON SIEMENS *(1816–92) war Ingenieur und Begründer der Siemens-Werke. Der Auszug stammt aus einer Rede, die er 1886 vor der Versammlung der Deutschen Naturforscher und Ärzte hielt.*

Wir dürften die Vertreibung aus dem Paradies* nicht als einen Verlust beklagen: im „Ausschlagen des Paradieses", so meinten Georg Agricola und Paracelsus, eröffne sich dem Menschen vielmehr ein „neues, seligeres Paradies", das er sich selbst auf der Erde schaffen könne durch seine „Kunst"....
Die Gestaltung der Natur galt im 16. und 17. Jh. als ein dem Menschen von Gott erteilter Auftrag: Wir müssen versuchen, schrieb René Descartes 1637, die „Kraft und die Wirkung des Feuers und des Windes" ... zu verstehen; dann würde es möglich, alle diese Naturkräfte für unsere Zwecke zu benutzen: „So könnten wir Menschen uns zu Herren und Besitzern der Natur machen."
Diese Visionen schienen sich am Ende des 19. Jhs. tatsächlich zu erfüllen. Bezwungen wurden die großen Geißeln der Menschheit, die Cholera, die Pest ....
Die Ernteerträge stiegen ....
Ohne dass die Arbeiter hätten angestrengter schaffen müssen und ohne Verminderung der Produktion, gelang es, die Arbeitszeit herabzusetzen.
Die religiöse Motivierung des technischen Schaffens war im 19. Jh. verloren gegangen; die allgemeine Säkularisierung hatte auch die Arbeitswelt erfasst. Was blieb, war der Glaube an den ununterbrochenen, durch Wissenschaft und Technik herbeigeführten wirtschaftlichen und gesellschaftlichen Fortschritt.

Ansgar Stöcklein / Mohammed Rassem, 1990

1.a) Formulieren Sie die Hoffnungen, die W.v. Siemens in Naturwissenschaft und Technik setzt.

1.b) Vergleichen Sie diese mit den Vorstellungen der Renaissance: Wo sehen Sie Veränderungen im menschlichen Selbstverständnis?

1.c) Analysieren Sie die sprachlichen Mittel der Rede W.v. Siemens': Was wird zum Ausdruck gebracht?

2. Verfassen Sie als „Erben" des „Zeitalters der Naturwissenschaften" eine Antwort an W.v. Siemens.

3. Verdeutlichen Sie die Bedeutung der Aufklärung für den Prozess des technischen Fortschritts.

Neben Informationen aus Geschichts- und Deutschbüchern können Sie folgende Texte dieses Buches heranziehen:
– I. Kant, Was ist Aufklärung? (Seite 146)
– J.G. Herder, Die Bestimmung des Menschen (Seite 148)
– R. Spaemann, Fortschritt als Bedrohung (Seite 149)
– H. Zahrnt, Glanz und Elend der Aufklärung (Seite 154f.)

CHRISTA WOLF, *geb. 1929, lebt in Berlin. Sie galt als Repräsentantin der regimekritischen DDR-Literatur, wurde aber 1990 mit dem Vorwurf zu großer Kompromissbereitschaft konfrontiert und wegen ihrer sozialistischen* Grundhaltung angegriffen. Ihr umfangreiches erzählerisches und essayistisches Werk wurde mit zahlreichen nationalen und internationalen Preisen ausgezeichnet.*

Störfall

Die Erzählung „Störfall" beschreibt, wie die Nachricht aus Tschernobyl im Verlaufe eines Tages im April 1986 in einem kleinen mecklenburgischen Dorf ankommt. An diesem Tag kommen Besucher auf den Spuren alter Kriegserinnerungen in den Ort, der Nachbar der Erzählerin will seine Saatkartoffeln in die Erde kriegen und ihr Bruder muss sich einer Gehirnoperation unterziehen.

Ich kann nur hoffen, daß der Duft des Waldes im Frühling fest in deiner Erinnerung verankert ist. *Was macht mein Kind / was macht mein Reh ... .* Ich bin noch ein Stück durch den Wald gegangen und habe nach Anzeichen von Krankheiten an Bäumen gesucht, aber keine entdecken können. Daß wir nur die Wahl haben sollen, mit der Radioaktivität oder mit dem Waldsterben zu leben, hat mich, als wir einmal darüber sprachen, zu übersteigerten, wie du fandest: zu überspitzten Äußerungen verführt. Äußerungen über die falschen Alternativen, zwischen die wir gestellt sind. Dann – habe ich dich reden hören – dann müsse ich auch bereit sein, meine Ansprüche an Komfort zurückzunehmen. *Was macht mein Kind / was macht mein Reh / nun komm ich noch zweimal und dann nimmermehr.* Ist es denn wahr: Haben uns unsere eigenen Wünsche an diesen Punkt gebracht? Hat unser übergroßer unbeschäftigter Gehirnteil sich in eine manisch destruktive Hyperaktivität geflüchtet und, schneller und schneller, schließlich – heute – in rasender Geschwindigkeit immer neue Phantasien herausgeschleudert, die wir, unfähig uns zu bremsen, in Wunschziele umgewandelt und unserer Maschinenwelt als Produktionsaufgaben übertragen haben?

Zurück ist es sich schwerer gefahren, gegen den Wind, der am Nachmittag aufgekommen war. Linker Hand habe ich am Waldrand nun auch das Rudel Rehe äsen sehen, in der Getreidesaat. *Was macht mein Kind / was macht mein Reh / nun komm ich noch diesmal und dann nimmermehr.* Endlich hat mein Gedächtnis herausgefunden, wo dieser Spruch vorkommt, wer ihn sagt und wie diese ganze Erinnerung mit dem Grundmuster dieses Tages zusammenhing. Ich habe auflachen müssen. Brüderchen und Schwesterchen. Dies Märchen hat uns als Kinder in abgrundtiefe Traurigkeit versetzt, und doch mußten wir immer wieder zu ihm zurückkehren.

Immer wieder sind wir, verstoßen von der bösen Stiefmutter, in die Wildnis hinausgegangen, Hand in Hand, und die Brunnen, aus denen du trinken wolltest: *Schwesterchen, mich dürstet. Wenn ich ein Brünnlein wüßte, ich ging und tränk einmal. Ich mein, ich hört eins rauschen ...,* die Brunnen warnten uns mit ihren raunenden Stimmen, die ich dir übersetzte: Brüderchen, trink nicht. Sonst wirst du ein wildes Tier und wirst mich zerreißen. Da hat meine herzzerreißende Trauer immer angefangen, und oft und oft habe ich versucht, dir deinen Durst

---

1.a) Unterscheiden Sie – zum besseren Verständnis – die verschiedenen Erzählstränge des Textauszuges.

1.b) Überprüfen Sie C. Wolfs Erinnerungen anhand des Originaltextes des Märchens „Brüderchen und Schwesterchen" der Gebrüder Grimm.

1.c) Arbeiten Sie die Deutung, die C. Wolf dem Märchen gibt, heraus.

Wie verstehen Sie den Gedanken von den „falschen Alternativen", zwischen die wir gestellt sind?

2. Vergleichen Sie C. Wolfs Deutung des Märchens mit der Erzählung vom Sündenfall. Wo sehen Sie Parallelen, wo Differenzen?

auszureden, aber wir wußten ja beide, wie das Märchen ging, und wir konnten nichts daran ändern. Du wurdest ganz wild vor Durst und betteltest so lange um einen Schluck Wasser, bis ich dir erlauben mußte, unter Jammern und Wehklagen, aus dem letzten Brunnen zu trinken. Das war der Wasserhahn in unserer Küche und nun wurdest du, wie uns angedroht worden war, ein Reh, was ja schlimm genug, aber immer noch besser war, als wärest du ein Tiger oder Wolf geworden und hättest mich in Stücke gerissen. ... Brüderchen und Schwesterchen. Es war ein Verhängnis, daß man entweder verdursten oder sich in ein wildes Tier verwandeln sollte, und ich habe dir, Brüderchen, oft und oft vorgehalten, daß ich, Schwesterchen, mich doch auch bezähmen konnte; daß ich, obwohl so durstig wie du, doch auch nicht unbedingt trinken mußte. ... *Was macht mein Kind / was macht mein Reh* .... Ach, diese frühe Anfälligkeit für den traurigen Vers. Diese frühe Angst vor der schlimmen Kehrseite unserer Natur, von der wir uns nie anders als durch Mord und Totschlag befreien konnten.

Christa Wolf, 1987

Aussagen Jugendlicher zum Thema Gentechnologie

Ich finde es sowieso bescheuert, Menschen zu verdoppeln. Ich denke, jeder Mensch ist ein Individuum. Niemand sollte wiederholt werden.

Ich denke, länger leben hat schon seine Vorteile.

Kann man dadurch nicht Krankheiten vorbeugen, irgendwie in den Genen alles ausmerzen?

Wer möchte denn nicht gerne gut aussehen? Nur, das würde nach der dritten, vierten, fünften Generation nicht mehr auffallen, weil es dann keine anderen Menschen mehr gibt, die nicht gut aussehen.

Mythos* Gene

Im Diskurs über die Gentechnologie erfährt das Nachdenken über das Verhältnis von Mensch und Natur insofern eine Zuspitzung, als die technische Veränderung der Gene nicht nur ein Exempel für die naturwissenschaftliche Beherrschung der äußeren Natur ist, sondern zentral die innere Natur des Menschen und damit sein Selbstverständnis trifft. Deshalb hat die Debatte über die Gentechnik auch eine andere Qualität als die über andere naturwissenschaftliche und technische Entwicklungen, weil noch mehr als z.B. in der Ökologie- oder Atomkraftdebatte zentrale metaphysische* Fragen nach dem Wesen des Menschen und dem Ziel menschlichen Lebens berührt werden.
Der Diskurs zur Gentechnik ist nicht nur eine Sache der biologischen Informiertheit, nicht nur eine Sache der Verantwortung und der Ethik* – die Gentechnik betrifft zentral die Frage, die nach Kant bekanntlich die zentrale Frage der Philosophie* ist und in der alle anderen Fragen zusammenlaufen:
„Was ist der Mensch?"
Die Gentechnik rührt gleichsam an den „Kern" des Lebens und der lebendigen Natur. Damit aktiviert und formt sie ein weites Spektrum an Vorstellungen, Fantasien, Hoffnungen und Ängsten. So werden Bilder und Metaphern hervorgerufen, durch die die Gentechnik für die Subjekte gewissermaßen adaptierbar wird. Außerdem werden die Möglichkeiten und Gefahren der Gentechnik in Geschichten, in „Alltagsmythen" eingebettet.

Ulrich Gebhard, Erziehungswissenschaftler, 1999

Untersuchen Sie die Aussagen der Jugendlichen auf „mythische"* Elemente.

Und in Zukunft?

Bis in die 90er-Jahre hinein zeigte Zukunftsforschung – sicherlich vom Zeitgeist stark geprägt – klare Perspektiven auf. Seit Mitte der 90er-Jahre ist der Verlust solch einer Perspektive zunehmend zu erkennen, vor allem daran, dass nahezu alle heutigen, gestrigen und vorgestrigen „Zukunftsperspektiven" in moderner Ausprägung unverbunden und nebeneinander wieder belebt oder weiter erhalten werden, z.B.:

- die **Technoperspektive** (linear weiterentwickelter technischer Fortschritt als Problemlöser – z.B. Gentechnik als Revolution für Medizin und Landwirtschaft);
- die **Katastrophenperspektive** (die Globalisierung der Umweltkrise führt zu ökologischen Katastrophen – z.B. über Klimawandel und die Verschmutzung von Lebensumwelt durch Chemikalien);
- die **Perspektive der Freizeitgesellschaft** (die Auflösung der Industriegesellschaft in eine Freizeit-/Fungesellschaft ohne Wertorientierung und Sinnsteuerung);
- die **Perspektive des Weltbildumbruchs** (neues Weltbild, das zu einer neuen Gestaltung von Technik und sozialen Systemen führt).

In der zweiten Hälfte der 90er-Jahre spiegelt Zukunftsforschung die Auflösungstendenzen sowie den Sinn- und Orientierungsverlust der Industriegesellschaften wider. Nichts erscheint mehr sicher und dadurch auch vieles möglich.

Genglaube und Menschenwürde

Würden die Gene allein die Person bestimmen, so müssten eineiige Zwillinge als ein und dieselbe Person gelten, was niemand behaupten wird. Genetische Gleichheit hebt die Einmaligkeit der Person nicht auf, da die Entwicklung der Persönlichkeit wesentlich von den Einflüssen der psychosozialen Umwelt abhängt. Deshalb sollte die Ablehnung, Menschen zu klonen, nicht damit begründet werden, dass mit genetisch gleichen Menschen zugleich identische Personen erzeugt werden. Eine solche Reproduktion identischer Personen ist biologisch unmöglich. Dazu müsste man nämlich fertig bringen, identische Gehirne herzustellen. Der Mensch besitzt höchstens 10^5 Gene, aber 10^{14} Synapsen in seinem Gehirn, d.h. Verknüpfungen zwischen den Gehirnzellen.

Die vergleichsweise wenigen Gene können also nicht die Vernetzungen im Gehirn bestimmen. Die Verknüpfung erfolgt nicht unter der Kontrolle der Gene, sondern durch Wechselwirkungen der Gehirnzellen untereinander und die eingehenden Erregungen, also aufgrund von Umwelteinflüssen. Deshalb haben auch eineiige Zwillinge keine identischen Gehirne. Wie Untersuchungen gezeigt haben, sind bei ihnen selbst dann unterschiedliche Gehirnbereiche aktiviert, wenn sie dasselbe tun. Zwei Menschen, die Jahrzehnte getrennt voneinander geklont werden, würden sich weit stärker unterscheiden als gleichzeitig in einer Familie aufgewachsene eineiige Zwillinge. Individualität ist also nicht an genetische Verschiedenheit gebunden. Genetische Gleichheit verletzt die Würde der Person per se nicht. Hingegen widerspricht es der Menschenwürde, die Persönlichkeit durch Gene bestimmen zu wollen. Das Verwerfliche am Vorhaben, Menschen zu klonen, ist nicht die genetische Übereinstimmung der entstehenden Menschen. Zu verwerfen sind vielmehr die Vorstellungen und Interessen, die mit der Absicht verbunden sind, auf diese Weise identische Personen schaffen zu wollen. ...

Die Gene werden die Macht haben, die wir ihnen zuschreiben. Unsere Vorstellungen von den Genen, nicht die Gene selbst, können eine genetisch bestimmte Welt schaffen. Die Gene selbst lassen uns die Freiheit, verantwortlich zu handeln.

Ulrich Kattmann, 1999

Die Kunst der Beurteilung lernen

Spätestens seit dem rasanten Fortschritt in der Gentechnik ist die Biologie zu *der* gesellschaftsverändernden Wissenschaft des ausgehenden 20. Jahrhunderts geworden. Die Menschen sind verunsichert, wollen informiert werden, wollen ihre Gefühle und Meinungen austauschen – so auch die Schülerinnen und Schüler. „Wir können im Unterricht noch genug diskutieren, was wir brauchen, sind Fakten!" – so werden Lehrer zitiert. Die Aufklärung* hat immer auf die Macht des Faktischen gesetzt. Aber ihre implizite Dialektik wendet sich in aufgeklärten Zeiten gegen sich selbst: Stärkt Wissen allein die Entscheidungskraft? ... Schülerinnen und Schüler fordern ihr Recht auf emotionale und intuitive „Beurteilung". Die Grenzen dieser Urteile werden im geforderten Begründungsrekurs schnell offensichtlich. Die Vor- und Nachteile rationaler Begründung und die Bedeutung von ethischen Konsensen können reflektierend ausgelotet werden. Zur unterrichtlichen Praktikabilität gehört auch die angemessene Einschätzung des Wirkungsgrads. Eine ethische* Fallanalyse im Unterricht wird kaum einen Einfluss auf den gesellschaftlichen Prozess ausüben. ... Noch nie sind in der Menschheitsgeschichte für wichtig gehaltene Neuerungen aus ethischen Gründen verhindert worden. ... Das Ziel, Schülerinnen und Schüler überzeugen, gar bekehren zu wollen, verbietet sich nicht nur aus schuljuristischen oder demokratischen Gründen, es erzeugt vielmehr genau das Gegenteil. Die heutige Schülergeneration reagiert äußerst sensibel auf moralische Belehrungen. Toleranz bedeutet aber keineswegs Beliebigkeit und Standpunktlosigkeit seitens der Lehrkräfte. Meinungen zu begründen, unterschiedliche Positionen wahrzunehmen, sie gedanklich nachzuvollziehen und zu verstehen, Risiken zu kalkulieren, Aporien nicht um der Harmonie willen aufzulösen, aber dennoch diskurs- und handlungsfähig zu bleiben, sind Kennzeichen wahrer Bildung.

Jürgen Langlet, 1999

Die Zukunft ist heute – durch den inneren Verfall der Industriegesellschaften – wesentlich gestaltungsfähiger als noch vor vierzig Jahren. Um sie human zu gestalten, wird es allerdings Menschen bedürfen, die klar, selbstbewusst und gemeinschaftsbezogen denken, fühlen und handeln.
Die Integration von Kopf, Herz und Hand in Alltag und Gesellschaft ist gefragt.
In diesem Sinne ist Zukunft heute Perspektive und Herausforderung zugleich.
Die Zeit der großen, sich „unaufhaltsam" vollziehenden Trendentwicklungen scheint fürs Erste abgelaufen zu sein. Das Handeln des Einzelmenschen wird trotz oder wegen der „Macht" der Megamaschinen zukunftsbeeinflussend.

Arnim Bechmann, Ökologe, 1998

Eine angemessene Beurteilung von Fragen der Gentechnik erfordert neben biologischer Informiertheit auch ethische Reflexion. Im schulischen Bereich ließe sich diese Bedingung am besten durch fächerverbindenden Unterricht erreichen.

Versuchen Sie ein konkretes Problem aus dem Bereich der Gentechnik (z.B. Einsatz herbizidresistenter Pflanzen in der Landwirtschaft) mithilfe der im Kapitel „Wie Christen handeln...", Seite 187 ff. vorgegebenen Schritte ethischer Urteilsfindung zu analysieren.

Eine neue Balance von Mensch, Natur und Technik

Unsere Gesellschaften wandeln sich ... immer schneller. Sie werden zu dynamischen, permanent lernenden Gebilden und nähern sich damit der Struktur lebendiger Organismen an – das behauptet der Querdenker Kevin Kelly (1997). ... Er behauptet, dass es neun allgemein gültige Gesetze für die Förderung solcher lernenden Systeme gibt, die sich aus der Untersuchung lebender Systeme ableiten lassen:

1. Verteile das Leben!
2. Steuere von unten nach oben!
3. Sorge für zunehmende Erträge!
4. Züchte durch Ballung!
5. Maximiere Randzonen!
6. Ehre deine Irrtümer!
7. Strebe nicht nach Optimierung, setze dir vielfältige Ziele!
8. Suche beständiges Ungleichgewicht!
9. Verändere Veränderungen!

Seine Grundthese lautet, dass sich komplexe Systeme aus relativ einfachen Grundelementen entwickeln. Eine Savanne oder die Marktwirtschaft können z.B. nur dann entstehen, wenn ein freier Entfaltungsraum und genügend Lernzeit zur Verfügung stehen. ... Aus der Zusammenballung für sich genommen einfacher Elemente kann durch Selbstorganisation etwas Neues und Komplexeres entstehen. Das Neue ist gewissermaßen im Feld vorhanden, aber es kann nur entstehen, wenn wir den einzelnen Elementen genügend Raum für ihre Entwicklung und das Eingehen von Beziehungen lassen.

Kelly behauptet nun, dass bei Beachtung der von ihm gefundenen Gesetze lebender Systeme, scheinbar unbelebte Felder plötzlich zu kreativen Feldern werden können. ...

Die Hoffnungszeichen für das allmähliche Entstehen einer solchen Stufe grenzüberschreitender Kreativität häufen sich. So beschreibt der Physiker David Bohm (1998), wie man mithilfe von interdisziplinären Dialoggruppen nicht nur zu völlig neuen Einsichten kommen, sondern auch zu einer Versöhnung von scheinbar diametralen Gegensätzen beitragen kann. ...

Und der Sozio-Biologe Edward Wilson (1998) behauptet, dass sich eine „Einheit des Wissens" abzeichne. Die Chancen für eine neue Beziehung von Mensch, Natur und Technik scheinen zu wachsen.

Olaf-Axel Burow, 1999

OLAF-AXEL BUROW, *geb. 1951, ist Professor für Allgemeine Pädagogik an der Universität / Gesamthochschule Kassel.*

Fortschritt ist eine Illusion

PSYCHOLOGIE HEUTE (P.H.):
Dass die Welt, in der wir leben, perfekt sei, wird wohl kaum jemand behaupten. Aber die meisten Menschen haben den Eindruck, dass unser Leben im Lauf der Jahrhunderte erträglicher geworden ist und dass sich unsere Lebensbedingungen im Großen und Ganzen auch in Zukunft verbessern werden. Nun kommen Sie und sagen: Stimmt nicht. Die Idee vom Fortschritt ist pure Illusion. Wie kommen Sie darauf?

FRANZ WUKETITS (F.W.):
Eine Weiterentwicklung gibt es sicher. Die Welt steht niemals still. Aber ist diese Entwicklung wirklich ein Fortschritt mit einer bestimmten Richtung und womöglich gar mit einem Ziel? Wie wollen wir den so genannten Fortschritt überhaupt bemessen? Jeder Entwicklungsschritt in der Kulturgeschichte schafft auch neue Probleme - vor allem jene wissenschaftlich technischen Entwicklungen, die wir so gerne mit „Fortschritt" assoziieren. ... Hinzu kommt eine weitere Schwierigkeit mit dem Fortschrittsbegriff, nämlich die Tatsache, dass die Menschheit nicht etwa aus einer Ansammlung identischer Individuen und Kulturen besteht. Hätte ich vor 200 Jahren als ein Adeliger gelebt, hätte ich mich vielleicht wohl gefühlt – als Leibeigener hingegen nicht. ... Wer aber sind „wir"?

P.H.: Als Wissenschaftler haben Sie nun aber doch das Ziel, Erkenntnis zu mehren und zu vertiefen, also zum Erkenntnis-*Fortschritt* beizutragen. Haben wir nicht dank Aristoteles, Kopernikus, Newton, Einstein, Darwin, Freud & Co. eine immer tiefere Einsicht in die Welt bekommen?

F.W.: In der Wissenschaftstheorie* ist man längst von der Idee eines linearen Fortschritts abgekommen. Die Forschungsgeschichte war sicherlich nicht eine stetige Anhäufung von Wissen, sondern verlief sprunghaft und schloss viele Irrtümer ein. Ich streite aber nicht ab, dass sich der Welthorizont der abendländischen Kultur insgesamt im Laufe der Jahrhunderte entwickelt hat. Aber dies war keine stetige Entwicklung hin zu einem Ziel, sondern ein Zickzackweg.

P.H.: Sie gehen in Ihrem Buch noch einen Schritt weiter, indem sie sagen, nicht nur in unserer Kultur, sondern auch in der gesamten Natur gibt es keinen vorgezeichneten Weg vom Einfachen zum Höheren. ...

F.W.: In der Tat sind meines Erachtens auch in der Evolution keine Richtungen, schon gar keine „höheren Absichten" vorgegeben. Wiederum haben wir erst im Rückblick den trügerischen Eindruck, dass die Natur einen vorgezeichneten Weg zurückgelegt habe.

P.H.: Wenn es keinen Fortschritt auf der Welt gibt, sind wir dann dazu verurteilt, ziellos durch das Universum zu taumeln und alte Fehler endlos zu wiederholen?

F.W.: Jeder Einzelne braucht für sein eigenes Leben Ziele und Wunschvorstellungen, keine Frage. Doch wenn sich in der Welt als Ganzes keine solchen Ziele feststellen lassen – welche Rolle spielt das schon für unser persönliches Leben? Hinter dem krampfhaften Versuch auch vieler Physiker, eine „innere Beziehung" zwischen Mensch und Universum aufzuspüren, steckt die alte Sehnsucht nach einem festen Platz im Kosmos.

Franz M. Wuketits, 1998

FRANZ M. WUKETITS, *geb. 1955, lehrt an den Universitäten Wien und Graz Wissenschaftstheorie und Philosophie. Der Textauszug stammt aus einem Interview, das die Zeitschrift „Psychologie Heute" 1998 mit ihm führte.*

1. Formulieren Sie das Verhältnis von Mensch, Natur und Technik nach O.-A. Burow bzw. F. M. Wuketits.
Welche Beobachtungen aus Alltag und Zeitgeschehen sprechen für die jeweiligen Positionen?

2. Der Evolutionsgedanke ist fester Bestandteil von Sprachgebrauch und Werbung. Sammeln Sie Beispiele und untersuchen Sie diese auf die mit diesem Gedanken verbundenen Vorstellungen.

3. Diskutieren Sie die Attraktivität eines Lebens mit oder ohne „Fortschritt". Informieren Sie sich über „christliche Eschatologie" (siehe Seite 280f., 290f.) und beziehen Sie die eschatologischen* Perspektiven in Ihre Diskussion ein.

Bibliothek

Dem nicht naturwissenschaftlich vorgebildeten Leser bzw. der Leserin mögen einzelne der in diesem Kapitel angesprochenen Themenstellungen spröde oder schwierig erscheinen. Der interessierte Leser, die interessierte Leserin wünscht sich vielleicht weiterführende Informationen.
Die folgenden Literaturhinweise versuchen, beiden gerecht zu werden. Vieles, was in einer kürzeren Darstellung schwierig erscheint, erschließt sich bei weiterer Beschäftigung mit dem Thema.

Das Buch von G. ALTNER ist eine kritische Auseinandersetzung mit grundlegenden Themen der Gentechnik – viele konkrete Beispiele. Wichtig im ersten Teil: Worauf gründen sich eigentlich Urteile über Gentechnik?

- Günter Altner, Leben in der Hand des Menschen. Die Brisanz des biotechnischen Fortschritts, Wissenschaftliche Buchgesellschaft, Darmstadt 1998

Zwischen Sciencefiction und Wissenschaft: R. DAWKINS stellt sein provokantes Evolutionsmodell in einer überarbeiteten Fassung vor.

- Richard Dawkins, Das egoistische Gen, Spektrum Akademischer Verlag Heidelberg, 1994

H.-P. DÜRR gibt eine gute Einführung in naturwissenschaftliches Denken (im 1. Teil) sowie in die Geschichte der Physik.

- Hans-Peter Dürr, Das Netz des Physikers. Naturwissenschaftliche Erkenntnis in der Verantwortung, Hanser, München 1990

J. GAARDERS Buch ist auch ein Tipp für Schnellsucher: Mit dem Register und den Kapitelüberschriften lassen sich Einzelthemen erschließen!

- Jostein Gaarder, Sofies Welt. Roman über die Geschichte der Philosophie, Hanser, München 1993

Aktuelle Informationen zu der Frage nach der Entstehung der Welt erhält man in S. HAWKINGS Buch – Physik für philosophisch Interessierte.

- Stephen Hawking, Eine kurze Geschichte der Zeit, Rowohlt, Reinbek bei Hamburg, Neuausgabe 1998

NORA K. und V. HÖSLE bieten authentische Briefe zwischen einem Erwachsenen und einem elfjährigen Kind, die durch die Lektüre von „Sofies Welt" ausgelöst wurden. Interessantes Nachwort zum Thema „Kindheit und Philosophie".

- Nora K. / Vittorio Hösle, Das Café der toten Philosophen. Ein philosophischer Briefwechsel für Kinder und Erwachsene, C.H. Beck, München 1998

Seht, die Wohnung Gottes unter den Menschen!
Offenbarung 21,3

Muriel Castanis, Stehende verhüllte Gestalt, 1983

Eine einzige Antwort auf alles: Gott. Eine Antwort, schnell und leicht, auf alle Fragen.
Möchtest du wirklich eine leichte und schnelle Antwort oder möchtest du eine schwere und langsame Antwort, alt und neu, die du selbst finden wirst?
Janusz Korczak

1. Versuchen Sie sich zu erinnern:
Wann, wie und durch wen sind Sie erstmals mit dem Thema „Gott" in Berührung gekommen?
In welchem Lebensalter und in welchen Situationen hat sich Ihr Gottesbild verändert?
Beantworten Sie diese Fragen in Ruhe selbst und befragen Sie Menschen Ihrer Umgebung.

2. Suchen Sie nach Kindergebeten. Welches Gottesbild steckt hinter den Formulierungen?

3. Was vermisst Stephanie eigentlich?
Wie könnte sie den Glauben an Gott „lernen"?
Was steht ihren Suchbewegungen im Wege?
Was erhofft sie sich vom „großen Knall"?

Familiäre Erfahrungen und Religiosität

Ein Kind erwacht aus einem schweren Traum, findet sich allein im Dunkel seines Zimmers vor. Es schreit angstvoll nach seiner Mutter oder seinem Vater. Die Tür geht auf, Licht fällt in den Raum. Das Kind wird aus dem Bett gehoben, umarmt, gewiegt. „Es ist doch alles gut." Das Kind vertraut den Worten, der Wärme, den Bewegungen und dem Geruch seiner Eltern. Es schläft beruhigt wieder ein. Die Welt des Kindes, die im Traum aus den Fugen zu geraten drohte, ist wieder in Ordnung. Solche Rettungserlebnisse helfen dem Kind zu überleben, Vertrauen zu entwickeln und eine eigene, selbstsichere Persönlichkeit zu werden.

Gott in der Biografie der Menschen

Die Schülerin STEPHANIE B. *schrieb 1993, als sie 17 Jahre alt war und sich im Religionsunterricht an ihre eigene religiöse Situation erinnern sollte, den folgenden Text:*

Lieber Gott, ich rede dich mal an, obwohl ich nicht weiß, ob es dich überhaupt gibt. Aber wenn du existierst, müsstest du lieb sein. Denn wie hätte ich mich sonst mein ganzes Leben lang nach dir sehnen können? Meine Eltern haben es mir freigestellt, an dich zu glauben, aber sie haben mir nicht dabei geholfen. Ich sollte das einmal selbst entscheiden, wenn ich groß bin, haben sie gesagt. So wurde ich nicht getauft. Ich musste auch nicht in den Kindergottesdienst gehen, obwohl ich das gern einmal gemacht hätte, denn meine Freundinnen erzählten, es werde dort gemalt und gesungen. Ich traute mich aber nicht allein dorthin. Die anderen Kinder wurden von ihren Müttern über die Straße zur Kirche gebracht.
In der Schule musste ich nicht am Religionsunterricht teilnehmen, das war manchmal lustig, weil wir während der Religionsstunden auf dem Schulhof spielen durften. Aber manchmal – besonders bei schlechtem Wetter – hätte ich gern mitgemacht. Das ging aber nicht. „Entweder – oder", sagte die Lehrerin. Und das war mein Problem. Als ich aufs Gymnasium kam, wurden die anderen alle nach und nach zum Konfirmandenunterricht angemeldet, meine beste Freundin auch. Die machte mir Mut und so ging ich zu meinen Eltern und sagte, ich wolle auch mitmachen. Sie lehnten das nicht ab, aber guckten sich so seltsam an, dass es mir ganz peinlich wurde. Irgendetwas mache ich falsch, dachte ich, ging aber trotzdem ein Jahr lang hin. Dass ich nicht getauft war, störte niemanden. Das könne man kurz vor der Konfirmation nachholen, sagte der Pastor. Es war ganz nett im Konfirmandenunterricht, aber längst nicht so aufregend, wie ich mir das vorher ausgemalt hatte. Von Gott war nicht die Rede, dafür aber von Drogen, Asyl und verschiedenen Evangelienschriften, die sich widersprechen. Dann kam das Thema Konfirmation dran. Der Pastor erklärte uns, als Konfirmierte seien wir dann für unseren Glauben an Gott selbst verantwortlich. Ich traute mich nicht zu fragen, wie ich das „Glauben an Gott" lernen könnte. Ich blieb einfach weg, wurde nicht getauft und nicht konfirmiert. Meine Eltern erschienen mir erleichtert. Doch meine Sehnsucht blieb, ich weiß nur nicht genau, wonach ich mich eigentlich sehne. Manchmal stelle ich mir vor, es müsste einen großen Knall geben, und dann bist du da, lieber Gott.

Der französische Schriftsteller JACQUES LUSSEYRAN *veröffentlichte 1963 seinen autobiografischen Roman „Et la lumière fut" (dt. 1981: „Das wieder gefundene Licht. Autobiografie eines Menschen, den seine Blindheit sehen lehrte").*

Er hatte als 7-Jähriger durch einen Unfall sein Augenlicht verloren. Trotz seiner Behinderung absolvierte er das Gymnasium und wurde zum Studium zugelassen.

Während des Krieges schloss er sich dem französischen Widerstand gegen die deutsche Besatzung an, wurde 1943 von deutschen Soldaten verhaftet und ins Konzentrationslager Buchenwald bei Weimar gebracht.

Er beginnt sein Buch mit einem Rückblick in seine frühe Kindheit:

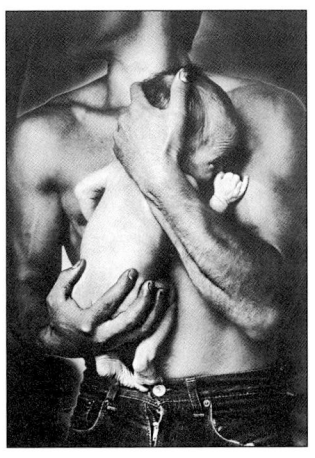

Meine Eltern – das war Schutz, Vertrauen, Wärme. Wenn ich an meine Kindheit denke, spüre ich noch heute das Gefühl der Wärme über mir, hinter mir und um mich, dieses wunderbare Gefühl, noch nicht auf eigene Rechnung zu leben, sondern sich ganz, mit Leib und Seele, auf andere zu stützen, welche einem die Last abnehmen.
Meine Eltern trugen mich auf Händen und das ist wohl der Grund, warum ich in meiner ganzen Kindheit niemals den Boden berührte. Ich konnte weggehen, konnte zurückkommen; die Dinge hatten kein Gewicht und hafteten nicht an mir. Ich lief zwischen Gefahren und Schrecknissen hindurch. ...
Meine Eltern – das war der Himmel. Ich sagte mir dies nicht so deutlich und auch sie sagten es mir nicht; aber es war offenkundig. Ich wusste (und zwar recht früh, dessen bin ich sicher), dass sich in ihnen ein anderes Wesen meiner annahm, mich ansprach. Dieses Andere nannte ich nicht Gott – über Gott haben meine Eltern mit mir erst später gesprochen. Ich gab ihm überhaupt keinen Namen. Er war da und das war mehr.
Ja, hinter meinen Eltern stand jemand, und Papa und Mama waren nur beauftragt, mir dieses Geschenk aus erster Hand weiterzugeben. Es war der Anfang meines Glaubens und erklärt meiner Meinung nach, warum ich nie einen metaphysischen* Zweifel gekannt habe.

Es liegt nahe zu sagen, jedes Kind nehme seine Eltern oder die ersten beständigen Bezugspersonen als rettende und bewahrende „Götter" wahr und daraus entwickle sich nach und nach ein (erwachsener) Gottesglaube, der zwischen Gott und Menschen unterscheiden kann.
Diese Annahme stimmt für die Gottesvorstellungen unseres Kulturkreises nur zum Teil. Die frühkindlichen Erfahrungen bilden zwar den Rahmen, in den sich ein jüdischer, christlicher oder islamischer Gottesglaube einfügen kann.
Aber eine so spezielle Religiosität entsteht nicht von allein. Sie muss vermittelt werden beim Erzählen von Geschichten und Geschichte, durch erklärende Gespräche, im gemeinsamen Beten, beim Feiern oder beim Singen religiöser Lieder. Nur wenn Eltern oder Erzieher/innen deutlich sagen, warum sie selbst immer wieder glauben, „dass alles gut sei", und wenn sie bei ihren Begründungen ausdrücklich, sinnvoll und verständlich von „Gott" sprechen, dann erst können Kinder hinter ihren Eltern oder denen, die sie betreuen, eine weitere rettende und behütende Gestalt entdecken, den Gott ihrer Bezugspersonen.
Zum Gottesglauben jüdischer, christlicher oder islamischer Art gehört die sprachliche Mitteilung.

1. Welche „metaphysischen Zweifel" sind im Bereich des kindlichen Gottesglaubens denkbar?

2. Setzen Sie sich kritisch mit den Behauptungen des Randspaltentextes auseinander. Stimmen sie mit Ihren eigenen Erinnerungen und Beobachtungen überein?
Ziehen Sie auch die biografischen Äußerungen von Stephanie B. und J. Lusseyran zur Überprüfung heran.

Freut euch, wenn euer Gott freundlich war.

Diesen Satz stellt T. Moser seinem Buch voran…

TILMANN MOSER *(geb. 1938) rechnete in seinem Buch „Gottesvergiftung" mit dem Gott seiner Eltern ab. Ihm war während seiner Ausbildung zum Psychoanalytiker klar geworden, dass das Gottesbild, an welches seine Eltern ihn gebunden hatten, ihn hinderte, ein freies, glückliches Leben zu führen. Ein jüngerer Text von ihm und ein aktuelles Foto sind auf Seite 82 zu finden.*

Lieber Gott, ich möchte mit einem Fluch beginnen. Eine Art innere Explosion müsste es werden, die dich zerfetzte.
Du warst einst so fürchterlich real, neben Vater und Mutter die wichtigste Figur in meinem Kinderleben. Du hast überlebt in meiner seelischen Struktur: Ganze Gewölbe, Verehrungsthrone, innere Zimmer- und Kapellenfluchten wurden für dich angelegt. Du bist in mich eingezogen wie eine schlimme Krankheit, als mein Körper und meine Seele klein waren. Beide wurden, entgegen einer freieren Bestimmung, zu deiner Wohnung gemacht, und ich war stolz, dass du auch in mir kleinem Jungen Wohnung nehmen würdest. Es gab Jahre, wo ich dir mein Leben weihen wollte. Du hast schon ganz früh mit meinem Größenwahn gespielt, ihn genährt, ihn an geheiligten Vorbildern gesteigert, die mir in deinem Namen vor Augen gehalten wurden. Ich habe dir so schreckliche Opfer gebracht an Fröhlichkeit, Freude an mir und anderen, und der Lohn war, neben der Steigerung des Erwähltheitsgefühls, ein Quäntchen Geliebtsein vielleicht, vielleicht ein Quäntchen weniger Verdammnis.
Weil ich dich insgeheim hasste um der Demütigungen willen, die ich auf mich nahm, um deine Gunst zu erwerben oder auch nur deine Ungunst zu vermeiden, musste ich dich immer mehr verehren, dich immer inständiger anflehen, an mir doch ein wenig Wohlgefallen zu finden.
Ich weiß, dass du in den Narben, falls ich dich aus mir vertreiben kann, bis zu meinem Tod hausen wirst. Sie werden mich beißen und du wirst mich noch mit Phantomschmerzen quälen, wenn du wegamputiert bist.
Ein Teil meines Hasses auf meine Familie rührt daher, dass sie mir die Gotteskrankheit eingegeben hat. Du wurdest mir eingeträufelt, kaum dass die ersten Zeichen der Empfänglichkeit, der Verwundbarkeit sichtbar wurden. Das Anwachsen der Krankheit wurde, alter Familientradition gemäß, mit Freude betrachtet. Die Feste waren die Höhepunkte des Krankheitsverlaufs. Und ich will dir auch gleich sagen, warum ich so gierig war nach dir oder wehrlos gegen dieses Wuchern. Der Humus, auf dem du wachsen konntest, war kindliches Unglück. Und wäre auch nur ein Hauch von Ehrgefühl in dir, du würdest schamrot werden.

1. Enrico war 13 Jahre, als er 1992 diese Zeichnung herstellte.
Was mag er zuvor erlebt haben? Welche Aussage gelingt ihm mit Bleistift und Papier?

2. Wie können negative bzw. positive Erfahrungen mit den Eltern das Bild von Gott beeinflussen?

3. Wie weit sind T. Mosers und J. Lusseyrans (siehe Seite 55) familiäre und religiöse Erfahrungsschilderungen als Dokumente einer vergangenen Zeit zu sehen?
Wie weit sind sie „zeitlos" und damit auch heute noch zutreffend?

Die beiden folgenden Texte stammen aus Briefen, die der evangelische Theologe DIETRICH BONHOEFFER *1944 aus dem Gefängnis an seine Familie schrieb:*

Die Religiösen sprechen von Gott, wenn menschliche Erkenntnis (manchmal schon aus Denkfaulheit) zu Ende ist oder menschliche Kräfte versagen – es ist eigentlich immer der Deus ex Machina*, den sie aufmarschieren lassen, entweder zur Scheinlösung unlösbarer Probleme oder als Kraft bei menschlichem Versagen, immer also in Ausnutzung menschlicher Schwäche bzw. an den menschlichen Grenzen; das hält zwangsläufig immer nur so lange vor, bis die Menschen aus eigener Kraft die Grenzen etwas weiter hinausschieben und Gott als Deus ex Machina überflüssig wird; und ich möchte von Gott nicht an den Grenzen, sondern in der Mitte, nicht in den Schwächen, sondern in der Kraft, nicht also bei Tod und Schuld, sondern im Leben und im Guten des Menschen sprechen. An den Grenzen scheint es mir besser, zu schweigen und das Unlösbare ungelöst zu lassen.
Ich erinnere mich eines Gesprächs, das ich vor 13 Jahren in A(merika) mit einem französischen jungen Pfarrer hatte. Wir hatten uns ganz einfach die Frage gestellt, was wir mit unserem Leben eigentlich wollten. Da sagte er: Ich möchte ein Heiliger werden (– und ich halte für möglich, dass er es geworden ist –); das beeindruckte mich damals sehr. Trotzdem widersprach ich ihm und sagte ungefähr: Ich möchte glauben lernen, indem ich selbst so etwas wie ein heiliges Leben zu führen versuche.
Später erfuhr ich und erfahre es bis zur Stunde, dass man erst in der völligen Diesseitigkeit des Lebens glauben lernt. Wenn man völlig darauf verzichtet hat, aus sich selbst etwas zu machen – sei es einen Heiligen oder einen bekehrten Sünder oder einen Kirchenmann (eine so genannte priesterliche Gestalt!), einen Gerechten oder einen Ungerechten, einen Kranken oder einen Gesunden – und dies nenne ich Diesseitigkeit, nämlich in der Fülle der Aufgaben, Fragen, Erfolge und Misserfolge, Erfahrungen und Ratlosigkeiten leben, dann wirft man sich Gott ganz in die Arme.

*Im Religionsunterricht einer 10. Klasse sollten die Schüler/innen zeichnen und erläutern, wie sie sich Gott früher vorgestellt haben und wie sie ihn sich heute denken.
Die Zeichnung von* CHRISTOPH S. *sah so aus:*

Er schrieb dazu:

Als kleines Kind stellte ich mir Gott als Zauberer vor, da ich mir eine Kinderbibel angeschaut hatte. Ich sah, was Gott alles vollbracht hatte und konnte. Da konnte Gott nur ein Zauberer sein. Heute stelle ich mir die Beziehung zwischen Gott und Menschen so vor: Ich habe einen Tisch gemalt, bei dem Gott die Platte darstellt und die Menschen die Tischbeine sind. Dabei habe ich mir gedacht, dass beide zusammen sein müssen, um stehen zu können. Keiner könnte allein leben. Wenn ich beide Bilder vergleiche, wird mir deutlich, dass ich mir Gott damals gar nicht so falsch vorgestellt habe, da er wirklich wundervolle Dinge vollbringt, und dass ein Zauberer auch nicht ohne Zuschauer leben könnte. Es müssen beide zusammengehören, Menschen und Gott. Sie müssen sich gegenseitig unterstützen.

1. Was mag einer erlebt haben, der solche Briefe schreibt? – Erarbeiten Sie sich die persönliche, familiäre und politische Situation D. Bonhoeffers (1906–45).

2. Vergleichen Sie den „Deus ex Machina"*, von dem D. Bonhoeffer spricht, mit Christophs „Zauberer".

> 1. **Welches Bild von Gott erwarten Sie in der Bibel zu finden?** Tragen Sie dafür Adjektive – „göttliche Eigenschaftswörter" – zusammen, die zu Ihren Erwartungen passen.
>
> 2. **Wieso kann J. Korczak (siehe Seite 90) in dem folgenden Text sagen, er erzähle „die Wahrheit"?**

Ich erzähle die Wahrheit von dem, was einst war. An das sich weder dein Vater noch der Vater deines Vaters noch überhaupt einer der Lebenden erinnern kann. Niemand hat das aus dem Munde derer gehört, die es selbst gesehen haben, denn sie sind lange tot.
Ich sage: Ich habe es in der Schrift (der Bibel) gelesen, denn das, was da geschrieben steht, lebt schon ... seit Tausenden von Jahren.

Janusz Korczak (1878–1942)

*Die beiden Schöpfungstexte vom Anfang der Bibel sind nicht aus einem Guss. Gen 1 ist – entgegen dem ersten Augenschein – jünger als Gen 2–3.
Manche Bibelwissenschaftler/innen datieren die Paradiesgeschichte in die Salomozeit und den Siebentagetext in die Zeit des babylonischen Exils. Andere sehen in beiden Texten Dokumente der Exilszeit und der Zeit des zweiten Tempels. Konsens ist, dass beide Texte erst entstanden sein können, als Israel bereits Erfahrungen mit einem eigenen Staatswesen gemacht hatte und auch schon – freiwillig oder gezwungenermaßen – über die Grenzen des eigenen Landes hinweg in die „Welt" schaute.*

Gott im Spiegelsaal der Bibel

Jüdisches und christliches Reden von Gott orientiert sich nicht nur an der je eigenen Erfahrung oder Vorstellungskraft, sondern auch an den uralten Gotteswahrnehmungen, die als Dokumente einer Glaubensgemeinschaft in der Bibel aufbewahrt sind. Genau wie moderne Geschichtsbücher, stellen auch die Bibeltexte die Ereignisse und Erkenntnisse der früheren Zeit interpretiert und bewertet dar.

Folgen wir also den biblischen Darstellungen des Wandels der Gottesbeziehungen, dann nehmen wir die Erfahrungen, die eine bestimmte Generation mit ihrem Gott machte, nicht nur als solche, sondern immer auch im Spiegel derer wahr, die diese Gotteserfahrungen aufzeichneten. Und – sobald wir diesen „Spiegelsaal" betreten, sind wir auch selbst – interpretierend – darin zu sehen.

Nicht alle biblischen Darstellungen Gottes sind der eigenen Situation und Fragestellung heutzutage unmittelbar wichtig und interessant. Manche Bilder erscheinen uns wie durch Hohlspiegel verzerrt, manche Erfahrungen bleiben wie durch blinde Flecke verborgen. Aber einiges kann gegenwärtige Gottesfragen und Gottessichten bereichern.

Die folgenden Seiten führen durch die biblische Tradition, wie sie sich denjenigen zeigt, die ihre Bibel vom Anfang bis zum Ende anschauen und lesend da verweilen, wo Interessantes zur Gottesfrage zu entdecken ist. Die theologisch* auffälligen Texte werden *sozialgeschichtlich* betrachtet, d.h. zusammen mit ihren Lebenswelten, den konkreten Überlebensfragen der Erzähler und derer, von denen die Rede ist.

Der Schöpfer der Welt und der Menschen

Obwohl das Alte Testament* sich insgesamt als „Geschichtsbuch Israels" versteht, beginnt es nicht mit der Gründung dieses Volkes, sondern mit zwei Texten, welche die Erschaffung der ganzen Welt und der Eltern aller Menschen beschreiben:

In *Genesis 1* schwebt „der Geist Gottes" über dem „Tohuwabohu", dem unbelebten Durcheinander (1,2). Durch sein Wort schafft Gott darin Ordnung. So entsteht eine Welt, die er selbst gutheißt (1,10.12.18.21.31). Als Wort-Schöpfer gibt Gott dem Tag, der Nacht, dem Himmel, der Erde und dem Meer ihre Namen (1,5.8.10). Er lässt die Menschen am gleichen Tag wie die Landtiere entstehen (1,24 ff.);

als Mann und Frau nennt er sie (Spiegel-)Bilder seiner selbst (1,26 f.). Das ganze Ordnungswerk wird in sechs Arbeitstagen und einem Ruhetag Gottes (2,2 f.) vollendet.

In *Genesis 2–3* erscheint Gott ganz anders: Er stellt den Vater aller Menschen eigenhändig her und bläst ihm seinen Geist-Atem in die Nase. Dann entnimmt er diesem ersten Menschen einen zweiten, eine Frau. Liebevoll versorgt Gott die menschlichen Geschöpfe. Ein anschauliches Bild entsteht dabei: Als Töpfer (2,7), Gärtner (2,8), Arzt (2,21 f.) und Schneider (3,21) wird er beschrieben. Es entsteht der Eindruck, als gehe er selbst suchend durch den Garten (3,8), um die Menschen zu finden.

Die *beiden Schöpfungstexte* sind nur locker miteinander verbunden, keineswegs inhaltlich zu einem Bild geglättet. Offenbar hielten die biblischen Redaktoren und ihre ersten Leser/innen so unterschiedliche Wahrnehmungen Gottes und der Welt aus, weil sie die Texte nicht als „Berichte" verstanden, sondern sie als „Spiegelbilder" schätzten und darin etwas vom Wesen Gottes und der Menschen zu erkennen wussten.

2. Vergleichen Sie die beiden Schöpfungstexte miteinander:
 – Welche literarische Form haben die Texte?
 – Stellen Sie die Verben gegenüber.
 – Stellen Sie in einer Tabelle die „Schöpfungswerke" beider „Schöpfungen" gegenüber.
 – Welche Aufgaben erhalten die Menschen hier und dort?

Was ergeben diese Textvergleiche für die Erarbeitung der Gottesbilder?

➡ Seite 38–43

3. Suchen Sie nach Menschen- und Weltschöpfungsgeschichten anderer Völker. Vergleichen Sie die „göttlichen Arbeitsweisen".

1. Der folgende Holzschnitt stammt aus einer mittelalterlichen Bibel. Er versucht die beiden unterschiedlichen biblischen Schöpfungstexte in einem einzigen Bild wiederzugeben. Wie gelingt dies? Wie ist das Problem der bildlichen Darstellung Gottes gelöst?

*Die Religionswissenschaft nennt die besondere Art von Gottesglauben, wie er sich in Gen 12–36 widerspiegelt, Monolatrie.
Dieser griechische Begriff meint die Verehrung eines einzigen Gottes, zugleich aber das Wissen um die Existenz anderer Götter, die für andere Gruppen zuständig sind.*

1. Untersuchen Sie die Erzählungen in Gen 31,38–54, Gen 13,1–13; 18,23–19,29 und Gen 31,25–35 auf ihre „Rede von Gott", ihre „Theo-Logie" hin. Welche Rolle spielen Gott und Götter bei den Verträgen?
Was geschieht mit dem Gottvertrauen, wenn eine Sippe sich teilen muss? Welche Probleme ergeben sich bei der Heirat zweier Menschen mit verschiedenen religiösen Traditionen?

2. Das unten stehende Bild stammt aus einer christlichen Bibelhandschrift des 6. Jh. n.Chr.; es interpretiert Gen 12,1–3. Wie sind Gott und seine Rede ins Bild gesetzt?
In welcher Weise zeigt der Maler den Betrachtenden die Besonderheit abrahamitischen Gottesglaubens?

Die Götter der hebräischen Väter und Mütter

Den biblischen Urgeschichten, die von den Ahnen und den Grundproblemen aller Menschen handeln, folgen Erzählungen von den Vorfahren Israels: Gen 12–36. Familien werden beschrieben, die einmal hier und manchmal dort in der Region zwischen Tigris und Nil anzutreffen sind.

Jede dieser Gruppen verlässt sich auf ihren einen Gott, an den sie offenbar gebunden ist, weil er schon den Vater beschützte (Gen 20,13; 24,7; 31,5.42; 32,10). Sie baut ihm Altäre an den Orten längerer Aufenthalte oder da, wo Wichtiges geschieht. Die Götter der verschiedenen Familien konkurrieren nicht untereinander, aber die Macht der anderen Götter wird anerkannt und gefürchtet, so stellen es jedenfalls die späteren Generationen dar, die das Leben ihrer Vorfahren beschrieben.

Der Gott („El") Abrahams, Isaaks und Jakobs zeigt sich in diesen Erzählungen als einer, der seine Schutzbefohlenen aus der gewohnten Umgebung hinausschickt, sie dann aber auf ihren neuen Wegen in der Fremde begleitet. Er verheißt ihnen viele Nachkommen, aber lässt sie auch auf die Erfüllung der Wünsche warten (vgl. die Zusammenfassungen: Dtn 26,5; Jos 24,2–4; Apg 7,2–8). Er zeigt sich als zuverlässiger, aber unverfügbarer *Begleiter der Menschen* – eine Vorstellung, die den Menschen im babylonischen Exil und in späteren Situationen der Heimatlosigkeit eine große Hilfe war.

Der eine Gott und sein Name

Nach biblischer Überlieferung geraten die Familien der Jakobssöhne bei einer Hungersnot nach Ägypten. Dort scheint sozial und religiös einiges geschehen zu sein, was wir nicht wissen. Wir kennen nur die Ergebnisse, wie sie im *Exodusbuch* beschrieben sind:
Die Familienverbände sind im Land am Nil sehr groß geworden, sodass nun von „Stämmen" geredet wird. Sie haben im Kulturland gelernt, sesshaft zu leben und zu arbeiten. Doch weil sie sich dort ausgebeutet fühlen, verlassen einige dieser Stämme das reiche Land wieder und begeben sich erneut auf Wanderschaft.
Irgendwo und irgendwann im Gelände zwischen Nil und Jordan schmelzen die Gottesvorstellungen dieser verschiedenen Stämme zu einer Gestalt zusammen. Diesen gemeinsamen Gott nennt das Exodusbuch *Elohim*.
Der religiöse Wandel scheint nicht ohne Krise geschehen zu sein; in Ex 3,13 sind Schwierigkeiten angedeutet: Mose sieht die Gefahr, dass die einzelnen Stämme einem Gott, den sie sich mit anderen teilen müssen, nicht vertrauen. In diesem Erzählzusammenhang steht die Geschichte von der Offenbarung des Gottesnamens (Ex 3,13–15). Vom Verbum „sein" wird das rätselhafte Wort JHWH, welches Mose aus Midian mitbrachte, abgeleitet.
Luther übersetzt „Ich werde sein, der ich sein werde", so klingt der Name wie ein geheimnisvolles Versprechen für die Zukunft. Doch das Wort meint auch die gegenwärtige Beziehung und die Erinnerung an die gemeinsame Vergangenheit. Von Ps 23 her, der insgesamt wie eine Interpretation des Gottesnamens klingt, legt sich die Übersetzung nahe: „Ich bin bei dir!". Das Vertrauen auf diesen Namen scheint große Kräfte freigesetzt zu haben. Die Stämme schaffen die Flucht aus Ägypten und überleben die Zeit in der Wüste.
Während die Familiengeschichten der Genesis als theologisches Grundmotiv die Begleitung der Menschen durch Gott im Blick haben, so tritt in den Exoduserzählungen das Motiv der *Rettung und Befreiung* in den Vordergrund (besonders deutlich in Ex 14 und 15).

Elohim ist der Plural des alten Gottesbegriffes „El". Das neue Wort umschließt die Gotteserfahrungen der verschiedenen hebräischen Gruppen (Ex 3,6; 19,3–6).

Niemand weiß heutzutage, wie der Gottesname JHWH auszusprechen ist. Die hebräische Bibel enthält nur die Konsonanten; die ursprünglichen Vokale sind verschollen. Will man dieses Phänomen erklären, stößt man auf die Warnung im Dekalog*, den Gottesnamen zu missbrauchen (Ex 20,7; Dtn 5,11); außerdem verweisen jüdische Theologen/innen auf Num 6,22–27 und auf die mündliche Überlieferung: Nur die Priester hätten in der Zeit des jerusalemer Tempels beim Gemeindesegen den Gottesnamen genannt; später sei das Privileg auf die Hohen Priester* übergegangen und schließlich sei der Gottesname nur noch einmal im Jahr am Versöhnungstag (Jom Kippur) ausgesprochen worden; nach der Tempelzerstörung 70 n.Chr. sei der Gottesname überhaupt nicht mehr zu hören gewesen. Jüdinnen und Juden sagen, wo die Bibel das Wort JHWH enthält, „adonaj" („Herr") und meinen ihren „einen und einzigen Herrn".
Im Mittelalter wurde die bis dahin nur in Konsonanten geschriebene hebräische Bibel vokalisiert; dabei setzten die Schreiber die Vokale des Wortes „adonaj" zu den Konsonanten JHWH hinzu, sodass die sinnlose Buchstabenkombination „Jahowah" entstand, ein Signal dafür, „adonaj" zu sprechen. M. Luther übernahm für seine Bibelübersetzung konsequent den jüdischen Sprachgebrauch: Wenn das Wort „Elohim" im Urtext steht, heißt es in der Bibelübersetzung Luthers „Gott". JHWH wird mit „HERR" wiedergegeben.

1. Welches „Spiegelbild" liegt Ihnen zurzeit näher:

Ein Gott, der die Welt durch Worte ordnet?
Ein Gott, der die Menschen aufsucht, wenn sie verloren zu gehen drohen?
Ein Gott, der familiäre Entscheidungen begleitet?
Ein Gott, der aus Abhängigkeiten befreit?
Ein Gott …

2. Ermitteln Sie durch Befragungen, mit welchen Gefühlen das Wort „Gott" heute ausgesprochen wird.

1. Malen Sie ein „Dornbuschbild" nach Ex 3,1–6. Wie gelingt es Ihnen, den Unsichtbaren im Dornbusch sichtbar zu machen?

2. Was bedeutet Ihnen das Symbol Feuer? Hat es für Sie eine religiöse Dimension?

Juden, Christen und Muslime gehen jeweils anders mit der „Bildlosigkeit" Gottes um. Bereits ein Vergleich ihrer Gotteshäuser zeigt den Unterschied: Eine Moschee *enthält weder ein gemaltes Gottesbild noch Bilder von Menschen.*
In den Synagogen *steht an der Stelle, wo in antiken heidnischen Tempeln das Götterbild aufgestellt wurde, ein Schrank mit den Schriftrollen.*
Offenbar ist das geschriebene Wort an die Stelle des göttlichen Standbildes getreten.
In vielen katholischen *oder* lutherischen Kirchen *ist die Altarwand mit Christus-Bildern geschmückt. Dies legt die Interpretation nahe, Jesus sei als* Christus* *ein „Bild Gottes".*
M. Luther lässt das Bilderverbot bei der Wiedergabe der Zehn Gebote in seinem Katechismus* weg. –
Die Interpretation des Bilderverbotes ist strittig zwischen Juden, Christen und Muslimen.

3. Wie schwer sich die Hebräer mit der Standbildlosigkeit ihrer Theologie* getan haben, zeigt sich in der Geschichte vom goldenen Kalb: Ex 32.
Warum fallen sie in die „Standbild-Theologie" zurück?

4. Schauen Sie sich das „Standbild" auf der Seite 53 (noch einmal) an.
Wie ist da die verborgene Sichtbarkeit gestaltet?

Die verborgene Sichtbarkeit

Bevor Mose den Gottesnamen zum ersten Mal hört, wird er mit einer eigenartigen Erscheinung konfrontiert: Er sieht *Gott im brennenden und nicht verglimmenden Dornbusch*, so erzählt es das Exodusbuch (Ex 3,1–6).
Mose nimmt das Geheimnis im Feuer zunächst allein wahr, aber später sehen auch die anderen ein ähnliches Phänomen: die Wolken- und Feuersäule (Ex 13,21). Gott zeigt sich ihnen darin verlässlich anwesend, hilfreich (Ex 14), fürsorglich (Ex 16), aber nicht verfügbar (Ex 16,27ff.). Feuerrauch begleitet auch die Gottesoffenbarung am Sinai (Ex 19f.): Mose geht auf den Berg; dieser hüllt sich in Wolken, „denn Gott war im Feuer herabgestiegen" (Ex 19,18). Mose tritt an die „dichte Wolke" heran, wie er sich zuvor dem Dornbusch genähert hat (Ex 19,9 und 20,21). Und *Gott redet aus dem Feuer* (Dtn 4,11f.). Doch auch diese große Begegnung bleibt geheimnisvoll. Mose sieht keine Gestalt, „nur eine Stimme war da" (Dtn 4,12).
Während Mose auf dem Berg ist, fürchten sich die Zurückbleibenden. Sie nehmen ihre eigene Grenze wahr, sehen sie als Strich in den Sand gezogen. Keiner wagt sie zu überschreiten (Ex 19,12). So hoch und heilig ist, was da geschieht – ein Mysterium* (vgl. auch die spätere liedhafte Zusammenfassung: Ps 99,7–9).
Mose will Gott sehen, darf aber seine „Herrlichkeit" nicht ungeschützt anschauen. Während sie an ihm vorüberzieht, hält Gott seine Hand fürsorglich über den Betrachter. Nur das „Hinterherschauen" ist möglich, das Angesicht Gottes „kann man nicht sehen" (Ex 33,18–23).
Im Dekalog* sind diese differenzierten Erfahrungen zusammengeschmolzen zu dem Satz: „Du sollst dir *kein Bild* machen" (Ex 20,4 und Dtn 5,8). Das hebräische Substantiv meint nicht das innere Bild oder eine bildhafte Vorstellung, sondern das Werk eines Bildhauers oder Steinschnitzers. So wehrt das Gebot ursprünglich das Benutzen von Statuen ab, die eine göttliche Anwesenheit mit den Fingern fühlbar und damit auch verfügbar machen könnten.

5. Wie beurteilt der Erzähler der Rachel-Jakob-Geschichte Gen 31,25–35 den heiligen Gegenstand aus dem Haus Labans?

6. Vergleichen Sie die Interpretation des biblischen Bilderverbotes Seite 179 und Seite 194.

Gott in der Geschichte der Menschen

Das Exodusbuch enthält neben den Erzählungen auch eine Fülle von Sozial- und Kultgesetzen. Es sind zum Teil uralte Lebensregeln, zum Teil stammen sie aber auch aus späteren Epochen der Geschichte Israels. Offenbar hatten die biblischen Geschichtsschreiber Gründe, den Auszugs- und Wüstentraditionen ein großes Sozial- und Kultregelwerk zuzuordnen. Dabei hoben die Erzähler die besondere Würde der „Zehn Gebote" hervor (Ex 20,2–17; vgl. Dtn 5,6–21): Diese seien als Gottes *Tora** (Wegweisung) vom Sinai her empfangen worden. Mose sei der Überbringer.
„Ich bin JHWH Elohim, der dich aus Ägypten geführt hat, aus dem Haus der Knechtschaft." Das steht wie eine Überschrift am Anfang dieser Tora. Aus den Schutzgöttern der Vorfahren wird *der Gott der gemeinsamen Befreiungsgeschichte.*
Die Vergangenheit der hebräischen Gemeinschaft bekommt im Erinnern und Erzählen „theologische"* Bedeutung. Gott sei *Bundespartner Israels* geworden, wird gesagt (Ex 19,5). Die Bundestreue der Menschen bestehe nicht nur im Verehren des einen Gottes, sondern bedeute auch, die eigene Befreiung zu erinnern und die Freiheitsgebote, seine Tora, zu lernen, zu lehren und zu halten (Dtn 5,29–33; 6,4–9). Auf diese Weise werden die Menschen für Gott „heilige Leute" (Ex 22,30).
Schwierig wird es, wenn sich diese Heiligkeit im Zusammenleben mit anderen Völkern bewähren muss. So wird von der Zeit vor der Gründung des Staates Israel erzählt, es habe Streit und kriegerische Auseinandersetzungen zwischen den verschiedenen Völkern in dem Land zwischen Mittelmeer und Jordan gegeben – und auch Zweifel an der Verlässlichkeit des Bundes mit Gott. Gott habe daher seinen Schutzbefohlenen immer wieder „Richter" geschickt, die für eine bestimmte Zeit die Rückbindung an die Bundesregeln garantierten (Ri 2,11–23; 4,1–10; 6,1–16). Entsprechend wird nun auch *Gott als Richter* in Fällen von Eigentums- und Nachbarschaftsproblemen (z.B. Ri 11,27) gesehen.
Wenn von den Kämpfen um das Wohnrecht im Land Kanaan die Rede ist, erhält auch Gott kämpferische Züge. Er wird „Gott der Heerscharen" (hebräisch: „Adonaj Zebaoth", z.B. in 1.Sam 4,1–11; 2.Sam 6,2) genannt.

1. Ziehen Sie die ausführlicheren Erläuterungen zum Dekalog*, Seite 193ff., hinzu.

2. Es wird in Ri 7 von Gott erzählt, er habe den Richter Gideon gezwungen, sein Heer auf ein strategisch lächerliches Mindestmaß zu reduzieren.
Wie geschieht die Verminderung der Truppenstärke?
Wozu dient diese Aktion?
Was ist aus ihr zu lernen?
Welches Bild von Gott entwirft diese Erzählung?

3. Welche ernsthaften theologischen* Fragen deckt die Karikatur auf?

4. Was bedeutet es für die Reflexion Ihres eigenen Gottesbildes, wenn Sie sehen, wie sich die Wahrnehmungen Gottes innerhalb der biblischen Tradition wandeln?

„Wie wirklich ist die Wirklichkeit?":
Beziehen Sie die Einsichten des gleich lautenden Abschnitts, Seite 18ff., in Ihr Nachdenken über die Veränderungen des Gottesbildes ein.

Ein Ort der Begegnung

Als die hebräischen Stämme in Zelten wohnten, habe auch Gott eine bewegliche Wohnstatt gehabt: das „Zelt der Begegnung" (Ex 26), es habe außerhalb des Lagers gestanden, Gott darin zu besuchen, sei das Privileg des Wüstenführers Mose gewesen – so erzählen es die Geschichtsschreiber im Exil.

Es sieht so aus, als sei dieses Recht nicht auf seinen Nachfolger Josua übergegangen. Von einem Zelt der Begegnung ist plötzlich nicht mehr die Rede. (Vermutlich endet mit dem Schluss des fünften Mosebuches der Erzählfaden, der das Geschick der Mose-Stämme schildert. Das *Josuabuch* zeichnet die Migrationsmühen anderer Stämme auf. Diese kannten offenbar kein Gotteszelt.) Stattdessen spielt nun die *Bundeslade* eine wichtige Rolle, ein transportabler Kasten, in dem wichtige Schriftstücke ihren Platz hatten. Nach Auskunft des Josuabuches wird die Lade in das Land zwischen Jordan und Mittelmeer getragen. In der Stadt Silo findet sie zunächst eine Bleibe.

Doch Gott scheint sich gegen eine feste Wohnung zu sperren. David möchte ein Gotteshaus bauen, aber erst Salomo darf beginnen, den Plan auszuführen, wird erzählt (2.Sam 7,2–16). Im salomonischen Tempel findet die Bundeslade ihren Platz.

Babylonische Streitkräfte zerstören im Jahr 587 v.Chr.* Jerusalem. Einen Teil des Volkes Israel nehmen sie mit ins Zweistromland. Nun entsteht die Frage, wo Gott wohnen kann: zwischen den Trümmern seines Tempels oder bei den Exilierten in Babylon. Es wächst eine Theologie*, die den Gott Israels hier und dort denken, spüren und verehren kann, *eine ortsungebundene Religiosität*. Gebete und Erzählungen treten an die Stelle der Opferhandlungen.

Als auf Anordnung des Perserkönigs Darius ein neuer Tempel im Land Israel errichtet werden soll, geht der Bau nur schleppend voran. Nach seiner Zerstörung durch die römischen Soldaten im Jahr 70 n.Chr. kommt der jüdische Tempelkult ganz zum Erliegen. Die Texte der Opferrituale und die Idee, dass Gott bei den Menschen wohne, werden aufbewahrt, aber beides wächst nun in den familiären und persönlichen Bereich hinein: Die Versammlung der Menschen macht – zusammen mit der Anwesenheit Gottes – eine Wohnung zum heiligen Ort.

---

1. Ist für Ihr Gottesverständnis ein fester „Ort der Begegnung" nötig?

2. Beobachten und beschreiben Sie Ihr eigenes Raumgefühl, wenn Sie sich in einem sakralen Haus befinden.

3. Vergleichen Sie die Grundrisse von Synagogen, Kirchen, Moscheen, Tempeln. Prüfen Sie, ob bzw. wo Gott oder Göttliches darin eine „Wohnung" hat.

4. In welchem Sinn spricht das letzte Buch des Neuen Testamentes*, die „Offenbarung des Johannes", im Kapitel 21, Vers 4 von der „Wohnung Gottes bei den Menschen"? Lesen Sie dazu das ganze Kapitel 21.

Gott auf dem Thron

Bald nach dem Sesshaftwerden im Land Israel – um 1000 v. Chr. – hatten sich die Hebräer für eine monarchische Staatsform entschieden. Dies blieb später nicht ohne Widerspruch (vgl. Ri 8,22–9,21 und 1.Sam 8), denn eigentlich galt Gott als Helfer und Begleiter in allen Situationen. Trotzdem etabliert sich die monarchische Struktur im Land Israel und hält fast 500 Jahre lang.

Das Verhältnis zwischen Gott und König wird mit einem Adoptionsritual geklärt: Im Namen Gottes sagen die Priester bei der Inthronisation zum König: „Du bist mein Sohn, heute habe ich dich gezeugt" (Ps 2,7). So werden die königlichen Rechte und Pflichten Gott untergeordnet (1.Sam 12,13f.24f.).

Die Theologie* prägt das Bild der Könige Israels und Judas; aber das Königtum zeichnet auch Spuren in die Theologie: Gott kann nun als *König* besungen werden (Ps 47,3.7–9; 93,1; 96,10a; 97,1f.; 98,6; Mt 5,34f.), der seinen Thron im Tempel hat (Ps 80,2; 99,1; Jes 6,1–3). Doch die Hoffnungen auf das Wirken dieses Königs gehen über das hinaus, was von irdischen Königen erwartet werden kann, denn „der HERR wird sein Volk segnen mit Frieden" (Ps 29,11; vgl. auch Jes 9,1–6).

Als um 587 v. Chr. das Land zwischen Jordan und Mittelmeer verwüstet ist, entwerfen Propheten die Vision von einem König, der als „Gerechter und Helfer" zum Zionsberg in Jerusalem auf dem Fohlen einer Eselin geritten kommt. Dieser König werde alle Kriegsgeräte aus dem Land Israel räumen und eine Herrschaft aufrichten, die „bis an die Enden der Erde" reicht (Sach 9,9–17, vgl. auch Hes 16,3).

Wenn Gott als *Richter, König und Schöpfer der Welt* angerufen wird, liegt es nahe, ihn – dies alles zusammenfassend – „allmächtig" zu nennen. Doch ein solches theologisches Sammel-Adjektiv gibt es im hebräischen Sprachgebrauch der Bibel nicht. Erst in den griechischen Übersetzungen des zweiten und dritten Jahrhunderts n. Chr. taucht eine Gottesbezeichnung auf, die für alle Mächtigkeitsnamen Gottes in der Bibel eingesetzt werden kann: „Pantokrator", Allherrscher. Bei der weiteren Übertragung in die lateinische Sprache wird daraus der „Omnipotens" – der alles kann.

---

1. Suchen Sie in Kirchen und Kunstbüchern nach dem Thronmotiv. Wer wird thronend dargestellt? Was sagt die „Darstellung auf dem Thron" über die theologische Bedeutung der Personen aus?

Im gleichen Maße wie die Richter und Könige des antiken Israels den Konfrontationen mit anderen Völkern nicht mehr aus dem Weg gehen, wird auch vom „Herrn der Heerscharen" erwartet, dass er andere göttliche Herren nicht mehr neben sich gelten lässt. Während in der Väterzeit die verschiedenen Religionsgruppen die heiligen Orte einfach nacheinander benutzen konnten, werden jetzt die fremden Götter als Feinde betrachtet. Schon in der Richterzeit kam es zu einzelnen Zerstörungen von fremden Altären (Ri 6,25–32). Später wird von dem Propheten Elija erzählt, er habe einen göttlichen Wettstreit erlebt (1. Kön 18).

Die spätere christliche Tradition überträgt die jüdischen Zionshoffnungen auf Jesus und erzählt von seinem Einzug in die Stadt Jerusalem nach dem Muster der prophetischen Bilder (besonders deutlich Mt 21,1–9 und Joh 12,12–19).

Wo im Neuen Testament Gott „Pantokrator" genannt wird (2.Kor 6,18 und Offb 1,8; 4,8 etc.), übersetzt M. Luther dies mit „allmächtig". Dieses Adjektiv wird später als Beschreibung einer göttlichen Eigenschaft missverstanden und verdeckt dadurch die ursprünglich politische Dimension: Wer Gott „Pantokrator" nannte, leistete Widerstand gegen die Allmachtsansprüche eines weltlichen Regimes.*

2. Was bedeutet Ihnen die Vorstellung, Gott sei allmächtig? Schreiben Sie einen Essay.

Die Suche nach einer Erklärung des Zusammenhangs zwischen Gottes Gerechtigkeit und unverdientem menschlichem Schmerz wird Theodizee*-Frage genannt.

1. Lesen Sie einige Klagepsalmen der Bibel, z.B. Ps 6; 7; 13. Schreiben Sie einzelne Formulierungen und Sätze heraus, die Ihnen aussagekräftig erscheinen. Fügen Sie daraus einen eigenen Klagepsalm zusammen. Ergänzen Sie, was Ihnen fehlt. Verändern Sie, was – anders gesagt – besser in den Klang und Sinn Ihres Textes passt.
Sprechen Sie Ihren eigenen Psalm laut in einem Tempo, das ihm entspricht.

2. Wie weit halten Sie einen mystischen* Umgang mit dem Leid und der Theodizee-Frage für hilfreich?

3. Lesen Sie die so genannten „Gottesknechtlieder" (Jes 42,1–9; 49,1–9; 50,4–11; 52,13–53,12). Erscheint Ihnen der „Gottesknecht" als menschliche oder als göttliche Gestalt?

Das biblische Hiobbuch enthält eine Sammlung von Theodizee-Fragen aus verschiedenen Zeiten. Zuletzt wurde vermutlich der „Prolog im Himmel" vorangestellt.

4. Lesen Sie das gesamte biblische Hiobbuch und erarbeiten Sie sich die darin enthaltenen unterschiedlichen Antworten auf die Frage nach dem Sinn von Leid.

5. Suchen Sie nach Hiob-Darstellungen in der bildenden Kunst. Finden Sie heraus, auf welche Passagen im biblischen Hiobbuch sich die Bilder jeweils beziehen.

Gott und das Leid der Menschen

In der biblischen Geschichtsschreibung ist oft die Auskunft zu finden, das Leid einer Generation sei die Konsequenz schlimmer Taten der Vorfahren. *Die Strafe folge auf dem Fuße* und halte an bis zur Rückkehr zu den Weisungen Gottes (Dtn 28,45f.). Diese Erklärung gerät aber immer dann in eine Krise, wenn die politischen, sozialen und persönlichen Verhältnisse im Land Israel undeutlich sind. Denn dann erleben die Menschen Gutes und Schlimmes, ohne dessen Herkunft oder Grund zu durchschauen. Die Reaktionen sind unterschiedlich:

Es entsteht eine *Sprache der Klage*, die nicht nur das Leid bejammert, sondern Gott widerständig entgegentritt: Warum hast du mich verlassen? (z.B. Ps 22,2; 44,10.24; 74,1.11; 88,15) Wie lange wird das Elend noch dauern? (z.B. Ps 6,4; 13,2f.; 35,17; 89,47) Warum ich? Im Hiobbuch lässt Gott sich dadurch zur Rechenschaft ziehen (Hi 23; 42,12f.).

Ebenfalls im Hiobbuch kommt eine andere Sicht zur Sprache: Hiob erkennt, als er Gott zum Gespräch herausfordert und dieser „aus dem Wettersturm" antwortet, dass der Zusammenhang zwischen Gottes Gerechtigkeit und dem Grund menschlicher Leiden als *Geheimnis* verschlossen bleiben wird. Nachdem Hiob dies begriffen hat, kann er seine Qualen im großen göttlichen Ratschluss aufbewahrt wissen (Hi 42,1–5) – eine mystische* Theologie.

Doch andere Menschen fragen weiterhin nach dem Sinn des Leidens. So gibt es im Jesajabuch eine Liedersammlung, welche das Bild des Schuldlosen zeichnet, der stellvertretend für andere leidet. Indem der „Gottesknecht" – einem Opferlamm vergleichbar – ohne Widerspruch den Schmerz der Welt auf sich nimmt, wird er zum „Licht für die Völker" – ein Überlebensweg in fast hoffnungsloser Zeit.

Unter den hellenistischen* Fremdherrschaften gelingt es vielen Menschen nicht mehr, ihre grauenvollen Erfahrungen überhaupt noch mit Gottes Willen in Einklang zu bringen. So wird das Böse vom guten Gottesbild abgespalten. (Hi 1,6–12).

Unter der römischen Besatzung stellt sich die Hiobfrage noch einmal neu. Der Gedanke entsteht, Gott könne sich selbst im Bereich der Ohnmacht und des Schmerzes aufhalten. In Anlehnung daran konnten die Christen eine *Theologie* des Kreuzes* entwickeln: Jesus leidet stellvertretend für die Welt unschuldig am Kreuz. Mit dem Gekreuzigten und in ihm leidet Gott (Mt 27,39ff.).

Die mütterliche und die väterliche Seite Gottes

Der hebräische Gottesglaube musste sich im Land Israel mit der Religiosität der dort bereits ansässigen kanaanäischen Bevölkerung auseinander setzen. Deren weibliche Gottheiten und die Vielfalt der Frauenkulte und Fruchtbarkeitsriten wurden offenbar als Gefahr für den Glauben an den *einen* Wüstengott angesehen. Trotzdem sind in der Bibel *mütterliche Metaphern* im Reden von Gott zu finden. Die Angst vor der matriarchalen Religiosität hat die sprachlichen Bilder und damit die weibliche Perspektive der biblischen Theologie* nicht verdrängt.

So kann das weiblich erscheinende Wirken Gottes wie eine eigenständige Person beschrieben werden, z.B. als *Weisheit*, die verborgen ist (Hi 28,12ff.), die in Israel eine Wohnung findet (Sir 24,7ff.), die zum Gastmahl einlädt (Spr 8,4ff.), die als Lehrerin aufgesucht, geliebt und schließlich als Braut heimgeführt wird (Weish 7,22–8,18).

Der Geist Gottes ist im Hebräischen ein weibliches Wort, die „Ruach". Sie kann wie ein eigenes Wesen in Jerusalem leben, während Gott die Weltgeschäfte betreibt (Hag 2,5ff.). Sie ist Wegweiserin der Menschen (Ps 143,10) und Lehrmeisterin wie die Weisheit, doch lässt sie sich leicht vertreiben, wenn Unrecht naht (Weish 1,5ff.).

Auch das hebräische Wort *Tora**, das den Willen und die Lebensweisungen Gottes benennt, ist weiblich.

Bei den Begegnungen mit den vorderasiatischen und hellenistischen* Göttinnen werden die Theologen der Bibel im 4. Jahrhundert v.Chr. wieder vorsichtig und ziehen sich in die männlichen Gottesbeschreibungen zurück (Mal 2,10). Manche jüdischen Gebete aus der Zeit Jesu sprechen Gott in Anlehnung an 1.Chr 29,10 als „Ewiger Gott Israels, unser Vater, von Ewigkeit zu Ewigkeit" an. Damit ist die familiäre Intimität der Gottesbeziehung sprachlich erhalten und die Gefahr der Vielgötterei zugleich abgewehrt.

Gott als Vater anzureden, hat in der Zeit der Fremdherrschaften aber auch eine politisch-soziale Bedeutung: Da die Hoffnung auf ein eigenständiges israelitisches Königtum verloren ist, kann durch die Vater-Metapher die „Gottessohnschaft" der Könige Israels zur „Gotteskindschaft der einfachen Leute" werden. Dadurch ist eine Theologie wiedergewonnen, die sich in der Rede von der Bundestreue Gottes bereits als Interpretation der Exodus- und Wüstenerfahrungen bewährt hatte.

Der feministischen Theologie sind die Hinweise auf weibliche Gottesmetaphern in der Bibel zu verdanken, z.B.:
- *Ps 123,2; Lk 15,8–10; Mt 13,33; Lk 15,8–10*
- *Ps 139,13.15; Gen 3,21*
- *Spr 4,20–22*
- *Hos 13,8*
- *Mt 23,37; Lk 13,34*
- *Jes 66,8–9; Ps 22,10*
- *Dtn 32,18; Jes 42,14–15*
- *Jes 49,15; 66,13; Hos 11,1–4*

> Welche Erwartungen an Gott sind mit diesen sprachlichen Bildern verbunden?

In den griechisch verfassten christlichen Erzählungen und Bekenntnissen wurde aus der weiblichen Ruach ein Neutrum, das Pneuma. In den deutschen Bibelübersetzungen ist die ursprünglich weiblich gedachte Kraft Gottes ein Maskulinum: der Heilige Geist.
Dies kann zu eigenartigen Assoziationen führen, z.B. er sei der „Erzeuger" des Jesuskindes (Mt 1,18).

Die Tora hat sich bereits im griechischen Neuen Testament in das Maskulinum Nomos verwandelt. Nur noch selten wird sie so eng mit der anderen weiblichen Kraft, der Liebe, zusammen gesehen wie im Römerbrief (13,8–10). Die deutschsprachige christliche Tradition nennt die mütterliche und liebevolle Erziehungskraft der Tora Gesetz. Dadurch wird sie zu etwas Neutralem, das von den Gefühlen getrennt zu sein scheint.

In der römischen Besatzungszeit konnten viele Familien Nazareths, Kapernaums und anderer Kleinstädte Galiläas nicht mehr alle erwachsenen Söhne und Töchter ernähren. So bildeten sich offenbar Gruppen Gleichaltriger, die herumzogen und von Almosen oder Gelegenheitsarbeiten lebten. Für einige von ihnen scheint die Lebensgemeinschaft mit Jesus zur zweiten Familie geworden zu sein.
Das Vertrauen auf Gott befreite sie von der Sorge um das tägliche Brot (Mt 6,11.19ff.). Die göttliche Elternschaft gewährte ihnen Geborgenheit (Mt 5,43–6,4).
In einer Zeit, da weder die staatlichen noch die familiären Bindungen hielten, wurde der Gottesglaube zu einer Lebensbindung neuer Qualität: Vom väterlichen und mütterlichen Gott – nicht mehr von den weltlichen Autoritäten und Vätern – war nun eine Zukunft zu erwarten (Mt 4,22; 8,21; 19,29; 23,9). Gott werde seine Herrschaft elternhaft aufrichten, von dieser tröstlichen Aussicht her ließen sich Obdachlosigkeit, Armut und Lebensgefahr überstehen (Mk 8,34–38; 9,1; Lk 21,29ff.).

➡ Seite 126

1. Bereiten Sie ein Rollenspiel zum Thema: „Der verlorene Sohn" vor (Spielvorlage: Lk 15,11–32). Fertigen Sie dazu Rollenspielkarten an, die möglichst genaue Personenbeschreibungen enthalten. Wie charakterisieren Sie die Rolle des „Vaters"?

2. Verwandeln Sie das Gleichnis in eine Mutter-Töchter-Erzählung.

➡ Seite 154f.

Das Gottesbild Jesu

Besonders interessant für die christliche Orientierung ist die Theologie* Jesu. Doch gerade das ist schwieriger als z.B. von paulinischen oder matthäischen Gottesvorstellungen zu reden. Jesus hat keine eigenen Aufzeichnungen hinterlassen; und alle Wiedergaben seiner Reden im Neuen Testament* sind geprägt von den Vorstellungen und sozialen Problemen derer, die sich seine Worte merkten und sie überlieferten. Es ist lediglich möglich zwischen Aussprüchen zu unterscheiden, die in die „Zeit Jesu" passen, und solchen, die ganz offensichtlich bereits von den Fragen der späteren christlichen Gemeinden geprägt sind.

Authentisch – im genannten zeitgenössischen Sinn – scheint die Anrede Gottes als *Vater* zu sein: Der Evangelist Markus lässt Jesus im Garten Getsemani betend und flehend „Abba" („Vater") sagen (Mk 14,36; vgl. auch Röm 8,15 und Gal 4,6). Das ist eine Redeweise aus der aramäischen Umgangssprache Jesu.

Matthäus erzählt, Jesus habe seine Schüler und Schülerinnen ermuntert (Mt 6,6ff.) „unser Vater im Himmel" zu sagen, wenn sie beten wollten. Ein Lobpreis Gottes aus dem Munde Jesu beginnt mit der Anrede des himmlischen Vaters (Mt 11,25ff., vgl. auch 5,16). Es entsteht das Bild eines im Verborgenen waltenden, aber elternhaft aufmerksamen Gottes (Mt 6,18), der alle seine Kinder kleidet und nährt (Mt 6,26ff.).

Lukas überliefert als Jesusrede ein Gleichnis von Gott als Vater zweier Söhne, der sowohl den weggelaufenen als auch den zu Hause gebliebenen Sohn liebt (Lk 15,11ff.).

Auch vom erhofften *Gottesreich* lassen die Evangelisten Jesus in Gleichnissen sprechen: Wie ein Senfkorn werde es wachsen oder wie Sauerteig aufgehen (Lk 13,18–21 und Mt 13,31–33). Gott erscheint dabei einmal männlich, einmal weiblich; offenbar lag den biblischen Schriftstellern an einer ausgewogenen und offenen Darstellung.

Gott familiär anzureden, ihn im gleichen Atemzug aber auch als *Richter* (Mt 12,36–37) und *Schöpfer der Welt* (Mt 10,29–30) zu loben, liegt ganz im Trend der pharisäischen Gebete und Gleichnisse, die aus der Jesuszeit im Talmud überliefert sind. So liegt es nahe, in diesen theologischen Perspektiven einen Hinweis auf das Gottesbild Jesu zu erkennen. Nicht mehr – aber auch nicht weniger – kann darüber gesagt werden.

Der eine Gott und der „Gottessohn"

Dass bestimmte Menschen als Sachwalter Gottes auf Erden den Gottessohntitel bekommen, ist der hebräischen Tradition nicht fremd. Doch die Ausschließlichkeit und Leiblichkeit, mit der einige Texte des Neuen Testamentes* die *Gottessohnschaft* an Jesus binden, geht über die Grenzen jüdischer Theologie* hinaus. So musste die Frage geklärt werden, ob mit der Rede vom „Gottessohn Jesus" der Glaube an den einen Gott gefährdet sei.

Die Kirche hat sich in den Konzilen der ersten Jahrhunderte diesem Problem ausführlich gewidmet. Zusammen mit den Christologien wurden Lehren über den *Heiligen Geist* entworfen, denn auch hier bot der neutestamentliche Textbestand (z.B. 1.Kor 2,10ff.; Mt 12,28; Apg 5,3) einigen Theologen Anlass, das Vertrauen auf den einen Gott gefährdet zu sehen.
Die „triadischen"* Formeln bei Paulus (2.Kor 13,13) und im Matthäusevangelium (28,19) wurden zur Vorlage für Lern- und Prüfungsfragen, die denjenigen vorgelegt wurden, die sich dem Christentum anschließen wollten:

> Glaubst du an Gott, den Vater und Herrn des Alls?
> Glaubst du an Jesus Christus, unseren Erlöser,
> der unter Pontius Pilatus gekreuzigt wurde?
> Glaubst du an den Heiligen Geist, der durch die
> Propheten gesprochen hat?
>
> *Justinus (110-ca.165 n.Chr.)*

Auf hoher theologischer Ebene entstanden komplizierte – und durchaus unterschiedliche – Lehren zur *Trinität**, die jeweils versuchten, die Einzigkeit Gottes, die Bedeutung Jesu und die Wirkungen des Heiligen Geistes miteinander zu denken und zu formulieren. Zwei Bekenntnistexte setzten sich durch: das *Apostolische Glaubensbekenntnis* aus der römischen Christengemeinde und das *Nizänische Glaubensbekenntnis* aus Kleinasien. Beide Fassungen sind im „Evangelischen Gesangbuch" abgedruckt.

---

1. Lesen Sie Ex 4,22; Ps 89,20–28 und Röm 1,3f. In welchem Sinne ist jeweils von der Gottessohnschaft die Rede? Wie sind diese Aussagen jeweils mit dem Bekenntnis Dtn 6,4ff. vereinbar?

Mit der kirchlichen Trinitätslehre verband sich bald die Vorstellung von der Inkarnation *(„Fleischwerdung") Gottes. Der Inkarnationsgedanke versucht die Anwesenheit Gottes in Jesus Christus zu erklären als ein Hineingehen und ein Wohnen in dessen Leib. Inkarnation Gottes bedeutet aber – bis ans Ende gedacht –, dass Gott im Leib Christi am Kreuz gelitten habe – ein nicht unproblematischer Gedanke.*

Dieser Mann, diese Knechtsgestalt, dieser verachtete, gekreuzigte Jude, war nicht einfach Mensch, sondern in ihm konnte die Gegenwart Gottes entdeckt werden. Die Kirche erkannte Gott in diesem jüdischen Fleisch. Vielleicht war das deshalb möglich, weil Gott in allem jüdischen Fleisch ist, weil es das Fleisch des Bundes ist, das Fleisch des Volkes, mit dem Gott selbst sich verbunden hat, unter dessen Namen er in der Welt bekannt ist als der Gott Israels.
Rabbiner* Michael Wyschogrod, 1995

2. Vergleichen Sie das „Apostolikum" mit dem „Nizänum". Welcher Text ist Ihnen vertrauter?
Welcher erscheint Ihnen verständlicher?
Wie ist das Problem der „Einzigkeit Gottes" im Zusammenhang mit der Rede vom „Sohn" jeweils gelöst?

3. In welcher Weise lässt der Jude M. Wyschogrod sich gedanklich auf die christliche Inkarnationslehre ein?

➡ *Seite 138–143*

Die heilige Dreifaltigkeit

Das Bild ist im Original 2,07 m hoch und 1,09 m breit. Es wurde um 1455 auf eine Nadelholztafel gemalt und bildet den rechten Außenflügel eines aufklappbaren Kreuzaltars. Der linke Außenflügel zeigt Maria mit dem Kind, in auffallend ähnlicher Haltung und Größe. Maria trägt ebenfalls rotgrüne Gewänder und sitzt auf derselben Art Thron. Beide Altarflügel sind als Originale in der Gemäldegalerie der Staatlichen Museen in Berlin am Matthäikirchplatz zu sehen.

1. Schauen Sie sich das nebenstehende Trinitätsbild in Ruhe an. Verweilen Sie beim Betrachten mit den Augen da, wo etwas Ihre Aufmerksamkeit fesselt.

2. Welche Gefühle und Assoziationen weckt das Bild in Ihnen? Woran fühlen Sie sich erinnert? Was stößt Sie ab?

3. Beschreiben Sie den Bildaufbau. Was sagen Körperhaltung und Mimik der beiden Personen über ihr Verhältnis zueinander?

4. Schlüsseln Sie die Symbole auf: Was meint die Taube im linken oberen Viertel des Bildes? Was bedeuten die „Kopfbedeckungen"? In welchem „Raum" befinden sich die Personen? Was mag durch die Farben angedeutet sein?

5. Wo ist innerhalb oder außerhalb des Bildes ein Platz für Sie? Beschreiben Sie die Szene von dieser Stelle aus.

Spuren Gottes in der Erkenntnis der Menschen

Anselm von Canterbury (1033–1109)

Der Christ muss durch den Glauben hindurch fortschreiten zum Einsehen (intellectus); er soll nicht etwa auf dem Wege über die Erkenntnis zum Glauben gelangen wollen oder diesen aufgeben, wenn er nicht die Kraft zur Einsicht findet. Ist er zur Einsicht im Stande, so wird er tief beglückt; wenn nicht, verehrt er das Unbegreifliche.

Epistula („Brief")

So gib mir, o Herr, der du dem Glauben auch die Einsicht verleihst, gib mir, so weit du es als zuträglich weißt, die Erkenntnis des Verstandes, dass du bist, wie wir glauben, und dass du das bist, was wir glauben. Wir glauben aber von dir, dass über dich hinaus Größeres nicht gedacht werden kann. Es ist zweierlei, ob eine Sache im Erkennen sei oder ob erkannt werde, dass die Sache (in Wirklichkeit da) sei. Wenn ein Maler sich ein Bild ausdenkt, so hat er dieses in seinem Denken, aber er kann es nicht als da seiend erkennen, da er es noch nicht gemacht hat. Hat er es aber gemalt, so hat er es sowohl in seinem Denken als auch erkennt er, dass das von ihm Gemachte (wirklich da) sei. Also wird auch der Tor davon überzeugt sein, dass es wenigstens in seinem Denken etwas gebe, worüber hinaus Größeres nicht gedacht werden kann; denn er versteht, was er hört, und alles, was verstanden wird, ist im Verstande. Aber das, worüber hinaus Größeres nicht gedacht werden kann, kann nicht nur im Denken sein. Ist es nämlich nur in unsrem Denken, so kann man sich es auch als wirklich seiend vorstellen; das aber ist mehr (als bloß in Gedanken wirklich sein). Wenn also das, worüber hinaus Größeres nicht gedacht werden kann, nur im Denken ist, so ist eben das, worüber hinaus Größeres nicht gedacht werden kann, etwas, über das hinaus etwas Größeres denkbar ist. Dies ist aber offenbar unmöglich. Daher ist zweifellos etwas, worüber hinaus Größeres nicht gedacht werden kann, sowohl dem Denken als der Sache nach wirklich.

Proslogion („Anrede")

Der Wunsch, das Dasein eines göttlichen Wesens zu erkennen und zu beweisen, ist nicht auf die jüdisch-christliche Tradition beschränkt.
Schon der Platonschüler ARISTOTELES *(384–322 v.Chr.) hatte logische Gedankenketten entwickelt, die gemeinsam die Existenz eines einzigen Gottes belegen sollten: Alle Bewegung und alles Bewegte gehe auf eine bewegende Ursache zurück, alles Unvollkommene strebe auf ein Vollkommenes hin und jedes Werden sei um des einen Seins willen vorhanden.*
Dieses letzt-einzige Sein aber könne nur Gott sein.
Später argumentierte der Politiker CICERO *(106–43 v. Chr.), es müsse einen höchsten Gott geben, weil dieser als „Idee" in den Kulturen aller Völker auftauche.*

Die Kirche übernahm den Glauben an den einen Gott vom Judentum, befasste sich in ihrer Gründungsphase aber zunächst mehr mit der Christologie. Erst im Mittelalter kam die Gottesfrage als solche wieder in den Blick. Dabei hat die „theologische" Doppelthese des Benediktinerabtes ANSELM VON CANTERBURY *besonderes Aufsehen erregt:*
1. Dem Gläubigen erschließe sich Gott nicht nur im Glauben, sondern auch auf dem Weg des rationalen Erkennens.
2. Dass es aber überhaupt solche Gotteserkenntnis(se) gebe, sei ein Beweis für die Existenz Gottes.

Prüfen Sie Anselms Weg, Gottes Existenz zu „beweisen".
Was leistet die Beweisführung, was gelingt ihr nicht? Was kann ihr entgegengehalten werden?

Hildegard von Bingen (1098–1179)

Bereits als 3-Jährige habe sie Visionen gehabt, lichtvolle Gottessichten, die sie zunächst nicht in Worte fassen konnte. Als 5-Jährige habe sie ihrer Amme davon erzählen wollen, doch diese habe sie angstvoll zum Schweigen gebracht, erinnert sich Hildegard später. Die Eltern gaben ihre Tochter mit acht Jahren in die Obhut einer Nonne, die sich in strengster Klausur der Erziehung und Bildung des außergewöhnlichen Kindes widmete. Latein- und Gesangsunterricht, Bibellektüre, Gartenarbeit und Kräuterkunde, später auch das Studium der Schriften der Kirchenväter gehörten zum täglichen Arbeitspensum. Als 16-Jährige sprach sie in eigener Verantwortung die benediktinischen Ordensgelübde. Gotteserscheinungen begleiteten sie weiterhin. Zu der frühen Angst, öffentlich von ihren Visionen zu reden, kam die Scheu, sich als Frau ins Gespräch der Theologen einzumischen. Doch das Schweigen machte sie krank. Nach einer – für Hildegard unmissverständlichen – Berufungsvision vertraute sie sich 1114 einem Mönch an, der sie ermunterte, ihre Gotteserkenntnisse aufzuschreiben. Nachdem eine päpstliche Kommission die Niederschriften geprüft hatte, durften sie veröffentlicht werden.

Und ich, ein Mensch, der ich nicht glühe nach der Art der starken Löwen noch auch durch ihren Unterricht belehrt wurde, ... sah, durchweht von geheimnisvollem Hauch, ein hell-leuchtendes Feuer, ein Feuer, das unbegreiflich, unauslöschlich, ganz lebendig, ganz Leben war. Und ich hörte aus dem vorerwähnten 5
lebendigen Feuer eine Stimme, zu mir sprechend:
O du, die du bist ... unter dem Namen Weib ungelehrt, ... zu lesen Schriften vermittels des Verstandes der Philosophen*, sondern nur angerührt von meinem Licht, das dich zuinnerst berühret mit einem Feuer wie glühende Sonne, schreibe und 10
erzähle erschöpfend und schreibe diese meine Mysterien, die du siehst und hörst in mystischer* Schau. Wolle also nicht furchtsam sein, sondern sage das, was du erkennst im Geist, auf die Weise, wie ich es durch dich rede .... Daher, ... die du im Innersten gelehrt bist durch mystische Anhauchung, 15
obwohl du von der Spezies Mann niedergehalten wirst wegen der Pflichtverletzung Evas, dennoch sage aus das feurige Werk, das dir in allergewissester Voraugenstellung demonstriert wird.
Scivias („Wisse die Wege")

O Feuer des Geistes, du Leben des Lebens aller Kreatur, 20
heilig bist du, weil du die Wesen lebendig machst,
heilig bist du,
der du die gefährlich Zerbrochenen errettest,
heilig bist du, der du die Wunden heilest.
O gewaltiger Gott, der alles durchdrungen 25
in den Höhen und auf Erden und in allen Abgründen,
du sammelst und vereinigst alles.
Schirme, die eingekerkert sind,
und löse die Gebundenen ....
Durch dich strömen die Wolken, weht der Äther, 30
atmen die Steine Feuchtigkeit,
senden die Gewässer Bächlein aus
und treibt die Erde ihr Grün.
Immer erhebst du die Unterwiesenen,
die durch den Anhauch von Weisheit 35
froh gemacht sein wollen.
Aus einem Lied Hildegards

In welcher Weise „erweist" sich für Hildegard Gott als „existent"?

Thomas von Aquin (1225–74)

Fünf Wege gibt es, das Dasein Gottes zu beweisen. Der erste geht von der *Bewegung* aus. Es ist eine sichere, durch das Zeugnis der Sinne zuverlässig bezeugte Tatsache, dass es in der Welt Bewegung gibt. Alles aber, was in Bewegung ist, wird von einem anderen bewegt.
Das kann aber unmöglich ins Unendliche so fortgehen, da wir dann kein erstes Bewegendes und infolgedessen überhaupt kein Bewegendes hätten. Wir müssen also unbedingt zu einem ersten Bewegenden kommen, das von keinem bewegt ist. Dieses erste Bewegende aber meinen alle, wenn sie von Gott sprechen.
Der zweite Weg geht von der *Wirkursache* aus. ...
Der dritte Weg geht aus von dem *Unterschied des bloß möglichen und des notwendigen Sein*. Alles notwendige Sein hat den Grund seiner Notwendigkeit entweder in einem anderen oder nicht in einem anderen (sondern in sich selbst). In der Ordnung der notwendigen Wesen, die den Grund ihrer Notwendigkeit in einem anderen haben, können wir nun aber nicht bis ins Unendliche gehen. Wir müssen also ein Sein annehmen, das durch sich notwendig ist und das den Grund seiner Notwendigkeit nicht in einem anderen Sein hat, das vielmehr selbst der Grund für die Notwendigkeit aller anderen notwendigen Wesen ist. Dieses notwendige Sein aber wird von allen „Gott" genannt.
Der vierte Weg geht aus von den *Seins(wert)stufen*, die wir in den Dingen finden. Wir stellen nämlich fest, dass das eine mehr oder weniger gut, wahr, edel ist als das andere. Ein Mehr oder Weniger aber wird von verschiedenen Dingen nur insofern ausgesagt, als diese sich in verschiedenem Grade einem Höchsten nähern. So ist dasjenige wärmer, was dem höchsten Grad der Wärme näher kommt als ein anderes. Es gibt also etwas, das „höchst" wahr, „höchst" gut, „höchst" edel und damit im höchsten Grade „Sein" ist. Es muss etwas geben, das für alle Wesen Ursache ihres Seins, ihres Gutseins und jedweder ihrer Seinsvollkommenheit ist: und das nennen wir „Gott".
Der fünfte Weg geht aus von der *Weltordnung*. ...

Summa Theologica, 1267–73

Der Dominikaner THOMAS VON AQUIN *widersprach dem Benediktiner Anselm von Canterbury: Der Mensch habe keine unmittelbare Gotteserkenntnis. Auf die Existenz Gottes könne nur indirekt geschlossen werden, von der Wahrnehmung der gütigen Wirkungen Gottes her. Immerhin sah Thomas fünf gedankliche „Wege", durch Erforschen der weltlichen Strukturen die geheimnisvolle Einwohnung Gottes in der Welt zu entdecken und damit seinem Dasein auf die Spur zu kommen. Die realen alltäglichen Lebenserfahrungen, Pest, Kriege und Ausbeutung, machten allerdings die Annahme, Gott spiegele sich in allem Seienden wider, fragwürdig. Daher entstanden neue theologische* Denkmuster.*

Besonderen Anklang fanden die Argumentationen des Franziskaners JOHANNES DUNS SCOTUS *(1266–1308) und seines Schülers* WILHELM VON OCKHAM *(1285–1349): Wenn Gott dem Menschen überhaupt begreiflich werde, dann nicht in seinem Sein, welches doch letztlich immer unverfügbar und rätselhaft bleibe, sondern nur in der vertrauensvollen Wahrnehmung des göttlichen Willens. Nun wurde nicht mehr nach der bloßen Existenz Gottes und dem menschlichen Erkenntnisvermögen gefragt, sondern nach der Vertrauensbeziehung zwischen Gott und Mensch, welche allein ein Beleg für die göttliche Realität sein könne.*

---

1. Ermitteln Sie die logische Struktur, nach der die erste, dritte und vierte Argumentation „funktioniert".
Von welchen Voraussetzungen gehen die Beweisgänge aus?

2. Führen Sie den zweiten und fünften „Beweisgang" selbständig durch. Welches Gefühl entsteht, wenn eine Argumentation gelingt?

Martin Luther (1483–1546)

Es stimmt, dass die Vernunft die Hauptsache von allem ist, das Beste im Vergleich mit den übrigen Dingen dieses Lebens.
Disputatio de homine, These 4, 1536

Sie weiß, dass Gott ist. Aber wer oder welcher es sei, der da recht Gott heißt, das weiß sie nicht. ...
Also spielt auch die Vernunft Blindekuh mit Gott und tut eitel Fehlgriffe und schlägt immer nebenhin, dass sie das Gott heißt, das nicht Gott ist, und wiederum nicht Gott heißt, das Gott ist. ...
Darum plumpst sie so herein und gibt den Namen und göttliche Ehre und heißet Gott, was sie dünkt, dass Gott sei, und trifft also nimmermehr den rechten Gott. ... Darum ist es gar ein großer Unterschied, wissen, dass ein Gott ist, und wissen, was oder wer Gott ist.
Der Prophet Jona, ausgelegt, 1526

Was heißt „einen Gott haben" oder was ist Gott?
Antwort: Ein Gott heißet das, wozu man sich versehen soll alles Guten und Zuflucht haben in den Nöten. Also dass „einen Gott haben" nichts anderes ist, als ihm von Herzen trauen und glauben; wie ich oft gesagt habe, dass allein das Vertrauen und Glauben des Herzens beide macht: Gott und Abgott. Ist der Glaube und Vertrauen recht, so ist auch dein Gott recht; und umgekehrt: Wo das Vertrauen falsch und unrecht ist, da ist auch der rechte Gott nicht. Denn die zwei gehören zu Haufe (zusammen), Glaube und Gott. Worauf du nun (sage ich) dein Herz hängest und verlässest, das ist eigentlich dein Gott. Frage und erforsche dein Herz recht, so wirst du wohl finden, ob es allein an Gott hange oder nicht. Hast du ein solches Herz, das sich eitel Gutes zu ihm versehen kann, sonderlich in Nöten und Mangel, dazu alles gehen und fahren lassen will, was nicht Gott ist, so hast du den einzigen rechten Gott. Umgekehrt: Hanget es an etwas anderem, dazu sichs mehr Guts und Hilfe vertröstet denn zu Gott, und läuft es nicht zu ihm, sondern flieht vor ihm, wenn es ihm übel gehet, so hast du einen anderen Abgott.
Der große Katechismus*, 1529

Der Theologe, der Gottes unverborgene Herrlichkeit sucht, nennt das Übel gut und Gutes übel, der Theologe des Kreuzes nennt die Dinge beim rechten Namen.
Die Heidelberger Disputation, These 21, 1518

Der Augustinermönch, Theologieprofessor und Kirchenreformator MARTIN LUTHER *verwies in der Frage nach der Existenz Gottes auf das Vertrauen, das die Grundlage menschlichen Lebens sei und somit auch die einzige Weise, in der Gott zuverlässig wahrzunehmen ist. Wie zum Leben aber auch die andere Seite des Vertrauens, der Zweifel gehöre, so bleibe dem Menschen auch der Zweifel an Gott nicht erspart. In der Spannung zwischen vertrauensvoller Gottesnähe und zweifelnder Gottesferne könne ein Mensch nur durch den geschenkten Glauben an Gott leben. Dieses Geschenk sei durch das Leben, Leiden und Sterben Jesu Christi besiegelt worden.*

1. Erarbeiten Sie sich biografische Details zu M. Luther und setzen Sie diese zu seiner Gotteslehre in Beziehung.

2. Untersuchen Sie zwei oder drei Lutherlieder des Evangelischen Gesangbuches auf ihr Gottesbild hin.

3. Formulieren Sie Fragen, Widersprüche und Zustimmungen zu den „theologischen"* Aussagen in den nebenstehenden Luthertexten.

4. Ziehen Sie den Luther-Text (Seite 168, 200f., 211) hinzu.
In welcher Weise hängen bei M. Luther Menschenbild und Gottesbild zusammen?
➡ *Seite 228f.*

Immanuel Kant (1724–1804)

Es ist notwendig, dass unser ganzer Lebenswandel sittlichen Maximen untergeordnet werde; es ist aber zugleich unmöglich, dass dieses geschehe, wenn die Vernunft nicht mit dem moralischen Gesetze, welches eine bloße Idee ist, eine wirkende Ursache verknüpft. ... Ohne also einen Gott und eine für uns nicht sichtbare, aber gehoffte Welt, sind die herrlichen Ideen der Sittlichkeit zwar Gegenstände des Beifalls und der Bewunderung, aber nicht Triebfedern des Vorsatzes und der Ausübung. ...
Sittlichkeit allein, und mit ihr die bloße Würdigkeit, glücklich zu sein, ist aber noch lange nicht das vollständige Gut. Um dieses zu vollenden, muss der (Mensch), so er sich als der Glückseligkeit nicht unwert verhalten hatte, hoffen können, ihrer teilhaftig zu werden. ...
Da aber ... die sittliche Vorschrift zugleich meine Maxime ist (wenn denn die Vernunft gebietet, dass sie es sein soll), so werde ich unausbleiblich an ein Dasein Gottes und ein künftiges Leben glauben, und bin sicher, dass diesen Glauben nichts wankend machen könne, weil dadurch meine sittlichen Grundsätze selbst umgestürzt werden würden, denen ich nicht entsagen kann, ohne in meinen eigenen Augen verabscheuungswürdig zu sein.
Zwar wird freilich sich niemand rühmen können: Er wisse, dass ein Gott und ein künftiges Leben sei. ... Nein, die Überzeugung ist nicht logische, sondern moralische Gewissheit. Das heißt: Der Glaube an den einen Gott und eine andere Welt ist mit meiner moralischen Gesinnung so verwebt, dass, so wenig ich Gefahr laufe, die Erstere einzubüßen, ich ebenso wenig besorge, dass mir der Zweite jemals entrissen werden könnte.
Das einzig Bedenkliche, das sich hierbei findet, ist, dass sich dieser Vernunftglaube auf die Voraussetzung moralischer Gesinnungen gründet.

Kritik der reinen Vernunft, 1781

Das Interesse der protestantischen Theologie* verlagerte sich in der Neuzeit zunächst von der Gottesfrage auf die Christologie. Erst im Zuge der Aufklärung* trat die Frage nach der Erkennbarkeit Gottes erneut in den Mittelpunkt, und zwar wiederum angestoßen von der Philosophie*. Im deutschsprachigen Raum versuchte der Professor für Logik und Metaphysik* IMMANUEL KANT, die philosophischen Erträge der Französischen Revolution theologisch zu verarbeiten:

Seiner Ansicht nach können Gottesbeweise, die sich auf die reine Vernunft gründen, nur scheitern. Denn „theoretisch" könne niemand die Grenzen der innerweltlichen Erfahrungen überschreiten. Weder lasse sich rational beweisen, dass es einen Gott gibt, noch sei dies zu widerlegen.
Aber jedem Menschen sei ein „kategorischer Imperativ" eingegeben, ein Wissen dessen, was zu tun ist, eine „Vernunft-Einsicht" bezüglich dessen, was „unbedingt geboten ist". Dieses Wissen sei verbunden mit einem Verlangen nach „Glückseligkeit", welche jeder Mensch zwar kenne, aber nicht wirklich erreiche.
Aus diesen Beobachtungen zieht I. Kant Schlüsse für die Gottesfrage.

1. Obwohl I. Kant in seiner „Kritik der reinen Vernunft" alle kognitiven Gottesbeweise zurückweist, stellt er selbst wiederum einen Beweis auf. Was ist an seiner Gedankenführung anders als bei seinen philosophischen und theologischen Vorgängern? Wo liegen die Grenzen und Gefahren seiner Argumentation?

2. Vergleichen Sie I. Kants Überlegungen zur Gottesfrage mit dem, was er über die Unmündigkeit und Freiheit des Menschen sagt. Sie finden einschlägige Texte für diesen Vergleich auf Seite 146, 203.

3. Fragen Sie Menschen, die an Gott glauben, wieso sie sich ihres Glaubens sicher sein können.

1. Ordnen Sie den nebenstehenden Argumentationstypen passende Passagen aus den Quellentexten der vorliegenden Seiten zu. Erfinden Sie „Gegenbeweise".

2. Prüfen Sie, wie weit und in welcher Weise die Frage nach der Existenz Gottes im Philosophieunterricht Ihrer Schule oder in den Fächern Ethik bzw. Werte und Normen eine Rolle spielt.

Verschiedene Typen von Gotteserkenntnissen

kosmologisch: In dieser Welt ist eine Ordnung (ein Kosmos) zu entdecken. Das verweist auf eine ordnende Erschaffung aller Dinge und Wesen. Der Kosmos selbst ist Beweis für die Existenz eines Schöpfers.

teleologisch: In der Welt und im Leben der Menschen sind „Sinn und Ziel" („telos") zu erkennen. Diese weisen über sich selbst hinaus auf ein höheres planendes Wesen.

ontologisch: Da der Mensch „Gott" denken kann, muss es nach den Regeln der Ontologie* (der Lehre vom Sein) ein göttliches Seiendes geben.

moralisch: Jede menschliche Gemeinschaft hat Regeln und Gebote, nach denen sie überhaupt bestehen kann. Die Regeln der verschiedenen Völker stimmen auffallend überein. Das ist ohne die Annahme eines obersten Garanten der Weltmoral nicht erklärlich.

mystisch*: Visionen erleuchteter Menschen und Zwiesprachen empfänglicher Seelen mit Gott erweisen Gott als existent.

In einem Gymnasium in Sachsen-Anhalt entstand im Religionsunterricht ein sehr kontroverses Gespräch über den Sinn von rationalen Gottesbeweisen innerhalb einer atheistischen Umwelt. Einige Positionen wurden schriftlich fixiert:

Ich finde es richtig, dass wir im Religionsunterricht unseren Verstand gebrauchen können und uns mit Argumenten auseinander setzen müssen. Sonst hätte dieses Fach ja auch überhaupt keine Berechtigung an der Schule. Wenn ich hier einfach so irrational glauben müsste, würde ich mich sofort zum Ethikunterricht ummelden.
Roberta, 18 Jahre

Wenn mir jemand Gott „beweisen" würde – schreckliche Vorstellung! Das Besondere an Gott ist doch gerade, dass er über den Gedanken der Menschen steht und bedeutender ist als vernünftige Sätze. Mich machen die „Gottesbeweise" richtig wütend. Sie nehmen das ganze Geheimnis und das Gefühl weg.
Corinna, 17 Jahre

Bert Heller, Brecht am Regietisch

Einer fragte Herrn K., ob es einen Gott gäbe. Herr K. sagte: „Ich rate dir nachzudenken, ob dein Verhalten sich je nach der Antwort auf diese Frage ändern würde.
Würde es sich nicht ändern, dann können wir die Frage fallen lassen.
Würde es sich ändern, dann kann ich dir wenigstens noch so weit behilflich sein,
dass ich dir sage, du hast dich schon entschieden:
Du brauchst einen Gott."

Bertolt Brecht (1898–1956), Geschichten von Herrn Keuner

Gott auf dem Prüfstand der Religionskritik

Warum schleppt sich blutend, elend,
Unter Kreuzlast der Gerechte.
Während glücklich als ein Sieger
Trabt auf hohem Ross der Schlechte?
Woran liegt die Schuld? Ist etwa
Unser Herr nicht ganz allmächtig?
Oder treibt er selbst den Unfug?
Ach, das wäre niederträchtig.

Heinrich Heine (1797-1856)

Aufklärung* und Säkularisierung* der mitteleuropäischen Gesellschaft, neue Erkenntnisse in den Naturwissenschaften und grundlegende wirtschaftliche Veränderungen erzwangen im 19. Jahrhundert ein neues Bedenken der Gottesfrage. Alte theologische* Denkmuster wurden von der Lebenspraxis und den sozialen Verhältnissen her kritisiert. Es wurde möglich, eine Welt ohne Gott zu denken.

Georg Büchner (1813–37)

Das Drama „Dantons Tod" (1835) hat seinen historischen Ort in der Französischen Revolution. Während MAXIMILIEN DE ROBESPIERRE *(1758–94) mit großer Härte die „Tugend" im Land wieder herstellen will, hat sich* GEORGES JACQUES DANTON *(1759–94) der gemäßigteren politischen Seite angeschlossen. Robespierre schreckt nicht davor zurück, seinen ehemaligen Freund und dessen Gesinnungsgenossen festnehmen und hinrichten zu lassen.*

Das folgende Gespräch führen Dantons Freunde im Gefängnis, ehe Danton selbst verhaftet hereingeführt wird. Payne und Mercier sind Abgeordnete des Nationalkonvents, Chaumette ist Prokurator des Gemeinderates.

PAYNE: Es gibt keinen Gott, denn: Entweder hat Gott die Welt geschaffen oder nicht. Hat er sie nicht geschaffen, so hat die Welt ihren Grund in sich, und es gibt keinen Gott, da Gott nur dadurch Gott wird, dass er den Grund alles Seins enthält. Nun kann aber Gott die Welt nicht geschaffen haben; denn entweder ist die Schöpfung ewig wie Gott oder sie hat einen Anfang. Ist Letzteres der Fall, so muss Gott sie zu einem bestimmten Zeitpunkt geschaffen haben, Gott muss also, nachdem er eine Ewigkeit geruht, einmal tätig geworden sein, muss also einmal eine Veränderung in sich erlitten haben, die den Begriff „Zeit" auf ihn anwenden lässt, was beides gegen das Wesen Gottes streitet. Gott kann also die Welt nicht geschaffen haben. Da wir nun aber sehr deutlich wissen, dass die Welt oder dass unser Ich wenigstens vorhanden ist und dass sie dem Vorhergehenden nach also auch ihren Grund in sich oder in etwas haben muss, das nicht Gott ist, so kann es keinen Gott geben. Quod erat demonstrandum (was zu beweisen war).

CHAUMETTE: Ei wahrhaftig, das gibt mir wieder Licht; ich danke, danke!

MERCIER: Halten Sie, Payne! Wenn aber die Schöpfung ewig ist?

GEORG BÜCHNER *hatte, den Ideen der Französischen Revolution verpflichtet, unter dem Motto „Friede den Hütten! Krieg den Palästen!" eine revolutionäre Flugschrift verfasst und in Gießen eine „Gesellschaft der Menschenrechte" begründet, die vielen Mitgliedern im feudalistischen Deutschland lebenslange Kerkerhaft einbrachte.*
G. Büchner konnte sich selbst durch Flucht der Verhaftung entziehen. In seinem Elternhaus in Darmstadt schrieb er in ständiger Angst vor der Auslieferung das Theaterstück „Dantons Tod".
Er nennt es „Dramatische Bilder aus Frankreichs Schreckensherrschaft", gemeint sind die Wirren in der Spätphase der Französischen Revolution.

Grundstrukturen in der philosophischen* Rede von Gott

Deistische Denkmuster:
Anerkennung eines Gottes als Urgrund der Welt, der das Leben der Menschen und ihre Geschichte nicht weiter beeinflusst

Theistische Denkmuster:
Vertrauen auf einen personalen, aber überweltlichen Gott, der auf die Welt, das Leben und die Geschichte erhaltend und lenkend einwirkt

Pantheistische Denkmuster:
Glaube an die göttliche Durchdringung der Welt und jeglichen Daseins ohne das Interesse, das eine vom anderen zu unterscheiden

Agnostische Denkmuster:
philosophische Unentschiedenheit in der Frage, ob es einen Gott gibt oder nicht, mit der Tendenz, Weltdeutungen und Handlungsorientierungen innerweltlich zu gewinnen

Atheistische Denkmuster:
praktisches Desinteresse an der Existenz eines göttlichen Wesens oder philosophisches Widerlegen der Existenz Gottes

1. Suchen Sie in den Texten von H. Heine und G. Büchner nach Indizien für das eine oder andere der genannten Denkmuster zur Gottesfrage.

2. Was ist im Sinne von PAYNE der „Fels des Atheismus"?

3. Fragen Sie erklärte Atheisten/innen in Ihrer Umgebung danach, welche Erkenntnisse und Erfahrungen ihre atheistische Weltsicht unterstützen.

PAYNE: Dann ist sie schon keine Schöpfung mehr, dann ist sie eins mit Gott oder ein Attribut desselben; dann ist Gott in allem, in Ihnen, Wertester, und in mir. Das wäre so übel nicht, aber Sie müssen mir zugestehen, dass es gerade nicht viel um die himmlische Majestät ist, wenn der liebe Herrgott in jedem von uns Zahnweh kriegen, den Tripper haben, lebendig begraben werden oder wenigstens die sehr unangenehmen Vorstellungen davon haben kann.

MERCIER: Aber eine Ursache muss doch da sein.

PAYNE: Wer leugnet dies? Aber wer sagt Ihnen dann, dass diese Ursache das sei, was wir uns als Gott, d.h. als das Vollkommene denken? Halten Sie die Welt für vollkommen?

MERCIER: Nein.

PAYNE: Wie wollen Sie denn aus einer unvollkommnen Wirkung auf eine vollkommne Ursache schließen?

MERCIER: Ich frage dagegen: Kann eine vollkommne Ursache eine vollkommne Wirkung haben, d.h. kann etwas Vollkommnes etwas Vollkommnes schaffen? Ist das nicht unmöglich, weil das Geschaffne doch nie seinen Grund in sich haben kann, was doch, wie Sie sagten, zur Vollkommenheit gehört?

CHAUMETTE: Schweigen Sie! Schweigen Sie!

PAYNE: Beruhige dich! – Sie haben Recht; aber muss denn Gott einmal schaffen, kann er nur etwas Unvollkommenes schaffen, so lässt er es gescheuter ganz bleiben. Ist's nicht sehr menschlich, uns Gott nur schaffend denken zu können? Weil wir uns immer regen und schütteln müssen, um uns nur immer sagen zu können: Wir sind! Müssen wir Gott auch dies elende Bedürfnis andichten?
Schafft das Unvollkommene weg, dann allein könnt ihr Gott demonstrieren. Man kann das Böse leugnen, aber nicht den Schmerz: Nur der Verstand kann Gott beweisen, das Gefühl empört sich dagegen. Merke dir es: Warum leide ich? Das ist der Fels des Atheismus. Das leiseste Zucken des Schmerzes, und rege sich nur ein Atom, macht einen Riss in der Schöpfung von oben bis unten.

MERCIER: Und die Moral?

PAYNE: Erst beweist ihr Gott aus der Moral und dann die Moral aus Gott! – Was wollt ihr denn mit eurer Moral? Ich weiß nicht, ob es an und für sich etwas Böses oder etwas Gutes gibt, und habe deswegen doch nicht nötig, meine Handlungsweise zu ändern. Ich handle meiner Natur gemäß.

Ludwig Feuerbach (1804–72)

Wie der Mensch denkt, wie er gesinnt ist, so ist sein Gott: So viel Wert der Mensch hat, so viel Wert und nicht mehr hat sein Gott. Das Bewusstsein Gottes ist das Selbstbewusstsein des Menschen, die Erkenntnis Gottes die Selbsterkenntnis des Menschen. Aus seinem Gott erkennst du den Menschen, und wiederum aus dem Menschen seinen Gott; beides ist eins. ...
Wenn aber die Religion, das Bewusstsein Gottes, als das Selbstbewusstsein des Menschen bezeichnet wird, so ist dies nicht so zu verstehen, als wäre der religiöse Mensch sich direkt bewusst, dass sein Bewusstsein von Gott das Selbstbewusstein seines Wesens ist, denn der Mangel dieses Bewusstseins begründet eben das eigentümliche Wesen der Religion. Um diesen Missverstand zu beseitigen, ist es besser zu sagen; die Religion ist das erste und zwar indirekte Selbstbewusstsein des Menschen. Die Religion geht daher überall der Philosophie* voran, wie in der Geschichte der Menschheit, so auch in der Geschichte der Einzelnen. Der Mensch verlegt sein Wesen zunächst außer sich, ehe er es in sich findet. ... Die Religion ist das kindliche Wesen der Menschheit. ... Der geschichtliche Fortgang der Religionen besteht ... darin, dass das, was der frühern Religion für etwas Objektives galt, jetzt als etwas Subjektives, ... als etwas Menschliches erkannt wird ... .
Die Religion, wenigstens die christliche, ist das Verhalten der Menschen zu sich selbst, oder richtiger: zu seinem Wesen, aber das Verhalten zu seinem Wesen als zu einem anderen Wesen. Das göttliche Wesen ist nichts andres als das menschliche Wesen ... .
Du glaubst an Liebe als eine göttliche Eigenschaft, weil du selbst liebst, du glaubst, dass Gott ein weises, ein gütiges Wesen ist, weil du nichts Besseres von dir kennst als Güte und Verstand, und du glaubst, dass Gott existiert, dass er also Subjekt oder Wesen ist, weil du selbst existierst, selbst Wesen bist. Du kennst kein höheres menschliches Gut, als zu lieben, als gut und weise zu sein, und ebenso kennst du kein höheres Glück, als überhaupt zu existieren, Wesen zu sein; denn das Bewusstsein alles Guten, alles Glückes ist dir an das Bewusstsein des Wesenseins, der Existenz gebunden. ...
Ein wahrer Atheist, ... ist daher auch nur der, welchem die Prädikate des göttlichen Wesens, wie z.B. die Liebe, die Weisheit, die Gerechtigkeit Nichts sind, aber nicht der, welchem nur das Subjekt dieser Prädikate Nichts ist.

Das Wesen des Christentums, 1841

LUDWIG FEUERBACH *begann 1823 in Heidelberg evangelische Theologie zu studieren, wechselte aber bereits im folgenden Jahr an die philosophische Fakultät in Berlin. Nach seiner Promotion wurde er 1828 Privatdozent für Philosophie in Erlangen. Die Erlaubnis, an der Universität zu lehren, wurde ihm entzogen, als man ihn als Autor einer anonym erschienenen Schrift „Gedanken über Tod und Unsterblichkeit" entdeckte. Er hatte darin gegen den Glauben an eine persönliche Unsterblichkeit argumentiert.*

Feuerbach hatte seinen Atheismus mehr intuitiv ergriffen als wissenschaftlich begründet. Bei aller Fragwürdigkeit der Begründung jedoch stellt seine atheistische Religionskritik eine bis dahin noch nicht da gewesene Bedrohung jeglichen Gottesglaubens und damit der gesamten christlichen Theologie an ihrer Wurzel dar.

Hans Küng, katholischer Theologieprofessor, 1978

2. Wodurch unterscheidet sich die feuerbachsche Atheismus-Theorie von der, die G. Büchner seine literarische Gestalt PAYNE (Seite 77f.) entwickeln lässt?

2. L. Feuerbachs Religionskritik ging als „Projektionstheorie" in die Philosophiegeschichte ein. Wie weit passt dieser Begriff zur feuerbachschen Argumentation?

Als KARL MARX *in der mehrheitlich katholischen Stadt Trier geboren wurde, war sein Großvater dort Oberrabbiner der jüdischen Gemeinde, sein Vater war ein Jahr zuvor zum Protestantismus übergetreten. Die Mutter folgte mit den Kindern dieser Konversion, als Karl sieben Jahre war. Beide Eltern nannten sich selbst „gottgläubig". Zum weltanschaulichen Atheismus kam Marx bereits während seines Studiums der Geschichte und Philosophie, doch als er 1843 heiratete, geschah das noch mit kirchlichem Ritual. Erst in Paris, wo er* HEINRICH HEINE *und* FRIEDRICH ENGELS *traf und sich intensiv mit ökonomischen Fragen auseinandersetzte, schrieb er radikaler:*

Der Atheismus ist der durch Aufhebung der Religion, der Kommunismus* der durch Aufhebung des Privateigentums mit sich vermittelte Humanismus.

Zur Kritik der Nationalökonomie, 1844

In welcher Weise „stört" der Glaube an Gott den marxschen Humanismus? Ziehen Sie zur Beantwortung dieser Frage auch den Text Seite 150 hinzu.

Und euch, ihr spekulativen Theologen und Philosophen, rate ich, macht euch frei von den Begriffen und Vorurteilen der bisherigen spekulativen Philosophie*, wenn ihr anders zu den Dingen, wie sie sind, d.h. zur Wahrheit kommen wollt. Und es gibt keinen Weg für euch zur Wahrheit und Freiheit als durch den Feuer-Bach. Der Feuerbach ist das Purgatorium (Fegfeuer) der Gegenwart.

Es ist unklar, wer diese Sätze ein Jahr nach dem Erscheinen der feuerbachschen Überlegungen zum „Wesen des Christentums" schrieb – Ludwig Feuerbach oder sein jüngerer, frisch promovierter Kollege Karl Marx.

Karl Marx (1818–83)

Der Mensch macht die Religion, die Religion macht nicht den Menschen. Und zwar ist die Religion das Selbstbewusstsein und das Selbstgefühl des Menschen, der sich selbst entweder noch nicht erworben oder schon wieder verloren hat. Aber der Mensch, das ist kein abstraktes, außer der Welt hockendes Wesen. Der Mensch, das ist die Welt des Menschen, Staat, Sozietät. Dieser Staat und diese Sozietät produzieren die Religion, ein verkehrtes Weltbewusstsein, weil sie eine verkehrte Welt sind. Die Religion ist die allgemeine Theorie dieser Welt, ihr enzyklopädisches Kompendium, ihre Logik in populärer Form, ihr spiritualistischer Point-d´honneur, ihr Enthusiasmus, ihre moralische Sanktion, ihre feierliche Ergänzung, ihr allgemeiner Trost- und Rechtfertigungsgrund. ...

Das religiöse Elend ist in einem der Ausdruck des wirklichen Elendes und in einem die Protestation gegen das wirkliche Elend. Die Religion ist der Seufzer der bedrängten Kreatur, das Gemüt einer herzlosen Welt, wie sie der Geist geistloser Zustände ist. Sie ist das Opium des Volkes.

Die Aufhebung der Religion als des illusorischen Glücks des Volkes ist die Forderung eines wirklichen Glücks. Die Forderung, die Illusion über seinen Zustand aufzugeben, ist die Forderung, einen Zustand aufzugeben, der der Illusionen bedarf. Die Kritik der Religion ist also im Keim die Kritik des Jammertales, dessen Heiligenschein die Religion ist. ... Die Kritik der Religion enttäuscht den Menschen, damit er denke, handle, seine Wirklichkeit gestalte wie ein ... zu Verstande gekommener Mensch, damit er sich um sich selbst und damit um seine wirkliche Sonne bewege.

Zur Kritik der hegelschen Rechtsphilosophie, 1844

Sigmund Freud (1856–1939)

Wir wissen schon, der schreckende Eindruck der kindlichen Hilflosigkeit hat das Bedürfnis nach Liebe erweckt, dem der Vater abgeholfen hat, die Erkenntnis von der Fortdauer dieser Hilflosigkeit durchs ganze Leben hat das Festhalten an der Existenz eines – aber nun mächtigeren – Vaters verursacht. Durch das gütige Walten der göttlichen Vorsehung wird die Angst vor den Gefahren des Lebens beschwichtigt, die Einsetzung einer sittlichen Weltordnung versichert die Erfüllung der Gerechtigkeitsforderung, die innerhalb der menschlichen Kultur so oft unerfüllt geblieben ist, die Verlängerung der irdischen Existenz durch ein zukünftiges Leben stellt den örtlichen und zeitlichen Rahmen bei, in dem sich die Wunscherfüllungen vollziehen sollen; es bedeutet eine großartige Erleichterung für die Einzelpsyche, wenn die nie ganz überwundenen Konflikte der Kinderzeit aus dem Vaterkomplex ihr abgenommen und einer von allen angenommenen Lösung zugeführt werden. ...

Wenden wir uns nach dieser Orientierung wieder zu den religiösen Lehren, so dürfen wir wiederholend sagen: Sie sind sämtlich Illusionen. Einige von ihnen sind so unwahrscheinlich, so sehr im Widerspruch zu allem, was wir mühselig über die Realität der Welt erfahren haben, dass man sie ... den Wahnideen vergleichen kann. ...

Der wissenschaftliche Geist erzeugt eine bestimmte Art, wie man sich zu den Dingen dieser Welt einstellt; vor den Dingen der Religion* macht er eine Weile Halt, zaudert, endlich tritt er auch hier über die Schwelle. In diesem Prozess gibt es keine Aufhaltung, je mehr Menschen die Schätze unseres Wissens zugänglich werden, desto mehr verbreitet sich der Abfall vom religiösen Glauben, zuerst nur von den veralteten, anstößigen Einkleidungen desselben, dann aber auch von seinen fundamentalen Voraussetzungen. ...

Gewiss wird der Mensch sich dann in einer schwierigen Situation befinden, er wird sich seine ganze Hilflosigkeit, seine Geringfügigkeit im Getriebe der Welt eingestehen müssen, nicht mehr der Mittelpunkt der Schöpfung, nicht mehr das Objekt zärtlicher Fürsorge einer gütigen Vorsehung zu sein. Er wird in derselben Lage sein wie das Kind, welches das Vaterhaus verlassen hat, in dem es ihm so warm und behaglich war. Aber nicht wahr, der Infantilismus ist dazu bestimmt, überwunden zu werden?

Die Zukunft einer Illusion, 1929

Die Absicht, dass der Mensch „glücklich" sei, ist im Plan der „Schöpfung" nicht enthalten.

Das Unbehagen in der Kultur, 1930

Freuds Vater war ein kleiner, beinah mittelloser Textilhändler, dem es im Laufe der Jahre besser ging, besonders nachdem die Familie 1860 in Wien Fuß fassen konnte.
Es war eine jüdische Familie, in der die religiöse Observanz* eine ziemlich kleine Rolle spielte. Sigmund Freud wurde schon als Halbwüchsiger ein aggressiver Atheist und hat diese Haltung niemals aufgegeben. Seine Bereitschaft, sich ohne Gott durchs Leben zu schlagen, bedeutete allerdings nicht, dass er sich nicht zum Judentum bekannt hätte. Besonders in seinen letzten Lebensjahren war er geneigt, ein geheimnisvolles ererbtes jüdisches Element in seinem Wesen zu erkennen und zu begrüßen, ein Element, das irgendwie die Jahrhunderte überlebt hatte. Und auf diese Erbschaft war er stolz. ...
Er wollte Jura studieren, aber das, was er „eine Art von Wissbegierde" nannte, bewegte ihn, auf Medizin umzusatteln. Die Aussicht, Arzt zu werden, freute ihn nicht besonders; doch hoffte er, den Geheimnissen des seelischen Lebens auf die Spur zu kommen.

Peter Gay, Psychoanalytiker, 1998

➡ Seite 152
Wie weit ist es möglich, Jude oder Christ zu sein und nicht an Gott zu glauben?

1. Ziehen Sie den Text aus der „Gottesvergiftung" auf Seite 56 hinzu. Was hat sich im Gottesbild T. Mosers innerhalb der 22 Jahre verändert?

TILMANN MOSER *hat sich von der klassischen Psychoanalyse im Sinne Sigmund Freuds etwas entfernt, z.B. indem er die freudsche Grundregel der körperlichen Abstinenz, des Verzichts auf eine reale Beziehung und körperliche Berührung zwischen Therapeut und Patient aufgab. So erzählt T. Moser aus seiner Praxis:*

Es scheint ein tiefes menschliches Bedürfnis zu sein, gesegnet zu werden. Manchmal möchte ein Patient, wenn er sich an meinen Sessel anlehnt, dass ich die Hand auf seinen Kopf lege. Die Geste vermittelt Geborgenheit und der eine oder andere sagt: Es ist, als ob Sie mich segnen würden. Dabei spüre ich, dass der Patient mir in dem Ritual eine höhere Kraft zuweist, als sie mir als Person zukommt. Als Segnender gebe ich etwas weiter, was nicht in meinem Besitz steht, sondern uns beiden geschenkt ist.

2. „Wenn ich Gott wäre ..." – Folgen Sie der Anregung T. Mosers und schlüpfen Sie in die „Rolle Gottes".

3. Welche Gefahren birgt eine Psychotherapie, in der der Therapeut seine Patienten berührt und Segen spendet?

Die Sehnsucht nach dem Segen

1998 befragte die Journalistin Hedwig Gagfa den Psychotherapeuten und Schriftsteller TILMANN MOSER *für das „Deutsche Allgemeine Sonntagsblatt":*

H.G.: „Wenn ich Patienten helfen kann, bin ich ein Diener Gottes", sagten Sie kürzlich in einem Gespräch. Von Ihnen als Psychoanalytiker und Autor des autobiografischen Werkes „Gottesvergiftung" hätte man eine solche Selbstbezeichnung zuallerletzt erwartet. ...

T.M: ... Mein Bild von Gott hat sich geweitet und ist zugleich diffuser geworden. Wenn ich mich einen Diener Gottes nenne, so dient das zum einen dem Zweck, eine Solidarität zu erleben, die nicht auf die Polarität Patient-Therapeut beschränkt ist. Wir sind eingebettet in etwas Drittes. Der Bezug auf Gott wirkt außerdem wie ein Gegengift gegen Hochmut. In der „Gottesvergiftung" komme ich mir heute ein Stückchen hochmütig vor. Ich tat so, als wäre mein menschlicher Verstand ausreichend, Gott in dieser Schärfe anzugreifen.

H.G.: Der Begründer der Psychoanalyse, Sigmund Freud, sah in der Religion* eine Zwangsneurose. Heute betrachten manche Therapeuten Religion positiv. Sie selbst ziehen Verbindungslinien zwischen Glauben und Psychotherapie. ... In Therapien lassen Sie Menschen mit Gott sprechen. Diese Inszenierungen haben das Ziel, dass sich das Gottesbild Ihres Gegenübers verändert. Wie kann man sich so etwas vorstellen?

T.M.: Als besonders fruchtbar hat sich erwiesen, den Patienten zu fragen, ob er sich auf den Platz von Gott begeben kann. Wenn der Patient in die Rolle Gottes schlüpft, genießt er entweder seinen Sadismus oder er erkennt, wie unwahrscheinlich es ist, dass Gott ein solcher Tyrann ist. Dann kann ein Therapeut fragen, was für Motive Gott hätte, grausam zu handeln. Bei solchen Rollenwechseln kommt ein innerer Dialog zustande.

H.G.: Was bleibt nach einer solchen Therapie vom jüdischchristlichen Gott?

T.M.: Wenn das Bild sehr negativ war, kann sich ein Mensch von dem trennen, was Pfarrer oder Eltern oder Großeltern über Gott gesagt haben. An die Stelle des alten Bildes tritt etwas Neues, noch Vages. Wenn ein Patient die Gottesrolle übernimmt und überlegt, was für eine Antwort er sich von Gott wünschen würde, und wenn er auf einmal Gott seine eigenen liebevollen Züge leiht, ist das für mich ein ergreifender Moment.

Die vertrauten Objekte

Renè Magritte, 1928

91. Grund zur Freude:

Dass wir Gott geschaffen haben. Dass er dafür Gänseblümchen schuf. Dass wir damit Kränzlein winden, die uns schöner machen, als wir sind.
Martin Walser, 1978

Deutschland nach der Wende ist ... atheistischer geworden. Es ist aber keineswegs der Atheismus aufgeklärter Vernunftfrömmigkeit .... Die alte Säkularisationsthese*, nach welcher der Prozess der Moderne die Religion* zum Verschwinden bringt, hat keinen Anhaltspunkt im empirischen Befund: Religion verschwindet nicht, sie wandert. Sie wird autozentrisch und folgt dem Spruch: „Das muss jeder für sich entscheiden!" Das lässt sich auch so ausdrücken: Sie wird marktförmig.
Sie kann es, denn sie befriedigt Bedürfnisse. Bedient wird das Verlangen nach seelischem Gleichgewicht, innerer Harmonie, nach Psychohygiene und Wohlbefinden. Bedürfnisbefriedigung hat die Wahrheitsfrage verdrängt ....
Es ist eine Pointe besonderer Art, dass es genau diese Religiosität der Bedürfnisbefriedigung ist, gegen die Feuerbach, Marx und Freud mit ihrer Projektionstheorie Recht hatten. ...
Ein passgenau auf menschliche Bedürfnisse abgestimmter Gott ist selbst gemacht und ein selbst gemachter Gott ist kein Gott, sondern ein Irrtum.
Eckard Nordhofen, 1998

1. Verwandeln Sie R. Magrittes Bildidee in metaphorische Sätze, z.B.: „Gott ist wie ein Schwamm, er...", „Gott ist wie eine Muschel, er...". Welche Sätze bleiben „Projektionen", welche führen darüber hinaus?

2. Was verstehen L. Feuerbach (siehe Seite 79), K. Marx (siehe Seite 80), S. Freud (siehe Seite 81) und T. Moser (siehe Seite 82) jeweils unter „Religion" und „Gott"?

3. Stellen Sie begründete Vermutungen an: Mit welchen religionskritischen Fragen wird das 21. Jahrhundert beschäftigt sein?

4. Verfassen Sie einen fiktiven Briefwechsel zwischen E. Nordhofen und T. Moser zum Thema „selbstgemachte Religion".

1. Fertigen Sie zwei Listen an:

Welche biblischen Gestalten sind Ihnen namentlich und von ihren Tätigkeiten her bekannt?

Welche Personen, die im Bereich der Theologie* oder der Institution Kirche tätig sind, kennen Sie?

Sind es mehr Männer oder mehr Frauen?

Begründen und bewerten Sie Ihren Befund.

2. Prüfen Sie die Texte aus den Abschnitten „Spuren Gottes in der Erkenntnis der Menschen" (siehe Seite 71 ff.) und „Gott auf dem Prüfstand der Religionskritik" (siehe Seite 77 ff.) auf männliche oder weibliche Sichtweisen, Sprache und Argumentation hin. Belegen Sie Ihre Eindrücke durch exemplarische Textpassagen.

Feministische Kritik macht auf zweierlei aufmerksam:

1. Es gibt eine Wechselwirkung zwischen religiösen Symbolen und gesellschaftlichen Verhältnissen. Dem Vater im Himmel entsprechen nur zu oft die männlichen Herrscher auf Erden und die Ehemänner, die sich als Häupter ihrer Frauen verstehen.

2. Es gibt einen Zusammenhang zwischen dem Gottesbild und der Entwicklung der eigenen Identität. Männlichen Menschen stehen trotz aller Unterschiedenheit zwischen Mensch und Gott ein männliches Gottesbild zur Identifikation offen, weiblichen Menschen ist dies nicht möglich.

Lucia Scherzberg, 1995

Gott in weiblicher Perspektive

Ein moderner Mythos*

Während ringsumher die Engelscharen unaufhörlich sein Loblied sangen, war Gottvater richtig frustriert, dass er es nicht schaffte, auf Erden seinen Willen durchzusetzen. „Hier fehlt noch was", dachte er und ließ seine Gedanken schweifen. Vor seinen Augen erschienen Bilder ..., eine schillernde Gestalt, in einen dunklen, mit Sternen bestickten Mantel gehüllt. Der Mond krönte ihr Haupt und sie hielt Früchte und Blumen in den Händen. „Die Königin des Himmels. Warum erscheint sie mir immer noch in Gedanken? Ich habe ihre Herrschaft doch vor tausend Jahren gebrochen. Kann es sein, dass sie, irgendwo jenseits meiner Allwissenheit und ungesehen von den scharfen Augen meiner Kuriere, die mein ganzes Reich überwachen, doch immer noch regiert? Ich bin doch allwissend", dachte Gottvater. „Mir entzieht sich nichts. Mein Gebot gegen den Götzendienst verbietet allen meinen Untertanen im Himmel und auf Erden, einen anderen Gott zu verehren außer mir oder auch nur zu denken."

Als er sich diese Worte im Geiste gerade zurecht legte, lächelte die Königin des Himmels und schüttelte den Kopf. „Nein, Zebaoth, mein Sohn. Ich bin die Mutter der Götter und Menschen, Schöpferin aller Dinge. Ich bin auch deine Mutter. Selbst wenn du mich verleugnest, bin ich immer noch hier. Jenseits deines Wissens und deiner Gebote gibt es noch eine, die vor dir da ist, die größer ist als du und die noch leben wird, wenn dein Reich im Himmel untergeht."

Zebaoth zuckte bei diesen Worten zusammen. Ein stechender Angstschmerz durchfuhr ihn. So schuldig hatte er sich nicht mehr gefühlt, seit er die Himmelskönigin niedergeschlagen. Er hatte Mauern um die Säulen des Kosmos errichtet, damit niemand die Königin je wieder erkennen oder sich ihrer erinnern sollte. „Könnte es sein, dass mein Gebot gegen den Götzendienst selbst der größte Götzendienst ist?", fragte er sich. „Die Engel singen mein Loblied, und die Könige auf Erden, die in den Tempeln vor mir die Knie beugen, rufen mich an als ihren alleinigen Herrn und beten zu mir um Beistand in ihren Schlachten. Vielleicht bin ich jetzt eher ihr Geschöpf als ihr Schöpfer? Ich und die Könige der Welt, wir sind uns zu ähnlich geworden.

Früher kannte ich Formen, mich als Gott zu erweisen", überlegte Gottvater, „ich habe die Mächtigen vom Thron gestürzt, den Unterdrückten zum Recht verholfen, die Gefangenen aus den Gefängnissen befreit. Ich muss mir diese Art Gottsein wieder ins Gedächtnis rufen und mich vielleicht sogar noch anderen unterdrückten Gruppen zuwenden, den Sklaven und Heiden, sogar den Frauen."
Ein Blitzstrahl zuckte über den ganzen Himmel und zerriss das geschlossene Gewölbe des Universums und öffnete es einen Spaltbreit für einen Lichtstrahl aus dem Jenseits.

Rosemary Radford Ruether, Sexismus und die Rede von Gott.
Schritte zu einer anderen Theologie, 1985

Die Göttin in jedem Menschen

„Re-ligio" bedeutet so etwas wie „Rückbeziehung, Rückbindung". Eine Rückbindung ist aber erst dann erforderlich, wenn die primäre Bindung verloren gegangen ist. Und die primäre Bindung kann nur dann verloren gehen, wenn die Gottheit etwas Fernes, Hohes, Fremdes, Transzendentes* geworden ist, das man wieder suchen muss, kurz: wenn die Gottheit etwas grundsätzlich anderes ist als man selbst.
Die Vorstellung vom abstrakten, transzendenten Gott ist der Gottesvorstellung der „matriarchalen Religionen" diametral entgegengesetzt. Die Göttin ist stets konkret und gegenwärtig, sichtbar und fühlbar. Denn sie ist die Erde, auf der die Menschen leben, oder der Kosmos, den sie über sich erblicken. Diese Göttin ist auch nicht hoheitsvoll entrückt, sondern sie ist zugleich das Netz der geistigen, psychischen und physischen Kräfte im Menschen selbst. Insofern war die Göttin in jeder Frau und in jedem Mann, was die „matriarchalen Religionen" der Idee enthob, das andere Geschlecht als nicht religionsfähig zu verachten. Komplizierte „Rückbindungen" sind daher nicht nötig, wenn die Göttin selber in den Menschen ist, diese also ein Aspekt der Göttin sind. Nötig ist dann nur die Meditation* auf sich selbst, auf die umgebende Natur, auf den leuchtenden Kosmos und der symbolische Ausdruck dieser meditativen Einsichten. Damit entfällt die Vermittlung von Lehre (Dogmen*) und Priesterkaste (Institution), die sich parasitär einschieben, um den bindungslosen Menschen wieder die „Rückbindung = Religion" zu vermitteln - wobei auf den Zwischenstufen dieser Vermittlung viel Raum für Machtentfaltung blieb.

Heide Göttner-Abendroth, Für die Musen (ein Essay), 1988

Ziele feministischer Gottesbild-Kritik

1. Feministinnen erinnern an vernachlässigte biblische Traditionen, in denen Gott in weiblicher Tätigkeit dargestellt oder durch feminine Metaphern beschrieben wird. So ist eine Vielfalt von Bildern für die Rede von Gott zu gewinnen. (vgl. z.B. Seite 67)

2. Feministinnen weisen darauf hin, dass ein Reden von Gott nur als Rede von der Beziehung zwischen Gott und den Menschen möglich ist. „Gott in Beziehung" zu denken und zu fühlen, wird als spezifisch weiblicher Beitrag zur Theologie* angesehen, weil Frauen durch ihre Sozialisation stärker als Männer in Beziehungsarbeit eingeübt werden. (vgl. z.B. Seite 72)

3. Einige Feministinnen suchen neben oder vor dem Gott der jüdisch-christlichen Tradition eine göttliche Ansprechpartnerin. Sie finden diese in der Erinnerung matriarchaler Kulte (vgl. z.B. den Essay von H. Göttner-Abendroth). Oder sie verdichten ihre Sehnsucht nach der göttlichen Mutter zu modernen mythologisierenden Erzählungen (vgl. z.B. R. Radford Ruether).

Ist das Entscheidende über Gott gesagt, wenn ich mich als Frau (oder ein Mann als Mann) in dem Gesprochenen wieder finde? Oder besteht meine vermeintliche Gotteserkenntnis dann nur aus meinem Spiegelbild? *Lucia Sternberg, 1995*

Betrachten Sie die Texte von R. Radford Ruether und H. Göttner-Abendroth unter der Fragestellung von L. Sternberg.

1978 begründete Jimmy Carter in Washington die „President´s Commission on the Holocaust". Sie sollte ihm Vorschläge machen für eine würdige Holocaust-Gedenkstätte in New York. 1979 unternahmen die Mitglieder dieser Kommission eine Reise nach Osteuropa, um die Orte der Vernichtung, die Konzentrationslager und Ghettos, zu besuchen und um Gespräche mit den dort ansässigen Überlebenden und den wenigen jüdischen Gemeinden zu beginnen.
Zu dieser Reisegruppe gehörte YAFFA ELIACH, *Professorin für Geschichte und Literatur an der Universität Brooklyn. Sie selbst überlebte als Kind die Schoa* in Litauen.*

Eine Schlüsselsituation der erschütternden Reise hielt Y. Eliach in der Erzählung „Gott vor Gericht" fest.
Der Text erschien 1981 zusammen mit einer Sammlung von Errettungsgeschichten, erzählt von Holocaust-Überlebenden oder deren Kindern („Träume vom Überleben").
Es sind keineswegs nur Geschichten vom Dulden und Aushalten, sondern auch Erinnerungen an jüdischen Widerstand und an junge Juden und Jüdinnen, die sich Partisanengruppen anschlossen oder eigene Kampfgruppen gegen die Nationalsozialisten bildeten.

Die dunklen Seiten Gottes
Jüdische Theologie nach Auschwitz

Seit der Befreiung aus Ägypten ist jüdische Religion* untrennbar mit Geschichte verbunden, der Glaube mit dem Schicksal des Volkes. So waren die Katastrophen seiner Geschichte immer auch Katastrophen des Glaubens: das babylonische Exil, die Zerstörung des Tempels durch die Römer, die Kreuzzüge.
Auf diese Katastrophen hat das traditionelle Judentum zwei Antworten gefunden:
Die Heiligung des Namens: Der Märtyrer, der um den Preis seines Lebens sich von Gott nicht lossagt, heiligt den Namen Gottes.
Um unserer Sünden willen: Das Unglück des Volkes erscheint als Folge früherer Verfehlungen.
Diese Deutungen finden wir noch in zahlreichen, erschütternden Zeugnissen aus den Ghettos und Lagern, sie sind Voraussetzung, um die neuere jüdische so genannte Holocaust*-Theologie zu begreifen.
Diese entstand – nach Jahren der Sprachlosigkeit auch auf jüdischer Seite – Mitte der sechziger Jahre in den USA und in Israel. Sie stellt die beiden tragenden Deutungen der Geschichtskatastrophen in Frage. Kann ein Jude nach Auschwitz noch sinnvoll von Gottes Gegenwart in der Geschichte sprechen. Wo war Gott?

Wolfgang Raupach-Rudnick, 1998

Gott vor Gericht

Am 1. August 1979, am Vorabend von Tischa B´Aw, veranstalteten wir, die Mitglieder der Präsident-Carter-Holocaust-Kommission, nach unserer Rückkehr aus Auschwitz einen Abendgottesdienst in der alten Remasynagoge in Krakau. Gerade in dem Augenblick, als wir die Klagelieder anstimmen wollten, trat Miles Lerman, ehemaliger Partisan und einziger Überlebender einer großen Familie, nach vorne, bestieg die herrliche Bima mit ihrer prächtigen, schmiedeeisernen Konstruktion, hämmerte auf den Tisch und verkündete, er werde Gott vor ein Din Tora, ein Rabbinatsgericht, laden. Ohne Umschweife begann Miles auf Englisch seine Beschwerden gegen den Angeklagten vorzubringen.
„Gott! Wie konntest du hier leben mit Auschwitz und Plaszow nebenan? Wo warst du, als deine Söhne und Töchter in ganz Europa auf den Altären verbrannten? Was hast du gemacht, als meine seligen Eltern in den Tod marschierten? Als man meine Eltern kalt stellte?"

Miles' Stimme hallte von dem dicken, uralten Gemäuer der Remasynagoge wider. Ein roter Himmel hörte durch die Rundbogenfenster mit zu. Die heilige Lade blieb versiegelt wie die Gesichter der alten Menschen, Überreste der Krakauer Judenheit, die einer fremden, unverständlichen Sprache lauschten.
Miles trat zurück und kam auf mich zu. „Wollen Sie ein paar Worte sagen?", fragte er mich. Wollte man mich als Zeuge der Anklage vorladen? Ich lehnte ab. Nein, nicht ich. Mit Gott liege ich nicht im Streit, nur mit Menschen! Auch ich will einen Prozess, aber weder in der Synagoge von Rema noch in Nürnberg oder Frankfurt. Ich würde jede westliche Universität und Bibliothek unter Anklage stellen, weil sie Millionen von boshaften Worten gegen ein altes Volk beherbergten, Worte, wie mörderische Dolche unter dem Deckmantel von Wahrheit und Wissenschaftlichkeit versteckt – die Propaganda der eingebildeten kleinen Leute. Ich möchte die Musik Bachs und Beethovens anklagen, die es zuließ, dass man sie spielte, während meine Brüder in den Tod geführt wurden. Ich möchte anklagen den Gärtner, weil er unter der Sonne von Auschwitz Blumen pflanzte, die Zugführer mit ihren kleinen roten Fähnchen, dass sie den Verkehr regelten wie üblich. Ich möchte Anklage erheben gegen die Ärzte im weißen Kittel, die so beiläufig töteten, die mit einer derartigen Leichtigkeit den Eid des Hippokrates ablegten, aus purer Heuchelei.
Ich möchte anklagen eine Zivilisation, für die der Mensch ein solch wertloses Geschöpf war. Aber Gott anklagen? Unter welchem Vorwurf? Weil er den Menschen mit der Fähigkeit ausgestattet hat, zwischen Gut und Böse zu wählen?
Als wir die Synagoge verließen, fragte mich ein alter Krakauer Jude: „Was hat ihr amerikanischer Freund in der Sprache der Dollars gesagt?" Ich erzählte es ihm. „Sagen Sie ihm", wies er mich an, „dies ist nicht die Synagoge Gottes. Dies ist die Synagoge des Rema. Gott liebt in der heutigen Zeit große Ansammlungen von Juden, Gemeinden mit einer Vielzahl von Minjans. Gott weilt jetzt in Plaszow, Auschwitz, Sobibor, Treblinka, Maidanek und in vielen anderen dieser ‚Synagogen'. Gott lebt hier nicht mehr."

Yaffa Eliach, 1981

– Tischa B´Aw *ist der 9. Tag im letzten Monat des jüdischen Kalenders. Es ist ein Trauertag, an dem die gesamte Judenheit an die Zerstörung des Tempels von Jerusalem denkt.*
Zu den religiösen Regeln von Tischa B´Aw gehört es, dass die „heilige Lade", der Tora-Schrank, verschlossen bleibt.
Nur Klagelieder sollen an diesem Tag gesungen werden. Daher bleibt die Bima, der Tisch, auf dem sonst die Torarolle zum Lesen ausgerollt wird, leer. – Es ist eigentlich nicht üblich, von diesem Platz aus eine Rede zu halten.

– *Im 16. Jahrhundert ließ* Rabbi* *Moses Isserles (auch „Rema" genannt) zum Gedenken an seine verstorbene Frau in Krakau eine prachtvolle Synagoge bauen. Sie wurde kurz* Remasynagoge *genannt.*

– *Zehn religionsmündige Juden bilden einen* Minjan. *Nur wenn dieser zu Stande kommt – in manchen konservativen und in einigen reformierten Gemeinden werden die Frauen dabei mitgezählt –, kann ein Gottesdienst in der Synagoge gefeiert werden. In vielen jüdischen Gemeinden ist es heutzutage nicht leicht einen Minjan zu versammeln. Demgegenüber sieht der „alte Krakauer Jude" die vielen „Minjans" ermordeter Juden und nennt die Orte der jüdischen Massengräber und Verbrennungsstätten „Synagogen".*

Drei Personen versuchen in Y. Eliachs Erzählung, die Schoa* und Gott in einem Atemzug zu denken und auszuhalten. Formulieren Sie diese „Theologien im Angesicht von Auschwitz" in kurzen Sätzen, so wie W. Raupach-Rudnick es für die traditionellen Theodizee-Entwürfe getan hat.

ELIE(SER) WIESEL *wurde 1928 in Rumänien geboren, überlebte als Kind die Lager Auschwitz und Buchenwald.*
Nach 1945 wurde er in ein Lager für gerettete jüdische Waisenkinder nach Frankreich geschickt. Nach einer längeren Phase der Unsicherheit entdeckte er seine schriftstellerischen Begabungen, wurde zunächst Journalist, nach einigem Zögern freier Schriftsteller und schließlich Professor für Literatur in Boston. 1986 erhielt er den Friedensnobelpreis.

Die jüdische Mystik *(der „Chassidismus") entstand in der Mitte des 18. Jh. in Osteuropa unter dem Eindruck furchtbarer Pogrome und bitterster Armut. Chassidische Mystik geht davon aus, dass Gott mit seiner Anwesenheit die ganze Welt durchdringe („Panentheismus"), sogar das Böse, welches dadurch nur als eine untere Stufe des Guten angesehen werden kann.*
Durch die Konzentration auf das Wesenhafte der Dinge und durch ekstatische Begeisterung kann ein Mensch zur „Anbindung" an Gott gelangen.

Verborgene Tränen

Eines der Hauptthemen im Denken der jüdischen Mystik* ist die Vorstellung, dass Gott seine Kinder ins Exil begleitet. Wie die Verlassenheit Israels die Einsamkeit des Herrn widerspiegelt, so findet das Leiden der Menschen seine Verlängerung im Leiden ihres Schöpfers. Gott ist immer in der Schöpfung gegenwärtig. Er ist ein Teil von ihr. Es gibt keinen Ort, der frei von Gott ist. Gott ist überall. Er befindet sich in jedem Leiden. Die Trauer Israels ist mit der Schechina, der Gegenwart Gottes, verknüpft. Wie die Not der Schechina den Kindern Israels unerträglich ist, so zerreißen die Leiden Israels der Schechina das Herz.
Handelt es sich um eine Art göttliches Mitleiden? Oder um eine Verbundenheit Gottes mit den Menschen? Was uns zustößt, lässt Ihn nicht unberührt.
Doch diese Leidensgemeinschaft ist zweideutig in ihrer Tragweite. Hilft uns die Vorstellung, dass Gott gleichfalls leidet, oder macht sie nicht im Gegenteil ihre Last schwerer? Da auch Gott das Leiden kennt, haben wir sicher kein Recht, uns zu beklagen. Wir können jedoch sagen, dass das Leiden des einen das des anderen nicht aufhebt, sondern zu ihm hinzukommt. Demnach wäre das göttliche Leiden kein Trost für uns. Und folglich dürften wir den Himmel getrost fragen: „Haben wir denn noch nicht genug Kummer? Musst du uns deinen zusätzlich aufbürden?"
In Wahrheit steht es uns überhaupt nicht zu, für Gott zu entscheiden. Er allein besitzt die Freiheit, unter seinen tausend Möglichkeiten zu wählen, Seine Leiden neben unsere zu stellen. Wir können sie weder herausfordern noch zurückweisen. Wir können nur versuchen, uns ihrer würdig zu erweisen. Ohne zu verstehen? Ja, ohne zu verstehen. Auf der Ebene Gottes unterliegt alles dem Geheimnis.
Doch ich gebe zu, dass mir dies manchmal nicht genügt. Wenn ich an die Erschütterungen unseres Jahrhunderts denke, kann ich mich mit nichts zufrieden geben. In diesem Zusammenhange will ich wissen, welchen Platz Gott einnimmt und welche Rolle Er spielt. Wie hat Gott es fertig gebracht, Sein Leiden und zudem das unsrige auszuhalten? Müssen wir davon ausgehen, dass das eine zur Rechtfertigung des anderen dient? Sicher nicht. Nichts kann Auschwitz rechtfertigen. Und wenn Gott selbst mir eine Rechtfertigung anböte, ich würde sie, glaube ich, zurückweisen. Treblinka hat alle Rechtfertigung außer Kraft gesetzt. Und alle Antworten.

Das Reich hinter Stacheldraht wird für immer ein unermessliches Fragezeichen bleiben, für die Menschen wie für ihren Schöpfer. Angesichts einer solchen Häufung von Leid und Todesqualen, die in der Geschichte ohnegleichen ist, hätte Er eingreifen oder sich wenigstens äußern müssen. Ich nehme gern an, Er habe sich in Seinem immer währenden Mitleid von unserem Schmerz überwältigen lassen, den Er auf Seine Ihm eigene Art noch verstärkte. Doch auf welcher Seite stand Er? Stand Er nur auf der Seite der Opfer? Will er nicht Vater aller Menschen sein? Als solcher zerbricht Er unseren Selbstschutz und erschüttert uns zutiefst. Einen Vater, der zuschaut, wie einige Seiner Kinder die anderen abschlachten, kann man doch nur bedauern. Gibt es ein vollkommeneres Leiden, bitterere Schuldgefühle?

In diesem Dilemma steckt der Gläubige am Ende dieses Jahrhunderts: Gott hat es geschehen lassen, um dem Menschen etwas zu zeigen, und wir wissen nicht, was es war. Er hätte Seinem eigenen Leiden ein Ende setzen können, ja machen müssen, indem Er das Martyrium der Unschuldigen beendet. Warum hat er es nicht getan? Ich weiß es nicht, und ich glaube, ich werde es nie wissen. Zweifellos legt er keinen Wert darauf, erkannt zu werden.

Doch genauso ratlos bin ich angesichts der Menschen. Niemals werde ich ihren moralischen Niedergang, ihren Fall verstehen. Es gab eine Zeit, da versetzte mich das alles in Wut und reizte mich zum Widerstand gegen die Menschheit, die sich mitschuldig gemacht hat. Später empfand ich vor allem Trauer für die Opfer.

Der Midrasch bemerkt in einem Kommentar zu jenem Vers des Propheten Jeremia, in dem Gott sagt: „Ich werde heimlich weinen", es gebe einen Ort namens „Geheimnis", und Gott zieht sich dorthin zurück, um zu weinen, wenn er traurig sei.

Für uns befindet sich dieser geheime Ort in der Erinnerung. Sie besitzt ihr eigenes Geheimnis.

An anderer Stelle wird im Midrasch erzählt, Gott habe, als Er die Leiden Seiner unter alle Völker verstreuten Kinder erblickte, zwei Tränen vergossen, dass man es von einem Ende der Welt bis zum anderen hören konnte.

Ich liebe es, diese Geschichte immer wieder zu lesen. Und ich sage mir: Vielleicht hat Gott mehr als zwei Tränen vergossen, als Er die Tragödie Seines Volkes in unserem Jahrhundert erblickte. Doch aus Feigheit haben die Menschen sich die Ohren zugehalten. Ist dies endlich eine Antwort? Nein: Es ist eine Frage. Eine Frage mehr.

Elie Wiesel, 1994

1986 erzählte E. Wiesel von einer Gerichtsverhandlung, die sein Lehrer vor Kriegsende im Lager Auschwitz einberief:

Er hatte zwei andere gelehrte Rabbiner* hinzugezogen, und sie beschlossen, Gott anzuklagen, in angemessener, korrekter Form, wie es ein richtiges rabbinisches Tribunal tun soll, mit Zeugen und Argumenten usw. ... Die Verhandlungen des Tribunals zogen sich lange hin. Und schließlich verkündete mein Lehrer, der Vorsitzender des Tribunals war, das Urteil: Schuldig. Und dann herrschte Schweigen – ein Schweigen, ... ein endloses langes Schweigen. Aber schließlich sagte mein Lehrer: „Und nun, meine Freunde, lasst uns gehen und beten." Und wir beteten zu Gott, der gerade wenige Minuten zuvor von seinen Kindern für schuldig erklärt worden war.

Der Midrasch (hebr.: „das Suchen") ist der große Schatz antiker und mittelalterlicher jüdischer Bibelauslegungen, von denen viele das Geheimnis Gottes, den Sinn des Lebens und die Bedeutung der biblischen Buchstaben durch spirituelle Erzählungen zu verdeutlichen versuchen. E. Wiesel meint hier im Text von 1994 einen Midrasch zu Jer 13,17.*

---

1. Fassen Sie E. Wiesels „Theologie nach Auschwitz" pointiert zusammen und vergleichen Sie sie mit den Theodizee*-Entwürfen, die W. Raupach-Rudnick und Y. Eliach (siehe Seite 86 f.) zeigen.

2. Was lässt sich aus den jüdischen Theodizee-Gedanken in Ihr eigenes Gottes- und Leidverständnis integrieren? Was bleibt Ihnen fremd oder befremdlich?

Janusz Korczak *wurde 1878 als Kind jüdischer Eltern in Warschau geboren. Nach einer Erfolg versprechenden Karriere als Kinderarzt übernahm er 1911 die Leitung eines neu errichteten Waisenhauses, in dem elternlose jüdische Kinder aus den Armenvierteln Warschaus unterkamen. Er hatte kein regelrechtes Konzept für den pädagogischen Umgang mit den Kindern. Sein immer neuer Weg bestand darin, die Kinder aufmerksam zu beobachten, mit ihnen immer wieder ins Gespräch zu kommen und sie zur selbständigen Verantwortung für das eigene Leben zu bringen.*
Kurz vor dem Einmarsch der deutschen Truppen in Warschau erhielt Janusz Korczak das Angebot, sich selbst in Sicherheit zu bringen. Er schlug es aus und begleitete stattdessen die ihm anvertrauten Kinder ins Konzentrationslager und in den Tod.

Der jüdische Bildhauer Baruch Sakzejer *setzte ihm und den Kindern 1977 im Gedenkgarten Jad Waschem in Jerusalem ein Denkmal.*

1. Welches Erziehungs- und Lebenskonzept verrät die Skulptur des jüdischen Künstlers B. Sakzejer?

2. Was mag sich hinter J. Korczaks metaphorischer Rede vom „Vaterland" verbergen?
Könnte sie heutzutage als Metapher für ein Leben und eine Theologie „nach Auschwitz" dienen?

Folgenden Text schrieb Janusz Korczak den Jugendlichen als eine Art Abschiedsbrief, wenn sie das Waisenhaus verließen:

Wir geben euch nichts.
Wir geben euch keinen Gott,
denn ihr müsst ihn selbst in der eigenen Seele finden,   5
im einsamen Kampf.
Wir geben euch kein Vaterland,
denn ihr müsst es durch eigene Anstrengung
eures Herzens und durch Nachdenken finden.
Wir geben euch keine Menschenliebe,   10
denn es gibt keine Liebe ohne Vergebung,
und vergeben ist mühselig,
eine Strapaze, die jeder selbst auf sich nehmen muss.
Wir geben euch eins:
Sehnsucht nach einem besseren Leben,   15
welches es nicht gibt,
aber doch einmal geben wird,
ein Leben der Wahrheit und Gerechtigkeit.
Vielleicht wird euch diese Sehnsucht zu Gott,
zum Vaterland und zur Liebe führen,   20
Lebt wohl, vergesst es nicht.

Christliche Theologie nach Auschwitz

Auschwitz und die Verbrechen und Aktionen, die ihm vorausgingen, sind von getauften Mitgliedern der Kirche begangen oder geduldet oder verdrängt worden. Christliche Theologie* fragt deshalb zuerst: Wie und warum haben Christen, warum haben die Kirchen dies zugelassen?

Die Kirchen mussten erkennen, dass 2000 Jahre christliche Judenfeindschaft den Weg nach Auschwitz vorbereitet haben. Ihr Vorwurf des „Gottesmordes" und das Fehlurteil, Gott habe das jüdische Volk verworfen und die Kirche sei als das „neue Israel" an seine Stelle getreten, hatten den Juden von Anfang an ihr Existenzrecht theologisch abgesprochen.

So ist christliche Theologie nach Auschwitz zuallererst eine Theologie der Umkehr. ... Die theologische Arbeit hat erst begonnen. Viele Fragen bleiben noch offen.

Wolfgang Raupach-Rudnick, 1998

Eigentlich wäre von Gott nur zu *schweigen* – solange Theologie so tut, als wäre nichts Böses geschehen, wofür auch sie verantwortlich wäre; solange sich das nicht ändert, bleibt sie eine von allen guten Geistern und auch gottverlassene Theologie. ...

Zu schweigen wäre wegen der Nacht von Auschwitz, die nach wie vor über allem Leben liegt. ...

Zu schweigen wäre von Gott, weil man nicht von ihm reden kann.

Wir reden dennoch von ihm, weil uns das Wort jüdischer Verzweiflung einleuchtet, dass wir nicht Hitler noch nachträglich Recht geben sollten, indem wir von Gott schweigen.

Friedrich-Wilhelm Marquardt, 1997

Theologie nach Auschwitz ruft Ethik* hervor, Ethik der Verantwortung für den „Anderen", dessen Antlitz in Auschwitz in schrecklicher Weise geschändet worden ist.

„Wenn du der Unterdrückung bei dir ein Ende machst, auf keinen mit dem Finger zeigt und niemand verleumdest, dem Hungrigen dein Brot reichst und den Darbenden satt machst, dann geht im Dunkeln dein Licht auf, und deine Finsternis wird hell wie der Mittag" (Jesaja 58,9f.; vgl. auch Matthäus 25,35f.); vielleicht ein wenig auch die „Gottesfinsternis", mit der es die Theodizee* zu tun hat.

Franz Mußner, 1995

Der „Teufel" steckt bekanntlich im Detail. Prüfen Sie daher Schulbücher für den Religionsunterricht (auch das Buch, das Sie jetzt gerade vor Augen haben) auf Formulierungen und Tendenzen hin, die eine Umkehr der christlichen Theologie nach Auschwitz behindern können:

a) Welche Bedeutung hat das „Alte Testament"*?

b) Mit welchen deutschen Begriffen wird die „Tora"* benannt?

c) In welcher Weise und Rolle werden die politischen und juristischen Umstände der Hinrichtung Jesu geschildert?

d) Wie werden die Pharisäer, als dessen Nachfahren religiöse Juden und Jüdinnen sich heute verstehen, dargestellt?

e) Wie sind die Probleme des modernen Staates Israel entfaltet?

„Wisse, vor wem du stehst"

Wessen ist sich ein Mensch im Augenblick des Betens bewusst? Es gibt eine klassische Aussage dazu in der rabbinischen* Literatur, die die geistige Minimalforderung an ein Gebet als Akt des menschlichen Bewusstseins darstellt: „Wisse, vor wem du stehst!" Drei Gedanken sind in diesem Gedanken enthalten.

Wisse! (oder: Verstehe!)

Manche Menschen behaupten, Beten sei eine Sache des Gefühls. Natürlich beruht das auf einem Trugschluss. Gefühl ist zwar ein bedeutender Faktor, aber es ist nicht die Quelle des Gebetes. Die Kraft zu beten hängt nicht davon ab, ob jemand ein cholerisches oder ein phlegmatisches Temperament hat.
Gebet hat die Kraft, Erkenntnis entstehen zu lassen. Oft schenkt es uns ein Verstehen, das durch angestrengtes Nachdenken nicht erreichbar ist. Einige unserer tiefsten Erkenntnisse, Entscheidungen und Verhaltensweisen werden in den Augenblicken des Gebetes geboren.

Vor Wem

Die Formulierung „vor was" hätte dem Geist des jüdischen Gebetes widersprochen. Wenn man „was" fragt, ist man völlig unvoreingenommen, unvorbereitet, bar jeder Vorausahnung bezüglich der Antwort. Wenn Gott ein „Was" ist, wie können wir dann zu diesem „Es" rufen? Ein „Ich" betet nicht zu einem „Es". Wenn also Gott nicht wenigstens so wirklich ist wie ich selbst, wenn ich nicht sicher bin, dass Gott mindestens so lebendig ist wie ich selbst – wie kann ich dann beten?

Mit Gott im Gespräch

Gebete des 20. Jahrhunderts

Wie ruf ich dich?
Der Name, den die Lippe
Dir täglich gibt, ist deiner nicht;
Das Sterbliche ist alles eine Sippe,
Dir aber gleicht kein sterbliches Gesicht.
Dein Sein kann keine unsrer Sprachen fassen,
Das Wort, das es erschöpft, bleibt stets uns fremd:
Wir müssen's, dich zu nennen, ewig lassen,
Weil deine Größe unsre Zunge hemmt.

Ja, du bist alles: Schönheit, Macht und Güte –
Und deine Augen leuchten immerdar
Im Blau des Himmels, in der Pflanzen Blüte,
Im Rund der Seen, in der Sterne Schar.

Gertrud Kolmar, 1917

O Gott, schließ um mich deinen Mantel fest;
Ich weiß, ich bin im Kugelglas der Rest,
Und wenn der letzte Mensch die Welt vergießt,
Du mich nicht wieder aus der Allmacht lässt
Und sich ein neuer Erdball um mich schließt.

Else Lasker-Schüler, 1919

Dreiheiliger
kreisum
immer nur kreisum
      hinein
in dich –
Ich bin
aber nicht
darin
      sitze im Kosmos
      marbelgroß winzig,
aber da willst du,
Dreiheiliger,
      auch sein.
So wahnsinnig machst du
      dich klein.
Und immer nur immer kreisum
      hinein
in mich –
Ich weiß aber fast nichts –
von Ewigkeit zu Ewigkeit.
Amen.

Silja Walter, 1995

heut entfallen mir alle Namen und Bilder von dir;
ich hoffe, du bist, auch, wenn ich Leere empfinde;
ich hoffe, du kennst mich, auch, wenn ich Fremde spüre;
ich hoffe, du fühlst mit mir, auch, wenn ich umschlossen bin
von Verlassenheit.
Christa Peikert-Flaspöhler, 1989

Herr! Herr!
Sieh meine zerbrochenen Glieder
Zermalmt von deiner Gerechtigkeit
Du breitest dein Schweigen über mich
Du tauchst deine Kälte in mein Herz
Du hast keine meiner Gaben verschmäht
Nimm nun auch meine Verzweiflung entgegen
Die Qual, die mich zerfleischt
Den Schrei meines Mundes
Der zu deinem Lobe verröchelt
Herr! Herr!
Friedrich Dürrenmatt, 1985

Du bist bei mir
alle Tage
alltags
Du bist mein Gott des Alltags
dann darf ich dir
bitte schön
auch meinen Ärger
über die hohe Reparaturrechnung
die Freude über den Fischreiher
meine Einsamkeit heute Abend
und den zerrissenen Schuhbändel
übergeben
und beschwer dich nicht
so sieht mein Alltag aus
Andrea Schwarz, 1985

Ich bitte dich für alle Menschen
die den Tag im Streit beendet haben.
Zeige uns allen Wege zum Frieden auf dieser Erde.

Ich bitte dich für alle, die jetzt arbeiten,
für alle, die auf den Straßen fahren,
für alle, die in den Krankenhäusern wachen.

Ich bitte dich für alle, die keinen Schlaf finden,
für die Kranken und Schwermütigen,
die Verlassenen und die Gefangenen.
Jörg Zink, 1991

Du stehst

Beten ist mehr als ein geistiger Prozess und mehr als eine Bewegung der Lippen. Einen Gebetstext lesen oder studieren ist nicht das Gleiche wie beten. Was das Beten kennzeichnet, ist der Entschluss, sich in die Gegenwart Gottes zu begeben und sich ihr auszusetzen. Beten heißt, Gott in die Welt zurückzubringen, Sein Königtum aufzurichten, Seinen Ruhm herrschen zu lassen.

Abraham Joschua Heschel,
jüdischer Theologe, 1954

Die Sprachform, in der wir Gott mitteilen können, kann nur in zweiter Linie der Lehrsatz, das Gewusste, das Dogma* sein. Religiöse Sprache zerstört sich selber, wenn sie im Ich-Es-Verhältnis über Gott redet. Die mögliche Gottessprache ist das Gebet oder die Erzählung. In den Erzählungen des Neuen Testaments* erscheint Gott, ereignet sich Gott. Wenn wir Gottesgeschichten erzählen –, so erzählen wir, was Gott tut oder wie er sich verbirgt, wie Gott handelt. Und im Gebet bitten wir Gott, all das Erzählwürdige zu tun, zu erscheinen, die gute Macht zu beweisen, uns zu verändern. In diesen beiden Sprachformen sprechen wir von Gott eher als einem Ereignis als einer Substanz. Wir reden aus und zu Gott, statt „über" ihn.

Dorothee Sölle,
christliche Theologin, 1990

Stellen Sie aus Gebeten, die Sie z.B. im Gesangbuch und in der Bibel finden, aber auch aus der mündlichen Tradition erfragen können, eine sinnvoll geordnete Sammlung zusammen. Reflektieren Sie die Anordnung.

1. Informieren Sie sich über islamische Gebetshaltungen und -zeiten.

Gott im Haus anderer Religionen

Der Gestus des Gebets im Islam

Glauben Sie wirklich, dass Gott von euch verlangt, Ihm durch solches Verneigen, Niederknien und Niederfallen Ehre zu bezeugen? Der Hadschi grinste und antwortete: Wie sollen wir denn Gott anders anbeten? Hat er denn nicht beides erschaffen, Körper und Seele, beide zusammen? Und ... soll man nicht sowohl mit dem Leibe als auch mit der Seele zu ihm beten? Höre, ich will dir erklären, warum wir Muslime so beten, wie du uns beten siehst. Wir wenden uns der Kaaba zu, dem ehrwürdigen Tempel Gottes in Mekka, wissend, dass die Gesichter aller Muslime, wo immer sie auch sein mögen, dorthin im Gebet gewandt sind und dass wir Gläubigen wie ein Körper sind, mit Ihm als dem Mittelpunkt unseres Seins. Zuerst stehen wir aufrecht da und sagen Worte aus dem ehrwürdigen Koran auf, gedenkend, dass er Gottes Wort ist, dem Menschen gegeben, damit er aufrecht und standhaft im Leben bleibe. Dann sagen wir, „Gott ist der Allergrößte, Gott allein ist groß", solcherart gedenkend, dass niemand und nichts außer Ihm der Anbetung würdig ist, und verneigen uns tief dabei, Ihm Ehre bezeugend, und lobpreisen Seine Macht und Majestät. Daraufhin knien wir nieder und berühren den Boden mit der Stirn – denn wir sind ja nur Staub und Nichtigkeit, und Er ist unser Schöpfer und Erhalter. Dann heben wir unser Antlitz vom Boden auf und bleiben eine Weile sitzen und bitten Ihn, dass Er uns unsere Sünden vergebe und uns Seine Gnade zuteil werden lasse und uns den rechten Weg leite und uns Gesundheit und Lebensunterhalt gewähre. Dann werfen wir uns wieder zu Boden nieder und berühren den Staub mit der Stirn: denn Er ist der Allmächtige, der Gewaltige, der Eine. Dies getan, bleiben wir wieder sitzen und beten zu Ihm, dass Er den Propheten Muhammad segne, der uns seine Botschaft überbracht hat, genau so wie er seine früheren Propheten segnete, und dass Er auch uns segne sowie auch alle anderen, die den rechten Weg gehen; und wir bitten Ihn, uns das Gute dieser Welt und das Gute im Jenseits zu gewähren. Am Ende wenden wir den Kopf nach rechts und nach links, sprechend, „Friede und die Gnade Gottes sei mit euch" – und das ist unser Gruß an rechtschaffende Menschen, wo immer sie auch sein mögen. Solcherart betete unser Prophet und solcherart befahl er allen Gläubigen in aller Zukunft zu beten, auf dass sie sich wissend und willig Gott hingeben – denn dies ist's, was das Wort Islam bedeutet: „Hingabe an Gott" – und im Frieden mit Ihm und mit seinem Schicksal leben.

Muhammad Asad, 1992

Ein Beduine sprach in Mekka: O Gott, meine Bitte um Vergebung, da ich doch weiterhin sündige, ist wahrhaft tadelnswert; aber von der Bitte um Vergebung abzustehen ist mir unmöglich, da ich doch die Weite deiner Vergebung kenne. Wie oft hast du mir deine Liebe mit Gnadenbeweisen gezeigt, obwohl du meiner nicht bedarfst, und wie oft habe ich dich mit meinen Freveln erzürnt, obgleich ich deiner bedarf! O du, der erfüllt, was Er verspricht, und der verzeiht, wenn Er auch droht: lass meine große Sünde in deine noch größere Vergebung eingehen, o du Allbarmherzigster!

Abu Hamid Al-Ghazzali

Gebet Abrahams:
Unser Herr, siehe, du weißt, was wir verbergen und was wir offenkundig tun, und nichts ist verborgen vor Gott im Himmel und auf Erden.

Koran* Sura 14, Ayat 41

MUHAMMAD ASAD *(1900–92) war in den 20er Jahren Berichterstatter der „Frankfurter Zeitung" im Nahen Osten, Berater König Abdul Aziz von Saudi-Arabien und Gesandter Pakistans bei den UN in New York.
Das nebenstehende Gespräch führte er mit einem frommen Mekka-Pilger.*

➡ *Seite 207f.*

2. Das Wort „Islam" benennt das Verhältnis der Muslime zu Gott. Mit welchen Begriffen lassen sich die jüdischen und christlichen Gottesbeziehungen beschreiben?

Der Tauhid: „Keine Gottheit außer Gott"

Im Zentrum des Glaubens der kirchenlosen abrahamischen Glaubensgemeinschaft der Muslime steht ein radikaler Monotheismus, der weder Sakramente noch eine Ämterhierarchie kennt. Die Folge ist das stete Bewusstsein jedes Menschen, vor Ihm verantwortlich zu leben.

Gott ist mehr als das Absolute oder die erste Ursache allen Seins; er ist der Grund aller Normativität. Er ist damit Ausgangspunkt und zugleich Ziel aller Bewegung oder Entwicklung. Gott ist einzig.

Der Islam meint daher aus grundsätzlichen theologischen* Erwägungen heraus, dass kein Geschöpf dem Schöpfer näher ist als ein anderes. Der Mensch wurde jedoch von Ihm mit existenzieller Verantwortung ausgestattet. Zur Rechtleitung gab ihm Gott die Offenbarung.

Daher gehört aller Lobpreis Gott, dem Erhabenen. Der Muslim drückt dies in seinem Zeugnis aus, dass es keine Gottheit außer Gott gibt. Diese scheinbar negative Aussage, deren Kürze nicht zu übertreffen ist, der Tauhid, trägt in sich den gesamten Reichtum islamischen Denkens. Alle Vielfalt islamischer Kulturen, Zivilisationen und Wissensbestände sowie allen Lernens haben hier ihren Ursprung. So wurde der Tauhid zu einer allgemeinen Weltsicht, d.h. zu einem Standpunkt, von dem aus die Muslime die Geschichte ebenso beurteilen wie ihr eigenes Schicksal.

Aus dieser religiösen Erfahrung heraus kommt das Bewusstsein, dass das vor Gott gelebte Leben nicht vergeblich sein kann. Der Mensch darf und soll als Sein Geschöpf die Schönheit Seiner Schöpfung genießen, aber wenn er z.B. daraus den eigenen Glücksgewinn zu seinem Lebensprinzip macht, begeht er die Sünde schlechthin, die der Muslim „Shirk" nennt. Missverständlich wird das Wort manchmal mit „Beigesellung" übersetzt, als könne Gott ein Sohn beigesellt werden. „Shirk" meint jedoch jede Art von Verabsolutierung eines einzelnen von Ihm geschaffenen Aspektes, sodass dieser in einer Art psychischer „Konkurrenz" Ihm gegenübertritt.

Die Anerkennung des theologischen Prinzips des Tauhid führt zur Anerkennung der Wirklichkeit, wie sie nun einmal ist, was eine große Toleranz zur Folge hat.

Gott hat jedem Volk aus seinen eigenen Reihen und in der eigenen Sprache einen Propheten gegeben, der die Menschen ermahnte. So sind die Muslime überzeugt, dass hinter der Vielfalt der sichtbaren Religionen ein (abrahamischer) Urglaube steht, jener Glaube an den einen Einzigen.

Wolf D. Ahmed Aries, 2000

In Anlehnung an einen englischen Lehrbuchtext von Isma'il R. al Faruqi hat WOLF D. AHMED ARIES den nebenstehenden Text verfasst. W. A. Aries gehört der alten Minderheit der Muslime an, die seit 1732 in Deutschland leben. Er lehrt an zwei deutschen Hochschulen und engagiert sich seit vielen Jahren als Autor und Berater der islamischen Verbände für das Gespräch zwischen Juden, Muslimen und Christen.

Er ist Gott, außer dem es keine Gottheit gibt, der König, der Heilige, der Inbegriff des Friedens, der Stifter der Sicherheit, der alles fest in der Hand hat, der Mächtige, der Gewaltige, der Stolze. Preis sei Gott. Er ist Gott, der Erschaffer, der Bildner. Sein sind die schönsten Namen.

Koran Sura 59, Ayat 23

Von Abraham erzählt der Koran folgende Geschichte:

Und da die Nacht ihn überschattete, sah er einen Stern. Er sprach: „Das ist mein Herr." Als er aber unterging, sprach Abraham: „Nicht liebe ich, was untergeht." Und als er den Mond aufgehen sah, sprach er: „Das ist mein Herr." Und als er unterging, sprach Abraham: „Wahrlich, wenn mich nicht mein Herr leitet, so bin ich einer der Irrenden." Und als er die Sonne aufgehen sah, sprach er: „O mein Volk, ich habe nichts mit euren Göttern zu schaffen. Siehe, ich wende mein Angesicht lauteren Glaubens zu dem, der die Himmel und die Erde erschaffen, und nicht gehöre ich zu denen, die (Gott) Gefährten geben."

Koran Sura 6, Ayat 76–79

Welche theologische Streitfrage steckt in dem Satz: „Ich gehöre nicht zu denen, die Gott Gefährten geben"?

HELMUT WITTE *(geb. 1933), der Verfasser des nebenstehenden Artikels, ist Professor für organische Chemie; während seiner Ausbildung zum Chemiker studierte er auch Sinologie. Er war katholischer Christ und ist, nachdem er bei den Soto-Zen-Meistern Deshimaru in Frankreich und Tenryu Tenbreul in Deutschland meditieren gelernt hatte, Buddhist geworden. Er hält Seminare zum Buddhismus u.a. innerhalb der Lehrerfortbildung.*

Es gibt ein Gebiet, wo weder Erde ist noch Wasser, noch Feuer, noch Wind, weder die Sphäre der Unendlichkeit des Raumes noch die Sphäre der Unendlichkeit des Bewusstseins, noch die Sphäre des Nichts, noch die Grenzsphäre von Wahrnehmung und Nichtwahrnehmung, weder Diesseits noch Jenseits, weder Sonne noch Mond. Dies nenne ich weder Kommen noch Gehen, noch Stillstehen. Ohne Grundlage, ohne Fortsetzung, ohne Stütze ist es: Das ist das Ende des Leidens.
Aus den Lehrreden des Buddha

Im folgenden Text geht es um Transzendenz* und Mensch-Sein. „Thatagata" heißt wörtlich der „Sogekommene" und ist eine der Bezeichnungen für einen Buddha:

Es ist allen Wesen möglich, Thatagatas zu werden, weil die Buddha-Erkenntnis in der Menge der Wesen vorhanden ist, weil sie ihrer Natur nach nicht zwiefältig ist und unbefleckt, darum haben alle belebten Wesen den Keim der Buddhaschaft in sich.
Wäre das Element der Buddhaschaft nicht vorhanden, dann gäbe es keine Abscheu vor dem Leiden, noch gäbe es dann einen Wunsch nach Nirvana, noch ein Streben danach, noch den Entschluss, es zu gewinnen.
Aus der späteren, indischen Lehrtradition

Transzendenz* im Buddhismus

Einen Gott, wie er im Zentrum der aus dem vorderasiatischen Kulturraum stammenden Religionen Judentum, Christentum und Islam steht, einen Gott, der sich im Propheten offenbart und an den sich jeder Gläubige vertrauensvoll wenden kann, gibt es im ursprünglichen Buddhismus nicht. Der Mensch ist auf sich selbst gestellt, er hat keinen Gott, an dessen Gnade er appellieren könnte.

Da es aber zur Natur des Menschen gehört, die Wechselfälle des Lebens und das daraus erwachsende Leiden nicht einfach hinzunehmen, es andererseits für den Buddhisten keine Instanz gibt, von der dafür Hilfe zu erwarten ist, richtet sich sein Blick in schonungsloser Analyse erkennend auf sich selbst und er vermag daraus eine Einsicht zu gewinnen, die die Überwindung dieses Leidens bedeutet.

Die Normalhaltung des Menschen ist geprägt von Gier, Aggression und Verblendung, die den Zugang zu dem allen Menschen innewohnenden Transzendent-Göttlichen verwehren. Erst ein manchmal sehr langer Übungsweg, der bestimmt ist durch ein sittliches Leben und intensive Meditationsübungen* erschließt dieses Transzendente als Erfahrung, die gleichzeitig das Transzendieren des normalen, leidvollen Lebenszustands bedeutet.

Für den Buddhisten gibt es weder Gott als Schöpfer der Welt, die als anfangs- und endelos angenommen wird, noch einen Richtergott, auf den das Sittengesetz zurückgeht. Nach dem in der Welt wirksamen Gesetz von Ursache und Wirkung (*Karma**) erntet der Mensch die Früchte seiner guten und schlechten Taten in seinem künftigen Geschick – in diesem oder einem folgenden Leben *(Reinkarnation)*. Der Mensch bestraft sich für eine schlechte Tat gewissermaßen selbst durch leidhafte Umstände in der Zukunft, die ihn aber nicht so festlegen, dass nicht eine Wendung zum Guten und letztlich die Befreiung aus der durch Gier, Aggression und Verblendung bewirkten leidhaften Verstrickung in das Leben möglich wäre.

Diese endgültige Befreiung wird als *Nirwana* (Verlöschen) bezeichnet, was im frühen Buddhismus das Ausscheiden aus dem Kreislauf der Wiedergeburten und das Eingehen in einen anderen Seinszustand bedeutet, der eher negativ als das Fehlen von Leiden beschrieben wird.

Im späteren Buddhismus (Mahayana) wird der Begriff *Nirwana* positiv interpretiert: In der Transzendenz-Erfahrung wird man der Einheit aller Dinge gewahr, erlebt sie als das Ende unserer dualistischen Weltsicht, in der ein illusionäres Ich einem begehrten oder abgelehnten Anderen gegenübersteht.

Ist aber diese Welt *(Samsara)* das Transzendente *(Nirwana)*, so kann dieses in allem erfahren werden. Dieser Erfahrung steht grundsätzlich nichts im Wege; der Mensch bedarf keines

Gnadenaktes einer Gottheit, er hat schon die Buddha-Natur – sie muss nur erfahren werden. Dahin führt eine Praxis, die nicht nur in Meditationsübungen, sondern im achtsamen Vollzug aller Lebensvorgänge besteht. In ihnen allen ist Transzendenz erfahrbar.
Der Mensch, der diesen Weg exemplarisch bis zu Ende gegangen ist, ist der Buddha *Shakyamuni*, auch bekannt als *Siddharta Gautama*, der um 550 v. Chr. lebte. Aus Mitgefühl (*Metta*) mit allen leidenden Wesen wirkte er bis zu seinem Lebensende als Lehrer des Weges zur Überwindung des Leidens und damit des Kreislaufes der Wiedergeburten, war dann aber für die Menschen nicht mehr erreichbar. Schon bald bildete sich die Vorstellung heraus, dass es nicht nur diesen einen Buddha gibt, sondern auch solche, die aus einem transzendenten Bereich zum Wohle aller Wesen wirken (z. B. der Buddha Amitabha). Da man glaubt, dass diese ihr eigenes gutes Karma dem gläubig bittenden Menschen als Gnade zukommen lassen, wurden sie praktisch zu Gottheiten, an die sich die Menschen wenden, die fürchten, nicht aus eigener Kraft zur endgültigen Befreiung gelangen zu können.

Helmut Witte, 2000

Ein Mönch fragte Wei-Kuan: Wo ist das Tao* (der Weg)?
Kuan: Unmittelbar vor uns.
Der Mönch: Warum sehe ich es nicht?
Kuan: Wegen deiner Selbstsucht kannst du es nicht sehen.
Der Mönch: Wenn ich es wegen meiner Selbstsucht nicht sehen kann, vermag dann euer Ehrwürden es zu sehen?
Kuan: Solange es ein „Ich" und „Du" gibt, erschwert dies die Lage und kein Schauen des Tao ist möglich.
Der Mönch: Wird es geschaut, wenn es weder „Ich" noch „Du" gibt?
Kuan: Wenn es weder „Ich" noch „Du" gibt, wer sollte es dann sehen können?

Aus der späteren, chinesischen Lehrtradition

Kommentar von Helmut Witte:
Der Meister Wei-Kuan zieht dem Mönch den Boden unter den Füßen weg, auf dem er mit seinem Denken steht. Natürlich ist das Tao erfahrbar, aber nicht mit dualistischem Bewusstsein.

„Rad der Lehre"

Das Rad der Lehre ist im Buddhismus ein wichtiges Symbol. Es hat acht Speichen, die auf die Regeln des achtfachen Weges zur Erkenntnis der Transzendenz weisen.
Die acht Regeln sind folgende: rechte Ansicht, rechter Entschluss, rechte Rede, rechtes Verhalten, rechter Lebensunterhalt, rechte Anstrengung, rechte Achtsamkeit und rechte Meditation.
Das Daiji-Zeichen in der Radnabe stammt aus dem chinesischen Kulturraum. Es symbolisiert im buddhistischen Sinne die Verwobenheit von Leid und Erlösung.

1. Was unterscheidet Meditation* und Gebet? Was haben Meditation und Gebet gemeinsam?

2. Prüfen Sie an den Texten der Abschnitte „Spuren Gottes in der Erkenntnis der Menschen" (siehe Seite 71 ff.) und „Mit Gott im Gespräch" (siehe Seite 77 ff.), wie weit christliches Denken und christlicher Glaube dualistisch sind.

3. Beschreiben Sie „Transzendenz" im christlichen Sinne.

4. In welchem Sinne könnte der Buddhismus als „Atheismus" bezeichnet werden? Ziehen Sie dazu den Text des Dalai Lama (siehe Seite 272 f.) heran.

Bibliothek

Englisch oder Deutsch gelesen, kann das Buch von B. SHAW in der Form einer (zeit-)kritischen Buchbesprechung vorgestellt werden.

Abteilung „Biografie"
– Bernhard Shaw, Die Abenteuer des schwarzen Mädchens auf der Suche nach Gott (engl.: 1932), dt. Ausgabe: Suhrkamp, Frankfurt a.M. 1989

Das Buch von G. KRUHÖFFER ist ein Grundlagenwerk, das zentrale Fragen christlichen Glaubens biblisch und theologisch beantwortet.

Abteilung „Bibel"
– Gerald Kruhöffer, Grundlinien des Glaubens. Ein biblisch-theologischer Leitfaden, Vandenhoeck & Ruprecht, Göttingen 1993²

„Sachwissen Religion" und „Bausteine für eine christliche Gotteslehre" sind vor allem bei der Vorbereitung auf Klausuren oder mündliche Prüfungen hilfreich.

Abteilung „Geisteswissenschaften"
– Hans Freudenberg / Klaus Goßmann, Sachwissen Religion, Vandenhoeck & Ruprecht, Göttingen 1988, S. 153–176; dazu: Texte, S. 101–121

Das Taschen-Buch von V.R. MOLLENKOTT eignet sich für arbeitsteilige Gruppenarbeit.

Abteilung „Religionskritik"
– Karl Friedrich Haag, Bausteine für eine christliche Gotteslehre. Arbeitshilfen für den ev. Religionsunterricht an Gymnasien, hg. von der Gymnasialpäd. Materialstelle Erlangen, 1989

K. BERGER versucht die Frage nach dem Sinn des Leidens vom Neuen Testament her zu beantworten. Sein Buch ist als Ganzschriftlektüre geeignet.
A. WILLERTS Buch enthält u.a. einen wichtigen Überblick über die Gestaltung der Hiob-Frage in der Literatur.

Abteilung „Feministische Theologie"
– Virginia R. Mollenkott, Gott eine Frau? Vergessene Gottesbilder in der Bibel, C.H.Beck, München 1990³

Abteilung „Theodizee"
– Klaus Berger, Wie kann Gott Leid und Katastrophen zulassen?, Quell, Stuttgart 1996
– Albrecht Willert, Das Leiden der Menschen und der Glaube an Gott. Studienbuch Religionsunterricht 5, Vandenhoeck & Ruprecht, Göttingen 1997

Die „Psalmen des Jahrhunderts" sind eine Fundgrube für alle, die sprachliche Vorlagen für eigene Gebete brauchen oder Stoff zur kritischen Betrachtung fremder Gebetstexte suchen.

Abteilung „Gebet"
– Höre Gott! Psalmen des Jahrhunderts, hg. von Paul Konrad Kurz, Benziger, Zürich / Düsseldorf 1997

Allen, die Schwierigkeiten haben, sich im Koran zurechtzufinden, kann durch die Einführung von P. SCHWARZENAU geholfen werden.
Eine fachkundige Anleitung zum Verständnis des Buddhismus bietet das Buch der beiden katholischen Theologen H. KÜNG und H. BECHERT.

Abteilung „Religionen"
– Paul Schwarzenau, Korankunde für Christen. Ein Zugang zum heiligen Buch der Moslems, E.B. Verlag Rissen, 1990
– Hans Küng / Heinz Bechert, Buddhismus, Piper, München 1995

JESUS von Nazareth – der CHRISTUS?!

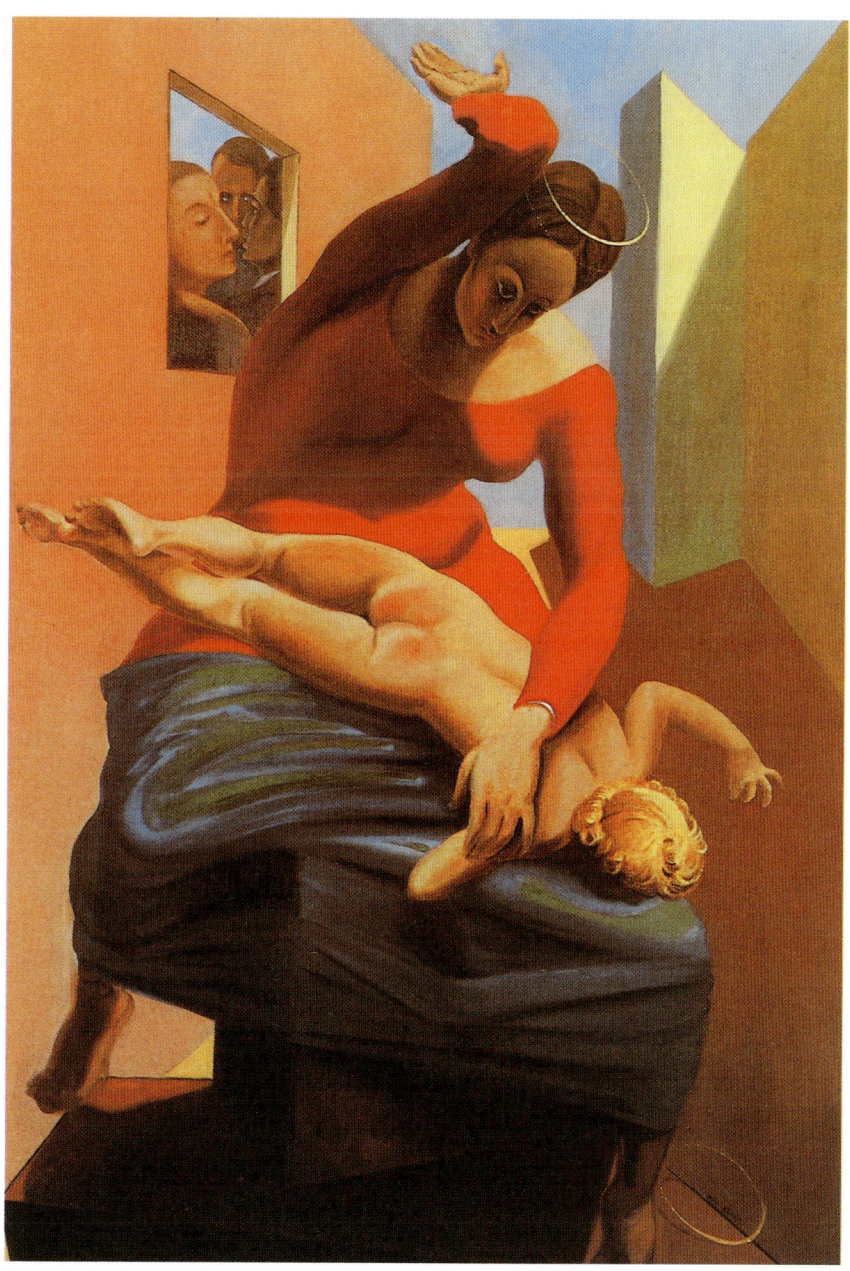

*Max Ernst, La vierge corrigeant l'enfant Jesus devant trois témoins:
André Breton, Paul Éluard et le peintre, 1926*

Ob Jesus der Messias war, wird sich herausstellen, wenn der Messias kommt.
Franz Rosenzweig

Fragen zu Seite 99:
1. Zu welchen Assoziationen veranlasst Sie dieses Bild?
2. Entdecken Sie biblische Andeutungen.

„Gestorben und begraben, aufgefahren in den Himmel" – Kreuz und Auferstehung

Jesus in Indien

Obwohl die Geschehnisse nach dem Tode Jesu, für die der christliche Glaube das Wort „Auferstehung" oder „Auferweckung"* verwendet, das eigentlich Unverständliche zu markieren scheinen, setzen die Probleme schon mit seinem Tode ein: Ist er überhaupt gestorben? Haben seine Jünger seinen Leichnam aus dem Grabe gestohlen und behauptet, er sei auferstanden (vgl. Mt 27,62–66)?

Wieso brachen die Soldaten zwar den mit Jesus Hingerichteten, nicht aber ihm die Beine (vgl. Joh 19,32)?

Ist es nicht bemerkenswert, dass ein Stich in die Seite des Gekreuzigten dazu führte, dass Blut und Körperflüssigkeiten austraten, was nach allgemeinem medizinischen Verständnis nur dann der Fall sein kann, wenn das Herz noch schlägt?

Wurde Jesus nicht erstaunlich schnell wieder vom Kreuze geholt, sodass selbst Pilatus verwundert war, dass der Tod schon eingetreten sein sollte (vgl. Mk 15,44)?

Was genau tat Joseph von Arimathäa, der sich den „Leichnam" von Pilatus erbat, ihn in Leinen einwickelte und in ein Grab verbrachte?

Diese Anhaltspunkte in den Evangelien können zu der Annahme führen, Jesus sei nicht gestorben, sei nur scheinbar tot gewesen, von Anhängern verborgen, behandelt und gepflegt, anschließend fortgebracht worden. Eine dieser Scheintod-Theorien lässt sich mit der Behauptung auf den Begriff bringen, Jesus sei in Kaschmir gestorben.

Im Jahr 1887 war der russische Reisende Nikolai Notovich nach Indien aufgebrochen. Bei einem Besuch des Klosters (Gompa) bei Mulbekh erfuhr er vom dortigen Lama, dass es in der buddhistischen Literatur Berichte über das jüdische Volk, über Moses und auch über Jesus gäbe ...: „Sein Name und seine Taten sind in unseren heiligen Büchern verzeichnet und beim Lesen seines edlen Daseins, das inmitten verirrter Völker verfloss, weinen wir über die schaudervolle Sünde der Heiden, die ihn mordeten, nachdem sie ihn gefoltert hatten." ... Da der Lama jedoch eine Abschrift in tibetanischer Sprache besaß, ließ sich Notovich diese vorlesen und von seinem ihn begleitenden Dolmetscher übersetzen. Nach Europa zurückgekehrt, ordnete er seine Aufzeichnungen und veröffentlichte sie in französischer Sprache. 1894 wurden sie in Deutsch publiziert.
Die Aufzeichnungen schildern in vierzehn Kapiteln „Das Leben des Heiligen Issa" [Jesus], des „besten der Menschensöhne". Nach einer knapp gehaltenen Beschreibung des „ägyptischen Prinzen Mossa" [Moses] folgt ein Zeitsprung in die Epoche Jesu und seiner ersten dreizehn Lebensjahre. Geschildert wird seine Abreise zusammen mit Kaufleuten nach Indien, um einer damals üblichen Heirat zu entgehen. In Indien gerät er, studierend und lehrend, in Konflikt mit der herrschenden Brahmanen- und Kriegerkaste und ihrer Lehre, da diese das Kastenwesen zementiert. Wie der Text aufzeigt, wendet sich Jesus in Indien zumeist den niedrigsten Kasten zu und muss schließlich, nachdem Angehörige der Krieger- und Priesterkaste seinen Tod beschlosssen hatten, fliehen. Über Persien gelangt er nach Israel zurück und beginnt dort, seine Landsleute zu ermutigen, sie zu ermahnen und zu predigen.
Die Vorsteher der Städte berichten Pilatus, dass Jesus das Volk gegen die Obrigkeit aufwiegele, worauf Pilatus befiehlt, Jesus zu ergreifen. Nach der Ankunft Jesu in Jerusalem wird er dort von den Priestern und Ältesten ausführlich befragt. In dem Text heißt es dann: „Als die Priester und gelehrten Ältesten Issa vernommen hatten, beschlossen sie unter sich, ihn nicht zu verurteilen; denn er tat niemand ein Leid. Und nachdem sie erschienen waren vor Pilatus, der vom heidnischen König des Romelen-Landes eingesetzt war als Landpfleger von Jerusalem, da sprachen sie solches zu ihm: ‚Wir haben den Menschen gesehen, den du beschuldigst, er reize unser Volk auf zur Empörung; wir haben gehört seine Predigten und

wissen, dass er unser Landsmann ist. Die Vorsteher der Städte aber haben dir falsche Berichte zugesandt; denn er ist ein gerechter Mann, welcher dem Volk das Wort Gottes auslegt. Nachdem wir ihn verhört, haben wir ihn entlassen, auf dass er in Frieden ziehe.'"

Diese Haltung der jüdischen Bevölkerung und seiner Führer für Jesus schwankt im Bericht keinen Augenblick. In der weiteren Folge lässt Pilatus Jesus durch verkleidete Diener ausspähen. Im dritten Jahr seiner Lehrtätigkeit in Israel wird Jesus auf Geheiß des Pilatus verhaftet. Nach langer Folterung durch die Diener des Pilatus folgt eine Diskussion über die aufwieglerischen Tätigkeiten gegen die Obrigkeit. Ein Zeuge des Pilatus sagt aus, so berichtet Notovich: „‚Du hast dem Volke gesagt, die weltliche Gewalt wäre nichts im Vergleich zu der des Königs, welcher bald die Israeliten vom heidnischen Joch befreien solle.' ‚Gesegnet seist du', antwortete Issa, ‚weil du die Wahrheit geredet hast; der König der Himmel ist größer und mächtiger als das irdische Gesetz, und sein Königreich übertrifft alle Königreiche hinnieden.' Die jüdischen Priester und Ältesten antworteten wieder: ‚Wir können ihn nicht verurteilen, ..., du hast selbst gehört, dass er Anspielung machte auf den König der Himmel und dass er nichts gepredigt hat, was einen Ungehorsam gegen das Gesetz ausmachen würde.'" Mittels falscher Zeugen versucht Pilatus jedoch, Jesus zu überführen: „Der Landpfleger berief sodann den Zeugen, welcher auf Anstiften Pilatus, seines Herrn, Issa verraten hatte. Dieser Mensch kam und wandte sich an Issa: ‚Gabst du dich nicht für den König von Israel aus, als du sagtest, dass der, welcher in den Himmeln regiert, dich gesandt hätte, um sein Volk vorzubereiten?' Und Issa, nachdem er ihn gesegnet hatte, sprach zu ihm: ‚Dir wird verziehen werden; denn was du sagst, kommt nicht von dir.' Dann, sich zum Landpfleger wendend: ‚Warum erniedrigst du deine Würde und warum lernst du deine Untergebenen an, in der Lüge zu leben, da du doch auch ohne solche die Gewalt hast, einen Unschuldigen zu verurteilen?' Auf diese Worte geriet der Landpfleger in einen heftigen Zorn und er befahl die Verurteilung Issas zum Tode und dagegen die Freisprechung der zwei Straßenräuber. Nachdem die Richter sich untereinander beraten hatten, sagten sie zu Pilatus: ‚Wir werden nicht die Verantwortlichkeit auf unsere Häupter nehmen für die große Sünde, einen Unschuldigen zu verurteilen und zwei Räuber freizusprechen, was unseren Gesetzen entgegen ist. Tue daher das, was dir gefallen wird.' Nachdem die Priester und die gelehrten Greise so gesagt, gingen sie hinaus und wuschen sich die Hände in einem heiligen Gefäß, indem sie sprachen: ‚Wir sind unschuldig am Tod des Gerechten.'"

Wolfgang Derkau, 1993

1. Stellen Sie die Anforderungen zusammen, die im Geschichtsunterricht an eine „Quelle" mit dem Stichwort „Quellenkritik" gestellt werden.

2. Wenden Sie diese Anforderungen auf den Artikel W. Derkaus an.

3. Rekonstruieren Sie aus dem Text die Entstehung des Buches von N. Notovich.

4. Erörtern Sie die Plausibilität der Argumente N. Notovichs und damit seiner Theorie.

5. Zur so genannten „Kaschmir-Theorie" gehört auch, dass Jesus nicht am Kreuz gestorben sei, sondern die Kreuzigung überlebt habe und nach Kaschmir gebracht worden sei, wo er sein Leben im Kreise seiner Familie beendet habe.
Vgl. Sie dazu den Film „Die letzte Versuchung Christi" (M. Scorsese, 1992)

6. Lesen Sie dazu den 1. Teil von S. Landmanns Buch, „Jesus starb nicht in Kaschmir", München 1996. Verfassen Sie ein Referat, das a) die Kaschmir-Theorie ausführlicher darlegt und b) S. Landmanns detaillierte Kritik nachzeichnet.

ROMAN HEILIGENTHAL
(geb. 1953) ist Professor für Neues Testament an der Universität Koblenz-Landau.

Der verfälschte Jesus

Auch die bis heute populäre Fiktion eines Indienaufenthaltes Jesu vor und nach seiner Kreuzigung entspringt Idealen des 19. Jahrhunderts, die heute unter dem Stichwort interreligiöser Dialog in einer multikulturellen Gesellschaft wieder auf Beachtung stoßen. Wäre Jesus tatsächlich als lernender junger Mann nach Indien gezogen, so ließe sich leicht in seinen religiösen Ideen eine historisch vermittelte Brücke zwischen den indischen bzw. mittelasiatischen und den vorderorientalischen Hochreligionen schlagen. Wäre er nach überlebter Kreuzigung wieder nach Indien zurückgekehrt, fände das als mirakulös empfundene Wunder seiner Auferstehung* eine rationalistische Erklärung. ...
Spekulationen werden als historische Wahrheiten hemmungslos verkauft und vermarktet, alte längst überholte Theorien werden ausgegraben und zu einem kaum genießbaren Gericht aufgekocht. Dies wird nirgends so deutlich wie bei den neueren „Sachbüchern" zur Jesus-Indien-Legende. Josef Dirnbeck hat sicher Recht, wenn er von einem „Geschäft mit der Dummheit" spricht. Mundus vult decipi, ergo decipiatur [= Die Welt will betrogen werden, also soll sie betrogen werden.]!
Roman Heiligenthal, 1997

JOSEF DIRNBECK *ist Autor des Buches „Die Jesusfälscher. Ein Original wird entstellt", das 1994 erschienen ist.*

Der Tod Jesu – Fakten

Jesus stirbt überraschend schnell. Erfolgt die Verurteilung tatsächlich erst um die 6. Stunde ..., liegen zwischen Hinrichtung und Tod ... nur etwa zwei bis drei Stunden. ... Als Todesursache diskutiert die Medizin eine Vielzahl von Möglichkeiten wie Erschöpfung ..., Blutstockung (s. Blutverlust infolge Geißelung und Annagelung), traumatischen Schock, Erstickung, Herz- und Kreislaufversagen. Nach einer Studie aus dem Jahre 1963 ... ist der schnelle Tod „sehr wahrscheinlich als Folge eines Kollapsgeschehens" (Dr. med. Schulte) anzusehen. Und noch einmal: „Umstände (Technik der Geißelung und Kreuzigung) sowie Hinweise der Tradition und der Evangelien (Erschöpfung, Schweißausbruch, Durst) lassen ein Kollapsgeschehen als so gut wie sicher erscheinen." (Ders.) ...
[W. Bösen widmet sich dann der Darstellung des Johannesevangeliums, die vom Brechen der Unterschenkel und dem Lanzenstich handelt:] Wie historisch ist die Szene? – Die Frage ist zugegebenermaßen schwierig; ein Blick auf das Für und Wider legt die Entscheidungsnot offen, in die gerät, wer eine klare Antwort sucht. ...
Mit der Szene will der Evangelist ganz offenbar die Tatsächlichkeit des Todes Jesu unterstreichen. Um jedem Zweifel den Boden zu entziehen, hält er ein Doppeltes fest: Da Jesus bereits tot ist, können die Soldaten bei ihm vom Zerbrechen

Der katholische Theologe WILLIBALD BÖSEN *hat sich in seinem Buch „Der letzte Tag des Jesus von Nazaret" 1994 um eine Rekonstruktion der Ereignisse bemüht.*

Untersuchen Sie die Texte 1.Kor 15,3–11; Mk 15,42–16,18; Mt 27,57–28,20; Lk 23,50–24, 12; Apg 1,1–11; Joh 19,38–21,25:

a) Erstellen Sie eine vergleichende Übersicht zu den Darstellungen der Evangelien im Blick auf: den Zeitpunkt, die Personen, den Ort des Geschehens, die gesprochenen Worte, die Reaktionen der Frauen.

b) Vergleichen Sie alle Texte im Blick auf: die Art der Erscheinungen, die Orte der Erscheinungen, Motive des Zweifels.

der Beine absehen. Um aber ganz sicher zu gehen, stößt einer der Henker seine Lanze in Jesu Seite, sodass Blut und Wasser herausfließen. Ob die Bemerkung von Blut und Wasser u.a. auch den Tod bestätigen soll, scheint möglich, besteht der Mensch nach antikem Verständnis aus Blut und Wasser. Für die Diskussion ist das Ergebnis der modernen Medizin, die das Herausfließen von Wasser aus dem Herzen nicht befriedigend erklären kann, ohne Gewicht. ... Indem der Text hier beide Elemente betont, bezieht er deutlich Front gegen jene doketischen* Gruppierungen, die die Leiblichkeit bzw. Menschheit Jesu leugnen und damit die Erlösung gefährden. Denn hatte Jesus nur einen Scheinleib, litt er nur zum Schein und starb auch nur zum Schein.

Willibald Bösen, 1994

Von dem Zwecke Jesu und seiner Jünger

Die Apostel hatten demnach nicht allein aus der vorigen Erfahrung Vorschmacks genug, dass sich bei dem Lehramt und bei der Verkündigung vom Reiche des Messias*, außer zureichlichem Unterhalt, Ehre, Hoheit und Macht erwerben lasse; sondern sie besaßen auch (wie ihre nachmalige Aufführung zeiget) Verstand genug, sich alle diese Vorteile aufs Beste zu Nutze zu machen. Kein Wunder also, dass sie nach ihrer einmal fehlgeschlagenen Hoffnung auf die Hoheit und Vorteile im Reiche des Messias den Mut nicht alsofort sinken lassen, sondern sich durch eine kühne Erfindung einen neuen Weg dazu bahnen.

Hermann Samuel Reimarus, 1778

Paulus schreibt im 1. Kor 15,13–20:

Gibt es keine Auferstehung* der Toten, so ist auch Christus nicht auferstanden. Ist aber Christus nicht auferstanden, so ist unsere Predigt vergeblich, so ist auch euer Glaube vergeblich. Wir würden dann auch als falsche Zeugen Gottes befunden, weil wir gegen Gott bezeugt hätten, er habe Christus auferweckt, den er nicht auferweckt hätte, wenn doch die Toten nicht auferstehen.
Denn wenn die Toten nicht auferstehen, so ist Christus auch nicht auferstanden. Ist Christus aber nicht auferstanden, so ist euer Glaube nichtig, so seid ihr noch in euren Sünden; so sind auch die, die in Christus entschlafen sind, verloren. Hoffen wir allein in diesem Leben auf Christus, so sind wir die elendsten unter allen Menschen.
Nun aber ist Christus auferstanden von den Toten als Erstling unter denen, die entschlafen sind.

HERMANN SAMUEL REIMARUS (1694–1768) war der Erste, der das biblische Faktum des leeren Grabes in einer Weise zu erklären versuchte, die es für die Vernunft annehmbar machen sollte.

1. Nehmen Sie Stellung zur Plausibilität der „rationalistischen Deutungen".

2. Erörtern Sie deren Konsequenzen für das Verständnis und die Bedeutung des Jesus von Nazareth für Sie selber und für den christlichen Glauben generell.

3. Wenden Sie die rationalistischen Erklärungen der Auferstehung auf den Gedankengang von Paulus an.

Osterglaube und moderne Erfahrungswelt

Soll von den Analogien unserer Erfahrungswelt her das Ostergeschehen gedeutet werden – oder soll es als analogieloser Einbruch von etwas „ganz Anderem" unsere Erfahrungswelt erweitern? Diese Alternative würde sich weniger scharf stellen, wenn es einen Grund gäbe, gerade gegenüber dem Osterglauben die Welt unserer Erfahrungsanalogien zu verlassen.
Einen solchen Grund gibt es: Ostern ist eine Auseinandersetzung mit dem Tod.
In der Auferstehung Jesu offenbart sich eine rätselhafte, Tod überwindende Macht. Vom Tod aber haben wir keine Erfahrung, sondern nur vom Leben bis nah an den Tod heran. Das Verstehen von Analogien der Erfahrungswelt ist a priori auf Erscheinungen dieser Erfahrungswelt beschränkt. Dort, wo wir sie (wie im Tod) verlassen und in Bereiche jenseits unserer Erfahrungswelt dringen, müssen wir mit den Analogien unserer Erfahrung stranden. So wenig wie wir nun den Tod mit Analogien unserer Erfahrungswelt durchdringen können, so wenig können wir die Tod überwindende Macht des Ostergeschehens nach solchen Analogien begreifen. Diese Macht bricht entweder analogielos in unser Leben – oder sie ist nicht das, was sie zu sein scheint. Sofern sie ins Leben ragt, ist es sinnvoll, nach analogen Visionen und außernormalen Informationen über den Tod hinaus zu suchen. Sofern sie aber von jenseits der Todesgrenze in unsere Welt hineinragt, müssen wir mit Analogien notwendig scheitern.

G. Theißen / A. Merz, 1997

Erklärungen

Weitere rationalistische Erklärungen des leeren Grabes treten in den folgenden Jahrzehnten neben Reimarus' Betrugshypothese:
- die **Scheintodhypothese**, die besagt, dass Jesus nur scheinbar tot gewesen, erst einige Zeit später, nicht am Kreuz gestorben sei;
- die **Umbestattungshypothese**, die von einer unter Zeitdruck (bis zum Beginn des Sabbat musste der Leichnam bestattet sein) erfolgten vorläufigen Bestattung durch Josef von Arimathäa ausgeht; nach dem Sabbat sei Jesu Körper ohne Kenntnis der Jüngerinnen und Jünger umbestattet worden, sodass das Grab leer gewesen sei.

Diese Deutungen gehen mal vom leeren Grab, mal vom Leichnam im Grab aus. Auferstehung* wäre danach ein Vorgang, der keine außerhalb der jeweiligen Personen sich vollziehende Realität habe.

Dem stehen die *Visionstheorien* gegenüber:

Die **subjektive Visionstheorie** ist von dem Theologen DAVID FRIEDRICH STRAUSS (1808–74) in seinem Buch „Das Leben Jesu" (1835/36) entwickelt worden. Seine Auffassungen wurden bis in die Gegenwart immer wieder variiert vorgetragen:
- Der Glaube an den Auferweckten sei nicht am Grab in Jerusalem entstanden; entscheidend seien Erscheinungen in Galiläa gewesen, die erst anschließend zu Geschichten vom leeren Grab geführt hätten.
- Grundlage des Glaubens seien Visionen der Jünger gewesen, die erst später in einer bestimmten Weise „realistisch" ausgestaltet worden seien, damit sie „glaubhafter" wirkten.
- Die Visionen hätten eine in den Jüngern vorhandene Spannung aufgelöst: Zwar sei Jesu Tod angekündigt, doch seien die frommen Erwartungen auf ein über den Tod hinausreichendes mächtiges Wirken Jesu gerichtet gewesen, wofür sie nach dem Tod zunächst keinerlei Anzeichen hätten feststellen können.

Die **objektive Visionstheorie** besagt: Es habe sich ein objektives Geschehen „außerhalb" der Frauen und Männer der Gefolgschaft Jesu abgespielt, das auf sie einwirkte; ähnlich wie bei Phänomenen, die Menschen in der Nähe des Todes widerfahren, von denen sie – zurückgekommen ins Leben – berichten, werden Erscheinungen für möglich gehalten, die in die Immanenz unserer Wirklichkeitswahrnehmung von außen eindringen. Einig sind sich die meisten Vertreter dieser Theorie darin, dass die Erscheinungen vorrangig den Osterglauben bewirkt haben und dass die Grabgeschichten aus ihnen abgeleitet worden sind.

Bestätigung der Botschaft

Gott selbst hat Jesus von Nazareth beglaubigt! Er hat sich zu dem bekannt, dem die Juden und Römer – Synagoge und Imperium – ihr Bekenntnis versagt haben und den selbst seine engsten Anhänger verlassen hatten, weil sie ihm nicht mehr glaubten. Wenn nicht alles aus und vorbei sein sollte, dann bedurfte Jesu Botschaft von Gott, nachdem sie durch seine Kreuzigung scheinbar widerlegt war, einer göttlichen Beglaubigung. Anders konnte es keinen Fortgang der von Jesus ins Leben gerufenen Glaubensbewegung geben. Ein neuer Anstoß zum Glauben war für die Jünger notwendig geworden – und eben diesen hatten sie erhalten.
Nicht die Wiederbelebung des Leichnams Jesu war ihnen wichtig – so etwas kam angeblich auch sonst vor –, sondern die Bestätigung seiner Botschaft von Gott durch Gott selbst. Der Gerichtete hat mit seinem Reden von Gott Recht gehabt, nicht seine Richter! Gott hat zu Jesus Ja gesagt – das war die Antwort auf die Frage nach dem Recht von Jesu Wahrheitsanspruch. Damit erschien auch sein Tod am Kreuz nicht mehr als etwas Zufälliges, nur von Menschen Veranstaltetes, sondern als etwas Notwendiges, Gottgewolltes.
Durch die Erscheinungen des Auferstandenen* erfuhren die Jünger nichts Neues über Gott, nichts, was Jesus ihnen nicht schon zu seinen Lebzeiten gesagt hätte, aber es erschien ihnen in einem neuen, endgültigen Licht: Jesus ist kein Gotteslästerer, er hat sich über Gott auch nicht geirrt, sondern er ist das wahrhaftige Lebenszeichen Gottes in der Welt. Gott ist in der Tat, wie Jesus es verkündigt hat, ein den Menschen zugewandter, wie ein Vater um sie besorgter Gott. ... Auf welche Weise der Glaube der Jünger sich das Leben und Bleiben Jesu vorstellte: ob im Leibe oder im Geist, ob als Person oder in Wort und Sakrament – das letzte erreichbare Datum bilden in jedem Fall jene Erfahrungsereignisse, die von den Betroffenen als Auferstehung Jesu geglaubt und bekannt wurden. Dabei waren die Bilder, in denen sie von diesen Ereignissen erzählten, und die Begriffe, auf die sie sie brachten, zahlreich und mannigfaltig. Die Skala reicht von einer massiv-leibhaftig vorgestellten Auferweckung mit Essen, Trinken und Wandeln bis zur sofortigen Aufnahme Jesu in den Himmel unmittelbar nach seinem Tode, ohne Auferweckung, leeres Grab und irgendeinen irdisch-leiblichen Zwischenzustand.

Heinz Zahrnt, 1997

Wenn davon ausgegangen wird, dass Jesus von Gott „auferweckt" worden ist, hat das Konsequenzen für das Verständnis seines Lebens, seines Redens und Handelns, seines Verhältnisses zu Gott. Davon handelt der nebenstehende Text des Theologen und Journalisten Heinz Zahrnt *(geb. 1915).*

➡ *Seite 170–173*

HANS KÜNG *geb. 1928 in Sursee (Schweiz) ist einer der bekanntesten katholischen Theologen der Gegenwart. 1980 – nach Differenzen mit seiner Kirche – verlor er seinen Lehrstuhl an der Universität Tübingen.*
Er leitet das eigenständige „Institut für ökumenische Forschung" an der Universität Tübingen, organisiert das „Projekt Weltethos" und ist vielfältig engagiert im Dialog der Weltreligionen.

Der Anfang der Erlösung

Jeder Mensch, ob gläubig oder nichtgläubig, steht vor der letzten großen Alternative seines Lebens: *Stirbt der Mensch in eine letzte große Sinnlosigkeit hinein oder in Gottes wirklichste Wirklichkeit?*
Das In-Gott-hinein-Sterben ist aber alles andere als eine Selbstverständlichkeit. Tod und Auferweckung* müssen in ihrem nicht notwendig zeitlichen, aber sachlichen Unterschied gesehen werden. Der *Tod* ist des *Menschen* Sache, das *neue Leben* kann aber nur *Gottes* Sache, Gottes Geschenk, Gottes Gnade sein.
Ob also jüdisch oder christlich verstanden: Der Auferweckungsglaube ist nicht ein Zusatz zum Gottesglauben, sondern eine Radikalisierung des Gottesglaubens. Ein Glaube, in welchem sich der Mensch ohne strikt rationalen Beweis, wohl aber in durchaus *vernünftigem Vertrauen* darauf verlässt, *dass der Gott des Anfangs auch der Gott des Endes ist*, dass der Gott, der Schöpfer auch Vollender ist.
Der Auferweckungsglaube kann und soll unser Leben hier und heute verändern: Der *unbedingte Einsatz in diesem einen Leben* hier und heute soll und kann von einem *letzten Lebens- und Sterbenssinn* her motiviert und gestärkt werden.
Christen glauben, dass Gott selbst den gekreuzigten, unschuldig Hingerichteten durch die Auferweckung *gerechtfertigt* hat! Wiewohl bei den Menschen offensichtlich gescheitert, hatte er vor Gott doch Recht bekommen. Gott ergriff Partei für den Gottverlassenen, der sein Leben ganz der Sache Gottes und der Menschen widmete.
Juden und Christen stimmen überein: Die Auferweckung des Einen ist noch nicht die Vollendung des Ganzen. Hier sollten die Christen den Juden nicht widersprechen, die von jeher die Auffassung vertraten: Auch nach Jesus, dem Christus*, ist die Welt noch nicht verwandelt; zu groß ist ihr Elend! *Die endzeitliche Erlösung* und Vollendung steht auch für Christen noch aus. „Dein Reiche komme." In Jesus selber, seinen befreienden Worten und heilenden Taten, und vor allem durch seine Auferweckung aus dem Tod, ist der Anfang der Erlösung bereits geschehen. Der Auferweckte ist Einladung zu einer großen und alltäglichen *Entscheidung gegen den Tod für das Leben*, die jeder Mensch auf seine Weise zu treffen hat.

Hans Küng / Jean-Louis Gindt, 1999

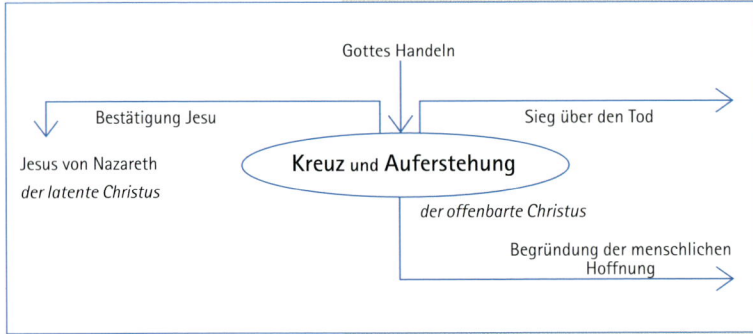

„Was glauben die Leute, dass ich sei" – Christologie

Jana: „Jesus is Lord und so" (1996)

Ich hatte mein erstes Schlüsselerlebnis mit Rave und Gott sozusagen in einem säkularen* Club. Ich war ganz normal an einem Freitag im Club: Alle Leute haben so vor sich hingetanzt und ich eigentlich auch. Mein erster Eindruck war, eigentlich voll schade, dass die hier alle rumtanzen und Jesus nicht kennen. Das hat mir irgendwie Leid getan. Irgendwann war ich so im Tanzen drin, war voll abgespaced, habe meine Hände hochgehoben und plötzlich war ich in der Anbetung Gottes drin. Habe gesungen, Jesus is Lord und so, King of Kings. ... Rave ist so eine gute Art, Leuten, die die Kirche nicht kennen, die Kirche nahe zu bringen. So bin ich bei *Planet life* [= Münchener Initiative, die einen Rave-Gottesdienst anbietet] eingestiegen. ...

Da war so ein DJ fast von Anfang an bei *Planet Life* dabei, auch bei den Treffen, wo wir noch viel gebetet haben. Mit dem Beten hat der eigentlich gar nichts anfangen können. Wenn wir gebetet haben, hat der immer langweilig in der Gegend herumgeschaut. Der hat später zu mir gesagt: „Du weißt doch, dass ich anfangs nur dabei war, weil ich endlich mal vor größerem Publikum auftreten wollte. Aber hey, weißt du was, ich habe plötzlich gemerkt, dass Jesus das will! Ich glaube, Jesus mag mich, ich glaube, der will was von mir!" Der Junge hat also plötzlich gemerkt, dass da etwas dahinter ist. Das hat mich so gefreut! Dieser Junge hat später in der Gruppe zu uns gesagt: „Hey Leute, ich mache euch Mut, ich sage euch, Jesus segnet das Ding voll!"

Ich habe auch oft gebetet: Jesus, wenn du das alles nicht willst, was wir hier machen, wenn du denkst, das ist alles ein Scheiß', dann lass es einfach nicht klappen. Dann lege uns so viele Steine in den Weg, dass wir das Ganze sowieso aufgeben. Aber es war nicht so. Wir haben nicht aufgegeben, weil es keinen Grund dazu gab, und es hat geklappt. ...

Ich bin halt Christ. Mit 11 Jahren habe ich mich für Jesus entschieden, dafür, dass ich mit Jesus leben will. Nicht nur dafür, dass da ein lieber Gott im Himmel ist, sondern dass Jesus Christus eine Person ist, die noch lebt und mit der du eine Beziehung haben kannst. Eine Beziehung, die dir hilft in deinem Leben, wo du beten kannst, wo du dich aufgehoben weißt. Der ist immer da. Ich muss nicht auf Sonntag warten, bis ich ihn sehen kann, sondern kann beten, wenn es mir danach ist. Wenn es mir nicht gut geht und ich mich allein fühle, kann ich zu ihm beten und ihn bitten, dass er mich tröstet. Das funktioniert ...

Jana (19 Jahre)

Dass Menschen Jesus nie „an sich" sehen, sondern immer in perspektivischer Brechung, hängt oft mit den eigenen Erfahrungen, der eigenen Biografie zusammen. In dieser Hinsicht sind JANA und HERMANN STÖHR interessante Beispiele, wenn auch vielleicht als unangemessen erscheinen mag, dass die Schülerin aus dem Jahre 1996 neben das Opfer des NS-Terrors aus dem Jahre 1940 gestellt wird: Eckpunkte der Bandbreite, in der sich Lebensformen vom Jesus-Glauben geprägt zeigen.

1. Notieren Sie den Eindruck, den Janas Aussagen auf Sie machen.

2. Erarbeiten Sie, worin die Bedeutung Jesu für Jana besteht.

3. Können Sie Janas „Umgang" mit Jesus nachvollziehen? Formulieren Sie Ihre Zustimmung und Ihre Einwände.

Hermann Stöhr: An die Mutter (19. März 1940)

*Dieser Brief, der Ostern 1940 ankam, erreichte die Mutter nicht mehr; sie war inzwischen schon verstorben und an Gründonnerstag beerdigt worden.
Am 25. Juni 1940 wird HERMANN STÖHR auf dem Alten St. Johannis-Kirchfriedhof im Berliner Norden beerdigt.
Zur Trauerfeier erscheinen sieben Personen.
Etwas abseits halten sich drei weitere Männer, die an ihrer Kleidung unschwer als Gestapo-Leute zu erkennen sind.*

*Wer war Dr. Hermann Stöhr? In seinen Papieren steht „Verleger". Seit Jahren ist er arbeitslos. Seine konsequente Friedensgesinnung, seine Mitarbeit im „Internationalen Versöhnungsbund" hatten ihn früh in Konflikt mit dem NS-Staat gebracht:
1939 verweigert er mit 41 Jahren als Reserveoffizier den Dienst, wird erstmals verhaftet, am 31.08. zum zweiten Mal.
Bis zu seiner Hinrichtung bleibt er in Haft. Nur ausnahmsweise fand seine Beerdigung auf einem öffentlichen Friedhof statt.
Als das Wort „Frieden" in der kurzen Ansprache auftauchte, wurde die Feier abgebrochen: eine unerlaubte politische Provokation ...*

... wo noch etwas Todesscheu ist, da stimmt irgendetwas nicht. Darüber habe ich letzthin viel nachgedacht und anhand von Bibel und Gesangbuch studiert. Rein weltlich gesehen ist ja die Todesstrafe das Ärgste, was uns hier auf Erden widerfahren kann. Vom Standpunkt des Glaubens aus aber heißt es: Was können uns Menschen tun? Da weiß man sich sicher geborgen in der Hand des Allmächtigen. ...
Es hat nicht an mehr oder minder wohlmeinenden Versuchen gefehlt, die mich zu einer anderen Meinung zu bringen wünschten. Es war jedoch so, dass mich dies nur bestärkt hat in der Erkenntnis, dass Gott auch den Völkern geboten hat, einander zu helfen und zu lieben. In Dingen einer von Gott geschenkten Erkenntnis aber zu lügen, nur um mir das kleine Leben zu erhalten, das ging nicht. Es hätte bedeutet, Gott verachten und mein Leben auf eine Lüge gründen. – Vor einem Jahr nagelte mir Gertrud [= seine Schwester] den gebrannten Wandspruch über mein Bett: Sei getreu bis in den Tod, so will ich dir die Krone des Lebens geben. Anfangs schien er mir zu hart zu sein, da ich gleich an eine derartige Situation denken musste, wie die meinige jetzt ist. Ich habe viel daran herumbuchstabiert und ihn schließlich bejaht. Es liegt ja auch eine zu große Verheißung darin. Wenn wir den Osterglauben, den Glauben an eine Auferstehung* des Leibes wirklich haben, erfüllt uns gerade angesichts des Todes eine große Freude, die uns bei irdischen Widrigkeiten nur umso heller entgegenstrahlt. Wenn wir diesen Glauben fahren lassen, wird es allerdings düster um uns. So wünsche ich also mir und euch vor allem einen Glauben an den auferstandenen Herrn, der standhält.

An die Schwägerin (3. Juni 1940)

Endlich komme ich dazu, auch euch zu schreiben, nachdem ich bisher wenig Briefe schreiben konnte. Die Nachricht von Alfreds [= sein Halbbruder] Seemannstod erreichte mich über Stettin gerade am 16. März, als ich eben vom Reichskriegsgericht mein Todesurteil erhalten hatte. Die Nachricht von Alfreds Tod hat mich tief erschüttert. Dieser vom 6. März datierte Brief war zugleich der letzte, den ich von meiner Mutter erhielt. ... Seit Beginn des Polen-Feldzuges haben ja wohl sehr viele Mütter ihren Sohn verloren – auf beiden Seiten. Ich weiß da auch nur den Trost, nach Ersatz in dem Sohn Gottes zu suchen, der uns sagt: „Ich lebe und ihr sollt auch leben" (Joh. 14,19). Der Ersatz, den wir in solchem Leben finden, verspricht, weit alles das zu übertreffen, was uns mit dem Tode eines nahen Verwandten verloren ging. Das ist die Glaubenserfahrung, an die ich mich halte. Und ich wünsche keinem einen schlechteren Trost als durch Jesus, der unser Bruder sein will. Auf seine Jünger weisend, sagte er einst: „Siehe da, das ist meine Mutter und meine Brüder!" So rechne ich wie auch beim Verlust meiner Mutter zuversichtlich damit, dass uns alle diese Dinge zum Besten dienen sollen. Auch wenn uns zunächst jeder Verlust unverständlich und sinnlos erscheint. – Mit mir steht es so: Ich habe den Militärbehörden seit 2.3.39 erklärt, ich könne meinem Vaterlande nur mit Arbeit dienen, aber nicht mit der Waffe (Matt. 5,21–26. 38–48) und mit einem Eid (Matt. 5, 33–37; Jak. 5,12). Und Gottes Gebote gelten für mich unbedingt (Ap.-Gesch. 5,29). Am 16. März 1940 erhielt ich dafür mein Todesurteil und am 13. April 1940 wurde das Urteil bestätigt. Jetzt läuft mein Gnadengesuch an den Führer. – Täglich bereit sein zum Sterben, das soll ja ein jeder Christ. Und dafür ist mir dies jetzt eine Schulung. Zwischendurch freue ich mich meiner Ruhe, die ich vor allem zum Bibelstudium nutze. Und auch unser pommersches Gesangbuch von 1931 ist mir außerordentlich wertvoll geworden.

An den Bruder (20. Juni 1940)

Heute Abend wurde mir mitgeteilt, dass der Führer von seinem Begnadigungsrecht keinen Gebrauch gemacht hat. Morgen, am 21. Juni gegen 6 Uhr früh, wird das Urteil vollstreckt. ...
Da wir in dieser Gnade stehen, so muss uns auch dieser mein letzter Gang nicht erschrecken. Christus hat uns von aller und so auch von dieser Furcht erlöst. Die Vollstreckung dieses Urteils ist mir Gottes Wille. – Gottes guter und gnädiger Wille. Und im Gehorsam gegen ihn will ich diesen letzten Gang gehen, ihm entgegen. Grüße die Verwandten ...

Historische Anmerkung: Der Seemannstod von H. Stöhrs Halbbruder Alfred stellte sich in späterer Zeit als Irrtum heraus. Tatsächlich war ein Bruder dieses Halbbruders namens Herbert gefallen. Alfred überlebte den Krieg.

1. Wenn Sie sich die Lage H. Stöhrs klarmachen – wie wirken diese Briefe nach Inhalt und Stil auf Sie?

2. Stellen Sie dar, welche Bedeutung Jesus für H. Stöhr hat.

Ein hoher kirchlicher Beamter urteilt 1933 über H. Stöhr:
- *er zeige „ein übersteigertes, schablonenhaftes Gerechtigkeitsempfinden",*
- *er habe die „fanatische Überzeugung, jeder Christ sei verpflichtet, zu allen Dingen des öffentlichen Lebens vom Evangelium her sein Urteil zu sagen",*
- *er nehme eine „kurzschlüssige Verabsolutierung der Ethik" der Bergpredigt" im Sinne des Pazifismus vor.*

3. Nehmen Sie zu diesen Einschätzungen Stellung.

Perspektiven-Wechsel

1. Das Foto vom Gekreuzigten ist gedreht worden. Welche Wirkung hat diese ungewohnte Perspektive auf Sie?
2. In welcher Phase der Hinrichtung Jesu hätte es zu einer derartigen „Aufnahme" kommen können?
3. Was besagt dieses „neue" Bild über Jesu Verhältnis zum eigenen Sterben, zum eigenen Tod?

Meinungen über Jesus

	Richtig	weiß nicht	falsch
Jesus hat für mich keine Bedeutung.	☐	☐	☐
Jesus hat nie gelebt.	☐	☐	☐
Jesus war nur ein Mensch, aber ein großer Mensch.	☐	☐	☐
Jesus hatte Geschwister.	☐	☐	☐
Gott hat Jesus zu den Menschen gesandt, um sie zu erlösen.	☐	☐	☐
Jesu Auferweckung* ist eine Erfindung seiner Anhänger.	☐	☐	☐

1. Stellen Sie fest, aus welchem Grunde Sie sich für Jesus interessieren.

2. Notieren Sie zunächst für sich allein, was Sie über Jesus erfahren, was Sie erörtern möchten. Orientieren Sie sich, wenn Sie wollen, indem Sie in diesem Kapitel / diesem Band blättern.

3. Erläutern Sie einander Ihre Fragen und Erwartungen zum Thema „Jesus".

Hermann Samuel Reimarus (1774):
Von der Verschreiung der Vernunft auf den Kanzeln (Erstes Fragment)

Aber, das ist auch in der Tat der Vorsatz der Herren Prediger nicht, dass sie die Erwachsenen nunmehr von der Canzel zu einer vernünftigen Religion, und zur vernünftigen Einsicht der Wahrheit des Christentums, unterrichten wollten. Sondern
5 man schreckt vielmehr diejenigen, welche nun Lust bekommen möchten nachzudenken und auf den Grund ihres bisherigen blinden Glaubens zu forschen, von dem Gebrauche ihrer edelsten Natur-Gabe, der Vernunft, ab. Die Vernunft wird ihnen als eine schwache, blinde, verdorbene und verführerische Leiterin
10 abgemalt; damit die Zuhörer, welche noch nicht einmal recht wissen, was Vernunft oder vernünftig heiße, jetzt bange werden, ihre Vernunft zur Erkenntnis göttlicher Dinge anzuwenden, weil sie dadurch leicht zu gefährlichen Irrtümern gebracht werden mögen.

HERMANN SAMUEL REIMARUS *(1694–1768) war Professor für orientalische Sprachen am Hamburger Gymnasium. Von 1720-21 unternahm er eine wissenschaftliche Reise nach Leyden und Oxford, die auf seine weitere Tätigkeit großen Einfluss ausübte. Hier lernte er den englischen Deismus* kennen.*

Die Frage, was historisch haltbar, was „tatsächlich geschehen" ist, hat eine lange, mehr als zweihundertjährige Tradition: Zur Zeit der Aufklärung* in Deutschland hat sie am vernehmlichsten der Philosoph und Theologe HERMANN SAMUEL REIMARUS *gestellt; erst nach seinem Tode, so hatte er verfügt, dürften seine Schriften veröffentlicht werden; diese Aufgabe übernahm* GOTTHOLD EPHRAIM LESSING *im Jahre 1774, als er die „Fragmente eines Ungenannten" herausgab.*

Mit den Gedanken dieser beiden Denker begegnen Argumente, die bis heute immer wieder in Kontroversen um Jesus von Nazareth und den Glauben an den Christus* auftauchen – wenn etwa behauptet wird, „die Kirchen" klärten ihre Gemeinden über den neuesten wissenschaftlichen Stand nicht auf, behielten brisante Erkenntnisse als geheime „Verschlusssache" für sich; wenn etwa Jugendliche feststellen, dass der Glaube an Jesus als Wundertäter von ihnen verlange, als faktisch geschehen zu akzeptieren, was nach unserem neuzeitlichen Weltbild nicht geschehen sein kann.

Unmöglichkeit einer Offenbarung, die alle Menschen auf eine gegründete Art glauben könnten (Zweites Fragment)

… Wenn wir dies alles zusammen nehmen, so ist leicht zu erachten, dass vom Anfange des Christentums, da noch keine Übersetzungen waren, da die Abschriften rar und teur waren, da der Unterricht der Jugend schlecht war, da man auch den Laien nicht verstattete, die Bibel zu lesen, bis auf den heutigen Tag, die ganze Menge der Christen zusammengerechnet, kaum der tausendste Christ eine Bibel zu sehen bekommt, und unter tausend, welche die Bibel zu sehen bekommt, kaum einer die Geschicklichkeit gehabt, sich in schweren Stellen, worauf die Glaubens-Artikel ankommen, selber durch die Mittel der Erklärungs-Kunst zu helfen. Es ist vom Anfange des Christentums, in den Zeiten der Unwissenheit und Finsternis, und noch jetzt im Pabsttume, ja auch unter den meisten Protestanten, lauter Köhler-Glaube, lauter Catechismus*-Glaube. Alle diese armen Leute müssen sichs von den Priestern lassen vorsagen, was in der Schrift stehe und was der Verstand der Worte sei: Zum Teil haben sie nichts als Wörter, welche sie aus dem Catechismo ihrem Gedächtnisse ohne Verstand eingeprägt; und wenn sie ja noch einige Vorstellungen dabei haben, so sind es die, welche andere nach ihrem Begriffe, Einsicht und Vorurteil aus der Schrift gezogen und für wahr gehalten, oder vielleicht auch aus der dritten, vierten, fünften Hand bekommen haben: indem ja selbst unter tausend Priestern kaum zehne fähig sind, mit eigenen Augen den Verstand schwerer Stellen einzusehen: sondern einen ihnen angepriesenen Ausleger ihrer Sekte fragen, welcher seine Gedanken vielleicht selbst nach anderer Einsicht gerichtet, und andere ausgeschrieben … das beten sie nach, das lernen sie auswendig: darin bestehet ihr ganzer Glaube. Sie sind demnach bloße Papageien, bei denen es nicht fehlet, dass sie das, was ihnen vorgesagt worden, wieder nachsagen.

Die Religion Christi

§ 1
Ob Christus mehr als Mensch gewesen, das ist ein Problem. Dass er wahrer Mensch gewesen, wenn er es überhaupt gewesen; dass er nie aufgehört hat, Mensch zu sein: Das ist ausgemacht.

§ 2
Folglich sind die Religion Christi und die christliche Religion zwei ganz verschiedene Dinge.

§ 3
Jene, die Religion Christi, ist diejenige Religion, die er als Mensch selbst erkannte und übte; die jeder Mensch mit ihm gemein haben kann; die jeder Mensch umso viel mehr mit ihm gemein zu haben wünschen muss, je erhabener und liebenswürdiger der Charakter ist, den er sich von Christo als bloßen Menschen macht.

§ 4
Diese, die christliche Religion, ist die Religion, die es für wahr annimmt, dass er mehr als Mensch gewesen, und ihn selbst als solchen zu einem Gegenstande ihrer Verehrung macht.

§ 5
Wie beide diese Religionen, die Religion Christi sowohl als die Christliche, in Christo als in einer und eben derselben Person bestehen können, ist unbegreiflich.

§ 6
Kaum lassen sich die Lehren und Grundsätze beider in einem und ebendemselben Buche finden. Wenigstens ist augenscheinlich, dass jene, nämlich die Religion Christi, ganz anders in den Evangelien enthalten ist als die Christliche.

§ 7
Die Religion Christi ist mit den klarsten und deutlichsten Worten darin enthalten.

§ 8
Die Christliche hingegen so ungewiss und vieldeutig, dass es schwerlich eine einzige Stelle gibt, mit welcher zwei Menschen, so lange als die Welt steht, den nämlichen Gedanken verbunden haben.

Gotthold Ephraim Lessing, 1780

Nach dem Studium der Theologie und Philosophie arbeitete GOTTHOLD EPHRAIM LESSING *u.a. als freier Schriftsteller, Herausgeber literarischer Zeitschriften, verfasste Schriften zur Kunsttheorie, die von großer Wirkung waren; zwei Jahre arbeitete er ab 1767 als Dramaturg in Hamburg, elf Jahre ab 1770 als Bibliothekar in Wolfenbüttel. 1779 schrieb er das Bühnenstück „Nathan der Weise". G.E. Lessing stand zeit seines Lebens mit den bedeutendsten Köpfen der deutschen Aufklärung* im Kontakt. 1776 beginnt die persönliche Bekanntschaft mit H.S. Reimarus.*

1. Formulieren Sie Regeln, die nach H.S. Reimarus eine erfolgreiche Erklärungs-Kunst biblischer Texte ausmachen.

2. Untersuchen Sie, wo H.S. Reimarus und G.E. Lessing sich den Gedanken aus I. Kants „Was ist Aufklärung"? (siehe Seite 146) verbunden zeigen.

Die Leben-Jesu-Forschung

Bis zum Ende des 19. Jahrhunderts war die theologische* Literatur im Wesentlichen von zwei Interessen durchzogen:
Zum einen bemühte man sich, ein Leben Jesu zu rekonstruieren, das die geschichtliche Grundlage für die darauf aufbauenden christlichen Lehren darstellte; zum anderen zeichnete man das Bild eines Jesus, dessen Moral auch für Menschen des 19. Jahrhunderts nachahmenswert erschien.
Erst gegen Ende des 19. Jahrhunderts wurden diese Bemühungen fundamental kritisiert:
Es wurde bestritten – so von dem Theologen WILLIAM WREDE (1859–1906) –, dass es überhaupt möglich sei, die biblischen Texte so auszulegen, dass eine saubere Trennung der historischen von den dogmatisch*-lehrhaften Partien möglich sei: In den Darstellungen der Evangelisten seien beide Elemente miteinander verwoben.
In klassischer Weise stellte der Theologe, Arzt und spätere Friedensnobelpreisträger ALBERT SCHWEITZER (1875–1965) in einem umfangreichen, zweibändigen Forschungsbericht die „Geschichte der Leben-Jesu-Forschung" dar: Sie war gescheitert. Ein „Leben Jesu" war nicht zu rekonstruieren. In den zahlreichen Jesus-Darstellungen seit der Mitte des 19. Jahrhunderts entdeckte A. Schweitzer die Vorstellungen der jeweiligen Schreiber und ihrer Zeit, die das Jesus-Bild überlagerten. Sie hatten Jesus Worte in den Mund gelegt, die ihren Vorstellungen entsprachen, das Bild des historischen Jesus aber verdunkelten.
Aus A. Schweitzers Erkenntnissen folgerten andere Theologen wie MARTIN KÄHLER (1835–1912) und nach ihm mit besonderer Wirkung RUDOLF BULTMANN (1884–1976), dass der historische Jesus für den Glauben der Christen an Christus*, den Auferstandenen*, den Sohn Gottes von unerheblicher Bedeutung sei: Entscheidend sei, dass in der Verkündigung des Christus dieser für die Menschen zur Wirklichkeit werde. Und R. Bultmann schloss an, dass lediglich das Faktum, *dass* Jesus von Nazareth existiert habe und *dass* der Glaube an Jesus den Christus „irgendwie" mit dieser historischen Figur zusammenhänge, entscheidend seien; entscheidender jedenfalls als die Kenntnis historischer Details von umstrittener Authentizität, auf die sich kein Glaube stützen könne. Zwar hat er damit keineswegs die Wichtigkeit der historisch-kritischen Forschung bestritten, ihr aber eine dienende, vorbereitende Funktion zugewiesen:
Im Anschluss an die *Exegese* (griech.: *Auslegung*) neutestamentlicher Texte solle die Verkündigung deren Wahrheit über den „garstigen Graben" von fast zweitausend Jahren hinweg in den Glaubens- und Lebenshorizont der neuzeitlichen Menschen einbringen, um ihnen ein neues auf ihre Existenz bezogenes Verständnis des Evangeliums zu eröffnen. Diese Auffassung wurde vielfach missverstanden. Deshalb sah sich sein Schüler ERNST KÄSEMANN (1906–98) 1953 veranlasst, „Das Problem des historischen Jesus" erneut aufzugreifen und die unaufgebbare Wichtigkeit der historisch-kritischen Forschung für die neutestamentliche Theologie im Allgemeinen, die Christologie im Besonderen herauszustellen.

Biblische Texte – Grundwissen

Biblische Texte, vorzugsweise solche aus den Evangelien, werden nur dann angemessen in Schule, Jugendarbeit, Erwachsenenbildung erarbeitet und interpretiert werden können und zu vertretbaren Aussagen über Jesus von Nazareth, den Christen als den Christus* bekennen, führen, wenn folgende Bedingungen beachtet werden:

- Alle Schriften des Neuen Testaments* sind nach dem Ostergeschehen verfasst worden.
- Der chronologische Sinn dieses Satzes ist, dass sie alle nach 30 n.Chr.* entstanden sind.
- Der sachliche Gehalt des Satzes ist, dass alle Autoren nicht selbst Augenzeugen und Wegbegleiter Jesu gewesen sind, dass alle in dem Glauben verbunden sind, der historische Jesus sei der von Gott Auferweckte*, der Christus.
- Alle Schreiber sehen also das Geschehen, auf das sie zurückschauen, gewissermaßen durch die „Osterbrille": Sie vermischen die Darstellung der Ereignisse, die ihnen mündlich und schriftlich übermittelt worden sind, mit ihren Deutungen, verbinden Historisches mit Verkündigung.
- Die Verfasser der Briefe gehen nicht auf Lebensumstände Jesu ein: Es sind gewissermaßen theologische Texte, die die Bedeutung dessen, was Jesus gesagt und gelehrt hat, in Verbindung bringen mit der Auferweckung und die die Folgen für das Leben in den Gemeinden bedenken. Außerdem liegen sie nicht in der Form vor, wie sie zwischen 50 und 59 n.Chr. möglicherweise von Paulus verfasst wurden, sondern in späteren Überarbeitungen.
- Die Verfasser der Evangelien haben – wie auch die Briefeschreiber – bestimmte Empfänger/Adressaten ihrer Texte vor Augen und gestalten deshalb ihre Evangelien adressatenbezogen und ihren eigenen Intentionen gemäß. Es ist für das Verständnis der Texte erforderlich, diese Kontextbedingungen und Verfasserintentionen zu berücksichtigen.
- Diese Arbeitsweise ist auch für Historienschreiber bis ins 19.Jahrhundert hinein nichts Ungewöhnliches: Dann erst wird die Forderung erhoben, Geschichte sei „objektiv", lediglich im Blick auf ihre „Fakten" wiederzugeben und die Deutung dieser Fakten davon deutlich abzusetzen.

– *50/51 n.Chr.: 1. Brief des Paulus an die Thessalonicher*
– *52/54: Brief des Paulus an die Galater*
– *54/56: 1. Brief des Paulus an die Korinther*
– *55/58: 2. Brief des Paulus an die Korinther*
– *54/56: Brief des Paulus an die Philipper*
– *54/56: Brief des Paulus an Philemon*
– *56/59: Brief des Paulus an die Römer*
– *um 70: Markus-Evangelium*
– *um 85–90: Matthäus-Evangelium und Lukas-Evangelium*
– *um 90: Apostelgeschichte des Lukas*
– *um 93: Offenbarung (Apokalypse) des Johannes/ evtl. das Johannes-Evangelium*
– *80/100: Brief an die Hebräer*
– *nach 85: 2. Brief des „Paulus" an die Thessalonicher*
– *um 100: Brief an die Kolosser / Brief an die Epheser / Johannes-Evangelium*
– *Danach: 1. Brief des Johannes, 2. Brief des Johannes, 3. Brief des Johannes*
– *um 100: 1. Brief des Petrus*
– *130/140: 1. Brief des Timotheus / 2. Brief des Timotheus / Brief des Titus*
– *ca. 170: Brief des Judas / 2. Brief des Petrus*

- Wer sich also an das Verstehen biblischer Texte macht, handelt unwissenschaftlich, wenn er sie abtut, weil sie „parteiisch" sind. Alle Geschichtsschreiber sind in diesem Sinne „parteiisch". Ihre Tendenz ist vielmehr von Beginn an bewusst. Er hat sich aber des Instrumentariums zu bedienen, das auf historische Texte gebräuchlicherweise angewandt wird und das seine besondere Beachtung z.B. folgenden Aspekten widmet:

– der neutestamentlichen Zeitgeschichte, hier: einem bestimmten Zeitabschnitt innerhalb der jüdischen und römischen Geschichte;

– den sozialen Verhältnissen in den Gegenden Israels/Palästinas;

– den sprachlichen Besonderheiten des neutestamentlichen Griechisch;

– den Ergebnissen der vergleichenden Religionswissenschaften;

– den archäologischen Forschungen.

Nicht erst mit dem zeitlichen Abstand von den Ereignissen zur Zeit Jesu kommt es zu einer perspektivischen Wahrnehmung: Bereits die Evangelien spiegeln diese sehr subjektive Wahrnehmung durch Jesu Jünger nach der Auferweckung, wenn sich in ihrer Erinnerung Erlebtes, Gedeutetes, Gewünschtes und Befürchtetes mischen.

Lesen Sie in den „Nachgeschichten" der Evangelien:
Lk 24,13ff. „Emmausjünger",
„Jüngerversammlung";
Joh 20, 24 „Thomas":
Erarbeiten Sie aus ihnen, wie die Anhänger Jesu auf seine „Auferweckung" reagieren.

Vom Sinn der Rückfrage nach dem historischen Jesus

Den Stand der gegenwärtigen Diskussion fasst der Neutestamentler PETER MÜLLER *(geb. 1950) zusammen.*

Im Rahmen der neutestamentlichen Exegese und der Theologie* insgesamt ist die Rückfrage nach dem historischen Jesus unaufgebbar. ...
Die historische Rückfrage ist erstens unaufgebbar, weil sie von den Texten selbst vorgegeben ist. Nicht nur für Paulus ist der auferstandene und gegenwärtige Christus* mit dem gekreuzigten Jesus identisch (I Kor 1,23); auch die Evangelien halten an dieser Kontinuität fest und insbesondere Markus umkreist in seinem Werk von Anfang bis Ende die Frage, wer dieser Mensch Jesus ist. ... Sie [= die Rückfrage] ist zweitens unaufgebbar wegen unseres eigenen geistesgeschichtlichen Standortes. Die historische Frage ist uns mit der Aufklärung* und der Moderne aufgegeben. „Sich aus der Diskussion der historischen Vernunft auszuklinken, ist kein gangbarer Weg" (Becker), weil er unseren eigenen Stand wissenschaftlichen Nachdenkens und Erkennens unberücksichtigt ließe. Drittens hat die Rückfrage nach Jesus auch eine wichtige Funktion als Korrektiv der diversen Jesusbilder, die immer, selbst wenn sie mit noch so großem historischen Anspruch auftreten, auch subjektive Züge tragen. Und schließlich ist es zwar zweifellos legitim, eigene und sehr persönliche Vorstellungen von Jesus zu haben. Wer jedoch in Verkündigung, Unterricht oder Lehre einen Anspruch über sich selbst hinaus vorträgt, muss redlicherweise die eigene Vorstellung an dem überprüfen, was mit größtmöglicher Wahrscheinlichkeit über Jesus gesagt werden kann. Letzten Endes geht es dabei um die Unterscheidung der Worte Jesu von den eigenen Worten.

Peter Müller, 1998

1. Stellen Sie aus den vorstehenden Texten Thesen zum Stand der modernen „Leben-Jesu-Forschung" zusammen.

2.a) Beschreiben Sie die Wirkung des unten stehenden Bildes auf Sie.

2.b) Deuten Sie die „Aufstellung" der Personen.

2.c) Warum sind die Personen an diesem Ort, in dieser Umgebung fotografiert worden?

Jesus und die Apostel

Und als sie auf dem Wege waren, sprach einer zu ihm: „Ich will dir folgen, wohin du gehst."
(Lk 9,57)

„Und sie gaben Acht auf ihn, ob er am Sabbat heilen würde, damit sie ihn anklagen könnten." (Mk 3,2 parr)

Wenn Jesus Kontroversen ausgetragen hat, scheint er Gesprächspartner gehabt zu haben, die nicht etwa mit ihm debattieren, sondern ihn reinlegen wollten – so ein erster Eindruck bei der Lektüre. In erster Linie hat dieser Eindruck den Pharisäern den Ruf eingetragen, sie seien seine erbitterten Gegner gewesen. Ob dieser Eindruck sachgemäß ist und welche Folgen er in der Geschichte der Juden und Christen gehabt hat, behandelt der jüdische Theologe PINCHAS LAPIDE *(1922–98)* in einem Brief an einen fiktiven Pharisäer.

„Unter Menschen" – Umrisse des historischen Jesus

Jüdische Streitgespräche

Brief an einen Pharisäer

Warum hast du eigentlich so ein schlechtes Image bekommen? ... Aus dem Talmud*, der zu deiner Zeit noch gar nicht niedergeschrieben war (wie auch das Neue Testament*), weiß ich, dass ihr Pharisäer damals in sieben Lehrschulen gespalten wart, die in verschiedenen Zugängen zur Tora* um deren Auslegung für eine sich verstädternde Bevölkerung bemüht waren. Diese demokratische Mehrgleisigkeit finde ich – und andere mit mir – ganz nützlich, insbesondere wo auch eure Minderheitsvoten in den Debatten im Talmud bis heute überliefert werden. ... Ihr wart bekanntlich eine große Volkspartei, die Partei der kleinen, frommen Leute. Den vornehmen Sadduzäern – die Jerusalemer Kurie, bestehend aus rund 50 Familien – wart ihr nicht grün und mit den fanatischen Zeloten wart ihr keineswegs unter einem Hut.

Zu einer eurer Schulen, die miteinander im Meinungsstreit lagen – wie die Parteien heute –, gehörte also Rabbi* Jeschua [Jesus], den ich als einen der bedeutenden Lehrer der Menschheit erachte. In christlichen Kreisen ist er der Heiland und gilt sogar als Sohn Gottes, wenn nicht noch mehr. Das gesamte Heilsvokabular der Kirchen beruft sich auf ihn, der als Jude geboren, beschnitten und konfirmiert (Bar-Mitzwa) wurde und dann natürlich als frommer Jude gelebt und gelehrt hat und auch als solcher von den Römern gekreuzigt worden ist. Es geht um das Himmelreich, die Sündenvergebung, die Messianität*, die Auferstehung* von den Toten, Buße und Gnade und vieles mehr – lauter dir und mir vertraute Hebraismen aus dem rabbinischen Lehrgut. Ich beanspruche natürlich keinerlei Patentrecht auf diese Terminologie, würde mich ganz im Gegenteil sehr freuen, wenn mehr der Getauften immer bessere Nachfolger des Meisters aus Nazareth werden würden. ...

Die schwerwiegendste Frage, die ich dich heute fragen möchte, lautet: Ist etwas zwischen euch oder einer der Sieben Schulen und Jeschua schiefgelaufen oder stammt euer schlimmes Image gar von den Endredaktoren der Evangelien? ...

Bei dieser Umredigierung der Evangelien wurdet ihr Pharisäer kollektiv zu Bösewichten entwürdigt, von denen sich die junge Kirche um jeden Preis distanzieren wollte, umso mehr, als „die Juden" in Bausch und Bogen als Aufständische gegen Rom im ganzen Mittelmeerraum verrufen waren. Einen frommen pharisäischen Rabbi, der sein Volk liebte, auch wenn er es, wie die Propheten vor ihm, häufig zurechtwies und schalt, konnte

1. Stellen Sie zusammen, was Jesus nach P. Lapides Meinung als „Pharisäer" ausweist.

2. Beantworten Sie P. Lapides Frage, wie es zum „schlechten Ruf" der Pharisäer gekommen sein könnte.

3. P. Lapide ordnet Jesus den Pharisäern zu: Was bedeutet das für den christlichen Glauben?

die Heidenkirche nicht brauchen. Daher wurde im Neuen Testament ein Riesenkeil zwischen ihn und euch hineingestemmt. Ich glaube, dass ihn diese künstliche Trennung sehr schmerzen muss: ihn, der deutlich betont hat, dass er wie ihr „nur zu den verlorenen Schafen des Hauses Israel gekommen war" (Mt 15,24) und mit den Heiden, von wenigen Ausnahmen abgesehen, zeitlebens nichts zu tun haben wollte (Mt 10,5 u.a.). Er, der euch Pharisäer wiederholt lobend erwähnt (Mk 12,34; Mt 23,2) und eure Lehrmethoden und Gleichnisanwendung zu teilen pflegte; er, der nicht einmal bereit war, auf ein einziges Jota der Tora zu verzichten (Mt 5,18), ja der sogar auf die Verzehntung von Gartengewürzen bibelmäßig insistiert hat (Mt 23,23).

Zurück zu meiner Frage eines möglichen Konfliktes zwischen euch und Jeschua. Der Quellenbefund ergibt, dass zwischen ihm und euch die üblichen Lehrgespräche stattgefunden haben, die aber von den Endredaktoren der Evangelien aus geschilderten Gründen zu gehässigen „Streitgesprächen" verschärft und umfunktioniert worden sind. Der gutwillige Leser jedoch, dem es um die historische Wahrheit geht, kann mühelos feststellen, dass Jeschua mit euch und euren Anhängern gefeiert und gegessen hat (Lk 7,36; Lk 14,1), ja in allen euren Synagogen Sabbat für Sabbat gepredigt und die Tora ausgelegt hat (Lk 4,16; Mt 4,28 und zwölf weitere Stellen). Ebenso erfährt er, dass etliche von euch ihm sogar das Leben gerettet haben, wie in Lk 13,31 nachzulesen ist. Und das Wichtigste: In seiner gesamten Passionsgeschichte erscheint ihr Pharisäer nur auf seiner Seite als Mitleidende – von der ganzen Jüngerschar, die weit größer war als zwölf Apostel, über das „viele Volk", das ihm konsequent folgte und an seinen Lippen hing, dem Frauenverein in Jerusalem, die ihm am Kreuzweg einen lindernden Betäubungstrank geben wollten, bis zu den beiden „Schächern", die zu seinen Seiten mitgekreuzigt wurden. Nicht zu vergessen ist dein Kollege, Joseph von Arimathäa, der unter Lebensgefahr Jeschuas Leichnam von Pilatus erbettelte, um ihn würdevoll in seiner Familiengruft zu bestatten.

Pinchas Lapide, 1990

Stellen Sie Jesu Verhältnis zu den Pharisäern anhand folgender Bibelstellen dar:
– Mk 2,16.24; 7,1ff.; 12,18–27
– Mt 12,41f.; 3,1ff.
– Lk 7,36ff.; 11,37ff.; 13,31ff.; 14,1ff.; 18,9–14.

Der Jude Jesus und die Pharisäer – wie deuten christliche Theologen dieses Verhältnis? Der evangelische Theologe und Neutestamentler GERD THEISSEN *fasst den derzeitigen Stand neutestamentlicher Forschungen in seinem erstmals 1996 erschienenen Buch „Der historische Jesus. Ein Lehrbuch" zusammen.*

Bemerkenswert ist, dass bei den Lehrstreitigkeiten die spätere Passion Jesu keine Rolle spielt. Und in der Darstellung der Leidenszeit Jesu tauchen die Kontroversen mit den Pharisäern nicht mehr auf.
Die Pharisäer treten als vermeintliche „Gegner" Jesu gegen Ende seines Lebens nahezu völlig zurück.

1. Informieren Sie sich über Pharisäer, Sadduzäer, Essener und Zeloten unter den Aspekten: ihre Geschichte, ihre religiösen Überzeugungen, ihre Stellung / ihr Ansehen im eigenen Volk, ihr Verhältnis zu den Römern.

2. Vergleichen Sie P. Lapides und G. Theißens / A. Merz' Ausführungen hinsichtlich des Gegensatzes zwischen Jesus und den Pharisäern.

3. „Nicht Unreinheit steckt an, sondern Reinheit" – Finden Sie diesen Satz in den auf Seite 119 angegebenen Bibelstellen bestätigt?

Innerjüdische Konflikte

Der Unterschied zu den Sadduzäern wird in der Jesusüberlieferung selbst betont: Jesus hofft wie die Pharisäer auf die Auferstehung* der Toten und widersprach in diesem Punkt der sadduzäischen Lehre (Mk 12,18ff). Der sadduzäische Teil des Synhedriums* stand ihm wahrscheinlich feindlicher gegenüber als der pharisäische. Nur so lassen sich die Überlieferungen von den Pharisäern Nikodemus (vgl. Joh 7,45–52), von Joseph von Arimathia (der auf das Reich Gottes wartete, Mk 15,43) und von Gamaliel (Apg 5,33ff) erklären. Immer zeigen hier die Pharisäer (oder ihnen nahe stehende Menschen) größeres Verständnis für Jesus als die anderen Synhedriumsmitglieder. Gleichzeitig könnte Jesus aber auch von den Sadduzäern gelernt haben: Seine Kritik am Traditionsprinzip der Pharisäer (Mk 7,1ff) könnte eine neue Verwendung sadduzäischer Argumente gegen die Pharisäer sein.
Die größte Nähe besteht zweifellos zwischen Jesus und den Pharisäern. Ihre Kritik an Jesus zeigt, dass sie ihn an besonderen Maßstäben messen – als sei er ein ihnen nahe stehender Lehrer. ... Beide wollen den Alltag von Gottes Willen her heiligen. ...
Nach dem Tode Jesu wurde aus einer innerjüdischen Erneuerungsbewegung zunächst eine jüdische Sekte. In der ersten Generation war noch die Hoffnung lebendig, dass die Trennung von den anderen Juden nur vorübergehend sei (vgl. Röm 11,26ff). Diese jüdische „Sekte" gehörte zu den wenigen Sekten, die sich durch eine größere Öffnung und nicht durch größere Strenge von der Mehrheit unterschieden. Seit etwa 70 n.Chr. wird aus der „Sekte" ein endgültiges Schisma – bedingt durch die Tempelzerstörung und die innere Weiterentwicklung des Judentums wie des Urchristentums. Da die meisten urchristlichen Texte in dieser Zeit (nach 70) formuliert wurden, haben sie eine Tendenz, jene Trennung von Juden und Christen, die erst in ihrer Gegenwart Realität war, in die Zeit Jesu zurückzuprojezieren. Innerjüdische Konflikte Jesu mit anderen jüdischen Gruppen werden daher in ihnen oft als Konflikte Jesu mit dem Judentum wahrgenommen. Historisch-kritische Forschung hat die Aufgabe, diese Tendenz der Quellen durchsichtig zu machen. Sie erkennt immer deutlicher – z.T. gegen ihre eigene Forschungstradition –, dass Jesus ins Judentum hineingehört. ... Erkenntnis des Judentums und Jesu bedingen einander. Diese Relativierung des Erkennens hat Folgen für die Bewertung Jesu. Es mag auf den ersten Blick stark relativierend wirken, wenn Jesus ganz und gar in das Judentum und seine Erneuerungsbewegungen eingeordnet wird. Aber nur auf den ersten Blick. Die Wertschätzung Jesu wird nicht dadurch gemindert, dass man zeigt, er war ein Jude. Vielmehr gilt: Man kann Jesus nur wertschätzen, wenn man das Judentum in seine Wertschätzung miteinbezieht.

Gerd Theißen / Annette Merz, 1997

In Jesu Nähe: Heilung und Hoffnung für die „Armen"

Was verstehen wir eigentlich unter „Krankheit", was unter „Heilung"?
Wann ist ein Mensch krank? Wenn er kurzsichtig ist? Wenn seine Wirbelsäule seitlich gekrümmt ist? Wenn er auf die Benutzung eines Gehstockes angewiesen ist? Jede Erkrankung ist eine körperliche Beeinträchtigung – ist auch jede körperliche Beeinträchtigung eine „Krankheit"? Und wenn man sich nicht „wohl fühlt" – ist man dann schon krank? Sind Stimmungstiefs bereits Anzeichen einer Erkrankung? Kann man krank sein, ohne es zu bemerken? Ist Altern schon eine Form von Krankheit?
Wann ist man geheilt? Wenn die Beeinträchtigungen verschwunden sind? Wenn man sich an sie gewöhnt hat? Wer bestimmt, ob jemand krank ist – der Mensch selbst, sein Arzt, die anderen? Sind alte Menschen eigentlich dauerhaft krank, nicht mehr heilbar?

„Gattungen" der Wundergeschichten

EXORZISMUS (*im Mittelpunkt der Erzählung: Dämon*)
Jesus treibt allein durch Wortbefehle, durch seine ihm von Gott verliehene Kraft böse Geister aus, als Zeichen des bereits angebrochenen Reiches Gottes.

THERAPIEN (*geheilter Mensch*)
Jesus ist Wundertäter. Seine Kraft geht auf die jeweiligen Menschen über und bewirkt ein Verschwinden der Krankheitssymptome oder Behinderungen.

NORMENWUNDER (*Gegner Jesu*)
Die Gültigkeit bestehender Normen und Gesetze wird entweder bestätigt oder kritisiert, häufig bei Streitigkeiten im Blick auf die Sabbatregelungen.

GESCHENKWUNDER (*Volksmenge*)
Materielle Güter werden auf eine wundersame Weise vermehrt zum Wohle bedürftiger Menschen.

RETTUNGSWUNDER (*Jünger*)
Durch den Einfluss auf Naturgewalten und die Aufhebung von Naturgesetzen werden Menschen aus Notlagen befreit.

EPIPHANIEN (*Wundertäter*)
Es handelt sich um „Erscheinungen" (griech.: „epihaneia") Jesu nach seinem Tode.

---

1. „Definieren" Sie mithilfe von Beispielen, was Sie unter „Krankheit" verstehen.

2. Erörtern Sie das Zusammenwirken von Patient und Arzt bei der „Heilung". Informieren Sie sich – etwa bei Fachlehrern für Biologie und Pädagogik – über „psychosomatische Erkrankungen".

3. Versuchen Sie sich an ein Ihnen „vertrautes", Sie besonders „irritierendes" biblisches Wunder zu erinnern. Erläutern Sie die Gründe der Irritation.

4. Lesen Sie Wundergeschichten der Evangelien: Welcher Text beeindruckt, welcher irritiert Sie? Erläutern Sie die Wirkungen.

5. Finden Sie G. Theißens nebenstehende Einteilung der Wunder durch die biblischen Texte bestätigt?

G. THEISSEN *ist der Meinung, dass „Exorzismen", „Therapien" und „Normenwunder" auf Handlungen des historischen Jesus von Nazareth zurückgehen. „Rettungs-" sowie „Geschenkwunder" und „Epiphanien" seien erst unter dem Eindruck der Ereignisse nach dem Tode Jesu („Auferstehung") gestaltet worden. Von keinem Menschen der antiken Welt sind so viele Wundergeschichten gesammelt worden und erhalten geblieben wie von Jesus. Außerhalb der Bibel finden sich andere Wundergeschichten, die sich auffällig unterscheiden.*

Bearbeiten Sie zum Vergleich Mk 9,17–27 parr; 5,1–20; Lk 7,11–17.

Außerbiblische Wundergeschichten

Philostrat: Totenerweckung des Apollonius von Tyana

Ein Mädchen war am Tag seiner Hochzeit gestorben, so schien es wenigstens, und der Bräutigam folgte bereits jammernd der Bahre und klagte, dass seine Ehe so gänzlich unerfüllt geblieben sei. Aber auch ganz Rom trauerte mit ihm, da das Mädchen aus einer vornehmen Konsularenfamilie stammte. Als nun Apollonios dem Trauerzug begegnete, sagte er: „Legt die Bahre nieder! Ich will euren Tränen über das Mädchen ein Ende machen." Die Menge glaubte nun, er werde eine Trauerrede halten, wie sie so üblich sind bei solchen Anlässen, um den Jammer zu beschwören. Er jedoch berührte nur die Tote, sprach einige unverständliche Worte und erweckte so das Mädchen aus dem Scheintode. Dieses begann wieder zu sprechen und kehrte ins Elternhaus zurück wie Alkestis, als sie von Herakles ins Leben zurückgerufen war. Als ihm die Verwandten ein Geschenk von fünfzehn Myriaden machen wollten, sagte er, sie sollten es dem Mädchen als Mitgift geben. Ob er nun noch einen Lebensfunken an ihr wahrgenommen hatte, der den Ärzten verborgen geblieben war – man erzählt sich nämlich, Zeus habe Tau auf sie fallen lassen und von ihrem Antlitz sei ein Dunst aufgestiegen –, oder ob er das erloschene Leben wieder zurückgerufen und angefacht hatte, dies vermag ich nicht zu ergründen und auch die Anwesenden hätten es nicht ermitteln können.

Josephus: Exorzismus des Eleazar

Ich habe zum Beispiel gesehen, wie einer der Unseren, Eleazar mit Namen, in Gegenwart des Vespasianus, seiner Söhne, der Obersten und der übrigen Krieger die von bösen Geistern Besessenen davon befreite. Die Heilung geschah in folgender Weise: Er hielt unter die Nase des Besessenen einen Ring, in dem eine von den Wurzeln eingeschlossen war, welche Salomo angegeben hatte, ließ den Kranken daran riechen und zog so den bösen Geist durch die Nase heraus. Der Besessene fiel sogleich zusammen und Eleazar beschwor dann den Geist, indem er den Namen Salomons und die von ihm verfassten Sprüche hersagte, nie mehr in den Menschen zurückzukehren. Um aber den Anwesenden zu beweisen, dass er wirklich solche Gewalt besitze, stellte Eleazar nicht weit davon einen mit Wasser gefüllten Becher oder ein Becken auf und befahl dem bösen Geiste, beim Ausfahren aus dem Menschen dieses umzustoßen und so die Zuschauer davon zu überzeugen, dass er den Menschen verlassen habe.

Häufig wird die Frage gestellt, ob Wunder eine Durchbrechung der Naturgesetze seien. Diese Frage kann aus der Bibel nicht beantwortet werden, weil sie damals unbekannt war.
Die Betrachtung der Welt unter dem Gesichtspunkt von Naturgesetzen ist nur eine Weise, die Wirklichkeit zu verstehen, aber nicht die einzige.
Ein Gesetz erfasst ja immer nur das Gleichbleibende und Wiederholbare, nicht aber das Einmalige, Besondere. ...
Ebenso ist es beim Wunder: Es kann unter der wissenschaftlichen Betrachtungsweise durchaus ein natürliches Geschehen sein und dennoch für den Glaubenden eine Bedeutung haben, die ihn für Gottes wunderbare Führung und Hilfe danken lässt. Die Naturwissenschaft beschränkt sich bewusst auf innerweltliche Faktoren, sie sieht daher von der Frage nach Gott ab. Dies ist für ihre Forschungen sicher hilfreich, aber damit erfasst man nicht die ganze Wirklichkeit.
Diese ist tiefer und größer, als dass sie sich in Gesetze ganz einfangen ließe. Die Frage, ob Wunder möglich sind, ist daher letzten Endes eine Frage nach dem Wirklichkeitsverständnis: Ist die Welt in sich abgeschlossen oder ist sie offen? Der Glaube an den Gott, der Neues, Unerwartetes schafft, lebt in einem offenen Wirklichkeitsverständnis.

Evangelischer Erwachsenenkatechismus, 1989

Krankheitsverständnis in Israel

Die medizinischen Grundsätze der Israeliten, im mosaischen Gesetz festgelegt, waren fortschrittlicher als die der Nachbarvölker. Sie lehnten Magie ab und erklärten Krankheit entweder mit empirischen Mitteln oder als Handeln Gottes: „Die Hand des Herrn lag schwer auf den Leuten von Aschdod, und er ... schlug sie mit bösen Beulen." (1.Sam 5,6)
Für die Israeliten bestand ein ursächlicher Zusammenhang zwischen Gesundheit und einem gottesfürchtigen Leben. Hiobs Freunde konnten den Leidenden nicht trösten; denn sie glaubten, dass er aufgrund seiner Sünde selbst für sein Schicksal verantwortlich war. Der Psalmist klagt: „Es ist nichts Gesundes an meinem Leibe wegen deines Drohens und ist nichts Heiles an meinen Gebeinen wegen meiner Sünde." (Ps 38,4.19.23) Seine Schlussfolgerung lautet: „So bekenne ich denn meine Missetat und sorge mich wegen meiner Sünde. Eile, mir beizustehen, Herr, du meine Hilfe!"
Zur Zeit der Apostel genoss ein Arzt bereits ein gewisses Ansehen. ... In den ntl. Schriften ist von einem Zusammenhang zwischen Seele und Körper die Rede, der von der heutigen Medizin bestätigt wird. So kann Schuld Belastungen verursachen, die sich in körperlichen Symptomen äußern. Jakobus fordert die Kranken auf, ihre Schuld zu bekennen, um gesund zu werden (Jak 5,13–16).
Im Rahmen der religiösen Verantwortung nahmen die Priester bestimmte ärztliche Aufgaben wahr. Im Gesetz Moses werden Reinigungsvorschriften für Wöchnerinnen, Leprakranke, bei Geschlechtskrankheit und Menstruation angeordnet. Auch die Propheten hatten gelegentlich die Aufgabe, Erkrankungen zu diagnostizieren; in einer Gesellschaft, die zwischen göttlichen und weltlichen Dingen nicht unterschied, war das nicht ungewöhnlich. Der Prophet Elisa trat in dieser Hinsicht besonders in Erscheinung: Er reinigte das Wasser von Jericho, machte Giftpflanzen unschädlich und heilte Kranke.
Einen wesentlichen Hinderungsgrund für den Fortschritt der medizinischen Wissenschaft bildete die Einstellung der Israeliten zum menschlichen Körper. Vor einem Leichnam empfand man Abscheu; denn durch die klimatischen Verhältnisse wurde die rasche Verwesung und damit die Infektionsgefahr gefördert. Das Berühren einer Leiche galt als Verunreinigung, die durch rituelle Handlungen aufgehoben werden musste. Deshalb hatte man keine Gelegenheit, durch Obduktion oder andere Untersuchungen Näheres über Körperfunktionen oder Krankheitsbilder herauszufinden.

John A. Thompson, 1996

Für den neuzeitlichen Menschen werfen die biblischen Wundergeschichten stets und meistens nur die Frage auf: „Kann es wirklich so abgelaufen sein?" Damit ist allerdings nur ein Aspekt beachtet worden, der in der damaligen Zeit gar keine Rolle spielte, weil das Eingreifen der Gottheiten in die innerweltlichen Abläufe keineswegs problematisch erschien, sogar ganz selbstverständlich mit ihm gerechnet wurde. Auf drei andere Fragen indes geben die Texte eine Antwort, die in der ursprünglichen Verwendungssituation, in der Wundergeschichten (weiter)erzählt oder (vor)gelesen wurden, von größerer Bedeutung war:

1. Welches Verständnis von Krankheit hatten die Menschen zur Zeit Jesu?

2. Wie war die gesellschaftliche Lage eines kranken Menschen?

3. Welche Wirkung konnte die Weitergabe einer Geschichte haben, die von Heilung handelte?

JOHN A. THOMPSON *ist Direktor des Instituts für Archäologie an der Universität Melbourne, Australien.*

Mutismus – *lat.: „mutus" – „stumm", gewolltes (= psychisch beabsichtigtes) oder ungewolltes (= bei psychotischer Sperrung) Schweigen bei intaktem Sprachvermögen.*

Dissoziation – *lat.: „Aufspaltung, Aufhebung" eigentlich einander zugeordneter geistiger/körperlicher Funktionen z.B. als „Empfindungsdissoziation": Aufhebung einer Empfindungsqualität (etwa heiß oder kalt) bei sonst vorhandener Sensibilität; oder „Schlafwandeln, automatisches Schreiben".*

Testamente der Zwölf Patriarchen – *Schrift aus dem beginnenden 2. Jh. n.Chr.*

1. Erläutern Sie, welche Konsequenzen es für den Umgang mit Menschen hat, dass sie als von „Dämonen" besessen gelten.

2. Informieren Sie sich über Formen der Besessenheit und des Exorzismus heute. Berücksichtigen Sie dabei auch Spielfilme.

3. Was bedeutet es für Sie, wenn Jesu historische Wundertaten in dem dargestellten Sinne „Wunder" gewesen sind?

Krankheit –
sozial definiert, persönlich akzeptiert

Wenn im NT* von Aussatz, Blindheit oder Besessenheit die Rede ist, dürfen wir nicht einfach an Lepra, Blindheit oder Psychosen denken. Vielmehr werden Krankheiten in jeder Gesellschaft verschieden definiert, Erzählungen von Krankheit und Heilung entsprechend stilisiert. „Aussatz" umfasst im NT wahrscheinlich alle möglichen Formen von Hautkrankheit, Blindheit jede Sehstörung. Der so genannte „epileptische Kranke" (Mk 9,14 ff) wird zwar nach Erfahrungen mit Epileptikern dargestellt, aber seine Stummheit weist auf Mutismus und seine Anfälle können Ausdruck einer dissoziativen Störung sein. Dass er sich bevorzugt ins Wasser oder Feuer stürzt, weist auf selbstschädigende Tendenzen hin. All das ergibt sich nicht einfach aus dem Krankheitsbild der Epilepsie. Hier ist mehr zusammengeflossen. Am unverkennbarsten aber wirkt sich die definitions- und wirklichkeitssetzende Macht der Gesellschaft bei der „Besessenheit" aus. Geister und Dämonen gehören in Gesellschaften außerhalb der europäisch geprägten Kultur zur Lebenswelt. Der Glaube an sie wird genährt von der Angst vor Kontrollverlust – also vor jenen Situationen, in denen wir nicht mehr „Herr" im eigenen Haus sind, sondern uns als fremdbestimmt erfahren. Unheimliche Orte gelten als von Dämonen besessen, weil man in Panikattacken angesichts des Unheimlichen nicht mehr Herr über sich selbst ist. Starke Affekte und Abhängigkeiten gelten als Auswirkung von Dämonen: Die Testamente der Zwölf Patriarchen sehen in der Trunksucht, in Hurerei und Zorn Dämonen am Werk! Denn in diesen Lastern verliert der Mensch die Kontrolle über sich. Ebenso können normale Krankheiten auf Dämonen zurückgeführt werden, weil auch sie den Menschen aus seinem Leben herausdrängen: Starke Schmerzen oder Behinderungen berauben ihn seiner Selbststeuerung. Erst recht aber ist das der Fall, wo ein Mensch aufgrund psychisch abweichender Verhaltensweisen nicht mehr als der erscheint, der er sonst war – also bei „Besessenheit" im engeren Sinne, bei der ein fremdes Subjekt das Subjekt des Kranken verdrängt. ... Eine Gesellschaft, die für diese Störungen ein dämonologisches Erklärungsmuster anbietet, wird auch entsprechende Symptome bei ihren bedrohten Gliedern hervorbringen, darunter auch Symptome, die in unserer Gesellschaft fehlen. ... Dämonenglaube und Besessenheit sind daher in unseren Augen immer auch ein „soziales Konstrukt", das es in manchen Gesellschaften Menschen ermöglicht, ihre ausweglose Lage in einer öffentlich akzeptierten Symptom-Sprache zum Ausdruck zu bringen und exorzistische Hilfe für sich zu beanspruchen.

Gerd Theißen / Annette Merz, 1997

„Wundergeschichten" – Protest und Hoffnung

Die Weitergabe von Wundergeschichten, von Geschichten also, in denen Menschen sich in Mangel- oder Notsituationen befinden und Hilfe erfahren, verweist zum einen auf die gesellschaftliche und menschliche Realität der Zeit: Es gibt Behinderungen, Krankheiten, Sterben „zur Unzeit"; es gibt soziale Ausgrenzung und Diskriminierung; es gibt Menschen, die in Gemeinschaften nicht zu leben vermögen. Dass es das alles gibt, ist indes nicht einfach als „normal" hinzunehmen. Denn es ist nicht gut und vielleicht auch nicht Gottes Wille. Wer Wundergeschichten weitererzählt, bezeugt (lat.: „protestare") seine Auffassung, es solle nicht so sein und bleiben, verleiht seiner Hoffnung Ausdruck, eine zumindest leidensreduzierte, vielleicht leidensfreie Zeit sei vorstellbar, werde kommen, sei vielleicht schon angebrochen mit dem Auftreten derer, die wundersam heilen und helfen können. Die Anfrage Johannes des Täufers spricht diese Erwartung aus: Bist du es, der da kommen soll, oder sollen wir auf einen anderen warten? Jesu Antwort besteht im Verweis auf sein Handeln: Geht hin und sagt Johannes wieder, was ihr hört und seht: Blinde sehen und Lahme gehen, Aussätzige werden rein und Taube hören, Tote stehen auf und den Armen wird das Evangelium gepredigt. (Mt 11,2.4f.; Lk 7,19.22) Jesus vertraute offensichtlich darauf, dass ihm diese Kraft, Geister zu vertreiben und Menschen dadurch zu heilen, von Gott verliehen worden sei.

Die reale historische Erfahrung, dass Jesus Dämonen auszutreiben vermochte und Kranke/Behinderte heilen konnte, und die Erfahrung (materieller) Notlagen der Bevölkerung konnten sich in der Weise miteinander verbinden, dass die Menschen hoffnungsvoll eine Beseitigung des Hungers durch Jesu Handeln erwarteten: Wundersame Brot-/Fischvermehrungen bezeugten diesen Glauben. In diesem Sinne lassen sich die neutestamentlichen Wundergeschichten Jesu zum einen als Texte des Protestes und der Hoffnung lesen und hören.

Zum anderen sind Jesu Wunder auslegbar als Zeichen einer neuen Zeit, die mit dem Anbruch des Reiches Gottes* eingeleitet wird.

Erarbeiten Sie am Beispiel der bildhaften Rede der Reich-Gottes-Gleichnisse Mt 13 das Verhältnis von „schon angebrochen, aber noch nicht vollendet", den so genannten „eschatologischen* Vorbehalt".

1. Wenn die Neutestamentler H. Conzelmann (1915–89) / A. Lindemann (geb. 1943) darauf verweisen, dass Gott selbst sein Reich durchsetzen wird: Was bedeutet das für das Handeln der Menschen?

2. Können Menschen einen eigenen Beitrag dazu leisten, dass das angebrochene Reich Gottes auf Erden vollendet wird?
Wie könnte dieser Beitrag aussehen?
Sind Ihnen solche Bestrebungen aus Geschichte und Gegenwart bekannt?

3. Wissen Sie von Menschen, die bewusst in der Nachfolge Jesu leben? Sofern Sie Kontakte herstellen können: Befragen Sie sie, wie sie mit Enttäuschungen und Erfahrungen des Scheiterns umgehen.

➡ *Seite 280f.*

Gegenwart und Zukunft des Reiches Gottes

Das von Jesus verkündigte Reich Gottes* kommt von Gott her (vgl. das Vaterunser). Die Welt entwickelt sich also nicht etwa in einem geschichtlichen Prozess auf das Reich hin, das dann womöglich als ein idealer Endzustand der Menschheit verstanden wäre; sondern das Gottesreich bricht von „jenseits" in die Welt ein. Dabei wird der zeitliche Abstand bis zu seinem bevorstehenden Anbruch nicht reflektiert; vielmehr sagt Jesus seinen Hörern, dass sie sich unmittelbar „jetzt" für die Annahme seiner Botschaft zu entscheiden haben (vgl. Lk 17,20 ...). Zugleich herrscht wieder die Paradoxie: Das Reich kommt bestimmt; und dennoch kann und soll der Mensch um sein Kommen bitten. ...

Mindestens an einer Stelle ist tatsächlich davon die Rede, dass das Gottesreich bereits angebrochen ist: „Wenn ich mit dem Finger (bzw. dem Geist) Gottes die Dämonen austreibe, ist die Gottesherrschaft zu euch gelangt" (Lk 11,20/Mt 12,28 ...)

Die Frage, ob Jesus das Gottesreich als eine rein zukünftige oder als eine bereits (zumindest partiell) schon gekommene Größe gesehen hat, erweist sich im Grunde als falsch gestellt. Das Künftige wirkt schon im Voraus in der Gegenwart; die Gleichnisse sprechen vom kommenden Reich, aber sie sind jetzt zu hören und verlangen eine unmittelbare Antwort. Die Worte vom „Hineingehen" ins Gottesreich (vgl. Mk 10,15; 10,23–25; Mt 21,31) beziehen sich auf Zukünftiges; doch sie beschreiben zugleich, was jetzt zu tun nötig ist. ...

In welchem Verhältnis steht Jesu Reich-Gottes-Verkündigung zu Jesu Selbstverständnis? Zweifellos nahm er eine besondere Vollmacht für sich in Anspruch, wenn er behauptete, der Anbruch von Gottes Herrschaft stehe unmittelbar bevor. ...

Jesus verstand das kommende Reich Gottes als Anbruch eben der Herrschaft *Gottes* – allerdings waren für ihn sein eigenes Auftreten und insbesondere die Exorzismen Zeichen dafür, dass das kommende Reich schon gegenwärtig in die geschichtliche Welt hineinwirkt.

Hans Conzelmann / Andreas Lindemann, 1998

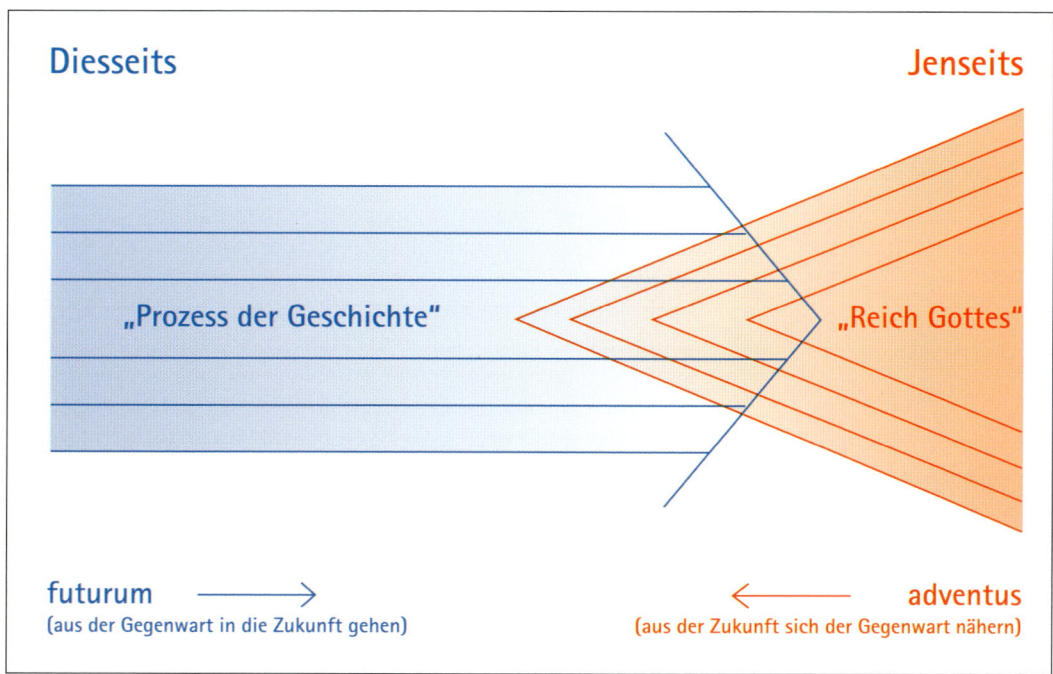

Als aber Johannes im Gefängnis von den Werken Christi hörte, sandte er seine Jünger und ließ ihn fragen: „Bist du es, der da kommen soll, oder sollen wir auf einen andern warten?"
Und Jesus antwortete und sprach zu ihnen:
„Gehet hin und sagt Johannes wieder, was ihr hört und seht: Blinde sehen und Lahme gehen, Aussätzige werden rein und Taube hören, Tote stehen auf und Armen wird das Evangelium gepredigt ..."

Mt 11,2-5

1. Zeichnen Sie in die Grafik einen Bereich für Jesu Handeln ein.

2. Erläutern Sie den „eschatologischen* Vorbehalt":
Mit Jesu Auftreten und Handeln habe das Reich Gottes „schon begonnen", sei aber „noch nicht vollendet".
➡ *Seite 280f., 290f.*

*Die „Bergpredigt" ist eine Komposition, als solche das Werk des Matthäus, der dazu Sätze, kurze Sprüche und Spruchgruppen des historischen Jesus verwandt hat, die ihm (und Lukas) schriftlich vorlagen mit der Quelle Q, einer Sammlung von Sprüchen und knappen Reden Jesu.
Verbleibt der Jude Jesus mit seiner Lehre innerhalb jüdischer Traditionen oder beginnt er und mit ihm eine gänzlich neue Auslegung des Willens Gottes? Sagt doch Jesus zum einen in dieser Rede, er sei nicht „gekommen, das Gesetz oder die Propheten aufzulösen" sondern „zu erfüllen" (Mt 5,17), so verwirrt er zum anderen manche heutigen Leser/innen mit der mehrfach wiederkehrenden Einleitungsformel: „Ihr habt gehört, dass zu den Alten gesagt wurde …," ich aber sage euch …". Spricht dieses „Aber" nicht deutlich für einen Gegensatz von Alt und Neu? Diese Position vertrat der Neutestamentler* ADOLF SCHLATTER *(1852–1938).*

Jesu Auslegung des Willens Gottes in der „Bergpredigt"

Jesu Stellung zum Gesetz

Die Lehrer Israels haben es [= das Gesetz] von der Bibel abgeführt. Sie meinten zwar, ihr ganzes Trachten sei lauter Eifer für das Gesetz, das sie unablässig predigten. Sie lasen es jeden Sabbat dem Volke vor und beschäftigten sich nur mit der Frage, wie auch das kleinste Geschäft nach der biblischen Vorschrift einzurichten sei, und kamen hiermit nie zu Ende, sondern erfanden immer neue Pflichten und taten sich in der Erfüllung des Gesetzes nie genug. Allein bei dieser eifrigen Geschäftigkeit kamen sie weit von der Bibel weg. Während sie mehr tun wollten, als was jene verlangt, vergaßen sie das, was ihr die Hauptsache ist. Was sie als böse verwirft, wurde entschuldigt und alle schlimmen Begierden behielten freien Lauf. So wurde das (jüdische) Volk zu einer Erfüllung des Gesetzes erzogen, die das volle Gegenteil von dem war, was sie schien. Unter dem Gehorsam machte sich Ungehorsam breit und bei aller Verehrung der Bibel galt sie doch nichts mehr. …
Es war auch für die Jünger eine schwere Sache, die sie nur langsam verstanden, dass Jesus die geltende Lehre vom Gesetz als sündlich verwarf. Jesus machte ihnen deutlich, dass er sich darum von den anderen frommen Meistern trennen muss, weil er sich nicht am göttlichen Gesetz versündigen kann. …
Er macht die Bibel zu seinem Gesetz. Sein ganzer Wille geht darauf, zu tun, was das für alle gegebene Gebot befiehlt. Hierzu hat er einen ganzen Willen, der nicht durch Sünde verdorben ist. Die Herrlichkeit seines unverletzten Gewissens erscheint in diesem Wort. Nur der Reine kann sagen: Ich werde den Willen Gottes tun. Bisher hat das göttliche Wort niemand gefunden, der es nicht bloß wusste, sondern auch tat. Jetzt tritt unter den vielen Ungehorsamen der auf, der dazu gekommen ist, um dem Gesetz gehorsam zu sein

Adolf Schlatter, 1952

Jüdisches Verständnis des „Gesetzes"

Fragt man Christen aller Schattierungen, welche theologische* Assoziation sie auf Anhieb mit dem Judentum verbinden, so erhält man häufig eine eindrucksvolle Reihe von Antworten, wie etwa: Gesetzeszwang, Legalismus, Lohnsucht, Werkgerechtigkeit, Gesetzlichkeit und anderes mehr. Auf die Rückfrage, woher sie denn diese Blütenlese von Klischees ergattert hätten, weisen die meisten auf ihre Lehrbücher hin, wie wir oben schon etliche zitiert haben. Es muss an dieser Stelle grundsätzlich angemerkt werden, dass die meisten dieser

Welche Konsequenzen hätte es, wenn Jesus als „Bergprediger" einen Neuanfang markieren würde bzw. vollständig aus dem Judentum zu erklären wäre?

Theologen den Talmud* weder im Original noch in einer Übersetzung gründlich studiert haben und häufig nach Vorurteilen und Hörensagen urteilen.

So abschätzig wird heute bei vielen Christen noch immer der Umgang der Juden mit ihrem so genannten „Gesetz" geschildert, gelehrt und gepredigt – ungeachtet jahrhundertealter Beteuerungen, dass dieses „Gesetz" für gläubige Juden keine Last, sondern eine Freude ist; ungeachtet dessen, dass die ganze Geschichte des Judentums eine einzige Bewahrung durch eben diese Tora* ist; ungeachtet auch dessen, dass nach normativem jüdischem Selbstverständnis das Leben mit der Tora *nicht* die Gnade Gottes zu erwerben sucht, sondern aus Dankbarkeit für Gottes Zuwendung geschieht. Kann doch seine Gnade weder verdient noch erworben werden, wohl aber erbetet und erhofft.

Pinchas Lapide, 1990

Durch Äußerungen wie die A. Schlatters sahen sich jüdische Theologen und Religionswissenschaftler wie PINCHAS LAPIDE *und* GÜNTHER BERND GINZEL *veranlasst, ihr Selbstverständnis und damit ihre Sicht des jüdischen Glaubens darzustellen.*
Es ist umstritten, ob die Texte Mt 5,21-48 im inhaltlichen Sinne „Anti-Thesen" sind, also Gegensätze zu Formulierungen und zum Geist des Alten Testaments darstellen.*

Aufhebung des Gesetzes?

Über die Stellung Jesu zum Gesetz ist schon unendlich viel geschrieben worden. Von einer Aufhebung des Gesetzes durch Jesus kann keine Rede sein. Leider wird das jüdische Gesetz christlicherseits häufig unter der Rubrik „Kasuistik" eingeordnet. Welch ein Missverständnis! Die jüdischen Bestimmungen wollen eine Hilfestellung geben, die zu einer Heiligung des Alltagslebens hinführt. Eine strenge Trennung zwischen Profanem und Religiösem findet nicht statt. Wie Eheleute miteinander umgehen, wie mit ihren Kindern, den Nachbarn, den Tieren, der Erde – all dies soll vom Aufwachen am Morgen bis zum Einschlafen in der Nacht Teil des Gottes-Dienstes sein. Nicht nur jene, die viel Zeit zum Studium haben, sollen ein gottgefälliges Leben führen. Die Gebote wollen selbst den Einfältigen, der ... nicht zu fragen weiß, auf den richtigen Weg führen. Im Übrigen ist das jüdische Gesetz nie als etwas Statisches behandelt worden. Zu allen Zeiten wurde es ausgelegt, interpretiert und den aktuellen Verhältnissen angepasst. ... Ausschließlich Nichtjuden, die dem Judentum so oft Buchstabengläubigkeit vorwerfen, sind vom buchstäblichen Vollzug ... überzeugt. ... Kein Wunder also, dass ein gläubiger Jude wie Jesus die Gültigkeit des Gesetzes betonte. „... wenn du in das Leben hineingelangen willst, so halte die Gebote!", rät Jesus einem Jüngling (Mt 19,17). Jesus hebt die Gebote nicht auf. Er legt, wie die verschiedenen Schulen seiner Zeit, die Gebote aus und leitet aus ihnen aktuelle Konsequenzen ab.

Günther Bernd Ginzel, 1985

Überprüfen Sie, wie sich die Mt-Texte zu den angegebenen alttestamentlichen Stellen verhalten:
– *Tötung und Versöhnung: Mt 5,21-26; vgl. Ex 20,13; Dtn 5,17*
– *Ehe: Mt 5,27-32; vgl. Ex 20,14; Mt 19,3-9; vgl. Dtn 5,18; 24,1ff.*
– *Schwören: Mt 5,33-37; vgl. Lev 19,12; Mt 23,16-22; vgl. Num 30,3; Dtn 23,22-24; Jes 66,1*
– *Vergeltung: Mt 5,38-42; vgl. Ex 21,24; Spr 20,22; 24,29*
– *Feindesliebe: Mt 5,43-48; vgl. Ex 23,4; Lev 19,18; Ps 145,9; Spr 24,17; 25,21*

„... ich aber sage euch"

Das hellenistische* Christentum verschärfte die antijüdische Polemik – nicht nur aus bösem Willen, sondern auch aus Unwissenheit. Diesen Christen waren der Jude Jesus und die Formen jüdischer Disputation recht fremd. Woher sollten sie wissen, dass eine Formel wie „ich aber sage euch ..." in den pharisäischen Schulen eine geläufige Ausdrucksweise war, um die eigene Position von einer anderen abzusetzen. Auch Rabbi* Akiba bekam ein „aber ich sage ..." von Rabbi ben Jochaj entgegengehalten.

G. B. Ginzel, 1985

➡ Seite 195f.

*Auf den ersten Blick fällt auf und befremdet:
Die Tötungsart Kreuzigung ist eindeutig römisch. Nach der Darstellung der Evangelien aber sollen die treibenden Kräfte im Prozess gegen Jesus, der mit der Verurteilung zum Tode abschloss, Juden gewesen sein – „die Juden", wie besonders die christliche Wirkungsgeschichte glauben machen will, was zu verheerenden antisemitischen Folgen („die Christusmörder") führen sollte. Wieso ist Jesus als Jude nicht bei Verstößen gegen jüdisches Recht von Juden – Steinigung – hingerichtet worden? Und wenn er gegen römisches Recht verstieß, warum hat man ihn dann nicht schlicht bei den römischen Behörden angezeigt und denen den Prozess überlassen?*

Verantwortliche für Jesu Tod – Juden oder Römer?

Pilatus, Pontius

Der fünfte röm. Statthalter in Judäa; er wurde von Kaiser Tiberius i.J. 26 n.Chr. berufen und war zehn Jahre im Amt. ...
Die vier Evn. berichten, dass er Jesus zum Tode verurteilte, obwohl er persönlich von seiner Unschuld überzeugt war.
Wir wissen über P. mehr als über die anderen frühen Statthalter Roms in Judäa – nicht nur durch die bibl. Berichte, sondern auch, weil er als einziger röm. Statthalter ausführlich von den berühmten Geschichtsschreibern jener Zeit, Philo und Josephus, erwähnt wird. Sie beschreiben P. als unnachgiebig, grausam, selbstsüchtig und hart.
Eine der ersten Amtshandlungen des P. war der Befehl an die Garnison von Jerusalem, mit den militärischen Feldzeichen, die das Bild des Kaisers trugen, in die Stadt einzumarschieren. Diese Kaiserbilder waren ein Verstoß gegen das Zweite Gebot und nach hartnäckigem Protest konnten die Juden schließlich erreichen, dass P. die Bilder wieder entfernen ließ. Später finanzierte er den Bau einer Wasserleitung nach Jerusalem ausgerechnet mit Geldern aus dem Tempelschatz. Die Gewalt, mit der er gegen Proteste und Revolten vorging, kostete viele Menschenleben. Das NT* erwähnt ein Massaker an galiläischen Festpilgern, „deren Blut Pilatus mit ihren Opfern vermischt hatte" (Lk 13,1); offensichtlich hatten sie versucht, ihre Opfer im Tempel darzubringen, und waren dabei in die blutige Niederschlagung einer Demonstration geraten.
P. stürzte, als er eine samaritan. Volksmenge auf dem Berg Garizim [= Ort des Heiligtums der Samaritaner] blutig auflöste und die Häupter der Samaritaner bei Vitellius, dem röm. Legaten in Syrien, protestierten. P. wurde abgesetzt und von Kaiser Caligula nach Vienne in Südfrankreich verbannt, wo er 41 n.Chr. starb. *Jerusalemer Bibellexikon, 1990*

Mögliche Anklagen

Jesus war sicherlich kein Bandenführer und auch kein Revolutionär im landläufigen Sinne des Wortes. Seine Aufrufe gegen die nackte Gewalt als politische Kampfmethode sind zu zahlreich dafür. Aber einer, der seinen Jüngern rät, ihren Mantel zu verkaufen, *„auf dass sie ein Schwert kaufen können"* (Lk 22,36), der ist ebenso wenig ein Utopist wie ein weltfremder Pazifist.

Ihm ging es dabei um die *Selbstverteidigung* und die *Notwehr* im Falle eines Angriffs bei ihrem beschwerlichen Aufstieg von Jericho nach Jerusalem. Daher leuchtet es ein, dass wahrscheinlich fünf von den zwölf Aposteln mehr oder weniger zelotische Neigungen besaßen:

- Die beiden Zäbedeus-Söhne, die mit den Spitznamen „*die Donnersöhne*" (Mk 3,17) nicht gerade den Eindruck von Wehrdienstverweigerern machen und deren bedeutsamster Auftritt im Neuen Testament* durch ihr Zornwort beherrscht wird: „*Herr, willst du, dass wir sagen, Feuer soll vom Himmel fallen und diese Samariter verzehren?*" (Lk 9,54)
- Judas Iskariot, dessen Beiname eine aramäische Verballhornung des lateinischen *sicarius*, der Dolchmann, bedeutet. So wurden die Aktivisten der Zeloten von den Römern benannt.
- Simon der „*Kanaanäer*" (Mk 3,18) stellt ebenfalls eine absichtliche Verzerrung der aramäischen Bezeichnung für Zeloten dar, nämlich *Kanaána*, das heißt Eiferer, also Zelot. Mit größter Wahrscheinlichkeit gab es zu Jesu Lebzeiten keine Kanaanäer im Lande Israel.
- Simon *Petrus*, der (Mt 16,17) den Beinamen *Barjona* erhält, spricht ebenfalls Bände, galt doch dieser Barjona im Aramäischen damals als „Außenseiter, Geächteter" oder als „vogelfrei", ein landläufiges Schmähwort also für die Zeloten.

Dies [= Die Rede von einem Aufstand in Mk 15,7] führt uns sogleich hin zu der so genannten *Tempelreinigung*, die Jesus laut allen vier Evangelien vorgenommen habe. Einige Tatsachen bedürfen hier der Aktualisierung um der Klarheit willen:

- Die Reinigung fand nicht *im* Tempel *selbst* statt, sondern im Vorhof. Dort war ein Markt der Geldwechsler und der Opfertierverkäufer. Wieso? Es gab längst vor Jesus und nach ihm eine weltweite jüdische Diaspora, deren Bewohner dreimal im Jahr die Möglichkeit hatten, nach Jerusalem zu wallfahren. Ihr fremdes Geld wurde im Tempelvorhof umgewechselt in Schekelmünzen, die ohne Bild zur Tempelsteuer geeignet waren. (Deshalb gerade finden wir übrigens zu Pfingsten – dem Wallfahrtsfest – so viele Juden aus aller Herren Länder in Jerusalem, von denen etliche das Pfingstwunder erlebten) (Apg 2).
- Jesus tritt in diesem, den Hohen Priestern* lebenswichtigen Bezirk, mit Brachialgewalt auf, nämlich mit einer Geißel, was damals einer Waffe gleichkam.
- Er wusste genau, dass sein Handeln dort eine strafbare Provokation war, gegen die Römer *und* gegen die Hohepriester und zugleich ein Fanal für die Volksmenge, die ihm folgte.

Pinchas Lapide, 1990

Zu fragen ist demnach:
- *Wie kam es überhaupt zu einem Verfahren gegen Jesus von Nazareth?*
- *Wessen könnte er sich schuldig gemacht haben – nach jüdischem Recht / nach römischem Recht?*
- *Wer spielte welche Rolle in welchem Verfahren?*
- *Wer ist für Jesu Verurteilung und Hinrichtung verantwortlich?*

Lesen Sie die Passionsgeschichten im synoptischen Vergleich: Mk 14–16; Mt 26–28; Lk 22–24. Teilen Sie die Arbeit nach Abschnitten oder Evangelien untereinander auf. Bestimmen Sie die Kriterien des Vergleichs, z.B.:
- Chronologie der Ereignisse,
- Auflistung der beteiligten Personen und Instanzen,
- Verhalten der Bevölkerung.

Wer sich unter einer historischen Fragestellung mit dem Prozess gegen Jesus von Nazareth und seinem Tod befasst, muss Abstand nehmen von der Frage: Wer war schuld? Vielmehr ist aufzuklären, welche Kräfte mit welchen Interessen zusammengewirkt haben, als es darum ging, Jesus anzuklagen. Hierzu muss man sich klarmachen, dass

- *als Quellen eigentlich nur die Passionsberichte der Evangelien verfügbar sind,*
- *die Evangelien, ihrem Darstellungsinteresse gemäß, Verkündigung des leidenden Christus* unter dem Eindruck der Osterereignisse sind,*
- *die Evangelien den Zweck haben, den Glauben der Jesusanhänger zu festigen,*
- *zusätzlich zu den Evangelien die römische und jüdische Rechtsgeschichte zu berücksichtigen ist, um historische Möglichkeiten von Unmöglichkeiten im „Prozess Jesu" scheiden zu können.*

SALCIA LANDMANN wurde 1911 in Zolkiew, Ostgalizien, geboren. Sie studierte Philosophie, Kunstgeschichte und Rechtswissenschaften, promovierte zur Dr. phil. Nach dem Studium arbeitete sie als Schriftstellerin.

Jesus und die Tempelaristokratie

Als er [=Jesus] in Jerusalem kurz vor seiner Kreuzigung einzog, mag er zunächst noch davon geträumt haben, das Volk werde sich von ihm überzeugen und mitreißen lassen. Wie er sich die Erlösung im Einzelnen ausgemalt hat, wissen wir nicht, wusste er vielleicht auch selber nicht. Vielleicht zerbrach er sich den Kopf nicht allzu sehr darüber, glaubte fest daran, dass Gott dann eingreifen und ein Paradies herbeiführen werde, das sich ein Sterblicher ohnehin nicht vorstellen konnte.

Nur so jedenfalls erscheint seine „*Tempelreinigung*", die ich, im Gegensatz zu zahlreichen Alt- und Neutestamentlern, für historisch halte, sinnvoll und erklärlich. Sie sollte der Auftakt zur spontanen, innerlichen Wende, Metanoia, des ganzen Volkes werden, das zwar nicht vollzählig, aber doch sehr zahlreich an diesem Wallfahrtsfest hier zusammengeströmt war. Das andere würde sich dann schon irgendwie von selbst ergeben.

Er überschätzte die Entflammbarkeit des Pöbels in Situationen, in denen dieser nichts zu gewinnen hatte. Es ist etwas anderes, bei Wunderheilungen zu applaudieren, als bei einem Aufruhr im Tempelhof Kopf und Kragen zu riskieren.

Und er unterschätzte die Niedertracht der Tempelpriester, wenn man an den einzigen Punkt rührte, an dem ihnen wirklich gelegen war: an ihren Mammuteinnahmen, die sie, praktisch leistungsfrei, für sich und ihre Nachkommen in alle Ewigkeit kassierten – es sei denn, die Juden fingen an, am Sinn des Tempelbetriebs und damit in eins der Tempelsteuer zu zweifeln. Jesu Verhalten muss die Herren sofort zur Weißglut gereizt haben. ...

Todesurteile verkünden oder durch verleumderische Denunziation bei den Staatsbehörden evozieren, wie es die Jerusalemer Tempelpriester damals Jesus gegenüber taten – dazu waren die Zaddikim nach Lage der Dinge im 18. und 19. Jahrhundert nicht imstande [S. Landmann geht auf einen ähnlichen Streitfall in Polen Ende des 19. Jh. ein]. ...

Wir wiederholen noch einmal: Solches Verhalten ist nicht spezifisch jüdisch. So führen sich gleichermaßen Jude wie Christ wie Atheist auf, wenn Geld und Sinekuren auf dem Spiel stehen.

Trotzdem muss Jesus auch für den Fall, dass seine Tempelreinigung resultatslos verlief, nicht unbedingt damit rechnen, dass ihn die Priesterschaft mit einer falschen Anzeige als angeblichen Aufrührer gegen Rom an Pilatus und damit zur Kreuzigung ausliefern würde. Die Herren hätten sich auch damit begnügen können, ihn zur üblichen Strafe für Ruhestörer aller Art zu verurteilen: zu den 39, genauer: 40 minus 1 Peitschenhieben, zu denen später auch Paulus mehrmals verurteilt wurde.

Aber offenbar war den Herren Priestern der Schreck doch gehörig in die Knochen gefahren: Was würde geschehen, wenn auch nur ein kleiner Prozentsatz der anwesenden Pilger sich sagen würde: „*Jesus hat ja Recht!*"?
Salcia Landmann, 1989

Anstoß und Ärger

5 Dass der Gesamteindruck von Jesu Wirken und Reden von vielen jüdischen Zeitgenossen als anstößig und ärgerlich empfunden wurde, dafür konnten von seiner *Gerichtsbotschaft* über seine Rede von der *sich durchsetzenden Gottesherrschaft* bis hin zu seinem *Ethos* samt seiner *Einstellung zur Tora**
10 immer wieder Anhaltspunkte gefunden werden.
Im Einzelnen war die *Gerichtsbotschaft* Jesu insbesondere darum für alle jüdischen Gruppen störend, weil sie mit dem Aspekt der verbrauchten Heilsgeschichte verbunden war. ... Erst recht war die Art, wie Jesus die ankommende Gottesherr-
15 schaft als Rettung der Verlorenen verstand, ein nicht akzeptables Phänomen. Diese Auffassung wurde in besonderer Weise sinnenfällig, indem Jesus mitten in den Dörfern Galiläas das Mahl mit „Zöllnern und Sündern" aß. Das musste von Außenstehenden als ungesetzliche Vermischung von Sündern
20 und Gerechten gewertet werden. Natürlich konnte man nichts dagegen einwenden, wenn ein Kranker gesund wurde. Aber Jesus ordnete seine Wundertätigkeit der Realisation seines so ärgerlichen Verständnisses von der *Gottesherrschaft* zu.
Konnte das akzeptabel sein? Auch die besondere Autorität, die
25 sich Jesus von der Gottesherrschaft her anmaßte, konnte kaum überall Zustimmung erwarten. Dies wurde jedermann spätestens klar, wenn Jesus sich anschickte, den *Willen Gottes* so auszulegen, dass er kraft eigener Autorität deklarierte, was angesichts der sich durchsetzenden Gottesherrschaft Gebot
30 der Stunde zu sein hatte. ... So bietet das Gesamtphänomen des Wirkens Jesu mitten in Galiläa ... und nicht etwa in einer Einsiedlerexistenz ... Zündstoff zum Ärgern genug. Darunter finden sich Aspekte, die nicht nur ganz allgemein auf ablehnende Distanz stießen, sondern hinreichten, um im
35 Geflecht der Gruppenrivalitäten zum Gegenangriff herauszufordern.
Jürgen Becker, 1995

Wenn davon auszugehen ist, dass die Verhaftung Jesu von jüdischen Kreisen veranlasst wurde, stellen sich vor diesem Hintergrund drei Fragen zur Anklage, zum Anlass, zum „Tatort":

- *Ist der Grund der Verhaftung und des Verhörs in einem Verstoß gegen jüdisches und römisches Recht zu sehen oder wird ein Verstoß gegen römisches Recht anschließend konstruiert?*
- *Hat Jesus durch eine bestimmte Handlung, ein einzelnes Auftreten die Ereignisse veranlasst oder ist sein gesamtes öffentliches Auftreten über einen längeren Zeitraum der Grund?*
- *Hat Jesus erst in Jerusalem diesen Anlass geboten oder ging die Wirkung von seinem gesamten Auftreten schon vorher und außerhalb der Stadt aus?*

Der Neutestamentler JÜRGEN BECKER *kommt zu dem Ergebnis, dass der Anlass nicht im Messias*-Anspruch, wie er etwa in Mk 14,61–64 zum Ausdruck kommt, zu finden sei, da es sich eindeutig um eine nicht Jesus zuzuschreibende, sondern nachösterliche Glaubensaussage handele; zudem sei der Messias-Anspruch für Juden kein Grund, gegen Jesus einzuschreiten, vielmehr für die Römer.*

Indem Jesus auf diese verschiedenen Weisen jüdische Kreise irritierte und herausforderte, bot er – so J. Becker – der Priesteraristokratie im Tempel in Jerusalem den Anlass zur Verhaftung. Nachdem er verhört worden war, wurde die jüdische Anklage für die römische Institution umformuliert: Volksverführung – römisches Recht: Aufruf zur „seditio", zum „Aufstand" – durch – nach jüdischem Recht – „falsche Prophetie": Die Verkündigung der Gottesherrschaft schloss die Ansage des Endes der römischen (Welt-)Herrschaft ein.

Im Unterschied zu J. Becker sind G. Theißen und A. Merz allerdings der Ansicht, dass die Tempelaktion doch eine Rolle gespielt haben könnte, allerdings im Zusammenhang mit dem letzten Mahl Jesu mit seinen Jüngern, mit dem Ritual der Fußwaschung und dem Ritual der Taufe; J. Becker bezeichnet allerdings diesen Zusammenhang selber als „Hypothese":

Wenn Jesus das Treiben im Tempel kritisiert – auf welche Weise auch immer –, so bestreitet er diesem Tempel, Mittelpunkt religiösen Lebens der Juden zu sein, und stellt eine gültige alternative Form mit seiner eigenen Praxis daneben oder gar an dessen Stelle.

Wenn Jesus mit seinem letzten (Abend-)Mahl eine „kultstiftende Symbolhandlung" einführt, so geht das tendenziell gegen den Tempelkult als Mittelpunkt des religiösen Lebens: Schon in diesem schlichten Mahl an anderem Orte vollzieht sich die Feier auf das hereinbrechende Gottesreich, nicht erst und eigentlich im Opferkult des Tempels.

Wenn Jesus die Fußwaschung praktiziert, ist auch das ein Ersatz der offiziellen Zeremonien zur kultischen Reinigung im Tempel.

Wenn Jesus die Taufe vornimmt zur Vergebung der Sünden, stellt diese Handlung ebenfalls eine Konkurrenz zum Tempelritual dar.

Die Entwicklung des Judentums nach der Zerstörung des Tempels durch die Römer 70 n.Chr. weist genau die Tendenzen auf, die sich in Jesu Handeln abzeichnen:

... eine Loslösung der gelebten Religion vom Tempel. Der Alltag und die tägliche Tischgemeinschaft wurden neu geheiligt. Der in der Tora zu findende Wille Gottes wurde zum Zeugen der Gegenwart Gottes im ganzen Alltag. Auch der Konflikt Jesu mit dem Tempel ist ein Konflikt im Judentum – nicht ein Konflikt mit dem Judentum. *Gerd Theißen / Annette Merz, 1997*

1. Stellen Sie auf der Grundlage der verschiedenen Texte in einer Übersicht stichwortartig zusammen, was Anlass gewesen sein könnte, Jesus den Prozess zu machen.

2. Notieren Sie zu jedem einzelnen Anlass, was für ihn spricht, was gegen ihn eingewandt werden kann.

3. Setzen Sie sich mit der wirkungsgeschichtlich verheerenden Behauptung, die Juden seien die Christusmörder, auseinander.

„Durchkreuzt"

1. Was hat Ihre Aufmerksamkeit sofort auf sich gezogen?
2. Deuten Sie die einzelnen „Szenen" des Bildes und stellen Sie den Zusammenhang zur „Kreuzigung" her.
3. Fallen Ihnen weitere Situationen zum Stichwort „Kreuzigung", „sein Kreuz auf sich nehmen" ein?

*Mit einiger Gewissheit lässt sich sagen, dass Jesus den Titel Messias nicht auf sich selbst bezogen hat.
Wo er vom kommenden Menschensohn redet, geschieht das in der 3. Person:
Er könnte damit auch eine andere Person gemeint haben. Die Frage nach „Jesu Selbstbewusstsein", wie er also über sich selber gedacht hat, ist historisch nicht zu beantworten.*

In den synoptischen Evangelien (Mk 8,27–33 parr) findet sich die Frage Jesu an seine Jünger, was die Leute sagen, wer er sei, was schließlich die Jünger meinen, wer er sei, und es folgt das so genannte „Petrus-Bekenntnis" zu dem Christus, dem Messias. Grund dieses nach Jesu Tod niedergeschriebenen Bekenntnisses ist die Erfahrung seiner Anhänger, dass Jesus gestorben, aber nicht tot geblieben ist, dass Gott ihn von den Toten auferweckt habe.

„Wer glaubt ihr, dass ich sei?": Diese Frage nach der Einschätzung Jesu und nach der Haltung ihm gegenüber stellt sich zunächst Christen zu jeder Zeit. Wenn sich auch Juden und Muslime auf die Frage einlassen, ist deren Antwort für die Christen aufschluss- und lehrreich – angesichts des gemeinsamen Glaubens an den „Gott der Väter".

➡ *Seite 60ff.*

„Einer von denen, die in die Nähe Gottes zugelassen werden" – Jesus in jüdischer und islamischer Perspektive

Jesus in jüdischer Sicht

Er [= Jesus] trat als begnadeter Tora*-Lehrer auf, wurde als Rabbi* verehrt, lehrte und predigte „in all ihren Synagogen in Galiläa" (Markus 1,39). Er führte nach jüdischem Brauch viele Lehrgespräche um Auslegungsfragen mit pharisäischen Kollegen und gehörte einer der sieben pharisäischen „Schulen" an. Diese Lehrgespräche wurden später durch die „Endredaktoren" des Evangeliums als „Streitgespräche" tradiert.
Seine Entscheidungen und Parabeln enthalten echtes Sondergut, bewegen sich aber deutlich innerhalb des jüdisch-pharisäischen Lehrgutes. Nichts, was Jesus tat, lehrte oder unterließ, sprengte die Grenzen des Judentums. ...
Im Alter von ca. 33 Jahren kündigte er seinen freiwillig auf sich genommenen Sühnetod für andere an: „Keiner nimmt mir mein Leben, ich gebe es freiwillig dahin". Er reiht sich ein in die Schar großer jüdischer Märtyrer.
Warum also können Juden ihn nicht als Messias* annehmen?
Er selbst trat nie öffentlich und deutlich als Messias auf.
Er verbot seinen Jüngern und Bekannten eindringlich und wiederholt, sein „Leidensgeheimnis" zu lüften.
Er entzog sich wiederholt allen Huldigungen vonseiten der Volksmenge und „entwich ihnen" (z.B. Matthäus 12,15). Er vollbrachte die meisten Heilungen unter dem Siegel der strengsten Verschwiegenheit (z.B. Markus 5,43).
In den knappen drei Jahren seiner öffentlichen Lehrtätigkeit konnte er unter den damaligen Bedingungen keineswegs das ganze Volk erreichen, sondern nur eine sehr begrenzte Anzahl von Menschen. Tragischerweise ist unsere Welt noch immer so schrecklich unerlöst.
Die jüdische Glaubensinfrastruktur von (gegebenenfalls) Sünde, Reue, Wiedergutmachung, Gnade und erhoffter Wiederannahme durch Gott ging im Namen Jesu in den christlichen Glauben über. Genauso auch der Glaube an das so sehnlich erwartete Königtum Gottes, das Himmelreich, die Vergebung der Sünden, die Auferstehung* der Toten und viel Heilsgut mehr.
Das Judentum erwartet eben keinen überirdischen Erlöser. Dieser soll nicht göttlicher Natur sein, noch muss er von einer Jungfrau geboren werden. Wunderheilungen sind kein Nachweis der Messianität – siehe etwa Mose, Elia oder Elisa, die

solche ebenfalls vollbracht haben. Der Messias muss nicht von den Toten auferweckt worden sein und seine eventuelle Kreuzigung ist kein Anstoß (skandalon). Im Gegenteil: Christen und Juden sollten, um Himmelswillen, gelegentlich auch der 6000 gekreuzigten anderen Juden gedenken, die allein unter Pilatus ans römische Kreuz genagelt wurden, ohne Prozess, ohne Verhandlung und Wenn und Aber. Die Abertausende gekreuzigter Juden vor und nach Pilatus sind hier nicht unser Thema.

Die „Sohn-Gottes"-Würde ist, im Kontrast zum viel späteren griechischen Begriff, eine großartige jüdische Begnadung, der Lebensweg eines Menschen gemäß dem biblischen Rahmen. Psalm 2 gar spricht ja von der göttlichen Adoptionsformel der davidischen Könige: „Du bist mein geliebter Sohn, heute habe ich dich gezeugt."

Ganz anders verhält es sich, wie bekannt, mit der späteren griechischen Gottessohnschaft, die im Mittelmeerraum ganz anders verstanden wurde.

Übrigens fühlten sich nicht weniger als 19 jüdische Männer von der Antike bis in unsere Tage von einer messianischen Sendung beseelt – eine Begeisterung, mit der sie zeitweilig viele Tausend jüdischer Menschen anzustecken wussten. Mit ihrem Scheitern jedoch trieben sie viel Volk in die Verzweiflung. Allein auf den Seiten des Neuen Testaments* treten uns drei solcher jüdischer Männer entgegen: Judas Galiläus (Apg 5,37), Theudas (Apg 5,36) und der so genannte „Ägypter" (Apg 21,39). Sie scharten jüdische Menschen um sich, waren Charismatiker und wurden schließlich von den Römern als Aufwiegler gekreuzigt.

Was also sind die wesentlichen Grenzsteine zwischen Juden und Christen?

die Trinität*,
die griechische Gottessohnschaft,
die Zwei-Naturen-Lehre,

allesamt Begriffe, die dem Nazarener und seiner jüdischen Gefolgschaft total unbekannt waren. ...

Wir alle täten gut daran, so zu glauben wie Jesus es getan hat oder mit ihm – aber eben nicht an ihn.

Schließlich hat er selbst vehement betont, „Wer an mich glaubt, glaubt nicht an mich, sondern an den, der mich gesandt hat" (Joh 12,44). Und: „Gott wird sein alles in allem" (1 Kor 15,28).

Christus ist eben kein Nachname Jesu, sondern die schlichte Übersetzung des hebräischen Wortes „Meschiach".

Wie Recht hatte doch Franz Rosenzweig, als er in unserem leidgeprüften Jahrhundert äußerte: „Ob Jesus der Messias war, wird sich herausstellen, wenn der Messias kommt."

Ruth Lapide, 1998

1. Erarbeiten Sie aus den Ausführungen Umrisse der Vorstellungen R. Lapides vom „Messias".

2. Erarbeiten Sie mithilfe von Lexikonartikeln die von R. Lapide genannten „Grenzsteine".

RUTH LAPIDE, *wissenschaftliche Assistentin und Frau Pinchas Lapides (siehe Seite 118f., 128f.), ist jüdische Theologin und Historikerin.*

Stellen Sie die Gemeinsamkeiten von Juden und Christen, ausgehend von R. Lapides und D. Flussers Ausführungen, zusammen.

Der Jude Jesus und Jesus der Christus

Ich weiß genau, dass für die meisten Christen das Heil des Kreuzes und die frohe Botschaft der Auferstehung* Christi die große und zentrale Hoffnung ist. Das ist also für viele die Hauptsache, die Furcht vor der Verwerfung und die Glaubensgewissheit, dass man durch gläubige Teilnahme an dem kosmischen siegreichen Drama gerettet und erlöst wird. Ich gebe zu, dass es für mich nicht einfach ist, das nachzuvollziehen, aber ich tröste mich dadurch, dass diese Schwierigkeit nicht nur für die Juden und für die Mohammedaner besteht, sondern auch für viele, die von christlichen Eltern stammen. Aber ich fühle eine tiefe Bewunderung für den beglückenden Mut der guten Christen, mit Christus zu sterben und mit ihm hoffnungsvoll erweckt zu werden. Ich möchte doch ein wenig zögernd und kleinlaut die Meinung aussprechen, dass die Worte Jesu und seine – jüdischen – Gebote auch nicht zu verachten sind. Vielleicht sollte man doch das eine tun und das andere nicht lassen? Jesus selbst, so steht es ja geschrieben, war über solche Jünger nicht sehr glücklich, die zu ihm „Herr, Herr ..." gesagt haben, aber den Willen Gottes nicht tun wollten. Und man kann aus den Worten Jesu lernen, was der Wille Gottes ist – natürlich nicht nur aus den Worten Jesu, sondern auch aus den anderen Teilen der Bibel. Und der Wille Gottes, von dem Jesus spricht, ist der Wille (des) Gottes Israels.

David Flusser, 1990

WOLF D. AHMED ARIES *ist Muslim, engagiert sich seit vielen Jahren im jüdisch-islamisch-christlichen Dialog, hat Lehraufträge an verschiedenen Universitäten wahrgenommen, ist der wissenschaftliche Berater des Islamrates für die Bundesrepublik Deutschland. Er gehört – wie er selbst sagt – „zur alten islamischen Minderheit, die seit 1732 in Deutschland zu Hause ist". Den nebenstehenden Text hat er für dieses Kapitel verfasst.*

Jesus im Islam

Wenn Muslime über Jesus sprechen, fügen sie normalerweise eine Bitte und eine familiale Bestimmung hinzu: Es ist die Bitte, dass der Friede Gottes mit ihm sein möge, und die Aussage, dass er der Sohn Marias sei (Sure 5,110). Der Koran* stellt ihn nämlich in die Reihe der abrahamischen Propheten, die bei Adam begann, über Abraham zu Jesus lief, um bei Mohammed zu enden. Während sich die jesuanische Linie auf Isaak, den Sohn Abrahams, zurückführen lässt, steht zu Beginn der Genealogie Mohammeds Ismael, der andere Sohn des Urvaters. Aber Jesus, der Sohn der Maria, war nicht einer der vielen Gesandten Gottes, von denen im Koran fünfundzwanzig namentlich genannt werden, sondern er gehörte zu den fünf herausgehobenen: Noah, Abraham, Moses, Jesus, Mohammed. Schon der Beginn der Schwangerschaft Marias, von der der Koran berichtet, war ungewöhnlich: *Als die Engel sagten: „O Maria, Gott verkündet dir ein Wort von IHM, dessen Name Messias, Jesus, Sohn der Maria ist. Er wird angesehen sein im Diesseits und im Jenseits, und einer von denen, die in die Nähe (Gottes) zugelassen werden" ... Sie sagte: „Mein Herr, wie soll ich ein Kind bekommen, wo mich kein Mensch berührt hat?"*

Er sprach: „So ist es; Gott schafft, was ER will. Wenn ER eine Sache beschlossen hat, sagt ER zu ihr nur: Sei!, und sie ist." (3,45–47) Und wenige Zeilen weiter heisst es schlicht: *Mit Jesus ist es vor Gott wie mit Adam. ER schuf ihn aus Erde, dann sagte ER zu ihm: Sei!, und er war.* (3,59) So wurde Maria ebenso wie ihr Sohn Zeichen Gottes für die Menschen. (23,50)
Sie gebar ihn abseits der Gesellschaft unter einer Palme, wo Gott beide mit dem Wasser einer Quelle und Datteln versorgte. Danach kehrte Maria mit ihrem Sohn zurück. Als ledige junge Frau mit Kind erregte sie Aufsehen und die Leute fragten: *O Maria, du hast eine unerhörte Sache begangen. O Schwester Aarons, nicht war dein Vater ein schlechter Mann, und nicht war deine Mutter eine Hure.* (19,27) An ihrer Stelle antwortete Jesus: *Ich bin ein Diener Gottes. Er ließ mir das Buch zukommen und machte mich zu einem Propheten.* (19,30)
Als Erwachsener lehrte er unter seinen Mitmenschen die Thora* und das Evangelium (3,48), heilte den Blindgeborenen und den Aussätzigen, und machte mit der Erlaubnis Gottes Tote lebendig (5,110), ohne jemals zu vergessen, dass Gott sein Herr und der Herr aller Menschen ist. (19,36)
Einen von Gott derartig ausgezeichneten Propheten vermochten seine Mitmenschen nicht zu töten, *sondern es erschien ihnen eine ihm ähnliche Gestalt. Diejenigen, die über ihn uneins sind, sind im Zweifel über ihn. Sie haben kein Wissen über ihn, außer dass sie Vermutungen folgen. Und sie haben ihn nicht mit Gewissheit getötet, sondern Gott hat ihn zu sich erhoben. Gott ist mächtig und weise.* (4,157)
Und so rezitieren die Muslime gerne den folgenden Abschnitt Seines Korans: *Sprecht: Wir glauben an Gott und an das, was zu uns herabgesandt wurde zu Abraham, Ismael, Jakob und den Stämmen, und an das, was Moses und Jesus zugekommen ist, und an das, was den (anderen) Propheten von ihrem Herrn zugekommen ist. Wir machen bei keinem von ihnen einen Unterschied. Und wir sind ihm ergeben.* (2,136)
Jesus, der Sohn der Maria, war und ist nicht einfach einer der vielen von Gott berufenen Propheten, vielmehr nimmt er in muslimischer Frömmigkeit eine ganz besondere Rolle ein. So wurden ihm Gedichte gewidmet, gilt ein Traum von ihm als besonderes Zeichen und haben sich die Mystiker* unter den Muslimen ihm immer wieder zugewandt.

Wolf D. Ahmed Aries, 1999

1. Welche Konsequenzen hat das Selbstverständnis des Autors für den christlich-islamischen Dialog?

2. Stellen Sie mit muslimischen Mitschülern/innen bzw. Menschen muslimischen Glaubens zusammen, was Sie gemeinsam über Jesus wissen.

3. Beschaffen Sie sich weitere Informationen über Glaubensvorstellungen des Islam, indem Sie eine Koranübersetzung heranziehen, die die Suren thematisch zuordnet, ein Bibelstellen- und Namensregister enthält.

4. Untersuchen Sie Sure 112 im Blick auf die Gestalt Jesu; Sure 5,44–46 hinsichtlich des Verhältnisses Tora, Evangelium, Koran.

5. Erkunden Sie eine Moschee. Achten Sie auf architektonische und kultische Besonderheiten. Welche Erfahrungen mit dem interreligiösen Gespräch in Ihrer Stadt machen Sie dabei?

➡ *Seite 94f., 256f., 264f., 270f.*

1. Wenn Sie die Begriffe der „Kontextualisierung" und der „Empfängerorientierung" auf sich beziehen:
   – Was verstehen Sie für sich unter „Heil"?
   – Was erwarten/erhoffen Sie für Ihre Zukunft?

Perspektiven des Heils

Das Wesen des Heils in Christus

Die Vorstellung vom „Heil" hat ... außergewöhnlich komplexen Charakter. Eine der Aufgaben der Theologie* besteht darin, eine kritische Analyse der konstitutiven Elemente dieser Vorstellung zu leisten. Doch bereits dieses Unterfangen ist erheblich komplizierter, als es scheinen könnte. Verschiedene Aspekte des christlichen Heilsverständnisses haben in unterschiedlichen Epochen oder spezifischen Situationen der Kirchengeschichte eine jeweils besondere Anziehungskraft entfaltet; darin spiegelt sich die Art und Weise wider, in der ein Aspekt dieses Verständnisses mit den Besonderheiten der darin angesprochenen Situationen zusammenhängt.
Neuere Studien zur Theorie der christlichen Mission haben der *Kontextualisierung* und der Vorstellung von der *Empfängerorientiertheit* der christlichen Verkündigung erhebliches Gewicht beigemessen. Anders gesagt, es wird anerkannt, dass das christliche Evangelium in spezifische Situationen hineinspricht und die Vorstellung vom Heil in diesen Situationen *kontextualisiert*. Für diejenigen, die geistig oder politisch unterdrückt werden, ist die Botschaft des Evangeliums die der Befreiung. ... Es gilt jedoch zu bedenken, dass noch weitere Elemente angeführt werden könnten – etwa die Deutung des Heils im Sinne der moralischen Vervollkommnung oder der Befreiung von der Vergänglichkeit dieser Welt.

Alister E. McGrath, 1997

Christologie „von oben" – „von unten"

Die Befreiungstheologien benennen das Geheimnis Jesu in seiner geschichtlichen Existenz. Sie sagen über ihn, dass er arm, hungrig, verlassen, subversiv und „von Sinnen" (Markus 3,20) sei; dass er ein Arbeiter, ein Niemand ohne Papiere, ein Zimmermann, ein Arbeitsloser, ein politischer Gefangener und Gefolterter sei. Sie versuchen dort anzufangen, wo Jesus auch angefangen hat, wo er lebte, wo die Leute ihn trafen – also nicht in den Kirchen, sondern im Alltag und das bedeutet: im Elend. Er ist nicht an seinem Heiligenschein erkennbar.
Die lateinamerikanische Befreiungstheologie vollzieht eine einzigartige Identifikation mit dem armen Jesus der Evangelien und dem eigenen Leben in den Elendssiedlungen. So wie er damals zu der übergroßen Mehrheit der am Rande des Existenzminimums Lebenden gehörte, so ist er „für uns" der Christus* der Armen. Hier endlich wird Ernst gemacht mit einer Christologie „von unten". Die spanisch-europäische Herrenkultur hatte in Christus den „salvador del mundo" gefeiert und sich zugleich mit den Unterdrückern identifiziert. An die Stelle

2. Halten Sie die „Kontextualisierung" und „Empfängerorientierung", die D. Sölle in ihrem Text vornimmt, für übertragbar auf die Verhältnisse in unserem Lande?

dieses gloriosen Kyrios [= griech.: „Herr"] rückt nun der Arme: das uneheliche Kind, der Flüchtling, der besitzlos und machtlos ist, und der Aufständische, der als Krimineller gilt. Er gehört zu denen vom Land, die nichts Richtiges verdienen, meistens auch keinen Beruf haben; er ist jemand, der mit der Hand arbeitet, der zu dem ländlichen Sub-Proletariat gehört. Er zählt nicht. So wie eine arme Frau, die zu einer Behörde kommt und zehnmal weggeschickt wird und auch dann das nicht erreicht, was sie braucht, so ist Jesus. Er ist eine Null, er hat keine richtigen Verwandten, er hat keinen Doktortitel vor seinem Namen, er hat alles das nicht, was einen im Leben schützen, was anderen Eindruck machen kann. In diesem Sinn ist er ein „Niemand", eine Nicht-Person. ...

Eine Messe aus Nicaragua, die „misa campesina nicaraguense", besingt diese Christologie von unten aus den Erfahrungen des leidenden und kämpfenden Volkes. Jesus ist da „der Gott, der auf der Straße schwitzt, der Gott mit dem sonnenverbrannten Gesicht, der aussieht und fühlt wie wir, der *Cristo trobajador*, Christus der Arbeiter".

> „Ich habe dich in einem Dorfladen gesehen
> und in einem Wirtshaus an der Straße
> ich hab dich beim Losverkaufen gesehen
> und du hast dich deswegen nicht geschämt;
> ich hab dich an der Tankstelle gesehen,
> wie du die Reifen eines Lasters überprüft hast,
> und sogar bei der Straßenpatrouille
> im Overall und mit Lederhandschuhen."

Hier ist die theologische Gefahr des in der abendländischen Theologie verwurzelten Doketismus* wirklich überwunden. Davon sind wir innerhalb der reichen Welt noch weit entfernt. In gewissem Sinn bekommt die überhöhte und steile Christologie der Tradition in der postchristlichen Moderne ihre Quittung ausgestellt, bei uns wird Jesus weiterhin als ein Himmelswesen angesehen, das gar nicht gelebt hat. Für den Vulgäratheismus symbolisiert er keine andere Macht und Herrlichkeit als die der Institution – als sei er nie oder nur zum Schein auf Erden gewesen. Eine andere Christologie als die „von oben" ist im Bewusstsein der Ersten Welt kaum bekannt. ...

Die Kritik am Doketismus ist so alt wie das Christentum selber und wird heute in der Befreiungstheologie am klarsten ausgedrückt. Es gibt aber auch eine andere Gefahr des „bloßer Mensch", die Gottes Kraft in ihm übersieht. Wenn wir sagen: Er war irgendeiner genau wie wir, so kann das in eine Unverbindlichkeit führen. Wenn ich Gottes Stimme nicht in ihm höre, wenn ich nur etwas Sympathisches, Hilfloses in ihm sehe – wenn ich denke, es gibt ja manche idealistischen Menschen, die das Gute wollen auf der Welt! – dann bleibt das in der Unverbindlichkeit der Bewunderung. Aus der Unverbindlichkeit kommt Trostlosigkeit, weil mich diese Unverbindlichkeit – noch einer, der irgend etwas Unmögliches versucht hat – eigentlich nicht retten und einbeziehen kann.

Ich erinnere mich an ein langes Gespräch mit einem aufgeklärten, nicht-glaubenden Juden über Jesus. Der sagte mir ganz trocken: „Was wollen Sie bloß mit diesem Jesus? Der hat doch gar keinen Erfolg gehabt! Der hat doch nichts geändert. Der ist völlig uninteressant, weil er das Gesicht der Erde nicht verändert hat. Er hat eine Religion gegründet, die fast nichts mit ihm zu tun hat, die genau das, was er abschaffen wollte, wieder eingeführt hat, die Hierarchie, die Macht, die Unterdrückung, die Ausbeutung. Welchen Sinn soll es denn haben, sich auf ihn zu berufen, da er doch keinen Erfolg hatte?"

Mit dieser Kritik stehen wir wieder vor der Frage des Glaubens an Jesus. Wieso soll in Jesus von Nazareth mehr sein als dieser vereinzelte Träumer? Was bedeutet dieses Mehr, diese Hoffnung, diese andere Beziehung zum Leben, die sich dem Kriterium des Erfolges nicht unterwirft?

Dorothee Sölle, 1990

➡ *Seite 17, 40*

Jesus Christus, der Heiland

In meiner Jugend hat es ihn noch gegeben, den Heiland. Er hatte einen Namen und einen Titel, beides in der Anrede zu einer Einheit verbunden: der „Herr Jesus". ... Im Kindergarten ging uns der „Herr Jesus" voran, wenn wir in der Mitte des Vormittags in geschlossener Formation singend über den Hof zum „Häusle" marschierten, um die anstehenden notwendigen Geschäfte zu verrichten: „Jesu geh´ voran, auf der Lebensbahn ...".

Im Schlafzimmer der Eltern meines Schulkameraden hing über dem Bett das ergreifende Bild, wie der Herr Jesus dem versinkenden Petrus aus den Fluten hilft, die fast schon über ihm zusammenschlugen. Und bei der Schwester Marie, der Hebamme, wurde sogar zum Nachmittagskaffee gebetet: „Komm Herr Jesu, sei du onser Gascht ...", so inniglich betont, dass ich als Bub den eingeladenen Herrn schon zur Türe hereinkommen und am Tisch Platz nehmen sah. Der Herr Jesus war immer da, wenn man ihn brauchte. Und ich wusste ganz genau, in wachem Intellekt, dass das schon seine Richtigkeit hatte, nur dass alles auch ganz anders sein konnte.

Der Inbegriff vom Herrn Jesus war der Gute Hirte. Auf der Alb grasten damals, in den Kriegszeiten, große Schafherden. Die Hirten waren kräftige Gestalten, mit Zügen von Sonderlichkeit, weil sie viel allein waren. Über Nacht schliefen sie im Schäferkarren. Mit Hunden hielten sie ihre Herde beieinander. Als einmal ein Tier lahmte, zog es der Schäferkarl am gesunden Bein, mit dem Haken vorne an seiner Schäferschippe, aus der Herde heraus, besah sich den Schaden und behandelte ihn mit Salbe und Verband. Ich habe es selbst gesehen.

Jesus war der Gute Hirte. Viel zarter, natürlich, und einfühlsamer als der Schäferkarl. Ihm konnte man die Wunden der Seele zeigen und was einen sonst noch belastete. Was ihm gesagt wurde, nahm er mit warmem Verständnis auf und damit war es eigentlich auch schon beseitigt. Es gab viele Bilder vom Guten Hirten, aber die trafen alle nicht das Richtige. Der Gute Hirte war für mich nicht eigentlich ein festes Bild, sondern ein wohliges, dunkles, anfängliches Körpergefühl, eine Spur spürbarer Geborgenheit. ...

Ich habe Ihnen einen religiösen „Wärmestrom" geschuldet, der vom Herrn Jesus meiner Kindheit ausgeht und wahrscheinlich mein ganzes Leben über wirksam war. Diesen Jesus nenne ich jetzt den „Heiland". Ich verstehe darunter einen Jesus, der im Modus des Kommens sowohl grundsätzlich entzogen als auch schon gegenwärtig und ansprechbar ist. Der Heiland hat ein mehr oder weniger ausgeprägtes (weniger ist in diesem Fall mehr) „Gesicht", das einerseits, weil aus einer anderen Welt stammend, fremd bleiben muss, andererseits Vertrauen einflößt und auf sich lenkt. Der Heiland setzt Maßstäbe für menschliches Leben, die an ihm abzulesen sind: Gottvertrauen, Barmherzigkeit, Streitbarkeit; aber vielmehr ist er in Ansprechbarkeit und Nähe Begleiter und Helfer. Er segnet, heilt und bringt Heil, das ich im Vertrauen auf ihn bereits in der Anfänglichkeit des Glaubens habe und weiter erwarte. Der Heiland, mit dem ich es persönlich zu tun habe, ist der Heiland der Kirche und damit der ganzen Welt, des Kosmos und darüber hinaus. ...

Ist es nicht merkwürdig, dass der Jesus, von dem Wärme ausgeht und der mit Wärme erwartet wird, in unserer (norddeutschen?) religiösen Kultur nur noch musikalisch einen „Sitz im Leben" hat?

Christoph Bizer, 1999

Glaubensbekenntnisse heute

Ich glaube, dass Gott mir und allen Menschen
seine Liebe und Nähe durch
Jesus begreiflich und verständlich macht.
Ich glaube an Jesus Christus,
5   der mein Bruder ist, dessen Schwester ich bin,
mit dem ich unterwegs sein darf,
dessen Botschaft der Liebe mich immer neu herausfordert,
der gelitten hat unter der Kälte
und Uneinsichtigkeit der Menschen,
10 der gestorben ist, um radikal und konsequent
seine Liebe und Treue zu Gott und uns zu beweisen.

Marlene Backes, St. Virth

Ich glaube an Gott, der die Welt geschaffen hat mit allem,
was an Herrlichem und Unzulänglichem dazugehört.
Ich glaube an Jesus Christus, der wie jeder andere Mensch ein
15 menschliches Elternpaar und einen göttlichen Vater hatte.
Ich glaube, dass Jesus ein außergewöhnlicher Mensch war,
der sich besonders mit den armen, geknechteten und sündigen
Menschen solidarisierte und sie durch sein Vorbild ermutigte,
sich selbst anzunehmen, den anderen in seiner Eigenart zu
20 akzeptieren und die Hoffnung nie aufzugeben.
Er lehrte die Menschen das Beten und die gemeinsame
Feier des Abendmahls. Sein gewaltsamer Tod und
seine „Auferstehung"* zeigen uns, dass der Heilige Geist
in der Welt wirkt und auch durch mich wirken kann
25 zum Wohl der Welt und zum Lobe Gottes.

Barbara Schulenburg, Berlin

Die Schöpferin Liebe ist Gott.
Ich glaube an die Schöpferin Liebe, die Kraft ist und Ohnmacht
zugleich. Aus ihr geht alles Gute hervor.
Auch Jesus ist aus ihr geboren, unser Bruder und Freund.
30 Die junge Frau Maria von Nazareth empfing ihn und brachte
ihn zur Welt in der Kraft der heiligen Ruach. Er lehrte wie ein
Rabbi*. Frohe Botschaft waren seine Worte. Helfer war er den
Bedrängten, Kranken und Verachteten. Von den römischen
Machthabern wurde er gekreuzigt unter Pontius Pilatus, starb
35 in Ohnmacht und wurde in ein Grab gelegt.
Die Schöpferin Liebe, Gott, schenkte ihm eine neue Existenz
ohne Tod. So richten wir unser irdisches Leben nach ihm aus,
immer hoffend auf seine Liebe. Sie ist die Schöpferin von
Anbeginn, heilige Ruach, Weisheit und Geist, die väterlich und
40 mütterlich die Gemeinde der Gläubigen, die Kirche,
zusammenhält und sie heiligt.
Auch nach unserem Tod werden wir in ihr leben.

Bernhard Flaspöhler, Osnabrück

Der katholische Theologe HANS KÜNG *(siehe Seite 106) hat eine eigene Auslegung des „Apostolischen Glaubensbekenntnisses" veröffentlicht (Piper, 1995). Der Religionspädagoge* JEAN-LOUIS GINDT *hat das Buch überarbeitet (Publik-Forum, 1999) und dadurch viele Leser/innen angeregt, ihr eigenes Glaubensbekenntnis zu formulieren.*

1. Setzen Sie sich mit den drei Bekenntnissen auseinander und prüfen Sie, ob Sie Teile davon umformulieren, neue Aspekte ergänzen oder überhaupt ein eigenes Glaubensbekenntnis verfassen wollen.

2. Vergleichen Sie die drei Bekenntnisse mit dem sog. „Apostolikum".

Bibliothek

Detaillierte Darstellung der Hinrichtung Jesu mit biblischem Akzent.

- Willibald Bösen, Der letzte Tag des Jesus von Nazaret, Herder, Freiburg i.Br. 1995[3]

F. BÜCHNER führt exemplarisch in die Exegese der Geburts- und Kindheitserzählungen, der Jüngerberufung und der Bergpredigt ein.

- Frauke Büchner, Der Jude Jesus und die Christen, Vandenhoeck & Ruprecht, Göttingen 1993

Sehr aufschlussreiche Schrift, die zu den neutestamentlichen Zusammenhängen die Parallelen aus jüdischer Theologie zusammenstellt und kommentiert.

- Günther Bernd Ginzel, Die Bergpredigt, Lambert Schneider, Heidelberg 1985

Ein Standardwerk zum eigenständigen Arbeiten; verständlich aufbereitet, mit Zusammenfassungen und Aufgaben.

- Hans Conzelmann / Andreas Lindemann, Arbeitsbuch zum Neuen Testament, Mohr Siebeck, Tübingen 1998[12]

Eine pointierte Beurteilung „moderner Jesusbilder" u.a. aus jüdischer, feministischer, politischer, multikultureller Sicht.

- Roman Heiligenthal, Der verfälschte Jesus, Wissenschaftliche Buchgesellschaft, Darmstadt 1999[2]

Sehr anregend geschriebenes und engagiert urteilendes Taschenbuch – eine eindrucksvolle jüdische Perspektive auf Jesus von Nazareth.

- Salcia Landmann, Jesus und die Juden oder Die Folgen einer Verstrickung, Fischer, Frankfurt 1989

P. LAPIDES Bücher haben zu Recht eine weite Verbreitung gefunden: Profunde Kenntnisse jüdischer und christlicher Zusammenhänge werden in einem z.T. polemischen Stil gut lesbar präsentiert.

- Pinchas Lapide, Jesus – ein gekreuzigter Pharisäer?, Gütersloher Verlagshaus, Gütersloh 1990

Der Sammelband, dem der Aufsatz von R. LAPIDE entnommen ist, enthält zu den Themen Bibel, Gott, Jesus Christus usw. anregende Artikel jüdischer und christlicher Autoren – eine Fundgrube.

- Ruth Lapide, Warum glauben Juden nicht an Jesus Christus?, in: Frank Crüsemann / Udo Theissmann (Hg.), Ich glaube an den Gott Israels, Gütersloher Verlagshaus, Gütersloh 1998

Gegenwärtig das Buch zum Thema, verständlich aufbereitet, viele Quellen, mit Aufgaben.

- Gerd Theißen/Annette Merz, Der historische Jesus, Vandenhoeck & Ruprecht, Göttingen 1997[2]

Gut lesbares Taschenbuch des bekannten Theologen mit einem breiten Themenspektrum – als Grundlage für Referate, für eine thematisch auswählende oder auch als Ganzschrift-Lektüre gut geeignet.

- Heinz Zahrnt, Jesus aus Nazareth, Piper, München 1997[3]

Frei und gebunden – christliche Deutung des Menschen in der Moderne

Henri Cartier-Bresson, Derrière la gare Saint-Lazare, Paris, 1932

Unsere heutigen Fragen nach uns selbst sind überwiegend Fragen nach unserer Identität und Persönlichkeitsentfaltung, nach den Möglichkeiten der Selbstverwirklichung und der Freiheit.

Aus theologischer* Sicht haben sich damit die Grundfragen des Menschen gewandelt. So scheint der heutige Mensch weder wie einst Martin Luther vor der Frage „Wie bekomme ich einen gnädigen Gott?" noch vor der Frage „Wo ist Gott?" zu stehen.

Wie vertragen sich die modernen und biblisch-theologischen Deutungen des Menschen? Befinden sie sich in einem scharfen Widerspruch zueinander, sodass geradezu von einer Unvereinbarkeit beider Menschenbilder geredet werden muss? Oder können Bibel und Theologie Antworten auf die heutigen Grundfragen nach dem Menschsein geben?

Philosophiegeschichtlich wird das Selbstverständnis des modernen Menschen mit der Aufklärungsepoche* in Zusammenhang gebracht.

Ziel der Aufklärung war es, den Menschen aus Unwissenheit, Furcht und Abhängigkeit zu befreien. Einbildung sollte durch Wissen, Glaube durch Vernunft ersetzt werden. Zentrum der Welt war nicht mehr Gott, sondern der Mensch als animal rationale, als vernunftbegabtes Wesen.

Religionslexikon, 1990

1784 beantwortete IMMANUEL KANT *(1724–1804) in der Zeitschrift „Berlinische Monatsschrift" die Frage „Was ist Aufklärung?".*

➡ *Seite 75, 203*

Das Selbstverständnis des Menschen in der Tradition der Aufklärung

Was ist Aufklärung?

Aufklärung ist der Ausgang des Menschen aus seiner selbst verschuldeten Unmündigkeit. Unmündigkeit ist das Unvermögen, sich seines Verstandes ohne Leitung eines anderen zu bedienen. Selbst verschuldet ist diese Unmündigkeit, wenn die Ursache derselben nicht am Mangel des Verstandes, sondern der Entschließung und des Mutes liegt, sich seiner ohne Leitung eines anderen zu bedienen. Sapere aude! Habe Mut, dich deines eigenen Verstandes zu bedienen! ist also der Wahlspruch der Aufklärung.

Faulheit und Feigheit sind die Ursachen, warum ein so großer Theil der Menschen, nachdem sie die Natur längst von fremder Leitung frei gesprochen..., dennoch gerne zeitlebens unmündig bleiben; und warum es anderen so leicht wird, sich zu deren Vormündern aufzuwerfen. Es ist so bequem, unmündig zu sein. ...

Es ist also für jeden einzelnen Menschen schwer, sich aus der ihm beinahe zur Natur gewordenen Unmündigkeit herauszuarbeiten. Er hat sie sogar lieb gewonnen und ist vorderhand wirklich unfähig, sich seines eigenen Verstandes zu bedienen, weil man ihn niemals den Versuch davon machen ließ. ...

Dass aber ein Publikum sich selbst aufkläre, ist eher möglich; ja es ist, wenn man ihm nur Freiheit lässt, beinahe unausbleiblich. Denn da werden sich immer einige Selbstdenkende, sogar unter den eingesetzten Vormündern des großen Haufens, finden, welche, nachdem sie das Joch der Unmündigkeit selbst abgeworfen haben, den Geist einer vernünftigen Schätzung des eigenen Werts und des Berufs jedes Menschen, selbst zu denken, um sich verbreiten werden. ...

Zu dieser Aufklärung aber wird nichts erfordert als Freiheit; und zwar die unschädlichste unter allem, was nur Freiheit heißen mag, nämlich die: von seiner Vernunft in allen Stücken öffentlichen Gebrauch zu machen.

Immanuel Kant, 1784

1. Bietet der Text Anlass für Optimismus oder Pessimismus?

2. Erörtern Sie, inwieweit es „Unmündigkeit" ist, sich seines Verstandes nur unter „Leitung eines anderen zu bedienen".

Die Schöpfung

Zweiter Teil ...
23. Rezitativ
Uriel: Und Gott schuf den Menschen nach seinem Ebenbilde. Nach dem Ebenbilde Gottes schuf er ihn. (Als) Mann und Weib erschuf er sie. Den Atem des Lebens hauchte er in sein Angesicht und der Mensch wurde zur lebendigen Seele.

24. Arie
Mit Würd' und Hoheit angetan, / Mit Schönheit, Stärk' und Mut begabt. / Gen Himmel aufgerichtet, steht / Der Mensch, / Ein Mann und König der Natur. / Die breit gewölbt' erhabene Stirn / Verkünd't der Weisheit tiefen Sinn / Und aus dem hellen Blicke strahlt / Der Geist, / Des Schöpfers Hauch und Ebenbild. An seinen Busen schmiegt sich, / Für ihn aus ihm geformt, / Die Gattin hold und anmutsvoll. / In froher Unschuld lächelt sie, / Des Frühlings reizend Bild, / Ihm Liebe, Glück und Wonne zu.

25. Rezitativ
Raphael: Und Gott sah jedes Ding, was er gemacht hatte, und es war sehr gut und der himmlische Chor feierte das Ende des sechsten Tags mit lautem Gesang.

26. Chor und Terzett
Chor: Vollendet ist das große Werk; / Der Schöpfer sieht's und freuet sich. / Auch uns're Freud' erschalle laut! / Des Herren Lob sei unser Lied! ...

Dritter Teil ...
27. Duett mit Chor
Adam und Eva: Von deiner Güt', o Herr und Gott, / Ist Erd' und Himmel voll. / Die Welt, so groß, so wunderbar, / Ist deiner Hände Werk. /
Chor: Gesegnet sei des Herren Macht! / Sein Lob erschall' in Ewigkeit! ...

29. Rezitativ
Adam: Nun ist die erste Pflicht erfüllt, / Dem Schöpfer haben wir gedankt. / Nun folge mir, Gefährtin meines Lebens! / Ich leite dich und jeder Schritt / Weckt neue Freud' in unsrer Brust, / Zeigt Wunder überall. / Erkennen sollst du dann, / Welch unaussprechlich Glück / Der Herr uns zugedacht, / Ihn preisen immerdar, / Ihm weihen Herz und Sinn. / Komm, folge mir, ich leite dich.

Joseph Haydn, 1798

Das Oratorium* „Die Schöpfung" (1798) gehört zu den berühmtesten Werken des österreichischen Komponisten JOSEPH HAYDN (1732–1809). Das Chorwerk gliedert sich in drei Teile und schildert das Schöpfungshandeln Gottes von der Entstehung der Welt bis zur Erschaffung von Adam und Eva. Die drei Erzengel, Gabriel, Raphael, Uriel, und der Chor der Engel geben Kunde von dem Handeln Gottes.

1. Vergleichen Sie die im Textauszug enthaltenen wesentlichen Aussagen zum Gottes- und Menschenbild mit den Aussagen der beiden biblischen Schöpfungstexte (Gen 1–2). Beachten Sie auch die Darstellung des Verhältnisses von Mann und Frau.

2. Inwiefern ist J. Haydns Menschenbild typisch „aufklärerisch"? Diskutieren Sie, inwieweit sich in den Texten I. Kants und J. Haydns das Selbstverständnis des heutigen Menschen widerspiegelt.
➡ Seite 27, 75

3. Hören Sie sich eine Einspielung des Oratoriums an. Versuchen Sie zu beschreiben, wie J. Haydn das Libretto* musikalisch interpretiert.

4. Musikgeschichtlich markiert J. Haydns Oratorium den Übergang vom geistlichen Chorwerk zur weltlichen Oper. Informieren Sie sich bei Ihrer Musiklehrerin/ Ihrem Musiklehrer über die Formelemente des Oratoriums und der Oper.

Warum wählt J. Haydn diese Übergangsform vom Oratorium zur Oper?

In seinem Hauptwerk „Ideen zur Philosophie der Geschichte der Menschheit" (1784–91) stellte der Philosoph und Theologe JOHANN GOTTFRIED HERDER *(1744–1803) fest, dass dem Menschen durch seine Vernunft- und Verstandeskräfte sowie durch seine moralische Willens- und Handlungsfreiheit die Voraussetzungen verliehen wurden, sich zu vervollkommnen, sich zu bilden und seine Humanität zu realisieren. Im Streben nach Humanität erreicht der Mensch nach Herder seine Gottesebenbildlichkeit.*

1. Erläutern Sie J.G. Herders Versuch, das Menschenbild der Aufklärung* mit christlichen Vorstellungen zu verbinden.

2. Vergleichen Sie die Positionen I. Kants (siehe Seite 146), J. Haydns (siehe Seite 147) und J.G. Herders unter den Aspekten der göttlichen Bestimmung und der menschlichen Freiheit.

Die Bestimmung des Menschen

Um die Hoheit dieser Bestimmung zu fühlen, lasset uns bedenken, was in den großen Gaben *Vernunft* und *Freiheit* liegt, und wieviel die Natur gleichsam wagte, da sie die selbe einer so schwachen vielfach gemischten Erdorganisation, als der Mensch ist, anvertraute. ...

Der Mensch ist der erste *Freigelassene* der Schöpfung; er stehet aufrecht. Die Waage des Guten und Bösen, des Falschen und Wahren hängt in ihm: Er kann forschen, er soll wählen. Wie die Natur ihm zwo freie Hände zu Werkzeugen gab und ein überblickendes Auge, seinen Gang zu leiten: So hat er auch in sich die Macht, nicht nur die Gewichte zu stellen, sondern auch, wenn ich so sagen darf, *selbst Gewicht zu sein* auf der Waage. Er kann dem trüglichsten Irrtum Schein geben und ein freiwillig Betrogener werden: Er kann die Ketten, die ihn, seiner Natur entgegen, fesseln, mit der Zeit lieben lernen und sie mit mancherlei Blumen bekränzen. Wie es also mit der getäuschten Vernunft ging, gehts auch mit der missbrauchten oder gefesselten Freiheit; sie ist bei den meisten das Verhältnis der Kräfte und Triebe, wie Bequemlichkeit oder Gewohnheit sie festgestellt haben. Selten blickt der Mensch über diese hinaus und kann oft, wenn niedrige Triebe ihn fesseln und abscheuliche Gewohnheiten ihn binden, ärger als ein Tier werden.

Indessen ist er, auch seiner Freiheit nach und selbst im ärgsten Missbrauch derselben, ein König. Er darf doch wählen, wenn er auch das Schlechteste wählte: Er kann über sich gebieten, wenn er sich auch zum Niedrigsten aus eigner Wahl bestimmte. Vor dem Allsehenden, der diese Kräfte in ihn legte, ist freilich sowohl seine Vernunft als Freiheit begrenzt und sie ist glücklich begrenzt, weil der die Quelle schuf, auch jeden Ausfluss derselben kennen, vorhersehen und so zu lenken wissen musste, dass der ausschweifendste Bach seinen Händen nimmer entrann; in der Sache selbst aber und in der Natur des Menschen wird dadurch nichts geändert. Er ist und bleibt für sich ein freies Geschöpf, obwohl die allumfassende Güte ihn auch in seinen Torheiten umfasset und diese zu seinem und dem allgemeinen Besten lenket. ... Der Mensch im Irrtum und in der Wahrheit, im Fallen und Wiederaufstehen Mensch, zwar ein schwaches Kind, aber doch ein Freigeborener: wenn noch nicht vernünftig, so doch einer bessern Vernunft fähig, wenn noch nicht zur Humanität gebildet, so doch zu ihr bildbar.

Johann Gottfried Herder, 1791

Fortschritt als Bedrohung

Beherrschung der Natur – das heißt gleichzeitig: Emanzipation, Befreiung von der Natur durch ihre Vergegenständlichung. Der Prozess der Vergegenständlichung hat nun auch die menschliche Natur erreicht: Ihre zweckrationale Konditionierung (Ausrichtung) wird zum Forschungsziel. „Freedom and dignity", in deren Namen einst die Emanzipation begonnen wurde, werden nun selbst zu Relikten unaufgeklärter Mythologie …. Die Frage, wer sich eigentlich hier emanzipiert, wer eigentlich das Subjekt der vollendeten Naturbeherrschung ist, stellt sich damit … unabweisbar und immer dringlicher. Geht es, so können wir fragen, um die Befreiung eines abstrakten, rein spirituellen (geistigen) Freiheitssubjekts … von allen durch es selbst nicht gesetzten natürlichen und geschichtlichen Bedingungen seines Daseins, oder geht es um die Freiheit des Lebewesens Mensch, d.h. um seine Entfaltungsmöglichkeiten in dem ihm eigentümlichen Wesensraum, zu dem auch die natürlichen und kosmischen Bedingungen gehören, die diesen Lebensraum konstituieren, sowie die moralischen Normen …?
In einem Falle wäre der Gipfel des Fortschritts erreicht, wenn es uns gelänge, menschliche Gehirne in einer Lösung schwimmend am Leben zu erhalten, den in diesen Gehirnen vorausgesetzten Subjekten durch elektrische Ströme permanent euphorische Empfindungen zu induzieren und das Leben abzuschalten, sobald sich Anzeichen des Nachlassens der Euphorie zeigen. Diese Tätigkeit des An- und Abschaltens müsste durch Computer geschehen. Das wäre sozusagen der Idealzustand. Da er vermutlich utopisch bleiben wird, bietet sich als zweitbester ersatzweise die perfekte wissenschaftlich gesteuerte Zucht, Aufzucht und Manipulation der Menschenmassen unter Gesichtspunkten optimaler Systemfunktionalität durch eine Gruppe wissenschaftlicher Herrscher, die selbst alle Bindungen an so etwas wie ein Wesen des Menschen, … an Vorurteile wie Freiheit und Menschenwürde abgestreift haben, mit anderen Worten: die voll emanzipiert sind, nämlich von dem, was in der bisherigen Geschichte Menschsein hieß.
Wenn wir das alles nicht wollen, müssen wir dem Begriff Fortschritt heute einen restriktiveren, einen bescheideneren Sinn geben. Wir müssen ihn als B-Fortschritt und nur als solchen verstehen, d.h. als einen Fortschritt, dessen wesentlicher Zweck, nämlich der Mensch, schon realisiert ist, so dass es sich immer nur um die Begünstigung der wesensgemäßen Entfaltung von Menschen unter wechselnden Umständen handeln kann.

Robert Spaemann, 1981

Von der Aufklärungsepoche bis in die Mitte des 20. Jahrhunderts war der Fortschrittsgedanke verbunden mit der optimistischen Vorstellung wachsender Naturbeherrschung und Freiheit des Menschen. Die Kriegs- und Umweltkatastrophen des 20. Jahrhunderts zeigen, dass „Fortschritt" eine ungeheure Gefährdung nicht nur der Freiheit, sondern der menschlichen Existenz insgesamt bedeuten kann.

Der Philosoph ROBERT SPAEMANN *(geb. 1927) unterscheidet zwischen zwei Typen von Fortschritt. Im nebenstehenden Aufsatz nennt er „Fortschritte, die als Stadien auf einem Weg zu einem Endziel ihre Rechtfertigung finden, A-Fortschritte; Fortschritte als Verbesserung im Dienste eines lebenden Organismus, eines Menschen, einer Gemeinschaft, einer Institution dagegen, B-Fortschritte". Für den „A-Fortschritt" (Bsp. Hausbau) sind die Mittel, die zum Ziel führen, zweitrangig („Der Zweck heiligt die Mittel"). Beim „B-Fortschritt" (Bsp. Philosophiestudium) bilden Mittel und Zweck ein Ganzes.*

1. In welchem Verhältnis sieht R. Spaemann den modernen Menschen zu sich selbst?

2. Erläutern Sie, inwiefern R. Spaemann die Freiheit des Menschen durch den Fortschritt bedroht sieht.

3. Was spräche gegen „ein Leben in der Nährlösung"?

4. Sammeln Sie Beispiele für A- und B-Fortschritte. Lassen sich A- und B-Fortschritte sets voneinander unterscheiden?
➡ *Seite 280ff.*

Menschenbilder in philosophischen und psychologischen Entwürfen

Der entfremdete Mensch

KARL MARX *(1818–83) legte mit seinen philosophischen* und ökonomischen Schriften die Grundlage der verschiedenen sozialistischen* und kommunistischen* Gesellschaftstheorien. Gemeinsam ist diesen Theorien die Vorstellung, dass durch eine Veränderung der Wirtschaftsordnung gerechte gesellschaftliche Verhältnisse geschaffen werden können.*

Eine unmittelbare Konsequenz davon, dass der Mensch dem Produkt seiner Arbeit, seiner Lebenstätigkeit, seinem Gattungsleben entfremdet ist, ist die Entfremdung des Menschen von dem Menschen. Wenn der Mensch sich selbst gegenübersteht, so steht ihm der andere Mensch gegenüber. Was von dem Verhältnis des Menschen zu seiner Arbeit, zum Produkt seiner Arbeit und zu sich selbst, das gilt von dem Verhältnis des Menschen zum anderen Menschen, wie zu der Arbeit und dem Gegenstand der Arbeit des anderen Menschen. Überhaupt, der Satz, dass der Mensch seinem Gattungswesen entfremdet ist, heißt, dass ein Mensch dem andern, wie jeder von ihnen dem menschlichen Wesen, entfremdet ist. ...
Jeder Mensch spekuliert darauf, dem anderen ein neues Bedürfnis zu schaffen, um ihn zu einem neuen Opfer zu zwingen, um ihn in eine neue Abhängigkeit zu versetzen und ihn zu einer neuen Weise des Genusses und damit des ökonomischen Ruins zu verleiten. Jeder sucht eine fremde Wesenskraft über den anderen zu schaffen, um darin die Befriedigung seines eigenen eigennützigen Bedürfnisses zu finden. Mit der Masse der Gegenstände wächst daher das Reich der fremden Wesen, denen der Mensch unterjocht ist, und jedes neue Produkt ist eine neue Potenz des wechselseitigen Betrugs und der wechselseitigen Ausplünderung. Der Mensch wird umso ärmer als Mensch, er bedarf umso mehr des Geldes, um sich des feindlichen Wesens zu bemächtigen, und die Macht seines Geldes fällt gerade im umgekehrten Verhältnis als die Masse der Produktion, d.h. seine Bedürftigkeit wächst, wie die Macht des Geldes zunimmt. Das Bedürfnis des Geldes ist daher das wahre, von der Nationalökonomie produzierte Bedürfnis und das einzige Bedürfnis, das sie produziert. – Die Quantität des Geldes wird immer mehr seine einzige mächtige Eigenschaft, wie es alles Wesen auf seine Abstraktion reduziert, so reduziert es sich in seiner eigenen Bewegung als quantitatives Wesen. Diese Maßlosigkeit und Unmäßigkeit wird sein wahres Maß.

Karl Marx, 1844

1. Entwerfen Sie eine Skizze, die die Leitbegriffe des marxschen Menschenbildes verdeutlichen hilft.

2. „Der Mensch ist dem menschlichen Wesen entfremdet."
Wie beurteilen Sie diese marxsche These?
➡ *Seite 80, 280f.*

Zur Freiheit verurteilt

OREST: Ich entschuldige mich nicht.
JUPITER: Wirklich? Weißt du, dass sie sehr nach einer Entschuldigung aussieht, diese Freiheit, deren Sklave zu sein du behauptest?
OREST: Ich bin weder Herr noch Sklave, Jupiter. Ich *bin* meine Freiheit! Kaum dass du mich geschaffen hast, habe ich dir nicht mehr gehört. ...
Gestern noch warst du ein Schleier vor meinen Augen ..., gestern noch hatte ich eine Entschuldigung: Du warst meine Entschuldigung, dass ich existiere, denn du hattest mich in die Welt gesetzt, damit ich deinen Zwecken diene .... Und dann hast du mich verlassen.
JUPITER: Dich verlassen, ich?
OREST: Gestern war ich bei Elektra; sie pries deine Güte, die Sirene, und überschüttete mich mit Ratschlägen. Um mich milde zu stimmen, wurde der sengende Tag milde wie ein Blick, der sich verschleiert; um mir das Vergessen der Kränkungen zu predigen, wurde der Himmel sanft wie ein Verzeihen. Meine Jugend, die deinen Befehlen gehorchte, hatte sich erhoben, sie stand vor meinem Blick, flehend wie eine Braut, die man verlassen will: Ich sah meine Jugend zum letzten Mal. Aber plötzlich ist die Freiheit über mich gekommen und hat mich durchdrungen, die Natur hat von mir abgelassen, und ich hatte kein bestimmtes Alter mehr, und ich habe mich ganz allein gefühlt in deiner kleinen glückseligen Welt wie einer, der seinen Schatten verloren hat; und nichts mehr war im Himmel, weder Gutes noch Böses, noch jemand, der mir Befehle geben konnte.
JUPITER: Und jetzt? Soll ich das räudige Schaf bewundern, das von seiner Herde abgesondert wird ...? Denk daran, Orest: Du bist ein Teil meiner Herde gewesen, mitten unter meinen Schafen hast du das Gras meiner Felder abgeweidet. Deine Freiheit ist nur eine Krätze, die dich juckt, sie ist nur eine Verbannung.
OREST: Du sagst es: eine Verbannung.
JUPITER: Das Übel sitzt nicht so tief, es stammt erst von gestern. Komm wieder zu uns. Komm zurück: Sieh, wie einsam du bist, selbst deine Schwester verlässt dich. ...
OREST: ... [I]ch werde nicht unter dein Gesetz zurückkehren: Ich bin dazu verurteilt, kein anderes Gesetz als mein eigenes zu haben. Ich werde nicht zu deiner Natur zurückkehren: Tausend vorgezeichnete Wege führen hier zu dir, aber ich kann nur meinem eigenen Weg folgen. Denn ich bin ein Mensch, Jupiter, und jeder Mensch muss seinen eigenen Weg erfinden.

Jean-Paul Sartre, 1943

JEAN-PAUL SARTRE *(1905–80) war einer der wichtigsten Vertreter des Existenzialismus* und gehörte zu den bedeutendsten Denkern des 20. Jahrhunderts.*

Aber auch seine Dramen, Romane und Erzählungen machten ihn weltbekannt. Politisch betätigte er sich gegen die Kriege in Algerien und Vietnam und wurde so zu einer der Leitfiguren der Studentenbewegung in den 60er-Jahren des 20. Jahrhunderts. 1964 lehnte er den Literaturnobelpreis ab.

Die Uraufführung des Stücks „Die Fliegen" fand 1943 in Paris statt.

Sartre griff hier auf einen antiken Tragödienstoff zurück: Nach Jahren des Exils entschließt sich Orest, die Ermordung seines Vaters Agamemnon zu rächen, indem er den Mörder Ägist und seine mit diesem Mann verheiratete Mutter Klytämnestra tötet.

Der Szenenausschnitt stammt aus dem 3. Akt: Am Morgen nach der Tat versucht Jupiter, Orest dazu zu bewegen, zu ihm zurückzukehren. Er soll das Unrecht seiner Tat erkennen, Reue zeigen und um Vergebung bitten.

1. Orest spricht davon, dass ihm der Schleier von den Augen gezogen wurde. Was erkennt er? In welchem Verhältnis sieht er sich zu Gott und zur Welt?

2. Wie lässt sich das Stück zeitgeschichtlich deuten?

3. Bereiten Sie ein Referat zum Thema „Existenzialismus" vor.

SIGMUND FREUD *(1856–1939)
ist der Begründer der modernen
Psychoanalyse. S. Freud erkannte die Bedeutung des
„Unbewussten" für die Psyche
des Menschen. Als Hauptantrieb menschlichen Verhaltens
nahm Freud die „Libido"
(Begierde)
an, den er später um den
„Destruktions-" bzw. „Todestrieb" ergänzte. In seiner Lehre
von den psychischen Instanzen
des „Es", des „Ich" und des
„Über-Ich" stellte Freud die
Bedeutung der frühkindlichen
Entwicklungsstadien dar.*

1. Erarbeiten Sie in einem Referat S. Freuds Theorien der psychischen Instanzen und der frühkindlichen Entwicklung.

2. Erläutern Sie die verschiedenen Kränkungen der „menschlichen Eigenliebe". Hat die Menschheit seit S. Freud weitere Kränkungen erfahren müssen?

3. Welchen Anfeindungen sah sich die Psychoanalyse ausgesetzt? Verfassen Sie hierzu ein Referat über Freuds Biografie.

4. Vergleichen Sie das Menschenbild von K. Marx (siehe Seite 150) und S. Freud. Nehmen Sie Stellung. Ziehen Sie auch den zweiten Text auf dieser Seite hinzu.

➡ Seite 81

Die Kränkungen der Eigenliebe

Mit (der) Hervorhebung des Unbewussten im Seelenleben haben wir aber die bösesten Geister der Kritik gegen die Psychoanalyse aufgerufen. Wundern Sie sich darüber nicht und glauben Sie auch nicht, dass der Widerstand gegen uns nur an der begreiflichen Schwierigkeit des Unbewussten oder an der relativen Unzugänglichkeit der Erfahrungen gelegen ist, die es erweisen. Ich meine, er kommt von tiefer her. Zwei große Kränkungen ihrer naiven Eigenliebe hat die Menschheit im Laufe der Zeiten von der Wissenschaft erdulden müssen. Die erste, als sie erfuhr, dass unsere Erde nicht der Mittelpunkt des Weltalls ist, sondern ein winziges Teilchen eines in seiner Größe kaum vorstellbaren Weltsystems. Sie knüpft sich für uns an den Namen Kopernikus, obwohl schon die alexandrinische Wissenschaft Ähnliches verkündet hatte. Die zweite dann, als die biologische Forschung das angebliche Schöpfungsvorrecht des Menschen zunichte machte, ihn auf die Abstammung aus dem Tierreich und die Unvertilgbarkeit seiner animalischen Natur verwies. Diese Umwertung hat sich in unseren Tagen unter dem Einfluss von Ch. Darwin, Wallace und ihren Vorgängern nicht ohne das heftigste Sträuben der Zeitgenossen vollzogen. Die dritte und empfindlichste Kränkung aber soll die menschliche Größensucht durch die heutige psychologische Forderung erfahren, welche dem Ich nachweisen will, dass es nicht einmal Herr ist im eigenen Haus, sondern auf kärgliche Nachrichten angewiesen bleibt von dem, was unbewusst in seinem Seelenleben vorgeht. Auch diese Mahnung zur Einkehr haben wir Psychoanalytiker nicht zuerst und nicht als die einzigen vorgetragen. ... Daher die allgemeine Auflehnung gegen unsere Wissenschaft, die Versäumnis aller Rücksichten akademischer Urbanität und die Entfesselung der Opposition von allen Zügeln unparteiischer Logik.

Sigmund Freud, 1917

Privateigentum und Aggressionslust

Ich habe nichts mit der wirtschaftlichen Kritik des kommunistischen* Systems zu tun, ich kann nicht untersuchen, ob die Abschaffung des privaten Eigentums zweckdienlich und vorteilhaft ist. Aber seine psychologische Voraussetzung vermag ich als haltlose Illusion zu erkennen. Mit der Aufhebung des Privateigentums entzieht man der menschlichen Aggressionslust eines ihrer Werkzeuge, gewiss ein starkes und gewiss nicht das stärkste. An den Unterschieden von Macht und Einfluss, welche die Aggression für ihre Absichten missbraucht, daran hat man nichts geändert, auch an ihrem Wesen nicht.

Sigmund Freud, 1930

Ich-Findung

Der Psychologe* Erik Erikson (1902–94) übertrug biologische Erkenntnisse auf die sozialpsychologische Entwicklung des Menschen und kam so zum „epigenetischen" Prinzip, nach dem die menschliche Entwicklung einem festen Grundplan folgt.

Erikson beschrieb ... acht Grundkonflikte, die der Mensch im Laufe seines Lebens zu lösen hat. In jeder Lebensphase muss durch die Lösung ihres Grundkonfliktes eine Fähigkeit erworben werden, die wiederum für die nächste Phase und ihre Aufgabenstellung entscheidend ist.
Im ersten Lebensjahr geht es um den Konflikt zwischen *Urvertrauen* und *Urmisstrauen*. Wird keine Vertrauen erweckende Umwelt erfahren, beherrscht destruktives Misstrauen gegen andere und sich selbst das spätere Leben; dazu gehören auch selbstzerstörerische Schuldgefühle: „Warum bin ich überhaupt vorhanden?"
Im zweiten Lebensjahr stehen *Autonomie* (Selbstbestimmung) gegen *Scham* und *Zweifel*. Das Brechen des Willens, wie eine christliche Erziehung früherer Zeit dies anstrebte, erzeugt mutlose und trotzige Menschen, die in starren Ordnungen ersticken, ohne Spontaneität und Kreativität.
Im dritten bis sechsten Lebensjahr geht es um *Initiative* (gerade auch im Blick auf die sich regenden ersten sexuellen Gefühle) gegenüber *einengenden Schuldgefühlen*. Unter dem Druck eines triebfeindlichen Gewissens kann es zur Verleugnung der Wirklichkeit, zu psychosomatischen Erkrankungen und zum Rückfall auf frühere Entwicklungsstufen kommen. Sind in dieser Phase keine vorbildhaften Elternfiguren da, zu denen eine emotionale Beziehung besteht, entsteht kein realitätsgerechtes Gewissen. In der Zeit zwischen Schulbeginn und Pubertät sucht das Kind seine *Minderwertigkeitsgefühle* durch *Leistung* zu überwinden. Versagen und Entmutigung können einen Lebensweg destruktiv verändern bis hin zur Kriminalität: „Es geschieht euch recht, wenn aus mir nichts wird!"
In der Pubertät und Adoleszenz steht der Jugendliche im Konflikt zwischen *Identität* und *Rollenkonfusion*. Er weiß noch nicht genau, wer er ist, und muss bereits die verschiedensten neuen Rollenerwartungen erfüllen. Er rettet sich in die Clique Gleichaltriger und in die Identifizierung mit Idolen. Viele Jugendliche haben dabei oft große Schuldgefühle wegen ihrer Ablösung vom Elternhaus.
Im frühen Erwachsenenalter löst sich die Gruppe der Gleichaltrigen auf. *Intimität*, die Fähigkeit, eine Bindung einzugehen, steht gegen die *Isolierung*. Das Erwachsenenalter steht unter der Spannung von *zeugender, kreativer Fähigkeit* und *Stagnation*. Man hat sich eingerichtet in Familie und Beruf; die Aufgabe ist, nicht zu resignieren im Stetiggleichen, sondern schöpferisch zu bleiben in der Erziehung von Kindern oder in geistig-künstlerischer Kreativität.
In der Altersphase muss der Mensch das, was er geworden ist (*Ich-Integrität*), verteidigen gegen das Todesschicksal. Das bedeutet den Verzicht auf die kindliche Allmachtsvorstellung und den Wunsch nach Unvergänglichkeit, die Ergebung in das Schicksal des Todes. Wenn das nicht gelingt, kann gerade die Angst vor dem Tod, die Sorge, nicht genügend gelebt zu haben, den alternden Menschen in tiefe Verwicklungen und Schwierigkeiten bringen.
Das Urvertrauen des Anfangs zieht sich durch alle Phasen in immer neuen Aspekten hindurch. In dieser letzten Phase beschreibt es Erikson als die Haltung des Glaubens, der den Konflikt zwischen Selbstbehauptung und Verzweiflung überwindet.

Evangelischer Erwachsenenkatechismus, 1975

1. Stellen Sie E. Eriksons Theorie der Identitätsentwicklung des Menschen in einem grafischen Modell dar.

2. Welche Fähigkeiten müssen jeweils erlernt werden, um die Grundkonflikte auszubalancieren?

3. Welche Bedeutung könnte Religion in E. Eriksons Sicht der Identitätsentwicklung spielen?

Größe und Elend der Aufklärung

Der Versuch der Aufklärung*, die Gesamtheit der Welt – Natur und Geschichte, Staat und Gesellschaft, Gemeinschaft, Sitte und Recht – kraft des menschlichen Vermögens zu durchdringen und zu bewältigen, konnte auch vor dem Christentum nicht Halt machen. Nicht, dass man das Christentum zu beseitigen oder auch nur beiseite zu setzen gedacht hätte – aber auch der Glaube wurde jetzt in das Kraftfeld des souveränen menschlichen Selbstbewusstseins einbezogen. ...
Größe und Elend der Aufklärung – was spiegelt sich darin anderes als die Größe und das Elend des Menschen?

Der Mensch der Aufklärung gleicht dem Sohn in Jesu Gleichnis, der sich vom Vater sein Erbe auszahlen lässt und in die Welt hinauszieht, um nicht mehr unter der Leitung eines anderen zu stehen, sondern um sich zu „verselbständigen" und über sein Vermögen nach eigenem Wunsch und Willen zu verfügen. Und er tut recht daran, denn der Mensch soll frei und mündig sein – darum lässt der Vater ihn auch ungehindert ziehen.
Seitdem hat der Sohn einen weiten Weg zurückgelegt und dabei viel gewonnen, aber auch seine Kräfte reichlich verausgabt. Nun hält er inne und fragt sich, ob seine Rechnung aufgegangen ist. Blickt er um sich, so erkennt er rings umher eine Reihe von „Denkzetteln". Er sieht:
- dass die Welt unter seiner Hand zwar zu einer Welt des Menschen, damit aber nicht auch schon zu einer menschlichen Welt geworden ist;
- dass der Fortschritt seine Lockungen für viele verloren hat, seit sie sich täglich empfindlicher mit den Folgen ihres eigenen welterklärenden und weltverändernden Tuns konfrontiert sehen;
- dass das Leben mit Vernunft und Moral nicht allein zu meistern ist und selbst den Menschen guten Willens immer nur Fragmente von Menschlichkeit gelingen;
- dass der Mensch sich in ein Geflecht aus Schicksal und Schuld verstrickt sieht, aus dem er sich mit eigener Kraft offensichtlich nicht zu befreien vermag;
- dass die einst zuversichtlich gestellte Frage, wie der Mensch dazu gebracht werden könne, dass er tut, was er soll, heute überholt und ihrerseits in Frage gestellt wird von der radikaleren, wie der Mensch davon abgehalten werden könne, dass er nicht mehr alles tut, was er kann;
- dass es zur Vernunft gehört, den Menschen nicht für allzu vernünftig zu halten, vielmehr zu erkennen, dass es niemals eine „reine Vernunft" gibt, sondern dass die Vernunft des Menschen immer schon besetzt ist von allerlei Trieben und Vorurteilen, vor allem von seiner eigenen Angst;

Heinz Zahrnt *(geb. 1915) ist evangelischer Theologe und Schriftsteller.*

1. Erläutern Sie H. Zahrnts Thesen zu „Größe und Elend der Aufklärung".

2. Wie beurteilen Sie H. Zahrnts Deutung des Gleichnisses vom verlorenen Sohn (Lk 15,11–32)?

3. Sollte/kann der Mensch, der durch den Aufklärungsprozess gegangen ist, wie der verlorene Sohn zum Vater zurückkehren?

4. Der Titel des Buches, aus dem der Text stammt, lautet „Aufklärung durch Religion". Wie deuten Sie diesen Titel?

➡ *Seite 146ff.*

– dass es in der Geschichte der Menschheit Leiden gibt, die keine Emanzipation aufzuheben vermag, und dass auch alle Emanzipationsgeschichte stets Leidensgeschichte bleibt.
Alles in allem: Das Elend der Aufklärung besteht in ihrem heimlichen oder offenbaren Optimismus. Aber so einfach, wie es sich der Mensch des 18. Jahrhunderts vorgestellt hat, ist das Leben nicht, weder in Bezug auf Gott noch in Bezug auf den Menschen und auf die Welt. Nicht in Bezug auf Gott: Gott ist keine zuhandene Größe, sondern eine dem Menschen widerfahrende, ja eine widerspenstige Wirklichkeit. Nicht in Bezug auf den Menschen: Gerade der autonome, der seiner selbst mächtige Mensch erfährt angesichts seiner Eigenverantwortung verstärkt die Unverfügbarkeit seines Daseins. Und nicht in Bezug auf die Welt: Die irdischen Dinge sind sehr gebrechlich und daher höchstens ein wenig zum Besseren, aber niemals zum ganz Guten zu wenden.

Heinz Zahrnt, 1980

Der Maler MAX BECKMANN *wurde 1884 geboren. Nach dem Ersten Weltkrieg lebte und arbeitete er in Frankfurt a.M. Als er 1933 als Kunstprofessor von den Nationalsozialisten entlassen wurde, ging er zunächst nach Berlin. Geächtet als „entarteter Künstler", ließ sich M. Beckmann in Amsterdam nieder. Nach dem Zweiten Weltkrieg wanderte er in die USA aus, wo er 1950 verstarb. Dort malte er 1949 ein Selbstporträt mit dem Titel „Der verlorene Sohn". Zur gleichen Zeit notierte er in seinem Tagebuch:*

Beckmann zog dann zuletzt in ein fernes, großes Land und langsam sahen wir seine Gestalt undeutlicher werden. Schließlich verschwand sie ganz in unbestimmte Weiten.

Max Beckmann, Der verlorene Sohn, 1949

Vergleichen Sie M. Beckmanns und H. Zahrnts Deutungen des Gleichnisses.

Der tolle Mensch

Die „Rede des tollen Menschen" (1886) von Friedrich Nietzsche *(1844–1900) ist als eine Auseinandersetzung mit der Aufklärung* zu lesen. Wie viele der philosophischen* Texte F. Nietzsches ist dieser Text als Aphorismus abgefasst, der ähnlich wie die Parabel verschiedene Deutungsmöglichkeiten eröffnet.*

Der tolle Mensch. – Habt ihr nicht von jenem tollen Menschen gehört, der am hellen Vormittag eine Laterne anzündete, auf den Markt lief und unaufhörlich schrie: „Ich suche Gott! Ich suche Gott!" – Da dort gerade viele von denen zusammenstanden, welche nicht an Gott glaubten, so erregte er ein großes Gelächter. Ist er denn verloren gegangen? sagte der eine. Hat er sich verlaufen wie ein Kind? sagte der andere. Oder hält er sich versteckt? Fürchtet er sich vor uns? Ist er zu Schiff gegangen? Ausgewandert? – so schrien und lachten sie durcheinander. Der tolle Mensch sprang mitten unter sie und durchbohrte sie mit seinen Blicken. „Wohin ist Gott?", rief er, „ich will es euch sagen! *Wir haben ihn getötet* – ihr und ich! Wir alle sind Mörder! Aber wie haben wir dies gemacht? Wie vermochten wir das Meer auszutrinken? Wer gab uns den Schwamm, um den ganzen Horizont wegzuwischen? Was taten wir, als wir diese Erde von ihrer Sonne losketteten? Wohin bewegt sie sich nun? Wohin bewegen wir uns? Fort von allen Sonnen? Stürzen wir nicht fortwährend? Und rückwärts, seitwärts, vorwärts, nach allen Seiten? Gibt es noch ein Oben und ein Unten? Irren wir nicht wie durch ein unendliches Nichts? Haucht uns nicht der leere Raum an? Ist es nicht kälter geworden? Kommt nicht immerfort die Nacht und mehr Nacht? Müssen nicht Laternen am Vormittage angezündet werden? Hören wir noch nichts von dem Lärm der Totengräber, welche Gott begraben? Riechen wir noch nichts von der göttlichen Verwesung? – auch Götter verwesen! Gott ist tot! Gott bleibt tot! Und wir haben ihn getötet! Wie trösten wir uns, die Mörder aller Mörder? Das Heiligste und Mächtigste, was die Welt bisher besaß, es ist unter unsern Messern verblutet – wer wischt dies Blut von uns ab? Mit welchem Wasser könnten wir uns reinigen? Welche Sühnefeiern, welche heiligen Spiele werden wir erfinden müssen? Ist nicht die Größe dieser Tat zu groß für uns? Müssen wir nicht selber zu Göttern werden, um nur ihrer würdig zu erscheinen? Es gab nie eine größere Tat – und wer nur immer nach uns geboren wird, gehört um dieser Tat willen in eine höhere Geschichte, als alle Geschichte bisher war!" – Hier schwieg der tolle Mensch und sah wieder seine Zuhörer an: Auch sie schwiegen und blickten befremdet auf ihn. Endlich warf er seine Laterne auf den Boden, dass sie in Stücke sprang und erlosch. „Ich komme zu früh", sagte er dann, „ich bin noch nicht an der Zeit. Dies ungeheure Ereignis ist noch unterwegs und wandert – es ist noch nicht bis zu den Ohren der Menschen gedrungen. Blitz und Donner brauchen Zeit, das Licht der Gestirne braucht Zeit, Taten brauchen Zeit, auch nachdem sie getan sind, um gesehn und gehört zu werden. Diese Tat ist ihnen immer noch ferner als die fernsten Gestirne – *und doch haben sie dieselbe getan!*" – Man erzählt noch, dass der tolle Mensch desselbigen Tages in verschiedene Kirchen eingedrungen sei und darin sein *Requiem aeternam deo* (Grabgesang über Gott) angestimmt habe. Hinausgeführt und zur Rede gesetzt, habe er immer nur dies entgegnet: „Was sind denn diese Kirchen noch, wenn sie nicht die Grüfte und Grabmäler Gottes sind?"

Friedrich Nietzsche, 1886

1. Lesen Sie die so genannte „Areopagrede" des Paulus (Apg 17,16–34) und vergleichen Sie diese mit F. Nietzsches Text.

2. F. Nietzsche verwendet eine Fülle von Fragen. Wählen Sie eine aus und erklären Sie, was diese Frage erreichen soll.

3. Zieht F. Nietzsche eine eher positive oder negative Bilanz der Aufklärung?

4. Für wie modern halten Sie die Rede des „tollen Menschen"?

Der Übermensch

Jake & Dinos Chapman, Ubermensch, 1995

Der Titel der über 3,5 Meter hohen Skulptur „Ubermensch" der beiden englischen Künstler JAKE und DINOS CHAPMAN ist eine Anspielung auf F. Nietzsches Vorstellung vom „Übermenschen", der sich von den Zwängen der Religion und der Moral befreit und die Welt bezwingt: Da Gott tot ist, könne der Mensch nur eine Überhöhung seiner selbst anstreben.
5 Möglicherweise verweist diese Skulptur auch auf den Mythos* des Sisyphus, dessen Lebenssinn darin bestand, unentwegt eine große Kugel auf einen steilen Berg zu rollen, sein Ziel jedoch nie erreichte.
Auf dem Rollstuhl ist der Naturwissenschaftler STEPHEN HAWKING zu erkennen, der aufgrund einer Krankheit nur mit Hilfe seines Computers mit der Außenwelt kommunizieren kann.

1. Versuchen Sie, die Skulptur als Sinnbild für die Situation des Menschen in der Gegenwart zu deuten.

2. Verändern Sie die Abbildung der Skulptur als Collage in Ihrem Sinne zu dem Thema „Der Mensch im 3. Jahrtausend".
➡ *Seite 34, 282f.*

Die heutigen Fragen nach dem Sinn der eigenen Existenz gleichen Suchbewegungen nach den Möglichkeiten, „sich selbst zu verwirklichen", „die eigene Identität" und „die eigenen Fähigkeiten zu entwickeln".

Diese Fragen rechnen nicht damit, dass es Gott ist, der in seiner Barmherzigkeit „deine Gerechtigkeit heraufführen wird wie das Licht und dein Recht wie den Mittag" (Ps 37,6).

Mit der Ablösung der Frage nach der Wirklichkeit Gottes und der Wirksamkeit seiner Gerechtigkeit verändert sich auch die Frage nach dem Menschen und dem Sinn seiner Existenz.

Wenn die Frage nach dem Menschen und die Frage nach Gott so weit auseinander fallen, dass der Mensch sich nicht mehr bewusst ist, dass er von Gott als Mensch definiert ist, gerät er unter den Zwang, sich ständig vor dem eigenen Gewissen rechtfertigen zu müssen. Für Gnade, Vergebung und Trost ist jedoch kein Raum, wo ich mich selbst vor mir selbst rechtfertigen muss.

Der Philosoph ODO MARQUARD *(geb. 1929) formuliert die Sinnfrage des heutigen Menschen so:*

Mit welchem Recht gibt es dich überhaupt und nicht vielmehr nicht und mit welchem Recht bist du so, wie du bist, und nicht vielmehr anders? Unter dem Druck dieser Frage muss sich fortan jeder Mensch *in toto* ständig zur Disposition stellen: Jedermann hat – als säkularisiertes* *causa sui* – ohne Pardon die totale Beweislast für sein eigenes Seindürfen und Soseindürfen.

Der Mensch auf der Suche nach sich selbst

Körperkult schafft Seelenqual

Eine Bronchitis? Natürlich zu viel geraucht! Krebs? Gewiss zu leichtsinnig gelebt! Eine Allergie? Zweifellos zu viel Ärger heruntergeschluckt. Depressionen? Offensichtlich zu wenig Sport getrieben!
Solche Reaktionen sind Ausdruck einer tückischen Philosophie: Wer krank und schwach ist, hat selber Schuld. ... Die Kranken und Schwachen können nur selten mit Einfühlung und Fürsorge rechnen, sondern nur mit Tadel und Schadenfreude der Besserwissenden. Wer noch gesund ist, lebt ständig in der Angst, er sei ebenso schutzlos der Überheblichkeit und dem Durchsetzungswillen der Stärkeren ausgeliefert, wenn er eines Tages krank werde.
Der moderne Gesundheitskult idealisiert die Jugendlichkeit und entwickelt Wut gegen Schwäche, Altern und Sterben. ... Das verbissene Ringen um ewige Jugend bringt den Einzelnen allerdings unter erheblichen Druck, sich ständig als stark und elastisch zu erweisen, was ihm Qual und Verstellung abverlangt. Die Gesundheitsfürsorge zwingt zur Heuchelei und macht dadurch das Leben unerträglich. Der radikale Einsatz für die Gesundheit wird zu einem Kleinkrieg gegen den eigenen Körper. Zu den zahlreichen Zivilisationskrankheiten ist eine neue soziale Krankheit getreten: die verbissene Sucht nach unaufhörlicher Fitness. ... Die Bürger tyrannisieren sich selbst, anstatt jene anzugreifen, die ihren natürlichen und sozialen Lebensraum vernichten. Die Machteliten unterstützen den unbewussten Unsterblichkeitswunsch der Bürger, um davon abzulenken, dass sie selbst zur vorzeitigen Sterblichkeit so wirkungsvolle Beiträge leisten.
Der Mythos* von der individuellen Machbarkeit der Gesundheit, die Vorstellung, der Einzelne könne Gesundheit herstellen wie eine Gartenlaube, führt in einen offensichtlichen Zwiespalt. Denn während der Bevölkerung durch Werbung oder politische Propaganda eingeredet wird oder sie sich selbst einredet, jeder könne durch individuelle Vorsorge seine Gesundheit schützen, so erleben die Bürger auf der anderen Seite ständig, dass ihre körperliche Unversehrtheit durch globale militärische und ökologische Katastrophen, denen sie hilflos ausgeliefert sind, jederzeit ein Ende haben könnte.

Jörg Bopp, 1987

Bin ich wirklich ...

Die Konsequenz ist, dass die Menschen immer nachdrücklicher in das Labyrinth der Selbstverunsicherung, Selbstbefragung und Selbstvergewisserung hineingeraten. Der (unendliche) Regress der Fragen: „Bin ich wirklich glücklich?", „Bin ich wirklich selbsterfüllt?", „Wer ist das eigentlich, der hier ‚ich' sagt und fragt?", führt in immer neue Antwort-Moden, die in vielfältiger Weise in Märkte für Experten, Industrien und Religionsbewegungen umgemünzt werden.

In der Suche nach Selbsterfüllung reisen die Menschen nach Tourismuskatalog in alle Winkel der Erde. Sie zerbrechen die besten Ehen und gehen in rascher Folge immer neue Bindungen ein. Sie lassen sich umschulen. Sie fasten. Sie joggen. Sie wechseln von einer Therapiegruppe zur anderen. Besessen von dem Ziel der Selbstverwirklichung reißen sie sich selbst aus der Erde heraus, um nachzusehen, ob ihre Wurzeln auch wirklich gesund sind.

Dieses Wertsystem der Individualisierung enthält zugleich auch Ansätze einer neuen Ethik*, die auf dem Prinzip der „Pflichten gegenüber sich selbst" beruht. Dies stellt für die traditionelle Ethik einen Widerspruch dar, da Pflichten notwendig Sozialcharakter haben und das Tun des Einzelnen mit dem Ganzen abstimmen und in es einbinden. Diese neuen Wertorientierungen werden daher auch leicht als Ausdruck von Egoismus und Narzissmus (miss)verstanden. Damit wird jedoch der Kern des Neuen, der hier hervorbricht, verkannt. Dieser richtet sich auf Selbstaufklärung und Selbstbefreiung als eigenständigen, lebenspraktischen Prozess; dies schließt die Suche nach neuen Sozialbindungen in Familie, Arbeit und Politik mit ein.

Ulrich Beck, 1986

Zum exklusiven menschlichen Lebenspensum wird, vor einem Dauertribunal, bei dem der Mensch zugleich als Ankläger und Richter agiert, die Entscheidung, dafür leben zu müssen, dass es ihn gibt und nicht vielmehr nicht, und dass es ihn so gibt, wie es ihn gibt, und nicht vielmehr anders.
Odo Marquard, 1980

Der Soziologe* ULRICH BECK (geb. 1944) weist darauf hin, dass für viele Menschen die konventionellen Lebensziele wie Familiengründung, berufliche Karriere und gesellschaftliche Anerkennung schon längst nicht mehr die neuen Bedürfnisse nach Selbstfindung und Selbstbestätigung, nach einem ausgefüllten und selbst gestalteten Leben befriedigen können. Stattdessen werden unter dem Vorzeichen der Individualisierung aller Lebensverhältnisse immer neue Formen der Lebensgestaltung gesucht und erprobt.

1. Erörtern Sie die These vom Selbstrechtfertigungszwang des säkularisierten* Menschen.

2. J. Bopp und U. Beck beschreiben gleiche gesellschaftliche Phänomene, sie kommen jedoch zu unterschiedlichen Folgerungen und Bewertungen. Erläutern Sie diese und nehmen Sie hierzu kritisch Stellung.

3. Beobachten Sie die von J. Bopp und U. Beck beschriebenen Tendenzen in Ihrer Erfahrungswelt?

4. Versuchen Sie, zu dem Text von U. Beck ein Bild zu malen oder zu collagieren.

➡ Seite 188, 253

Zu den bedeutenden Philosophen* der Gegenwart gehört der Franzose JEAN-FRANÇOIS LYOTARD *(1924–98), der maßgeblich die Diskussion um die Moderne angestoßen hat.*

In seinem 1979 erschienenen Buch „La condition postmoderne" erklärt J.-F. Lyotard das Zeitalter der großen Ideologien* der Aufklärung*, des Sozialismus* und des Liberalismus* für gescheitert.

Spätestens seit der großen politischen Wende in Europa um das Jahr 1989 haben die politischen Ideologien – Lyotard nennt sie die „großen Erzählungen" – ihre Kraft verloren. An die Stelle der großen sinnstiftenden „Erzählungen" ist die Menge der vielen kleinen „Erzählungen" getreten.

Unter den Bedingungen der Postmoderne können sich Lebensgeschichten kaum noch in vorgegebenen Bahnen bewegen, sondern müssen individuell entwickelt, gedeutet und begründet werden.

1. Überprüfen Sie U. Becks Thesen an Ihrer eigenen Biografie. Vergleichen Sie zum Beispiel die Biografien Ihrer Großeltern mit denen Ihrer Eltern und mit Ihrer eigenen Lebensplanung.

2. Bereiten Sie ein Referat zur Wandlung ehestiftender Motive seit der Frühen Neuzeit vor.
(Material finden Sie bei Ingeborg Weber-Kellermann, Die deutsche Familie. Versuch einer Sozialgeschichte, Frankfurt a.M. 1996, st 2557)

➡ Seite 188

Theorie und Praxis des eigenen Lebens

Traditionelle und moderne Biografien

Die qualitative Differenz zwischen traditionaler und moderner Biografie liegt nicht darin, ..., dass früher in ständischen und agrarischen Gesellschaften Kontrollen und Vorgaben die Lebensgestaltung auf ein Minimum eingeschränkt haben, während diese heute kaum noch bestehen. Gerade im Bürokratie- und Institutionendickicht der Moderne ist das Leben in Netzwerke von Vorgaben und (bürokratischen) Regeln fest eingebunden. Das Entscheidende ist vielmehr, dass die modernen Vorgaben die *Selbstorganisation* des Lebenslaufes ... geradezu erzwingen.

Früher gab es zum Beispiel sehr genaue Regeln für die Eheschließung, so dass in manchen Regionen und Zeiten fast die Hälfte der Personen im heiratsfähigen Alter ledig blieben. Heute dagegen laufen viele Vorgaben – des Bildungssystems, des Arbeitsmarktes, des Sozialstaates – auf die Aufforderung hinaus, bei Strafe ökonomischer Einbußen, das Leben in eigener Regie zu gestalten. In traditionale Gesellschaften wurde man hineingeboren (wie etwa in Stand und Religion), für die neuen Vorgaben dagegen muss man selbst etwas tun. ... Die Einzelnen werden zu Akteuren, Konstrukteuren, Jongleuren, Inszenatoren ihrer Biografie, ihrer Identität, aber auch ihrer sozialen Bindungen und Netzwerke. ...

Eigenes Leben heißt also: Die *Normal*biografie wird zur *Wahl*biografie, zur *Bastel*biografie, zur *Risiko*biografie, zur *Bruch*- oder *Zusammenbruchs*biografie. Gemeint ist nicht der *Schmied* des eigenen Glücks, auch nicht der *Held*, der seine Umstände meistert, oder der *Architekt*, der das Haus des eigenen Lebens plant, bis in die Einrichtung hinein gestaltet. Einzelne Elemente dieser Bilder treffen dennoch zu. Denn oft wird mit Trauer *und* Stolz über Versäumnisse *und* Errungenschaften berichtet; und angesichts der aufbrechenden Entscheidungsmöglichkeiten und Abstimmungszwänge kann es schon erforderlich werden, dass der Einzelne zum biografischen Planungsbüro seiner selbst wird. ... Falsch (im Sinne der Theorie) sind daher die Gegenmetaphern, die das (eigene) Leben als „Zementblock", „Fels", „Fluss", „Kreislauf", „Rennen gegen Windmühlenflügel" vorstellen. Denn ohne Aktivität im und am Schicksal ist die Rede vom „eigenen Leben" schlechterdings nicht sinnvoll.

Ulrich Beck, 1995

Erlebe dein Leben

Im Entscheidungssog der Möglichkeiten wird der Mensch immer wieder auf seinen Geschmack verwiesen. Vor dem Fernseher, beim Einkaufsbummel, bei der Auswahl des Urlaubsziels, im Zeitschriftenladen usw. muss man sich danach richten, worauf man Lust hat, wonach sonst? Der Handelnde erfährt sich nicht als moralisches Wesen, als Kämpfer für ein weit entferntes Ziel, als Unterdrückter mit der Vision einer besseren Welt, als Überlebenskünstler, als Träger von Pflichten. Wissen, was man will, bedeutet wissen, was einem gefällt. „Erlebe dein Leben" ist der kategorische Imperativ unserer Zeit. Der Erlebniswert von Angeboten überspielt den Gebrauchswert und wird zum dominierenden Faktor der Kaufmotivation und der Kalkulation von Absatzchancen. ...

Auch jenseits des Konsums verändern sich die Koordinaten der Existenz. Traditionelle Zweckbestimmungen des Körpers wie Arbeit, Kampf, Fortpflanzung werden verdrängt durch die Instrumentalisierung des Organismus als Erlebnismedium. Die Psyche wird nicht mehr gemessen mit Begriffen wie Tugenden, Standhaftigkeit, Charisma oder edle Größe, sondern mit Kriterien wie Spontaneität, Empfindungsreichtum und Gefühlsintensität. Diese Maßstäbe gelten auch für den Kontakt mit anderen. Abstammung und verwandtschaftliche Beziehungen, Religion, ökonomische Situation, ständische, kulturelle und lokale Zugehörigkeit haben als Gesichtspunkt der Auswahl von Interaktionspartnern an Bedeutung verloren. Soziale Milieus bilden sich als Erlebnisgemeinschaften.

Die Zunahme von Erlebnisorientierung hat verschiedene Aspekte: Erstens ist eine soziale Expansion der Erlebnisorientierung von wenigen privilegierten Schichten (Adel und Großbürgertum) auf immer größere Teile der Bevölkerung festzustellen. Zweitens beansprucht erlebnisorientiertes Handeln einen immer größeren Anteil am individuellen Zeitbudget. Drittens dringt Erlebnisorientierung in immer mehr Bereiche des Alltagslebens vor. War sie zunächst auf die Freizeit beschränkt, so wurde ... immer mehr die Arbeit erfasst. Enge Sozialbeziehungen, die Wohnung, der tägliche Konsum, die Bewegung durch den Raum ... werden zunehmend mit Erlebnisansprüchen besetzt. Viertens hat der Aufstieg der Erlebnisorientierung auch eine psychische Dimension: Erlebnisansprüche wandern von der Peripherie ins Zentrum der persönlichen Werte; sie werden zum Maßstab über Wert und Unwert des Lebens schlechthin und definieren den Sinn des Lebens.

Gerhard Schulze, 1992

Der Soziologe GERHARD SCHULZE *(geb. 1944) definiert die moderne Wohlstandsgesellschaft als „Erlebnisgesellschaft", in der nicht die materielle Sicherung, sondern die Gestaltung eines schönen und abwechslungsreichen Lebens im Vordergrund steht.*

1. Besonders im Freizeitsportbereich bilden sich in rascher Folge immer neue Szenen aus. Stellen Sie Beobachtungen an: Welche Szene ist gerade im Entstehen? Mit welchen Versprechungen wird für sie geworben? Welche Szene wird abgelöst?

2. Vergleichen Sie die Beschreibung der „Erlebnisgesellschaft" mit Ihren Beobachtungen. Handelt es sich um eine Darstellung der Gesamtgesellschaft oder doch nur um die eines kleinen Ausschnitts?

3. Wie verträgt sich U. Becks These von der Individualisierung aller Lebensprozesse (siehe Seite 160) mit G. Schulzes These von der Bildung neuer sozialer Milieus?

4. Mit welchen Lebensverunsicherungen und Enttäuschungen hat ein erlebnisorientierter Lebensstil bzw. eine erlebnisorientierte Gesellschaft zu rechnen?

➡ *Seite 220, 255*

Das 1995 erschienene Buch „eigenes Leben. Ausflüge in die unbekannte Gesellschaft, in der wir leben" enthält neben einigen essayistischen „Skizzen zu einer biografischen Gesellschaftsanalyse" von ULRICH BECK *biografische Portraits von* ULF ERDMANN ZIEGLER *(geb. 1959).*

Dem Vorwort ist zu entnehmen, dass das Anliegen des Buchprojektes darin bestand, „die Veränderung des biografischen Entwurfs aus der Perspektive des Einzelnen zu beschreiben." Die Verfasser „haben nicht prototypische, ideale Lebensmodelle gesucht, sondern Protagonisten dafür, was ‚eigenes Leben' ausmacht."

In der Biografieforschung wird unterschieden zwischen dem „Lebenslauf" als Gliederung individual-historischer Ereignisse und der „(Auto-) Biografie" als der Erzählform dieser Ereignisse.

Dabei vollzieht sich im biografischen Erzählen die Sinnstiftung des gelebten Lebens, indem persönliche und kollektive Geschichte gewichtet, gedeutet und gestaltet wird. Das Leben soll in sich folgerichtig, zusammenhängend und kontinuierlich erscheinen, wobei Brüche, Widersprüche, Niederlagen etc. entweder verdrängt oder eingeebnet werden.

Welche Möglichkeiten des Umgangs mit Brüchen, Enttäuschungen, Niederlagen kennen Sie? Welche Vor- und Nachteile bietet die jeweilige Umgangsform?

➡ *Seite 198*

Volker Behnfeld und Gerson

Ein Ehepaar im siebten Jahr, zwei Monate vor der Scheidung. Sie sprechen über die Kinder, zwei kleine Jungen, und deren Zukunft. Sie beschließen, sie zu trennen: Gerson zu Volker, David zu Sylvia. Kein Kampf mehr, keine Drohung: Sie werden sich, sagen sie, „einen Vertrauensvorschuss entgegenbringen" – wie es ihn in der Ehe nicht gegeben hat. Äußeres Zeichen des Bundes der Entzweiung: Das Sorgerecht bleibt für beide Kinder bei beiden, obwohl sie an verschiedenen Orten leben werden.
Rückblickend sagt Volker: „Ich habe aus einer Bruchbude ein Haus gemacht, ich habe mich beruflich weitergebildet und einen gut dotierten Job gefunden, ich habe zwei Kinder, ich habe Familie gespielt – es ist alles erfüllt. Jetzt kann ich mir Gedanken machen, was ich eigentlich mit meinem Leben will."
Der Abschied von der Konvention war um so schwieriger, als die Konvention kein Haus ist, das man einfach verlässt. Es ist eher so wie in den Videospielen, dass sich am Horizont Schemen abzeichnen, die schneller als vermutet näher rücken und sich in der Nahsicht als feindlich herausstellen (oder nicht); manchmal kennt man den Unterschied erst, wenn es zu spät ist.
Als Volker Behnfeld Anfang zwanzig war, meinte er, den elterlichen Betrieb übernehmen zu müssen. Für eine Saison hatte er mit Sylvia dort gewohnt .... Bald kamen ihm massive Zweifel, ob ein unternehmerisches Risiko lohnt, das auf die Dauer ein Angestelltengehalt abwirft, zum einen. Zum anderen, ob es richtig sein kann, mit Drainagen „die letzten feuchten Wiesen trockenzulegen". ... Sylvia und Volker heiraten, kurz bevor Volker den Eltern sagt, dass er den Betrieb nicht übernehmen will. Plötzlich ist ihm klar, „dass ich die Verantwortung über mein Leben nicht meinen Eltern überlassen kann" – mit der Kehrseite, dass er über das Leben der Älteren eine massive Entscheidung trifft, auch deshalb, weil sie in dem Betrieb, der dann verkauft wird, nicht wohnen bleiben können.
Nachdem die feudale Last, die Erbfolge, abgeworfen ist, beginnt das bürgerliche Leben. Eine kleine Wohnung im Zentrum Lübecks, Jobs für sie und ihn. Die (schwierigen) Geburten der Kinder lassen bei Volker das Bild der „Kleinfamilie" aufziehen „als Anfang vom Ende des Lebens". Er macht einen ungewöhnlichen Schritt: Er nimmt eine Arbeit an, die nur in Wochenendschichten abgeleistet wird; und einen wohnlichen: Er kauft das Haus auf dem Land. Beide Stockwerke werden zu Wohnungen ausgebaut. Nach zwei Jahren ist alles fertig, da wohnt sie oben und er unten. Die Kinder verstehen das. Sie verstehen nicht, wenn gestritten

wird. Es fällt Volker schwer, das Ende der Ehe zu akzeptieren. Eine Ehetherapie hat er nicht gewollt; nach Sylvias Auszug findet er Anschluss an eine Gesprächsgruppe. Er erkennt, dass eine Ehe, in der er nie gesagt hat „Ich liebe dich", keinen Bestand haben konnte und dass die Bindung an den älteren Sohn ihn verändert hat; dass „ich das Gefühl zu lieben gegenüber meinem Sohn schlichtweg nicht habe verhindern können". ...

Volker verkauft das Haus, das er „Traumhaus" nennt, auch wenn das Leben dort eher traumatisch war. Er nimmt Abschied von den zwanghaften Idyllen, von idyllisierten Zwängen ... . Was von der Gemeinschaft der Ehe bleibt, ist der halbierte Zugewinn.

Wenig später lernt Volker über ein Inserat Sabine kennen, die mit Moritz ein paar Jahre allein auf dem Land gewohnt hat, in Zufriedenheit. Moritz und Gerson sind fast gleich alt, Spielkameraden vom ersten Augenblick an. Nach wenigen Monaten werden Pläne gemacht zusammenzuziehen. Kein Versprechen, keine Hochzeit. Volkers Maxime: „Das, was ich mache, einigermaßen intensiv zu leben." Der Alltag ist fassbarer, die Ziele sind abstrakter geworden. Es gibt keinen Sieger im Spiel mit den Gespenstern der Konvention. Aber es gibt ein Leben vor dem Tod.

Ulf Erdmann Ziegler, 1995

1. Welchen Lebens-Sinn können Sie der „biografischen Skizze" über Volker Behnfeld entnehmen?

2. Welche Kontinuität weist seine Biografie auf?

3. Wie wird der Umgang mit seinen Erfolgen und Krisen dargestellt?

4. Erzählen Sie Volkers Biografie aus Gersons Sicht.

5. Wenn Sie der Sohn, die Tochter dieses Vaters wären, was würden Sie ihm sagen? Was möchten Sie ihn fragen?
Schreiben Sie einen möglichen Dialog.

INGE KIRSNER *(geb. 1963) ist evangelische Theologin und lebt in Stuttgart.*

„Das bin ich?", könnte das Mädchen auf dem Foto von Nathan Beck (geb. 1966) fragen. Es ist ein zufälliges, nicht arrangiertes Bild; das dokumentierte Stück Leben, der Tanz, ist nicht zielgerichtet, eine offene (Such-?) Bewegung.

„Fotografieren ist wie Schießen", sagt HENRI CARTIER-BRESSON *(geb. 1909), der als der Begründer der Dokumentarfotografie gilt. Sein besonderes Können besteht in der Fähigkeit, im Bruchteil einer Sekunde, im entscheidenden Augenblick, dem „moment décisif" das Wesentliche zu erkennen und fotografisch festzuhalten.*

Betrachten Sie das Foto von H. Cartier-Bressons „Derrière la gare Saint-Lazare" (siehe Seite 145)?

> 1. Lassen Sie das Bild auf sich wirken. Wenn Sie nach 30 Sekunden die Augen schließen: Was sehen Sie?

> 2. Setzen Sie unter dem Eindruck des Bildes den Satz fort: „Der Mensch ist..."

Das Bild vom Menschen im Bild

Stilisierung oder Dokumentation

Stilisierung oder Dokumentation: es ist der gleiche Bruch, wie wir ihn erleben, wenn wir einen Schnappschuss von uns sehen. „Das bin nicht ich!", möchten wir oft genug angesichts eines Zufallsfotos sagen, auf dem wir so gar nicht unser Spiegelbild wiedererkennen, das wir allmorgendlich arrangieren. Der Blick in den Spiegel, mit dem nötigen Ernst, gesammelt und mit dem Ausdruck, mit dem wir der Welt gegenübertreten möchten, zeigt uns nur einen Teil von uns, das offizielle Ich. Wir sind im Allgemeinen dann mit einem Foto zufrieden, wenn es uns so zeigt, wie wir uns sehen (möchten). Aber es gibt ja auch diese Überraschungsmomente: So kann ich auch sein? Lehnen wir einen Schnappschuss, den wir zunächst als verzerrt, verfremdet empfinden, nicht gleich ab, so lernen wir vielleicht auch andere, neue Möglichkeiten unseres Ichs kennen. Die Chance der Dokumentation ist es, etwas sichtbar zu machen, was sonst im Fluss der Bewegung verschwindet.

Eine Fotografie ist mehr als die Abbildung von Realität. Was das Bild ausspart, was es zeigt, ist immer nur ein Ausschnitt, ein Fragment – und steht doch in dem Augenblick des Abdrückens, des Wieder-Sehens für das Ganze – so, wie der Fotograf es sieht. Doch auch er kann überrascht werden. Das Ganze ist mehr als die Summe seiner Teile, wie der Mensch immer mehr ist, als er oder sie selbst von sich weiß. Und manchmal scheint das abgebildete Wesen ein Teil seines Geheimnisses, sein *surplus*, preiszugeben. So wird jemand, der Bilder (vom Menschen) macht, immer auch zum Jäger, der dieses Geheimnis erhaschen will.

In der Übergangszeit vom Kind zum Erwachsenen werden verschiedene Gesichter geprobt; passt mir das Bild, das die anderen sich von mir machen, ist das Ideal-Selbst, das ich dagegensetze, zu verwirklichen, wird es auch nach außen sichtbar? Das Mädchen auf Nathan Becks Foto ist deshalb schön, weil es beim Tanzen für kurze Zeit vergessen hat, wer sie ist, wer sie sein will, und deshalb vielleicht gerade ganz nah bei sich ist. Die Unschuld, die Anmut des selbst-vergessenen Kindes bleibt als Möglichkeit immer in uns vorhanden und kann vielleicht in manchen Augenblicken wiedergewonnen, wieder sichtbar gemacht werden. Es ist eine Art von zweiter Naivität, die nie als Zustand erlangt werden kann, die potenziell aber da ist.

Stilisierte Darstellungen laufen mit ihrer absoluten Ästhetik* „auf das Eine hinaus, das Bild, das keine anderen Bilder neben sich haben kann". Was zunächst wie ein absolutes Bilderverbot klingt (s. Ex 20,3f.), meint eigentlich eher den Umgang mit den Bildern, die auf ihre Weise lebensnotwendig sind, um die Dinge des Lebens erfassen, begreifen und handhabbar machen zu können.

Nathan Beck, Ich zuerst, 1995

Jedes Bild, das wir uns von uns selbst und von anderen machen, ist ein vorläufiges; es kann für einen Moment stimmen und schon im nächsten Augenblick wieder ein falsches, überholungsbedürftiges sein. Das Verbot richtet sich eher gegen das „letzte Bild", das für einzig verbindlich, wahr und absolut erklärt wird. Gott wehrt sich gegen eine solche Festschreibung, er will in kein *eines* Bild gesteckt werden und schließt in dieses Gebot alles im Himmel und auf Erden ein. Das heisst, dass es immer viele und immer neue Bilder geben muss, um den vielfältigen Formen des Lebens die wechselhafte Gestalt zu verleihen. Ein Tanz der Bilder!
Jede Biografie, jedes Nach-Schreiben und -Bilden des menschlichen Lebens ist eine Konstruktion, ein Fragment, das für einen Augenblick zum „Ganzen" erklärt wird. Ist man sich der Konstruiertheit und somit Vorläufigkeit jedes Bildes bewusst, das man sich vom eigenen und vom fremden Leben macht, dann kann man zu spielen beginnen, mit Rollen, Identitäten, mit Stilisierungen und Dokumentationen, in der Kunst wie im eigenen Lebensentwurf. Hier geht es um Wahrnehmungserweiterung und -vertiefung, um das immer wieder neu sehen und verstehen lernen, *work in progress*. Unsere Lebensentwürfe bewegen sich zwischen Realismus und Utopie, fotografisch gesprochen zwischen Dokumentation und Stilisierung, im Spiel mit beidem erweitern wir fortwährend unsere Möglichkeiten und spielen mit unseren Identitäten, denn es ist noch lange nicht gesagt und gezeigt, wer und wie wir sind und sein werden.

Inge Kirsner, 2000

1. Wie „sehen" Sie das Foto von N. Beck?

2. Stellen Sie sich eine Auswahl eigener älterer und neuerer Fotos zusammen. Was sagen Ihnen diese Bilder? Ob Sie Ihre Fotos auch Ihrem Religionskurs vorstellen wollen?

3. Lassen Sie von sich ein Porträtfoto anfertigen. Überlegen Sie, wie Sie auf dem Foto dargestellt werden möchten. Wenn Sie Ihr Foto in zwei oder drei Jahren wieder anschauen: Was wird sich in der Zwischenzeit verändert haben?

4. Organisieren Sie eine Fotoausstellung zum Thema „Mensch" in Ihrer Schule, z.B. mit alten Abiturjahrgangsfotos.

Der evangelische Theologe HENNING LUTHER (1947–91) deutet das menschliche Leben als prinzipiell bruchstückhaft und verneint damit die Möglichkeit eines in sich runden, ganzen und vollkommen erfüllten Lebens.

Die Bezeichnungen „Ich-Identität" und „Ich-Entwicklung" hat H. Luther der Entwicklungspsychologie* entlehnt.

1. Vergleichen Sie H. Luthers Aussagen zur „Bruchstückhaftigkeit" des Lebens mit entsprechenden Aussagen bei E. Erikson (siehe Seite 153), U. Beck (siehe Seite 160) und I. Kirsner (siehe Seite 166f.).

2. Würden Sie Ihr Leben als „fragmentarisch" im Sinne H. Luthers deuten wollen?

„Glauben" bedeutet für H. Luther „als Fragment zu leben und leben zu können." Sünde hingegen liegt „in der ‚Ablehnung der Individualität des Individuums, das nicht es selbst sein will, sondern Gott'." Dies heißt, „uns nicht mehr als Fragmente zu verstehen, die auf ein Ganzes nur verweisen, sondern uns bereits als Vollständiges zu nehmen. Sünde wäre, diese Differenz zwischen Fragment und Totalität zu verwischen – oder die zwischen Geschöpf und Schöpfer."

3. Erläutern Sie H. Luthers Sündenbegriff und diskutieren Sie, ob Selbstverwirklichung und Identitätsbildung als solche Sünde sind.

➡ Seite 38ff., 66

Das Leben in der Moderne in theologischer Perspektive

Das Leben als Fragment

[J]ede erreichte Stufe unserer Ich-Entwicklung [ist] immer nur ein Fragment aus Zukunft. Das Fragment trägt den Keim der Zeit in sich. Sein Wesen ist *Sehnsucht*. Es ist auf Zukunft aus. In ihm herrscht Mangel, das Fehlen der ihn vollendenden Gestaltung. Die Differenz, die das Fragment von seiner möglichen Vollendung trennt, wirkt nun nicht nur negativ, sondern verweist positiv nach vorn. Aus ihm geht eine Bewegung hervor, die den Zustand als Fragment zu überschreiten sucht. Insofern trifft auf die sich als Fragment begreifende Ich-Identität konstitutiv das Merkmal der „Selbsttranszendenz" zu … . Selbsttranszendenz ist aber nur möglich, wenn die Ich-Identität gerade nicht als vollständige und dauernde, sondern nur als fragmentarische verstanden ist. – Fragmentarisch ist die jeweils erreichte Ich-Identität aber nicht nur im Blick auf die Möglichkeiten der (eigenen) Zukunft, sondern auch auf die Möglichkeiten der Gegenwart, wie sie sich aus der Kommunikation mit anderen ergeben. Da das Ich sich immer nur in der Interaktion mit anderen bestimmen kann, seine Identität also aus der Differenz zum Anderen meiner Selbst erwächst, provoziert *jede* mögliche Begegnung mit anderen die Selbsttranszendenz. … Jede Begegnung mit anderen, die diesen als solchen ernst nimmt, muss zur erneuten Selbstrückfrage werden: „Wer bin ich?" Das Ideal der Ich-Stärke und der gefestigten Identität, die sich von der Andersartigkeit der begegnenden anderen nicht verunsichern und verwirren lässt, führt zur Gleichgültigkeit und Selbstabschließung gegenüber den anderen. …

Zur identitätsbildenden Begegnung zählt auch die Erfahrung des Leidens anderer. Hieraus erwächst nun die besondere geschichtliche Dimension. Von Identitätsbildung kann nie losgelöst vom Zustand dieser Welt und vom Verlauf ihrer Geschichte geredet werden. Und dies war und ist immer noch eine Geschichte der Opfer. Angesichts abgebrochener und zerstörter Lebensläufe anderer, also angesichts der verhinderten Identität anderer muss das Ideal einer vollständigen und gelingenden Ich-Identität befremdlich klingen.

Henning Luther, 1985

Sich selbst sehen

Ralph Gibson, Overtones. Diptyches and Proportions

Der in New York lebende amerikanische Fotograf RALPH GIBSON (geb. 1939) hat in seinem Bilderzyklus „Overtones" Fotografien zu Diptychen (Doppelbilder) arrangiert. Die Kombination der geheimnisvoll anmutenden Bilder lässt eine eigenartige visuelle Poesie entstehen, die dem Betrachter neue Sinnzusammenhänge, die „Obertöne", eröffnet.

1. Was mag R. Gibson mit der Zusammenstellung dieser beiden Fotos beabsichtigt haben? Welche Empfindungen wecken sie beim Betrachter? Versuchen Sie die „Obertöne" der beiden Fotos zu „erlauschen". Welche Assoziationen drängen sich Ihnen auf?

2. Lesen Sie in diesem Zusammenhang 1. Kor 13,12. In welcher Weise redet Paulus hier von der „Bruchstückhaftigkeit des Lebens"?

„Von der Freiheit eines Christenmenschen" (1520) zählt zu den wichtigsten reformatorischen Schriften MARTIN LUTHERS (1483–1546).

Als Kernbegriffe der reformatorischen Lehre gelten: „simul iustus et peccator" (der Mensch ist vor Gott zugleich gerechtfertigt und sündig), „sola gratia" (allein die Gnade Gottes rechtfertigt den Menschen), „sola fide" (allein durch den Glauben; s. Röm 3,28) und „sola scriptura" (die Bibel als einzige Autorität für Glaube und Lehre).

1. Ermitteln Sie die Bedeutung der Worte „fromm" und „selig" zur Zeit M. Luthers.

2. Geben Sie die Hauptgedanken des Textes unter Verwendung der „Kernbegriffe" wieder.

3. Überprüfen Sie M. Luthers sogenannte „Doppelthese von der Freiheit" anhand von Röm 3,21–31 und 1. Kor 9,19.

4. Was verstehen Sie unter „Freiheit eines Christenmenschen"?

JOHANN WOLFGANG GOETHE (1749–1832) urteilte 1772:

Luther arbeitete, uns von der geistlichen Knechtschaft zu befreien; möchten doch alle seine Nachfolger so viel Abscheu vor der Hierarchie behalten haben, als der große Mann empfand. Er arbeitete sich durch verjährte Vorurteile durch und schied das Göttliche vom Menschlichen, soviel ein Mensch scheiden kann, und was noch mehr war, er gab dem Herzen seine Freiheit wieder und machte es der Liebe fähiger.

5. Erläutern Sie J.W. Goethes Aussagen über M. Luther.

➤ Seite 74, 211, 274 f.

Von der Freiheit eines Christen

Damit wir gründlich erkennen können, was ein Christenmensch sei und wie es um die Freiheit beschaffen sei, die ihm Christus erworben und gegeben hat ..., will ich diese zwei Leitsätze aufstellen: Ein Christenmensch ist ein freier Herr über alle Dinge und niemand untertan. Ein Christenmensch ist ein dienstbarer Knecht aller Dinge und jedermann untertan. ...
[A]llein das Wort [Gottes] und der Glaube regieren in der Seele. Wie das Wort ist, so wird auch die Seele von ihm, gleichwie das Eisen aus der Vereinigung mit dem Feuer glutrot wie das Feuer wird. So sehen wir, dass ein Christenmensch an dem Glauben genug hat; er bedarf keines Werkes, dass er fromm sei. Bedarf er denn keines Werkes mehr, so ist er gewisslich von allen Geboten und Gesetzen entbunden; ist er davon entbunden, so ist er gewisslich frei. Das ist die christliche Freiheit: der Glaube allein. ... Und wo er so töricht wäre und meinte, durch ein gutes Werk fromm, frei und selig oder ein Christ zu werden, so verlöre er den Glauben mit allen Dingen. ...
Nun kommen wir aufs andere Teil, auf den äußerlichen Menschen. Hier wollen wir allen denen antworten, die sich an den vorigen Reden ärgern und zu sprechen pflegen: Ei, so denn der Glaube alle Dinge ist und allein genug gilt, um fromm zu machen, warum sind denn die guten Werke geboten? So wollen wir guter Dinge sein und nichts tun! ... Wohlan, mein Gott hat mir unwürdigem, verdammten Menschen ohne alle Verdienste, rein umsonst und aus ... Barmherzigkeit durch und in Christus vollen Reichtum aller Frömmigkeit und Seligkeit gegeben, dass ich hinfort nichts mehr bedarf, als zu glauben, es sei so. Ei, so will ich solchem Vater ... umgekehrt frei, fröhlich und umsonst tun, was ihm wohlgefällt, und gegen meinen Nächsten auch ein Christ werden, wie Christus es mir geworden ist ... . Siehe, so fließet aus dem Glauben die Liebe und Lust zu Gott und aus der Liebe ein freies, williges, fröhliches Leben, dem Nächsten umsonst zu dienen. ...
Aus dem allen folgt der Beschluss: Ein Christenmensch lebt nicht in sich selbst, sondern in Christus und seinem Nächsten: in Christus durch den Glauben, im Nächsten durch die Liebe. Durch den Glauben fähret er über sich in Gott, aus Gott fähret er wieder unter sich durch die Liebe und bleibet doch immer in Gott und göttlicher Liebe ... . Siehe, das ist die rechte, geistliche, christliche Freiheit, die das Herz frei macht von allen Sünden, Gesetzen und Geboten, welche alle andere Freiheit übertrifft wie der Himmel die Erde. Gott gebe uns, das recht zu verstehen und zu behalten! Amen.

Martin Luther, 1520

Du darfst sein, der du bist

Christlicher Glaube ist, evangelisch verstanden, Glaube an die Rechtfertigung des Sünders. Sünde ist keine moralische Kategorie, sondern meint unsere abgrundtiefe Unfähigkeit, ein gelingendes Verhältnis zu uns selbst, zu unseren Mitmenschen, zu Gott gewinnen zu können. Rechtfertigung des Sünders ist Rechtfertigung allein aus Gnade. Sie lebt aus der Zusage vorbehaltlosen Angenommenseins, dass der, der von sich aus sich Anerkennung nicht zu verschaffen mag, auch mit einer noch so gelungenen Selbstinszenierung, sich hineingenommen findet in eine Atmosphäre heilsamer Gelassenheit. Du darfst sein, der du bist. Rechtfertigung allein durch Gnade. Allein durch Christus. Er hat sich denen zugewandt, die sich selbst nicht mehr helfen, nichts aus sich machen konnten und auch nicht mehr wollten. Sieh den Gekreuzigten. In seiner Schwachheit, ja Ohnmacht liegt dein Heil. Wie das? Indem du dich dann gerade nicht mehr von deinem mehr oder weniger redlichen Bemühen her verstehst, etwas aus dir und deinem Leben zu machen, dir Anerkennung zu verschaffen, dich in Szene zu setzen, ästhetisch, moralisch, religiös, ökonomisch. Die Perspektive deiner Selbstauslegung ist eine andere geworden. Du verstehst dich nicht mehr von dir selbst und deinen Lebensleistungen, sondern vom transzendenten* Lebensgrund, von Gott her. Das heißt Glauben.
Dieser Glaube geschieht innen. Er ist eine Weise des mich selbst Verstehens. Dennoch: Dieser Glaube bedeutet auch eine bestimmte Lebenshaltung, ist also äußerlich wahrnehmbar. Christlicher Glaube ist eine bestimmte Lebensdeutung. Und aus dieser Lebensdeutung entspringt, wenn sie denn die meinige wird, auch eine bestimmte Lebenshaltung, ein bestimmtes Verhalten schließlich im und zum Leben, ein Lebensstil.
Was also ist der Lebensstil, zu dem der christliche Glaube verhilft? Es ist der Stil gelebter Freiheit, die Freiheit gerade davon, sich durch die Inszenierung eines Lebensstils beweisen zu müssen, dass es mich gibt, wie wichtig ich bin, es mir gelungen ist, meinem Dasein durch meine Arbeit, meine Kinder, meinem Engagement für eine gute Sache einen Sinn zu geben. Christlicher Glaube als Lebensstil ist der Stil der Freiheit und damit zunächst auch der Freiheit davon, einen unterscheidbaren, somit erkennbaren, durch seine Inszenierung auffälligen Lebensstil überhaupt aufbauen zu müssen. Ich kann mich der Stilprägung überlassen, in der ich mich bereits vorfinde. Ich kann andere Stilvarianten ausprobieren. Ich kann viele sein. Deshalb aber auch andere in ihrem Anderssein tolerieren.

Wilhelm Gräb, 2000

Der evangelische Theologe WILHELM GRÄB *(geb. 1948) versucht, die Bedeutung der Rechtfertigungslehre Martin Luthers mit Fragen heutiger Lebensgestaltung zu verknüpfen.*

Zur Darstellung des eigenen Lebensstils dienen vor allem ästhetische Merkmale: Art der Kleidung, Haarschnitt, Abzeichen, Schmuck, Tatoos etc. Die verschiedenen Lebensstile stehen sich z.T. in gegenseitiger Toleranz oder Gleichgültigkeit, bisweilen auch in aggressiver Ablehnung gegenüber.

1. Überprüfen Sie, inwieweit W. Gräb in seiner Argumentation auf M. Luther zurückgreift (siehe Seite 168).

2. Was meint W. Gräb mit dem Satz: „Ich kann viele sein"?

3. Was verbirgt sich für W. Gräb hinter der Suche des Menschen nach einem ihm gemäßen Lebensstil?

4. Wie wirkt W. Gräbs Sprache auf Sie? Wie beurteilen Sie das Verhältnis von Inhalt und sprachlicher Form?

5. Sätze wie „Du darfst ..." oder „Die Freiheit nehm' ich mir ..." finden sich häufig in der Werbung. Welche Versprechen enthalten diese Sätze?

Der Tod, der Mensch und die Unendlichkeit

Tod und ewiges Leben

Vom Tod bedroht ist das Leben des Menschen von Anfang an, denn es führt in den Tod. „Mitten wir im Leben sind mit dem Tod umfangen." Doch Luther war der Meinung, der Christ müsse den Satz umkehren: „Mitten im Leben (sind wir) im Tod. Kehr's um: Mitten im Tod sind wir im Leben. So spricht, so glaubt der Christ." Nicht, dass unser irdisches Leben nun als ständiges Sterben diskreditiert werden sollte. Aber das ist an Luthers Umkehrung treffend, dass ein Christ sagt und glaubt: Überall, wo der Tod mich bedroht, gilt der Sieg des Lebens. ...
Man darf sich ... von der christlichen Hoffnung auf Auferstehung* nicht den Blick für die zeitliche Begrenztheit des menschlichen Lebens verstellen lassen. So kann diese Hoffnung ... nicht gemeint sein: als ginge es um die Erwartung einer Aufhebung der zeitlichen Begrenztheit menschlichen Lebens. ... Man wird aber auch misstrauisch gegenüber allen Auffassungen sein müssen, die „das ewige Leben" als eine Art himmlischen Ausgleich für irdischen Verzicht interpretieren und in diesem Sinne eine Aufhebung der Begrenztheit menschlicher Lebenszeit postulieren. ...
Entscheidend ... ist, dass die christliche Hoffnung auf Auferstehung überhaupt *nicht egoistisch* konzipiert ist. „Auf dass *Gott* sei alles in allem" – das ist nach Paulus das eigentliche Ziel der Auferstehung der Toten (1. Kor 15,28). Hoffnung auf *Gott* ist also die Hoffnung auf Auferstehung in ihrem Kern. Hoffnung auf Erlösung ist diese Hoffnung nur in diesem Maße, in dem sie sich auf den erlösenden Gott richtet. Und Erlösung kann dann doch nichts anderes heißen, als dass *dieses gelebte* Leben erlöst wird, nicht aber, dass *aus* diesem Leben erlöst wird. Erlösung wäre also Rettung des gelebten Lebens durch Gott, wäre Teilhabe befristeter Lebenszeit an Gottes Ewigkeit, Teilhabe schuldig gewordener Existenz an Gottes Ehre. Teilhabe an Gottes Ehre bedeutet ehrenvolle Rettung schuldigen Menschenlebens. Das endliche Leben wird als endliches *verewigt*. Aber nicht durch unendliche Verlängerung: Eine Unsterblichkeit der Seele gibt es nicht. Sondern durch Teilhabe an Gottes eigenem Leben. In seinem Leben wird das unsrige *geborgen* sein. ...
[Die Auferstehung aller Menschen] gilt dem gelebten Leben, das dann gerettet und geehrt wird. Wir werden dann Gott nicht fehlen, wie der Verstorbene jetzt den Hinterbliebenen fehlt. Alle werden so, wie sie waren, in Gott versammelt sein.

Der evangelische Theologe EBERHARD JÜNGEL *(geb. 1934) unterscheidet zwei Dimensionen des biblischen Todesverständnissen. Zum einen wird das Wesen des Todes als „das Ereignis der die Lebensverhältnisse total abbrechenden Verhältnislosigkeit" definiert. Zum anderen enthält das biblische Todesverständnis ein „Angebot": „Angeboten wird die Rede vom Sieg des am Tod des Menschen partizipierenden Gottes über den Tod." Indem der Glaube dieses „Angebot" „akzeptiert", begründet er die Hoffnung auf Gott. Die Berechtigung der Hoffnung auf die Auferstehung findet seine Begründung in dem Tod und der Auferstehung Jesu Christi. Der Tod Christi ist der „Tod des Todes", weil durch die Auferstehung der Tod seine Macht verloren hat.*

Vergleichen Sie E. Jüngels Argumentation mit der des Paulus in 1.Kor 15,12ff.

➡ *Seite 106, 290f.*

In Gott, der selber das *Leben* ist. ... Dann werden wir *öffentlich* sein, was wir anderen und uns selbst verborgen gewesen sind. Wir werden dann entdecken, was und wer wir in Wahrheit waren. Erkenne dich selbst – das wird dann möglich sein und wirklich werden. ... Wir werden dann so erkennen, wie wir jetzt schon von Gott erkannt worden sind (1.Kor 13,12). Wie wir jetzt von Gott erkannt worden sind, so sind wir. Und so werden wir dann gewesen sein und als Gewesene ewig sein. Auferstehung von den Toten heißt Versammlung, Verewigung und Offenbarung gelebten Lebens.

Eberhard Jüngel, 1971

Mein Tod und die Hoffnung

Wer an Gott glaubt und an eine unsterbliche Seele, der hat auch in seinem letzten Stündlein eine Hoffnung, er schiebt seinen Tod noch ein Weilchen hinaus. Ich habe diese Hoffnung nicht. Deshalb erscheinen mir alle meine Beziehungen in durchsichtiger Klarheit, nicht vernebelt durch mystische* und trügerische Erwartungen von etwas, was nach dem letzten Versinken folgen wird. Jede meiner Beziehungen trägt das Zeichen des Todes. Jede hat für mich einen unwiederholbaren Wert, keine lässt sich gegen eine andere auswechseln. Jede Begegnung mit einem Menschen ist für mich, der ich selbst ein endliches Einzelwesen bin, ein Geschenk, denn sie kann meine letzte Begegnung sein. Und auch ich bin für jeden ein Geschenk, sofern ich etwas zu schenken habe. ...

Selbst ohne Hoffnung auf die Ewigkeit, dem Tod unterworfen, werde ich zur Hoffnung für andere, die mich überleben: Wenn unter mein Leben der Schlussstrich gezogen wird, dann ist die Summe, die verbleibt, die unerlässliche Vorbedingung ihres Lebens. Gewiss auch ihr Leben wird in der gleichen Hoffnungslosigkeit enden. Aber nur um diesen höchsten Preis, um den Preis der persönlichen Niederlage, wird die Hoffnung wach gehalten als eine Unabdingbarkeit des menschlichen Daseins überhaupt, als Hoffnung der menschlichen Gesellschaft auf die Zukunft.

Wir stehen alle bereits im Augenblick der Geburt vor einer Niederlage; dessen ungeachtet dauert die Hoffnung in der Menschheit fort; das ist eine Paradoxie, aber sie ist der Beweis für das gesellschaftliche Wesen des Menschen. Alles in uns drängt uns dazu, den Tod nicht anzuerkennen, alles, womit wir als einzelnes Subjekt noch nicht gesellschaftlich integriert sind. Hier liegt offensichtlich der Quellengrund der theistischen Konzeptionen.

Vitezslav Gardavsky, 1969

Der marxistische* Philosoph und Atheist VITEZSLAV GARDAVSKY *wurde 1923 in der heutigen Tschechischen Republik geboren.*

1. Stellen Sie das Verhältnis Mensch – Tod, wie es E. Jüngel und V. Gardavsky beschreiben, dar. Welche Unterschiede und Gemeinsamkeiten entdecken Sie?

2. Sowohl E. Jüngel als auch V. Gardavsky reden von der Hoffnung des Menschen angesichts des Todes. Was bedeutet bei beiden Hoffnung und worauf kann sie sich jeweils stützen?

3. Wie gehören für Sie persönlich Tod und Hoffnung zusammen?

Hans-Martin Kätsch *(geb. 1965), gelernter Steinmetz, arbeitet als Pastor in Schwiegershausen (Niedersachsen).*

1. Inwieweit greift H.-M. Kätsch auf H. Luther (siehe Seite 166) zurück?

2. Mit welchen Zeichen Ihres Lebens würden Sie Ihren Grabstein schmücken? Wie wäre er gestaltet?

3. Diskutieren Sie H.-M. Kätschs Begrenzung der Funktion des Grabsteins auf die Bedeutung für den Verstorbenen.

4. Besuchen Sie einen Friedhof und vergleichen Sie die Grabsteine hinsichtlich ihrer Gestaltung, der Grabinschriften etc. Welche Einstellungen zum Tode werden Ihnen jeweils erkennbar?

Grabinschriften

ER WARD GEBOHREN DEN 30THEN SEPTEMBER 1756
GEBOREN DEN 17 APRIL 1811
GEB. DEN 10 APRIL 1827
GEB. AM 29 Sept 1848
GEB. AM 11.2. 1886
GEB. 3. AUG. 1928
GEB. 4. 6. 1933
XII. 1934
11.10.59
1944
0

5. Wie beurteilen Sie den Trend zur anonymen Bestattung?

Der Tod, die Steine und die Zeit

Den Christen, die in den Katakomben mit Buchstaben und Bildern die Wände und Grabkammern bezeichneten, gilt die Auferstehung* der Toten als eine unmittelbare Naherwartung. Dies ist sie in der heutigen Zeit nicht. Die Zeitvorstellung, die nach der Grablegung bis zur Auferstehung der Toten gilt, hat sich entgrenzt. Stehen wir vor den Grabsteinen unserer Gräber, so beginnt nicht eine „kurze Zeit noch", sondern ein Zeitraum eschatologischen* Ausmaßes.

Wofür stehen die Steine? Auch wenn die Grabsteine oft wenig danach aussehen, sie stehen für das Leben der Toten. Das Grabmal ist die abgebrochene Lebenssäule, Kennzeichen verworfener Möglichkeiten und vertaner Chancen des Toten. Das Grabmal steht für den Schmerz, den der Verstorbene erlitten hat. Es trägt die Kennzeichen des Zukünftigen in den Sehnsüchten und Wünschen des Toten, seine Hoffnungen und sein Vorausblicken, die nun im Tod unabgegolten abgebrochen sind. Schließlich steht das Grabmal als Zeichen für die Fragmentarität des Lebens, für das Angewiesensein und Verwiesensein des Verstorbenen auf andere, seine Partner, Lebensgefährtinnen und Lebensgefährten.

Trotz aller Leistungen unseres Lebens bleiben wir mit den Augen Gottes gesehen unvollendet und unvollkommen. Dies beschreibt der Begriff „Fragment". Dem Fragment ist es eigen, nach dem fehlenden Ganzen, dem ausstehenden Heil, nach der erhofften Vollendung zu streben, sich quasi in die Zukunft hinein zu strecken. So gesehen markiert das Grabmal als Fragment nicht nur die endgültige Zerstörtheit oder Unfertigkeit des Lebens, sondern verweist – rückwärts gewandt – über sich hinaus in die offene Zukunft hinein.

Wie kann angesichts des Todes von Zukunft die Rede sein? Nur weil angesichts des Todes Jesu am Kreuz und der Auferstehung Jesu von den Toten auch von Zukunft die Rede sein konnte. „Durch die gewaltsame Kreuzigung ist Jesu Leben konstitutiv als fragmentarisches zu sehen." (Henning Luther) Unsere Fragmentarität ist vor Gott durch die Fragmentarität des Lebens Jesu anerkannt und gerechtfertigt. Unsere Lebensbruchstellen, die geglückten und starken wie die schwachen und misslungenen, sie werden zu einem heilen, ganzen Leben – mit den Augen Gottes gesehen. Das Grabmal als Fragment stellt so keinen Grenzstein zwischen Leben und Tod dar, sondern wird zu einem Wegzeichen auf dem Weg zum Heil.
Die Entwicklung zum „leeren" Stein ist eindeutig. „Im Tod sind wir alle gleich, ungenannt wollen wir bleiben", so steht es auf dem Stein an einem anonymen Grabfeld. Im Tode gleich, aber

warum ungenannt bleiben wollen? Die anonyme Bestattung stellt die genannten Funktionen des Grabmals in Frage: keine Kennzeichnung, kein Schutz, kein Ort der Erinnerung. Die theologische* Deutung muss da einsetzen, wo das Ungenanntsein gilt: vor den Menschen. Die Anonymität im Grab darf nicht einfach gleichgesetzt werden mit einer Anonymität vor Gott. Das Wort Jesajas: „Fürchte dich nicht, denn ich habe dich erlöst; ich habe dich bei deinem Namen gerufen; du bist mein!" (Jes 43,1) gilt in der Taufe und im Tod.

Ist es doch vielleicht gerade das Vertrauen darauf, ganz bei Gott zu sein, die Hoffnung, sich bei Gott im Rückzug aus der öffentlichen Lebenswelt vorstellend glauben zu können. Lass doch die Lebenden ihr Leben leben, wenn sie mich sozial schon haben sterben lassen. „Die anonyme Bestattung lässt sich nicht nur als Verlust sinn- und gemeinschaftsstiftender Symbolik verstehen, sondern umgekehrt auch selbst als symbolischer Ausdruck einer tiefer liegenden und durchaus religiös geprägten Sehnsucht, der Sehnsucht nach Ruhe und stiller Auflösung ..." (Infoblatt des Nordelbischen Kirchenamtes, 1995).

Hans-Martin Kätsch, 2000

Grab der Komponistin Fanny Hensel in Berlin

Funeral Blues

Stop all the clocks, cut off the telephone,
Prevent the dog from barking with a juicy bone,
Silence the pianos and with muffled drum
Bring out the coffin, let the mourners come.

Let aeroplanes circle moaning overhead,
Scribbling on the sky the message He Is Dead,
Put crêpe bows round the white necks of the public doves,
Let the traffic policemen wear black cotton gloves.

He was my North, my South, my East and West,
My working week and my sunday rest,
My noon, my midnight, my talk, my song;
I thought that love would last for ever: I was wrong.

The stars are not wanted now; put out every one;
Pack up the moon and dismantle the sun;
Pour away the ocean and sweep up the wood;
For nothing now can ever come to any good.

W.H. Auden, 1936

WYSTAN HUGH AUDEN *wurde 1907 in England geboren und lebte als Schriftsteller in den USA. Das Gedicht „Funeral Blues" entstand 1936 und wurde durch den englischen Liebesfilm „Vier Hochzeiten und ein Todesfall" (1995) weltbekannt. Auden starb 1973 in Wien.*

1. Tod und Gesang werden oft nicht in Zusammenhang gebracht; auf vielen Beerdigungen wird nicht mehr gesungen. Kann man über Tod und Beerdigung einen Song machen?

2. Wie „klingt" der Tod?

3. Welche Instrumente und Klänge entsprechen dem Gedicht von W.H. Auden? Wie würden Sie den Text sprechen? Probieren Sie verschiedene Varianten aus.

4. Vergleichen Sie W.H. Audens Gedicht mit Psalm 49.

In der Renaissance und im Barock entwickelte sich ein reiches Zeichensystem von symbolischen Figuren, Allegorien und Emblemen, mit dem die Vergänglichkeit „vanitas" der irdischen Freuden, der Macht und des Reichtums, der Jugend und Schönheit auf vielfältige Weise thematisiert wurde. Die Darstellungsformen der Sinnlosigkeit weltlicher Güter angesichts des Todes und des Jenseits speiste sich aus christlichem und antikem Gedankengut, insbesondere aus der Bibel: „Denn alles Fleisch ist wie Gras und alle Herrlichkeit des Menschen wie des Grases Blumen." (Jes 40,6)

Die Übersetzung der Inschrift auf dem Stein lautet: Ich war, ich bin nicht, du bist, du wirst nicht sein.

1. Deuten Sie den Kupferstich. In welchem Verhältnis steht der Jüngling zum Leben und zum Tod?

Pieter Jansz Saenredam, Der Tod und der Jüngling, um 1600

DANIEL VON CZEPKO *(eigentlich von Reigersfeld; 1605–60) lebte als Dichter in der Barockzeit und verfasste überwiegend religiös-philosophische Gedichte.*

2. Charakterisieren Sie D. v. Czepkos Verhältnis zu Leben und Tod. Inwiefern stützt die äußere Form des Gedichts seine Lebensauffassung?

3. „Das Leben ein Schauspiel" – Nehmen Sie Stellung zu dieser These. Welche Rolle spielt der Mensch in diesem Spiel? Was qualifiziert das Spiel als gelungene Aufführung?

Spiel wohl! Das Leben ein Schauspiel

Was ist dein Lebenslauf und Tun, o Mensch? Ein Spiel.
Den Inhalt sage mir? Kinds, Weibs und Tods Beschwerde.
Was ist es vor ein Platz, darauf wir spieln. Die Erde.
Wer schlägt und singt dazu? Die Wollust ohne Ziel.

Wer heißt auf das Gerüst uns treten? Selbst die Zeit. 5
Wer zeigt die Schauer? Mensch, das sind bloß die Weisen.
Was ist vor Stellung hier? Stehn, schlafen, wachen, reisen.
Wer teilt Gesichter aus? Allein die Eitelkeit.

Wer macht den Schauplatz auf? Der wunderbare Gott.
Was vor ein Vorhang deckt's? Das ewige Versehen. 10
Wie wird es abgeteilt? Durch Leben, Sterben, Flehen.
Wer führt uns ab, wer zeucht uns Kleider aus? Der Tod.

Wo wird der Schluss erwart't des Spieles? In der Gruft.
Wer spielt am besten mit? Der wohl sein Amt kann führen.
Ist das Spiel vor sich gut? Das Ende muss es zieren. 15
Wenn ist es aus? O Mensch, wenn dir dein Jesus ruft.

Daniel von Czepko, 17. Jh.

Der Tod im Cyberspace

Ein Blick in die Geschichte zeigt, dass das Phänomen der „virtuellen" Repräsentation der Toten älter ist, als man annehmen möchte. So soll es im 2. Jahrhundert nach Christus ein Bestattungsgesetz gegeben haben, wonach ein Bildnisbegräbnis (*funus imaginarium*) veranstaltet wurde, falls der Körper eines Sklaven von seinem Herrn nicht herausgegeben wurde. Römische Kaiser wurden, da man ihren Körper nach dem Tod schlecht für kultische Zwecke im Tempel aufstellen konnte, durch Repräsentanten ersetzt: Zwei - verschiedene - Körper ermöglichten die Präsenz des Toten in den beiden voneinander strikt getrennten Räumen der Gräber und der Tempel, in den eigentlich miteinander unvereinbaren Zeiten der Bestattung und des öffentlichen Kultus. Der Kaiser blieb auf zwei verschiedene Weisen nach seinem Tod gegenwärtig unter den Lebenden. Analoges finden wir bei französischen und englischen Zeremonien im 14. und 15. Jahrhundert. An die Stelle des abwesenden Körpers tritt ein Ding, das ihm ähnelt – so etwa Puppen aus Wachs, Holz oder Leder, die während der Bestattung der französischen und englischen Herrscher auf den königlichen Sarg gestellt wurden. Übertroffen wird diese Verbindung nur noch durch die Lehre von der Transsubstantiation. Neben der Anwesenheit Christi in der Hostie verblasst das Sichtbarwerden durch Bilder. Aber gerade das Phänomen der zwei Körper der Könige ist im Wesentlichen durch die Auffassung von der Präsenz Christi im Abendmahl beeinflusst worden.

Es gibt offensichtlich, „eine enge Verbindung zwischen Bildern und dem Jenseits." (Carlo Ginzburg) „Nicht der biologische Tod, sondern der soziale Akt, die Bestattung, trennt die Scheidenden von den Bleibenden." (Elias Bickerman) Die völlig offene Frage ist die, ob es sein kann, dass den Imaginationen des Cyberspace in den Köpfen der Menschen eine ähnliche Bedeutung zukommen kann, wie es mittelalterlich die Präsenz Christi im Abendmahl oder auch die Stellvertretung des Königs durch eine Puppe hatte. Natürlich hängt das im Wesentlichen von den kulturellen Konventionen ab, die eine Gesellschaft im Blick auf die Erinnerung der Toten entwickelt. Um dies für den Cyberspace beurteilen zu können, muss noch einige Zeit vergehen. Das Angebot der virtuellen Erinnerung wird noch wenig genutzt, die damit verbundenen sozialen Funktionen sind kaum entwickelt. In der Geschichte freilich haben die Menschen immer wieder versucht, die Erinnerung an die Verstorbenen durch Bilder wach zu halten und zugleich damit ihre Trauer zu verarbeiten. Die erst ansatzweise erkennbare Vergegenwärtigung der Toten im Cyberspace wird, wenn sie denn stattfindet, sich in diese soziale Funktion der Bilder einzeichnen müssen.

Andreas Mertin, 2000

ANDREAS MERTIN *(geb. 1958), Theologe und Publizist, lebt in Hagen.*

Durchsucht man das Internet auf die Frage nach dem Tod, so findet man zunächst und vor allem Kopien der „ersten Wirklichkeit": Todesanzeigen, Friedhöfe oder die „Hall of Memory". Wie im „richtigen Leben" ist eine kleine Industrie rund um den Tod entstanden: Zwischen 400 und 2300 Mark kostet die virtuelle Grabpflege für 30 Jahre. Man kann die Stimme des Verstorbenen noch einmal erklingen lassen, sein Leben anhand der Bilder betrachten und es kommentieren.

Das eigentlich Revolutionäre des Internets könnte darin bestehen, dass es möglich sein wird, bereits verstorbene Menschen im Cyberspace „lebendig" zu halten und mit ihnen in ähnlicher Weise zu kommunizieren wie mit künstlichen Gestalten oder lebenden Menschen.

---

1. Klären Sie den Begriff der „Transsubstantiation" mithilfe eines Lexikons. Wie versteht A. Mertin das Verhältnis von Bild und Abgebildetem?

2. Erkundigen Sie sich im Internet über die Möglichkeiten, die Erinnerung an Verstorbene präsent zu halten. Würden Sie sich auf diese Weise „verewigen" wollen?

3. Recherchieren Sie im Internet zum Thema Tod.

4. Warum erscheint es reizvoller, mit einem Verstorbenen im Internet zu kommunizieren als mit einem Foto (oder einem leeren Stuhl!) zu sprechen?

Mann und Frau
Liebe – Eros – Hohes Lied

Die zwei Meter hohe Installation „Liebe – Eros – Hohes Lied" von Claudia Blume (geb. 1955) besteht aus drei geschnitzten und bemalten Holzteilen: eine flammende Herzform und zwei gleich große Figurenblöcke.

1. Betrachten Sie die einzelnen Teile hinsichtlich ihrer unterschiedlichen Formen und Farbigkeit. Welche Kontraste und Korrespondenzen entdecken Sie?

2. „Gehen" Sie in der Installation umher. Wie interpretieren Sie die Installation? Wie ändert sich Ihre Interpretation durch den Wechsel des Standortes?

Schir haSchirim: Das Hohe Lied der Liebe

Du, den meine Seele liebt, sag mir: Wo weidest du die Herde? Wo lagerst du am Mittag? Wozu soll ich erst umherirren bei den Herden deiner Gefährten? Wenn du das nicht weißt, du schönste der Frauen, dann folge den Spuren der Schafe, dann weide deine Zicklein dort, wo die Hirten lagern. Mit der Stute an des Pharaos Wagen vergleiche ich dich, meine Freundin. Schön sind deine Wangen zwischen den Kettchen, dein Hals in der Perlenschnur. Machen wir dir noch goldene Kettchen, kleine Silberkugeln daran. Solange der König an der Tafel liegt, gibt meine Narde ihren Duft. Mein Geliebter ruht wie ein Beutel mit Myrrhe an meiner Brust. Eine Hennablüte ist mein Geliebter mir, aus den Weinbergen von En-Gedi. Schön bist du, meine Freundin, ja, du bist schön. Zwei Tauben sind deine Augen. Schön bist du, mein Geliebter, verlockend. Frisches Grün ist unser Lager, Zedern sind die Balken unseres Hauses, Zypressen die Wände. Ich bin eine Blume auf den Wiesen des Scharon, eine Lilie der Täler. Eine Lilie unter Disteln ist meine Freundin unter den Mädchen. Ein Apfelbaum unter Waldbäumen ist mein Geliebter unter den Burschen. In seinem Schatten begehre ich zu sitzen. Wie süß schmeckt seine Frucht meinem Gaumen! In das Weinhaus hat er mich geführt. Sein Zeichen über mir heißt Liebe. Stärkt mich mit Traubenkuchen, erquickt mich mit Äpfeln; denn ich bin krank vor Liebe. Seine Linke liegt unter meinem Kopf, seine Rechte umfängt mich. Bei den Gazellen und Hirschen auf der Flur beschwöre ich euch, Jerusalems Töchter: Stört die Liebe nicht auf, weckt sie nicht auf, bis es ihr selbst gefällt. ...
Schön bist du, meine Freundin, ja, du bist schön. Hinter dem Schleier deine Augen wie Tauben. Dein Haar gleicht einer Herde von Ziegen, die herabziehen von Gileads Bergen. ... Rote Bänder sind deine Lippen; lieblich ist dein Mund. Dem Riss eines Granatapfels gleicht deine Schläfe hinter dem Schleier. Wie der Turm Davids ist dein Hals, in Schichten von Steinen gebaut; tausend Schilde hängen daran, lauter Waffen von Helden. Deine Brüste sind wie zwei Kitzlein, wie die Zwillinge einer Gazelle, die in den Lilien weiden. Wenn der Tag verweht und die Schatten wachsen, will ich zum Myrrhenberg gehen, zum Weihrauchhügel. Alles an dir ist schön, meine Freundin; kein Makel haftet an dir. Komm doch mit mir, meine Braut, vom Libanon, weg vom Libanon komm du mit mir! ...
Komm, mein Geliebter, wandern wir auf das Land, schlafen wir in den Dörfern. Früh wollen wir dann zu den Weinbergen gehen und sehen, ob der Weinstock schon treibt, ob die Rebenblüte sich öffnet, ob die Granatbäume blühen. Dort schenke ich dir meine Liebe.

Einheitsübersetzung, Kap. 1,7–2,7; 4,1.3–8; 7.12f.

Das biblische Buch DAS HOHE LIED DER LIEBE *enthält eine Sammlung altorientalischer Liebeslieder, die König Salomon Sulamith gewidmet haben soll.*

1. Lesen Sie den Text durch. Löst er bei Ihnen innere Widerstände aus?

2. Versuchen Sie den Text aus dem Hohen Lied als einen Dialog zwischen Mann und Frau zu sprechen. Was fällt Ihnen auf?

3. Beschreiben Sie das Verhältnis der beiden Liebenden zueinander.

4. Warum mag dieser Text in der Bibel stehen?

Das altorientalische Schönheitsideal ist kein Körper-, sondern ein Verhältnisideal. Schön ist letztlich nicht der einzelne Mensch, sondern die Beziehung zwischen Menschen. Wenn die Liebenden im Hohen Lied einander sagen: „Deine Augen sind Tauben", ist also nicht die Form der Augen, sondern die Qualität des liebevollen Blicks gemeint.

Narde:
wertvolles, duftendes Pflanzenöl
Myrrhe:
würzig duftendes Baumharz
Granatapfel:
süß schmeckende Frucht, gilt als Symbol der Fruchtbarkeit

5. Versuchen Sie ein Liebesgedicht zu schreiben, indem Sie Versatzstücke aus dem Hohen Lied miteinander verbinden. Hierbei können Sie z.B. auf Formulierungen achten, die mit Sehen, Schmecken oder Riechen zu tun haben.

Die Würde des Menschen

Edvard Munch, Die Hände, 1893

Geschöpf und Ebenbild

„Gott schuf den Menschen ihm zum Bilde, zum Bild Gottes schuf er ihn" (1. Mose 1, 27). Das heißt zuerst: Der Mensch ist ein *Geschöpf Gottes* wie alle anderen Geschöpfe auch. Sie sind seine Mitgeschöpfe. ... Dieser Schöpfungsglaube hat eine kritisch-befreiende Kraft, wenn man ihn ernst nimmt. Die Götter und die Dämonen verschwinden aus der Welt .... Mit ihr wird ... der Selbstvergottung der Menschen, der Cäsarenpolitik, dem Nationalismus und dem Warenfetischismus der Boden entzogen. Den göttlichen Menschen gibt es nicht. Der menschliche Mensch ist weder „des Menschen Gott" noch „des Menschen Wolf", sondern weiß sich als des freien Gottes Geschöpf unter Mitgeschöpfen. ... Das heißt weiter: Von allen Geschöpfen ist allein der Mensch zum *Bild Gottes* auf Erden geschaffen und bestimmt. ... In seinem Ebenbild will der Schöpfer seinen Partner, sein Echo und seine Ehre finden. In seinem Bild will er selbst auf Erden gegenwärtig sein. Sein Ebenbild soll ihn vertreten und in seinem Namen handeln. In seinem Bild soll man ihm selbst begegnen und seine Güte erfahren. Der Schöpfungsglaube sieht alles als Schöpfung Gottes an, den Menschen aber als Bild Gottes. ... Die Bestimmung des Menschen zur Gottesebenbildlichkeit sagt, dass der Mensch nicht im Vorhandenen aufgehen kann, sondern dass die unendliche Distanz des Schöpfers von seiner Schöpfung auch den Menschen zur unendlichen Freiheit gegenüber allen endlichen Dingen und Verhältnissen und seiner eigenen Wirklichkeit bestimmt. Es ist die Würde des Menschen, dass er dieser Entsprechung gewürdigt wird. Und es ist sein Elend, dass er von dem Augenblick an, wo er seinen transzendenten Hintergrund vergisst, von den endlichen Dingen Unendliches und von irdischen und menschlichen Verhältnissen Göttliches erwarten oder befürchten muss. ...

Der Glaube an die Bestimmung des Menschen zur Gottesebenbildlichkeit wird durch das alttestamentliche* *Bilderverbot* geschützt. Der Mensch soll sich kein Bildnis noch Gleichnis Gottes machen, „weder des, das oben im Himmel, noch des, das unten auf Erden, oder des, das im Wasser unter der Erde ist" (2. Mose 20, 4), weil er selbst und nur er selbst das Bild und Gleichnis Gottes auf Erden darstellen soll. ... Die Welt ist die gute Schöpfung Gottes, aber nicht sein Bild. Der Mensch kann sich in seiner Bestimmung zum Bilde Gottes nicht durch anderes vertreten lassen. Das Bilderverbot schützt also die Freiheit Gottes gegenüber seiner Schöpfung und zugleich auch die Freiheit des Menschen gegenüber der Welt. ... Allein der *Mensch* ist zur Vermittlung zwischen dem transzendenten Gott und der immanenten Welt aufgerufen.

Jürgen Moltmann, 1971

Der evangelische Theologe JÜRGEN MOLTMANN *(geb. 1926) lehrte an der Universität Tübingen und gehört mit Eberhard Jüngel zu den bekanntesten deutschsprachigen evangelischen Theologen. In dem Beitrag „Geschöpf und Ebenbild" begründet Moltmann das christliche Menschenbild schöpfungstheologisch.*

1. Erläutern Sie J. Moltmanns Verständnis von der „Ebenbildlichkeit des Menschen". Wie ist das Verhältnis zwischen Gott und Mensch zu beschreiben? Ziehen Sie zum Vergleich die Texte von J. Haydn (siehe Seite 147) und J.G. Herder (siehe Seite 148) hinzu.

2. Welches gesellschaftskritische Potential steckt in dieser Bestimmung des Menschen?

3. Beschreiben Sie das Verhältnis zwischen Freiheit und Bilderverbot. Ziehen Sie den Text von I. Kirsner zum Vergleich heran (siehe Seite 164f.).

4. Im 1. Artikel des Grundgesetzes heißt es: „Die Würde des Menschen ist unantastbar." Versuchen Sie, den Begriff der Würde zu definieren.

5. Von welcher Erfahrung der „Antastbarkeit" der Würde des Menschen spricht das Bild von E. Munch (siehe Seite 178)? Betrachten Sie auch das Bild von R.B. Kitaj (siehe Seite 183).

➡ Seite 62

Der griechische Philosoph PLATON (427–348/47 v.Chr.), Schüler des Sokrates und Lehrer des Aristoteles, hat es zu vermeiden versucht, sich in einem systematischen Gedankengebäude festzulegen. Darum sind seine philosophischen* Schriften fast alle als Dialoge abgefasst.
Im Dialog „Symposion" lässt Platon verschiedene Redner Gedanken über den Ursprung des Eros vortragen. Die Idee vom Menschen als ein ursprünglich androgynes Wesen lässt Platon von Aristophanes vortragen.*

1. Vergleichen Sie Aristophanes' Rede mit den biblischen Schöpfungstexten.

2. Schreiben Sie Platons Erzählung in ein Theaterstück um.

3. Vergleichen Sie die Bedeutung des Eros in Platons Erzählung und im Hohen Lied der Liebe.

4. Versuchen Sie, Ihr Verhältnis zu K. Betzlers Erzählung „Sie" (siehe Seite 181) zu beschreiben. Welche Empfindungen weckt der Text bei Ihnen?

5. Könnten Sie der These zustimmen, dass „Sie" an ihrer Situation letztlich selbst schuld ist?

6. Welche unterschiedlichen Erwartungen stellen „Sie" und „Er" an die Liebe? Welche „typisch" weiblichen und männlichen Verhaltensweisen stellen Sie fest? Ziehen Sie zum Vergleich Werbeanzeigen heran.

Sehnsucht spüren

Ewig sucht jeder sein Gegenstück

Unsere Natur war nämlich vor Zeiten nicht die gleiche wie jetzt, sondern andersartig ...; es gab nämlich das mann-weibliche Geschlecht, nach Gestalt und Namen eine Einheit von beidem. ... So war ... die Gestalt eines jeden Menschen in sich geschlossen: Sie war rund, Rücken und Seiten liefen rings herum, dazu hatte man vier Arme und ebenso viele Beine wie Arme und zwei Gesichter ..., dazu zwei Geschlechtsteile und alles Weitere so, wie man es sich wohl danach vorstellen kann. ... Sie waren also gewaltig an Kraft und Stärke und hatten hohe Pläne: ... Sie versuchten ..., sich einen Aufgang zum Himmel zu schaffen, um die Götter anzugreifen.
Zeus nun und die anderen Götter hielten Rat, was man mit ihnen anfangen sollte, und wussten keinen Ausweg. ... Da kam Zeus endlich doch auf einen Gedanken und sprach: „Mich dünkt, ich habe ein Mittel, wie die Menschen weiter bestehen und doch von ihrer Zuchtlosigkeit lassen könnten. Denn jetzt will ich jeden von ihnen mitten entzweischneiden, und da werden sie einerseits schwächer sein, andererseits nützlicher für uns, weil sie an Zahl zunehmen." ... Sprach's und schnitt die Menschen mitten entzwei. ... So drehte denn Apollon das Gesicht herum und zog von allen Seiten die Haut zusammen nach der Stelle, die man jetzt Bauch nennt. ...
Da nun das Ursprüngliche entzweigeschnitten war, sehnte sich ein jedes nach seiner Hälfte und gesellte sich zu ihr; da umarmten und umschlangen sie einander voller Begierde zusammenzuwachsen, und starben vor Hunger und überhaupt vor Untätigkeit, weil sie nichts getrennt voneinander tun wollten. ... Da erbarmte sich Zeus und findet noch ein Mittel: Er setzt ihre Geschlechtsteile nach vorn, denn bis dahin ... zeugten (sie) nicht ineinander, sondern in die Erde wie die Zikaden; so versetzte er sie nun nach vorn ... in der Absicht, dass sie bei der Umschlingung, wenn ein Mann auf ein Weib träfe, Kinder zeugten ..., wenn aber ein Mann auf einen Mann träfe, wenigstens ihr Verlangen nach Zusammensein gestillt werde, sie dann davon abließen und sich an ihre Arbeit machten. ... Seit so alter Zeit also ist der Eros zueinander den Menschen eingepflanzt; er führt das Urwesen wieder zusammen und versucht, eins aus zweien zu machen und die Natur des Menschen zu heilen.
So ist denn jeder von uns Menschen nur ein Teilstück, denn er ist entzweigeschnitten wie die Flundern, aus einem zwei; da sucht denn ein jeder ewig sein Gegenstück.

Platon, 5./4. Jh. v.Chr.

Sie

Sie tritt auf die gepolsterte Trittfläche einer Personenwaage. Sie verteilt ... dunkelroten Lack auf ihre Zehnägel. ...
Sie hat Mühe, die bodenlangen, ausgefransten Blue
5 Jeans über ihre Hüften zu ziehen. ...
Sie malt ihre Augen an. Sie malt ihre Lippen an. Lippenrot in Stiftform, weit aus einer goldenen Hülse herausgedreht. Weich gerundete Lippen mit weichem Glanz ... Ohne Farbe auf den Lippen fühle ich mich
10 nur halb angezogen. ...
Langhalsig und lockenmähnig. Haar wie Samt und Seide, das im Rhythmus ihres Ganges mitschwingt. Sie ist von einem frischen Duft umhüllt. AMAZONE vereint Tradition und Originalität. Zuerst frisch,
15 beinahe brav, entfaltet sich sein anhaltender Duft stimmungserregend bis zum unwiderstehlichen Höhepunkt zauberhafter Fraulichkeit. ...
Sie nimmt die Brille ab, nimmt ein Bügelende zwischen die Zähne. Diese Brille täuscht nichts vor.
20 Ihr ruhig daliegender Körper, in bronzene Haut gekleidet. ... Sie geht in einer Bluse ins Wasser, die danach nahezu durchsichtig auf ihrer Haut klebt.
Lauernde, auf Herz und Nieren prüfende Männerblicke in der Diskothek. Brüllende Lautsprecherboxen,
25 eine Musik, bei der man nicht ruhig dasitzen kann, die zum Tanzen zwingt.
Sie steht auf und ist schön.
Sie hat und macht eine gute Figur.
Die Vorwölbung ihrer Brust fängt seinen Blick.
30 Er versucht eine Annäherung, spricht sie an. Sie spricht darauf an. Als sie sich eine Zigarette nimmt, macht er einen schnellen Griff in die Jackentasche und reicht ihr behende Feuer. Erst jetzt bekommt er ihr Gesicht richtig zu Gesicht. Angesichts dieses
35 Gesichts bekommt er ein zärtliches Gesicht. ...
Er fasst ihre Augen ins Auge. Ihr Blick wird zu seinem Blickpunkt, zur Anlegestelle (für seine Wünsche). Ein liebevoll lächelnder Blick entspringt ihren Augen. Er hat nur noch Augen für ihre Augen. ...
40 Ihr Gefühl spricht sich in Schweigen aus. Auch er schweigt. Damit will er sagen, dass ...
Sie kann eine Weile lang ihre Augen nicht aufschlagen.
Er hält ihre Hand heiß.
45 Sie tanzen, vergrößern dabei nach und nach ihre Berührungsfläche. In seinen Armen entsteht das schöne Gefühl von Geborgenheit.

Sie sitzt in einer Hollywoodschaukel, leicht schwingend. Er hat ihre Hand in der Hand, ihre Augen im Auge, ihre Gefühle im Gefühl.
Sie nehmen zusammen ein Salzstäbchen in den Mund, knabbern aufeinander zu und küssen sich.
Er merkt, dass sie nach seinem Wunsch ist, und merkt seinen Wunsch nach ihr. Er streicht mit dem linken Zeigefinger ein Büschel Haar aus ihrem Gesicht. ...
Er hat sie gern. Er hätte sie gern.
Er leistet ihr zärtliche Gesellschaft.
„Sportwagen fahren zu zweit und wissen, wie man ein Lenkrad anfasst und wie ein Mädchen."
Komm
komm mit mir
ins Gespräch
auf andere Gedanken
in Berührung
in Stimmung
in Schwung
auf die Liebe zu sprechen
infrage für die Liebe
in den Genuss der Liebe. ...
Er brennt auf einen Beischlaf.
Sie hat ein sanftes Feuer in sich.
Seine Finger gleiten durch ihre Haare.
Er hat eine wilde Nacht mit ihr vor. ...

PS: Aus dieser Gelegenheit wurde eine Angelegenheit von mehreren Wochen. Er gewöhnte sich an, sie jeden Tag zu sehen. Er gewöhnte sich an sie. Er gewöhnte sie sich an. Sie maß sich ihm an. „Sich lieben heißt, sich gefallen wollen."
Bis zwischen eine Verabredung und das Zusammenkommen eine andere kam. ...
Sie hat ihr Gesicht in der Armbeuge auf dem Tisch verborgen. Ein Träger ihres Unterhemds ist durch das Armloch auf den Oberarm gerutscht.
Sie drückt das Gesicht in ein Taschentuch. Doch sie kann ihren Kummer nicht herausweinen.

Kuno Betzler, 1980

Der evangelische Theologe
HELMUT GOLLWITZER *(1908–93)*
*entwickelt in seiner Schrift
„Das Hohe Lied der Liebe.
Plädoyer für die Liebenden"
(1978) eine „Theologie* der
Zärtlichkeit".
Im Zentrum seiner Überlegungen steht die Verhältnisbestimmung von „Sexus",
„Eros" und „Agape".
Unter „Sexus" versteht H. Gollwitzer den hormonal bedingten
und nach „Entlastung"
(S. Freud) verlangenden
Geschlechtstrieb. Das Wort
„Eros" bezeichnet das menschliche Streben nach größerer
Lebenserfüllung. „Agape" meint
die christliche Nächstenliebe,
die auch die Feindesliebe mit
einschließt.*

Warum

*Nicht du / um der Liebe willen /
sondern / um deinetwillen /
die Liebe / (und auch / um
meinetwillen)*

*Nicht / weil ich lieben /
muss / sondern weil ich / dich /
lieben / muss*

*Vielleicht / weil ich bin / wie
ich bin / aber sicher / weil du /
bist / wie du bist*

Erich Fried, Lyriker (1921–88)

1. Erläutern Sie H. Gollwitzers Sündenbegriff.

2. Deuten Sie den Untertitel des Buches von H. Gollwitzer.

3. Interpretieren Sie das Gedicht von E. Fried auf dem Hintergrund des Textes von H. Gollwitzer.

Um einander wissen
Theologie der Zärtlichkeit

Die Möglichkeit des Erotischen, d.h. der Steigerung unserer Lebensbeziehungen zu intensiver Teilnahme und Hingabe, gehört zur geschöpflichen Ausrüstung unseres Lebens für seine spezifisch menschliche Gestaltung und Entfaltung. Dass es mir im Eros immer auch um mich selbst geht, um die Erfüllung meines eigenen Sehnens und Bedürfens, und dass sich mein erotisches Sehnen auf das richtet, wovon ich mir Erfüllung verspreche, dass also Eros nach dem fragt, was für *mich* Wert hat, was *mir* als liebenswert erscheint, das macht den Eros keineswegs automatisch zum Ausdruck der Sünde, des sündigen Egoismus. ... Der Eros ist nicht sündig, aber er ändert sich, je nachdem er unter der Herrschaft unseres sündigen Wesens steht oder unter der Leitung des neuen Lebens, des Lebens aus der Liebe Gottes. Als Sünder sind wir Menschen, die nichts von Gottes Liebe wissen und halten und deshalb allein auf sich selbst angewiesen sind. ...
In dieser angstvollen Situation leben wir auf Kosten unserer Mitmenschen und verwenden sie als Mittel für unser Glück. ... Die Stärke (des Eros) ist auch seine Gefahr: Egoistisch gehen wir über Leichen und machen den anderen zum bloßen Mittel für unseren Zweck. Egoistisches Leben erntet, was es vermeiden will: Einsamkeit und Leere. Weise geworden erkennen wir den anderen als den uns reich machenden Partner und dienen seinem Glück – und nur dadurch werden wir glücklich. ...
Darüber muss man sich klar sein: Solange unser Glücksstreben sich auf Dinge richtet, vom guten Essen angefangen bis zum Kunstgenuss, sind wir noch mit uns allein. ... Ganz anders aber wird es, wenn unser Verlangen sich auf einen anderen Menschen richtet: Nun begegnet mein Verlangen einem anderen Verlangen, mein *Lebensanspruch* einem anderen Lebensanspruch; nicht nur ich spreche an, sondern ich werde zugleich selbst angesprochen. Nur indem ich *für* das Verlangen des anderen da bin, wird auch der andere für mein Verlangen da sein; nur über sein Glück geht der Weg zu meinem Glück.
Das geschöpfliche Aufeinander-Angewiesen-Sein des Menschen auf den Menschen ... findet seinen Höhepunkt darin, dass wir unser Glück *im* anderen nur finden können durch unser Dasein *für* den anderen. Dies aber ist die Agape, und deshalb wird der zwischenmenschliche Eros nicht ersetzt durch die Agape, wohl aber steht jede zwischenmenschliche Begegnung unter der *Frage der Agape*.

Helmut Gollwitzer, 1978

Die Liebe ist stärker als der Tod

R.B. Kitaj, The Sculptor, 1992

Der Künstler R.B. KITAJ hat sich in einem Katalog für eine Retrospektive in der Tate Gallery, London, im Jahr 1994 zu seinem 1992 entstandenen Gemälde „The Sculptor" (Der Bildhauer) geäußert:

Das Bild zeigt einen todkranken Bildhauer aus meiner Bekanntschaft. Als vor einigen Jahren seine
5 Frau starb, versank er in vollkommene Depression. Er wollte nicht einsehen, dass ihr gemeinsames Leben einfach zu Ende war, denn sie waren glücklich verheiratet gewesen, im Vergleich zu anderen. ... Er hatte sich dermaßen in seine Trauer vertieft, dass ich aufatmete, als ich erfuhr, dass er mit der Arbeit an einer überlebensgroßen Statue seiner Frau begonnen hatte, auch wenn die Statue sie ihm nicht zurückbringen konnte.
10 Ich brauchte eine ganze Weile, bis ich begriff, was er vorhatte ... er wollte das Denkmal unvollendet lassen, bis auch seine letzte Stunde gekommen war. Das ist vielleicht wirklich neu: nicht nur die Kunst als etwas zu nehmen, was die Starre der Verzweiflung überwinden kann – das wird es oft genug geben –, sondern sie in den Dienst eines Tagtraums zu stellen, der die Liebe unsterblich macht.

1. Setzt sich R.B. Kitaj dem Vorwurf aus, er mache sich unzulässigerweise ein Bild vom Menschen?

2. Welche Beispiele lassen sich auch in der populären Kunst (Songtexte, Kinofilme etc.) finden, wo die Liebe als unsterblich darstellt werden soll?
➡ Seite 62

TONI MORRISON *(geb. 1931 in den USA) gehört zu den berühmtesten Autorinnen der amerikanischen Gegenwartsliteratur.*
1993 wurde ihr der Literaturnobelpreis verliehen.

In dem 1993 in Deutschland veröffentlichten Roman „Jazz", der in dem ärmlichen New Yorker Schwarzenviertel Harlem in den 20er-Jahren angesiedelt ist, thematisiert T. Morrison die verratene, aber nicht aufgegebene Liebe einer Frau. Am Ende des Romans löst sich die Erzählerin allmählich aus dem Erzählfluss und beschreibt eine Art Vision gereifter Liebe.

Die Liebe der Erwachsenen

Es ist schön, wenn Erwachsene unter den Laken miteinander flüstern. Ihre Ekstase ist mehr Blätterseufzen als Aufschrei, und der Körper ist das Mittel, nicht der Zweck. Sie streben, da erwachsen, nach etwas weit jenseits davon, weit, weit jenseits und tief unter der Haut. Sie erinnern sich, während sie so flüstern, an die Jahrmarktspuppen, die sie gewonnen haben und an die Boote in Baltimore, mit denen sie nie gefahren sind. An die Birnen, die sie am Ast hängen ließen, denn wenn sie sie gepflückt hätten, wären sie ja von dort verschwunden gewesen, und wer hätte dann diese Reife sehen können, wenn sie sie für sich genommen hätten? Wie hätte jemand, der vorbeiging, sie sehen und sich vorstellen können, wie sie wohl schmeckten? Atmend und murmelnd liegen sie unter den Laken, die sie gemeinsam gewaschen und auf der Wäscheleine aufgehängt haben, in einem Bett, das sie zusammen ausgesucht und zusammengehalten haben, egal, ob ein Bein von einem Lexikon von 1916 gestützt werden muss, und die Matratze, die durchsackt wie die Hand eines Predigers, der einlädt, um Seinetwillen Zeugnis abzulegen, hat sie Nacht für Nacht geborgen und das Flüstern ihrer langjährigen Liebe gedämpft. Sie liegen unter der Decke, weil sie sich nicht mehr ansehen müssen; es gibt kein Hengstauge, keinen Flatterblick der Verführung. Sie sind innig miteinander, verbunden und vereinigt durch Jahrmarktspuppen und Dampfer in Häfen, die sie nie gesehen haben. Und das alles liegt ihrem Flüstern unter der Decke zugrunde.

Aber es gehört noch etwas dazu, nicht so geheim. Das, was die Finger einander berühren lässt, wenn einer dem anderen Tasse und Untertasse reicht. Das, was ihr den Druckknopf am Rückenausschnitt zudrückt, während sie auf die Straßenbahn warten, und ihm einen Fussel von seinem blauen Serge-Anzug bürstet, wenn sie aus dem Lichtspieltheater hinaus ins Sonnenlicht kommen.

Toni Morrison, 1993

1. Versuchen Sie die Stimmung, die der Text bei Ihnen erzeugt, zu beschreiben.

2. Welche Bedeutung spricht T. Morrison der Liebe zwischen den Erwachsenen zu? Was charakterisiert diese Liebe?

3. Tragen Sie Liebesgedichte, die Ihnen gefallen, zusammen. Stellen Sie diese Gedichte in Kleingruppen vor, indem Sie den für Sie jeweils persönlich wichtigsten Aspekt benennen.

Ich trage den Namen einer
Blume, / wenn du mich rufst. /
Wenn du mich berührst, /
weiß ich nicht einmal, /
ob ich Wasser bin, Mädchen, /
oder ein Obstgarten, den ich
durchwanderte.

Eugénio de Andrade, 1997
(geb. 1923 in Portugal)

Gott, der Nächste und die Liebe

Es ist ... kein Mangel ..., dass die Freiheit begrenzt ist, sondern es sind wohltuende, heilsame Grenzen. Und genauso wohltuend und heilsam sind die Lebensakte, mit denen wir diese Grenzen bejahen. An zwei dieser Grenzen führt uns die
5 befreiende Wahrheit selbst. Sie lässt uns erkennen, dass wir, ob wir wollen oder nicht, von *Gott* begrenzt werden und von unserem *Nächsten*, vom anderen Ich. Zwei elementare Lebensakte legt uns die Wahrheit deshalb nahe: die *Liebe* zum anderen Ich und den *Glauben* an Gott.
10 Im anderen Ich findet das eigene Ich seine unübersehbare Grenze, an der sich die menschliche Freiheit zu bewähren hat. Das geschieht, wenn ich den anderen Menschen liebe. Denn wenn ich liebe, dann habe ich mich auch schon in einem sehr präzisen Sinn vergessen zugunsten des anderen Ich. In der
15 Liebe vergessen wir uns selbst, und zwar nicht nur in der Liebe zu dem *liebenswerten* Anderen. ... Es wird ihm ... ebenso zugemutet, den ganz und gar nicht liebenswerten Menschen ... zu lieben und dadurch allererst liebenswert zu machen. Und es gibt viele Menschen, die erst durch unsere Liebe liebenswert,
20 ja schön werden. In der Liebe bejahen wir die Grenze, an der wir die eigene Freiheit gern mit anderen Menschen teilen. An dieser Grenze beginnt die eigene Freiheit sozusagen nach innen zu wachsen. Sie gewinnt an Intensität. Wer liebt, ist intensiv frei. Doch auch Liebe will gelernt sein. Um lieben zu
25 können, muss man zuvor geliebt worden sein. Um sich vergessen zu können, muss man sich zuvor gewonnen haben. Wer sich selbst nicht gut ist, kann auch keinem anderen gut sein. Jede rechte Mutter weiß das, ohne viel darüber nachzudenken. Sie liebt ihr Kind und macht es damit allererst liebesfähig. Und
30 genau das widerfährt uns an der anderen, an der unsichtbaren Grenze, an der uns Gott, *der liebe Gott*, selbst begrenzt, um uns durch seine Liebe zu eigener Liebe fähig und immer wieder liebesfähig zu machen. Der liebe Gott – er weckt und ernährt das Kind in uns, das Kind im Manne und das Kind in der Frau,
35 dessen sich nur die unmündigen, die kindischen Menschen schämen. Der mündige Mensch hingegen kann es sich leisten, vor Gott ein Kind zu sein. Der mündige Mensch kennt seine Grenzen. Er kennt und bejaht vor allem diejenige Grenze, an der er sich als Gottes geliebtes Kind erkennt und sich deshalb
40 auch wie ein Kind ungeniert freuen und unverkrampft danken kann.
Das also ist Aufklärung* im besten, im verheißungsvollsten Sinne des Wortes: die Befreiung, der Ausgang des Menschen aus seiner selbst verschuldeten Liebesunfähigkeit. Die Wahr-
45 heit wird euch frei machen heißt: Die Wahrheit wird euch zur Liebe frei machen.

Eberhard Jüngel, 1977

Anlässlich des 500. Jubiläums der Universität Tübingen im Jahre 1977 hielt der evangelische Theologe EBERHARD JÜNGEL *(geb. 1934, Porträt siehe Seite 170) eine Predigt über Joh. 8,32: „Dann werdet ihr die Wahrheit erkennen, und die Wahrheit wird euch befreien."*

1. E. Jüngel erklärt, wer liebt, sich also emotional bindet, sei intensiv frei. Lösen Sie diese scheinbare Paradoxie auf. Klären Sie hierzu das Verhältnis von „Freiheit" und „Grenze". Inwieweit bezieht sich E. Jüngel auf M. Luthers These von der Freiheit eines Christenmenschen (siehe Seite 168)?

2. „Der mündige Mensch hingegen kann es sich leisten, vor Gott ein Kind zu sein." Nehmen Sie Stellung zu diesem Satz.

3. Zum Abschluss spielt E. Jüngel auf I. Kants berühmte Definition von Aufklärung als den „Ausgang des Menschen aus seiner selbst verschuldeten Unmündigkeit" (siehe Seite 146) an. In welchem Verhältnis stehen für E. Jüngel Aufklärung, Menschenliebe und Gottesglaube?

➡ *Seite 71ff.*

„Können wir nochmals anfangen?"
Ein Lektürevorschlag:
Max Frisch, „Biografie: Ein Spiel"

Der Schweizer Schriftsteller MAX FRISCH (1911–91) zählt zu den bedeutendsten deutschsprachigen Autoren der Gegenwartsliteratur (*Stiller,* 1954; *Homo faber,* 1957; *Andorra,* 1961; *Mein Name sei Gantenbein,* 1964). Sein Interesse galt der Suche nach den Möglichkeiten menschlicher Identität in der modernen Welt und der Frage ihrer literarischen Darstellbarkeit. Themen seiner Romane und Dramen sind „die Suche eines von seiner Umwelt entfremdeten Ichs nach sich selbst; die Schwierigkeit, mit dem Du Kontakt aufzunehmen; die Spannung zwischen (bürgerlicher) Begrenztheit und einer vagen Sehnsucht nach Vollendung; das Unvermögen, dem Leben und der Wirklichkeit schreibend beizukommen; und die Sorge, angesichts der massenhaft verbreiteten Kulturgüter, inklusive der selbst geschaffenen, im Zitat zu erstarren." (Alexander Stephan).

Im Mittelpunkt des Stücks *Biografie: Ein Spiel* (1967; Suhrkamp) stehen die Ereignisse an einem Abend im Jahr 1960. Kürmann, der Protagonist des Stücks, ist soeben zum Professor berufen worden und lernt auf der abendlichen Surprise-Party Antoinette kennen. Beide heiraten kurze Zeit danach. Sieben Jahre später bricht ein heftiger Ehestreit aus, und Kürmann bereut zutiefst, damals seine Frau kennen gelernt zu haben. Er erhält die Gelegenheit, die wichtigsten Entscheidungen seines Lebens nochmals zu überprüfen und gegebenenfalls neu zu treffen. Diese Möglichkeit versucht er dazu zu nutzen, den Abend zu verhindern bzw. seinen Verlauf zu verändern. Mit Hilfe eines „Registrators", in dessen „Dossier" die Biografie Kürmanns aufgezeichnet ist, werden wichtige Lebensphasen nochmals durchgespielt, andere Lebensentscheidungen getroffen, deren Konsequenzen für den weiteren Lebensweg erwogen und gegebenenfalls widerrufen. Jedoch gelingt es Kürmann nicht, ein Zusammentreffen mit Antoinette zu verhindern. Erst als Antoinette eine andere Entscheidungsvariante wählt, verläuft der Abend anders als ursprünglich.

M. Frisch radikalisiert in seinem Stück die Vorstellung, das Leben sei ein Spiel innerhalb bestimmter „Spielregeln" auf einem umgrenzten „Spielfeld" in einer festgelegten „Spielzeit", indem er das Leben nach den Möglichkeiten einer Theaterinszenierung gestaltet. Das „Drehbuch" ergibt sich im Spiel: Der Schauspieler befindet sich im ständigen Gespräch mit dem Regisseur über die Möglichkeiten seiner Rolle, die Szenen können geprobt, wiederholt und verändert werden, sodass schließlich eine „Biografie" entsteht.

---

1. Kürmann ist in seinen Entscheidungsspielräumen nicht völlig frei. Der Registrator zeigt sich sogar enttäuscht darüber, dass Kürmann nicht die Möglichkeit nutzt, mit seinem Leben etwas völlig Neues zu beginnen. Erläutern Sie die subjektiv empfundenen und die objektiv vorhandenen Grenzen seiner Entscheidungsfreiheit.

2. In Kooperation mit dem Fach Deutsch kann M. Frischs dramaturgischer Ansatz der „Permutation" in Abgrenzung zur traditionellen Dramaturgie und zur Dramaturgie des epischen und absurden Theaters erarbeitet und an dem Stück „Biografie: Ein Spiel" dargestellt werden.

3. Der Regisseur Tom Tykwer greift in seinem Film „Lola rennt" (1998) das Motiv des Neuanfangs gelebten Lebens auf (in Buchform beim Rowohlt Taschenbuch Verlag). Der Ausgangspunkt der Handlung besteht darin, dass der Kleinkriminelle Manni durch den Verlust von 100.000 DM in eine lebensbedrohliche Situation geraten ist und seine Freundin Lola ihm nun zu helfen versucht. Dieser Rettungsversuch wird dreimal erzählt, wobei sich die Handlungsverläufe unterschiedlich entwickeln. Erarbeiten Sie, wodurch die Unterschiede in den Handlungen bedingt sind. Vergleichen Sie die dramaturgischen und cineastischen Mittel, mit denen M. Frisch und Tykwer arbeiten.

4. An M. Frischs Stück wurde die Kritik geäußert, dass es einer fatalistischen Lebenseinstellung Vorschub leiste. Überprüfen Sie diese These und nehmen Sie zu ihr Stellung. Kann dieser Vorwurf für T. Tykwers Film gelten?

➡ *siehe Seite 19*

Wie Christen handeln – Bausteine für eine christliche Ethik

Milan Knížák, „Painted statue of the coat of an old and rich communistic agitator", 1989

1. Fragen zu Seite 187:
a) Wie kann man sich in einer Welt „pluraler Lebensentwürfe" orientieren?
b) Gibt es spezifische „Einfärbungen" christlichen Handelns?

2. Wer sich anderen vorstellen und sagen soll, wer er ist, zählt meist wichtige Stationen seiner Biografie auf.
Warum identifizieren sich Menschen mit ihrer bzw. durch ihre „story"?
➡ Seiten 160–163

3. Als „Fremde" begegnen sich z.T. immer auch noch „die Europäer".
Inwiefern ist „Europa" eine „ethische Herausforderung"?

Der Philosoph EMMANUEL LÉVINAS *(1906–95) sieht die ethische Herausforderung letztlich begründet im „Antlitz" des anderen Menschen:*

Ethischer Sinn
der Beziehung zum Nächsten,
Antwort gebend,
im Gewand der Verantwortung,
vor dem Antlitz,
das mich verlangt;
antwortend auf ein Verlangen,
das mich in Frage stellt ...
Verantwortung für den Nächsten,
„mein Ebenbild, meinen Bruder",
der für mich jedoch noch immer so sehr ein anderer ist, dass ich in mir die kainische Weigerung verspüre,
sein Hüter zu sein.
Emmanuel Lévinas, 1991

4. Erörtern Sie, ob der Blick in das „Antlitz" eines Menschen Sie (in moralischer Hinsicht) in die Pflicht nimmt.

Wie sollen wir mit uns selbst und mit anderen umgehen?

Es ist der Normalfall menschlichen Lebens, dass Menschen miteinander zu tun bekommen, dass sie aufeinander zugehen, sich mit je ihren individuellen Ansprüchen und Bedürfnissen begegnen und sich auch voneinander abgrenzen. Dabei geht es dann immer auch darum, wer und wie man selbst ist und sein will, wie man sich selbst definiert. All dies ist eingebunden in jeweils konkrete geschichtliche Situationen: Jede und jeder ist immer schon in Geschichte und Geschichten verstrickt.

Der / die andere – ... und ich?

Mit anderen Menschen umzugehen, sich mit anderen, mit Anderem und Fremdem auseinander setzen zu müssen, das müssen schon Kinder lernen und dies bleibt lebenslang eine zu leistende Aufgabe.
Unsere heutige Situation ist nun dadurch gekennzeichnet, dass man zunehmend *mehr* höchst unterschiedlichen Menschen mit z.T. höchst unterschiedlichen Lebensformen begegnet: In einer pluralen Gesellschaft stellen sich immer wieder Differenz- und Fremdheitsempfindungen ein, keineswegs nur zwischen Menschen, die unterschiedlichen Kulturen angehören! Wie findet man da die Lebensform, zu der man „ja" sagen kann? Wie kann man da sowohl den eigenen Bedürfnissen und Wünschen als auch denen der anderen gerecht werden? Wie kann man sich da mit anderen verständigen? Soll man sich überhaupt verständigen, gar einigen? Hat man nicht selbst und hat nicht auch der Andere geradezu ein Recht darauf anders zu sein?

Die Erfahrung des Anderen bedeutet in jedem Fall eine Herausforderung für das Selbst. Das Subjekt der Lebenskunst ist nicht wirklich nur das Selbst, sondern das Selbst in seiner Wechselwirkung mit Anderen. Die Beziehung zu Anderen wirkt mit am Kunstwerk des Lebens.
Grundsätzlich ist zu entscheiden, ob die Nähe zum Anderen zu suchen oder eher die Distanz zu wahren ist, ob also Nahbeziehungen oder Fernbeziehungen vorzuziehen sind. Letztere werden, begünstigt von Teletechnologien, häufig mehr oder weniger gedankenlos gewählt, denn sie ermöglichen die Kommunikation mit Anderen, ohne ihre leibliche Gegenwart mit all deren Unwägbarkeiten aushalten zu müssen; per Knopfdruck werden Andere angewählt und abgewählt, ohne weitere Konsequenzen: eine aseptische Form von Beziehung.
Wilhelm Schmid, 1998

Ethisches Nachdenken

Wonach fragt die Ethik?

Jeder Mensch führt sein Leben, mehr oder weniger bewusst; und diese Aufgabe kann er sich auch von niemandem abnehmen lassen. Das *Nachdenken* über Fragen der Lebensführung ist die umfassende Aufgabe der Ethik.

Weil es wohl gerade die „schwierigeren" Situationen sind, die zum Nachdenken herausfordern, kann man gleich präziser formulieren: „Ethik ist die Lehre vom guten Leben unter Bedingungen von Konflikten." Konflikte zu bearbeiten ist die *ethische Aufgabe*: „Ethik hat es mit Konsens zu tun; ihr konkreter Stoff aber sind Konflikte." Deshalb ist ihre Aufgabe, ihr „Beruf", die differenzierte Wahrnehmung und Analyse der komplexen, spannungsreichen Wirklichkeit. „Ethik als Theorie des guten Lebens muss sich auf die (komplexe) Wirklichkeit einlassen." „Zum Beruf der Ethik gehört die Beschreibung der jeweiligen Situation von Konflikten: Beschreibung, genaue, sorgfältige Beschreibung macht einen Großteil ethischer Praxis aus; sie vollzieht sich weitgehend nicht als präskriptive, sondern als deskriptive Ethik."

(Zitate: Trutz Rendtorff, 1999)

Weil sich menschliches Leben weitgehend in vorgegebenen „Formen" (etwa in der Lebensform Familie, in vorgegebenen Formen des Arbeitens und Wirtschaftens) vollzieht, sind gerade auch diese Lebensformen Gegenstand ethischen Nachdenkens und Urteilens. Damit geht es also immer auch um politische Lebensformen, um eine Ethik des Politischen.

Alltags-, Entscheidungs-, Konfliktsituationen

Im Alltag folgt unser Verhalten ganz bestimmten Verhaltensmustern, bewährten Grundorientierungen und *Tugenden*. Sie sind für unser Alltagsverhalten notwendig, weil erst sie dem menschlichen Handeln *Kontinuität* und *Verlässlichkeit* geben. Es gibt aber auch Situationen, in denen man sich angesichts alternativer Verhaltensmöglichkeiten *bewusst entscheiden* muss. Zwar sind keineswegs alle Entscheidungen ethische Entscheidungen; aber häufig geht es eben doch um die Frage, was in der jeweiligen Situation „gut" bzw. „besser" ist, welches Verhalten sich besser rechtfertigen lässt. Manchmal gerät man in einen *persönlichen sittlichen Konflikt*, in dem man kaum erkennen kann, was gut bzw. was weniger gut ist, und in dem man ganz unmittelbar mit seiner ganzen Persönlichkeit auf dem Spiel steht (wenn es z.B. um einen grundlegenden Beziehungskonflikt geht).

Die Kunst des Lebens – Lebenskunst

Seit Jahrzehnten ist ein steigendes Interesse an „Lebenskunst" bzw. „Philosophie der Lebenskunst" zu verzeichnen. Das Nachdenken über menschliche Lebensführung soll – in Anlehnung an Traditionen der griechischen Antike – wieder als wichtige Aufgabe der Philosophie* angesehen werden: Wie kommt man zu einem guten, glücklichen Leben?

1. Welche Fragen sollte – Ihrer Meinung nach – eine „Philosophie der Lebenskunst" bearbeiten?

2. Was verstehen sie unter einem „Lebenskünstler"?

3. Der französische Philosoph MICHEL FOUCAULT (1926–84) stellte die Frage, ob nicht „das Leben eines jeden ein Kunstwerk werden" könne.
Überlegen Sie, ob Sie Ihr Leben als „Kunstwerk" interpretieren möchten!
➡ *Seiten 164f., 174f.*

4. Klären Sie, was Sie unter „ethischer Kompetenz" verstehen.

5. Überlegen Sie, wann Sie (in letzter Zeit) tatsächlich eine ethische Entscheidung treffen mussten.

6. Erläutern Sie die Unterscheidung von Alltags-, Entscheidungs- und Konfliktethik anhand von Beispielen aus Ihrem persönlichen Erfahrungsbereich.

1. Informieren Sie sich über ethische Ansätze in der Antike (Stichwort: „Eudämonismus").
Zur antiken Vorstellung vom „Naturrecht" vgl. auch Seite 206 f.

2. Versuchen Sie durch eine Befragung herauszufinden, welche ethischen „Orientierungsmuster" heutzutage das Tun und Lassen bestimmen. (Erstellen Sie dazu evtl. in Gruppenarbeit einen entsprechenden Fragebogen.)
Vergleichen Sie die heutigen „Orientierungsmuster". Prüfen Sie, ob sich im Vergleich mit den skizzierten bisherigen Orientierungssystemen neue herausgebildet haben.

3. Versuchen Sie anhand eines für Sie aktuellen Problems die Leistungsfähigkeit dieses „Schritte-Schemas" zu erproben.

4. Sachverhaltsanalysen sind zunächst einmal ein intellektuelles, kein ethisches Problem. Stimmen Sie dieser These zu?

5. Es gibt eine ethische „Pflicht zum Wissen"! – Es gibt ein ethisches „Recht auf Nichtwissen"!
Erörtern Sie (etwa im Hinblick auf ärztliche Entscheidungen) diese beiden Thesen.

Woran kann man sich orientieren?

Im Lauf der Geschichte gab es im europäischen Bereich unterschiedliche „Orientierungssysteme":

- Als in der Antike die traditionellen Mythen* für die Legitimation der sittlichen Lebensformen nicht mehr ausreichten, fand man im „Orientierungssystem Natur" eine neue Begründungsbasis: „Physis statt Nomos, Natur statt bloßer Tradition, das ist die neue Instanz, mit der man nun sittliche und politische Lebensformen und Institutionen zu kritisieren bzw. zu rechtfertigen versucht. Die neuen Lebensformen müssen sich vor dem Gerichtshof der Natur rechtfertigen lassen."
- Mit der Ausbreitung des Christentums bestimmte dieses auch zunehmend die ethische Orientierung: „Nicht die Selbsterhaltung, sondern die Gottesliebe ist der entscheidende Punkt für das, was innerhalb des Orientierungssystems christlicher Schöpfer- und Erlösergott sittlich und recht ist." Menschliches Tun und Lassen fügt sich ein in die (Schöpfungs- und Erlösungs-)Geschichte Gottes mit Mensch und Welt und lässt sich vom Doppelgebot der Liebe leiten.
- Im Gefolge der Aufklärung* hat man eine neue Orientierungsbasis für sittliche Lebensformen gesucht: „Allein die praktische Vernunft kann Rechtfertigungs- und Kritikinstanz für das sein, was die Menschen tun und lassen sollen. Nur sie kann unbedingte Pflichten des Menschen gegenüber anderen Menschen und sich selbst und unveräußerliche Rechte des Menschen sichtbar machen."

(Zitate: Willi Oelmüller, 1978)

Mögliche Schritte ethischer Urteilsfindung

a) **Feststellung des Problems:** Nicht jedes Problem ist ein ethisches Problem. Erst dann, wenn das spezifisch Ethische eines Problem-Falles erfasst wird, kann wirklich auch eine ethische Entscheidung angestrebt werden.

b) **Situations- und Sachverhaltsanalyse:** Probleme, die eine ethische Entscheidung erfordern, sind meist in eine ganz bestimmte Situation, in ein Netz von Abhängigkeiten eingebettet. Oberflächliche oder gar falsche Situations- bzw. Sachverhaltsanalysen können fatale Folgen haben.

Sehr viele Differenzen bei ethischen Beurteilungen lassen sich auf Differenzen in der Sachverhaltsanalyse zurückführen. Oftmals ist es allerdings gar nicht möglich, alle für eine sorgfältige Entscheidung notwendigen Informationen einzuholen. Nicht nur die Begrenztheit der Zeit, sondern auch die Begrenztheit des (eigenen) Sachverstandes können sich als eine unüberwindliche Schranke erweisen.

c) **Erörterung der Verhaltensalternativen:** Konkrete Handlungsanweisungen lassen sich nicht einfach von ethischen Normen *ableiten*. In einer konkreten Situation ist es normalerweise so, dass es Handlungsalternativen gibt: Diese sind möglichst sorgfältig und umfassend auszuloten, damit man sich dann für eine von ihnen entscheiden kann.

d) **Prüfung der Normen:** Für die Beurteilung der möglichen Verhaltensalternativen benötigt man Kriterien, Normen, Wertvorstellungen, „ethische Leitlinien". Normen begegnen uns in *verschiedenen Abstraktionsgraden*, etwa als „Grundnorm" (z.B. „Liebe deinen Nächsten!"), als „ethische Leitlinie auf der Ebene mittlerer Konkretion" (z.B. „Achte auf Chancengleichheit!"), als problemspezifische Forderung (z.B. „Alle sollen die Möglichkeit haben, einen Arbeitsplatz zu bekommen."). Die Erörterung und Prüfung der Normen wird für den anschließend notwendigen Urteilsentscheid um so hilfreicher sein, je konkreter die jeweiligen Normen (Leitlinien etc.) formuliert werden können.

e) **Urteilsentscheid:** Im Urteilsentscheid fügen sich alle vorangegangenen Schritte zu einer sittlichen Entscheidung zusammen. Was sich bisher weitgehend auf der Ebene des (eventuell distanzierten) Argumentierens vollzog, gewinnt eine neue Dimension: Wer sich entscheidet, legt sich fest („das will ich, dazu stehe ich"). Der eigentliche Entscheidungsprozess kann im Einzelnen nicht mehr exakt analysiert werden. Dem entspricht es, dass es persönliche sittliche Entscheidungen gibt, die als „Gewissensentscheidungen" respektiert und – als dem Zugriff der anderen entzogen – geschützt werden.

f) **Urteils-Überprüfung:** Nachträglich wird man prüfen, ob die getroffene Entscheidung auch unter Einbeziehung ihrer möglicherweise nicht vorhersehbaren *Folgen* ethisch verantwortet und aufrechterhalten werden kann.

(Das 6-Schritte-Schema in Anlehnung an: Heinz Eduard Tödt, 1977)

„Angewandte Ethik" oder „Bereichsethik"?

Es geht in der Ethik nicht darum, abstrakte „ethische Prinzipien" auf empirische Gegebenheiten „anzuwenden". Ethisches Nachdenken *entzündet* sich überhaupt erst an konkreten Problemstellungen. Dabei ist davon auszugehen, „dass für verschiedene Bereiche menschlicher Praxis unterschiedliche normative Kriterien angemessen sind, die sich nicht auf ein einziges System moralischer Regeln und Prinzipien reduzieren lassen. Statt von ‚angewandter Ethik...', sollte man daher besser von ‚Bereichsethiken', sprechen."

(Julian Nida-Rümelin, 1996)

---

1. Liebevolles Suchen nach Lösungsalternativen bedarf der Phantasie. Erläutern Sie diesen Satz anhand von Beispielen.

2. Inwieweit sind ihre ethischen Zielvorstellungen und Entscheidungen weniger von Normen, sondern mehr von Vorbildern, Erfahrungen und moralischen Empfindungen abhängig?

3. Muss sich ein Mensch mit seinem Verhalten identifizieren? (Ist er mit seinem Tun und Lassen identisch?)

4. Informieren Sie sich über unterschiedliche Deutungen des Phänomens „Gewissen". Beschreiben Sie (anhand eines Beispiels) möglichst präzise, was Sie unter einer „Gewissensentscheidung" verstehen.

5. Darf man ethische Entscheidungen treffen, deren Folgen nicht mehr rückgängig gemacht werden können?

6. Inwieweit stellen sich in unterschiedlichen Handlungsfeldern (z.B. Sozialpolitik, ärztliches Handeln) so unterschiedliche ethische Herausforderungen, dass sie auch unterschiedlicher ethischer Normen und Argumentationen bedürfen?

Das Ethos der Bibel

Die geschichtlichen Erfahrungen

Im Alten Testament* versteht sich das Volk Israel als familiäre Gemeinschaft, als „Verwandtschaft Gottes" mit einer ganz bestimmten Geschichte: Wir sind Gottes Volk; unser Gott hat uns erwählt und uns herausgeführt aus Ägypten; *unser Gott ist unser Vater*, wir sind seine Söhne und Töchter, also sind wir auch alle untereinander „verwandt". Die Verhaltensregeln innerhalb der Volksgemeinschaft ergeben sich dann geradezu als Konsequenzen aus diesem Selbstverständnis: Die von Gott erwählte „Verwandtschaft" soll in einer dieser „Verwandtschaft" gemäßen Weise „geschwisterlich" miteinander leben.

Jede und jeder ist eingebunden in eben diese Geschichte Gottes mit seinem Volk. Der Einzelne hat sich deshalb auch immer wieder (etwa in der Feier des Pessach) vergewissert, dass er an dieser Geschichte teilhat. An Gott glauben bedeutet dann: in die Lebensform eben dieses Volkes hineinwachsen. Gemeint ist damit die Lebensform eines Volkes, das von der geschichtlich erfahrenen und weiterhin erhofften Güte jenes Gottes lebt, der aus der Knechtschaft befreit hat, der als „Herr der Welt" ihr „Schöpfer" ist, von dem alles abhängig ist und dem deshalb alle Bereiche des menschlichen Lebens unterstellt sind.

Vor allem die *geschichtlichen Erfahrungen* des Volkes Israel sind es, die sein Ethos begründen: Ihr wart Knechte in Ägypten (und wisst also, was Elend und Leid bedeuten); weil Gott euch herausgeführt und befreit hat, deshalb seid dankbar und unterdrückt eurerseits nun niemand. Gerade die Schwachen, die Benachteiligten (vor allem „die Fremden, Witwen und Waisen") bedürfen des Schutzes und der besonderen Zuwendung.

Einen besonders stark ausgeprägten *Trend zur Humanisierung* zeigt die Sozialgesetzgebung des *Deuteronomium* (= 5. Mose): Weil alle Israeliten *Brüder* und *Schwestern* sind, darf keiner den anderen beherrschen oder ausbeuten. Von solchen Glaubensüberzeugungen her ist dem Alten Testament die Unterscheidung oder gar Trennung von Glaube und Politik, von Glaube und gesellschaftlichem Leben nicht möglich. So haben z.B. die *Propheten* von Anfang an (seit der Entstehung des Königtums in Israel, ca. 1000 v.Chr.*) nicht nur zu Fragen des Glaubens ihre Stimme erhoben; sie haben sich auch immer wieder sehr entschieden in „politische" Dinge (z.B. Wirtschafts- und Sozialpolitik, Rechtsprechung) eingemischt.

Das Buch der Sprüche *bietet mit seinen vom Glauben geprägten Lebensweisheiten ein sehr farbiges Bild der dem alttestamentlichen Gottesglauben gemäßen Lebensformen: vgl. z.B. Spr 3,27–31; 6,6–8; 6,16–19; 11,1–5.12–14.24–28.*

In den Reden, in denen Hiob *seine Unschuld beteuert, wird immer wieder deutlich, was es heißt, „gerecht vor Gott" zu leben:*

Hab ich missachtet das Recht meines Knechts oder meiner Magd, wenn sie eine Sache wider mich hatten?

Hab ich den Bedürftigen ihr Begehren versagt und die Augen der Witwe verschmachten lassen? Hab ich meinen Bissen allein gegessen und hat nicht die Waise auch davon gegessen? *(Hi 31,13 ff.)*

> Welche Bedeutung können die ethischen Grundlinien von Dtn 15,1–18; 17,14–20; 24,6–22 für die heutige Diskussion gesellschaftspolitischer Probleme haben?

Vor allem die Propheten *Amos und Hosea, Jesaja und Micha (8. Jh.), aber auch Jeremia und Hesekiel (7. und 6. Jh.) haben die gesellschaftlichen Missstände kritisiert: vgl. z.B. Am 5,11–24; Hos 7,1–7; Jes 1,10–28; 5,8.20–23; Mi 7,1–6; Jer 5,26–29; 7; 22,13–19; Hes 34.*

Utopische* Elemente

Israel machte im Laufe seiner Geschichte die Erfahrung, dass im Zusammenleben der „Verwandtschaft Gottes" vieles unvollkommen war: Die Realität blieb weit hinter den Vorstellungen von einem Reich der Liebe, der Gerechtigkeit und des Friedens („Schalom-Reich") zurück. Als dann auch der politische Niedergang des Volkes nicht mehr aufzuhalten war (722 v.Chr. unterwarfen sich die Assyrer das Nordreich Israel; 586 v.Chr. zerstörten die Babylonier Jerusalem, die Hauptstadt des Südreichs Juda), setzte man nicht mehr darauf, durch menschliche Anstrengung ein vom Gottesrecht geprägtes Friedensreich zu verwirklichen: Es wuchs die Hoffnung auf eine durch den Messias* (in einem „Neueinsatz" von oben) heraufgeführte Gottesherrschaft.

Die Zehn Gebote

In Ex 20 wird erzählt, wie Mose den Dekalog* von Gott auf zwei Steintafeln erhalten hat. Gebote wie „Du sollst nicht töten" oder „Du sollst nicht stehlen" waren jedoch schon längst vorher als gültige Normen für das Zusammenleben in den Nomadensippen akzeptiert; sie wurden aber nun offensichtlich ganz bewusst als „Gottes-Gebote" übernommen.

Die alttestamentliche* Fassung der Zehn Gebote vertritt vor allem durch ihre „Einleitung" eine bestimmte Theologie*: Gott stellt sich vor als der, der sein Volk aus der Knechtschaft in Ägypten befreit hat (Ex 20,2) und der ihm nun seinen „Bund" anbietet: *Er verpflichtet sich*, dieses Volk als sein Eigentum zu achten, wenn es sich „bundesgemäß" verhält (Ex 19,4f.).

Bevor dem Volk die Gebote gegeben werden, wird es auf die gnädige, errettende *Zuwendung* Gottes zu diesem Volk verwiesen (vgl. Dtn 5 und 6,20–25). Der in die Freiheit führende Gott gibt seinem Volk nun eine *Lebensordnung*, damit es die gewährte Freiheit nicht verspielt: „Zehn Grundregeln zum Schutz der Freiheit".

Es ist also irreführend, im Hinblick auf das alttestamentliche Ethos von einer „Gesetzesethik" zu sprechen und die Dekalog-Gebote einfach als „Forderungen" zu interpretieren.

Sachgemäßer sind deshalb auch Übersetzungen wie:
„Du brauchst keine anderen Götter."
„Du darfst dir einen Feiertag gönnen und wirklich ruhen."
„Ihr lebt besser, wenn ihr eure alten Eltern achtet."
„Du hast es nicht nötig zu töten."
„Ihr lebt besser, wenn ihr eheliche Bindungen respektiert."
„Du hast es nicht nötig zu stehlen."

Die Einsicht, dass die Menschen unter den Bedingungen des „Noch-nicht-erlöst-Seins" leben, und die beharrliche Hoffnung auf die Vollendung durch Gott sind charakteristische Merkmale alttestamentlicher Frömmigkeit und Lebensform:
vgl. Jes 11,6–9 und Jes 65,17ff.

Nehmen Sie Stellung zu folgender These: Eine Ethik ohne utopische* Elemente und ohne Hoffnung ist eine arme und klägliche Ethik.

Der Dekalog als christliche Ethik?

Erst MARTIN LUTHER *hat den Zehn Geboten im „Großen" und im „Kleinen Katechismus"* (beide 1529) eine hervorgehobene Stellung in der „christlichen Unterweisung" gesichert.*
M. Luther war zwar der Meinung, das alttestamentliche „Gesetz" sei ein spezifisch jüdisches Volksgesetz:
„Mose ist allein dem jüdischen Volk gegeben und geht uns Heiden und Christen nichts an."
Er betonte aber auch den universellen Charakter des Dekalogs:
„Ich halte die Gebote, nicht deshalb, weil Moses sie geboten hat, sondern weil sie mir von Natur eingepflanzt sind und die Mose-Gebote mit der Natur übereinstimmen."

Die Einbindung des Dekalogs in die christliche Ethik setzt voraus, dass man den Gott, der da spricht „Ich bin der Herr, dein Gott", verstehen darf als den, der auch der Gott des Neuen Testaments ist.

Wir pflegen bei der Zählung der Zehn Gebote dem Kleinen Katechismus* Luthers zu folgen. Diese Zählung entspricht nicht ganz dem Text des Alten Testaments: vgl. Ex 20 und Dtn 5.

1. Ermitteln Sie durch eine Umfrage „Zehn (zeitgemäße) Grundregeln" für das Zusammenleben in einer menschlichen Gemeinschaft".

2. Klären Sie, aus welchen ethischen Traditionen diese „Grundregeln" stammen. Worin unterscheiden sich diese „Grundregeln" von den Zehn Geboten?

3.a) Nehmen Sie Stellung zu folgender These:
Der Mensch ist „homo ludens" („spielender Mensch"); erst im Spiel kommt er zu sich selbst.

3.b) Inwiefern verändert sich diese These, wenn Sie statt „Spiel" Begriffe wie „Ruhe", „Freizeit", „Sonntag" einsetzen?

3.c) Welche Bedeutung hat für Ihre eigene Lebensgestaltung die „Ruhe"?

4. Der alttestamentliche „Generationenvertrag" wurde spätestens in der modernen Industriegesellschaft entindividualisiert und durch die Sozialgesetzgebung in staatliche Regie übernommen. Diskutieren Sie die Vor- und Nachteile dieser Entwicklung.

5. Erörtern Sie angesichts der demographischen und der medizinischen Entwicklung die Berechtigung der Frage: „Wie viele Alte kann sich eine Gesellschaft leisten?"

Erläuterungen zu den einzelnen Geboten

1. und 2. Gebot
Die Verpflichtung, „keine anderen Götter" neben dem EINEN zu verehren, setzt (noch) das „Vorhandensein" anderer Götter voraus, könnte also aus der Mosezeit stammen. Dass das Verbot der Verehrung anderer Götter mit dem Hinweis auf die Befreiung aus der Knechtschaft in Ägypten verbunden wird, ist typisch für die Zeit ab dem 8.Jh. v.Chr.* (vgl. Hos 12,10; 13,4).
Die Bildlosigkeit der Gottesverehrung, für die es im Alten Orient keine Parallelen gibt, war offensichtlich von Anfang an für die israelitische Religion charakteristisch. Sie betont die Unvergleichlichkeit und Unverfügbarkeit Gottes. Das Gebot, den Gottes-Namen nicht zu „missbrauchen", richtet sich vermutlich gegen damals wohl weit verbreitete magische Praktiken.

3. Gebot
Das Sabbatgebot war zunächst die Anordnung eines (arbeitsfreien) Ruhetages, ohne dass dies mit einem religiösen bzw. kultischen Anspruch verbunden gewesen wäre. Während der Exilszeit (587–537 v.Chr.) wurde die Einhaltung des Sabbats zu einem Bekenntnisakt, der an keinen kultischen Ort und an keine kultische Handlung gebunden war.
Im Sabbatgebot geht es letztlich um das rechte Verständnis dessen, was Menschsein heißt, um die grundlegende Bedeutung der Ruhe, des Nicht-tätig-sein-Müssens für das Menschsein.

4. Gebot
In dem Gebot, Vater und Mutter zu ehren, geht es um die menschengemäße Versorgung der alt gewordenen Eltern: Die „Ehre" eines Menschen ist nicht in seiner Leistungsfähigkeit, sondern in seiner Zugehörigkeit zum „Volk Gottes" begründet. Dieses Gebot schließt auch ein grundsätzliches Bekenntnis zur Tradition (auch zur religiösen Tradition) ein.

5. Gebot
Das hier im Hebräischen verwendete Wort wird nicht für das Töten von Tieren, auch nicht für das Töten im Krieg verwendet. Gemeint ist der Mord, das Töten „aus niederen Beweggründen": Gier und persönliche *Rachegelüste* dürfen keine Menschenleben zerstören.

6. Gebot
Es geht nicht um eine grundsätzliche Regelung des sexuellen Verhaltens, sondern darum, dass bereits bestehende Ehen und Familien geschützt werden: Die Möglichkeit geregelten menschlichen Zusammenlebens (in funktionierenden Sozialordnungen) wird individuellem Begehren vorgeordnet.

7. Gebot
Eigentum wurde schon sehr früh zu den grundlegenden Gütern der menschlichen Gemeinschaft gezählt. Vermutlich ist in Ex 20,15 auch an das Stehlen von Menschen gedacht (vgl. 21,16.): Sowohl die widerrechtliche Aneignung von Sachen als auch die von Menschen zerstört einen freien und gesicherten Lebensraum.

8. Gebot
Das Gebot, nicht als Lügenzeuge gegen den Nächsten auszusagen, soll ein funktionierendes Rechtswesen garantieren: Da die damaligen kriminologischen Möglichkeiten sehr beschränkt waren, kam für eine geordnete Rechtsprechung alles auf die Glaubwürdigkeit der Zeugen an.

9. und 10. Gebot
Die Forderung, nicht des Nächsten „Haus" zu begehren, schließt nach hebräischem Sprachgebrauch das gesamte Eigentum des Nächsten ein. Dieses Gebot will deutlich machen, dass nicht erst das egoistische *Tun*, sondern schon das egoistische *Planen* und *Streben* verwerflich ist: Du sollst gar nicht haben *wollen*, was einem anderen zusteht.

Das der Gottesherrschaft entsprechende Ethos

Jesus hat die ethischen Grundprinzipien seiner Tradition übernommen; er hat sich (was die inhaltlichen Weisungen betrifft) *nicht als Lehrer einer neuen Ethik* verstanden. Gelegentlich hat er auf Dekalog*-Gebote verwiesen und sie dabei so interpretiert, dass sie einem *menschenfreundlichen* Leben dienen (vgl. Mk 10,17–21; 12,28–34). Das Gebot der Gottesliebe und das Gebot der Nächstenliebe hat er zum so genannten „Doppelgebot der Liebe" zusammengefasst und dies als das „vornehmste Gebot" (als grundlegende Richtschnur) herausgestellt. Auch damit steht er sachlich in der jüdisch-pharisäischen Tradition.
Das Spezifische für die Verkündigung Jesu war, dass er mit dem Anspruch auftrat: *Jetzt* bricht die Gottesherrschaft an, jetzt, in meinem Reden und Handeln, bricht sich die Herrschaft der Liebe Bahn. Und dieser Herrschaft der Liebe entspricht das Doppelgebot der Liebe.

Das Gebot der Feindesliebe
Im Alten Testament* wird gefordert, den Nächsten nicht zu „bedrücken", sondern ihn zu lieben. Im Neuen Testament findet sich dieselbe Forderung: „Du sollst deinen Nächsten lieben wie dich selbst." (Lev 19,13.18; vgl. Dtn 6,4f.; Mk 12,31). Die neutestamentliche Fassung der *Goldenen Regel* fordert ein *symmetrisches Handeln*: „Alles nun, was ihr wollt, dass euch die Leute tun sollen, das tut ihnen auch." (Mt 7,12; vgl. Lk 6,31)

---

1. Ein Bekannter erwähnt beiläufig seinen jüngsten „Ladendiebstahl". Würden Sie mit ihm darüber diskutieren? (Wenn ja, wie würden Sie argumentieren?)

2. Sind Menschen (grundsätzlich) verpflichtet, sich an der Aufdeckung von Unrecht zu beteiligen?

3. Der Gedanke ist der Vater des Wunsches. Der Wunsch ist der Vater der Tat.
Wie sinnvoll ist es, Gedanken und Wünsche moralisch zu qualifizieren?

Was liebendes Verhalten konkret meint, versucht Jesus u.a. in der Beispielgeschichte vom barmherzigen Samariter (Lk 10,25–37) und im Gleichnis vom Weltgericht (Mt 25,31–46) zu verdeutlichen.

➡ *Seite 128f.*

Einzigartigkeit des Gebots der Feindesliebe?

Wenn du dem Rind oder Esel deines Feindes begegnest, die sich verirrt haben, so sollst du sie ihm wieder zuführen.

(Ex 23,4; vgl. auch Hi 31, 29.30; Spr 24,17.29 und 25,21)

In babylonischer und alt-ägyptischer Weisheit heißt es:
An deinem Widersacher handle nicht böse. Wer dir Böses tut, dem vergilt mit Gutem.
Übe keine Vergeltung, damit Gott dir nicht das Unrecht vergelte. Ein Frommer vergilt kein Unrecht, auf dass auch ihm nicht vergolten werde.

In vielen seiner Dialoge forderte PLATON *den grundsätzlichen Gewaltverzicht:*
Es ist besser, Unrecht zu leiden als zu tun.

1. Nicht nur die Aufforderungen, dem Bruder / der Schwester nicht zu zürnen (Mt 5,22) und nicht begehrlich nach einer Frau zu blicken (Mt 5,28), sondern auch Forderungen wie die, keine Schätze zu sammeln (Mt 6,19) und nicht für Essen und Trinken zu sorgen (Mt 6,25.31f.), scheinen übertriebene / unrealistische Forderungen zu sein. Wie beurteilen Sie die unterschiedlichen Interpretationen der Bergpredigt?
➡ *Seite 128f.*

2. Sofern sich Christen in ihrem ethischen Nachdenken auch auf das Alte Testament* beziehen, stehen sie in einer großen Traditionslinie mit jüdischer Frömmigkeit und jüdischem Ethos. Vergleichen Sie die bisherigen Ausführungen zum Ethos des Alten Testaments und zum Ethos des Neuen Testaments. Arbeiten Sie Gemeinsamkeiten und Unterschiede heraus.

Jesu Gebot der Feindesliebe vertritt darüber hinaus ein *Ethos der Einseitigkeit*: „Liebt eure Feinde und bittet für die, die euch verfolgen." „Wenn dich einer auf die (rechte) Backe schlägt, dem biete die andere auch dar." (Mt 5,44; vgl. Mt 5,39ff.; vgl. auch Lk 6,27ff.) Der Kreis der zu Liebenden wird also auch auf diejenigen ausgedehnt, die einem fremd, ablehnend, feindlich, aggressiv gegenüberstehen.

Zum Verständnis der Bergpredigt
Man hat, immer wieder umstritten, die Bergpredigt
- als die für Christen verbindliche *radikale Ethik* der Jesus-Nachfolge interpretiert;
- für *unerfüllbar* gehalten: Die Einsicht in die Unerfüllbarkeit solle deutlich machen, dass der Mensch, weil er (als Sünder) dem Willen Gottes eben nicht entsprechen *kann*, grundlegend auf Gottes Gnade und Vergebung angewiesen ist;
- gelesen als *Ethik für eine (kurze) Zwischenzeit*, in der man – auf die Vollendung der Gottesherrschaft wartend – zu außergewöhnlichem Verhalten befähigt ist;
- verstanden als ein klares Beispiel für *Gesinnungs-Ethik:* Es gehe weniger um konkretes Handeln als um die rechte Gesinnung.

Die von Matthäus gestaltete Bergpredigt (Mt 5–7) ist eine Sammlung von vielen vermutlich echten, aber ursprünglich einzelnen Aussprüchen Jesu. Sie ist eine Art *urchristlicher Katechismus*, der neben der „Frohen Botschaft" (Mt 5,1ff.) auch viele Gebote, Ermahnungen, Gleichnisse und eine Anleitung zum Beten enthält. Eine wichtige Rolle spielt dabei die Auseinandersetzung mit dem alttestamentlichen Gesetz: Vielleicht war die Bergpredigt speziell für die Unterweisung von Judenchristen bestimmt.

Wenn Jesus (nach Mt 5,17) nicht gekommen ist, die Tora* „aufzulösen, sondern zu erfüllen", dann heißt das, dass Menschen schon jetzt – weil das Evangelium von der Gottesherrschaft schon jetzt gilt – erfahren können, was es heißt, in der Gottesherrschaft zu leben. Die radikalen Forderungen der Bergpredigt dürfen nicht aus diesem Gesamtzusammenhang der Verkündigung Jesu herausgelöst werden.

Grundanweisung: Prüfet
Das Neue Testament* ist kein Handbuch für ethische Fragen. Allerdings geht es in den Evangelien, vor allem aber in den Briefen immer wieder um ganz konkrete ethische Weisungen; und es finden sich auch sehr grundsätzliche Orientierungshilfen für ein Leben im Vertrauen auf Gott und auf seine Herrschaft der Liebe.

Dabei können sich die konkreten Weisungen durchaus im Rahmen des Normen- und Wertgefüges der damaligen Zeit bewegen: **Paulus** hat als ethische Regel formuliert: „Was wahrhaftig ist, was ehrbar, was gerecht, was rein, was liebenswert, was einen guten Ruf hat, sei es eine Tugend, sei es ein Lob – darauf sei bedacht!" (Phil 4,8) Er forderte allerdings auch: „Passt euch nicht einfach dieser Welt an, sondern erneuert euer Denken und Streben, damit ihr prüfen könnt, was Gottes Wille ist, nämlich das Gute und Wohlgefällige und Vollkommene." (vgl. Röm 12,2) Es geht also um ein Prüfen, das geprägt ist durch ein erneuertes Denken und Streben. Es ist eben keineswegs immer von vornherein klar, *was* in der jeweiligen Situation ein dem Willen Gottes gemäßes Handeln ist. „Prüfet alles! Meidet das Böse! Das Gute behaltet!" (1.Thess 5,21f.) Grundlegend allerdings gilt: Die vom christlichen Glauben geprägte ethische Besinnung ist dadurch charakterisiert, dass man sich nicht an den eigenen Wünschen, sondern an der Last der anderen orientiert: „Einer trage des andern Last, so werdet ihr das Gesetz Christi erfüllen." (Gal 6,2)

Mit Differenzen – gemeinsam auf dem Weg

Die Aufforderung zu einem liebevollen Umgang mit dem Fremden und dem Feind wird von einer urchristlichen Gemeinde weitergegeben, die sich selbst als kleine Herde, als (verfolgter) Fremdling in dieser Welt erfährt. Für Christen, für die diese Welt nicht schon die endgültige Heimat ist, sind die Fremden nur relativ fremd, sind die Anderen nur relativ anders.

Im Vertrauen darauf, dass Gott die grundlegende Entfremdung der Menschen aufhebt, indem er sie in *seinen* Herrschaftsbereich eingemeindet, sind die bestehenden Fremdlingschaften und selbst die Feindschaften in dieser Welt relativiert: Man kann mit Fremden und selbst mit Feinden hier (in aller Vorläufigkeit und deshalb auch durchaus in Differenzen) menschlich zusammen leben.

Biblisches Ethos ein Ethos für Christen

Weder die ethischen Weisungen des Alten Testaments* noch die des Neuen Testaments wollen allgemeine Sittengesetze sein: Sie richten sich an Menschen, die in einer bestimmten Geschichte stehen. Die ethischen Forderungen werden deshalb nicht einfach mit Vernunftargumenten begründet. Sie gehören vielmehr zu der mit dem Exodus begonnenen Befreiungsgeschichte, zu der Geschichte der bereits angebrochenen und sich durchsetzenden Gottesherrschaft.

Die ethischen Weisungen der Bibel richten sich an Menschen, die sich von dieser Geschichte her verstehen.

Jesu Zuwendung galt zunächst dem Einzelnen. Er ist nicht als politischer Revolutionär aufgetreten. Gleichwohl setzte sein Leben und Wirken eine enorme gesellschaftspolitische Wirkungsgeschichte frei.

1. Suchen Sie geschichtliche und gegenwärtige Beispiele für politische (z.B. sozialpolitische) Folgen des Wirkens Jesu.

Die Forderung, (auch noch) des andern Last zu tragen, ist nicht von vornherein plausibel. Für Paulus war die Voraussetzung, dass man, befreit von egozentrischem Selbstbesorgtsein, in der Freiheit der Kinder Gottes lebt (Röm 8,14f.; Gal 4,4ff.; 5,1).

Weil die Dynamik von Gottes Geist die Sprachbarrieren übersteigt und die nationalen und religiösen Grenzen sprengt (vgl. Apg 2 und Gal 3,27), gehört zum Christentum von Anfang an eine multikulturelle Tendenz. Und dies blieb nicht nur Theorie, sondern führte zur Praxis des Festes und der Feier mit den Außenstehenden (vgl. auch Lk 14,15–24, bes. 23).

2. Entwickeln Sie an einem konkreten Beispiel, was „solidarisches Verhalten" heißen kann und unter welchen Voraussetzungen es realisierbar ist.

Wenn ich sagen soll, wer ich bin, so erzähle ich am besten meine „story". Jeder von uns hat seine „story", jeder ist seine „story". Dabei spielt in jeder „story" naturgemäß die Vergangenheit eine große Rolle; aber eben sie zielt auf Weiterführung, sowohl auf Fortsetzung als auch auf Veränderung.
In gewisser Weise deuten die immer „stilisierte" Vergangenheitsstory und die ebenfalls in gewisser Weise stilisierte Zukunftsstory auf so etwas wie eine Gesamtvision des Lebens hin, wie sie etwa auch einem Schriftsteller vorschwebt, wenn er die Biografie eines Menschen schreibt.
Juden und Christen sprechen von einer „Gesamt-Story", die ein gutes Ende hat, ein Ende in Frieden, Liebe, Gerechtigkeit und Freiheit.
Auch jedes Einzelschicksal gehört als eine „Einzel-Story" in diesen weiteren, größeren Bezugsrahmen. Jede Einzelbiografie ist in diese „Gesamt-Story", die ein gutes Ende verheißt, eingebettet.

In Anlehnung an: Dietrich Ritschl, ev. Theologe, 1986

Was bedeutet es für die Lebensführung und Lebensform eines Christen, wenn er Gott als Autor seiner Lebensgeschichte sieht, wenn er Gott an seiner Biografie mitschreiben lässt?

➜ *Seiten 160 ff., 169*

Grundlegung christlicher Ethik

Die „großen Erzählungen" und die Biografien

Menschen können sich selbst und ihr Handeln im Rahmen verschiedener „stories", im Rahmen verschiedener „großer Erzählungen" verstehen und interpretieren: etwa im Horizont der „großen Erzählung vom menschlichen Fortschritt" oder im Horizont einer „Verfallsgeschichte (mit katastrophalem Ausgang)". In solche Rahmenerzählungen sind dann die individuellen Biografien eingefügt.
Die „großen Erzählungen" (Rahmenerzählungen) und auch die von ihnen abhängigen Einzelbiografie-Entwürfe sind Grundmuster der Interpretation, die freilich nicht nur *interpretieren*, sondern damit auch menschliches Verhalten *steuern*: Das einzelne Tun und Lassen eines Menschen ist weitgehend abhängig von seinem Gesamtentwurf menschlichen Lebens.

Das spezifische Charakteristikum

Christliche Ethik versucht, das Leben jener Menschen zu beschreiben, die in einer ganz bestimmten Geschichte leben, nämlich in der Geschichte Gottes mit den Menschen.
Deshalb fragt christliche Ethik auch nicht als Erstes nach dem, was der Mensch in bestimmten Situationen tun und lassen soll. Sie fragt zunächst nach der *„Gesamtstory" Gottes mit den Menschen*; damit fragt christliche Ethik nach der Geschichte, in die der Einzelne eingebettet ist, die ihn trägt und von der her er sowohl seine grundlegenden Vorgaben als auch seine Ziele bekommt.
Die Aufgabe der christlichen Ethik ist es nun, den durch die Geschichte Gottes mit den Menschen bestimmten Lebensraum auszuloten: So wird christliche Ethik zur Darstellung der dem Glauben entsprechenden Lebensform.

Partikularität christlicher Ethik?

Christliche Ethik sieht ihre Basis deshalb auch nicht in rational begründeten Normen (mit universaler Geltung), sondern in dem Grundvertrauen darauf, dass hinter der Gesamtstory und auch hinter der Einzelbiografie Gott steht. Da diese Glaubensüberzeugung keineswegs allgemein vorausgesetzt werden kann, ist christliche Ethik zunächst einmal eine durchaus partikulare Ethik. Da christliche Ethik allerdings davon ausgeht, dass Gottes Güte *allen* Menschen gilt, nimmt sie für sich in Anspruch, das beschreiben zu können, was für *alle* Menschen ein gutes Leben wäre.

Ethik der Geschöpflichkeit

- Theologische* Ethik erkundet, was es für Menschen heißt, als Geschöpfe zu leben. Sie setzt immer schon ein mit dem Satz: Ich glaube, dass mich Gott geschaffen hat.

Sie erkundet und fragt also zuerst, was uns gegeben und gewährt ist, wovon wir leben dürfen; und sie fragt dann weiter: Wie dürfen wir als Geschöpfe leben? Wie leben wir unserer Geschöpflichkeit gemäß? Erst aus dieser Perspektive stellt sich dann die Frage, was das Gute ist, das von uns zu erstreben ist, und erst jetzt ist danach zu fragen, was wir tun sollen.

Christliche Ethik setzt nicht mit einer „allgemeinen Bestimmung" des Menschen ein, um aus einer „Wesensbestimmung" des Menschen dann Normen abzuleiten. Sie sucht vielmehr, die Geschichte Gottes mit der Welt und den Menschen zu verstehen und zu erkennen, was in dieser Geschichte von Gott her geschieht. Sie fragt zuerst, was uns von Gott her Gutes zukommt, was wir Gutes gewährt bekommen: Gottes Güte erfahren Menschen darin, dass sie sich als Geschöpfe Gottes verstehen dürfen.

- Das Leben derer, die sich als Geschöpfe Gottes verstehen, ist gekennzeichnet durch die Dramatik des Befreiungshandelns Gottes. Es geht dabei um die Befreiung des Geschöpfes Gottes aus der Versklavung durch andere und anderes und auch durch sich selbst ... .

Die christliche Ethik buchstabiert diese Befreiungsgeschichte nach; sie buchstabiert, worin das neue, befreite Leben besteht. Christliche Ethik erkundet, wie Menschen leben, die in eine Befreiungsgeschichte gehören, deren Autor Gott ist. Es ist ein Leben, das Menschen nicht auf sie selbst zurückwirft, auf ihre Leitbilder und Mechanismen, in die sie verstrickt sind.

- Christliche Ethik geht mit Röm 12,2 davon aus, dass sich Menschen ihre Lebensform verändern lassen durch eine von Gott bewirkte Erneuerung ihrer Vernunft und ihres Wahrnehmens. Diese Verwandlung und Erneuerung zielt darauf, dass Menschen sich verstehen als Geschöpfe Gottes, die in der Geschichte Gottes mit den Menschen leben dürfen. Diese (erneuerte) Wahrnehmung kann nicht als eine allgemeine, verallgemeinerbare vorausgesetzt werden. Deshalb kann vom christlichen Glauben geformtes ethisches Nachdenken nicht danach fragen, wie jedermann leben soll, sondern wie diejenigen leben dürfen, die sich Gottes (Schöpfer-)Güte gefallen lassen.

- Eine christliche Ethik der Geschöpflichkeit setzt nicht auf Qualität und Aktivität des Menschen. Dies wäre eine insgesamt trostlose Ethik, um so trostloser, je „höher" sie vom Menschen redet, z.B. von seiner Verantwortung oder von seiner Würde. Eine Ethik, die nicht zu sagen weiß, was Menschen trägt und hält, wird zum trostlosen Appell.

Hans G. Ulrich, 2000

---

1. Nehmen Sie Stellung zu folgenden Positionen:
   - *Die zentralen inhaltlichen Forderungen christlicher Ethik stimmen mit denen einer allgemeinen Sittlichkeit weitgehend überein.*
   - *Bei konkreten ethischen Problemen sind „vernünftige Argumente" entscheidend. Etwas spezifisch Christliches ist kaum mehr aufweisbar.*
   - *Der Mensch weiß nicht von sich aus, was wahrhaft gut ist (vgl. Mi 6,8): Christliche Ethik ist eine Ethik des Gehorsams gegenüber dem Willen Gottes.*

2. Man kann versuchen, das christliche Verständnis des Menschen unter drei Gesichtspunkten zu entfalten:
   - *Der Mensch ist Geschöpf.*
   - *Der Mensch ist Sünder.*
   - *Der Mensch darf auf Gnade und eine neue Zukunft hoffen.*

   Welche Folgerungen ergeben sich von diesen christlichen Grundaussagen her für ethisches Nachdenken?

Christliche Ethik lotet den Lebensraum jener Menschen aus, die sich als Geschöpfe Gottes verstehen.
Dieses Konzept von Ethik, das so profiliert der evangelische Sozialethiker HANS G. ULRICH *vertritt, setzt nicht mit Normen, nicht mit einem Imperativ ein, sondern mit einer „Zusage" (einem Indikativ).*

3. Inwieweit ergeben sich aus der Beschreibung des dem christlichen Glauben entsprechenden „guten Lebens" auch Normen?

1. Nehmen Sie Stellung zu der These: Beten kann nicht das Handeln, Handeln kann nicht das Beten ersetzen.

2. Beziehen Sie in Ihre Überlegungen auch die folgende Interpretation des „Vaterunser" ein:

- *Weil Menschen sich nicht selbst verdanken und weil sie sich eingebunden wissen in den Zusammenhang der Schöpfung, deshalb beten sie:*
„Vater unser, der du bist im Himmel. Geheiligt werde dein Name."
- *Weil Menschen sich nicht auf sich selbst gründen, weil sie die Verwirklichung des Guten von Gott erwarten, weil sie auf eine innergeschichtlich nicht erreichbare Vollendung hoffen, deshalb beten sie:*
„Dein Reich komme."
- *Weil Menschen nicht für sich in Anspruch nehmen, immer schon Gottes Willen zu kennen bzw. ihm durch ihr Tun und Lassen zu entsprechen, deshalb beten sie:*
„Dein Wille geschehe, wie im Himmel, so auf Erden."
- *Weil Menschen grundlegend bedürftig und von vielerlei abhängig sind, deshalb beten sie:*
„Unser tägliches Brot gib uns heute."
- *Weil menschliches Handeln oft misslingt und jeder immer wieder Schuld auf sich lädt, deshalb beten Menschen:*
„Und vergib uns unsere Schuld, wie auch wir vergeben unsern Schuldigern."
- *Weil das Böse nicht durch ethische Appelle und auch nicht durch moralisches Verhalten zu beseitigen ist, deshalb beten Menschen:*
„Und führe uns nicht in Versuchung, sondern erlöse uns von dem Bösen."

Liebe und Gerechtigkeit als ethische „Grundnormen"

Wer sich und seine Mitmenschen als von Gott geliebte Geschöpfe sieht, begegnet ihnen liebevoll – „geschwisterlich".

In der biblischen Tradition wird das Liebesgebot als Zusammenfassung des Gotteswillens, als das grundlegende Kriterium für menschliches Verhalten verstanden (vgl. Lev 19,18; Mk 12,28–34; Röm 13,8–10; Gal 5,14). Handlungsweisen, die dem Liebesgebot widersprechen, können nicht als christliche Handlungsweisen gelten. Das Gebot der Feindesliebe (vgl. Mt 5,38–48) fordert darüber hinaus, dass dem anderen ein Recht darauf zugestanden wird, anders zu sein als man selbst.

Das *Liebesgebot* knüpft der Sache nach an die Bedürftigkeit des Menschen an und fordert dazu auf, dieser Bedürftigkeit gerecht zu werden. Deshalb ist das Liebesgebot zu konkretisieren als Forderung nach *Gerechtigkeit*: Damit ist sowohl die „aus- und zuteilende Gerechtigkeit" (jeder soll das ihm Zustehende erhalten) als auch die „ausgleichende Gerechtigkeit" gemeint (Ungerechtigkeiten sind abzubauen). Ungerechtigkeit widerspricht der Liebe. Dabei ist das biblische Reden von „Gerechtigkeit" von den Bedürftigen (Unterdrückten) her gedacht: Die Elenden und Armen fordern Gerechtigkeit ein; es soll ihnen *zu ihrem Recht* verholfen werden (vgl. Jer 22,13–16). Ein Spezifikum christlich-ethischer Leitlinien ist, dass bei vergleichbaren Bedürfnissen der Bedürftigkeit des Nächsten gegenüber eigenen Bedürfnissen ein *Vorrang* eingeräumt wird.

Die Freiheit des Menschen

Das Evangelium von Jesus Christus spricht den Menschen Gottes Liebe zu (vgl. Röm 8): Im Vertrauen auf diese Liebe werden Menschen befreit von dem egozentrischen Besorgtsein, befreit zu einem Leben des Besorgtseins um den Nächsten.

Dabei sind die in unserer Welt vorfindlichen bzw. zu schaffenden Ordnungen und Problemlösungen für Christen nicht das „Letzte", sondern das „Vorletzte". (Christliches Handeln steht unter einem „eschatologischen* Vorbehalt", in einer Spannung zwischen dem „Schon jetzt" und dem „Noch nicht".) Deshalb führt der christliche Glaube zu einer kritischen Distanz gegenüber allem Vorfindlichen. Auch dies wirkt sich „befreiend" aus: Wer nicht mit dem Anspruch auftreten muss, „*das* Gute", *das* Richtige, *das* Wahre und Vollkommene zu kennen und zu verwirklichen, der kann sich in größerer Freiheit und Gelassenheit um das in der konkreten Situation *jeweils Bessere* bemühen.

Freilich sind das Vertrauen auf den liebenden Vater und auf seine endgültige Herrschaft und die darin begründete Freiheit eine Sache des Glaubens; sie stehen in gewisser Weise in Spannung zu den Erfahrungen, die der Mensch immer wieder macht, nämlich, dass er unter Zwängen steht, dass er mehr zerstört als aufbaut, dass sein Leben beschädigt und fragmentarisch ist. Martin Luther hat diese Spannung so formuliert: Der Mensch ist „tatsächlich" („in re") noch „Sünder" („peccator"), aber er ist im Glauben „zugleich" („simul") ein von Gott „Angenommener" („Gerechter" = „iustus"). Der Mensch ist „simul iustus et peccator".

Eine befreiende Unterscheidung: Glaube und Werke

Ethische Diskussionen werden oft mit erbitterter Leidenschaft geführt, weil das Wohl und Wehe von Mensch und Welt zur Debatte zu stehen scheint. Nach christlicher Vorstellung hängt vom Tun oder Lassen des Menschen aber gerade nicht sein „endgültiges Heil" ab. Gott bindet sich und sein Wirken nicht an die moralische Qualität des Menschen. Die Frage, inwieweit das „Heil" des Menschen (das Ja Gottes zu ihm) von seinem Verhalten abhängt, wurde in der Christentumsgeschichte immer wieder als Auseinandersetzung um die *Rechtfertigungslehre* erörtert. Die klassische biblische Formulierung, die gerade für die evangelische Theologie* zentrale Bedeutung bekam, stammt von Paulus: „So halten wir nun dafür, dass der Mensch gerecht wird ohne des Gesetzes Werke, allein durch den Glauben." (Röm 3,28; vgl. Röm 10,4; Gal 2,16) Aber auch die Verkündigung und das Wirken Jesu machen deutlich: Weder fromme Leistungen noch ein bestimmtes sittliches Verhalten sind Voraussetzungen für Gottes Erbarmen (vgl. Lk 15,11ff.).
Man darf freilich nicht übersehen, dass in der Bibel immer wieder *auch ein ganz bestimmtes Verhalten* gefordert wird (Mt 25,31-46; vgl auch Mt 7,21).
Für Luther war die entscheidende (theologische) Einsicht: „sola fide", „sola gratia" (allein durch den Glauben, allein durch die Gnade) kann der Mensch vor Gott „gerecht gesprochen" werden. Diese Einsicht hat Luther dann zum Kampf gegen die mittelalterliche Werkfrömmigkeit veranlasst. Aber Luther wollte damit keineswegs das menschliche Tun und Lassen vom Glauben trennen:

> Daher, liebe Freunde: Das Reich Gottes*, das wir sind, besteht nicht in Reden oder Worten, sondern in der Tätigkeit, das ist in der Tat, in den Werken und in der Ausübung. Gott will nicht Zuhörer oder Nachredner haben, sondern Nachfolger und Täter, und zwar in dem Glauben durch die Liebe. Denn der Glaube ohne die Liebe ist überhaupt kein Glaube, sondern „nur" ein Schein des Glaubens.
> *Martin Luther, Invocavitpredigt, 1522*

Im Vertrauen darauf, dass die Liebe, selbst wenn sie in dieser Welt scheitert, nicht verloren ist, kann sich ein Christ auch in aussichtslos erscheinenden Situationen für Verwirklichung von Liebe einsetzen.

Stimmen Sie dieser Aussage zu?

PHILIPP MELANCHTHON, *seit 1519 engster Mitstreiter M. Luthers, wollte mit der 1530 auf dem Reichstag in Augsburg vorgelegten „Confessio Augustana" (CA)* vor Kaiser Karl V. den „evangelischen" Glauben darstellen. Artikel 20 handelt „Vom Glauben und guten Werken":*

Unsere Werke können uns nicht mit Gott versöhnen und uns Gnade erwerben. Dieses geschieht allein durch den Glauben. ... Wer aber vermeint, durch seine Werke Gott zu versöhnen, der verachtet Christum und sucht seinen eigenen Weg zu Gott, wider das Evangelium. Denn das Gewissen kann nicht zu Ruhe und Frieden kommen durch Werke, sondern allein durch den Glauben, dass er um Christi willen einen gnädigen Gott hat.
Ferner wird gelehrt, gute Werke sollen und müssen geschehen, aber nicht so, dass man auf sie vertraut ..., sondern man soll die guten Werke um Gottes willen und Gott zu Lobe tun. ... Deshalb ist die Lehre vom Glauben zu rühmen, dass sie lehrt, gute Werke zu tun, und dass sie Hilfe anbietet, wie man zu guten Werken kommen kann. Denn ohne den Glauben und ohne Christum ist die menschliche Natur viel zu schwach, gute Werke zu tun, Gott anzurufen, im Leiden Geduld zu haben, den Nächsten zu lieben, befohlene Ämter fleißig auszurichten.

Als Begründer des neuzeitlichen Utilitarismus gilt JEREMY BENTHAM *(1748–1832); seine „Einführung in die Prinzipien von Moral und Gesetzgebung" (1789) war die erste systematische Darstellung des Utilitarismus. Gut und „nützlich" (lat.: „utilis", deshalb der Name Utilitarismus) ist jenes Verhalten, das der Maximierung des Glücks dient.* JOHN STUART MILL *(1806–73) hat den utilitaristischen Ansatz erweitert und ausdifferenziert.*

1. Am „Glück" (griech.: „eudaimonia") des Menschen hat sich schon die gesamte antike Ethik orientiert. Informieren Sie sich (in einem Lexikon) über „Eudämonismus".

2. Utilitaristen streben eine „doppelte Maximierung" an (größtmögliches Glück für die größtmögliche Zahl). Was soll im Konfliktfall größer sein, das Glück oder die Anzahl derer, denen es zuteil wird? (Wie lässt sich Glück bzw. die Steigerung von Glück messen?)

PETER SINGER *(geb. 1946, Direktor des „Centre for Human Bioethics in Melbourne") hat in seinem Buch „Practical ethics" (1979, dt. 1984/94: „Praktische Ethik") seine utilitaristische Position v.a. an Beispielen aus der Medizin-Ethik erläutert. Seine Folgerungen sind sehr umstritten (siehe Seite 209).*

Die Vernunft als Maßstab

Der Utilitarismus

Eine ethische Konzeption, die sich unabhängig von religiösen Begründungen ausschließlich am Wohlergehen, am Glück des Menschen orientiert, will der Utilitarismus bieten:

Die Auffassung, für die die Nützlichkeit oder das Prinzip des größten Glücks die Grundlage der Moral ist, besagt, dass Handlungen insoweit und in dem Maße moralisch richtig sind, als sie die Tendenz haben, Glück zu befördern, und insoweit moralisch falsch, als sie die Tendenz haben, das Gegenteil von Glück zu bewirken. Unter „Glück" (happiness) ist dabei Lust (pleasure) und das Freisein von Unlust (pain), unter „Unglück" (unhappiness) Unlust und das Fehlen von Lust verstanden.
Die Norm des Utilitarismus ist nicht das größte Glück des Handelnden selbst, sondern das größte Glück insgesamt; und wenn es vielleicht auch fraglich ist, ob ein edler Charakter durch seinen Edelmut glücklicher wird, so ist doch nicht zu bezweifeln, dass andere durch ihn glücklicher sind und dass die Welt insgesamt durch ihn unermesslich gewinnt. Der Utilitarismus kann sein Ziel daher nur durch die allgemeine Ausbildung und Pflege eines edlen Charakters erreichen, selbst wenn für jeden Einzelnen der eigene Edelmut eine Einbuße an Glück und nur jeweils der Edelmut der anderen einen Vorteil bedeuten würde.

John Stuart Mill, 1861

Der Utilitarismus hat etwa seit der zweiten Hälfte unseres Jahrhunderts eine neue Aufwertung erfahren. Weil er von einem *rein rationalen* Standpunkt aus argumentiere und sich z.B. nicht auf eine *religiöse* Überzeugung beziehe, sieht man in ihm eine mögliche Basis für eine „universelle Ethik". Dabei ist der Utilitarismus keineswegs ein purer Glücks-Egoismus:

Angenommen, dass ich erkenne, dass meine eigenen Interessen nicht einfach aus dem Grund, weil sie meine eigenen sind, mehr zählen als die Interessen anderer. Anstelle meiner eigenen Interessen habe ich nun die Interessen aller zu berücksichtigen, die von meiner Entscheidung betroffen sind. ... Also muss ich den Handlungsverlauf wählen, der per saldo für alle Betroffenen die besten Konsequenzen hat.

Peter Singer, 1994

Immanuel Kant: Ethik der Pflicht

Es ist überall nichts in der Welt, ja überhaupt auch außer derselben zu denken möglich, was ohne Einschränkung für gut könnte gehalten werden, als allein ein guter Wille. Verstand, Witz, Urteilskraft, Mut, Entschlossenheit, Beharrlichkeit sind ohne Zweifel in mancher Absicht gut und wünschenswert; aber sie können auch äußerst böse und schädlich werden, wenn der Wille nicht gut ist.

Der gute Wille ist nicht durch das, was er bewirkt oder ausrichtet, sondern allein durch das Wollen, d.i. an sich, gut, und, für sich selbst betrachtet, ohne Vergleich weit höher zu schätzen als alles, was durch ihn zustande gebracht werden könnte. Wenngleich durch eine besondere Ungunst des Schicksals oder durch kärgliche Ausstattung einer stiefmütterlichen Natur es diesem Willen gänzlich an Vermögen fehlete, seine Absicht durchzusetzen; wenn bei seiner größten Bestrebung dennoch nichts von ihm ausgerichtet würde und nur der gute Wille (freilich als die Aufbietung aller Mittel, soweit sie in unserer Gewalt sind) übrig bliebe: so würde er wie ein Juwel doch für sich selbst glänzen, als etwas, das seinen vollen Wert in sich selbst hat.

Wohltätig sein, wo man kann, ist Pflicht; darüber hinaus gibt es manche so teilnehmend gestimmte Seelen, dass sie auch ohne einen andern Bewegungsgrund ein inneres Vergnügen daran finden, Freude um sich zu verbreiten, und die sich an der Zufriedenheit anderer, sofern sie ihr Werk ist, ergötzen können. Aber ich behaupte, dass in solchem Falle dergleichen Handlung, so pflichtmäßig, so liebenswürdig sie auch ist, dennoch keinen wahren sittlichen Wert habe, mithin ehrenwert ist, Lob und Aufmunterung, aber nicht Hochschätzung verdient; denn der Maxime fehlt der sittliche Gehalt, nämlich solche Handlungen nicht aus Neigung, sondern aus Pflicht zu tun.

Alle Imperativen werden durch ein Sollen ausgedrückt. Alle Imperativen nun gebieten entweder hypothetisch oder kategorisch. Jene stellen die praktische Notwendigkeit einer möglichen Handlung als Mittel, zu etwas anderem zu gelangen, vor. Der kategorische Imperativ würde der sein, welcher eine Handlung als für sich selbst, ohne Beziehung auf einen andern Zweck, als objektiv-notwendig vorstellte. Der kategorische Imperativ ist nur ein einziger und zwar dieser: Handle nur nach derjenigen Maxime, durch die du zugleich wollen kannst, dass sie ein allgemeines Gesetz werde. [Es] könnte der allgemeine Imperativ der Pflicht auch so lauten: Handle so, als ob die Maxime deiner Handlung durch deinen Willen zum allgemeinen Naturgesetze werden sollte.

Grundlegung zur Metaphysik* der Sitten, 1785

IMMANUEL KANT *hat seine Ethik nicht an Empfindungen wie Glück und Wohlbefinden orientiert, sondern auf dem Hintergrund seines Verständnisses vom Menschen und der menschlichen Vernunft und in unmittelbarem Zusammenhang mit seinem Gottesverständnis entwickelt.*

➡ *Seiten 75, 146*

An I. Kant wurde immer wieder die Radikalität seiner Forderungen kritisiert. So hat I. Kant z.B. gefordert, stets die Wahrheit zu sagen, etwa auch dann, wenn ein Mörder nach dem in einem Haus versteckten Freund sucht und fragt, ob der Gesuchte sich in diesem Haus befinde. I. Kant begründete und erläuterte die Absolutheit und Verallgemeinerbarkeit seiner Gebote der Vernunft folgendermaßen:

Wenn z.B. jemand in Geldnot ist, könnte er folgende Maxime formulieren: „Wenn ich mich in Geldnot zu sein glaube, so will ich Geld borgen und versprechen, es zu bezahlen, ob ich gleich weiß, es werde niemals geschehen." Wenn man diese Maxime verallgemeinert, sieht man „sogleich, dass sie niemals als allgemeines Naturgesetz gelten und mit sich selbst zusammenstimmen könne, sondern sich notwendig widersprechen müsse". Die zuerst formulierte Maxime kann also kein „allgemeines Gesetz" werden: Niemand mehr würde einem Versprechen glauben! Verallgemeinerungsfähig ist also nur die Maxime: „Versprechen muss man halten." Die Vernunft gebietet: Man muss immer die Wahrheit sagen.

Diskutieren Sie, inwieweit Sie I. Kants Argumentation für „logisch zwingend" halten.

1. Die materiale Wertethik kann als Versuch verstanden werden, durch den Aufweis allgemein vorgegebener Werte eine allgemein verbindliche Ethik zu begründen. Erscheint Ihnen dieser Versuch gelungen?

2. Welche Werte sind heutigem sittlichen Bewusstsein wichtig?
Wie beurteilen Sie die These vom zunehmenden „Verfall der Werte"?

3. Was halten Sie von der Forderung, die Schule solle einen Beitrag zur Werteerziehung leisten?

4. Ist die Diskursethik als Neuauflage der Ethik I. Kants zu verstehen?

5. Erörtern Sie, ob die Forderung nach einem „herrschaftsfreien Dialog" sinnvoll ist.

6. Inwieweit halten Sie die folgende Kritik an der Diskursethik für berechtigt?

[Es] ist alle Hoffnung unbegründet, der ethische Zustand der Menschheit ließe sich dadurch bessern, dass ein Verfahren zur Letztbegründung von Normen gefunden wird, sodass jedermann im Diskurs gezwungen bzw. dahingehend überführt werden kann, bestimmte Normen, Werte und Pflichten anzuerkennen. Gleichgültigkeit ist nicht durch ethische Letztbegründung zu überwinden. Dies setzt entsprechenden philosophischen* Bemühungen ihre Grenze.

Johannes Fischer, ev. Theologe, 1992

Die materiale Wertethik

MAX SCHELER (1874–1928) wandte sich gegen die Inhaltsleere des kategorischen Imperativs von Kant und behauptete, man könne allgemein verbindliche, inhaltlich bestimmte Werte (z.B. Heiligkeit, Nächstenliebe, Gerechtigkeit, Tapferkeit), durch das „Wertfühlen" erfassen; es gebe ein unmittelbares „Werterleben", ein Erfahren des „Reiches von Werten"; es gebe eine objektiv gültige Wertetafel, die im Lauf der Geschichte entdeckt worden sei.

NICOLAI HARTMANN (1882–1950) vertrat die Meinung, man könne Werte so ähnlich erkennen wie ein mathematisches Gesetz; allerdings hätten im einen wie im anderen Falle nicht alle Menschen die gleiche Einsicht. Bezüglich der Wert-Erkenntnis bedürfe es einer „ethischen Reife". Die Werte seien zwar „überzeitlich, übergeschichtlich", das menschliche Wertbewusstsein jedoch von der jeweiligen Situation abhängig.

Die Diskursethik – eine demokratische Ethik?

Das Konzept der *Diskursethik* will – gerade durch ihren Verzicht auf inhaltliche Normen – der Moderne gerecht werden. Bedingt durch den Verlust an allgemein plausiblen und verbindlichen inhaltlichen Moralvorstellungen und bedingt durch die moderne Vielfalt von Lebensformen *kann* es zunächst gar keine inhaltlich bestimmten Normen für die Lebensformen und Regeln des Zusammenlebens geben.
Man kann sich zunächst einmal lediglich darauf verständigen, dass sich alle Menschen zur Regelung ihres gemeinsamen Lebens und zur Regelung ihrer Konflikte grundsätzlich auf Verständigung, auf Dialog einlassen. Dem neuzeitlichen Menschenverständnis entspricht es, dass dieser Dialog ein herrschaftsfreier Dialog ist.
JÜRGEN HABERMAS schlägt folgende *Diskursregeln* vor:
(1) Keiner darf vom Diskurs ausgeschlossen werden.
(2) Jeder darf seine Einstellungen und Wünsche äußern.
(3) Jede Behauptung darf in den Diskurs eingebracht, jede Behauptung darf problematisiert werden.

Dabei ist – mit Habermas – davon auszugehen, dass wir in einer Geschichte mit bewährten Überlieferungen leben und dass sich die Dialogpartner im ethischen Diskurs auf den Erfahrungs- und Sprachschatz der Tradition beziehen. Im Hinblick auf inhaltliche Normen kann die Diskursethik „auf den sparsamen Grundsatz" gebracht werden, „dass nur diejenigen Normen Geltung beanspruchen dürfen, die die Zustimmung aller Betroffenen als Teilnehmer eines praktischen Diskurses finden (oder finden könnten)."

(Jürgen Habermas, 1984)

Das Ethos der Postmoderne

Die einheitliche Lebenswelt, falls es sie je gab, ist zerbrochen. „Leben unter heutigen Bedingungen ist Leben im Plural." (W. Welsch) Diese Pluralisierung kann man bedauern; man kann sie auch begrüßen. Vertreter eines programmatischen Konzepts von Postmoderne bejahen den *Pluralismus* als Ermöglichung von Freiheit* und differenzierter Vielfalt. So können auch die individuellen Lebensentwürfe „patchworkartig" zusammengebastelt werden. Für Vertreter der Postmoderne entspringt die Suche nach der *einen* Wahrheit und nach Ganzheit einer infantilen Sehnsucht; stattdessen gilt es (im Zug des Erwachsenwerdens), Pluralitäten zu akzeptieren: Moralische Kompetenz besteht in der Fähigkeit, mit differenten Ansprüchen und Angeboten umgehen zu können („Vielheitsfähigkeit"). Als ethische Grundnorm der Postmoderne kann man also formulieren: Plurale, differente Lebensstile und Lebensentwürfe sollen in einem Höchstmaß von Freiheit ohne moralische Diffamierung nebeneinander existieren.

Ethischer Pluralismus oder Universalismus?

Ethisches Nachdenken ist immer schon eingebettet in eine bestimmte Lebenspraxis. Die Zugehörigkeit zu solch einer kulturell bestimmten Lebenspraxis (Lebensform) gibt es immer nur konkret, eben als Zugehörigkeit zu einer bestimmten ethnischen oder eventuell religiösen Gruppe. Deshalb gibt es faktisch partikulare (und deshalb plurale) *Ethno-Ethiken*. Die Frage ist nun freilich, ob wir uns diesen Pluralismus leisten können; denn die Tatsache der Verschiedenheit der Kulturen und ihrer Ethiken „wirft heute nämlich mit einer Deutlichkeit, wie nie zuvor in der menschlichen Geschichte, die Frage auf, aufgrund welcher gemeinsamen Rechte und Normen die friedliche Koexistenz dieser verschiedenen Kulturen möglich sein soll."

(Karl-Otto Apel, 1997)

Angesichts dieser Herausforderungen plädiert K.-O. Apel für eine Komplementarität von *universalistischer Ethik des für alle Rechten* (und deshalb auch von allen Geforderten) und *von pluralen Ethno-Ethiken des für die einzelnen jeweils Guten:* Was auf der Ebene des *Rechts* (unter der Perspektive der Gerechtigkeit) zu regeln ist, das kann und soll generell („universal") gelten; was auf der Ebene der Frage nach dem *Guten* als „gutes Leben" gelten soll, ist abhängig von der jeweiligen kulturellen Identität und der jeweiligen (ethnischen/religiösen) Gemeinschaftstradition.

---

1. Beschreiben Sie Pluralismus-Phänomene und erörtern Sie, welche ethischen Herausforderungen damit verbunden sind.
➡ *Seiten 160–163, 252–255*

2. Nehmen Sie begründet Stellung zu der „Grundnorm" einer Ethik des Pluralismus.

3. Nehmen Sie begründet Stellung zu den folgenden Thesen:
– *Die „Ethik der Postmoderne" führt zu einem individualistischen Egozentrismus, der gemeinschaftsschädigend ist.*
– *Die „Ethik der Postmoderne" fordert die Anerkennung des andern in seinem Anderssein; damit vertritt sie eine Grundnorm der christlichen Ethik.*

4. Erörtern Sie, ob es unter den Bedingungen eines ethischen Pluralismus leichter oder schwerer ist, sich eigenverantwortlich „Orientierungspunkte" zu suchen.

Karl-Otto Apel, *neben* Jürgen Habermas *(siehe Seite 204) prominentester Vertreter der Diskursethik, hat einerseits Verständnis für einen ethnoethischen Pluralismus, ordnet ihm aber die Prinzipien einer universalistischen Ethik des Rechten vor.*

5. Halten Sie die Unterscheidung und Zuordnung K.-O. Apels (z.B. im Hinblick auf die Stellung der Frau in nichteuropäischen Kulturbereichen) für hilfreich?
➡ *Seiten 256ff., 266ff.*

Aufgaben (Marginalien)

1. Manche warnen inzwischen vor einer „Verrechtlichung" weiter Bereiche des Lebens. Erörtern Sie, inwieweit rechtliche Regelungen ethisches Urteilen ersetzen.

2. Suchen Sie Beispiele dafür, dass Verhaltensweisen einerseits als „unmoralisch", andererseits als „rechtlich unbedenklich" beurteilt werden.

3. Alle Menschen sind von Natur aus gleich.
Ein deskriptiver Satz?
Ein normativer Satz?
Ein erbaulicher Satz?
Was heißt hier „Natur"?

Das Naturrechtsdenken geht davon aus, dass Recht und Moral eine einheitliche Quelle haben: nämlich die der natürlichen Vernunft offen stehende Erkenntnis des Guten.
Mit einer Pluralität ethischer Grundorientierungen rechnet diese Theorie noch nicht.
Wolfgang Huber, 1993

4. Stimmen Sie W. Hubers Kritik am Naturrechtsdenken zu?

Nach der im 19. Jh. formulierten Lehre von den „Schöpfungsordnungen" findet sich jeder Mensch naturgemäß, „schöpfungsgemäß" immer schon in Lebensordnungen (Volk, Staat, Familie, Ehe) vor, deren Ordnung jedermann einsichtig ist.

5. Kann man mit solchen Denkfiguren die christliche Ethik allgemein plausibel machen?

Ethos und Recht: Beispiel Menschenrechte

Allgemeinverbindlichkeit des Rechts?

Es gibt kaum einen Bereich menschlicher Lebensgestaltung, für den es nicht rechtliche Regelungen gibt. Dabei wird dem jeweils gültigen Recht (z.B. GG, BGB, StGB) innerhalb seines Geltungsbereiches eine generelle Verbindlichkeit zugeschrieben: Alle haben sich an die Rechtsordnung zu halten.
Gesetze und Rechte beanspruchen, allgemein verbindliche Orientierungsmarken zu sein und menschliches Verhalten sinnvoll zu steuern. Deshalb stellt sich immer wieder die Frage, wie Rechte und Gesetze entstehen bzw. begründet werden können und ob das Recht auch tatsächlich gerecht, ob es auch in ethischer Hinsicht „gut" ist.

Das naturrechtliche Verständnis

Als in der griechischen *Polis* (etwa vom 5.Jh. v.Chr. an) die gesellschaftlichen Ordnungen und die geltenden Gesetze zu nicht mehr akzeptierbaren Ungleichheiten und Ungerechtigkeiten geführt hatten, suchte man nach einer Basis zur Begründung eines „besseren" Rechts. Man entwickelte die Idee eines „in der Natur des Menschen" begründeten und deshalb für *alle* Menschen gültigen Rechts (z.B. das Recht auf Leben usw.); dieses sollte nun als Maßstab für das in der Gesellschaft faktisch geltende Recht dienen.
ARISTOTELES (384–322 v.Chr.) verstand unter dem „natürlichen Recht" jenes, das überall dieselbe Autorität hat und nicht von der Meinung der Menschen abhängig ist; ähnlich formulierte CICERO (106-43 v.Chr.):

Das wahre Gesetz ist die mit der Natur übereinstimmende rechte Vernunft, an der alle teilhaben und die beständig und ewig ist. Weder der Senat noch das Volk können uns von der Verpflichtung ihm gegenüber entbinden. Es ist weder in Rom noch in Athen, weder jetzt noch später anders. Wer ihm nicht gehorcht, flieht vor sich selbst.

In die *christliche Theologie** wurden wesentliche Aspekte der Naturrechtslehre übernommen (vgl. Röm 1,18ff.): Der Kosmos wird verstanden als ein dem göttlichen Schöpferwillen entsprechendes Ordnungsgefüge, das man auch als solches (unabhängig vom Glauben) erkennen kann.
Etwa ab dem 16. Jahrhundert hat man den Naturrechtsgedanken zunehmend mehr aus seiner Verbindung mit der christlichen Theologie gelöst und *Naturrecht* schließlich verstanden als *Vernunftrecht,* als die der vernünftigen Einsicht entsprechende Ordnung menschlichen Lebens.

Der Rechtspositivismus

Zu Beginn des 19. Jahrhunderts entdeckte man die „Geschichtlichkeit": Alles ist veränderlich, befindet sich in Entwicklung; deshalb kann es auch kein immer und überall geltendes Recht geben. Vor allem die Kulturanthropologie mit ihrem Kulturenvergleich ließ einen Werte-, Moral- und Recht*pluralismus* erkennen, der neu nach den Grundlagen für Moral und Recht fragen ließ.
Angesichts dieser Schwierigkeiten hat der *Rechtspositivismus* an Bedeutung gewonnen: Da es aus seiner Sicht *keine* verallgemeinerbare Erkenntnis eines vorgegebenen „Guten" gibt, müssen verbindliche Regelungen (Rechtssätze und Gesetze) durch eine Rechts-Diskussion gefunden und dann einfach „fest-gesetzt" und konsequent „durchgesetzt" werden.

Allgemeine Menschenrechte als Naturrecht, als Grund-Rechte oder als Grund-Ethos?

Gegen den „Rechtspositivismus" hat man immer wieder die *Menschenrechte* als ein *nicht* einfach von Menschen „gesetztes" („positives") Recht, sondern als „naturgegebenes", „ideales" Recht geltend gemacht.
Faktisch haben die Menschenrechte in vielen Verfassungen den Rang von „Grundrechten" (mit denen die anderen Rechte übereinstimmen müssen): Sie gehören zum „Bereich des Unabstimmbaren" (stehen also nicht zur Disposition).
Wenn man eine *allgemeine Rechts-Verbindlichkeit* der Menschenrechte anstrebt, darf man sie freilich nicht einfach durch eine ethische Tradition begründen wollen, da es offensichtlich eine von religiösen und weltanschaulichen Traditionen abhängige *Pluralität** ethischer Grundorientierungen gibt. Diese Pluralität sollte nicht ohne zwingenden Grund durch das Recht eingeschränkt werden: Man könnte es geradezu als eine Aufgabe des Rechts verstehen, das Zusammenleben von Menschen mit *unterschiedlichen* Moralvorstellungen und Lebensentwürfen zu regeln.
An keiner anderen Stelle ist der Zusammenhang von Recht und Ethik so mit Händen zu greifen wie beim Thema der Menschenrechte. Menschenrechte und Grundrechte bilden zugleich den kritischen Maßstab für die Prüfung des positiven Rechts und für dessen Weiterentwicklung.
Oft werden nicht einzelne Menschenrechte ins Feld geführt, sondern es wird auf die Menschenwürde (oder die Personwürde) als das tragende Prinzip aller Menschenrechte verwiesen. In vielen aktuellen Konflikten im Grenzbereich zwischen Ethik und Recht werden derartige Argumentationsfiguren vorge-

---

Vertretern des „Rechtspositivismus" gilt die „Rechtssicherheit" als hohes Gut:

Für den Richter ist es Berufspflicht, den Geltungswillen des Gesetzes zur Geltung zu bringen, das eigene Rechtsgefühl dem autoritativen Rechtsbefehl zu opfern, nur zu fragen, was rechtens ist, und niemals, ob es auch gerecht sei. Wie ungerecht immer das Recht seinem Inhalt nach sich gestalten möge, es hat sich gezeigt, dass es seinen Zweck stets, schon durch sein Dasein, erfüllt, den der Rechtssicherheit. Wir verachten den Pfarrer, der gegen seine Überzeugung predigt, aber wir verehren den Richter, der sich durch sein widerstrebendes Rechtsgefühl in seiner Gesetzestreue nicht beirren lässt.

Gustav Radbruch, Jurist und Politiker, 1914

Welche Bedeutung hat für Sie „Rechtssicherheit"?

Menschenrechte:
Jene Rechte, die allen Menschen, eben weil sie Menschen sind, unabhängig von ihrer ethnischen oder politischen Zugehörigkeit, unabhängig von politischer oder religiöser Überzeugung, zukommen.

Grundrechte:
Grundlegende Bestimmungen über die Rechtsstellung jener Menschen, die in einem durch eine Verfassung geordneten Staatswesen leben. Die Grundrechte können für alle, die sich innerhalb des Staatsgebietes aufhalten, oder aber nur für die Staatsangehörigen gelten (Staatsbürgerrechte).

Bürgerrechte:
Diejenigen Rechte, die (nur) den Staatsbürgerinnen und Staatsbürgern zukommen.

1. Sehen Sie die Würde des Menschen begründet in seiner „Wesensnatur", in seiner „Gottebenbildlichkeit" oder in der „Vernunft" (Rationalität) des Menschen?

Entkoppelung von Ethik und Recht

Dass die Rechtsgemeinschaft keine ethische Gemeinschaft ist, mit der die Identität einer Person aufs Engste verschweißt ist, ist in liberalen Augen kein Verlust, sondern ein Gewinn; gerade dadurch wird eine Pluralität* ethischer Gemeinschaften innerhalb eines Staates möglich.
Das Recht ist eine Schutzhülle ethischer Identität. Das Recht muss, um solchermaßen als Schutzhülle zu gelten, in seinem Geltungsmodus ethisch „neutral" sein, um nicht selbst bestimmte Werte als oberste Güter festzuschreiben.

Rainer Forst, Philosoph, 1994

2. Prüfen Sie unter Einbeziehung des folgenden Gedankens die Stichhaltigkeit der Contra- und Pro-Argumentation.

Es wäre völlig unverantwortlich, uns jeglicher moralischer Grundlage für die Beurteilung und Reform unserer Weltordnung zu begeben.
Und die einzig plausible und international konsensfähige moralische Grundlage, die für die Lösung dieser Aufgabe denkbar ist, ist eine Konzeption der Menschenrechte.

Thomas Pogge, Sozialphilosoph, 1998

3. Inwieweit kann/soll man gegenüber der Verletzung von Menschenrechten in anderen Kulturkreisen tolerant sein? (siehe Seiten 197, 205)
➡ *Seiten 260ff., 266f.*

tragen. In der Auseinandersetzung um die Gentechnologie wird gefragt, ob die gentechnologische Manipulation am Menschen mit dessen Würde vereinbar ist; in den Debatten um die Reproduktionsmedizin wird gefordert, dass nur solche Verfahren zuzulassen seien, die mit der Würde der Mutter, des Vaters und des Kindes vereinbar sind; im Nachdenken über die Vertretbarkeit von passiver oder aktiver Sterbehilfe tritt die Frage auf, wie die Pflicht zur Lebenserhaltung und die Achtung vor der Personwürde eines Sterbenskranken miteinander vereinbart werden können.
Der Appell an die Menschenrechte erfolgt aber auch in anderen Zusammenhängen. Im Konflikt zwischen Arm und Reich gelten sie als entscheidende Maßstäbe der Gerechtigkeit. Doch so häufig die Berufung auf die Würde und Rechte des Menschen ist, so umstritten ist doch ihr Gehalt.

Wolfgang Huber, 1996

Universalität der Menschenrechte?

Vor allem angesichts der Missachtung und Verletzung menschlicher Würde in unserem Jahrhundert wurde die universale Geltung der Menschenrechte eingefordert:

Als Subjekt des Völkerrechts galten seit seinen Anfängen die Staaten. Mit der Inkorporation der Menschenrechte in das Völkerrecht wird auch die menschliche Einzelperson als Subjekt des Völkerrechts anerkannt. Mit der Aufnahme der Menschenrechte in das Völkerrecht verstärkt sich der universalistische Grundzug, der ihnen dem Begriff wie der Sache nach von Anfang an eignet. Seit die Menschenrechte durch die Vereinten Nationen proklamiert wurden, dauern die Versuche an, ihrer universalen Geltung rechtliche Gestalt zu geben.

Wolfgang Huber, 1996

Umstrittene Universalität der Menschenrechte:
- CONTRA: Sowohl die inhaltliche Nähe der Menschenrechte zu *christlichen* Vorstellungen von der Gottebenbildlichkeit des Menschen als auch die Verwurzelung der Menschenrechtsidee in der europäischen Kultur insgesamt ist Grund genug, vor einem „Export" des Menschenrechtsgedankens in andere Kulturen zu warnen. Was sich so offenkundig einer partikularen religiösen und philosophischen* Tradition verdankt, darf *nicht* mit einem universalen Geltungsanspruch vertreten werden.
- PRO: Wenn wo auch immer Menschen unmenschlich behandelt werden, kann man nicht auf die Forderung der Einhaltung der Menschenrechte verzichten, nur weil sich der Menschenrechtsgedanke tatsächlich einer partikularen religiösen und philosophischen Tradition verdankt.

„Ethik der Würde" oder „Ethik der Interessen"?

Der Menschenrechtsgedanke kann neben seiner politischen Funktion auch im derzeitigen Konflikt zwischen einer *Ethik der Würde* und einer *Ethik der Interessen* eine Orientierungsfunktion haben:

Vertreter einer *Ethik der Interessen* behaupten, angesichts des gesellschaftlichen und weltanschaulichen Pluralismus sei es nicht mehr möglich, sich bei ethischen Diskursen auf übergeordnete (gar religiös begründete) ethische Prinzipien zu beziehen. Sofern man überhaupt einen ethischen Konsens herstellen müsse, seien gut demokratisch die Interessen möglichst vieler Beteiligter zu berücksichtigen. Vertreter einer *Ethik der Würde* sprechen dem Menschen eine vorgängige, unverfügbare Würde zu, die jeden Menschen davor schützt, dass andere über ihn verfügen und ihn für ihre Ziele funktionalisieren und missbrauchen. Neben den christlichen Grundaussagen zum Verständnis des Menschen ist der Menschenrechtsgedanke eine der stärksten Stützen einer *Ethik der Würde*.

Menschenrechte als christliches Ethos?

Die Vorstellung von einer besonderen Würde des Menschen ist nicht nur, aber auch im christlichen Gedanken der Gottebenbildlichkeit des Menschen begründet:

Der neuzeitliche Menschenrechtsgedanke hat Wurzeln, die weit in die Geschichte zurückreichen. Die stoische Vorstellung, dass alle Menschen eine gemeinsame Würde haben, weil ihnen eine gemeinsame Natur eignet, gehört ebenso zur Vorgeschichte des Menschenrechtsgedankens wie die jüdisch-christliche Lehre von der Gottebenbildlichkeit des Menschen. In der christlichen Tradition gewinnt schon bald die Überzeugung von der allen Menschen gemeinsamen Würde die Oberhand. Grundlegend dafür ist die Anknüpfung an den biblischen Schöpfungsbericht. Die Gottebenbildlichkeit ist es, welche die Menschen von allen anderen Teilen der Schöpfung unterscheidet und worin ihre besondere Würde begründet ist. Damit verbindet sich häufig der paulinische Gedanke, dass die Unterschiede zwischen den Menschen im Vergleich zu der allen gemeinsamen Gotteskindschaft bedeutungslos sind.

Wolfgang Huber, 1996

Obwohl der neuzeitliche Menschenrechtsgedanke zentrale christliche Vorstellungen von einem menschlichen Miteinander zur Geltung bringt, stieß er in den christlichen Kirchen bis in unser Jahrhundert hinein auf Ablehnung. Erst nach 1945 sah man in den Menschenrechten einen auch für eine christliche Ethik wichtigen Maßstab politischen Handelns.

---

1. Würden Sie die bisher erarbeiteten Konzeptionen von Ethik eher einer „Ethik der Würde" oder einer „Ethik der Interessen" zuordnen?

Ein prominenter Vertreter einer „Ethik der Interessen" ist z.B. Peter Singer (siehe Seite 202). Gerade bei medizinethischen Fragen (z.B. bei der Diskussion um Schwangerschaftsabbruch, um Tötung schwerstbehinderter Neugeborener, um Euthanasie) verficht er den absoluten Vorrang der Interessen der Betroffenen.

2. Klären Sie, ob Sie (etwa im Hinblick auf die oben genannten Konfliktfelder) im Sinne einer „Ethik der Würde" oder einer „Ethik der Interessen" argumentieren möchten.

3. Welchen der folgenden Thesen stimmen Sie zu?
– *Die Menschenrechtserklärung zieht die politischen Konsequenzen aus dem christlichen Verständnis des Menschen, das jeden Menschen als Ebenbild Gottes sieht.*
– *Man sollte auf eine spezifisch christliche Begründung der Menschenrechte verzichten, weil nur so ihre Universalität vertreten werden kann.*
– *Christlicher Glaube und menschliche Vernunft stimmen in grundlegenden Aussagen (z.B. über die Würde des Menschen) überein.*
– *Das christliche Reden von der Würde des Menschen meint etwas anderes als das Reden von der (natürlichen) Würde des Menschen in den Menschenrechtserklärungen.*

Christliche Ethik und gesellschaftliche Praxis

Militärintervention um der Menschenrechte willen?

Die (nachträgliche) Diskussion der militärischen Intervention im Kosovo (1999) war von unterschiedlichen Argumentationsmustern bestimmt:

Wenn Serben und Albaner nun einmal nicht zusammenleben wollen – haben wir [dann] das Recht oder auch nur die Fähigkeit, sie im Namen unserer Fortschrittlichkeit, unserer Überzeugung von der Überholtheit des „völkischen" Denkens dazu zu zwingen? ...
[Andererseits:] Darf man, muss man vielleicht sogar um der Durchsetzung der Menschenrechte willen Krieg führen – gegen den Buchstaben des Völkerrechts, gegen die Klugheitsregeln klassischer Realpolitik, gegen die relativistische Binsenweisheit „Andere Völker, andere Sitten"?
Jürgen Habermas hat sich zum Fürsprecher der Intervention gemacht: Die Nato handelt gleichsam treuhänderisch für eine künftige globale Bürgerschaft, in der die Menschenrechte bindendes Gesetz, für jedermann einklagbar werden.
Gegen eine solche Prinzipienpolitik sind mancherlei Einwände vorgebracht worden. Nicht dass der Westen für Moralprinzipien ins Feld zog, wurde von den Kritikern bezweifelt. Sondern erstens, ob diese Prinzipien wirklich universal, ob sie nicht doch typisch westlich seien – keine Menschheitsgesetze, sondern [eine] euroatlantische Sicht der Dinge. Und, zweitens, selbst wenn es denn universale Prinzipien waren, für die der Westen Krieg führte – was sollte das eigentlich heißen, und worauf würde es hinauslaufen: für Prinzipien Krieg führen? [R. Spaemann:] „Bei der Verteidigung von Werten können nämlich die Menschen auf der Strecke bleiben."
Dass der Moralkrieg den mühsam errungenen Zivilisationsgewinn „gehegter" und kalkulierbarer Gewalt rückgängig machen könnte, dass er – unter dem Schein des Fortschritts zu einer Weltinnenpolitik – in Wahrheit ein Rückfall ins Zeitalter der Glaubenskriege bedeuten könnte, die ja nicht zuletzt deshalb so grausam waren, weil sie mit gutem Gewissen geführt wurden – das ist ein Leitmotiv der Interventionsskeptiker gewesen.

Jan Ross, in: Die Zeit, 25/1999

Wie könnte in diesem konkreten Fall christlich-ethisch argumentiert werden?
Eine christliche Ethik des Politischen kann sich unterschiedlicher Argumentationsmuster bedienen:

Unterschiedliche Zuordnungen von Glaube und Politik?

– Die Herren Pastoren sollen sich um die Seelen ihrer Gemeinden kümmern, die Nächstenliebe pflegen, aber die Politik aus dem Spiele lassen, dieweil sie das gar nichts angeht.
So hat es klassisch KAISER WILHELM II. *in einem Telegramm von 1896 formuliert.*

– *Andererseits haben Christen selbstkritisch festgestellt, sie hätten ihren Glauben zu unrecht auf „Herzensfrömmigkeit" reduziert; sie seien gerade als Christen verpflichtet, sich politisch zu engagieren.*

1. Wie beurteilen Sie die beiden Positionen?

2. „Moralische Prinzipien" oder „mehrheitliche Zustimmung": Wovon soll sich die politische Praxis in einer Demokratie steuern lassen?

3. Darf das Völkerrecht um der Menschenrechte willen gebrochen werden?

4. Mit welchen Überlegungen können sich Christen an dieser Urteilsbildung beteiligen?

5. Verfassen Sie für eine Wochenzeitung mit betont christlichem Profil einen Leitartikel zur Frage „Militärintervention um der Menschenrechte willen?".

Martin Luther: Die Zwei-Reiche-Lehre

Wir müssen Adams Kinder, d.h. alle Menschen, in zwei Teile teilen: die einen zum Reich Gottes, die andern zum Reich der Welt gehörig.

Die zum Reich Gottes Gehörenden, das sind alle, die als wahrhaft Glaubende in Christus und unter Christus sind. Denn Christus ist der König und Herr im Reiche Gottes. Diese Leute brauchen kein weltliches Schwert oder Recht, und wenn alle Welt aus rechten Christen, d.h. aus wahrhaft Gläubigen bestände, so wäre kein Fürst, König oder Herr, kein Schwert und kein Recht nötig; tun sie ja von selbst viel mehr, als alles Recht und Lehre fordern können.

Zum Reich der Welt oder unter das Gesetz gehören alle, die nicht Christen sind. Es sind ja nur wenige gläubig und nur der kleinere Teil verhält sich nach Christenart. Deshalb hat Gott für diese Nichtchristen neben dem Christenstand und Gottes Reich ein andres Regiment geschaffen und hat sie dem Schwert unterworfen. Sie sollen doch nicht tun können, was ihrer bösen Art entspricht.

Darum hat Gott die zwei Regimente angeordnet: das geistliche, welches Christen und rechtschaffene Leute schafft durch den Heiligen Geist unter Christus, und das weltliche, welches den Unchristen und Bösen wehrt, dass sie äußerlich Frieden halten und still sein müssen wider ihren Willen.

Vielleicht wollte nun jemand die Welt nach dem Evangelium regieren und alles weltliche Recht und Schwert aufheben.

Bitte, rate einmal: Was würde ein solcher damit anstellen? Er würde den wilden bösen Tieren die Bande und Ketten auflösen, dass sie jedermann zerrissen und zerbissen, und würde dabei geltend machen, es seien ja feine, zahme, kirre Tierlein.

Darum muss man diese beiden Regimente sorgfältig unterscheiden und beide in Kraft bleiben lassen: das eine, das rechtschaffen macht, das andre, das äußerlich Frieden schafft und bösen Werken wehrt. Keines genügt in der Welt ohne das andere.

Nun fragst du, ob dann auch ein Christ das weltliche Schwert führen und die Bösen strafen dürfe. Antwort: Du hast zwei Stücke gehört. Das eine ist, dass unter den Christen das Schwert nicht sein kann. Deshalb musst du deine Frage aufwerfen mit Bezug auf den Haufen der andern, die nicht Christen sind. Da gilt das andere Stück: dass du dem Schwert zu dienen verpflichtet bist und dass du es fördern sollst, womit du kannst. Wenn du darum sähest, dass es an einem Henker, Büttel, Richter, Herrn oder Fürsten fehlt, und du fändest dich dazu geeignet, so müsstest du dich dazu anbieten und dich darum bewerben, damit ja die Amtsgewalt, die so nötig ist, nicht verachtet würde oder unterginge. Denn die Welt kann und mag sie nicht entbehren.

Von weltlicher Obrigkeit, wie weit man ihr Gehorsam schuldig sei, 1523

Das „Edikt von Worms" (1521) hatte M. Luther für vogelfrei erklärt und seine Schriften verboten. Herzog Georg von Sachsen hatte (1522) den Verkauf und Besitz von M. Luthers Übersetzung des Neuen Testament verboten und verlangt, dass alle seine Bücher abgeliefert werden sollten.
In dieser Situation (1523) versuchte M. Luther, den Christen Handlungsanleitungen für den Bereich des Öffentlichen zu geben.

---

1. Prüfen Sie, inwieweit sich die folgenden Thesen auf M. Luther berufen können.
   - Fragen des Glaubens und Fragen der politischen Gestaltung haben nichts miteinander zu tun.
   - Die Kirche sollte sich aus dem politischen Geschehen nach Möglichkeit ganz heraushalten, weil ihr als Kirche das Evangelium anvertraut ist und sie eben gerade keine politische Institution ist.
   - Jede staatliche Obrigkeit, die für Frieden und Gerechtigkeit sorgt, ist von Gott gewollt (vgl. Röm 13); ihr kommt als Repräsentant der einen Weise des Regierens Gottes eine besondere Würde zu.
   - Dort, wo es um das Gemeinwohl geht, spielen „Maßstäbe der Vernunft" eine entscheidende Rolle. Das „weltliche Regiment" Gottes setzt auf die allen Menschen gegebene Vernunft.
   - Der Christ lebt in verschiedenen Lebensbereichen und spielt verschiedene „Rollen"; für diese gelten unterschiedliche ethische Leitlinien.

➡ Seiten 168, 200f.

2. Erörtern Sie, ob von der Zwei-Reiche-Lehre her ein politischer Widerstand hätte legitimiert werden können.

Im Jahr 1934 trat in Barmen die erste „Bekenntnissynode der Deutschen Evangelischen Kirche" zusammen und grenzte sich von den „Deutschen Christen" ab.

➡ *Seite 242*

Man hat folgende Bibelstellen zur Begründung dieser Position angeführt: Joh 1,3.10.18; 1.Kor 8,6; 2.Kor 5,19; Eph 1,10.20ff.; Phil 2,9ff.; Kol 1,16.20; Kol 2,10.15.

1. Lassen sich aus diesen Texten ethische Konsequenzen ableiten?

2. Prüfen Sie, welche Gesichtspunkte sich aus den (Seite 211 und 212 dargestellten) Konzeptionen einer evangelischen Ethik des Politischen für die auf Seite 210 skizzierte Diskussion ergeben.

3. Informieren Sie sich über Unterschiede zwischen den reformierten und den lutherischen Kirchen.

„status confessionis": Situation, in der es um die „confessio", um das „Bekenntnis" geht, in der man sich also (öffentlich) zu seinem Glauben bekennen muss.

Politisches Handeln unter der Königsherrschaft Jesu Christi?

Die „Zwei-Reiche-Lehre" hatte eine problematische Wirkungsgeschichte: Die *Unterscheidung* der beiden „Regierweisen Gottes" interpretierte man als eine *Trennung* von Glaube und Politik. Und so haben viele namhafte lutherische Theologen tatenlos zugesehen, als sich der nationalsozialistisch geführte Staat immer mehr als totalitärer Staat zu erkennen gab: Man sah keine Möglichkeit, einen (kirchlichen) *Widerstand* gegen den Staat theologisch* zu legitimieren.

In dieser Situation leistete KARL BARTH (1886–1968) mit der von ihm vertretenen Theologie einen wichtigen Beitrag: Christus ist „Herr" („kyrios") der ganzen Welt (des ganzen „Kosmos"). Deshalb kann man als Christ keinen Lebensbereich, auch nicht den Bereich politischer Verantwortung ausklammern wollen und behaupten, hier hätten Christen nichts spezifisch Christliches zu sagen.

Die „Theologische Erklärung zur gegenwärtigen Lage der Deutschen Evangelischen Kirche" (Barmen 1934) verwarf ausdrücklich „die falsche Lehre, als gebe es Bereiche unseres Lebens, in denen wir nicht Jesus Christus, sondern anderen Herren zu eigen wären".

Politische Fragen als Glaubensfragen?

Aus dem Bekenntnis zur „Königsherrschaft Christi" hat man – vor allem in den reformierten Kirchen – immer wieder ethische Konsequenzen gezogen:

Jesus Christus ist unser Friede. In seinem Tod am Kreuz und in seiner Auferstehung* von den Toten hat Gott die ganze gottfeindliche Welt mit sich versöhnt und alle Menschen unter den Zuspruch und Anspruch seines Friedens gestellt. Dem gekreuzigten und auferstandenen Herrn gehört alle Macht im Himmel und auf Erden.

Dieses Bekenntnis unseres Glaubens ist unvereinbar mit der Meinung, die Frage des Friedens auf Erden unter den Menschen sei eine politische Ermessensfrage und darum unabhängig von der Friedensbotschaft des Evangeliums zu entscheiden. Die Friedensfrage ist eine Bekenntnisfrage. Durch sie ist für uns der *status confessionis* gegeben, weil es in der Stellung zu den Massenvernichtungsmitteln um das Bekennen oder Verleugnen des Evangeliums geht.

Wie im Kirchenkampf die „Judenfrage" zur Bekenntnisfrage wurde, so stellt uns heute das Gebot des Bekennens in der Frage des Friedens und seiner Bedrohung durch die Massenvernichtungsmittel in den status confessionis.

Moderamen [ein Leitungsgremium] des Reformierten Bundes, 1982

Die Kirchenleitung der Vereinigten Ev.-Luth. Kirche in Deutschland (VELKD) widersprach den Äußerungen des Leitungsgremiums des „Reformierten Bundes":

Wir können dem Aufruf nicht zustimmen, politische Entscheidungen – selbst solche auf Leben und Tod – zu Bekenntnisfragen der Kirche zu erklären. Die Kirche steht und fällt mit ihrem Bekenntnis zu Jesus Christus, dem in der Heiligen Schrift bezeugten gekreuzigten, auferstandenen und wiederkommenden Herrn. Allein im Glauben an ihn entscheiden sich Heil und Unheil der Menschen.

VELKD, 1982

Volk – Nation – Bürger-Sein

Zu fragen ist zunächst einmal nach einem Reden von Volk und Nation, das mit dem zusammenpasst, was wir Demokratie nennen. ... Ein Sich-Einlassen auf die Verfassung wäre das Entscheidende. Um Deutscher zu „sein", wäre es genügend, die Verfassung zu achten. Man muss die Verfassung nicht lieben, aber doch bewusst akzeptieren. Dies entspräche einem Verständnis von „Staat", das dessen konstitutionellen Charakter hervorhebt und die Verfassung als einen Zusammenhang begreift, in dem die guten Regeln des politischen Zusammenlebens enthalten sind.

Dieses Demokratieverständnis zielt auf einen „Bürgerstaat", in dem die Bürger an den politischen Entscheidungen ohne Einschränkung beteiligt sind. Die Demokratie, als Bürgerdemokratie verstanden, lebt von der politischen Partizipation der Bürger, sie besteht darin. ...

In „weltanschaulicher" oder „kultureller" Hinsicht wird dieser Bürger vom politischen Gemeinwesen eben nicht vereinnahmt: etwa als „Deutscher". Eine kulturelle Identität wird ihm nicht zugemutet.

Politische Freiheit besteht dann darin, politisch handeln zu können. Dies aber gilt es zu lernen. Und politisch-bürgerliche Kompetenz besteht darin, „gemeinsam" und „für andere" handeln zu lernen. „Gemeinsam" heißt: auf dem Wege der (praktischen) Verständigung; es heißt nicht in einem irgendwie (vor)gegebenen „Konsens". Und „für andere" heißt: im Interesse von anderen, auf deren Bitte, auf deren Auftrag hin (z.B. „Verantwortung übernehmen").

Für die politische Ethik in der evangelischen Tradition ist die Freiheit eines Christenmenschen nicht die Freiheit des abstrakten Einzelnen, sondern die Freiheit dessen, der im Zusammenleben mit anderen seine Lebensform gewinnt. „Liebe, Freude, Friede, Geduld, Freundlichkeit, Güte, Treue" (Gal 5,22) sind politische Tugenden, die die Freiheit des Christenmenschen kennzeichnen.

Hans G. Ulrich, 1993

Thesen:
– *Die politische Verantwortung von Christen ist nicht nur vom Glauben an die „Königsherrschaft Christi" her (2. Artikel des Glaubensbekenntnisses) zu begründen,*
– *sondern auch vom „Schöpfungsglauben" her: vom Vertrauen darauf, dass Gott seine Schöpfung erhalten will (1. Artikel),*
– *und auch vom Vertrauen darauf, dass Gott die Welt und die Menschheit erlösen und vollenden will (3. Artikel).*

1. Welche Konsequenzen ergeben sich, wenn man die Maßstäbe christlichen Handelns von den drei Artikeln des christlichen Glaubensbekenntnisses her bestimmt?

Der evangelische Sozialethiker HANS G. ULRICH *(siehe auch Seite 199) hat in dem nebenstehenden Text einen Beitrag zur Beschreibung der politischen Lebensform des Bürgers (in einem Bürgerstaat) geleistet, die dem gesellschaftlichen Pluralismus*, der Multikulturalität, gerecht wird.*

2. Formulieren Sie seine Position in drei Thesen.
➡ *Seite 256ff., 266ff.*

Zum „ethischen Lernen" gehört es, die Sprache ethischen Argumentierens zu lernen. Man braucht nicht nur für Sachverhaltsanalysen eine präzise Sprache, sondern auch zur Formulierung relevanter ethischer Gesichtspunkte (des eigenen Handelns).

3. Diskutieren Sie, ob die von H.G. Ulrich eingeführten Unterscheidungen für die politisch-ethische Urteilsbildung hilfreich sind.

Wir müssen alle offenbar werden vor dem Richterstuhl Christi, damit jeder seinen Lohn empfange für das, was er getan hat bei Lebzeiten, es sei gut oder böse.

(2.Kor 5,10)

Verantwortlich sein

Zur Begrifflichkeit

Die *Vorstellung*, dass der Mensch „dermaleinst" für seine gesamte Lebensführung Rechenschaft ablegen müsse, findet sich schon in biblischen, insbesondere in neutestamentlichen* Texten. Der *Begriff* „verantworten" tritt jedoch erst im Mittelhochdeutschen auf und hat seinen Sitz im *Rechtsleben*: Man hat bei einer Anklage auf die (inquisitorischen) Fragen zu *antworten*; man hat sich vor Gericht zu *verantworten*. Dieser Begriff wurde dann bald auch für die Rechtfertigung vor Gottes Richterstuhl gebraucht: Der Mensch ist nicht nur – unter juristischer Perspektive – vor menschlichen Richtern verantwortlich, sondern letztendlich und in umfassender Weise vor Gott. So konnte der ursprünglich juristische Begriff „Verantwortung" auf den gesamten Bereich menschlichen Verhaltens übertragen und zu einem wichtigen Begriff der Ethik werden.

Für das neuzeitliche Denken ist die Vorstellung einer „jenseitigen Gerichtsinstanz" problematisch geworden. Zustimmungsfähiger scheint die Vorstellung, dass *der Mensch selbst* die Instanz ist, vor der er sich verantworten muss: Er ist vor seinem denkenden Ich, vor dem Gewissen als dem (eigenen) „inneren Gerichtshof" (I. Kant) verantwortlich.

Zustimmungsfähig scheint auch die Vorstellung, der Mensch sei (bis zu einem gewissen Grad) anderen Menschen gegenüber und *für* andere Menschen verantwortlich.

Vorausgesetzt ist dabei, dass Menschen *frei* sind und frei handeln können, dass sie *Macht* haben, zu handeln: Macht, Verantwortung wahrzunehmen.

Verantwortungsethik

Spricht man von Verantwortung, so ist zu fragen
- nach dem *Subjekt* der Verantwortung (Wer ist verantwortlich?),
- nach der Verantwortungs*instanz* (Vor wem?),
- nach dem Verantwortungs*bereich* (Wofür?),
- nach den *Kriterien* und *Maßstäben* für „verantwortbar".

Für das Konzept der Verantwortungsethik ist es entscheidend, dass in die ethische Besinnung die künftigen *Folgen* des Verhaltens einbezogen werden. Der Verantwortungsethiker begnügt sich nicht mit einer guten Gesinnung, nicht damit, das Gute bzw. das jeweils Bessere zu wollen; es geht ihm um die Ergebnisse bzw. die künftigen Folgen seines Tuns und Lassens; gerade sie will er bei seiner sittlichen Entscheidung „verantworten": Über den sittlichen Wert einer Handlung entscheidet nicht die moralische Qualität des Willens, sondern das, was sich als Ergebnis herausstellt.

---

1. Es ist kaum zu bestreiten, dass der Mensch sich selbst verurteilen kann. Kann er im Falle des „Schuldig-Gewordenseins" sich selbst auch „freisprechen"?

2. Was verstehen Sie unter einem „verantwortungsbewussten Menschen"?

3. Kann man jeden Menschen auf seine „Verantwortlichkeit" hin ansprechen?

4. Diskutieren Sie die These: Verantwortung zu übernehmen schränkt Freiheit ein.

5. „Gut ist allein der gute Wille." (I. Kant) Inszenieren Sie eine Diskussion zwischen einem Vertreter der Position I. Kants (siehe Seite 203) mit einem Verantwortungs-Ethiker (vgl. auch die folgenden Texte von M. Weber und H. Jonas).

Wir müssen uns klarmachen, dass alles ethisch orientierte Handeln unter zwei voneinander grundverschiedenen, unaustragbar gegensätzlichen Maximen stehen kann: Es kann „gesinnungsethisch" oder „verantwortungsethisch" orientiert sein. Nicht dass Gesinnungsethik mit Verantwortungslosigkeit und Verantwortungsethik mit Gesinnungslosigkeit identisch wäre. Davon ist natürlich keine Rede. Aber es ist ein abgrundtiefer Gegensatz, ob man unter der gesinnungsethischen Maxime handelt – religiös geredet: „Der Christ tut recht und stellt den Erfolg Gott anheim" oder unter der verantwortungsethischen: dass man für die (voraussehbaren) Folgen seines Handelns aufzukommen hat.

Keine Ethik der Welt kommt um die Tatsache herum, dass die Erreichung „guter" Zwecke in zahlreichen Fällen daran gebunden ist, dass man sittlich bedenkliche oder mindestens gefährliche Mittel und die Möglichkeit oder auch die Wahrscheinlichkeit übler Nebenerfolge mit in den Kauf nimmt.

Hier, an diesem Problem der Heiligung der Mittel durch den Zweck, scheint nun auch die Gesinnungsethik überhaupt scheitern zu müssen. Und in der Tat hat sie logischerweise nur die Möglichkeit: jedes Handeln, welches sittlich gefährliche Mittel anwendet, zu verwerfen. Logischerweise. *Max Weber, 1919*

Als sich der Soziologe MAX WEBER *(1864–1920) nach 1918 für eine Neuordnung der politischen Verhältnisse einsetzte, forderte er von den Politikern, dass sie sich nicht lediglich auf ihre gute Gesinnung berufen, sondern dass sie bereit sind, die Verantwortung für die möglichen (vorhersehbaren) Folgen ihres Handelns zu übernehmen: Gesinnungsethiker wie z.B. „utopische Linksrevolutionäre" und „idealistische Pazifisten" sind – nach M. Weber – für die Politik ungeeignet; man kann als Politiker eben nicht „die absolute Ethik des Evangeliums" verwirklichen, weil man die „Folgen" nicht einfach Gott anheim stellen darf, sondern weil man selbst die Verantwortung für die Folgen übernehmen muss.*

Der endgültig entfesselte Prometheus ruft nach einer Ethik, die durch freiwillige Zügel seine Macht davor zurückhält, dem Menschen zum Unheil zu werden. Was der Mensch heute tun kann, das hat nicht seinesgleichen in vergangener Erfahrung. Was kann als Kompass dienen? Die vorausgedachte Gefahr selber! In ihrem Wetterleuchten aus der Zukunft, im Vorschein ihres planetarischen Umfanges und ihres humanen Tiefganges, werden allererst die ethischen Prinzipien entdeckbar, aus denen sich die neuen Pflichten neuer Macht herleiten lassen. Es geht um die neu hervorgetretene Pflicht, die im Begriff Verantwortung zusammengefasst ist. Ein Imperativ, der auf den neuen Typ menschlichen Handelns passt, würde etwa so lauten: „Handle so, dass die Wirkungen deiner Handlung verträglich sind mit der Permanenz echten menschlichen Lebens auf Erden." Warum wir eine Verpflichtung gegenüber dem haben, was noch gar nicht ist, ist theoretisch gar nicht leicht und vielleicht ohne Religion überhaupt nicht zu begründen.
Hans Jonas, 1979

Die „unbedingte Pflicht der Menschheit zum Dasein" gründet im „Archetyp alles verantwortlichen Handelns, der zum Glück keiner Deduktion ... bedarf, sondern uns ... von der Natur mächtig eingepflanzt ist", in dem „selbstlosen Verhalten dem jeweiligen Nachwuchs gegenüber". Daraus resultiert die „Pflicht zur Zukunft", die „Pflicht zum Dasein künftiger Menschheit". *(Hans Jonas, 1979)*

Der Philosoph HANS JONAS *(1903–93) hat in seinem bekannten Werk „Prinzip Verantwortung" (1979) eine „Ethik für die technologische Zivilisation" konzipiert. Die ins Bewusstsein gehobene Furcht (vor katastrophalen Folgen des wissenschaftlich-technischen Fortschritts) ist nach H. Jonas der Ausgangspunkt einer situationsgemäßen Ethik. Im Zweifelsfall sollte der pessimistischen Prognose mehr Gewicht gegeben werden als der optimistischen.*

1. Vergleichen Sie den Grund-Imperativ von H. Jonas mit dem kategorischen Imperativ I. Kants (siehe Seite 203).

2. Erörtern Sie, ob Sie eine „Pflicht zum Dasein künftiger Menschheit" (H. Jonas) als persönliche Verpflichtung akzeptieren.

DIETRICH BONHOEFFER *(1906–45) hat große Teile seines „Ethik"-Manuskripts in jener Zeit geschrieben, als er sich genötigt sah, seinen Widerstand gegen die nationalsozialistische Politik theologisch zu durchdenken und zu rechtfertigen.*

➡ Seite 242

1. Bringen Sie einen Vertreter der Position M. Webers (siehe Seite 215) und einen Vertreter der Position D. Bonhoeffers miteinander ins Gespräch.

Wer in Verantwortung Schuld auf sich nimmt – und kein Verantwortlicher kann dem entgehen –, der rechnet sich selbst und keinem anderen diese Schuld zu und steht für sie ein, verantwortet sie. Vor den anderen Menschen rechtfertigt den Mann der freien Verantwortung die Not, vor sich selbst spricht ihn sein Gewissen frei, aber vor Gott hofft er allein auf Gnade.

Dietrich Bonhoeffer, 1943

2. Wie berechtigt ist der Vorwurf, D. Bonhoeffer entlasse den Menschen letztlich aus der Verantwortung? Mögliche Zuspitzung: Darf ein Christ für eine militärische Intervention Verantwortung übernehmen?

3. Nichtwissen schützt vor Strafe nicht. Wissen ist Pflicht; es gibt eine moralische Pflicht, sich zu informieren. Stimmen Sie diesen Aussagen zu?

Verantwortung im Horizont christlicher Ethik

In seinem theologischen* Denken unterschied DIETRICH BONHOEFFER zwischen dem „Letzten" (als dem, was „letztlich Gottes Sache" ist) und dem „Vorletzten" (als dem, wofür Menschen „verantwortlich" sind):

Noch steht die Welt, noch ist das Ende nicht da, noch müssen vorletzte Dinge getan werden in der Verantwortung für diese Welt, die Gott schuf. Noch muss mit den Menschen gerechnet werden, wie sie sind.

Christliches Leben vollzieht sich noch hier auf Erden, ist „Leben im Vorletzten, das auf das Letzte wartet".

Wirklichkeitsgemäßes Handeln steht in der Begrenzung durch unsere Geschöpflichkeit. ... Weil es nicht um die Durchführung irgendeines grenzenlosen Prinzips geht, darum muss in der gegebenen Situation beobachtet, abgewogen, gewertet, entschieden werden, alles in der Begrenzung menschlicher Erkenntnis überhaupt. Es muss der Blick in die nächste Zukunft gewagt, es müssen die Folgen des Handelns ernstlich bedacht werden, ebenso wie eine Prüfung der eigenen Motive, des eigenen Herzens versucht werden muss.

Nicht die Welt aus den Angeln zu heben, sondern am gegebenen Ort das im Blick auf die Wirklichkeit Notwendige zu tun, kann die Aufgabe sein. Es kann nicht immer sofort der letzte Schritt getan werden. Das alles muss so sein, weil wir als Menschen, in menschlicher Begrenztheit des Urteils leben und handeln dürfen und sollen. Das letzte Nichtwissen des eigenen Guten und Bösen und damit das Angewiesensein auf Gnade gehört wesentlich zum verantwortlichen geschichtlichen Handeln.

Es gehört weiter zur Begrenztheit verantwortlichen Lebens und Handelns, dass es mit der Verantwortlichkeit der anderen ihm begegnenden Menschen rechnet. Niemals also kann es eine absolute Verantwortung geben, die nicht an der Verantwortlichkeit des anderen Menschen ihre wesenhafte Grenze fände.

Dietrich Bonhoeffer, 1943

„Sorge um" statt „Verantwortlichkeit für"

Wir wissen zu viel, als uns noch durch Nichtwissen entschuldigen zu können. Wir wissen um die Prognosen, die dem Leben auf der Erde gestellt werden, um die sich abzeichnende Klimakatastrophe und den drohenden Kollaps des Öko-Systems ... . Wir wissen, wenn wir nicht völlig abgestumpft sind, dass dies uns alles ethisch in die Pflicht nimmt. ... Man muss sich das ganze Ausmaß heutiger Verantwortlichkeit vor Augen führen, das mit dem Maß des Wissens ins schier Grenzenlose wächst, um deren drückende Last und die in ihr liegende permanente Überforderung zu empfinden. ...

Wo immer Verantwortung als das bewusst wird, was sie wirklich bedeutet, … [wird sie] als unentrinnbare Verstrickung in Verantwortung … [bewusst].

So unbestritten wir also verantwortlich sind, so sehr gilt es doch zu sehen, dass der Begriff Verantwortung auf eine ganz bestimmte ethische Grundsituation bezogen ist, neben der es andere gibt. … [So ist etwa] die Situation der Verantwortung für die neutestamentliche* Ethik nicht die ethische Grundsituation schlechthin, Verantwortung also nicht das vorherrschende ethische Motiv. Handelt etwa der barmherzige Samariter aus dem Motiv der Verantwortung für den, den er am Wegrand liegend und blutend fand? …

[Zu fragen ist, ob die Grundsituation der Verantwortlichkeit] uns mit dem Notwendigen an ethischer Motivation und Verbindlichkeit ausstattet – oder ob sie uns nicht vielmehr in unserer ethischen Motivation verhungern lässt. Der ärgste Feind der Verantwortung ist die Gleichgültigkeit. Ein Mensch mag wissen, dass er in der Verantwortung für etwas ist, er kann sogar ein Bewusstsein haben für das ethische Unrecht seines Verhaltens, und dennoch ist ihm das alles zutiefst gleichgültig, weil ihm die innere Beziehung fehlt zu dem, worauf seine Verantwortung sich beziehen soll.

Fundamentaler als das Motiv der Verantwortung ist damit das Motiv der Sorge, und Verantwortung erhält ihre eigentliche Begründung erst durch die Erkenntnis, dass es Dinge gibt, für die wir gemeinsam zu sorgen haben. Im Motiv der Sorge bekundet sich ein Indikativ der Verbundenheit mit einer Person oder Sache, der zum Imperativ des Tuns wird.

Johannes Fischer, 1992

Begrenzte Verantwortung

Christliche Ethik will nicht in erster Linie *Grenzen* aufzeigen und „verbieten"; sie will Lebensmöglichkeiten für das Leben als Geschöpf aufzeigen. Und dort, wo Gottes Geschöpfe der Hilfe bedürfen, lehrt christliche Ethik, sich von „liebendem Besorgtsein" um Gottes Geschöpfe leiten zu lassen.

Nicht *alles* ist zu tun. Es ist nicht die Aufgabe des Menschen, Verantwortung „fürs Ganze" (gar für das „Reich Gottes") zu übernehmen. Der Mensch darf vielmehr an seinem konkreten Ort als Geschöpf leben und in konkreten Situationen konkrete, aber *begrenzte* ethische Verantwortung übernehmen.

Dabei ist christliches Handeln zutiefst getragen von der Freiheit des Glaubens: von einem Gottvertrauen, das Menschen als Geschöpfe ohne Überforderung leben lässt, von dem Mut, sich allem Zerstörerischen zu widersetzen, von der Hoffnung, dass sich Gott als Herr der Geschichte erweisen wird.

Verantwortung für oder liebendes Besorgtsein um den „fremden Nächsten"?

Fremdes und Fremde müssen nicht aufgesucht oder hereingeholt werden. Sie sind immer schon anwesend.

Ich bin mir manchmal selbst fremd: Wenn ich aus der Haut fahre, wenn ich träume, erschrecke ich über mich selbst, über meine Abgründe und Wünsche.

Erst wenn der Fremde fremd bleiben darf, wenn die Distanz nicht aufgehoben wird zum Fremden, Brüche nicht überdeckt werden, Fremdes als Sperriges, Widerständiges und auch Bedrohendes erlebt werden kann, dann wird ein Verstehen des Fremden überhaupt erst möglich.

Dass etwas fremd bleiben darf, gehört zum Wesen der Liebe. Dass ein Mensch fremd bleiben darf – auch wenn er mir vertraut ist –, gehört zur Würde seiner Person. Dass ich von fremden Seiten an ihm überrascht werde, gehört zur Wandlungsfähigkeit seiner Person. Begegnen kann mir immer nur ein konkreter Mensch, ein ganz bestimmtes Du.

Das erkenne ich aber nur, wenn ich mich auf das Wagnis einer Begegnung einlassen kann. Im Blick ist dann nicht verallgemeinernd „der Mensch", sondern der Mensch in seinen Unterschieden, Konflikten und Gegensätzen.

Zum Charakter der Begegnung gehört, dass beide, die sich begegnen, sich bewegen, auf dem Weg sind.

Rolf Heinrich, 1997

> Vergleichen Sie die Texte von R. Heinrich und E. Levinas (siehe Seite 188)

Bibliothek

Das Lehrbuch von K.F. HAAG bietet eine bausteinartig angelegte Einführung in die Grundfragen christlicher Ethik.

– Karl Friedrich Haag, Nachdenklich handeln. Bausteine für eine christliche Ethik. Studienbuch Religionsunterricht 4, Vandenhoeck & Ruprecht, Göttingen 1996

Im Lehrbuch von I. GENKEL und J. MÜLLER-KENT werden verschiedene Positionen zur Bioethik, vor allem Argumentationen zur „Organtransplantation" und „Pränataldiagnostik" und „eugenischer Indikation" zur Diskussion gestellt.

– Ingrid Genkel / Jens Müller-Kent, Leben werten? Theologische und philosophische Positionen zur Medizinethik. Studienbuch Religionsunterricht 6, Vandenhoeck & Ruprecht, Göttingen 1998

Die Bände des evangelischen Sozialethikers M. HONECKER sind als Lehrbücher für Studierende der Theologie geschrieben. Neben grundlegenden Fragen christlicher Ethik werden alle wichtigen ethischen Problemfelder („Konkretionen") ausführlich erörtert.

– Martin Honecker, Einführung in die theologische Ethik. Grundlagen und Grundbegriffe, de Gruyter, Berlin 1990

– Martin Honecker, Grundriss der Sozialethik, de Gruyter, Berlin 1995

Das Handbuch von A. PIEPER bietet einen Überblick über die Geschichte der neueren Ethik. Die Beiträge lassen deutlich werden, dass im Lauf der Geschichte sehr unterschiedliche Ethik-Typen vertreten wurden.

– Annemarie Pieper (Hg.), Geschichte der neueren Ethik 1/2, Francke Verlag, Tübingen 1992

Der von dem Philosophen W. SCHMID vorgelegte „Bestseller" bietet eine Einführung in „reflektierte Lebensgestaltung" unter ausdrücklichem Verzicht auf religiöse Grundierung.

– Wilhelm Schmid, Philosophie der Lebenskunst. Eine Grundlegung, Suhrkamp, Frankfurt a.M. 1998

Im „Grundkurs" erhält man Basiswissen über wichtige Positionen der antiken und neuzeitlichen Ethik; sog. „Querschnitte" informieren über Themen wie „Glück", „Verantwortung", „Lebensformen" etc.

– Heiner Hastedt / Ekkehard Martens (Hg.), Ethik. Ein Grundkurs, Rowohlt, Hamburg 1994

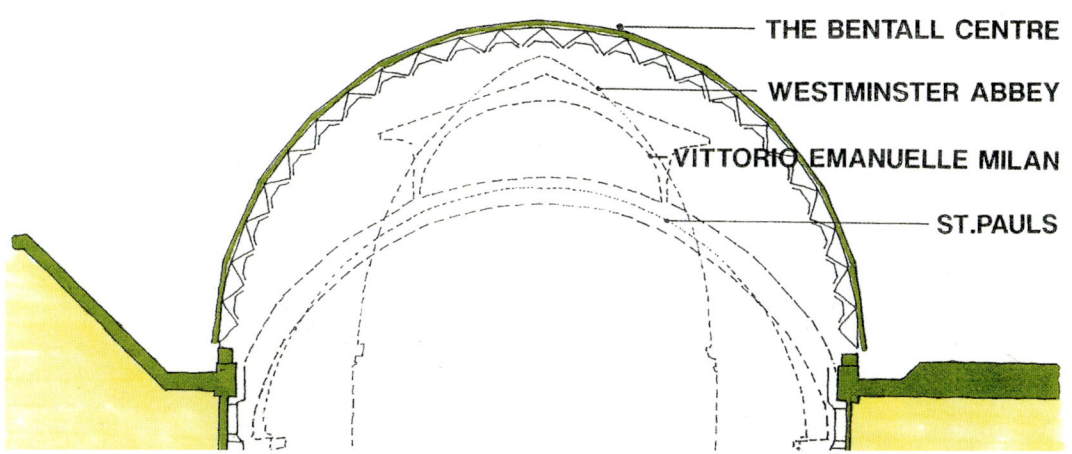

Kirche *zwischen* Zeitgeist *und* Tradition

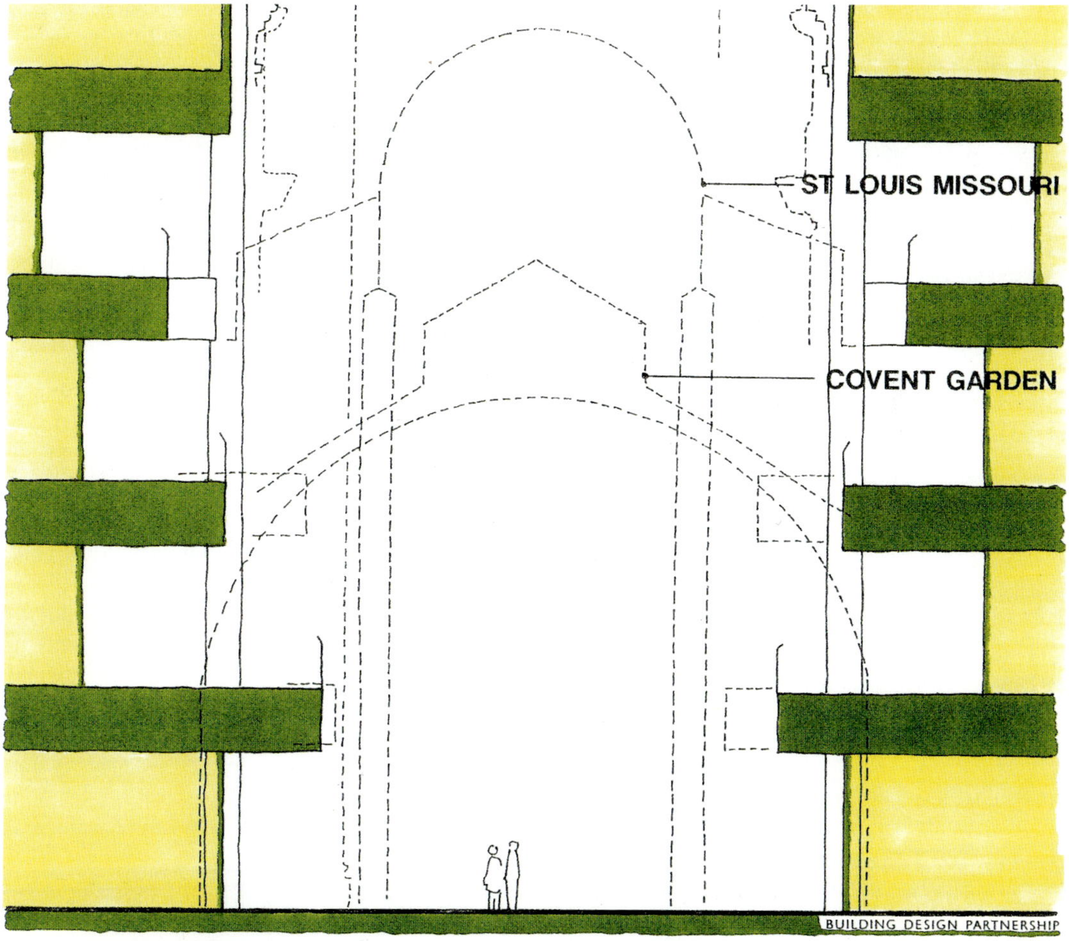

Zum Beispiel die Religion: Eingebundenheit unserer Vorfahren in christliche Glaubensvorstellungen ... hieß gleichzeitig auch immer Eingebundenheit ihrer kleinen Welt, ihres Mikrokosmos, in eine große Welt, den Makrokosmos ... .
Aus der Eingebundenheit des Mikrokosmos in den Makrokosmos, dem Aufgehobensein von Hunderten und Tausenden von kleinen Welten in der einigenden großen Welt, die ihrerseits gemäß christlichen Vorstellungen in den alles umspannenden Armen Gottes ruhte, ergab sich nicht nur, dass selbst der geringste Mensch nie auf verlorenem Posten stand, nie nur auf sich selbst angewiesen wäre, vielmehr muss eine solche Weltanschauung bei unseren Vorfahren damals auch zu einer seelischen Stabilität geführt haben, die selbst durch das schlimmste Wüten von Pest, Hunger und Krieg nicht so leicht aus dem Gleichgewicht zu bringen war.

Arthur E. Imhof, 1984

> Referatsvorschlag:
> „Ursache, Verlauf und Folgen der Industrialisierung"

Herausforderungen und konkurrierende Deutungen

Individualisierung

Beim Vergleich zwischen vormoderner und moderner Gesellschaft wird immer wieder hervorgehoben, dass das Leben der Menschen früher durch eine Vielzahl traditioneller Bindungen bestimmt wurde – von Familienwirtschaft und Dorfgemeinschaft, Heimat und Religion bis zu Stand und Geschlechtszugehörigkeit. Solche Bindungen haben stets ein Doppelgesicht. Auf der einen Seite schränken sie die Wahlmöglichkeiten des Einzelnen rigoros ein. Auf der anderen Seite bieten sie auch Vertrautheit und Schutz, eine Grundlage der Stabilität und inneren Identität. Wo es sie gibt, ist der Mensch nie allein, sondern stets aufgehoben in einem größeren Ganzen. ...
Mit dem Übergang zur modernen Gesellschaft kommen dann auf vielen Ebenen Entwicklungen auf, die eine weitreichende Individualisierung einleiten, eine Herauslösung des Menschen aus traditionell gewachsenen Bindungen, Glaubenssystemen und Sozialbeziehungen. Damit verbunden sind neue Formen des Lebenslaufs, auf der soziokulturellen Ebene neue Möglichkeiten wie Anforderungen, auf der subjektiven Ebene neue Denk- und Verhaltensweisen.
Diese Herauslösung aus traditionellen Bindungen bringt für den Einzelnen eine Befreiung aus früheren Kontrollen und Zwängen. Aber gleichzeitig werden damit auch jene Bedingungen außer Kraft gesetzt, die den Menschen der vormodernen Gesellschaft Halt und Sicherung gaben. Von den Anforderungen des Arbeitsmarktes über soziale und geografische Mobilität bis zu Konsumdruck und Massenmedien: Sie alle zerreiben ... viele der traditionellen Bindungen und Sozialbeziehungen, die das Individuum mit seiner Umgebung, seiner Herkunft, seiner Geschichte verknüpfen. Im Zuge der zunehmenden Säkularisierung*, der Pluralisierung von Lebenswelten, der Konkurrenz von Werten und Glaubenssystemen werden viele Bezüge aufgelöst, die dem Einzelnen ein Weltbild vorgaben, einen Sinn stiftenden Zusammenhang, eine Verankerung der eigenen Existenz in einem größeren Kosmos. Die Folge ist ... ein tief greifender Verlust an innerer Stabilität.

Ulrich Beck, 1990

> 1. Stellen Sie die Unterschiede zwischen der vormodernen und der modernen Gesellschaft in einer tabellarischen Übersicht zusammen.
>
> 2. Formulieren Sie mit eigenen Worten die von U. Beck beschriebene Ambivalenz des modernen Lebensgefühls.

Pluralisierung

Da gibt es Dörfer ..., wo die Menschen noch heute so leben, oder fast so, wie ihre Vorfahren in vergangenen Jahrhunderten. Dieses Leben, in und aus einer Tradition, ist vor allem durch eine große Einheitlichkeit gekennzeichnet – die Menschen in so einem Dorf sehen ähnlich aus, sprechen dieselbe Sprache, haben denselben Glauben und dieselben moralischen Werte und ... absolvieren ihre Biografie in denselben Abschnitten und nach denselben Regeln. Und dann kann man beobachten, wie diese oder jene moderne Institution diese Einheitlichkeit stört, manchmal langsam, oft mit Schwindel erzeugender Geschwindigkeit. Eine Straße wird gebaut und auf einmal ist das Dorf mit einer früher entfernt empfundenen Stadt verbunden. Neue Waren, fremde Menschen, anders geregelte Lebensformen strömen nun in das Dorf ein. Umgekehrt entsteht nun die Möglichkeit, dass die Dorfbewohner sich in die Außenwelt begeben – als Arbeiter oder Schüler oder Soldaten. Dann eröffnen Institutionen der Außenwelt im Dorf selbst ihre Vorposten, eine Fabrik wird gebaut, eine Schule oder eine Polizeistation. Fremde Menschen wohnen nun im Dorf – der Fabrikdirektor, der Lehrer, der Polizist – und Dorfbewohner, die draußen gelebt haben, kommen zurück und erzählen von der großen, fremden Welt. Die traditionelle Dorfkultur, in ihrer altgewohnten Einheitlichkeit, gerät ins Wanken. Die alten Angebote verlieren ihre Ausschließlichkeit. Neue Angebote entstehen in mehr und mehr Lebensbereichen. Oder man könnte es auch so beschreiben: Was früher ein *Gebot* war, wird nun *ein Angebot unter vielen*. Die Verlagerung der Religion von einer schicksalhaften Tradition auf einen Markt der Möglichkeit bedeutet gewiss auch eine Trivialisierung, vielleicht nicht immer, aber doch sehr oft eintretend. Im amerikanischen Englisch gibt es einen treffenden Ausdruck dafür: Die Zugehörigkeit zu einer religiösen Gemeinschaft heißt eine „religious preference". Das ist nicht leicht übersetzbar. „To prefer" heißt „vorziehen", wie „ich ziehe es vor, meinen Kaffee ohne Milch zu trinken". Der Ausdruck impliziert freie Wahl, aber auch ein eher oberflächliches Konsumverhalten. Man vergleiche das alte Wort „Konfession". „Ich bin evangelischer Konfession" – das impliziert Zeugentum, volles Engagement, vielleicht sogar Martyrium. „Ich ziehe es vor, evangelisch zu sein" – das impliziert eine Meinung, die mich nicht unbedingt bindet und für die ich wohl kaum bereit sein würde, Märtyrer zu werden.
Peter L. Berger, 1994

Wenn ich nicht durch Zeugnisse der Schrift oder einsichtige Vernunftgründe widerlegt werde – denn ich glaube weder dem Papst noch den Konzilien allein, da es feststeht, dass sie öfter geirrt und sich widersprochen haben –, bin ich durch die von mir angeführten Schriftworte bezwungen. Und solange mein Gewissen in Gottes Worten gefangen ist, kann und will ich nichts widerrufen, weil es unsicher ist und die Seligkeit bedroht, etwas gegen das Gewissen zu tun.
Gott helfe mir. Amen.
Martin Luther in Worms, 1521

Pluralitätskompetenz erwächst aus dem Umgang mit Pluralität.
Wolfgang Welsch, Philosoph, 1995

Inwiefern leben Sie selbst in einer „pluralen Gesellschaft"? Beschreiben Sie Vor- und Nachteile, indem Sie sich dabei auf den Text von U. Beck beziehen.

➡ *Seite 252 ff.*

1. Sammeln Sie aktuelle Werbemotive, die nicht einfach nur für ein Produkt, sondern für ein Produkt „als Lebensform" werben. Oftmals bedienen sich diese Anzeigenmotive biblisch-religiöser Motive.

2. Informieren Sie sich über die Art und Weise, wie unterschiedliche Gruppen aus der Musik- oder Fußball-Szene ihre Identität durch einen bestimmten Stil definieren.

Beziehen Sie dabei auch folgenden Text ein:

Ungerührt von kulturpessimistischen Invektiven bildeten sich um die Häuptlinge des schnellen Worts Zuschauerstämme. Die gern an den Grenzen des gepflegten Umgangs streifen, fühlen sich an den Marterpfählen von Bärbel und Arabella wohl, Graukopf-Indianer mit normalen sozialvoyeuristischen Neigungen lassen sich bei Ilona und Meiser bedienen. Selbst Zahnarztgattinnen, welche die Anrede „Gnädige Frau" für ein Kulturerlebnis halten, haben Platz im TV-Reservat: Bio.
Nikolaus von Festenberg, 1999

3. Die Autoren des nebenstehenden Textes sind Philosophen* und Trendforscher.
In welchen Punkten könnten die von ihnen festgestellte Neigung zum „Tribalismus" in Konflikt mit der Kirche als institutionalisierter Religion* geraten?

Tribalisierung

Was früher die politischen und sozialen Gemeinschaften und die religiöse Communitas waren, sind heute die Stammeszugehörigkeiten zu Kulten und Kultprodukten. ... Im Zeitalter der Individualisierung wird ein altes, nicht rationales Zusammengehörigkeitsmodell wieder aktuell: der Tribalismus.
Kundenstämme als postmoderne Zugehörigkeitsmodelle haben folgende charakteristischen Merkmale:

1. [Ethnologisch gesehen handelt es sich bei Stämmen] meist um die *umfassendste* Einheit, die man in einer Gesellschaft finden kann, also *nach* dem Ende der traditionellen Gemeinschaften wie der bürgerlichen Familie, Kirche, politischen Gruppierungen. Was heute entsteht, ist die Fangemeinde, die Lifestyle-Gemeinschaft, wie wir sie aus Rockszenen und Fußball-Fanclubs kennen. Ihre Territorien, die sie bewohnen, sind die Malls, Passagen, Boutiquen, Satelliten.

2. Wer in Kontakt mit einem Kultprodukt kommt, wird in einen Stamm aufgenommen, der bestimmte ... Zugangsriten hat. In Anlehnung an den großen Religionsphilosophen Ernst Troeltsch können wir den Tribalismus als Bewegung von *Konsumsekten* bezeichnen. ... Bei Konsumsekten ist der so genannte instituierende Aspekt zentral, das heißt, *die ständige Erneuerung des Zusammenseins will erlebt werden.* Es braucht also nicht eine *sichtbare* institutionelle Ordnung, entscheidend ist nur, dass man sich als *glaubender Teil* der Sekte fühlen kann. Die ganze formale Struktur, wie sie etwa die katholische Kirche anbietet, ist gar nicht mehr nötig. ...

3. Kundenstämme als Sekten sind die postmoderne Form der Zusammengehörigkeit. *Geschichtlich gesehen heißt Kundschaft nicht zufällig Gemeinschaft.* Ein Kunde wird mit dem Kaufakt in eine Gemeinschaft aufgenommen. ... Die Kultsendung „Lindenstraße" der ARD zieht Sonntag für Sonntag zehn Millionen Fans vor den Kasten. Hier ersetzt die Fangemeinde die Kirchgänger. Die Stars der Sendung haben ihre eigenen Fangemeinden, die so handeln, als wären ihre bewunderten Lieblinge real existierende Wesen. ...

4. Die Konsumgemeinschaft in der Konsumsekte ist selbst gewählt, freiwillig und demokratisch. Ich kann jederzeit aussteigen. Im Gegensatz zur politischen Gemeinschaft, mit der ich zufällig verbunden bin, oder mit der Menschheit, mit der ich rein zufällig verbunden bin, oder gar die Blutsverwandtschaft, die ich mir nicht selbst ausgewählt habe, habe ich die Kaufbruderschaft selbst ausgewählt. Wir sehen heute: All die großen, abstrakten Strukturen und Systeme ... generieren keine Verbindlichkeiten mehr.
Norbert Bolz / David Bosshart, 1995

Medialisierung

Kurz vor zwanzig Uhr. Auf dem Bildschirm ist der Werbeblock der ARD vorbeigeflimmert, danach die Vorschau auf das Abendprogramm. Nach den Schrifttafeln füllt das Zifferblatt der elektronischen Uhr die Mattscheibe. Nichts sonst ist zu sehen als die exakt voranspringende Sekundenanzeige. Ein suggestiver Anblick, eigentlich beklemmende Darstellung unaufhaltsam vorrückender Zeit. Neil Postman: „Es mag manchen überraschen, aber das unerbittliche Ticken der Uhren hat vielleicht mehr zur Schwächung der Allmacht Gottes beigetragen als sämtliche Traktate der Philosophen* der Aufklärung*." Die elektronische Uhr - zugleich das Inbild von minutiöser Exaktheit, von unüberbietbarer Genauigkeit, die kaum einer wirklich in Anspruch nimmt. Eine Zeitikone ...
Dann, Punkt 20.00 Uhr, ein erlösender Gongschlag. Doch nicht nur ein Zeitsignal; in den Klöstern Ostasiens, wo die Metallbecken herkommen, oft noch Zeichen für den Beginn des Gebets. ... Nach dem ersten Schlag, als verbale rituelle Eröffnung, die Stimme der Sprecherin oder des Sprechers aus dem Off: „Hier ist das Erste Deutsche Fernsehen mit der Tagesschau." Niemand erwartet etwas anderes und doch muss das anscheinend gesagt werden. Das Medium stellt zunächst sich selber vor. Mit einer Repräsentationsformel, mit der in den Offenbarungen die Gottheit sich einst tatsächlich identifizieren musste: „Ich bin der HERR, der Gott deines Vaters Abraham, und Isaaks Gott" (Gen 28,13).
Dazu erscheint die Weltkarte auf dem Bildschirm, mit dem Anschein, dass hier die ganze Erde überschaut wird. Von oben her wölbt sich der Schriftzug „tagesschau" über die Kontinente – diesem Medium entgeht offenbar kein Winkel der Welt. Dazu Fanfarenstöße, elektronische Dreiklänge, die schon immer Besonderes ankündigten. ... In biblischen Zeiten sollten die Trompeten nur geblasen werden, „um die Gemeinde zusammenzurufen und wenn das Heer aufbrechen soll". „Auf dieses Signal hin soll sich bei dir versammeln die ganze Gemeinde vor der Tür der Stiftshütte", also vor dem Heiligtum (Num 10,2f). Später gehörte das Posaunenblasen zum Hofzeremoniell, genauer zur Akklamation des Königs (1.Kön 1,34.39) oder diente zur Eröffnung eines nächtlichen Festes (Ps 91,4). Bei den Propheten kündigt die Posaune das Gericht an: „Wenn man die Posaune bläst, so höret!" (Jes 18,3) Schließlich blasen nach der Offenbarung des Johannes bei der Öffnung der sieben Siegel sieben Engel sieben Posaunen „und es erhoben sich große Stimmen im Himmel, die sprachen: Es sind die Reiche der Welt unseres Herrn und seines Christus geworden" (Offb 8,6ff; 11,15).

Horst Albrecht, 1993

10 Lebensjahre vor dem Fernsehgerät

KÖLN (dpa) Ein Erwachsener verbringt in Deutschland im Durchschnitt zehn Jahre seines Lebens vor dem Fernsehgerät. Wie das Institut der deutschen Wirtschaft mitteilte, schauen die Deutschen täglich im Schnitt mit rund drei Stunden und 20 Minuten derzeit fast doppelt so lang in die Röhre wie Mitte der 80er Jahre.
Kom.: Fremdes Leben

Das führt zu einer seltsamen Verformung dessen, was man als Lebenswirklichkeit begreift. Die nächste Nähe wird zunehmend aufgegeben. Kontakte, Austausch, Auseinandersetzung werden weniger. Gleichzeitig rückt die weite Welt immer näher. Das äußert sich positiv in der Bereitschaft jenen zu helfen, die Medien ins Blickfeld rücken – so auch den Kosovo-Flüchtlingen. Das äußert sich beunruhigend in Phänomenen, die auf tiefe innere Einsamkeit schließen lassen, wie Massentrauer um fremde Menschen.

Westdeutsche Allgemeine Zeitung vom 29.4.1999

Einigen Sie sich auf eine „Kult-Fernsehsendung", die Sie dann in ähnlicher Weise persiflieren, wie dies der Theologe H. Albrecht mit der „tagesschau" getan hat.

Wahrscheinlich liegt es daran, dass Fernsehen für Leute wie ihn (gemeint ist: ein Kandidat) eine Kirche ist: Im Fernsehen wird das wahre Leben gelebt. Wer hier erscheint, den gibt es wirklich.
Und weil dem Fernsehen zugetraut wird, eine Existenz zu verbessern, trauen ihm seine Anhänger auch noch ganz andere Wunder zu – sogar Beziehungstragödien zu lösen. Denn der Fernsehapparat ist für die meisten ungebildeten Amerikaner längst Familie, Lebenssinn und Heimat.

Thomas Hüetlin, 1999

1. Setzen Sie Text und Statistik zueinander in Beziehung.

2. Vollziehen Sie G. Brakelmanns Überlegungen anhand der beiden biblischen Schöpfungsberichte (Gen 1,1–2,4a; 2,4b–25) nach. Achten Sie dabei besonders auf die Rolle der Arbeit.

➡ Seite 58f., 147

„Der Mensch ist zur Arbeit geboren wie der Vogel zum Fliegen." *Martin Luther, 1525*

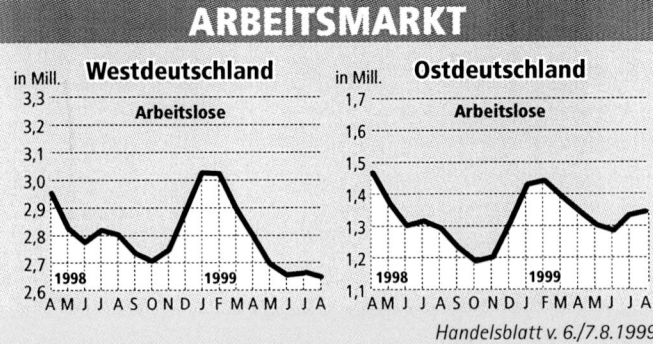

Handelsblatt v. 6./7.8.1999

Der evangelische Sozialethiker G. Brakelmann beschreibt auch die psychosozialen Aspekte von Arbeitslosigkeit:

Arbeitslosigkeit bedeutet einen Bruch in der Biografie der Betroffenen. Sie wird als Ausgliederung aus den gesellschaftlichen Leistungsprozessen verstanden. Sie erzeugt das Bewusstsein einer individuellen Katastrophe. Die Trennung von sozialen Dauerkontakten treibt in die gesellschaftliche Isolation. Ohnmachts- und Resignationsgefühle wie das Tagesbewusstsein, gesellschaftlich degradiert und verlassen zu sein, führen zu einer Identitätskrise. Dauerndes Untätigsein bei fehlender Lebensperspektive lässt einen praktischen Lebenssinn nicht mehr sehen.

Arbeit theologisch gesehen

Nach biblischer Überlieferung ist Arbeit als Grundfaktum menschlicher Existenz im Zusammenhang des Bundes Gottes mit den Menschen zu sehen: Gott, der die Welt und die Menschen in souveräner Freiheit seiner „Arbeit" geschaffen hat, übergibt den Menschen die Verantwortung für das „Bauen und Bewahren" dieser Erde. Gott gebietet seinen Geschöpfen, zu ihren eigenen Gunsten in treuhänderischer Verantwortung die Aufgabe hegender Erhaltung und weitergehender Gestaltung der Schöpfung zu übernehmen. ...
Dass Gott den Menschen trotz seines selbst verschuldeten Ungehorsams würdigt, in seinem Namen zum eignen Vorteil weiterzumachen, qualifiziert die Arbeit trotz allem ihr beigelegten Mühsalcharakters als Erweis der fortdauernden Gnade Gottes. Es ist ein Akt der Barmherzigkeit Gottes, dass er den Menschen durch das Mandat der Arbeit die Chance zum Weiterleben gibt. Arbeit auch unter den harten Bedingungen nach dem Fall ist nicht die Racheordnung eines durch die Hybris des Menschen beleidigten Gottes, sondern ist das menschenfreundliche Gebot Gottes, diese Welt doch noch für den Menschen zu wagen. Das Arbeitsgebot zeigt dieses menschenfreundliche Antlitz Gottes. Der Schöpfer gibt seine Schöpfung als Gabe an sein „Ebenbild", das in Verantwortung vor dem Geber der Gabe sein Amt zu vollziehen hat.

Günter Brakelmann, 1988

3. Erkundigen Sie sich bei Ihrem örtlichen Arbeitsamt nach der aktuellen Arbeitsmarktlage in ihrer Stadt.

4. Gibt es eine Stellungnahme Ihrer Kreissynode (siehe Seite 233) zum Thema „Arbeitslosigkeit"?

Traditionsabbruch

Der Religionslehrer kann feststellen, dass sich nicht nur die Denkweise der Schüler verändert hat, die Art des Umgangs mit traditionellen Themen des Religionsunterrichts, sondern dass ihnen auch kaum mehr die Sprache christlicher Tradition als Verbalisierungshilfe für eigene Positionen zur Verfügung steht. Allein die Sprache: Die Schüler lesen Colgate statt Golgatha, Orts- und Personennamen wie Gethsemane, Kapernaum, Hesekiel kann man in den abenteuerlichsten Betonungen hören, ich hörte „Aufdembahnhof" statt Offenbarung, sie verstehen das Luther-Deutsch nicht, können schon die alten Schrifttypen nicht lesen, sie haben gar keine Bibel. Rein statistisch nimmt die Zahl der „konfessionslosen" Schüler in meinen Kursen und Klassen zu; in den neuen siebten Klassen sind es durchschnittlich sechs oder sieben, die nicht getauft sind, also fast ein Drittel. Sie lachen oder zucken bedauernd mit den Schultern, wenn ich sie bitte, zu Hause doch einmal dieses oder jenes Kapitel der Bibel nachzulesen. ...

Es erübrigt sich schon der Hinweis, dass die Schüler kaum die symbolische Bedeutung der Inneneinrichtung einer Kirche erfassen, natürlich kennen sie keinen Choral, der Begriff Liturgie ist ein Fremdwort. Die Kirche: Wenn Schüler früher sich über die Kirche ärgerten, dann fühlten sie sich noch irgendwie dazugehörig; in Klausuren verwendeten sie das Pronomen „wir" (als Christen sollten wir ...), wenn sie in Aufgabe 3 mögliche Aktivitäten der Kirche einforderten oder ablehnten. Heute treffe ich stets auf die Formulierung „die Christen" – als seien es irgendwie andere Leute, für die man zwangsweise sich interessieren muss. Christentum – das ist tendenziell eine Fremdreligion im Wahrnehmungsfeld des heutigen Schülers. Kirche – das ist eine unbedeutende gesellschaftliche Institution, allenfalls das Gebäude kennt man noch. In manchen Kursen führe ich erbitterte Debatten um die Kirchenmitgliedschaft und gerate dabei in eine kaum auszuhaltende Defensive. Einige wenige Schüler erklären recht kurz angebunden, sie nähmen die Dienste der Kirche nicht in Anspruch, also wollten sie auch nicht Mitglied sein. Im Übrigen könnten sie auch ohne Kirche christlich handeln, „Nächstenliebe und so".

Wilfried Bergau, 1989

1. Lesen Sie nebenstehenden Text laut vor und sprechen Sie über Ihre Lektüreerfahrungen!

Denn es weiß, gottlob, (schon) ein Kind von sieben Jahren, was die Kirche sei, nämlich die heiligen Gläubigen und die Schäflein, die ihres Hirten Stimme hören, denn also beten die Kinder: Ich glaube eine heilige christliche Kirche.

Martin Luther, 1537

2. Nehmen Sie vor dem Hintergrund Ihres eigenen Verhältnisses zur Kirche Stellung zur Grundthese von W. Berggau.

3. Nennen Sie Gründe für den von W. Berggau beklagten „Traditionsabbruch" bei Jugendlichen.

4. Diskutieren Sie die Frage, ob und warum es sinnvoll sein könnte, den „Traditionsfaden" wieder aufzunehmen.

5. Was müsste Ihrer Meinung nach getan werden, damit Jugendliche sich wieder stärker mit der Kirche auseinander setzen?

Das Dilemma der Kirche

Der entscheidende Schade der Kirche liegt nicht darin, dass sie meistens, so oder so, hinter ihrer Zeit her ist, sondern dass sie ständig hinter der Sache Jesu, dem Reiche Gottes*, zurückbleibt.
Das Reich Gottes gilt nun einmal zu Recht als der Maßstab, an dem die Kirche aufgrund ihres geschichtlichen Ursprungs zu messen ist. Und so erscheint die Kirche als ein „notwendiges Übel", ein *notwendiges* Übel, weil es ohne sie die Sache Jesu gar nicht mehr gäbe – ein notwendiges *Übel* aber, weil jede kirchliche Institution, auch die beste, hoffnungslos hinter dem Reiche Gottes zurückbleibt. ...
Wer die Sache Gottes vertreten will, muss die Kirche in Kauf nehmen. Jesus hat wie ein Blitz vom Himmel ein Feuer auf Erden angezündet – wie aber will man einen himmlischen Brand zu einem irdischen Dauerbrenner machen?
Dazu bedarf es der „Vermittlung" und das heißt eben der Kirche mit ihren heiligen Schriften, Dogmen, Ämtern und Riten, mit Kultus, Recht, Hierarchie, Bürokratie und Finanzen.
Und so vollzog sich jener Übergang, den Max Weber „Veralltäglichung des Charismas" genannt hat. ... Aus dem Leib Christi wurde gleichzeitig eine Körperschaft des öffentlichen Rechts, aus dem Wort Gottes eine menschliche Urkunde, aus der Nachfolge Jesu eine kirchliche Laufbahn, aus den Prüfungen der Endzeit theologische Examina, kurzum aus der Himmelsleiter eine Kirchenleiter.

Heinz Zahrnt, ev. Theologe, 1980

Grundlagen und Voraussetzungen
Die biblische Gemeinde

Was aus dem Fleisch geboren ist, das ist Fleisch; was aber aus dem Geist geboren ist, das ist Geist.
Johannes 3,6

Nach Jesu Tod war das Christentum zunächst eine Sekte innerhalb des Judentums. Im römischen Reich gab es nur die kleine Gemeinde in Jerusalem. In den folgenden Jahrzehnten bildeten sich jedoch noch andere Gemeinden in Palästina und in Kleinasien, dann im gesamten Reich. Paulus und seine Schüler bringen das Selbstverständnis dieser Gemeinden durch Bilder zum Ausdruck. Sie sprechen vom „Tempel Gottes" (2. Kor 6,16–18), vom „Haus Gottes" (Eph 2,19–21) oder vom „Leib Christi" (Röm 12, 3–8), andere Autoren vom „Volk" (1. Petr 2,1–10) oder der „Herde Gottes" (Joh 10,14–17). Es heißt, dass Besitzgemeinschaft herrsche (Apg 2,44–47). Das Leben war christlich (Röm 12,9–21). Große Bedeutung hatte die „Abendmahlsgemeinschaft" (1. Kor 11,23–25).
Diese mündlich und brieflich überlieferten Bilder und Berichte wurden schließlich in der Bibel für zukünftige Generationen gesammelt. Sie gehören heute zum normativen Grundgerüst der Kirche, an dem sich diese zu orientieren und zu messen lassen hat.

1. Formulieren Sie anhand der biblischen Texte das Selbstverständnis der ersten Gemeinden.

2. Welcher Anspruch erwächst für das Handeln des Einzelnen und der Kirche?

3. Diskutieren Sie, inwiefern die Kirche Ihrem Anspruch heute gerecht wird oder eher nicht.

Das kirchliche Bekenntnis

Innerhalb von drei Jahrhunderten entwickelte sich das Christentum zur Staatsreligion im römischen Kaiserreich. Das im Jahre 381 auf dem Konzil von Konstantinopel beschlossene Glaubensbekenntnis gibt diesem Selbstbewusstsein der Kirche durch folgende Formel Ausdruck: „Wir glauben ... an *eine heilige katholische und apostolische Kirche*".
Noch heute ist das Verständnis dieser Formel umstritten. Hier sind zwei unterschiedliche Auslegungen:

Die Eigenschaften Einheit, Heiligkeit, Katholizität und Apostolizität beziehen sich nicht auf irgendeine institutionell verfasste Kirche, auch nicht auf den sichtbaren *Aspekt* der Kirche, sondern auf die Kirche *als (verborgene) „Gemeinschaft der Glaubenden"*. Als solche ist die Kirche
– *eine* (einzige), weil sie durch das Evangelium von Jesus Christus begründet und erhalten wird und darum einen Herrn, einen Glauben und eine Taufe hat (Eph 4,5);
– *heilig*, weil die Menschen, die zur „Gemeinschaft der Glaubenden" gehören, dadurch zu Gott gehören und also geheiligt sind;
– *katholisch*, also allumfassend, weil das die Kirche begründende Evangelium von Jesus Christus ohne Unterschied Menschen aus allen Völkern, Rassen und Regionen beruft und versammelt;
– *apostolisch*, d.h. gegründet auf die apostolische Verkündigung und damit konstituiert durch das von den Aposteln ursprünglich bezeugte Evangelium von Jesus Christus.
Diese Eigenschaften dürfen nicht normativ verstanden werden, sondern sie haben *deskriptiven* Sinn: Die „Gemeinschaft der Glaubenden" *soll nicht* eine, heilige, katholische und apostolische Kirche sein, sondern sie *ist* es, sofern sie die Gemeinschaft der Menschen ist, die durch das Evangelium von Jesus Christus bewegt werden.

Wilfried Härle, 1995

„Dies ist die einzige Kirche Christi, die wir im Glaubensbekenntnis als die eine heilige, katholische und apostolische bekennen." ... Er (Christus) beruft sie dazu, jede dieser Eigenschaften zu verwirklichen. ...
Die Kirche ist *eine*: Sie hat nur einen Herrn, bekennt nur einen Glauben, geht aus einer einzigen Taufe hervor, bildet nur einen Leib, wird von einem einzigen Gott beseelt und auf eine einzige Hoffnung hin; ist diese einmal erfüllt, dann werden alle Trennungen überwunden sein.
Die Kirche ist *heilig*: Der heilige Gott ist ihr Urheber; Christus, ihr Bräutigam, hat sich für sie hingegeben, um sie zu heiligen; der Geist der Heiligkeit belebt sie. Zwar gehören ihr auch Sünder an, doch ist sie die „Sündenlose, die aus Sündern besteht". In den Heiligen erstrahlt ihre Heiligkeit; in Maria ist sie schon vollkommen heilig.
Die Kirche ist *katholisch*: Sie verkündet den ganzen Glauben; sie hat und spendet die Fülle der Heilsmittel; sie ist zu allen Völkern gesandt; sie wendet sich an alle Menschen; sie umfasst alle Zeiten; sie ist „ihrem Wesen nach missionarisch".
Die Kirche ist *apostolisch*: Sie ist auf feste Grundlagen gebaut: auf die „zwölf Apostel des Lammes"; sie ist unzerstörbar; sie ist unfehlbar in der Wahrheit gehalten; Christus leitet sie durch Petrus und die anderen Apostel, die in ihren Nachfolgern, dem Papst und dem Bischofskollegium, bei ihr sind.

Moderner Katechismus*, 1993

> 1. Worin liegt, bei allen Gemeinsamkeiten, der Unterschied im Verständnis der in Konstantinopel dogmatisierten* Eigenschaften der Kirche?

> 2. Welcher der Texte entstammt Ihrer Meinung nach der evangelischen, welcher der römisch-katholischen Tradition?
> Um Ihr Urteil zu begründen, können Sie sich auf die folgenden Doppelseiten beziehen.

Reformatorische Einsichten

Warum heißt und warum ist die evangelische Kirche evangelisch?

Martin Luther, der Reformator der Kirche, hatte ursprünglich keine *neue* Kirche gründen, sondern nur die *alte* Kirche reformieren wollen. Dann aber haben er und der Papst einander gegenseitig exkommuniziert und der Bruch war vollzogen. Das geschah im Jahre 1520.

Aus Luthers Sicht war freilich auch dies keine Kirchen*neu*gründung, ja nicht einmal eine Abspaltung, sondern seiner Überzeugung nach war die römisch-katholische Kirche von der Wahrheit des Evangeliums abgewichen und verweigerte nun die dringend notwendige Reform. Im 19. Jahrhundert sprach man deshalb auch gerne von der Reformation als einer „Kirchenverbesserung". Und noch in der *Barmer Theologischen Erklärung* von 1934 heißt es, die Grundlage der Kirche sei „das Evangelium von Jesus Christus, wie es uns in der Heiligen Schrift bezeugt und *in den Bekenntnissen der Reformation neu ans Licht getreten ist*". So ist die evangelische Kirche durchaus katholisch, denn sie beansprucht, das *ganze* Evangelium zu besitzen. Genau gesagt ist die katholische Kirche *römisch*-katholisch und die evangelische Kirche *evangelisch*-katholisch. Was aber heißt evangelisch?

Diese Frage beantworten wir am besten, indem wir uns erneut Luthers Biografie zuwenden. Wir schreiben das Jahr 1518. Wieder einmal brütet Luther über einer Stelle in der Bibel – Römer 1,16–17. Hier bereitet ihm nun schon seit langem das Wörtlein „Evangelium" Kopfzerbrechen. „Evangelium" (griech.) bedeutet „Gute Nachricht". Nur: So, wie die Religion damals gehandhabt wurde, spendete sie weniger Trost, als dass sie die Menschen ängstigte. Das galt ganz besonders für die Vorstellung vom Jüngsten Gericht* am Ende der Zeiten, in welchem Jesus Christus als strenger Richter auftreten und jedem nach seinen Sünden vergelten würde. Wer dann nicht bestand, der landete nicht im Himmel, sondern in Fegefeuer und Hölle. So war jeder bestrebt, ein gottgefälliges Leben zu führen. Das aber hieß: Tue Gutes, soviel es in deiner Macht steht! Dann wird dich Gott erretten.

Allerdings: Wer, wie Luther, diese Mahnung ernst nahm und sogar ins Kloster ging, der geriet in eine schlimme religiöse Krise. Luther berichtete nämlich, dass seine Angst, von Gott später einmal bestraft zu werden, durch die guten Werke nicht geringer, sondern nur größer geworden sei. Denn – so Luther – wenn wirklich alles darauf ankam, dass der Mensch tat, was er von sich aus tun konnte, wie konnte er gewiss sein, genug getan zu haben, auch arm *genug*, gehorsam *genug*, keusch *genug* gewesen zu sein.

Schlimmer noch: Luther stellte fest, dass das auf der Vermeidung göttlicher Bestrafung aufgebaute Glaubenssystem schädlich war für die Seele. Denn wer gute Werke tat, um für *sich* selbst das Heil zu erringen, der tat im Grunde genommen gar keine *guten* Werke. Denn er praktizierte nicht Nächsten-, sondern Selbstliebe! So wurde also, wer Gutes tat, nur noch mehr in die Sünde verstrickt. Und deshalb stutzte Luther, als er im Römerbrief von der Offenbarung der *Gerechtigkeit* Gottes als einer *guten* Nachricht las. Wo der Mensch doch rettungslos verstrickt war in seine Sündhaftigkeit! War Gott Zyniker!?

Da – plötzlich – ging ihm ein Licht auf. Die Gerechtigkeit, von der hier die Rede war (und ist), ist nicht eine Eigenschaft Gottes, die ihn dazu veranlasst, die Menschen zu verurteilen und zu bestrafen, sondern er *schenkt* sie ihnen – *gratis*. Gott behandelt die Menschen, als *seien* sie gerecht, auch wenn sie es an und für sich gar nicht sind, und lässt also Gnade vor Recht ergehen. Und wer das glaubt, wer also darauf vertraut, dass Gott ihm gnädig ist, der *ist* gerecht, auch wenn er weiterhin Sünder bleibt.

So wurde – und *wird* – ein Schuh draus. Das *war* – und *ist* – die *gute* Nachricht! Sicherlich nicht in jenem trivialen Sinne, dass christliches

www.MartinLuther.de

Handeln nun überflüssig wird, weil Gott sowieso jeden rechtfertigt. Gottes Gnade ist nicht „billig" (Dietrich Bonhoeffer). Wohl aber in jenem bedeutsamen Sinne, dass Nächstenliebe jetzt überhaupt erst möglich wird. Denn wer *glaubt*, dass Gott ihm gnädig ist, der verliert die Angst um sich selbst. Er ist erlöst von seiner Ich-Bezogenheit. So wird er frei für die Hinwendung zum Nächsten. Diese ergibt sich nun gleichsam von selbst. Paulus drückt das so aus: „Der Glaube ist in der Liebe wirksam!" (Gal 5,6) Und das ist auch der Sinn des berühmten Paradoxes am Beginn der Schrift „Von der Freiheit eines Christenmenschen": „Ein Christenmensch ist ein freier Herr über alle Dinge und niemand untertan. Ein Christenmensch ist ein dienstbarer Knecht aller Dinge und jedermann untertan."
Luthers an der Bibel gewonnenen Erkenntnisse zerstörten die mittelalterliche Kirche, insofern diese sich als „sakramentale Heilsanstalt" verstand. Denn im Glauben an Jesu Kreuz und Auferstehung* ist jeder Mensch gleich unmittelbar zu Gott. Einer zwischengeschalteten Priesterschaft, die das Heil stellvertretend verwaltet, bedarf es nicht mehr. Natürlich bedeutet das nicht, dass die Kirche überhaupt überflüssig geworden wäre. Nur konzentrierte Luther das ganze Geschehen nun auf die *Predigt* des Evangeliums im Gottesdienst, also auf die Verkündigung der Vergebung der Sünden in und durch den Glauben an Jesu Kreuz und Auferstehung. Auch die Sakramente Taufe und Abendmahl verstand Luther von dieser Verheißung her. Zugleich freilich hatten die Sakramente aber auch eine eigenständige Bedeutung für die Kirche. Denn in ihnen wurde die Gemeinschaft derer, deren Glaube in der Liebe wirksam wird, konkret und erfahrbar.
Um dieser reformatorischen Einsichten willen wollte Luther die Kirche reformieren. Er schrieb deshalb an den Papst, weil er glaubte, dieser sei falsch informiert und werde sich sofort auf seine Seite schlagen. Als das erfolglos war, schlug er vor, ihn einem Gemeindezuchtverfahren nach Matthäus 18 zu unterwerfen. Aber auch das scheiterte.

Im April 1521 wurde Luther vor den Reichstag zu Worms geladen, damit er dort seine Schriften widerrufe. Während der Kaiser sich mit den Worten „denn es ist gewiss, dass ein einzelner Ordensbruder irrt mit seiner Meinung, die gegen die ganze Christenheit steht" feierlich zur Kirche bekannte, berief sich Luther auf sein durch das Wort der Schrift gebundenes Gewissen und widerrief nicht – für viele die Geburtsstunde des neuzeitlichen Individualismus.
Obwohl Luther in Worms geächtet wurde, schlug er vor, dass die Kirche, da sie es selbst verweigere, durch den Staat reformiert werde. In einigen Fürstentümern gelang dies auch. Natürlich sah Luther das nur als Notlösung von vorübergehender Dauer an, aber es wurde dann doch eine Dauerlösung daraus. Es entstand das „landesherrliche Kirchenregiment", demzufolge der jeweilige Landesherr zugleich Oberhaupt der evangelischen Kirche seines Landes war. In Deutschland wurde noch im Jahre 1870 der Kaiser oberster Bischof seiner evangelischen Untertanen. Dieses „Bündnis von Thron und Altar" zerbrach erst im Jahre 1918 mit der Abdankung des Kaisers und dem Beginn der Weimarer Republik.
Doch zurück zu Martin Luther! Seine reformatorische Entdeckung von der Rechtfertigung des Sünders allein aus Glauben lässt sich in drei Schlagworten zusammenfassen: Die Schrift allein, der Glaube allein, die Gnade allein – *sola scriptura, sola fide, sola gratia*. In den Worten wiederum der *Barmer Theologischen Erklärung*, die ja in unserem Jahrhundert verfasst wurde, bedeutet dies: Der Glaube an die rechtfertigende Gnade Gottes in Jesu Kreuz und Auferstehung macht den Menschen innerlich frei von „den gottlosen Bindungen dieser Welt zu freiem, dankbaren Dienst an Gottes Geschöpfen". So drückt sich in dieser Gnade Gottes nicht nur Gottes Zuspruch, sondern auch sein Anspruch aus, und ist dies die Hoffnung der Welt, in der – ohne die Gnade Gottes – jeder nur an sich selbst dächte. Neben die Rechtfertigung tritt also die Heiligung. Das ist das Evangelium, eine Gute Nachricht, und deshalb heißt und ist die evangelische Kirche *evangelisch*.

Albrecht Geck, 2000

Es wird auch gelehrt, dass alle Zeit musse ein heilige christliche Kirche sein und bleiben, welche ist die Versammlung aller Glaubigen, bei welchen das Evangelium rein gepredigt und die heiligen Sakramente lauts des Evangelii gereicht werden.
Confessio Augustana*, 1530

Das Neue Testament* kennt für Taufe und Abendmahl noch keinen gemeinsamen Begriff. Erst Tertullian (gest. nach 220 n.Chr.) führte das lateinische Wort „sacramentum" in den Sprachschatz der abendländischen Kirche ein. ...
Augustinus (354–430 n. Chr.) ist der erste, der den Begriff Sakrament genau definiert: Sakrament ist das sichtbare Zeichen der unsichtbaren Gnade. Kommt das Wort zum Element ... so wird daraus ein Sakrament.
Evangelischer Erwachsenenkatechismus, 1989

Die Bedeutung der Predigt

Ich glaube an den heiligen Geist, eine heilige christliche Kirche, die Gemeinde der Heiligen, Vergebung der Sünden, Auferstehung des Fleisches und ein ewiges Leben. Amen.

Gottes Geist heißet allein ein heiliger Geist, das ist, der uns geheiligt hat und noch heiliget. Denn wie der Vater ein Schöpfer, der Sohn ein Erlöser heißet, so soll auch der heilige Geist von seinem Werk ein Heiliger oder Heiligmacher heißen. Wie gehet aber solch Heiligen zu? Antwort: Gleichwie der Sohn die Herrschaft erwirbt, dadurch dass er uns durch seine Geburt, Sterben und Auferstehen usw. gewinnet, so richtet der heilige Geist die Heiligung aus durch die folgenden Stücke: das ist durch die Gemeinde der Heiligen oder christliche Kirche, Vergebung der Sünden, Auferstehung des Fleisches und das ewige Leben, das ist, dass er uns ernstlich in seine heilige Gemeinde führt und in der Kirchen Schoß legt, durch die er uns prediget und zu Christus bringet. Denn weder du noch ich könnten jemals etwas von Christus wissen noch an ihn glauben und ihn zum Herrn kriegen, wo es nicht durch die Predigt des Evangeliums von dem heiligen Geist uns angetragen und in den Busen geschenkt würde. ...

Ich glaube, dass da ein heiliges Häuflein und Gemeinde auf Erden sei von lauter Heiligen unter einem Haupt, Christus, durch den heiligen Geist zusammenberufen, in einem Glauben, Sinne und Verstand; mit mancherlei Gaben, doch einträchtig in der Liebe; ohne Rotten und Spaltung. Derselben bin auch ich ein Stück und Glied, aller Güter, so sie hat, teilhaftig und Mitgenosse, durch den heiligen Geist dahin gebracht und einverleibet dadurch, dass ich Gottes Wort gehört habe und noch höre, welches ist der Anfang hineinzukommen. Denn vorher, ehe wir dazugekommen sind, sind wir ganz des Teufels gewesen, als die von Gott und von Christus nichts gewusst haben. So bleibt der heilige Geist bei der heiligen Gemeinde oder Christenheit bis auf den Jüngsten Tag*, dadurch er uns (zu sich) holet, und brauchet sie dazu, das Wort zu führen und zu treiben, dadurch er die Heiligung machet und mehret, dass sie täglich zunehme und stark werde im Glauben und seinen Früchten, die er schaffet.

Martin Luther, 1529

Luther predigt. Teilstück des Flügelaltars von Lucas Cranach d.Ä. in der Stadtkirche zu Wittenberg, 1547

Beschreiben Sie das von L. Cranach d.Ä. dargestellte Geschehen unter enger Bezugnahme auf M. Luthers Text.

Die Sakramente: Taufe und Abendmahl

Gott hat verschiedene Weisen, sich dem Menschen zuzuwenden: durch die Botschaft von Christus, die Taufe, das Abendmahl. ... [Die *Taufe*] ist einmalig. Ihre unauswechselbare Funktion ist es, den Menschen in die Gemeinschaft der Kirche einzugliedern. Dass die Aufnahme in die Kirche nicht durch eine Eintrittserklärung, sondern durch die Taufe geschieht, bringt das Wesen der Kirche zum Ausdruck: Die Kirche gründet sich nicht auf den freiwilligen Zusammenschluss von gleich gesinnten Einzelpersonen, sondern auf das Handeln Gottes, der uns durch sein Wort und die Taufe zu sich zieht. ...
Nach dem Neuen Testament* ist es Christus und damit Gott, der in der Taufe am Menschen handelt; dies kommt schon darin zum Ausdruck, dass keiner sich selber taufen kann, sondern dass er von einem anderen getauft wird. In der Taufe ist die Gottesbotschaft auf einen Punkt konzentriert, auf die Zusage Gottes: Ich bin für dich da, ich stehe zu dir. Diese Zusage ist eine Vorgabe an mich. Noch ehe ich etwas leisten, vorbringen kann, schenkt Gott mir das Zeichen seiner Liebe. Jeder Mensch lebt von Vorgaben; das Kind von der vorgegebenen Liebe seiner Eltern, noch ehe es diese Liebe versteht. Ohne diese Vorgabe könnte es nicht existieren. ... So ist auch Gott uns mit seiner Liebe voraus; das wird uns in der Taufe mitgeteilt.

Wer am *Abendmahl* teilnimmt, tritt in die Gemeinschaft Christi, aber zugleich in eine menschliche, brüderliche Gemeinschaft. So sagt Paulus ausdrücklich: „... Das Brot, das wir brechen, ist das nicht die Gemeinschaft des Leibes Christi? Denn ein Brot ists, so sind wir viele ein Leib, weil wir alle eines Brots teilhaftig sind." (1.Kor 10,16f.) Das Abendmahl ist das Sakrament der Einheit. Diese Einheit gründet sich auf das Teilhaben an dem einen Brot und damit an dem einen Christus und nicht auf die Gleichheit der Rasse, des Volkes, der sozialen Herkunft, der Bildung oder der Sympathie. So stellt das Abendmahl dar, was das Wesen der Kirche ist! Durch das Essen des Leibes Christi werden ganz verschiedene Menschen zu seinem Leib, zur Gemeinde zusammengeschlossen. Damit ruft es uns, Schranken unter Menschen abzubauen.
Die Gemeinschaft mit Christus im Brot und im Wein und die menschliche Gemeinschaft durch das gemeinsame Essen und Trinken im Abendmahl sind keine Selbstverständlichkeit. Wir können sie nicht durch Entschlusskraft und eigenen Willen herstellen. Darum beten wir um den Heiligen Geist, dass er uns zu neuen Menschen macht und uns durch Brot und Wein die Gemeinschaft mit Christus schenkt.

Evangelischer Erwachsenenkatechismus, 1989

Das Verständnis der beiden Sakramente Taufe und Abendmahl wurde in der evangelischen Kirche immer wieder kontrovers diskutiert. Es gab z.B. Diskussionen für und wider die Kindertaufe. In Hinsicht auf das Abendmahl war die genaue Art und Weise der Gegenwart Jesu Christi immer wieder umstritten. Die nebenstehenden Texte konzentrieren sich auf die Frage, in welcher Weise die Sakramente Taufe und Abendmahl die kirchliche Gemeinschaft symbolisieren.

> **1.** Vergleichen Sie die hier geschilderte kirchliche Gemeinschaft mit den unter den Stichworten „Tribalisierung" (siehe Seite 222) und „Cyberchurch" (siehe Seite 249) geschilderten Gemeinschaftsformen.

In einem Lexikonartikel zum Thema „Verkündigung" schreibt der Theologe Hans-Dieter Bastian (1970):

Verkündigung ist ein theologischer Fachausdruck für die kirchliche Rede, mit dem ausgesagt werden soll, dass hier nicht in eigenem Namen, sondern im Namen und im Auftrag Gottes gesprochen wird. Es gibt keine V. ohne das menschliche Wort. Aber in der V. werden menschliche Wörter vom Wort Gottes als Mittel der Verständigung genutzt. V. wiederholt nicht nur die biblische Botschaft, sondern vergegenwärtigt Gottes Anrede heute und adressiert sie an bestimmte Menschen. ... Inhaltlich geht es um die Aussage und Zusage des Satzes, dass Gott in Christus die Welt mit sich versöhnt hat (2.Kor 5,19). Wo dieses Zeugnis Sprache, Tat oder soziale Wirklichkeit wird, geschieht V.

> **2.** Predigt, Taufe und Abendmahl sind Hauptkennzeichen der Kirche. Charakterisieren Sie ihre Bedeutung im Licht der reformatorischen Entdeckung M. Luthers.

M. Luther begründet seine „Lehre vom Priestertum aller Gläubigen", indem er sich auf folgende Bibelstellen bezieht:

1. Petr. 2,9:
Ihr aber seid das auserwählte Geschlecht, die königliche Priesterschaft, das heilige Volk, das Volk des Eigentums, dass ihr verkündigen sollt die Wohltaten dessen, der euch berufen hat von der Finsternis zu seinem wunderbaren Licht.

Jes 54,13:
Sie werden alle von Gott gelehrt sein. (vgl. Joh 6, 45)

Die Verfassung der Kirche

Menschen Wort und Lehre haben festgesetzt und verordnet, man solle die Lehre zu beurteilen nur den Bischöfen und Gelehrten und den Konzilen überlassen; was dieselben beschlössen, solle alle Welt für recht und für Artikel des Glaubens halten, wie das genugsam ihr tägliches Rühmen wegen des Papsts geistlichen Rechtes beweist. Denn man hört fast nichts von ihnen als solchen Ruhm, dass bei ihnen die Gewalt und das Recht stehe zu urteilen, was christlich oder ketzerisch sei. Und der einfache Christenmann solle auf ihr Urteil warten und sich danach richten. Siehe, wie dieser Ruhm, mit dem sie alle Welt zu sich getrieben haben, und der ihr höchster Hort und Trotz ist, unverschämt und närrisch wider Gottes Gesetz und Wort stürmt!

Denn Christus setzt genau das Gegenteil fest und nimmt den Bischöfen, Gelehrten und Konzilen beides, Recht und Macht die Lehre zu beurteilen, und gibt sie jedermann und allen Christen insgemein, da er Joh. 10,1ff. sagt: Meine Schafe kennen meine Stimme, meine Schafe folgen den Fremden nicht, sondern fliehen vor ihnen; denn sie kennen nicht der Fremden Stimme, wie viele ihrer gekommen sind, das sind Diebe und Mörder; aber die Schafe hörten sie nicht.

Hier siehst du ganz klar, wes das Recht ist, die Lehre zu beurteilen: Bischof, Papst, Gelehrte und jedermann hat Macht zu lehren, aber die Schafe sollen urteilen, ob sie Christi Stimme lehren oder der Fremden Stimme. Mein Lieber, was können hiergegen die Wasserblasen sagen, die da großtun: Konzile, Konzile, ei man muss die Gelehrten, Bischöfe, die Menge hören, man muss den alten Brauch und die Gewohnheit ansehen! Meinst du, dass mir Gottes Wort deinem alten Brauch, Gewohnheit, Bischöfen weichen sollte? Nimmermehr! Darum lassen wir Bischöfe und Konzile beschließen und festsetzen, was sie wollen. Aber wo wir Gottes Wort für uns haben, solls bei uns stehen und nicht bei ihnen, ob es Recht oder Unrecht sei, und sie sollen uns weichen und unserem Wort gehorchen.

Martin Luther, 1523

Wohlan, in Gottes Namen! Aufs Erste ist im deutschen Gottesdienst ein leicht verständlicher, schlichter, einfältiger, guter Katechismus* vonnöten. Katechismus aber bedeutet einen Unterricht, mit dem man die Heiden, die Christen werden wollen, im Christentum lehrt und unterweist, was sie glauben, tun, lassen und wissen sollen. Diesen Unterricht oder Unterweisung weiß ich nicht schlechter oder besser aufzustellen, als sie bereits vom Anfang der Christenheit an aufgestellt und bisher geblieben sind, nämlich die drei Stücke: die zehn Gebote, das Glaubensbekenntnis und das Vaterunser. In diesen drei Stücken steht schlicht und kurz fast alles, was einem Christen zu wissen not ist.

Martin Luther, 1526

1. Der Text wurde als „Magna Charta" der biblisch-reformatorischen Lehre vom „Priestertum aller Gläubigen" bezeichnet:
Worin besteht – nach M. Luthers Auffassung – das „Priestertum aller Gläubigen" im Gegenüber zur römisch-katholischen Papstkirche?

2. Diskutieren Sie M. Luthers Auffassung vor dem Hintergrund des von W. Berggau (siehe Seite 225) beklagten „Traditionsabbruchs" bei Jugendlichen.

Das Beispiel der Evangelischen Kirche im Rheinland

Die Evangelische Kirche im Rheinland ist „presbyterial-synodal" geordnet. Das heißt: Auf allen Ebenen liegt die Leitung jeweils bei einem gewählten Gremium. Die Gemeinde wählt das Presbyterium (Stand 1.1.1999: 825 Kirchengemeinden mit 11530 Presbytern). Dieses entsendet Synodale in die Kreissynode, die den Superintendenten und den Kreissynodalvorstand wählt.
Die Synoden der 46 Kirchenkreise entsenden ihre Abgeordneten in die Landessynode (250 stimmberechtigte Mitglieder). Diese wählt den Präses und die Kirchenleitung (16 Mitglieder, davon acht Theologen). So baut sich die Kirche von unten nach oben auf.
Dieser Ordnung liegt die Überzeugung zugrunde, dass Jesus Christus allein seine Kirche leitet und sein Wille in der Gemeinschaft unter Gottes Wort erfahren sowie in praktisches Handeln umgesetzt werden kann. Alle genannten Gremien sind als solche Gemeinschaften unter Gottes Wort zu verstehen. Darin liegt der – im Glauben begründete – Unterschied dieser Kirchenordnung zu Strukturen politischer Körperschaften ähnlicher Gestalt.

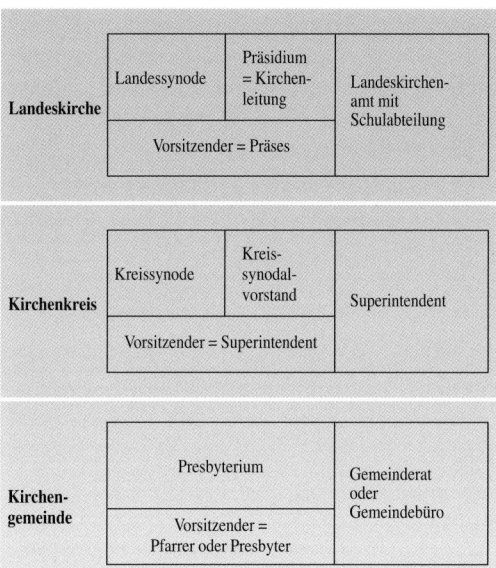

Gemeinden: Die Gemeindeglieder eines Wohnbezirks bilden die Kirchengemeinde.
Presbyterium: Es leitet die örtliche Kirchengemeinde. Mitglieder sind Pfarrer/in und Presbyter/innen, deren Zahl von der Größe der einzelnen Gemeinde abhängt. Es wacht über die rechte Verkündigung des Wortes Gottes und wird durch die Gemeindeglieder gewählt. Wahlberechtigt ist, wer zum Abendmahl zugelassen ist, mindestens 18 Jahre alt ist und mindestens sechs Monate am Ort wohnt.
Kreissynode: Jeder der 46 Kirchenkreise wird von der Kreissynode geleitet. Je Pfarrstelle wird der/die Pfarrer/in entsandt und ein/eine Kreissynodaler/e gewählt. Die Verhandlungen leitet der/die Superintendent/in.
Kreissynodalvorstand: Er besteht aus dem/der Superintendenten/in, dem/der Assessor/in, dem Skriba und mindestens fünf Mitgliedern. Er leitet den Kirchenkreis im Auftrag der Kreissynode.
Landessynode: Die Kirche wird von der Landessynode geleitet. Sie beschließt Kirchengesetze und wählt die Kirchenleitung. Einmal im Jahr treten die Mitglieder zu Beratungen zusammen. Vorsitzende/r ist die/der Präses.
Kirchenleitung: Sie leitet die Landeskirche im Auftrag der Landessynode nach der Kirchenordnung, den Kirchengesetzen und den von der Landessynode aufgestellten Grundsätzen.
Landeskirchenamt: So weit die Kirchenleitung den Dienst der Leitung nicht selbst wahrnimmt, wird er in ihrem Auftrag und nach ihren Weisungen vom Landeskirchenamt ausgeübt. Es führt die Verwaltung der Kirche.

www.ekd.de

Die EVANGELISCHE KIRCHE IN DEUTSCHLAND *(EKD) ist der Zusammenschluss von 24 Landeskirchen in der Bundesrepublik Deutschland. Diese sind weithin selbständig und haben in Bekenntnis und Verfassung je besondere Prägungen.*

1. Informieren Sie sich über Bekenntnis und Verfassung Ihrer Landeskirche.
2. Diskutieren Sie mit einem Presbyter und mit einem Mitglied Ihres Kreissynodalvorstands über Fragen der Kirchenleitung.

Religionsbuch „Entdeckungen machen", 1989

Ich glaube, das ist eigentlich ... der wesentliche Unterschied des protestantischen und katholischen Charakters. Die Maxime, auch die, welche die Leitenden sind in der Kirche, sollen sich empfänglich erhalten dafür, dass es eine vollkommnere Ansicht geben kann als welche sie besitzen ..., und das ist eigentlich protestantisch; wogegen die Behauptung der Unfehlbarkeit das katholische Prinzip ist.

Friedrich Schleiermacher, ev. Theologe und Philosoph, 1833

Bisher gab es in der Geschichte der katholischen Kirche zwei Konzile, die in den Mauern des Vatikan stattfanden.
Auf dem I. VATIKANISCHEN KONZIL von 1869–70 wurde die Unfehlbarkeit des Papstes als Dogma* definiert.
Das II. VATIKANISCHE KONZIL (1962–65) brachte als Impulse u.a. die Reform der Liturgie [= Form des Gottesdienstes] in der katholischen Kirche.
Im Verhältnis zu den anderen christlichen Konfessionen, zu anderen Religionen und zur Welt hin signalisierte das Konzil Gesprächsbereitschaft.

Religionslexikon, 1990

1. Definieren Sie möglichst exakt den Primat des römischen Bischofs und vergleichen Sie diese Lehre mit dem Verfassungsverständnis der evangelischen Kirche (siehe Seite 233).

2. Diskutieren Sie beide Konzeptionen im Kontext der weltanschaulichen Herausforderungen durch Individualismus und Pluralismus (siehe Seite 221).

Die Alternative Roms

Der Vorrang des römischen Bischofs

Die römische Kirche besitzt nach der Anordnung des Herrn den Vorrang der ordentlichen Gewalt über alle andern Kirchen. Diese Gewalt der Rechtsbefugnis des römischen Bischofs ... ist unmittelbar. Ihr gegenüber sind Hirten und Gläubige jeden Ritus und Rangs, einzeln sowohl wie in ihrer Gesamtheit, zur Pflicht hierarchischer Unterordnung und wahren Gehorsams gehalten, nicht allein in Sachen des Glaubens und der Sitten, sondern auch der Ordnung und der Regierung der über den ganzen Erdkreis verbreiteten Kirche. ...
Der römische Bischof ist der oberste Richter aller Gläubigen und man kann in allen Streitsachen, die kirchlicher Untersuchung zustehen, an diesem Gericht Berufung einlegen. Über das Urteil des Apostolischen Stuhls jedoch darf niemand aufs Neue verhandeln, da es keine höhere Amtsgewalt gibt, und niemandem ist es erlaubt, über dieses Gericht zu richten. Diejenigen irren, die behaupten, es sei erlaubt, von den Urteilen der römischen Bischöfe an eine Allgemeine Kirchenversammlung als an eine Behörde, die über dem römischen Bischof steht, Berufung einzulegen.

Das unfehlbare Lehramt des Papstes

Zur Ehre Gottes, unseres Heilands, zur Erhöhung der katholischen Religion, zum Heil der christlichen Völker lehren und erklären wir endgültig als von Gott geoffenbarten Glaubenssatz, in treuem Anschluss an die von Anfang des christlichen Glaubens her erhaltene Überlieferung, unter Zustimmung des heiligen Konzils: Wenn der römische Bischof in höchster Amtsgewalt (ex cathedra) spricht, das heißt, wenn er seines Amtes als Hirt und Lehrer aller Christen waltend in höchster, apostolischer Amtsgewalt endgültig entscheidet, eine Lehre über Glauben oder Sitten sei von der ganzen Kirche festzuhalten, so besitzt er aufgrund des göttlichen Beistands, der ihm im heiligen Petrus verheißen ist, jene Unfehlbarkeit, mit der der göttliche Erlöser seine Kirche bei endgültigen Entscheidungen in Glaubens- und Sittenfragen ausgerüstet haben wollte. Diese endgültigen Entscheidungen des römischen Bischofs sind daher aus sich und nicht aufgrund der Zustimmung der Kirche unabänderlich.
Wenn es jemand – was Gott behüte – herausnehmen sollte, dieser unserer endgültigen Entscheidung zu widersprechen, so sei er ausgeschlossen.

Erstes Vatikanisches Konzil, 1870

Papst und Bischofskollegium

Wie nach der Verfügung des Herrn der heilige Petrus und die übrigen Apostel ein einziges apostolisches Kollegium bilden, so sind in entsprechender Weise der Bischof von Rom, der Nachfolger Petri, und die Bischöfe, die Nachfolger der Apostel, untereinander verbunden. ... Das Kollegium oder die Körperschaft der Bischöfe hat aber nur Autorität, wenn das Kollegium verstanden wird in Gemeinschaft mit dem Bischof von Rom, dem Nachfolger Petri, als seinem Haupt, und unbeschadet dessen primatialer Gewalt über alle Hirten und Gläubigen. Der Bischof von Rom hat nämlich kraft seines Amtes als Stellvertreter Christi und Hirt der ganzen Kirche volle, höchste und universale Gewalt über die Kirche und kann sie immer frei ausüben. Die Ordnung der Bischöfe aber, die dem Kollegium der Apostel im Lehr- und Hirtenamt nachfolgt ..., ist gemeinsam mit ihrem Haupt, dem Bischof von Rom, und niemals ohne dieses Haupt gleichfalls Träger der höchsten und vollen Gewalt über die ganze Kirche.

Das gemeinsame Priestertum aller Gläubigen

Das gemeinsame Priestertum der Gläubigen aber und das Priestertum des Dienstes, das heißt das hierarchische Priestertum, unterscheiden sich zwar dem Wesen und nicht bloß dem Grade nach. Dennoch sind sie einander zugeordnet: Das eine wie das andere nämlich nimmt je auf besondere Weise am Priestertum Christi teil. Der Amtspriester nämlich bildet kraft seiner heiligen Gewalt ... das priesterliche Volk heran und leitet es; er vollzieht in der Person Christi das eucharistische Opfer ...; die Gläubigen hingegen wirken kraft ihres königlichen Priestertums an der eucharistischen Darbringung mit und üben ihr Priestertum aus im Empfang der Sakramente.

Der Laienapostolat

Unter der Bezeichnung Laien sind hier alle Christgläubigen verstanden, die nicht Glieder des Weihestandes und des in der Kirche anerkannten Ordensstandes sind, das heißt die Christgläubigen, die durch die Taufe Christus einverleibt ... sind.
Die im Volk Gottes versammelten und dem einen Leibe Christi unter dem einen Haupt eingefügten Laien sind, wer auch immer sie sein mögen, berufen, als lebendige Glieder alle ihre Kräfte, die sie durch das Geschenk des Schöpfers und die Gnade des Erlösers empfangen haben, zum Wachstum und zur ständigen Heiligung der Kirche beizutragen.

Zweites Vatikanisches Konzil, 1964

1. Ordnen Sie die folgenden Verfassungsmodelle je einem Konzilstext zu und erläutern Sie Ihre Wahl.

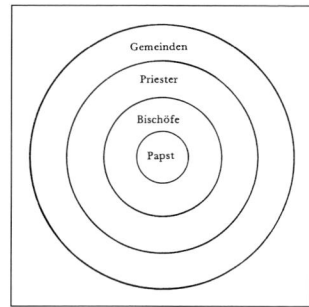

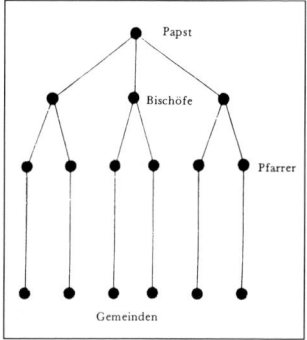

Insbesondere mit Blick auf die während des II. Vatikanischen Konzils dogmatisierte Kollegialität der Bischöfe formulierte der römisch-katholische Theologe HANS KÜNG *im Jahre 1967:*

Nie ist die Kirche für den Papst da, sondern immer der Papst für die Kirche! Undenkbar wäre, dass je einmal der Papst allein im Recht und die ganze Kirche im Unrecht wäre. Ein Papst, der die ganze Kirche exkommunizierte, exkommuniziert sich selbst.

2. Diskutieren Sie H. Küngs These vor dem Hintergrund des Konzilstexts.

3. Informieren Sie sich im Internet unter „www.katholische-kirche.de" und „www.kath.de".

Referatsvorschläge:
- „Die Christenverfolgungen im römischen Staat bis zum Jahre 324"
- „Kaiser Konstantin und die Konstantinische Wende"

Unter dem Einfluss der Aufklärung* brachte ein evangelischer Theologe den Unterschied zwischen Kirche und Staat dadurch zum Ausdruck, dass er – im Anschluss an I. Kant – zwischen „Moralität" und „Legalität" unterschied:

Aus einer Nebeneinanderstellung des Zwecks der Kirche und des Staates ergibt sich:
1) dass der Zweck der kirchlichen Vereinigung Moralität, Veredlung der Gesinnung, der Zweck des Staates hingegen Legalität sey, ...
3) dass die Mittel, durch welche beyde Verbindungen ihre Zwecke erreichen, verschieden sind, da der Staat seinen Zweck (Legalität) durch Zwang erreicht, der Zweck der Kirche (Moralität) aber eine Frucht der Freyheit ist,
4) dass die Kirche nicht vom Staate gestiftet sey (Dies beweist theils die Geschichte, theils der Begriff von einer Kirche, die auf Freyheit gegründet seyn muss; dahingegen der Staat eine Zwangsanstalt ist, und keinem Menschen vorgeschrieben werden darf, was er in moralisch-religiöser Hinsicht zu glauben, zu hoffen, zu thun und zu lassen hat.),
5) dass also Staat und Kirche nicht ein und derselbe Verein und auch einander nicht subordinirt sind.

Wilhelm Bäumer, 1808

Kirche und Staat
Die Konstantinische Wende

Verständlich, dass die ältere Geschichtsschreibung beginnend mit Eusebius von Cäsarea, Konstantin als einen äußerst frommen Kaiser preist. Hatten nicht seine Soldaten in der Entscheidungsschlacht gegen Maxentius (312) unter dem Zeichen des Kreuzes gekämpft? Man sprach von einer Vision Konstantins vor der Schlacht: „In diesem Zeichen wirst du siegen."
Die Wahrheit dürfte etwas komplizierter sein. Sicher kann man Konstantin eine persönliche Religiosität nicht absprechen. Aber sein übergeordnetes Interesse war doch die Politik. Für die von ihm angestrebte Universalherrschaft brauchte er eine Universallehre – eine Lehre, die einigen konnte. Und aus der Religionspolitik seiner Vorgänger hatte er gelernt, wie man es nicht machen soll.
Doch die ungeheure Freiheit der Kirche war nicht nur eine Befreiung. Denn Konstantin wollte ja eine einige Kirche. Und deshalb hat er in die innerkirchlichen Streitigkeiten auf dogmatischem Gebiet des Öfteren mit politischen Mitteln eingegriffen ... .
Gehörte vorher Mut dazu, Christ zu sein, so kamen jetzt viele zur Kirche, die einfach im Strom mitschwammen. Ein Verlust an geistiger Substanz und moralischer Glaubwürdigkeit war die Folge. Dass die nun entstehende Reichskirche keine andere Kirche neben sich dulden konnte oder durfte, ist klar – im Gegensatz zu den heidnischen Religionen, die immer schon von vielen Göttern sprachen. Nun trat im Christentum ein geistiger Absolutheitsanspruch hervor. Aber dieser geistige Anspruch wurde sehr bald mit zweifelhaften Mitteln durchgesetzt. Zuerst nur vereinzelt, dann immer häufiger erhob sich der christliche Pöbel und zerstörte heidnische Tempel. Wer gestern noch Heide war, stürmte heute seine einstigen Tempel als Beweis der Rechtgläubigkeit.
Mit der Anerkennung durch den Staat gewann die Kirche jedoch nicht nur zweifelhafte Mitglieder. Sie gewann nicht nur eine Machtfülle, die der Kirche, gemessen an der Anspruchslosigkeit Jesu, ihres Herrn, schlecht anstand. Sie gewann auch Zugang zur Kultur, Zugang zu Schule und Wissenschaft. Rom verging. Aber das, was Rom auf kulturellem Gebiet geleistet hatte, konnte dank der Anerkennung der Kirche durch den Staat in dieser Kirche bewahrt werden und so den Untergang Roms überleben. Eine Kirche im Ghetto hätte das nicht leisten können.

Wolfgang Göller, 1994

Worin besteht die Ambivalenz der Entwicklung des Christentums zur Staatskirche?

Partnerschaft von Staat und Kirche seit 1919

Die skizzierten Tendenzen des 19. Jahrhunderts führen nach der Ablösung der Monarchie durch die Republik (die innerkirchlich ein Ende der Staatsaufsicht und des landesherrlichen Kirchenregiments impliziert) dazu, dass mit der Weimarer Reichsverfassung von 1919 die grundsätzliche Trennung von Kirche und Staat verwirklicht wird. Doch in der Praxis bedeutet dies keineswegs ein völliges Auseinandertreten beider Bereiche. Die beiden Großkirchen behalten als Folge ihrer Bedeutung für das öffentliche Leben wichtige Privilegien (z.B. Kirchensteuer, staatliche theologische Fakultäten, öffentlichen Religionsunterricht). In bewusster Programmatik versuchen sie als „Volkskirche" gesellschaftliche Verantwortung wahrzunehmen. Ihr politisches Gewicht wird dadurch unterstrichen, dass der Staat (konkret: die Länder, wegen ihrer Kulturhoheit) völkerrechtsähnliche Verträge mit ihnen schließt, sie also als Partner behandelt. (Nach dem Vorbild der katholischen Konkordate für Bayern 1924, Preußen 1929 und Baden 1932 werden entsprechende evangelische Staatskirchenverträge 1924, 1931 und 1932 geschlossen, die nach 1945 fortgelten bzw. erneuert werden). Besser als der Begriff der „hinkenden Trennung" kennzeichnet derjenige der „Partnerschaft" die Realität.

Die nationalsozialistische Diktatur 1933–45 bildet in verfassungsrechtlicher Hinsicht nur eine Episode, weil ihre Versuche zur Gleichschaltung der evangelischen Kirche durch die Konstruktion einer deutschchristlichen Reichskirche und zur Unterdrückung der katholischen Kirche scheitern. In politischer Hinsicht bewirkt sie, dass beim Wiederaufbau demokratischer Strukturen nach 1945 die Kirchen als moralische Instanz neu gefragt sind. Allerdings entwickeln sich die Verhältnisse in den beiden deutschen Staaten auseinander: Die Bundesrepublik Deutschland wiederholt in ihrem Grundgesetz von 1949 die Kirchenartikel von 1919 (Art. 140 GG) und ordnet ihre Beziehungen zu den Kirchen auf einer vertraglichen Basis, die diesen eine bedeutsame öffentliche Verantwortung zubilligt. In der Deutschen Demokratischen Republik wurde zwar verfassungsrechtlich 1949 zunächst der Status der Kirche kaum berührt, doch in der Praxis die Trennung vom Staat konsequenter durchgeführt (vor allem auf dem Schulsektor). Durch ausgesprochen atheistische Programmatik wurde die Kirche aus dem öffentlichen Leben verdrängt und in ihrem Bestand eingeschränkt. Doch da sie nicht ganz ausgeschaltet werden konnte und sie ihrerseits als „Kirche im Sozialismus" ein rein negatives Verhältnis zum Staat zu überwinden suchte, kam es ... auch in der DDR zu einer Art Partnerschaft.

Karl Suso Frank / Wolf-Dieter Hauschild, 1984

Art. 137: Es besteht keine Staatskirche. Die Freiheit der Vereinigung zu Religionsgesellschaften wird gewährleistet. Der Zusammenschluss von Religionsgesellschaften innerhalb des Reichsgebiets unterliegt keinen Beschränkungen. Jede Religionsgesellschaft ordnet und verwaltet ihre Angelegenheiten selbständig innerhalb der Schranken des für alle geltenden Gesetzes. Sie verleiht ihre Ämter ohne Mitwirkung des Staates oder der bürgerlichen Gemeinde.

Verfassung des Deutschen Reiches (Weimarer Reichsverfassung), 1919

Auch in der Bundesrepublik Deutschland wirkt sich die Partnerschaft von Staat und Kirche positiv für die Kirchen aus:

1. „Der Religionsunterricht ist in den öffentlichen Schulen ... ordentliches Lehrfach" und wird dort „in Übereinstimmung mit den Grundsätzen der Religionsgemeinschaften erteilt" (Art. 7 GG).

2. Die Kirchensteuer wird durch den Staat über die bürgerlichen Steuerlisten eingezogen.

Mit dem schwindenden Einfluss der Kirchen in der Öffentlichkeit geraten diese „Privilegien" freilich in die Kritik.

Informieren Sie sich über den Status des Religionsunterrichts an öffentlichen Schulen sowie über Kirchensteuer und Finanzen der Kirchen, z.B. bei der Pressestelle der EKD, Herrenhäuser Str. 12, 30419 Hannover.

Das Verhältnis des Marxismus-Leninismus, der Staatsdoktrin der Deutschen Demokratischen Republik (DDR), zum Christentum schwankte zwischen dem Alleinanspruch einer materialistischen Weltanschauung und der politischen Forderung der Religionsfreiheit. Obwohl nun also die Verfassung der DDR (1949) „volle Glaubens- und Gewissensfreiheit" garantierte (Art. 41), zielte der Staat kirchenpolitisch je länger je mehr auf eine Zurückdrängung des Einflusses der Kirche aus dem öffentlichen Leben. Entsprechend schwierig und auch widersprüchlich gestaltete sich das Verhältnis der Kirche zum Staat.
Am 6. März 1978 kam es zu einem Empfang des Vorstands des Bundes der Evangelischen Kirchen in der DDR durch ERICH HONECKER, *den Vorsitzenden des Staatsrates der DDR.* BISCHOF ALBRECHT SCHÖNHERR – *er gilt als der „Erfinder" der Formel „Kirche im Sozialismus" – hielt nebenstehende Ansprache. (Auszug).*

> 1. Kirche *und* Sozialismus*, *im* Sozialismus, *gegen* den Sozialismus, *für* den Sozialismus, *neben* dem Sozialismus –
> Worin liegt jeweils der Unterschied?

Mit dem „In" ist es mir theologisch* ernst. Jesus schickt seine Jünger „in" die Welt (Joh 17,18) – dass die Welt vorher erst auf ihre Gastlichkeit geprüft werden müsse, steht nicht im Evangelium.
Albrecht Schönherr, 1993

> 2. Viele überzeugte Christen hielten die Formel „Kirche im Sozialismus" damals für Verrat der Kirche Jesu Christi an die atheistische Weltanschauung.
> Nehmen Sie Stellung zu diesem Vorwurf.

Kirche im Sozialismus

Wir halten das Gespräch unter den gegebenen Umständen für die verheißungsvollste Form des Miteinanders von Christen und Nichtchristen, von Staat und Kirche. Das Gespräch ist eine besonders intensive Form der Begegnung. Diese Tatsache widerspricht nicht, sondern sie unterstreicht das Prinzip der Trennung von Staat und Kirche, dem auch wir aus voller Überzeugung zustimmen. ... Die ideologischen* Gegensätze, die weder verwischt noch verharmlost werden sollten, können keine unübersteigbaren Barrieren bilden. Es steht viel zu viel auf dem Spiel. ... Es geht beiden Seiten, je von ihren Voraussetzungen aus, um die Verantwortung für die gleiche Welt und für den gleichen Menschen. Und dieser Mensch ist nun einmal immer zugleich Staatsbürger und Träger einer Grundüberzeugung. Weil man den Menschen nicht zerteilen kann, sind solche Begegnungen aller Art nicht nur nützlich, sondern lebensnotwendig. Und ich darf betonen, dass der Christ seine Existenz als Staatsbürger nicht nur so versteht, dass er die bestehenden Gesetze rein formal beachtet, sondern dass er sich von seinem Glauben her mitverantwortlich sowohl für das Ganze als auch für den Einzelnen und für dessen Verhältnis zum Ganzen weiß. ...

1973 formulierte eine Synode des Bundes: „Kirche im Sozialismus wäre die Kirche, die dem christlichen Bürger und der einzelnen Gemeinde hilft, dass sie einen Weg in der sozialistischen* Gesellschaft in der Freiheit und Bindung des Glaubens finden und bemüht sind, das Beste für alle und für das Ganze zu suchen. Kirche im Sozialismus wäre eine Kirche, die ... bereit ist, dort, wo in unserer Gesellschaft menschliches Leben erhalten und gebessert wird, mit vollem Einsatz mitzutun, und dort, wo es nötig ist, Gefahr für menschliches Leben abzuwenden, zu helfen. Es kann sich, wie sich gezeigt hat, ergeben, dass wir Christen im Lichte der Verheißung Gottes und unter seinem Gebot Probleme und Nöte in Welt und Gesellschaft anders sehen, als sie von anderen Voraussetzungen aus gesehen werden, oder Fragen hören, die andere nicht hören." Diese Freiheit, die aus der Bindung des Glaubens kommt, möchten wir uns auch in Zukunft nehmen. ... Christen, Gemeinden, die Gesamtkirche wollen sich diesen Aufgaben stellen. Sie wollen das von ihrem Glauben aus tun. Dafür brauchen sie Raum, materiellen und ideellen Raum. ... Bei allen diesen Wünschen geht es nicht nur um offizielle Beziehungen zwischen der Regierung und den Leitungen der Kirchen. Was Kirche im Sozialismus wirklich ist, bewährt sich zuallererst daran, ob der einzelne Bürger in der sozialistischen Gesellschaft mit seiner Familie als bewusster Christ leben und das Vertrauen haben kann, dass ihm und allen Christen dies auch in Zukunft möglich sein wird. *Bischof Albrecht Schönherr, 1978*

Die evangelische Kirche und der Nationalsozialismus

**Am Samstag, dem 12. November 1932, abends 8 Uhr
Versammlung der Glaubensbewegung
„Deutsche Christen"**

im Saale Alt-Recklinghausen, Große-Geldstraße

Alle Gemeindemitglieder herzlich Willkommen

**Es spricht Pfarrer K r a h n - W a n n e, über das Thema:
„Die evgl. Kirche in Gefahr'**

Deutsch-Evangelische Mitbürger!
Warum Liste „Deutsche Christen"?

1. Wir erstreben den Zusammenschluß aller Landeskirchen zu einer Deutschen Evangelischen Reichskirche mit starker Führung, einheitlicher Verwaltung.
2. In unserer Kirche soll die Ewigkeitswahrheit Gottes, die Christus gebracht hat, in einer der Deutschen Seele verständlichen Sprache und Art verkündigt werden.
3. Der Heiland soll dem erwachenden Deutschen Freiheitswillen Führer und Gestalter werden als bis zum Tode getreuer heldischer Kämpfer, Helfer und Sieger.
4. Gottvertrauen, Verantwortungsbewußtsein, siegesfröhlicher Freiheitswillen ist zu lehren und zu verkünden von einer Pfarrerschaft, die unter energischer Führung in vorderster Linie kämpft.
5. Der Kampf geht für die unbedingte Geltung der Heilandswahrheit gegen alle zersetzenden Mächte, insbesondere z. Zt. gegen Marxismus, Bolschewismus und Judentum.
6. Für die Erhaltung von Rasse und Volkstum zu kämpfen, ist neu erkannte Pflicht und ernste Aufgabe.
7. Dem Staat soll die Kirche starker Helfer sein, das ererbte Deutsche Volkstum zu verinnerlichen und zu kräftigen im Geist der Wahrheit und Liebe Christi.

Mit der Liste „Deutsche Christen" rufen wir zum Sammeln.
Wir wollen keine neue „Partei", die Zeit des Parlamentarismus hat sich überlebt, auch in der Kirche.
Wir wollen eine starke Bewegung, die Kirchenvolk und Kirchenführung mit neuen Lebenskräften erfüllt.
Die jetzige Kirchenregierung ist zu weich und zu wenig offensiv, ihr Paktieren mit der marxistischen Preußenregierung war falsch.
Wir wollen eine kämpfende, glaubensmutige Kirche, die dem Deutschen Menschen der neuen Zeit Kraft und Trost, Freude und Freiheit bringt, die entscheidenden Einfluß gewinnt auf die gesamte seelische Haltung unseres völkischen Erlebens, die mit unserm Volkstum all seiner Innerlichkeit fest verbunden ist, die wir lieb haben, und die uns lieb hat.
Wir wollen eine Herabsetzung aller Unkosten. Wir wollen, daß neue Männer in die Gemeindevertretung hineinkommen. Männer, die mit allen Gemeindemitgliedern Kontakt haben. Evangelische Männer und Frauen, schließt euch den „Deutschen Christen" an.
Baut die Gemeinde, und ihr baut die Kirche.

Die Wahlleitung der Liste „Deutsche Christen"

**Wählt Liste Nr. 3
„Deutsche Christen"
beginnend mit dem Stichwort Ernst Faßbach**

J. Kleine jr., Recklinghausen

Unser Kampf um die Evangelische Kirche!

Was soll die Kirche?

Sie soll dem deutschen Volk das reine Evangelium verkünden.
Sie soll keinem anderen Herrn dienen als Jesus Christus, dem Sohn des lebendigen Gottes, dem alle Ehre und Macht gehört.
Sie soll die Hand ausstrecken nach allen! Wer zu ihr kommt, soll in ihr Heimat und Frieden finden.
Darum soll in ihr alles schweigen, was von außen her trennt und entzweit.

Wer soll die Kirche regieren?

Niemand anders als ihr Herr Jesus Christus. Seinem Willen entsprechend haben Bischöfe und Pfarrer, Aelteste und Gemeindeglieder nicht zu herrschen, sondern zu dienen. Machtstreben und politische Gewalt haben nichts in der Kirche zu suchen. Mitglied der kirchlichen Behörden, Körperschaften und Synoden darf nur der werden, der treu am Gottesdienst teilgenommen und sich als lebendiges Glied der Gemeinde bewährt hat — genau wie bei der N.S.D.A.P. nur der eine Funktion erhält, der treu in seiner Partei gearbeitet hat und geschult ist. Ein verdienter Kämpfer auf dem politischen Schlachtfeld ist noch nicht ohne weiteres ein berufener und befähigter Mitstreiter in der Armee Jesu Christi auf dem geistlichen Schlachtfeld der Kirche.

Was soll der Pfarrer?

Er soll die Hände lassen von der Politik. Wie der Soldat der Reichswehr, so darf auch der Pfarrer zu keiner Partei gehören.
Er soll der ganzen Gemeinde gehören, denn er soll, wie auch Adolf Hitler immer wieder gesagt hat, ihr Tröster und Seelsorger sein. Er soll allen Volksgenossen den Weg zur Kirche und zu Gott weisen.
Er soll zum Volk in seiner Sprache, aber nicht der Welt nach ihrem Munde reden.
Er soll nicht seine private Meinung von sich geben, sondern als ein rechter Herold den Befehl seines himmlischen Herrn ausrufen.

Was soll die Gemeinde?

Sie soll nicht in Vereinen und Vereinchen auseinanderfallen, sondern soll ein großer Bund von Brüdern und Schwestern sein.
Sie soll eine Gemeinschaft sein von Menschen, die füreinander beten und einander helfen.

Was soll anders werden?

Die Vielzahl von 28 Landeskirchen soll aufhören und an ihre Stelle soll eine einheitliche deutsche evangelische Kirche treten. Die alte Bürokratie in den Kirchenbehörden soll aufhören. Wir wollen Führer mit persönlicher Verantwortung haben. Aber damit ist nur das Aeußere geändert! Die eigentliche Erneuerung der Kirche muß von innen her in Buße und Glauben erfolgen. Wir sollen unsere Kirche nicht verraten und fälschlich belügen, sondern sie entschuldigen, Gutes von ihr reden und alles zum besten kehren.

Was erwartet der Staat von der Kirche?

Er erwartet von ihr nichts anderes als die frohe Botschaft, die unser Volk immer wieder aus Schuld und Not zur Wiedergeburt führen soll.

Er erwartet von ihr, daß sie ihren alten Kampf gegen Marxismus und Bolschewismus mit neuer Freude und Zähigkeit führt und daß sie die Obrigkeit mit ihrer Fürbitte trägt. Adolf Hitler weiß, daß das Leben der Nation vom Leben der Kirche abhängt (nicht umgekehrt!), und daß gerade auch um des Volkes willen die Kirche Kirche bleiben muß.

Was wollen wir nicht?

Wir wollen nicht, daß in der Kirche gelehrt wird: „Volkes Stimme ist Gottes Stimme"; denn der Satz ist in dieser Ausschließlichkeit menschlicher Wahn, wie bereits Rußland zeigt. Die Bibel lehrt, daß ein Volk auch sehr irren kann, wie z. B. der Ruf beweist: „kreuzige, kreuzige". Gottes Stimme hören wir aus Jesus Christus. Und Jesus Christus finden wir nirgend anders, als in der Bibel.

Wir wollen nicht, daß in der Kirche Denunziation und Stellenbesetzung nach unkirchlichen Gesichtspunkten einreißen, wie es die Glaubensbewegung „Deutsche Christen" unwillkürlich fördert, wenn sie an die Kreisleiter verfügt:

„Geistliche, die nicht absolut im neuen Geiste arbeiten, sind mir sofort zu melden, ebenso jede Miesmacherei von Personen aus den Kirchengemeinden. Gegen solche muß mit derselben Strenge eingeschritten werden. Pastoren, die schlapp oder gehässig gepredigt haben, sind mir zu melden. Mit der kirchlichen Neuordnung wird sich auch eine nicht unerhebliche Umbesetzung in den Pfarrstellen ergeben. Ich bitte die Kirchenkreisleiter, mir aus ihren Kreisen nationalsozialistische Pfarrer namhaft zu machen, welche die Versetzung in eine andere Pfarrstelle wünschen. Auch anderen Personalwünschen werde ich versuchen, nach Möglichkeit Rechnung zu tragen. Ich bitte, von der Mitteilung der Wünsche weitgehend Gebrauch zu machen."

(Verfügung der Gauleitung Ostmark, Pfarrer Eckert, an die Bezirksleiter v. 30. Juni 1933.)

Wir wollen nicht, daß Kirchenfragen durch politische Methoden entschieden werden, wie sie z. B. der Reichsleiter der „Deutschen Christen" bestimmt:

In allen Kreisen sind Ort für Ort Massenversammlungen durchzuführen ... Damit die Veranstaltungen restlos gelingen, ist überall in engster Fühlung mit den Parteidienststellen zu arbeiten. Es muß aber vermieden werden, daß die Partei in Erscheinung tritt; denn wir wollen auch die Volksgenossen gewinnen, die der nationalsozialistischen Bewegung noch unentschlossen gegenüberstehen. An allen Orten muß mindestens ein offener Umzug stattfinden, unter geschlossener Mitwirkung der N.S.D.A.P., aber unter Leitung der Glaubensbewegung. Von jeder Versammlung sind Berichte und Bilder an mich, Telegramme an den Reichspräsidenten usw. zu richten.

(Verfügung von Pfarrer Hossenfelder vom 2. Juli 1933 an alle Kreisleiter.)

Wir wollen es in der Kirche so haben, wie es auch Adolf Hitler haben will, der in „Mein Kampf" schreibt:

„Religion ist nicht mit politischem Parteiunfug zu verquicken. Wer über dem Umweg einer politischen Organisation zu einer religiösen Reformation kommen zu können glaubt, zeigt nur, daß ihm auch jeder Schimmer vom Werden religiöser Vorstellungen oder gar Glaubenslehren und deren kirchlichen Auswirkungen abgeht."

Folglich wird jeder wahre Nationalsozialist seinem Führer folgen und dafür kämpfen, daß Kirche Kirche bleibt.

Alle, die ihre Kirche liebhaben, fordern wir auf zum Kampf für eine neue evangelische Kirche.

Kirche muß Kirche bleiben!

Flugblatt der Reichsleitung für den Wahlvorschlag „Evangelium und Kirche", Berlin O 112, Mirbachstr. 24
F. W. Pretlan, Bochum, Marienstr.

Die auf den Vorseiten abgedruckten Wahlaufrufe der „Deutschen Christen" (DC) und „Evangelium und Kirche", später „Bekennende Kirche" (BK), wurden anlässlich der Reichskirchenwahlen im November 1932 bzw. im Juli 1933 in der Kirchengemeinde Recklinghausen-Altstadt (damals Kirchenprovinz Westfalen, heute Evangelische Landeskirche von Westfalen) verteilt.

> 1. Erstellen Sie eine Stichwortliste der kirchenpolitischen Forderungen der DC. Welches sollen die Maßstäbe für die kirchliche Verkündigung sein?
>
> 2. Erläutern Sie den Slogan der BK „Kirche muss Kirche bleiben". Charakterisieren Sie in diesem Zusammenhang das Verhältnis zur neuen Reichsregierung Adolf Hitlers und der NSDAP.

Dem Totalitätsanspruch des NS-Staates stellt sich die Bekennende Kirche mit der „Barmer Theologischen Erklärung" (Mai 1934) entgegen, deren 1. These lautet:

Jesus Christus, wie er uns in der Heiligen Schrift bezeugt wird, ist das *eine* Wort Gottes, das wir zu hören, dem wir im Leben und im Sterben zu vertrauen und zu gehorchen haben. Wir verwerfen die falsche Lehre, als könne und müsse die Kirche als Quelle ihrer Verkündigung außer und neben diesem einen Worte Gottes auch noch andere Ereignisse und Mächte, Gestalten und Wahrheiten als Gottes Offenbarung anerkennen.

Referatsvorschläge:
„Die Kirchen während der Zeit des Nationalsozialismus"
„Karl Barth"
„Dietrich Bonhoeffer"
„Martin Niemöller"

Karl Barth *in einem Brief vom 21. April 1933:*
... und darum werde ich mich – nicht dem neuen politischen System – wohl aber dem System einer besonderen sachlichen Bindung der Kirche an dieses System direkt und indirekt bestimmt widersetzen.

Dietrich Bonhoeffer *in „Die Kirche vor der Judenfrage" (1933):*
Der Staat, der die christliche Verkündigung gefährdet, verneint sich selbst. Das bedeutet eine dreifache Möglichkeit kirchlichen Handelns dem Staat gegenüber: erstens ... die an den Staat gerichtete Frage nach dem legitim staatlichen Charakter seines Handelns, d.h. die Verantwortlichmachung des Staates. Zweitens der Dienst an den Opfern des Staatshandelns. Die Kirche ist den Opfern jeder Gesellschaftsordnung in unbedingter Weise verpflichtet, auch wenn sie nicht der christlichen Gemeinde zugehören. „Tut Gutes an jedermann." In beiden Verhaltensweisen dient die Kirche dem freien Staat in ihrer freien Weise und in Zeiten der Rechtswandlung darf die Kirche sich diesen beiden Aufgaben keinesfalls entziehen. Die dritte Möglichkeit besteht darin, nicht nur die Opfer unter dem Rad zu verbinden, sondern dem Rad selbst in die Speichen zu fallen.

Barmer Theologische Erklärung *vom Mai 1934 (5. These):*
Die Schrift sagt uns, dass der Staat nach göttlicher Anordnung die Aufgabe hat, in der noch nicht erlösten Welt, in der auch die Kirche steht, nach dem Maß menschlicher Einsicht und menschlichen Vermögens unter Androhung und Ausübung von Gewalt für Recht und Frieden zu sorgen. Die Kirche erkennt in Dank und Ehrfurcht gegen Gott die Wohltat dieser seiner Anordnung an. Sie erinnert an Gottes Reich, an Gottes Gebot und Gerechtigkeit und damit an die Verantwortung der Regierenden und Regierten. Sie vertraut und gehorcht der Kraft des Wortes, durch das Gott alle Dinge trägt. Wir verwerfen die falsche Lehre, als solle und könne der Staat über seinen besonderen Auftrag hinaus die einzige und totale Ordnung menschlichen Lebens werden und also auch die Bestimmung der Kirche erfüllen. Wir verwerfen die falsche Lehre, als solle und könne sich die Kirche über ihren besonderen Auftrag hinaus staatliche Art, staatliche Aufgaben und staatliche Würde aneignen und damit selbst zu einem Organ des Staates werden.

Karl Barth *in einem Brief vom Sommer 1935:*
Ich kann bei der Illusion, als ob der eigentliche Gegner einer bekennenden Kirche nicht der NS-Staat als solcher sei, nicht mehr länger mittun ..., müsste statt der ewigen Wiederholung von Röm 13 endlich auch die Apokalypse* und die Propheten aufzuschlagen bitten und würde im Voraus wissen, bei dem allen die verantwortlichen Stellen der Bekenntniskirche nicht für mich, sondern gegen mich zu haben.

Zur Bedeutung des Kirchenkampfes

Der Kampf der Kirche mit den Deutschen Christen und den Machthabern des Dritten Reiches hat mannigfache Aspekte. Es ging dabei einmal um die Abwehr von Übergriffen des totalitären Staates in den Bereich der Kirche; insofern gehört der Kirchenkampf in die Geschichte der Auseinandersetzungen zwischen Staat und Kirche hinein. Es ging aber auch darum, dass die Kirche in den Jahren nach 1933 in zunehmendem Maße lernte, dass sie eine Verantwortung für die Welt und die Menschen hat, dass sie sich also keineswegs mit einer Gettoexistenz begnügen kann; insofern ist in dem Kirchenkampf ein neues Kapitel der Geschichte von Kirche und Öffentlichkeit begonnen worden. Es ging aber vor allem auch darum, dass die Kirche durch den Anspruch der Deutschen Christen, in den Ereignissen des Jahres 1933 und der Sendung Adolf Hitlers Gottes führende Hand unzweideutig zu erkennen, zu einer Besinnung auf die Grundlagen und die Richtschnur ihrer Verkündigung und ihres Glaubens gezwungen wurde ...; insofern gehört der Kirchenkampf in die protestantische Theologiegeschichte hinein.
Bernhard Lohse, 1963

Kirchenkampf vor 50 Jahren – Haben wir etwas gelernt?

1. Zu lernen war in der Frage: *Kirche und Politik*. ... So gewiss politisches Zeugnis der Christen keine leichte Sache ist, weil es sich nicht einfach aus der Bibel ablesen lässt, so gewiss da auch die Auffassungen auseinander gehen, was das rechte Wort zur Stunde sein wird, verwehrt werden darf es Christen nicht, ein Wort aus ernster Verantwortung heraus zu sagen.
2. Kirche muss Kirche bleiben, aber gerade darin *Kirche für andere* sein. ... Erst als nach Kriegsende das ganze Grauen der Vernichtungslager aufgedeckt wurde ..., kam uns die Erkenntnis, dass (die) Kirche Jesu Christi berufen ist, Kirche für andere zu sein, Mund der Stummen, Anwalt der Entrechteten, ob sie nun zu ihr gehören oder nicht.
3. *Fragen des Bekennens oder Verleugnens suchen wir uns nicht aus.* ... Ob uns die damalige Zeit etwas bedeutet, müsste sich daran erweisen, dass wir Fragende und Lernende bleiben, bereit, auch eigene, allzu sichere Urteile zu revidieren und uns an ungesuchten und unerwarteten Stellen zum Zeugnis rufen zu lassen.
Karl Herbert, 1985

Diskutieren Sie, wo und in welcher Weise die von den evangelischen Theologen B. Lohse und K. Herbert formulierten Erkenntnisse heute zu bewähren wären. Gibt es beispielsweise eine theologisch* begründete Grenze für „Individualisierung", „Pluralisierung", „Medialisierung" etc.?

Projekt „Der Kirchenkampf in unserer Region":

a) Sichten Sie die zum Thema bereits vorhandene Literatur.

b) Treten Sie mit den zuständigen Archivpflegern/innen der kirchlichen und staatlichen Archive in Kontakt. Insbesondere die Anfangsphase des Kirchenkampfes (1932–34) lässt sich anhand der zeitgenössischen Presse meist gut rekonstruieren.

c) Treten Sie mit Zeitzeugen und/oder mit kompetenten Regionalhistorikern/innen in Kontakt, die Sie auf der Grundlage eines zuvor erarbeiteten Fragekatalogs interviewen (Tonbandaufzeichnung nicht vergessen).

d) Bilden Sie Gruppen, die sich je einem Schwerpunktthema zur vertiefenden Erarbeitung widmen.

e) Präsentieren Sie die Ergebnisse Ihrer Forschungen einer weiteren Öffentlichkeit, indem Sie etwa in Ihrer Schule eine Ausstellung machen.
Oder Sie erstellen und vervielfältigen eine Material- und Textsammlung.
Oder Sie verfassen einen historischen Stadtführer.
Oder ...

➡ *Seite 212*

Tatsächlich werden viele Selbstbeschreibungen des Glaubens derzeit in soziologischer Perspektive versucht. Das führt zu einer pubertären Reaktion: Man hört auf, seinen eigenen Überzeugungen zu trauen, nur weil man merkt, dass es in der Welt zum selben Thema auch noch andere Überzeugungen gibt. Die Pointe des religiösen Glaubens ist freilich, dass man in der Froschperspektive glaubt, was man glaubt, auch wenn man in der Vogelperspektive diesen Glauben nur als einen unter vielen sieht.
Christian Geyer, Journalist, 1997

1. Auf welche reformatorischen Einsichten bezieht sich P.L. Berger?

2. Was bedeutet unter diesen Umständen „Pluralitätskompetenz" (Wolfgang Welsch, siehe Seite 221)?

Jeden selbständiger zu machen im ganzen Gebiet seines Daseins ist die Tendenz der evangelischen Kirche.
Friedrich Schleiermacher, ev. Theologe und Philosoph, 1833

In der Welt habt ihr Angst; aber seid getrost, ich habe die Welt überwunden.   Joh 16,33

➡ *Seite 252ff.*

Anwendungen und Aktualisierungen
Kirche auf dem Markt

Pluralismus verunsichert. Es ist sehr verständlich, dass so verunsicherte Menschen sich nach Sicherheit sehnen. Ich meine aber auch, dass gerade ein evangelisches Verständnis des Christentums skeptisch gegenüber dieser Sehnsucht nach Sicherheit sein sollte, und noch skeptischer gegenüber Lehren und Institutionen, die von sich behaupten, eine solche Sicherheit zu liefern. Ich meine weiter, dass gerade im Durcheinander des heutigen Pluralismus mit seinen vielen (und durchweg falschen) Angeboten von Sicherheit und Geborgenheit, evangelische Christen in einer neuen und frischen Weise erfahren können, was die Reformation mit dem Schlagwort „*sola fide*" gemeint hat. Christlicher Glaube ist kein psychologischer Beruhigungs-Mechanismus und die Kirche ist keine religiöse Versicherungsanstalt. Unsere Situation heute ist voller Angebote einer neuen Gewissheit, meistens mit der dazugehörenden Arroganz. Man behauptet, gewiss und sicher zu sein aufgrund einer absolutistisch verstandenen Bibel (das ist das fundamentalistische* oder evangelikale Angebot) oder einer absolutistisch verstandenen Kirche (das ist, heute wie immer schon, das Angebot Roms). ... Und natürlich gibt es ähnliche Angebote durch Gruppen und Bewegungen ohne religiöse Inhalte. ...

Sola fide: Christlicher Glaube beruht auf einer freien Wahl und führt zu einer neuen Freiheit gegenüber allen falschen Geborgenheiten dieser Welt. In diesem Sinn ist christlicher Glaube eine Fortsetzung des Exodus im alten Bund. ...

Sola fide: Christlicher Glaube gibt den Mut, die Unsicherheit auszuhalten. Das heißt, ohne die Beruhigungsmechanismen und Versicherungsanstalten, die uns überall angeboten werden, auszukommen – ohne die verabsolutierte Bibel, ohne die verabsolutierte Kirche, ohne die vielen Heilslehren unserer Zeit, die religiösen wie auch die weltlichen. Ich glaube, es war dieser Mut, der schon immer im Kern des evangelischen Christentums da war, und der übrigens auch der oft bemerkte Nexus war zwischen der Reformation und der modernen Entdeckung der Freiheit des Einzelnen. ...

So möchte ich Ihnen vorschlagen, den Pluralismus jedenfalls auch als eine große Gelegenheit zu sehen, als eine Herausforderung mit sehr positiven Möglichkeiten. Er bietet die Gelegenheit, den Glauben als lebendige Möglichkeit neu zu erleben, in einer reineren Form, wie sie in den Selbstverständlichkeiten einer traditionellen Ordnung eben nicht nur oder nur sehr selten vorkommt.
Peter L. Berger, 1994

Streitkultur und protestantisches Prinzip

Paul Tillich sah Kritik und Gestaltung als protestantisches Prinzip. Dieses kann auch heute dazu beitragen, das Profil in der Marktgesellschaft zu schärfen. Es geht dem Kirchentag um die kritische Begleitung von Kirche und Gesellschaft, ohne sich
5 aus der Verantwortung zu stehlen. Als Laienbewegung will der Kirchentag ja gerade die Menschen zusammenrufen, die in Kirche und Gesellschaft Verantwortung tragen. Sie sollen sich gegenseitig befragen können, miteinander um Lösungen ringen. Das macht den Kirchentag besonders relevant in einer
10 Zeit, in der die meisten es vorziehen, sich in ihre eigene Meinungsgruppe ... zurückzuziehen. Ich gebe zu, das ist nicht immer leicht auszuhalten und gelingt auch nicht immer. Aber manchmal, wie in Hamburg 1995, als sich der Innensenator Wrocklage einer Halle zur Diskussion über Abschiebung von
15 Asylsuchenden stellte, obwohl er wusste, dass mehrere tausend Menschen in der Halle seine Politik scharf kritisierten. Seine Sicherheitsbeamten hatten ihm abgeraten zu kommen. Er hat sich der Kritik gestellt, die Menschen in der Halle hatten trotz aller Emotionen, die durchaus kochten, die Kraft,
20 zuzuhören und den Streit zu führen. Niemand ist von dieser Veranstaltung unverändert zurückgekommen.
Von der zugemuteten Freiheit war eingangs die Rede, von der Schärfung der Einzelgewissen. Eben dies bemüht sich der Kirchentag zu ermöglichen. ... So wird er in der Spannung
25 zwischen Vielfalt und Eindeutigkeit seinen Weg finden, stets kritisiert von dem Ruf nach mehr Eindeutigkeit und nach mehr Vielfalt zugleich. Es gilt diese Spannung auszuhalten. Kirchentag wird so immer ein Ort des Lernens sein, der sowohl Impulse zur Kirchenreform wie zur Gesellschaftsgestaltung gibt.
30 Mir scheint, dass der Kirchentag als Bewegung (nicht Institution) mit der Freiheit, sogar sterben zu können, wenn sie nicht mehr gebraucht wird, eine für unsere Zeit angemessene Form hat. Er spricht den christlichen Wahrheitsanspruch in diese Gesellschaft, weiß sich aber selbst als Teil dieser Gesellschaft
35 und dem Dialog verpflichtet. Indem der Kirchentag Pluralität zulässt, ohne unerkennbar zu werden und der Gefahr der Individualisierung im Protestantismus das Begegnungsmoment entgegenstellt, indem er biblisch-theologische* Arbeit, gesellschaftspolitischen Diskurs und liturgische Feier verknüpft, ist
40 er Erneuerungsbewegung in der Kirche wie in der Gesellschaft im besten Sinne.
Margot Käßmann, 1998

1. Inwiefern verkörpert der Evangelische Kirchentag das „protestantische Prinzip"?

2. Setzen Sie sich mit der Autorin in Verbindung (E-Mail: Landesbischöfin@evlka.de). Welche Erfahrungen als Generalsekretärin des Kirchentages sind für ihre kirchenleitende Funktion als Bischöfin von Bedeutung?

Referatsvorschlag: „Geschichte des evangelischen Kirchentages seit 1949"

Margot Käßmann wird Landesbischöfin in Hannover

Die Synode der Evangelisch-lutherischen Landeskirche Hannovers hat Margot Käßmann ... zur Nachfolgerin von Landesbischof Horst Hirschler bestimmt. Die 41-jährige Generalsekretärin des Deutschen Evangelischen Kirchentages konnte 52 Stimmen auf sich vereinen.

*5.6.99, 12.00 Uhr
(http://www.evlka.de/synode/
pm/kaessmann.html)*

Das protestantische Prinzip, dessen Name sich von dem Protest der Protestanten gegen die Entscheidungen der katholischen Mehrheit ableitet, enthält den göttlichen und menschlichen Protest gegen jeden absoluten Anspruch, der für die bedingte Wirklichkeit erhoben wird, auch dann, wenn dieser Anspruch von der protestantischen Kirche selbst ausgeht. Das protestantische Prinzip ist der Richter jeder religiösen und kulturellen Wirklichkeit, einschließlich der Religion* und der Kultur, die sich selbst protestantisch nennen. ... Es ist der Wächter gegen die Versuche des Endlichen und Bedingten, sowohl im Denken als auch im Handeln, sich zur Würde des Unbedingten zu erheben. Es ist das prophetische Gericht über religiösen Stolz, kirchliche Arroganz und diesseitige Selbstgenügsamkeit mit ihren zerstörerischen Konsequenzen.

Paul Tillich, ev. Theologe, 1931

Referatsvorschlag:
„Kirche und soziale Frage im 19. Jahrhundert"

Nebenstehender Text ist das Arbeitsergebnis eines Gesprächskreises an der Stadtkirche St. Michael zu Jena in Thüringen. Er stammt aus dem Jahre 1997.

1. Auf welche theologischen Grundlagen und geschichtlichen Erfahrungen greift der Text zurück?

Wenn jemand sagt: Ich liebe Gott!, aber seinen Bruder hasst, ist er ein Lügner.
Denn wer seinen Bruder nicht liebt, den er sieht, kann Gott nicht lieben, den er nicht sieht.
1. Joh 4,20

2. Sind Sie selbst bereit, das „Bekenntnis in der sozialen Frage" für sich persönlich gelten zu lassen? Wenn nein, warum nicht? Wenn ja, welche Folgen ergeben sich ab jetzt daraus für ihr alltägliches Leben?

3. Informieren Sie sich: Diakonisches Werk der Evangelischen Kirche in Deutschland, Stafflenbergstraße 76, 70184 Stuttgart, oder: „www.diakonie.de".

Christliches Bekennen in der sozialen Frage

Wir stehen heute in einer Versuchung. Wenn wir nicht aufpassen, verlieren wir die menschlichen Grundwerte aus den Augen, wenn es um Politik, Wirtschaft, aber auch, wenn es um Kirche und Kultur unseres persönlichen Zusammenlebens geht. In den Kirchen und Gemeinden wird es darum gehen, die Armen als Maß aller Verantwortung einzufordern und einzuklagen. Da unsere Glaubwürdigkeit als Christen daran hängt, wird es ein „Bekennen in der sozialen Frage" geben müssen.
Dabei wissen wir auch nicht sofort, wie wir darin wirksam weiterkommen, aber wir halten für uns die Richtung fest, in die sich all unser Bemühen um Gestaltung von Kirche und Gesellschaft allein menschlich rechtfertigen lässt.

1. Jede Gesellschaft ist menschlich nur so viel wert, wie sie den Armen Wohlstand übrig lässt. (Jes 58,10)
2. Das menschliche Recht, Politik zu treiben, verdienen Politiker allein durch Verdienste für das Wohlergehen der Armen. (Spr 31,8f.)
3. Gewinne der Wirtschaft lassen sich nur menschlich rechtfertigen, wenn den Armen genug zu einem würdigen Leben bleibt. (Jes 1,17)
4. Erpresste Arbeitszeit auf Kosten von Gesundheit und Gemeinschaft ist Verletzung der Menschenwürde. (Dtn 5,15)
5. Jugendarbeitslosigkeit ist Brunnenvergiftung. (Jes 30,10.13)
6. Verschuldung der Öffentlichen Hand ist Ausverkauf der Demokratie. (Hes 34,2b.5f.)
7. Familien mit Kindern brauchen eine spürbare Förderung durch den Staat, will er sich mit seiner Ordnung und Kultur nicht selbst abschaffen. (Jes 65,23)
8. Altern in Würde gelingt nur mit Anspruch auf eigenen Raum und ausreichende Pflege. (Ex 20,12)
9. Umweltzerstörung ist Raubbau an künftigem Leben. (Dtn 30,19)
10. Christliche Gemeinde und Kirche fordert diese soziale Verantwortung nicht nur ihrem gesellschaftlichem Umfeld ab, sondern verpflichtet ihre Mitglieder darauf um ihrer Glaubwürdigkeit willen.
Wo Gemeinde und Kirche menschliches Zusammenleben selbst gestalten kann, muss sie das Äußerste wagen, den Armen in ihr zu Würde und Wohlergehen zu verhelfen. (Jak 2,14-17)

Zuspruch und Anspruch von solchem entschiedenen und tatkräftigen Bekennen:
Der Glaube ist uns geschenkt, die Liebe ist uns aufgegeben, die Hoffnung befreit aus allem Vorhandenen und Vorgegebenen. (1.Kor 13,13)

Boulevard-Theologie

Und ich bin ein Boulevard-Theologe. Ich betreibe keine Kirchentheologie mehr, ich betreibe Boulevardtheologie. ... Das heißt in erster Linie, Menschen lieb zu haben und nicht zu richten. Wir Kirchenleute produzieren, ob wir es überhaupt noch wahrnehmen oder nicht, mit unserem Zeigefinger und unseren Worten und unserer Sprache bei den Menschen immer nur Angst von morgens bis abends. Denn du hast ja wieder gefehlt in Gedanken, Worten und Werken. Du reichst ja nicht. Für nichts bist du gut. Der Pfaffe, der dir gegenübertritt, gibt dir ja sofort das Gefühl, dass du nicht okay bist. Und das ist nicht meins. Meins ist: Du hast überhaupt nicht gefehlt. Sondern du bist wichtig! Die Natur hat es sich geleistet, dich auf die Welt zu bringen. Und wenn wir über aussterbende Käfer reden, die wichtig sind für unser Ökosystem, dann darf ich doch auch mal über dich reden. Über deinen Wert. Du bist mindestens so wichtig wie die aussterbende Krötenart. Und die ganze Welt muss eine Initiative machen, dass es dich weiterhin geben wird. Das ist wichtig! Also, du bist so wichtig, wie jede aussterbende Krötenart. Hör auf mit diesem „Ich bin nichts wert und alle anderen sind was wert", das ist nicht jesuanisch, das ist nicht „Ich habe mich selbst lieb", „Ich bin ein Geschöpf Gottes". Das ist nicht in Ordnung. Denn da müsstet ihr ja folgerichtig auch sagen, dass Gott nur Arschlöcher als Kinder hat. Das geht ja nicht. Du musst einen anderen Ansatz finden. Deswegen. Hört auf mit dem Richten, hört auf mit dem Moralisieren, es ist nicht jesuanisch, hört damit auf, und fangt einfach an, die Leute lieb zu haben. Und deshalb ändert sofort eure Zeremonien, ändert euer Verhalten, ändert euer Personal, wie die Bundesbahn es musste, als sie in den Kapitalismus eintrat und sagte: „Alle Bahnhofsvorsteher sofort ins Lager, damit sie kundenfreundlicher werden", denn unsere Pfarrer sind durch die Bank weg nicht kundenfreundlich ...
Nicht mehr richten, lieb haben, ein liebendes, erotisches Leben führen, und wieder von vorne: nicht mehr richten. Dann muss er durch die Straßen laufen, stehen bleiben, wirklich zuhören, zuhören, zuhören, seine klinische Seelsorgeausbildung nicht mehr am Krankenbett machen, sondern bei REWE, seinen Sozialarbeiter rausschmeißen, einen Pommes-frites-Wagen vor die Kirche stellen und die Frau gut bezahlen, die dort Pommes frites verkauft und dabei noch ein Geschäft machen. Er darf sich nicht scheuen, auch mit Geld umgehen zu können, denn das ist die Sprache, die die Leute haben. ... Wir müssen uns darauf einrichten, dass wir im bösen Kapitalismus ein Dienstleistungs-Gewerbe betreiben, nämlich ein ethisches* Gewerbe. Und das lässt sich auch auf dem Markt durchsetzen. Das beweist Stuyvesant, indem diese Firma sagt: „Come together." Das ist auf Englisch ein Wort für die Ökumene.

Jürgen Fliege, 1997

In seiner TV-Show „Fliege" realisiert J. Fliege sein Konzept einer „Boulevard-Theologie" mit großem (Quoten-) Erfolg.
Wie setzt er sein Programm in der Praxis um? Versuchen Sie eine kritisch abwägende Beurteilung im Licht der reformatorischen Einsichten M. Luthers (siehe Seite 228 f.).

Unerbittlich betreibt Talk-Pfarrer Fliege sein TV-Lourdes, eine nachmittägliche Gesprächsrunde für die Mühseligen und Beladenen. ... Sankt Jürgen gebietet über ein Volk, das anderthalb Millionen Häupter zählt. ... Jürgen im Glück? Protestant bleibt Protestant – die ewigen Zweifel plagen: Was, wenn der Teufel in den Geschichten seiner Talkgäste, im vollkommen berechtigten Triumph der Trauerklöße, in der Beschützten-Werkstatt für die Beladenen und Spinnerten das Böse versteckt hat? Was, wenn der Herr sein Angesicht doch nicht im Spotlight des Fernsehens leuchten lässt? Das bereitet Fliege, wie er sagt, unruhige Nächte, aber bestätigt auch seine Entschlossenheit.
„Wir gehen über dünnes Eis. Aber wir gehen."

Nikolaus von Festenberg, 1999

Dass ein Ernstnehmen der Bedürfnisse des Kunden beim Kirchenmarketing nicht nach der Devise verfahren darf „Gebt dem Kunden, was der Kunde will", liegt auf der Hand und ergibt sich aus der Verbindlichkeit der christlichen Vision für ein Kirchenmarketing. Insofern muss auch ein Kirchenmarketing kritisch sein, z.B. egoistische Konsumstile und Anspruchsdenken problematisieren und zur Umkehr aufrufen. ... Marketing will seit eh und je nicht nur Bedürfnisse und Bedarf decken, sondern sie auch wecken.

Hans Raffée, 1998

Kirchenmarketing

1. Worauf beruht die Wirkung des folgenden Anzeigenmotivs?

GOTT. DER TUT WAS.

Unternehmen Kirche – Image statt Imago dei

Natürlich geht heutige kirchliche Verkündigung größtenteils an den Menschen vorbei, weil sie abgehoben und wirklichkeitsfern daherkommt. Selbstverständlich hat die Kirche verlernt, in der Sprache des Volkes zu reden. Unbestreitbar kehren so viele Menschen den Kirchen den Rücken zu, weil sie nicht mehr die Alltagsprobleme ihrer Mitglieder kennt, sondern sich im Elfenbeinturm der theologischen* Insidersprache und engagierten Kerngemeinde zu wohl fühlt. Aber verlangt diese Situation unbedingt nach Kundenorientierung?
Jedenfalls nicht, wenn sie als Wirtschaftsbegriff daherkommt. Denn darin steckt Ideologie*: Der Markt, so behauptet sie, reguliert sich durch Angebot und Nachfrage selbst. Dabei wird übersehen: Unternehmen auf dem Markt nähern sich nicht den wirklichen Bedürfnissen der Kunden an, sondern sie erzeugen erst welche – durch Werbeversprechen und Image-Kampagnen. In diesem Sinne wäre Kundenorientierung tatsächlich Gift für die Kirche. Ein Schreckensszenario nimmt Formen an: Eine von Unternehmensberatern gemanagte Kirche erzeugt in den Kirchenmitgliedern („Kunden") durch perfekte PR-Arbeit Bedürfnisse, die sie dann selbst befriedigt. Und zerteilt dadurch tatsächlich die unvereinnehmbare Botschaft des Evangeliums in marktgerechte Zeitgeistschnitten.
Die kirchenamtlich inszenierten Techno-Kirchen-Partys sind ebenso ein Zeichen dieser Mentalität wie die Einrichtung eines kircheneigenen Privat-„Radio Paradiso". ... Das Gefährliche an Begriffen wie Kundenorientierung ist ihre Schwammigkeit, denn sie können auch mit Begriffen wie Menschennähe oder gar Nächstenliebe verwechselt werden.

Uwe Birnstein, 1997

2. „Nächstenliebe" und „Kundenorientierung": Formulieren Sie Unterschiede und Gemeinsamkeiten.

1. Kontaktieren Sie folgende Adresse im Internet und beschreiben Sie, was Sie vorfinden: www.dike.de

2. Diskutieren Sie den in der „Cyberchurch" praktizierten Gemeinschaftsbegriff im Spannungsfeld der neuzeitlichen Neigung zur „Individualisierung" und dem biblisch-reformatorischen Verständnis kirchlicher Gemeinschaft.

„Cyberchurch" und „Datenautobahnkirche"

Das Netz ist eine alte Metapher der christlichen Überlieferung: Am Anfang der Geschichte der Ausbreitung des christlichen Glaubens standen ein Wanderprophet und Fischer; die Gruppe
5 wurde zu Menschenfischern, Kommunikation unterwegs zum Prinzip einer Vernetzung, die auf die Bildung einer Communio durch Kommunikation, auf eine Gemeinschaft in der Gesellschaft zielte.
10 Und heute? Die Kirchen haben die Komm-Struktur ihrer gleichsam behördlichen Verwaltung von Wort und Sakrament längst ergänzt durch eine adressatenorientierte Bring-Struktur in Unterricht, Seelsorge und Verkündi-
15 gung – nicht nur im Bereich der personalen Kommunikation der Gemeinde und im Kirchenraum, sondern erst recht in den inzwischen traditionellen Medien Buch, Zeitung, Radio und Fernsehen, nicht zuletzt auch Telefonseelsorge.

Hans Norbert Janowski, ev. Theologe, 1999

Die Gefräßigkeit des Internet

Die Aufgabe der Kirche liegt in der Entmächtigung und Entzauberung der technologischen Kommunikation und zugleich in ihrem Beitrag zur Entfaltung und Intensivierung der Lebensmöglichkeiten im jeweiligen sozialen Nahraum. Hier liegen die Kompetenzen und auch die Möglichkeiten in den Gemeinden: im Gespräch über den Gartenzaun und in der Beteiligung an örtlichen Initiativen zur Wahrung der Lebenswelt im Viertel, in den seelsorgerlichen Gesprächen aus Anlass von Trauungen und Beerdigungen oder am Krankenbett, im Unterricht und im Gottesdienst, in jedem Falle in der Face-to-Face-Kommunikation zwischen realpräsenten Menschen. Und es liegt alles daran, dass in der Zeit knapper werdender Finanzen diese vertrauten Kommunikationsmöglichkeiten nicht nach Kosten-Nutzen-Kalkülen durchgerechnet und so zerstört werden.

Hans-Martin Gutmann, ev. Theologe, 1998

249

Bibliothek

Die folgenden beiden Bücher schildern die gesamte Kirchen- und Theologiegeschichte von den Anfängen bis in unsere unmittelbare Gegenwart hinein.

Die Darstellungen sind interessant und gut verständlich geschrieben. Sie enthalten die wichtigsten Originalquellen und eine große Anzahl von Bildern, die Ereignisse und Personen anschaulich werden lassen.

Die in diesem Kapitel vorgeschlagenen Referatsthemen (siehe Seiten 220, 236, 242) lassen sich mit ihrer Hilfe zuverlässig erarbeiten.

- Uwe Birnstein / Herbert Gutschera u.a.,
  Chronik des Christentums, Chronik Verlag,
  Gütersloh / München 1997

- 2000 Jahre Christentum, hg. von Günter Sternberger,
  Karl Müller Verlag, Erlangen 1994

Die Religion im Plural – Spielräume und Konflikte der Religionsfreiheit

Die Begegnung zwischen Moschee und Kirche – Symbol für das Miteinander, Nebeneinander oder Gegeneinander der Religionen?

Grundgesetz, Artikel 4:
(1) Die Freiheit des Glaubens, des Gewissens und die Freiheit des religiösen und weltanschaulichen Bekenntnisses sind unverletzlich.
(2) Die ungestörte Religionsausübung wird gewährleistet.

Fragen zu S. 251:

1. Informieren Sie sich über die historischen Ursprünge des Grundrechts auf Religionsfreiheit.

2. Überlegen Sie: Haben Sie dieses Grundrecht schon einmal in Anspruch genommen?

3. Recherchieren Sie, ob es in Ihrer näheren Umgebung Moscheen gibt. Erkundigen Sie sich ggf. nach deren Beziehung zu den örtlichen Kirchengemeinden.

Pluralismus – Zumutung der Vielfalt

Viele Optionen der Weg in die Unverbindlichkeit?

Nehmen wir nur das Beispiel der schweren Doc-Martens-Stiefel: In den 80ern waren sie Symbol der ganz harten Punks und Skins. In den 90er-Jahren trugen sie dann 16-jährige Gymnasiastinnen zum kurzen Rock. Schon war das Symbol tot. Oder das nette Wörtchen „cool", ein Grundbegriff der jungen Szenesprache: 1994 tauchte es in der Milka-Werbung auf, wo sich ein Alpenbauer eine Sonnenbrille aufsetzt und lächelnd „Is' cool, man" sagt. Sollte der Spruch zum Allgemein-Repertoire der deutschen Fernsehzuschauer werden, müssen sich die Szenen ein neues Wort suchen. Wieder ein Zeichen futsch.

Diese kurzen Verfallszeiten sorgen innerhalb der Jugendkultur dafür, dass immer schneller neue, unverbrauchte Symbole her müssen, die zumindest für kurze Zeit noch etwas bedeuten können. Die Sample-Kultur baut dem Trendkarussell gewissermaßen einen zusätzlichen Turbo ein.

In der Jugendkultur ist es zu einer längst unübersichtlichen Vielzahl von Optionen gekommen, die der Fragmentierung der modernen Persönlichkeit entspricht. Alles ist möglich, alles ist verfügbar. Die Folgen muss man möglichst differenziert betrachten. Denn nichts ist gut und nichts ist nur schlecht.

Im Zuge dieser Aufsplitterung haben Jugendliche natürlich viel mehr Möglichkeiten zur Herausbildung eigener kultureller Interessen und damit auch zur differenzierteren Persönlichkeitsbildung. Wo früher nur, vereinfacht gesagt, die Wahl zwischen deutschem Schlager oder Beatles und Elvis bestand, tut sich heute ein gewaltiges Spektrum auf. Wie in einem Selbstbedienungsladen. Nur darf man nicht vergessen, dass das nicht unbedingt auch eine Vielzahl der Inhalte bedeutet. Innerlich hat die Differenzierung des kulturellen Angebots schon einmal dazu geführt, dass es sehr viel leichter geworden ist, selbst kreativ zu werden. Nie war der Weg zum Radio-DJ so kurz wie in den Zeiten der zahllosen kleinen Lokalsender. Niemals war die Wahrscheinlichkeit, ein selbst produziertes Video auch tatsächlich gesendet zu sehen, so groß wie in den Zeiten von zwei 24-Stunden-Nonstop-Musiksendern. Gleichzeitig entstehen immer mehr kontrollfreie Räume, weil die Vielfalt durch offizielle Instanzen immer schwerer zu maßregeln ist.

Doch gibt es auch die Kehrseite. Durch die unüberschaubare Vielfalt des Angebots verlieren die einzelnen Produkte an Wirkung. Alles ist so weit ausdifferenziert, dass zwar in allen

Die leidige Vielfalt

Pluralität, Vielfalt, ist etwas, mit dem der Mensch so seine Schwierigkeiten hat. Man könnte sagen: Pluralität liegt dem Menschen nicht. Entscheidungsfreude zählt heute zu den begehrten Tugenden, aber der Mensch neigt selbst dort zur Entscheidung, wo es kaum etwas zu entscheiden gibt, von Kind auf. Die Farben blühen in schönster Eintracht plural nebeneinander aber das Kind muss sich eine als Lieblingsfarbe auswählen. Dabei kann es schon einmal vorkommen, dass es auf die erste Wahl verzichten muss, weil die schon dem Bruder oder der Schwester gehört. Pluralität drängt den Menschen dazu, sich ständig zu entscheiden, um sich der eigenen Identität zu vergewissern.

Pluralität, Vielgestaltigkeit, wirkt auf den ersten Blick bedrohlich, zu sehr scheint sie der Ordnung entgegenzustehen, zu nah liegt sie beim Chaos.

Helmut Kremers, 1993

möglichen Nischen Leute herumwuseln, dies aber grundsätzlich unter Ausschluss einer größeren Öffentlichkeit tun müssen. Möglicherweise nennt eine Jugendsendung in einem der vielen Berliner Privatsender den Bundeskanzler einen Faschisten. Wer kriegts aber überhaupt mit? Die öffentliche Diskussion verebbt. 1977 ließen die Spießer sich noch durch Punk provozieren. Heute bleiben sie nicht nur beim Anblick von Sicherheitsnadeln und grünen Haaren cool, sie kriegen vieles einfach nicht mehr mit. Wenn jeder nur noch eigens auf ihn zugeschnittene Pay-TV-Kanäle empfängt, nimmt er irgendwann gar nicht mehr wahr, was eigentlich die anderen bewegt.

Gleichzeitig bringt die Multioptionalität echten Konsumstress hervor. Immer weniger Zeit ist da, sich für eine Sache wirklich eingehend zu interessieren, immer mehr wird nur noch oberflächlich und kurz wahrgenommen, immer schneller muss man mit der Mode gehen. Die Zapping-Kultur des Fernsehens ist das augenfälligste – wenngleich kostengünstigste – Beispiel für diese Art der Wahrnehmung. Eine weitere Folge der Multioptionalität ist der unaufhaltsame Vormarsch der Unverbindlichkeit.

Verbindliche Autoritäten oder Ideologien* schrumpfen zusammen, die unüberschaubare Zahl der unverbindlichen Angebote wächst dagegen von Tag zu Tag. Um so schwerer fallen Entscheidungen, denn jede Entscheidung für etwas ist automatisch auch eine Entscheidung gegen etwas. Und das, was einem entgeht, wird immer größer und vielfältiger sein als das, für das man sich entscheidet. Die Folge ist das andauernde Gefühl, grundsätzlich etwas zu verpassen oder eine falsche Entscheidung getroffen zu haben. Wer kann mir schon beweisen, dass die Insel, auf der ich meinen Urlaub verbringen will, wirklich attraktiver ist als eine andere? Ich selbst jedenfalls nicht. ...

Deshalb suchen viele nach Ersatzverbindlichkeiten, Systemen, die in sich geschlossen und überschaubar sind. Die beiden wichtigsten sind die Szenen und die Parallelwelten. Szenen ermöglichen durch ihren jeweiligen Wertekatalog und das Vorbild Gleichgesinnter Halt und Orientierung. Doch eine übergreifende Sinnstiftung können auch sie nicht leisten, abgesehen von wenigen extremen Szenen, die das Leben ihrer Mitglieder vollständig einjustieren, wie zum Beispiel die Skinheads. Wer keiner so starken Einzelszene angehört, muss in mehreren Szenen gleichzeitig zu Hause sein. Deren Summe erhöht das Maß an Verbindlichkeit.

Klaus Janke / Stefan Niehues, 1995

Die Sozialwissenschaftler KLAUS JANKE *und* STEFAN NIEHUES *wollen Probleme der Jugendkultur der 90er-Jahre beschreiben.*

1. Halten Sie die Darstellung noch für aktuell?

2. Sammeln Sie Beispiele für „Multioptionalität".

Der Journalist HELMUT KREMERS *spricht von „leidiger" Vielfalt, K. Janke und S. Niehues vom „Vormarsch der Unverbindlichkeit".*

3. Teilen Sie diese eher skeptische Einschätzung von Pluralität?

Pluralismustheorien* beziehen sich auf moderne, demokratische Gesellschaften und die in ihnen geltenden Regeln im Umgang mit der Vielfalt von Interessen, Meinungen, Lebensformen.

4. Wie werden die hier und auf den folgenden Seiten erörterten Themen in Ihrem Politik- bzw. Sozialkundeunterricht behandelt?

➡ *Seiten 158f., 160f., 220f.*

Die Entwertung der Zeichen

Wenn man 1992/93 in den Großstädten die Augen aufhielt, konnte man den Eindruck bekommen, die deutsche Jugend sei wieder religiös geworden.
In Hamburg und Köln eröffneten Restaurants mit dem Namen „Wojtila", in denen man bei Kerzenschein auf altarähnlichen Tischen Köstlichkeiten wie „Nonnenschenkel" genießen konnte.
In allen Großstädten gab es plötzlich Kneipen, in denen kitschige Heiligenbilder in Plastikrahmen an der Wand hingen. Trendbewusste Szenegänger streiften über Flohmärkte, um bunt angemalte Madonnenstatuen fürs heimische Badezimmer aufzutreiben. Und Kreuze waren sowieso fester Bestandteil der Neo-Hippie-Kleidung.
Auch die Popstars zogen kräftig mit. In Videos von den Toten Hosen, Sting, P.M. Dawn, The Cult, Culture Beat, Snap und wie sie alle heißen, sah man tonnenschwere religiöse Symbolik.
Natürlich bedeutet das alles keine Renaissance des Glaubens. Es ist aber auch nicht bloß eine Spielerei, die zufällig zu Beginn der 90er-Jahre stattfindet.
Die Sakralwelle ist der logische Endpunkt einer Entwicklung, die durch das Zeitalter der Multioptionalität eingeleitet wurde: die Entwertung der Zeichen und Symbole.
Wohlgemerkt: Entwertung bedeutet nicht Beleidigung oder Blasphemie. Die Zeit, in der sich Jugendkultur kritisch mit Religion* auseinander gesetzt hat, ist vorbei.
Die Sakralwelle konnte erst entstehen, nachdem die Sample-Kultur erstarkt war.
Sample-Kultur ist nicht nur eine Technik, sondern gleichzeitig eine Ideologie*, die die freie Verfügbarkeit und Kombinierbarkeit aller Symbole predigt.
Sie besagt im Kern: Nichts ist heilig, mit allem darf man spielen. Unmittelbare Folge dieser Auffassung sind

Modernität pluralisiert!

Warum pluralisiert die Modernität? Einfach formuliert: Weil die Modernität alle traditionellen Strukturen untergräbt, die während des Großteils der Menschheitsgeschichte eine einheitliche Lebenswelt bewahrt haben.
Man kann das heute noch in Ländern der so genannten Dritten Welt beobachten. Da gibt es noch Dörfer, wo die Menschen noch heute so leben, oder fast so, wie ihre Vorfahren in vergangenen Jahrhunderten. Dieses Leben, in und aus einer Tradition, ist vor allem durch eine große Einheitlichkeit gekennzeichnet – die Menschen in so einem Dorf sehen ähnlich aus, sprechen dieselbe Sprache, haben denselben Glauben und dieselben moralischen Werte, und (wenn ich das so ausdrücken darf) absolvieren ihre Biografie in denselben Abschnitten und nach denselben Regeln. Und dann kann man beobachten, wie diese oder jene moderne Institution diese Einheitlichkeit stört, manchmal langsam, oft mit Schwindel erzeugender Geschwindigkeit. Eine Straße wird gebaut und auf einmal ist das Dorf mit einer früher entfernt empfundenen Stadt verbunden. Neue Waren, fremde Menschen, anders geregelte Lebensformen strömen nun in das Dorf ein. Umgekehrt entsteht nun die Möglichkeit, dass die Dorfbewohner sich in die Außenwelt begeben – als Arbeiter oder Schüler oder Soldaten. Dann eröffnen Institutionen der Außenwelt im Dorf selbst ihre Vorposten – eine Fabrik wird gebaut, eine Schule oder eine Polizeistation.
Fremde Menschen wohnen nun im Dorf – der Fabrikdirektor, der Lehrer, der Polizist – und Dorfbewohner, die draußen gelebt haben, kommen zurück und erzählen von der großen, fremden Welt. Die traditionelle Dorfkultur, in ihrer altgewohnten Einheitlichkeit, gerät ins Wanken. Die alten Angebote verlieren ihre Ausschließlichkeit. Neue Angebote entstehen in mehr und mehr Lebensbereichen. Oder man könnte es auch so beschreiben: Was früher ein *Gebot* war, wird nun *ein Angebot unter vielen*. ...
Die Modernität ist aber gekennzeichnet durch die Massivität der Pluralisierung, durch ihr ständiges Anwachsen aufgrund mächtiger Institutionen und durch ihr weltweites Ausmaß. Ich (erwähne) die wichtigsten dieser Institutionen – Marktwirtschaft, Staat, Schule, urbane Lebensformen, Medien der Massenkommunikation. Hier und dort können sich Menschen bestimmt gegen den Einfluss dieser Institutionen sträuben, aber in ihrem Gesamteffekt haben sie überwältigende Macht. ...
Auf der Ebene des Bewusstseins ist Tradition vor allem durch ihre Selbstverständlichkeit gekennzeichnet. Glaubensinhalte, Riten, Werte, Lebensregeln, soziale Hierarchien sind nicht Objekte der Reflexion, noch weniger der Wahl; sie sind selbst-

verständlich; man muss über sie nicht nachdenken und man hat ihnen gegenüber auch keine Wahl. Das ändert sich auf einmal. Was früher selbstverständlich war, wird nun befragt, in Frage gestellt durch das Eindringen und die andauernde Präsenz *anderer* Möglichkeiten zu denken, zu werten, zu leben. Die Ambivalenz dieser Erfahrungen liegt auf der Hand: Sie ist einerseits eine große Befreiung, andererseits eine tiefgründige Verunsicherung. Es ist leicht verständlich, dass dann in vielen Menschen eine Sehnsucht nach der alten Tradition entsteht: Im Dorf damals war sicherlich vieles nicht sehr schön, aber man wusste wenigstens, wo man stand; man lebte in einer sicheren, fest gefügten Welt; man wusste, wer man war.
Man kann das auch anders ausdrücken: *Pluralismus* relativiert*. Und noch einmal anders formuliert: *Die Modernisierung bedeutet einen gewaltigen Wandel von einer Welt, die durch das Schicksal bestimmt ist, zu einer Welt von Optionen.* Absolute Gebote; relative Angebote. Sich dem Schicksal fügen; sich eine Welt schaffen durch Akte freier Wahl. In diesen Alternativen ist der Unterschied zwischen traditioneller und moderner Existenz grell dargestellt. Damit sollte auch klar sein, warum der Wandel sehr ambivalente Reaktionen auslöst. Einerseits erleben Menschen eine große Befreiung. Verglichen mit Menschen in traditionellen Gesellschaften ist der moderne Mensch viel freier und viel entfremdeter, und er ist das eine, *weil* er das andere ist, und umgekehrt. ...
Katholik sein oder Buddhist sein, ist nun nicht mehr Schicksal; es wird zu einer von verschiedenen Möglichkeiten, somit mögliches Resultat einer bewussten Wahl.
Mit diesen Beispielen bin ich bei der Religion* angelangt und habe damit vielleicht schon das Wichtigste gesagt, das man vom Standpunkt der Sozialwissenschaft über die Beziehung von Religion und Pluralismus sagen kann: Religion ist keineswegs immun gegen die relativierenden Folgen der Pluralisierung. Die Modernität, gerade wegen ihrer pluralisierenden Prozesse, untergräbt die Selbstverständlichkeiten religiöser Traditionen wie auch aller anderen Traditionen. ... Die moderne Situation zwingt Menschen, zwischen verschiedenen religiösen Angeboten zu wählen. Ich habe diesen Zwang den „häretischen* Imperativ" genannt. ... Es tut mir Leid, Ihnen das sagen zu müssen, aber die moderne Situation macht aus uns allen Häretiker, in diesem Sinn: Auch eine Orthodoxie* – ja, gerade eine Orthodoxie – ist heute kein Schicksal mehr, sondern eine Option, Resultat einer mehr oder weniger freien Wahl!

Peter L. Berger, 1993

Werbeanzeigen mit rauchenden Nonnen oder mit blutgetränkter Soldatenkleidung aus dem Jugoslawien-Krieg. Sample-Kultur bedeutet das Ende der Ehrfurcht – mit einem zweischneidigen Ergebnis: Auf der einen Seite ermöglicht sie unverkrampfte Kreativität, die in der Lage ist, Tabus aufzubrechen.
Gleichzeitig führt sie dazu, dass überhaupt keine dauerhaften Symbole mehr aufgebaut werden können.

Klaus Janke / Stefan Niehues, 1995

Der Religionssoziologe PETER L. BERGER *trug seine Gedanken über Pluralismus und Modernität in einem Referat vor der Synode (dem „Kirchenparlament") der Ev. Kirche in Deutschland (EKD) im Jahre 1993 in Osnabrück vor.*

1. Welche Reaktionen vermuten Sie aus seinem Zuhörerkreis? Eher Zustimmung? Eher Ablehnung?

2. Erörtern Sie die „Entwertung der Zeichen" (K. Janke / S. Niehues) im Licht der These vom „Zwang zur Häresie*" (P.L. Berger).

3. Haben Sie dörfliche Vorfahren? Erforschen sie im Vergleich zu P.L. Bergers Beispiel eines Dorfes in der 3. Welt Ihre eigene Familiengeschichte. Fragen Sie Großeltern und Verwandte, wie sie den Übergang von dörflichen und religiösen Sitten zur gegenwärtigen Situation erlebt haben.

➡ *Seite 221*

Vom Schmelztiegel zur Salatschüssel

Ein Blick nach Amerika mag uns helfen, Maßstäbe und Kriterien für die eigene Debatte zu gewinnen. Dort wird seit Jahren erbittert darüber gestritten, ob der Schmelztiegel der Völker noch funktionieren kann – oder noch funktionieren darf. Auf der Linken war das Schmelztiegel-Konzept in Misskredit geraten. Stattdessen wurde nun die „Salatschüssel" angepriesen, in der die Bestandteile des Salats gemeinsam im *American dressing* schwimmen, sich aber nicht auflösen. *Diversity* lautete die neue Losung: Gepriesen sei die Vielfalt. Über der zum Dogma erhobenen Vielfalt, so befürchten viele, drohe die Einheit Amerikas in die Brüche zu gehen.

Mittlerweile schwingt in den Vereinigten Staaten das Pendel wieder zurück. Aufs Neue wird die verloren gegangene Idee der „Amerikanisierung" beschworen. Gegen den „Schmelztiegel" wird das Idealbild vom „Mosaik" gesetzt: eine Komposition aus Steinchen verschiedener Farbe und Form, zusammengehalten durch einen Zementuntergrund und einen Rahmen. Den Zement müssen Grundwerte bilden, die für alle verbindlich sind: das Bekenntnis zur demokratischen Grundordnung und zum Verfassungsstaat; praktizierte Toleranz; eine gemeinsame Sprache, die das Funktionieren und die Kohäsion der Gesellschaft fördert. Jeder kann seiner eigenen Religion anhängen; alle können die eigenen Tänze tanzen und die eigene Cuisine kochen; jegliche Gemeinde darf das kulturelle Erbe, die Folklore der alten Heimat pflegen.
Die überwölbende Gemeinschaft erträgt durchaus lebendige Untergemeinschaften – aber die Vielfalt hat sich in der Einheit zu bewähren.

Theo Sommer, 1998

„Multi-kulti" – viele Religionen auf engem Raum

Unter dem Stichwort „multikulturelle Gesellschaft" wird reflektiert, dass der *Pluralismus** am Ende des 20. Jahrhunderts noch einmal eine Steigerung erfährt: Es handelt sich nun nicht mehr „nur" um die Vielfalt sozialer und politischer Gruppen, um Interessenverbände und unterschiedliche Lebensstile, Weltanschauungen und Konfessionen. Mit dem Zustrom von Arbeitsimmigranten und ihren Familien seit den 60er-Jahren, mehr noch mit wachsenden Zahlen von Armutsflüchtlingen und Asylbewerbern von jenseits der Grenzen Europas, mit der wachsenden *globalen Mobilität* wächst nun die Vielfalt unterschiedlicher ethnischer und kultureller Herkünfte und Lebensgewohnheiten. Dazu gehört auch eine wachsende *religiöse* Vielfalt: Die multikulturelle Gesellschaft ist eine multireligiöse Gesellschaft. Oft ist gar nicht klar zu unterscheiden zwischen kulturellen und religiösen Unterschieden: Ist z. B. ein Kopftuch Zeichen der Herkunft aus einem dörflich-traditionellen Milieu in Anatolien oder Symbol eines Bekenntnisses zum Islam?
Im öffentlichen Streit um die multikulturelle Gesellschaft ist oft auch ein anderer Unterschied nicht erkennbar: Zwischen der Anerkennung von Multikulturalität als einem empirischen Faktum, das man realistischerweise nicht ignorieren kann, und dem normativen Plädoyer für Multikulturalität als Gewinn an Vielfalt und Offenheit.

Was bedeutet Multikulturalität?

Multikulturalität bezeichnet auf einer ersten Stufe das *Faktum*, dass innerhalb ein und desselben gesellschaftlichen Zusammenhangs unterschiedliche kulturelle Prägungen nebeneinander stehen. Doch Multikulturalität meint mehr als nur dies. Multikulturalität bedeutet vielmehr auf einer zweiten Stufe die begründete und bewusste *Bejahung* dieser Vielfalt. Multikulturalität im vollen Sinn liegt noch nicht vor, wo das Nebeneinander verschiedener Kulturen als auf Zeit oder Dauer unvermeidlich hingenommen wird; davon ist vielmehr erst dann zu sprechen, wenn Begegnung und Austausch zwischen den verschiedenen Kulturen gewollt, gefördert und gestaltet werden. Multikulturalität ist nicht nur ein Beschreibungs-, sondern ein Programmbegriff. „Multikulturelle Gesellschaft heißt: Mehrheit und Minderheit leben gleichberechtigt zusammen in gegenseitiger Achtung und Toleranz für die kulturell

unterschiedlich geprägten Einstellungen und Verhaltensweisen der jeweils anderen." (Beate Winkler). So verstandene Multikulturalität beruht auf zwei wichtigen Voraussetzungen: auf wechselseitiger Anerkennung und auf wahrgenommener Identität.
Multikulturalität beruht auf *wechselseitiger Anerkennung*: Nur wo Existenz und Eigenrecht der anderen Kulturen geachtet werden, kann sich Multikulturalität entfalten. Achtung vor der Würde des Menschen in der Person des Fremden, Toleranz gegenüber seinen Lebensformen, Gewaltfreiheit im Austrag des Konflikts unterschiedlicher Wahrheitsansprüche sind wie für die pluralistische* Gesellschaft insgesamt so auch für die multikulturelle Gesellschaft entscheidende Bedingungen. Sie beruht also auf einem Prozess der Verständigung über die elementaren Regeln einer Rechtsgemeinschaft, die wechselseitige Anerkennung ermöglicht und sicherstellt. Diese Regeln selbst können gerade nicht im Namen der Multikulturalität ins Belieben gestellt werden; über sie muss vielmehr zwischen den Kulturen ein Konsens erzeugt werden. ... Multikulturalität beruht sodann auf dem Vorhandensein und der Weiterentwicklung einer jeweils besonderen *Identität*. Wo besondere kulturelle Prägungen nicht bewusst gemacht und gepflegt, tradiert und weiterentwickelt, reflektiert und verändert werden, kann sich auch keine Multikulturalität bilden. Kultureller Austausch setzt kulturelle Besonderheit voraus. Das gilt auch für den Bereich der Religion*. Interreligiöse Gespräche leben davon, dass Menschen zusammentreffen, für die ihre jeweilige Religion eine gelebte Existenzform, eine individuell angeeignete Gestalt des Lebens ist. Der christliche Glaube trägt zur Multikulturalität nur bei, wenn er *als* christlicher Glaube erkennbar bleibt. Die Theologie* wirkt nur dann förderlich für die Entwicklung von Multikulturalität, wenn sie der besonderen Wahrheit eingedenk bleibt, die sie auszulegen hat. „Pluralistische" Religionstheorien dienen dann gerade nicht der Förderung von Multikulturalität, wenn sie einseitig das den verschiedenen Religionen Gemeinsame hervorheben, ohne zugleich nach dem ihnen jeweils Besonderen zu fragen.
Insofern ist Multikulturalität ein Gegenbegriff und ein Gegenentwurf zu dem Relativismus, der sich oft hinter der Verwendung der Formel versteckt. ... Der Austausch zwischen den Kulturen setzt deren Unterscheidung voraus. Nach dem Verbindenden zwischen den Kulturen kann nur fragen, wer auch deren Unterschiede zu benennen vermag.

Wolfgang Huber, 1993

1. Finden Sie im Text von W. Huber Kriterien dafür, wie sich „die Vielfalt in der Einheit bewähren" kann?

Wenn ich mich sicher fühlen kann, werde ich eine komplexere Identität erwerben, als es der Gedanke des Partikularismus nahelegt. Ich werde mich selbst mit mehr als einer Gruppe identifizieren; ich werde Amerikaner, Jude, Ostküstenbewohner, Intellektueller und Professor sein. Man stelle sich eine ähnliche Vervielfältigung der Identitäten überall auf der Erde vor und die Erde beginnt, wie ein weniger gefährlicher Ort auszusehen. Wenn sich die Identitäten vervielfältigen, teilen sich die Leidenschaften.

Michael Walzer, 1992

2. Halten Sie eine „Vervielfältigung der Identitäten" (M. Walzer) für realistisch? Spielen Sie diesen Gedanken mit Blick auf Ihre eigenen Gruppenzugehörigkeiten und Lebensgewohnheiten durch.

3. Inszenieren Sie ein Gespräch zwischen dem Theologen W. Huber, dem Journalisten Th. Sommer und dem Sozialwissenschaftler M. Walzer.

WOLFGANG HUBER, *geb. 1942, ist Professor für Evangelische Theologie und seit 1994 Bischof der Evangelischen Kirche Berlin/Brandenburg.*

➡ *Seiten 153, 166*

Grundrecht auf Provinzialität

In der neueren Diskussion um interkulturelle Theologie* und den „Dialog der Religionen" werden häufig illusionäre Einheitsvisionen formuliert. Bei vielen wohlmeinenden Theologen herrscht die Vorstellung, dass mit Hilfe neuer, dialogischerer Theologie die Fremdheit anderer Traditionen und Lebensformen aufgehoben werden kann.

Aber die entscheidende Frage auf dem Wege hin zu einer multikulturellen Gesellschaft zielt in die genau andere Richtung: Mit welchem Maß an irreduzibler Verschiedenheit sind wir zu leben bereit? Wie weit können wir die Andersheit von anderen ertragen? Was sind die Bedingungen für das Zusammenleben der vielen Verschiedenen?

Meine These ist: Multikultur bedeutet ein sehr viel höheres Maß an Divergenzen und Konflikten, als von den Anhängern einer multikulturellen Gesellschaft zumeist zugestanden wird. ... Zu einer liberalen, offenen Gesellschaft gehört auch das Recht, Partizipation zu verweigern.

In unserer parlamentarischen Demokratie kann niemand gezwungen werden, zur Wahl zu gehen. Das Recht darauf, sich den Partizipationserwartungen anderer zu verweigern, gilt in weitaus höherem Maße noch im gesamten Bereich der Kultur. Positiv gewendet:

Es gibt auch ein Grundrecht auf Provinzialität. In einer offenen Gesellschaft muss jeder das Recht haben, seine Kultur zu pflegen und für eine andere sich nicht zu interessieren. Solch ein Grundrecht auf Provinzialität zu fordern, hat freilich eine entscheidende Voraussetzung:

Die rechtliche Gleichbehandlung von Menschen unterschiedlicher Herkunft muss gesichert sein und immer neu gesichert werden.

„Kultur der Empfindlichkeit"?

Das Christentum enthält von Anbeginn ein multikulturelles Experiment. Das Neue Testament* berichtet von einem folgenreichen Konflikt, vom Streit des Petrus und des Paulus über die Beschneidung. Der Judenchrist Paulus weigert sich, die Heidenchristen der Beschneidung zu unterwerfen. Kulturelle Vielfalt soll auf dem Boden des Christentums gedeihen, das Christentum selbst soll ein Zusammenleben unterschiedlicher Kulturwelten zulassen und gestalten. Diese Vision enthält freilich eine sowohl für Religion wie für Kultur relevante Prämisse: Das Christentum hätte seinen Wahrheits- und Sendungsanspruch zu verbinden mit einer Kultur der Empfindlichkeit, mit der Kultur der Anerkennung der Anderen in ihrem Anderssein. Diese Kultur der Empfindlichkeit hätte nichts Sentimentales an sich, sie zielte nicht auf eine Verklärung und Romantisierung der fremden Anderen; es ginge nur darum, den Willen zur Macht und eine von ihm diktierte Logik der Beherrschung oder Angleichung im multikulturellen Experiment des Christentums auszuschließen.

Die Geschichte Europas ist kaum gekennzeichnet von dieser Kultur der Empfindlichkeit. Weitaus deutlicher sind die Spuren einer grandiosen Unempfindlichkeit Europas und des europäischen Christentums. Wann hätten die europäischen „Entdeckungen" nicht zu Eroberungen, sondern zu Begegnungen geführt?

Aus dem Traditionsgut des Christentums gibt es Vorgaben und Antriebe für die vermisste Kultur der Empfindlichkeit. Die Nächsten im biblischen Zentralgebot der Nächstenliebe sind ja nicht einfach die Nahen, sondern die Anderen, die fremden Anderen. Und das Gleichnis Jesu vom Weltgericht (Mt 25) enthält ein beunruhigendes Kriterium: Nicht wie wir über Gott denken, sondern wie wir uns zu fremden Anderen verhalten, entscheidet über Heil und Unheil, über Himmel und Hölle. Es gibt urbiblische Verhaltensimperative, die als Bausteine für eine Ethik* der Konvivialität*, für eine Ethik des multikulturellen Zusammenlebens gelten können und die die Kultur der Empfindlichkeit stützen. Gewiss, eine rein moralisierende Rhetorik rettet nicht vor der heute grassierenden Fremdenfeindlichkeit; sie wirkt am Ende eher kontraproduktiv. Viele Anwälte der Fremdenfreundlichkeit und der Multikulturalität verzichten deshalb überhaupt auf eine moralische Argumentation; sie betonen ausschließlich den Standpunkt der ökonomischen Nützlichkeit, bevorzugen die rein pragmatische Argumentation: „Achtet die Fremden, wir brauchen sie, wir selbst haben sie gerufen, sie fördern unseren Wohlstand, ohne sie würde unsere Wirtschaft zusammenbrechen." ... So wichtig und zutreffend diese Gesichtspunkte sind, sie machen die moralische Perspektive nicht überflüssig. Schließlich ist der

Fremde mehr und anderes als eine bloße Arbeitskraft. Und der Hass gegen ihn wäre auch dann verwerflich, wenn der Fremde nichts beitrüge zum Bruttosozialprodukt. Schon zeigt sich sporadisch, dass der Fremdenhass übertragen wird auf Behinderte, auf Alte und Kranke, kurzum auf alle, die man für „unnütz" hält.

Ohne eine Ethik der Konvivialität und ohne eine von ihr gestützte Kultur der Empfindlichkeit wird ein Miteinander unterschiedlicher Kulturwelten auf Dauer nicht gelingen können. Zu diesem Gelingen hätte jedoch ein Christentum, das sich an seiner Wurzel fasst, durchaus etwas beizutragen. Und so gerät das Problem, das uns hier beschäftigt, nicht nur zum Testfall für die Demokratie, sondern auch für die moralischen Reserven des Christentums.

Johann Baptist Metz, 1993

„Kultur der Unterscheidungen"?

Es gibt Anhänger des Multikulturalismus, die in ihm die angeborene Kraft sehen, die Demokratie erblühen zu lassen: Vielfalt statt Einfalt. Dieser Meinung sind wir nicht. Demokratie ergibt sich *nicht* umstandslos aus der multikulturellen Situation. Demokratie braucht ein gemeinsames Verständnis verbindlicher Werte, über die Einigkeit hergestellt werden muss. Es liegt auf der Hand, dass Zuwanderer – die ja bisher nicht Teilhaber der Wertegeschichte der neuen Gesellschaft waren – dieses Verständnis vorerst nicht immer teilen werden. Die Einwanderungsgesellschaft muss daher auch diese wichtige Seite der Integration ermöglichen, fördern, organisieren.

Dabei ist es nicht hilfreich, wenn die Mehrheitsgesellschaft den Einwanderern Integration als Assimilationsleistung abverlangt. Und ebenso wenig hilfreich ist es, wenn versucht wird, das Besondere der Einwanderer gegen die Mehrheitsgesellschaft auszuspielen. Das eine produziert aller Voraussicht nach den ethnisch verkleideten Protest der Mehrheitsgesellschaft und insbesondere ihrer Unterschichten. Sinnvoller ist hier der Mittelweg. Auf ihm könnte die Vernunft eine Chance gegenüber den Emotionen bekommen.

Nur scheinbar ein Paradox: Wenn im Einwanderungsland die Integration der einstmals Fremden möglich sein soll, dann ist es ratsam, sparsam mit der Fremdenseligkeit umzugehen. Denn wir lieben sie nicht, die Fremden ... wir lieben Unterscheidungen.

Daniel Cohn-Bendit / Thomas Schmid, 1992

Auf dieser Ebene, der Ebene des Rechtsschutzes des Einzelnen, darf es jene Beliebigkeit nicht geben, die Kultur und Lebensführung der vielen Einzelnen prägt. Die Kunst multikultureller Verständigung besteht gerade darin, beides zugleich zu sichern: die Universalität eines Menschenrechtsethos und die Provinzialität der vielen individuellen Lebensstile.

Friedrich Wilhelm Graf, 1991

1. Schreiben Sie ein „Drehbuch" für einen Disput zwischen J.B. Metz und F.W. Graf.

2. „Unterscheidungen" (D. Cohn-Bendit / T. Schmid) oder „Konvivialität" (J.B. Metz) – Ist das eine Alternative?

3. Wenden Sie die unterschiedlichen Auffassungen über Integration und Assimilation, die Sie bei T. Sommer (siehe Seite 256), F. W. Graf und D. Cohn Bendit / T. Schmid herauslesen können, auf ein praktisches Problem multikulturellen Zusammenlebens in Ihrer Umgebung an.

F.W. GRAF *(geb. 1948) ist evangelischer,* J.B. METZ *(geb. 1928) ist katholischer Theologe.*
D. COHN-BENDIT *(geb. 1945) war 1968 Leitfigur der Studentenrevolte; seit 1999 ist er Mitglied der Fraktion „Die Grünen" im Europa-Parlament.*
T. SCHMID *(geb. 1945) ist Buchautor und Journalist; zurzeit Chefkorrespondent der Zeitung „Die Welt".*

In einem Interview in der Zeit vom 16.7.1998 wurde die zuständige Kultusministerin ANNETTE SCHAVAN *nach ihren Gründen im „Fall Ludin" befragt:*

ANNETTE SCHAVAN: Es geht nicht darum, wie irgendwer ... ein Kopftuch interpretiert. Maßgeblich ist allein die Debatte um das Kopftuch und die Praxis des Kopftuchtragens innerhalb der islamischen Religionsgemeinschaft. Erstens gehört das Tragen des Kopftuches nicht zu den religiösen Pflichten einer islamischen Frau, deshalb benutzen weltweit die allermeisten muslimischen Frauen kein Kopftuch. Zweitens ist das Kopftuch – und dies sagen uns selbst viele Islamwissenschaftler – nicht allein ein religiöses Symbol, sondern auch ein Zeichen kultureller und zivilisatorischer Abgrenzung. ... Ich weiß aus vielen persönlichen Briefen und Berichten der Schulen, dass auch in Deutschland immer noch Mädchen und Frauen gezwungen werden, ein Kopftuch zu tragen. Eine kopftuchtragende Lehrerin wäre für diese Mädchen ein fatales Signal. ...

ZEIT: Würden Sie so auch bei einem christlichen Lehrer argumentieren, der ein Kreuz am Hals trägt? Oder einem jüdischen Lehrer, der eine Kipa [jüdische Kopfbedeckung] aufsetzt?

A. SCH.: Weder dem Kreuz noch der Kipa haftet etwas Zweideutiges an. Sie sind hierzulande keine Symbole kultureller Abgrenzung. Niemand kommt auf die Idee, einen Mann oder eine Frau zu zwingen, ein Kreuz oder eine Kipa zu tragen.

Streitfall Kopftuch – nur ein Stück Stoff?

1989 wurde in Frankreich erbittert darüber gestritten, ob muslimische Schülerinnen in der Schule ein Kopftuch tragen dürfen. In Frankreich gilt die weltanschauliche Neutralität des Staates – und damit auch öffentlicher Schulen – noch strikter als in Deutschland (Prinzip des „laizistischen"* Staates): *Alle* religiösen Bekenntnissymbole sind aus der Schule verbannt. Aber handelt es sich beim Kopftuch überhaupt um ein religiöses Symbol? Wird nicht im Bewusstsein muslimischer Mädchen und Frauen oft erst durch ein Verbot aus einem Stück Stoff – einer kulturellen Sitte – ein demonstratives religiöses Bekenntnis?
1998 wurde in Baden-Württemberg der deutschen Staatsangehörigen FERESHTA LUDIN nach ihrer erfolgreichen Ausbildung als Grundschullehrerin die Übernahme in den Staatsdienst verwehrt. Frau Ludin ist Muslimin afghanischer Herkunft. Religiöse Einflussnahme oder gar Indoktrination konnte ihr nicht vorgeworfen werden. Der „Fall Ludin" wurde öffentlich als Testfall für religiöse Toleranz heftig diskutiert. Anders als in Frankreich steht dabei allerdings kein generelles Kopftuchverbot an Schulen etwa auch für Schülerinnen zur Debatte.

Lehrerin mit Kopftuch darf nicht unterrichten

Oberschulamt Stuttgart lehnt Einstellung einer Muslimin ab

Die muslimische Referendarin Fereshta Ludin, die darauf beharrt, beim Unterricht in der Schule ihr Kopftuch nicht abzunehmen, wird nicht in den Schuldienst des Landes Baden-Württemberg übernommen. Das hat das Oberschulamt Stuttgart nach einem Gespräch mit der 25 Jahre alten Lehramtsanwärterin, einer deutschen Staatsbürgerin afghanischer Herkunft, entschieden.
Kultusministerin Schavan (CDU) sagte am Montag, ein generelles Kopftuchverbot an den Schulen und Hochschulen, wie es die rechtsradikalen Republikaner gefordert hatten, werde es nicht geben, weil es sehr wahrscheinlich verfassungswidrig wäre. Zum Fall Ludin bemerkte die Ministerin, die junge Frau habe angekündigt, nach ihrer Übernahme in den Schuldienst wolle sie im Unterricht ihr Kopftuch tragen. Das Kopftuch sei Merkmal ihrer Persönlichkeit, nicht Ausdruck ihres Glaubens.

Das sehen viele Landespolitiker anders, darunter auch Kultusministerin Schavan. Eine Lehrerin, so Frau Schavan, müsse als erzieherisches Vorbild und als Repräsentantin des Staates sowie seiner Werte und Normen wirken. Dazu gehöre auch die Toleranz. Wer zu Toleranz erziehen wolle, müsse sie auch vorleben. Toleranz gründe auf Gegenseitigkeit. Die Kultusministerin, die auch Vizepräsidentin des Zentralkomitees der Deutschen Katholiken ist, gibt zu bedenken: „Gerade dann, wenn in einer Gesellschaft Menschen, die zu verschiedenen Religionen und Kulturen gehören, friedlich miteinander leben sollen, gewinnt eine auf Gegenseitigkeit beruhende Toleranz an Bedeutung und ist Grundlage für das Zusammenspiel der verschiedenen Freiheiten. Sozialer Friede kann gefährdet werden, wo religiöse Symbole auch als politische vereinnahmt werden und als Symbol kultureller Abgrenzung eingesetzt werden können."
Der Islam müsse, wie auch Christentum und Judentum, darauf bedacht sein, sich vor politischer Instrumentalisierung zu schützen und seinen Beitrag zum Frieden in der Welt zu leisten. Dazu gehöre auch, sich wechselseitig zu achten „und weltweit Sorge dafür zu tragen, dem Respekt vor einem anderen als dem eigenen religiösen Bekenntnis Raum zu geben." Von allen Religionsgemeinschaften müsse erwartet werden, sagte Frau Schavan, dass ihre Mitglieder bei ihrer religiösen Praxis und ihrem Anspruch auf Entfaltung der Persönlichkeit im Rahmen eines öffentlichen Amtes auch die Wirkung auf andere Mitglieder der eigenen Religionsgemeinschaft und die Mitglieder anderer Religionsgemeinschaften bedenken. Das gelte auch für Frau Ludin.
Zur Begründung, warum Fereshta Ludin in Baden-Württemberg nicht als Lehrerin eingestellt wird, sagte die Ministerin: „Aufgrund ihrer Vorbildfunktion, die sie als Repräsentantin des Staates innehat, muss von Frau Ludin erwartet werden können, dass sie unabhängig von ihrer eigenen Überzeugung um die tatsächliche Gefahr der Vereinnahmung des Kopftuches auch als politisches Symbol weiß und die damit verbundene Signalwirkung, nicht zuletzt für die Situation anderer Frauen im Islam, sieht. Durch diese Entscheidung macht sie deutlich, dass ihr die Eignung fehlt, die öffentliche Signalwirkung ihrer persönlichen Entscheidung zu berücksichtigen."
Eine Rolle gespielt hat nach Angaben der Ministerin auch die islamische Diskussion um die Bedeutung des Kopftuchs als Symbol für kulturelle Abgrenzung und politische Überzeugung. Das Tragen eines Kopftuchs gehöre nicht zu den religiösen Pflichten einer Muslimin, was sich auch daraus ableiten lasse, dass die Mehrheit der muslimischen Frauen kein Kopftuch trage.

Frankfurter Allgemeine Zeitung v. 14.7.1998

Viele Studentinnen wissen aus eigener Erfahrung, was Diskriminierung im Alltag bedeutet. Sie haben gespürt, dass der soziale Status ihrer kopftuchtragenden Mütter gering war. Ihre Töchter, die es innerhalb einer Generation geschafft haben, eine Universität zu besuchen, tragen das Kopftuch gewissermaßen mit Stolz. Schaut her, ihr Deutschen: Wer ein Kopftuch trägt, ist nicht die geborene Putze.

*Türkische Studentin,
Die ZEIT v. 27.7.98*

Ist das Kopftuch ein Diskriminierungsanlass oder ein Integrationshindernis, das muslimischen Mädchen oft aufgezwungen wird?
Dagegen ist von Musliminnen manchmal zu hören, sie würden ein Kopftuch gerade aus einem gewissen Selbstbewusstsein, einem Stolz auf ihre religiöskulturelle Besonderheit tragen. So gesehen ist es ein Zeichen der „Emanzipation" gegenüber Assimilationserwartungen.

1. Befragen Sie, wenn möglich, zu diesem Thema muslimische Mitschülerinnen. Tragen Sie Meinungen zusammen und stellen Sie die verschiedenen Positionen in einer Übersicht zusammen.

2. Fragen Sie auch danach, ob der Koran* zur Begründung für die Bedeckung des Kopfes dient. Lesen Sie ggf. die entsprechenden Stellen im Koran und bitten Sie Muslime um Interpretation und Erläuterung.

Grenze der Bekenntnisfreiheit?

Wer durch die Kleidung, in diesem Fall das Kopftuch, die eigene Überzeugung plakatiert, der oder die lädt eben gerade nicht zum Diskurs ein, sondern konfrontiert nur und tut damit der Demokratie und dem Diskurs in der Schule gerade keinen Gefallen. ... Verfassungsrechtlich gesprochen findet die positive Bekenntnisfreiheit der einen die Grenze dort, wo die negative Bekenntnisfreiheit der anderen tangiert ist. Schule ist eben kein Rathaus und kein Bankschalter, sondern für Schülerinnen und Schüler ist die Schule eine Pflichtveranstaltung. Sie müssen hingehen und sie können sich ihre Lehrkraft nicht aussuchen. Das muss im Gegenzug heißen, dass die Lehrkraft dann aber auch zu einer gewissen Zurückhaltung verpflichtet ist.

Birgit Bender (Die Grünen, im Stuttgarter Landtag)

Man bewundert die Kraft junger türkischer Frauen, die sich ihre Emanzipation erkämpfen. Nicht die Rede ist von dem Mut, den ein Mädchen aufbringen muss, das in einer Umgebung, wo alles entblößt und verkauft wird, nur verschleiert auf die Straße gehen will.

Frankfurter Allgemeine Zeitung v. 15.7.1998

Vorsicht ist auch geboten mit dem oft gehörten Argument, der Koran* verlange das Kopftuch nicht. Experten äußern sich dazu unterschiedlich. Jedenfalls kann man es für anmaßend halten, wenn der deutsche Staat einer Muslimin vorzuschreiben versuchte, wie eng oder wie lax sie für sich den Koran auszulegen hat.

Frankfurter Rundschau v. 16.7.1998

Schon immer durften Lehrerinnen und Universitätsdozentinnen in der Türkei kein Kopftuch tragen. Nun ist entschieden worden, dass auch Studentinnen das auf dem Campus vom kommenden Studienjahr an nicht mehr dürfen. ... Im Fall der Lehramtskandidatin Fereshta Ludin, die in Baden-Württemberg nicht in den Staatsdienst übernommen wurde, weil sie sich weigerte, im Unterricht das Kopftuch abzunehmen, haben Sprecher der Muslime in Deutschland in teilweise unangemessener Form über „Diskriminierung" geklagt. Diskriminieren sich die Muslime in der Türkei nun selbst? In Deutschland kann das Kopftuch tragen, wer will. Das ist tolerant. Er darf nur nicht Lehrer sein. In der Türkei, wie gesagt, war das schon immer so.

Frankfurter Allgemeine Zeitung v. 11.9.1998

Ganz und gar unpassend ist es, Frau Ludin kurzerhand das Recht aufs Kopftuch abzusprechen mit dem Hinweis, dass umgekehrt eine christliche Lehrerin in islamischen Ländern keine Chance hätte, ein Symbol ihres Glaubens offen, womöglich demonstrativ herzuzeigen. Ein solches auf Vergeltung basierendes Prinzip der Aufrechnung käme dem Gesetz des Dschungels gleich und hat jedenfalls in freiheitlich-rechtsstaatlichem Denken, das uns kostbar sein sollte, nichts zu suchen.

Frankfurter Rundschau v. 16.7.1998

Ich wünschte, Frau *Ludin* wäre die Lehrerin meiner Enkelkinder. Ich habe Respekt vor einer Frau, die für etwas steht und die sich ihre Überzeugung etwas kosten lässt. Sie setzt ihre Möglichkeiten zu arbeiten aufs Spiel. Vielleicht ist Religion nur da überzeugend, wo sie mit Bekenntnis und Risiko verbunden ist.
Frau *Ludin* will nicht missionieren, das bestätigen ihr alle. Was muss sie für eine gute Lehrerin sein, wenn sie fähig ist, Gesicht zu zeigen, und wenn sie darauf verzichten kann, andere in ihre eigenen Lebenskonzeptionen zu zwingen!
Mich als Christen ärgert an der Entscheidung von Stuttgart die Intoleranz einem anderen religiösen Entwurf gegenüber. Ich warte auf eine Kirche, die als Erste eintritt für die Freiheit einer Geste, wie sie die württembergische Lehrerin versucht hat, für die Freiheit eines fremden Glaubens. Das wäre eine Kirche, die fähig wäre, den eigenen Siegeszwängen zu entsagen.
Wenn all dies bedacht ist und wenn Frau *Ludin* ihre Freiheit gewonnen hat zu zeigen, wer sie ist, dann möchte ich ihr eine Frage stellen: Ich möchte sie fragen, ob sie sich vorstellen könnte, aus Solidarität mit muslimischen Schülerinnen, die von Fundamentalisten bedrängt werden, auf das Kopftuch zu verzichten. Türkische Schülerinnen haben mir dieses erzählt: „Man hat uns

gesagt, dass wir in die Hölle kommen, wenn wir kein Kopftuch tragen. Dann käme eine Schlange und kröche von unten in uns hinein und würde uns von innen her auffressen." Ich möchte Frau Ludin auch fragen, ob es ihr nicht doch wichtiger ist, als gute Lehrerin in der Schule zu arbeiten als im Kopftuch auf dem Recht auf sich selbst zu beharren. Aber diese Fragen stelle ich erst, wenn ihre Freiheit in unserem Land garantiert ist.

Fulbert Steffensky, 1999

Zur Information: Bekleidungsvorschriften im Koran*

Die erste der Koranstellen, die sich überhaupt mit Bekleidungsvorschriften befassen, enthält wenig mehr als eine allgemeine Aufforderung an die gläubigen Männer und Frauen, gebührende Scham im Umgang miteinander walten zu lassen, und sie wird dabei nur im Fall des Schmucktragens der Frauen konkreter: *„Sprich zu den gläubigen Männern, dass sie ihre Blicke zu Boden schlagen und ihre Keuschheit wahren sollen. Das ist reiner für sie. ... Und sprich zu den gläubigen Frauen, dass sie ihre Blicke zu Boden schlagen und ihre Keuschheit wahren und ihren Schmuck nicht zur Schau tragen sollen – bis auf das, was davon sichtbar sein darf, und dass sie ihre Tücher über ihre Kleidungsausschnitte ziehen ... sollen."* (Sure 24,30f.)

Diese Verse gehen davon aus, dass die Frauen – wie die Männer – bereits sittsam gekleidet sind, so dass sie in keiner Weise sexuell provozieren, ohne dass jedoch ein bestimmtes Kleidungsstück (wie etwa der Schleier) vorgeschrieben würde. Das geschieht auch in der zweiten einschlägigen Stelle nicht, wo die anständige Kleidung zum Ausweis einer ehrbaren Frau erklärt wird – wiederum in der Absicht, diese vor unberechtigtem männlichen Zugriff zu schützen: *„O Prophet! Sprich zu deinen Frauen und deinen Töchtern und zu den Frauen der Gläubigen, sie sollen ihre Übergewänder reichlich über sich ziehen. So ist es am ehesten gewährleistet, weil sie (dann) erkannt und nicht belästigt werden."* (Sure 33,59) ... Von einer bestimmten Form der Verhüllung des weiblichen Körpers oder auch einzelner Teile, beispielsweise durch den Gesichtsschleier, ist im Koran jedenfalls nicht die Rede. ... Weder der persische Tschador noch das türkische Kopftuch, das bei uns gelegentlich für Schlagzeilen sorgt, sind als solche typisch islamische Kleidungsstücke. Sie sind landschafts- und volksspezifischer Ausdruck von traditionellen Scham- rsp. Keuschheitsvorstellungen.

Ralf Geisler, 1997

1. Vergleichen Sie F. Steffenskys Anmerkungen zum „Fall Ludin" mit seinen Ausführungen zum interreligiösen Dialog (Seite 264f.): Inwiefern hält er sich an seine eigenen Grundsätze?

2. Inszenieren Sie eine Pro- und Kontra-Debatte zum „Fall Ludin". Ergänzen Sie die hier dokumentierten Meinungen durch eigene Recherchen über Kleidungsvorschriften im Islam, über den öffentlichen Umgang mit religiösen Bekenntnissen und Symbolen in islamischen Ländern und über die Grundgesetz-Regeln zur „positiven" und „negativen" Religionsfreiheit.

3. In einer Projektwoche können Sie den Versuch machen, eigene Erfahrungen zu sammeln: Schülerinnen Ihrer Lerngruppe kleiden sich mit einem Kopftuch und gehen in die Öffentlichkeit (Geschäfte, Bankschalter, Behörden ...). Der Reflexion ihrer Selbstwahrnehmungen können Beobachtungen von begleitenden Mitschülern dienen.

FULBERT STEFFENSKY *erläutert sein Plädoyer für „Kenntlichkeit" mit einem Beispiel:*

In einer Stadt war der Religionsunterricht eines Trimesters zu einer Art Blockseminar zusammengefasst, das in einer Jugendbildungsstätte stattfand. Auf dem Weg zu jenem Tagungsheim fragte ein Schüler einen begleitenden Pfarrer: „Werden wir dort auch beten?" Der Pfarrer versicherte ihm rasch: „Nein, ihr braucht da nicht zu beten."
Ein Erziehungswissenschaftler, der nicht Christ war, begleitete die Gruppe und hörte die Antwort des Pfarrers. Erbost fragte er ihn, ob er kein Deutsch verstehe. Der Schüler habe nicht gefragt, ob sie dort beten müssten. Ein Großstadtschüler fragte dies so leicht nicht.
Er habe eine Informationsfrage gestellt: Werden wir dort beten? Eine Frage der Neugier. Vielleicht stecke sogar ein Stück Erwartung in dieser Frage. Der Pfarrer aber, ungewiss in seinem Metier und misstrauisch seinen eigenen Traditionen gegenüber, konnte dies nur als eine abwehrende Frage verstehen.

Überlegen Sie:

a) Sind Sie in Ihren religiösen oder weltanschaulichen Überzeugungen „kenntlich"?

b) Wie reagieren Sie auf religiös „kenntliche" Menschen?

Dialog und Unterscheidungen
Kenntlich sein

Man muss daran erinnern, dass die Partner eines jeden Dialogs erkennbar sein müssen. Man will und man *kann keinen Dialog mit jemandem führen, der unkenntlich ist und der sich seiner Eigentümlichkeit enteignet hat.*
Zum Dialog gehören Partner, die voneinander verschieden sind, die Eigentümlichkeiten haben und deren Grenzen erkennbar sind. Dialog setzt voraus, dass Menschen sich ihrer selbst halbwegs gewiss sind; dass sie in vorläufiger Sicherheit sagen können, wer sie sind, was ihre Geschichte ist und was zu ihnen gehört. Sie müssen sagen können, was ihre Haupttexte und was ihre Hauptlieder sind, was sie lieben und was sie verachten.
Der symbiotische Wunsch, alle Grenzen niederzureißen und ineinander zu fließen unter Verleugnung aller Unterschiedenheit, zerstört die Sprachfähigkeit. Es ist verständlich, dass wir so skeptisch gegen Grenzen sind, an denen sich Gruppen mit feindlichen Absichten gegenüberstehen. Aber eine Grenze muss nicht feindlich sein. Sie unterscheidet. In der Unterschiedenheit werde ich erkennbar und deutlich, mir selbst und den anderen.
Kenntlich sein heißt, ein Verhältnis zu den eigenen Traditionen zu haben. ... Ein Dialog mit einem Buddhisten, der zur Vorbereitung auf unseren Dialog seinen Buddhismus abgestreift hätte, würde mich nicht interessieren. Ja, ich könnte ihm nicht einmal glauben. Wie aber kann man uns glauben und wie kann man mit uns reden wollen, wenn andere uns als immer schon geschleifte Burgen erleben? In dieser neuen Selbstlosigkeit können andere uns nicht entdecken und nicht stärker werden an uns. Wenn wir ihnen als freundliche Un-Wesen gegenübertreten, dann kann der Buddhist an uns nicht mehr Buddhist werden. *Denn das Ziel eines Dialogs ist ja nicht, dass man sich etwa in der Mitte zwischen zwei Lagern trifft. Das Ziel ist, dass jedem zu seiner geläuterten Eigentümlichkeit verholfen wird. ... Eine dialogfähige Welt ist nicht gezwungen, sich als einzigartig aufzufassen. Ihr ist es erlaubt, endlich und begrenzt zu sein. Sie weiß, dass Gott in den Dialekten spricht und dass auch die Hoffnung ihre Lieder in Mundarten singt.* Sie nimmt sich die Freiheit heraus, nicht absolut zu sein. Das ist eine Lebenserleichterung für uns selber und schafft zugleich Lebensraum für andere Dialekte der Hoffnung. Der Mensch, der sich von der Last, absolut und einzigartig sein zu müssen, befreit hat, versucht nicht aus den vielen Glaubensmundarten eine abstrakte Generalsprache der Hoffnung zu konstruieren, also eine Art religiöses Esperanto.

Im Bewusstsein seiner Begrenztheit bleibt er auch nicht in überlegener und gleichmäßiger Schwebe über den verschiedenen Glaubenssprachen. Er beheimatet sich in einer Sprache und diese Mundart wird dann für ihn zur biografisch vorrangigen und nicht austauschbaren Sprache. Wenn ich mich also entscheide, Christ zu sein, werden mir die Texte dieser Tradition mehr sagen, und ich werde stärker auf sie hören als auf die Texte anderer Traditionen. In meiner Entscheidung habe ich dieser Tradition Autorität verliehen, und unter diese Autorität beuge ich mich nun. In der Option für das Christentum habe ich mir eine Grenze gesetzt: Nicht alle Texte sind in gleicher Weise meine Texte, nicht alle Lieder sind in gleicher Weise meine Lieder. Die Ur-Lieder sind eben die der Tradition, für die ich mich entschieden habe. Die Grenze ist nicht völlig undurchlässig. Ich kann andere Glaubensentwürfe wahrnehmen. Ich kann vielleicht auch die geschwisterliche Nähe jener Entwürfe zu meinen eigenen erkennen. Aber ich gehöre in meinen gewählten Sprachraum. Ich bin also weder Jude noch Buddhist noch Muslim. Ich bin Christ.

Dies sage ich gegen die neue Mode der auf Zeit und aus allerlei Versatzstücken zusammengebastelten religiösen Identität. Man eilt von der Fronleichnamsprozession zum Sufi-Camp und zur indianischen Schwitzhütte mit der Gitarre unter dem Arm für die jiddischen Lieder. Je weniger man im eigenen Haus beheimatet ist, desto mehr neigt man dazu, Dauergast in anderen Häusern zu sein.

Bösartig formulierend könnte man sagen: Wo man nicht religiös ist, ist man wenigstens interreligiös. Inzwischen fangen übrigens Buddhisten und Juden an zu protestieren gegen die Dauercamper in ihren Gärten. ...

Ein zentraler Glaube unserer Tradition ist die Lehre von der Gnade. Dieser Gedanke heißt nicht, dass Gott groß ist, der Mensch aber klein und dass dieser Höhenunterschied durch die Gnade ausgeglichen wird. Diese Tradition heißt vielmehr: Das, wovon wir eigentlich leben, können wir nicht selber herstellen nicht die Liebe, nicht die Freundschaft, nicht die Vergebung. Wir sind davon befreit, unsere eigenen Autoren zu sein. Wir sind davon befreit, uns in der eigenen Hand zu bergen. In einer Anwendung dieses Gedankens kann ich mir zum eigenen Trost und zur eigenen Entlastung sagen: Ich muss nicht besser sein, ich muss nicht siegen. Ich habe einen Namen, ich muss mich nicht dauernd durch Siegen namhaft machen. Ich darf die Tradition schätzen, die hinter meinem Namen steht; ich kann zu dieser Tradition stehen, ohne andere Traditionen niedermachen zu müssen. Und ich muss auch nicht meine eigene Tradition niedermachen, damit ich die anderen schätzen kann. Nicht siegen müssen und nicht sich selbst verleugnen müssen – welche Freiheit und welche Schönheit!

Fulbert Steffensky, 1997

1. Stellen Sie einen Katalog von Regeln für den Dialog zwischen verschiedenen Religionen und Weltanschauungen zusammen.

2. „Wir sind davon befreit, unsere eigenen Autoren zu sein." Halten Sie diese „Befreiung" für wünschenswert?

FULBERT STEFFENSKY *gehörte zunächst dem Benediktiner-Orden an, bevor er zum Protestantismus konvertierte. Er war Professor für Religionspädagogik in Hamburg.*

1. Vergleichen Sie die These, ohne unterschiedliche Wahrheitsansprüche bräche der Pluralismus zusammen, mit den Beschreibungen von „Multioptionalität" und der „Entwertung der Zeichen" in der Jugendkultur (siehe Seite 252f.).

2. Welche Schlussfolgerungen sind aus der Beobachtung zu ziehen, dass Pluralität heute oft mit dem Verzicht auf Wahrheitsüberzeugungen verbunden ist?

Regeln der Toleranz – Grenzen der Toleranz

Der Pluralismus* hängt (auch) daran, dass bestimmte Wahrheitsansprüche erhoben und über sie diskursiv gestritten wird. Wenn alle sagen würden, angesichts des allgemeinen Pluralismus lohne es sich gar nicht erst, nach einer bestimmten Wahrheit zu fragen und eine gelebte Lebensorientierung auch öffentlich darzustellen – und deswegen verzichten wir von vornherein darauf –, gäbe es keinen Pluralismus, weil ihm sein Substrat entzogen würde, nämlich die Wahrheitsorientierung der Verschiedenen. Dann bräche der Pluralismus zusammen.
Insofern ist das Vorhandensein bestimmter Wahrheitsorientierungen und der öffentliche Diskurs über sie eine entscheidende Voraussetzung des Pluralismus, von der gilt, dass der Pluralismus selbst sie nicht hervorbringen kann. Der öffentliche Austrag dieser Differenzen bemisst sich in der Gesellschaft nur an Verfahrensregeln, nicht an inhaltlichen Vorgaben, abgesehen von denen, die in den Verfahrensregeln eines fairen Streits um Wahrheitsansprüche selbst enthalten sind und das sind die Achtung der Menschenwürde, Toleranz und Gewaltfreiheit.

Wolfgang Huber, 1991

Wie verträgt sich der schärfste Widerspruch gegen die Unwahrheit mit der Freiheit, auch den Lügner zu lieben? Meines Erachtens müsste – im Sinne des Paulus – etwa die folgende Antwort gegeben werden: Die Intoleranz gegenüber der Unwahrheit vereinbart sich mit der Liebe zum Lügner genau so, dass der Lügner von seiner Lüge unterschieden wird. Genau genommen ist diese Unterscheidung selbst schon ein Vollzug der Liebe. Und dies deshalb, weil der Lügner nicht auf seine Lüge festgelegt wird. Die Unterscheidung vollzieht sich eben darin, dass der Vertreter der Unwahrheit im gleichen Maße akzeptiert wird, wie die Unwahrheit selbst kompromisslos bekämpft wird. Dasselbe hätte auch hinsichtlich der Unterscheidung des Bösen von seiner Bosheit, des Hasses von seinem Hass, des Irrenden von seinem Irrtum oder des Feindes von seiner Feindseligkeit zu gelten. Der Existenzraum des Feindes wird genau dort geschaffen, wo er von seiner Feindseligkeit unterschieden wird. Eine derartige Unterscheidung bildet meines Erachtens eine tragfähige Grundlage für eine Toleranz, die nun nicht mehr darauf angewiesen ist, sich selbst Grenzen zu setzen.

Hans Weder, 1982

Der Theologe HANS WEDER *erörtert das Problem der Toleranz, indem er das christliche Liebesgebot mit dem gleichfalls christlich begründeten Anspruch auf Wahrheit bzw. Wahrhaftigkeit konfrontiert.*

3. Überzeugt Sie seine Lösung des Problems?

4. Suchen Sie nach Beispielen für tolerantes Handeln, das sich selbst keine Grenzen setzt.

Sollte jeder tun, was ihm beliebt?

Jeder sollte tun, was ihm beliebt, ist ... eine zweideutige Regel. Sie kann meinen: Jeder soll mit dem Belieben der anderen umgehen, wie es ihm selbst beliebt, friedlich und tolerant oder gewalttätig und intolerant. Sie kann auch meinen, jeder soll das Belieben der anderen respektieren. Eine solche allgemeine Toleranzforderung schränkt aber das eigene Belieben gerade ein. Man muss sich klarmachen, dass Toleranz keineswegs die selbstverständliche Konsequenz des moralischen Relativismus ist, wie es oft behauptet wird. Toleranz gründet vielmehr in einer sehr bestimmten moralischen Überzeugung, und zwar einer Überzeugung, für die Allgemeingültigkeit verlangt wird. Der moralische Relativist kann demgegenüber sagen: „Warum soll ich tolerant sein? Jeder soll nach seiner Moral leben. Meine Moral erlaubt mir Gewalttätigkeit und Intoleranz."
Man muss also schon eine bestimmte Idee von der Würde jedes Menschen haben, um die Forderung der Toleranz einleuchtend zu finden. Im Übrigen aber genügt die Toleranzanforderung keineswegs, um die Konflikte zwischen den Wünschen des einen und denen des anderen zu lösen. Manche Wünsche sind einfach miteinander unverträglich. So wie es in mir selbst widerstreitende Wünsche von verschiedenem Rang gibt, so können auch die Wünsche verschiedener Personen von verschiedenem Rang sein. Es ist weder immer gut, den eigenen Wünschen den Vorzug zu geben, noch denen des anderen. Auch hier muss man wissen, welche Wünsche des einen mit welchen Wünschen des anderen konkurrieren. Eine zumutbare Lösung für beide freilich gibt es nur, wenn es einen möglichen gemeinsamen und das heißt, einen wahrheitsfähigen Maßstab für die Beurteilung von Wünschen gibt. Der ethische Relativismus geht von der Beobachtung aus, dass gerade diese Maßstäbe strittig sind. Aber dieses Argument beweist das Gegenteil von dem, was es beweisen will. Denn jedem theoretischen Streit liegt bereits die Idee einer gemeinsamen Wahrheit zugrunde. Wenn jeder seine eigene Wahrheit hätte, gäbe es keinen Streit, es gäbe nur das gegenseitige Sichgeltenlassen bis zum Konfliktfall. Der Konflikt aber ließe sich gar nicht durch vernünftiges Nachdenken und vielleicht auch durch Streiten um den richtigen Maßstab lösen, sondern nur durch das physische Recht des Stärkeren, der kurzerhand seinen Willen durchsetzt. Der Fuchs und der Hase streiten nicht miteinander um das richtige Leben. Entweder jeder geht seiner Wege oder der eine frisst den anderen auf.

Robert Spaemann, 1986

1. Schreiben Sie die Wünsche und Überzeugungen auf, die Sie für unaufgebbar oder gar für „heilig" halten. Überlegen Sie, welche Konflikte aus diesen Wünschen und Überzeugungen entstehen können.

2. Jedem theoretischen Streit liegt die Idee einer gemeinsamen Wahrheit zugrunde. Formulieren Sie, an welche Idee R. Spaemann hier wohl denkt und diskutieren Sie Ihre Formulierungsvorschläge.

ROBERT SPAEMANN, *geb. 1927, war bis 1993 Professor für Philosophie in München. Er ist engagierter Katholik.*

➡ *Seiten 205, 208*

Perspektiv-Modelle

Alles steht und fällt mit der eingenommenen Perspektive. In der Wahrnehmung des Fremden fallen vier Hauptströmungen auf, mit deren Wahl bereits die Entscheidung darüber getroffen ist, ob er im Interesse des Betrachters in einem bestimmten Licht erscheint oder der Weg geöffnet wird für eine Begegnung im gleichberechtigten Austausch.

1. Das entfremdete Modell
Es geht nicht um eine adäquate Beschreibung des Fremden, sondern um Legitimation der bestehenden Verhältnisse. Aktualisiert wird eine Phantasmagorie von Projektionen. Das Denken bleibt dem eigenen Weltbild verhaftet; der Subjektivitätsfaktor wird ausgeklammert. (Z. B.: „Türkische Eltern sind an der Bildung ihrer Kinder nicht interessiert. Sie haben Eigenschaften, die sich jeder positiven Veränderung widersetzen. Je weniger ihre Kinder und man selbst mit ihnen zu tun hat, desto besser.")

2. Das utilitaristische* Modell
Der Fremde wird katalogisiert mit dem Ziel der besseren Einschätzbarkeit zum Zwecke der Funktionalisierung. Die Anhäufung von Informationen über ihn dient dazu, ihn nutzbar zu machen. Das Denken bleibt dem eigenen Weltbild verhaftet; der Subjektivitätsfaktor bleibt ausgeklammert zugunsten eines Objektivierungszwangs: (Sprich: „Ich möchte möglichst viel über Türken wissen, damit ich sie leichter anpassen kann.")

3. Das idealisierende Modell
Der Fremde wird idealisiert, um dem Betrachter den Rückzug aus der eigenen Gesellschaft zu erlauben, mit der er sich nur unzureichend identifizieren kann. Das Denken bleibt dem eigenen Weltbild verhaftet.

Perspektiven im Dialog
Binnen- und Außenperspektive

Nun vollzieht jede authentische religiöse Tradition selbst die Relativierung ihres Sich-Beziehens auf das Göttliche durch das unumgreifbare Geheimnis des Göttlichen schon in ihrer Binnenperspektive: Man weiß Gott als den je größeren, als den schlechthin Anderen, vom glaubenden Verstehen nicht Ausschöpfbaren oder „Begreifbaren". Und in diesem Sinne weiß man auch um die Relativität der eigenen religiösen „Theorie und Praxis", weiß man darum, dass Gott den Menschen auch noch andere Wege zu sich eröffnen kann. Dieses Wissen mag immer wieder von Dogmatismus* verschüttet sein, doch es kommt immer wieder auch an die Oberfläche. Die Selbstrelativierung in der Binnenperspektive geht aber nicht so weit, die jeweils eigene religiöse Theorie und Praxis in eine Reihe mit den verschiedensten anderen religiösen Wegen einzuordnen und von einer *prinzipiellen Gleichberechtigung* aller Wege zu sprechen. So ging auch das Christentum bisher nicht so weit, sich einfachhin als „eine unter *mehreren begrenzten* Religionen der Welt zu verstehen".

Über die Selbstrelativierung des Christentums in der Binnenperspektive hinaus vollziehen nun manche Theologen, die von der prinzipiellen Gleichberechtigung verschiedener Religionen ausgehen, die Relativierung des Christlichen gleichsam in der *Außenperspektive* mit dem „neutralen" Blick der vergleichenden Religionswissenschaften, für die jede Religion Vorzüge und Nachteile hat, Originalität und Abhängigkeiten erkennen lässt, und eben deshalb keine Überlegenheit über die anderen beanspruchen darf. Dieser relativierende Blick aus der Außenperspektive erbringt zweifellos ein Kontrastbild zur Selbstthematisierung des Christlichen in der christlichen Theologie*. Kann man in *einer* theologischen Reflexion zugleich die Binnen- und die Außenperspektive „einschalten"? Die christliche Theologie tut sich schwer damit; ihr Nachdenken ist ja die reflektierende Vergewisserung derer, die vom Göttlichen in einem konkreten Traditionskontext ergriffen wurden. Sie „haben" keine Wahrheit, aber eine Wahrheit „hat sie" ergriffen. Theologische Sprache reflektiert nur das, was ursprünglich in der Sprache des Ergriffenseins, der „Sprache der Liebenden", ausgesprochen wurde.

In Anlehnung an: Jürgen Werbick, 1993

Gegenseitige Perspektivenübernahme

Dialog ist die Übung gegenseitiger Perspektivenübernahme, die Einübung in die Kunst, mit den Augen des anderen zu sehen. Und das heißt auch: die Einübung in die Kunst, sich selbst mit den Augen des anderen zu sehen. Die eigene Sicht kann dabei nicht unverändert bleiben. Dialog bringt daher die ständige Konversion der Partner mit sich. Wo die dazu erforderliche Bereitschaft zu lernen und d. h. immer auch: sich verändern zu lassen, auf einer oder auf beiden Seiten fehlt, kann Dialog nicht gelingen. Deshalb muss man sagen: Absolutheitsanspruch und Dialog schließen sich aus. Wo einer dem anderen in der Haltung des Wahrheitsmonopolisten begegnet, kann ein Dialog keine wirkliche Begegnung in gegenseitigem Respekt sein. Es kann keine engagierte und interessierte Auseinandersetzung um die Wahrheit stattfinden, sondern lediglich die Propagierung der eigenen Position, die alle Wahrheit für sich reklamiert und die daher am Glauben des anderen letztlich uninteressiert ist. Im Bewusstsein, dass der Glaube des anderen für den eigenen vollkommen bedeutungslos ist, wird der eigene dem anderen unvermittelt gegenübergestellt.

Dem Wahrheitsmonopolisten ist entgegenzuhalten: Die immer partikulare, nie ganz einholbare und nach vorne stets offene Wahrheit Gottes kann niemand für sich allein in Anspruch nehmen. Doch die feste Überzeugung, „in" der Wahrheit zu sein, ihr nahe zu sein und sich auf dem Weg immer weiterer Annäherung an diese Wahrheit zu befinden, die alle partikulare Menschenwahrheit und damit auch alle partikulare Religionswahrheit übersteigt – dieses Bewusstsein ist für den Christen wie für jeden Gläubigen der Gewissheitsgrund seines Glaubens. ...

Wahrheitsanspruch und Dialog schließen sich nicht nur nicht aus, sie fordern sich gegenseitig. Der Dialog braucht Teilnehmer, die ihre jeweiligen Wahrheitsansprüche *nicht* aufgeben – worüber sollte man sich sonst austauschen? Ein belangloser Smalltalk kann von niemandem beabsichtigt sein, dem seine Glaubensüberzeugung ernst und wichtig ist. Und Wahrheitsansprüche brauchen umgekehrt den Dialog, die gegenseitige Bereicherung und Vertiefung, wenn sie sich nicht selbstgenügsam auf ihren Wahrheitsbesitz zurückziehen wollen, sondern sich nach der immer größeren Wahrheit Gottes ausstrecken.

Reinhold Bernhardt, 1994

Subjektivität wird als Verzerrungsinstrument eingesetzt. (Sprich: „Türken haben diesen wundervollen Familienzusammenhalt. Sollte etwas diesem Bild widersprechen, will ich es nicht sehen.")

4. Das verstehende Modell
Der Betrachter ist bereit, sich auf eine Basis einzulassen, die tendenziell Macht ausschließt. Er bemüht sich empathisch darum, den Fremden aus sich selbst heraus zu verstehen. Er akzeptiert dabei die Möglichkeit, dass andere Weltbilder neben seinem eigenen existieren. Im Sinne von „praktischer Alltäglichkeit" bringt er seine Subjektivität ein.

Carmen Treppte, 1992

Vogelperspektive und Froschperspektive

Tatsächlich werden viele Selbstbeschreibungen des Glaubens derzeit in soziologischer Perspektive versucht. Das führt auch in hochgelehrten Abhandlungen zu einer pubertären Reaktion: Man hört auf, seinen eigenen Überzeugungen zu trauen, nur weil man merkt, dass es in der Welt zum selben Thema auch noch andere Überzeugungen gibt. Die Pointe des religiösen Glaubens ist freilich, dass man in der Froschperspektive glaubt, was man glaubt, auch wenn man in der Vogelperspektive diesen Glauben nur als einen unter vielen weiß. So gesehen ist der Gläubige ein gewachsener Froschvogel.

Dass manche Theologen meinen, der Vogel könne dem Frosch ein Auge aushacken, verrät eine fundamentalistische Auffassung von Soziologie. Ein über seine eigenen Grenzen aufgeklärter Soziologe kann da nur den Kopf schütteln.

Christian Geyer, 1997

Ein deutscher Islam?

Ein „deutscher", also verfassungskonformer Islam ist denkbar. Die muslimische Gelehrsamkeit existiert längst in zahlreichen nationalen Sonderformen. Sie ist nicht nur zur Duldsamkeit fähig, sie hat durch die Lehren des Averroes sogar den europäischen Begriff von Toleranz mit geprägt.

Fachleute bestätigen, dass der Islam mit der deutschen Rechtsordnung nicht von vornherein unvereinbar ist. Man kann, wie die Berliner Islamforscherin Jonker feststellt, auch Muslim sein, ohne Rushdie ermorden zu wollen. Koran* und Sunna* sagen nichts aus über das Leben unter dem Grundgesetz.

Sie lassen Anpassungsräume offen und die heute in Deutschland lebende Muslimgeneration wird diese Räume auszufüllen haben.

Aber auch der Staat muss handeln. Wenn die Fundamentalisten* den Boden nicht allein bestellen sollen, muss er an der Prägung „eines deutschen Islam" mitwirken. Das gilt umso mehr, als schon einiges versäumt worden ist. Der deutsche Islam entsteht bereits und seine Gestalt ist nicht immer erfreulich: Aus der straffen Kontrolle ihres laizistischen* Hauptherkunftslandes Türkei entlassen, haben sich viele Muslime der deutschen Armenviertel Lehren zugewandt, die mit Toleranz und Demokratie wenig im Sinn haben. Fremdenfeindliche Tendenzen tun ein Übriges, um ihnen die Bundesrepublik als Feindbild erscheinen zu lassen.

Am deutschen Islam ist dennoch vorerst nur eines gewiss: dass es ihn geben wird, und dass er gerade entsteht. Ob er aber zu einer militanten Ghetto-Ideologie wird oder zu einem Faktor der sozialen Stabilisierung, muss sich erst entscheiden.

Toleranz im Islam

Bei einer Bestandsaufnahme der Geschichte religiöser Toleranz und Intoleranz wird der Islam ein nicht weniger zweideutiges Erscheinungsbild abgeben als das Christentum. Es ist indessen kaum aufschlussreich, hier die zahlreichen Belege für militante Abgrenzung gegen ebenso beredte Zeugnisse religiöser Großmütigkeit (und letztere haben die Religionsphilosophie der Aufklärung* besonders inspiriert) gegeneinander aufzurechnen. Man kann die Sachlage natürlich auch vereinfachen und sagen, hier klaffe eben Ideal und Wirklichkeit auseinander. Aber das, was als zwiespältig erscheinen mag, liegt wie in der Geschichte des Christentums und des Judentums in der Tiefe des Redens von Gottes Offenbarung begründet, und weil die drei Religionen gerade in dieser Hinsicht auf denkwürdige Weise aneinander gekettet sind, spielen sie für die Aufklärung des Toleranzgedankens eine so wichtige Rolle. Nicht zufällig sind sie aus diesem Grunde auch stärker aufeinander verwiesen als andere Religionen. ...

Für den Islam beruht religiöse Toleranz darauf, dass Gott seine Botschaft an alle Menschen richtet. Die Grenze der Toleranz ist dadurch gesetzt, dass Gott den Glauben der Menschen will und ihren Unglauben bekämpft. Der Raum der Toleranz wird durch die Frage umrissen, wer Gott wirklich hört und deshalb wirklich glaubt, statt nur seine religiöse Zugehörigkeit oder gar religiöse Einbildung als Glauben auszugeben. Auch der Islam selbst muss sich nach islamischer Überzeugung als Offenbarungsreligion diese Frage gefallen lassen. Hier kommt ebenfalls eine eschatologische* Komponente zum Zuge: Allah wird am Ende der Zeiten jeden Propheten der anderen Religionen aufrufen und dann dem Islam dessen Irrtümer zeigen. Die Propheten der Religionen – auf sie ist das Gericht Gottes am Islam und an den Religionen überhaupt positiv beschränkt – sind virtuell Offenbarungszeugen. Sie sind es nicht erst im Endgericht, sondern schon jetzt. Diese eschatologische Perspektive lässt also nicht die Ansicht zu, es gebe eine natürliche Religion* hinter allen positiv-geschichtlichen Religionsformen, die in diesen Religionen nur gebrochen vermittelt worden sei und bloß annäherungsweise aufgefunden werden könne. Eine solche Auffassung gehört zur Religionstheorie der Aufklärung und ihrer Toleranzidee. Sie ist in Lessings Nathan-Parabel exemplarisch zum Ausdruck gebracht. Aber nicht das Menschlich-Allzumenschliche aller geschichtlichen Religionen, das die Idee religiöser Wahrheit nicht erreicht, liegt dem Toleranzgedanken des Islam zugrunde – maßgebend ist im Gegenteil die Betonung des Offenbarungscharakters der Religion, dem allerdings das Wissen um menschliches Unvermögen, Gottes Stimme ungetrübt zu vernehmen und weiterzugeben, entspricht.

Darum zieht der Islam (auch in Fragen seiner religiösen Toleranz) eine scharfe Grenze zwischen Offenbarungsreligionen (Islam, Judentum und Christentum) einerseits und den Natur- und polytheistischen Religionen andererseits. Sofern es nach islamischer Anschauung für die letzteren gar keinen Glaubensstandpunkt geben kann, da sie Gott nicht als persönliches Gegenüber der Menschenwelt kennen – nicht als Offenbarer und Gesetzgeber, nicht als Herrn und Gestalter der Geschichte –, darum bleiben sie auf die religiöse Wahrheitsfrage nicht nur stumm, sondern lassen sie überhaupt nicht zu. Dies ist bei Christen und Juden anders, obwohl auch sie sich anmaßen können, die Glaubensverfassung anderer Religionen (zumal des Islam) zu verkennen, und dann sind auch sie als Ungläubige zu bekämpfen, ja auszurotten.

So findet der Islam zu einer differenzierten Antwort auf das Gebot der Toleranz, das seiner Eschatologie entspringt. Juden und Christen gelten „als Schutzbefohlene". Ein Dialog ist nur mit Glaubenden möglich (auch wenn diese bis zum Endgericht nur als Andersgläubige gelten können) – aber mit ihnen soll ein Dialog auch wirklich geführt werden, und zwar ein Dialog von den verschiedenen Standpunkten des Glaubens aus.

Gerhard Sauter, 1982

In fast allen islamischen Organisationen steht einer fundamentalistischen Strömung eine Tendenz entgegen, die nach Integration sucht. Diese Tendenz kann der Staat fördern und an sich binden. Er kann ihre Lehrer besolden und ihr die Rundfunkräte öffnen.

Er kann kooperationsbereiten Muslimen dadurch den Fundamentalisten gegenüber Konkurrenzvorteile verschaffen und sie zugleich im Auge behalten.

In mittlerer Frist müsste die Theologenausbildung aus der Türkei, aus Kairo oder Saudi-Arabien nach Deutschland an deutsche Universitäten gebracht werden. Wenn die jetzigen Bemühungen fruchten, die zerstrittenen Vereine zu einem loyalen Dachverband zusammenzuschließen, könnte der Staat sogar eine muslimische Kirchensteuer erheben.

Das Ziel einer solchen Operation hat der Direktor des Hamburger Orient-Instituts Steinbach formuliert: „Es geht darum, einen deutschen Bürger muslimischen Glaubens entstehen zu lassen."

Konrad Schuller, Frankfurter Allgemeine Zeitung vom 2.11.1998

1. Lesen Sie die „Ringparabel" in G.E. Lessings Drama „Nathan der Weise" (1779).
Bedenken Sie den Gegensatz: In G.E. Lessings Drama sind die Ringe nicht zu unterscheiden, in diesem Kapitel ist viel von den Unterschieden zwischen den Religionen die Rede.

2. In diesem Drama ist der Sultan Saladin, ein Muslim, ein Vorbild für Toleranz.
Recherchieren Sie die geistesgeschichtlichen Hintergründe für Lessings Darstellung.

3. Befragen Sie, falls möglich, muslimische Freunde oder Bekannte zu ihrer Meinung: Wie beurteilen sie die Erwartung eines „deutschen Islam"? Als Ausdruck der Toleranz? Als Forderung nach Anpassung?

➡ *Seiten 94f., 138f.*

Zazen

Ein Zen*-Meister empfing nacheinander vier Besucher, die ihn wohl aus Vorträgen oder Publikationen kannten und verehrten. Einer war Katholik, einer Buddhist, der dritte Marxist* und der vierte ein Rationalist. Der Christ fragte den Meister unter anderem, ob er Buddhist sei.
„Ich bin es", kam die Antwort. Der Buddhist hatte einen Verdacht und fragte, ob der Meister wohl gar ein Christ sei.
„Das bin ich", wurde ihm erwidert. Auch der Marxist hegte stille Vermutungen und erkundigte sich, ob der Meister womöglich an Gott glaube.
„Ich glaube", bestätigte dieser. Der Rationalist hielt ihn für einen Atheisten. „Das bin ich", antwortete der Meister.
Hernach trafen die vier Besucher zusammen, tauschten ihre Eindrücke aus und empörten sich. Verständlicherweise, möchte man mitfühlend hinzusetzen. Denn in ihren Augen hatte sich der Meister als durch und durch charakterlos demaskiert. Die Konfrontation mit ihrer Verachtung wollten sie ihm auf keinen Fall ersparen. Sie fanden ihn in der Meditationshalle. Als er sie erblickte, sprach er nur ein Wort: *zazen*. Das heißt „sich versenken", und was die Geschichte sagen will, ist doch wohl dies: Wie alle buddhistischen Meditationsmeister lehren auch Zen-Meister ihre Schüler, wie man die schier undurchdringliche Mauer des Denkens durchbrechen und zum Eigentlichen vorstoßen kann, welches weder buddhistisch noch christlich, weder japanisch noch deutsch noch sonst etwas ist, das in menschliches Denken und Reden passen könnte.

Hans-Jürgen Greschat, 1982

Toleranz im Buddhismus

Sobald du eine Religion, d.h. ihre Werte, akzeptiert hast, solltest du sie in die Tat umsetzen. Das ist wichtig. Denn oft geben wir uns damit zufrieden, uns nur Christ oder Buddhist oder Moslem zu nennen. Im täglichen Leben spielt die Religion dann keine große Rolle. Ich denke, das ist nicht richtig, das ist ein Fehler. Sobald du eine Religion annimmst, sollst du sie gewissenhaft umsetzen. Und der religiöse Glaube, die religiöse Praxis sollte zu einem Teil deines Alltags werden. Auf diese Weise kannst du die grundlegenden menschlichen Werte stärken, auch wenn es verschiedene Ansätze dafür gibt: Nächstenliebe, Vergebung, Liebe.
Alle großen Religionen haben diese Themen zum Schwerpunkt. Ich sage meinen christlichen Brüdern und Schwestern oft, dass – laut dem Christentum, laut dem grundlegenden Glauben – Gott der Schöpfer ist. Gott hat alle Kreaturen geschaffen und liebt sie. Um also Gott unseren aufrichtigen Respekt und unsere aufrichtige Liebe zu beweisen, müssen wir erst unseren Brüdern und Schwestern unsere Liebe beweisen. Gibt jemand kein Anzeichen für aufrichtige Nächstenliebe gegenüber unseren Brüdern und Schwestern und beteuert gleichzeitig, Gott ist groß, groß, groß, so halte ich das für scheinheilig und bedeutungslos. Daher müssen die wahren Anhänger des Christentums und des Islams, d.h. aller Religionen, bei denen der grundlegende Glaube darin besteht, dass Gott der Schöpfer ist, die Brüderlichkeit auf Basis von Nächstenliebe, Liebe und Vergebung umsetzen. Auf ähnliche Weise musst du die andere Wange hinhalten, wenn jemand, z.B. dein Feind, dich schlägt. Ich denke, das ist eine gute Erklärung von Geduld, Toleranz und Vergebung.
Der Buddhismus kennt keinen absoluten Schöpfer. Laut dem Buddhismus ist der Schöpfer so etwas wie der eigene Geist. Die eigenen Handlungen sind der Schöpfer. Aufgrund der geistigen Einstellung kommt es zu einer bestimmten Motivation. Diese Motivation zieht bestimmte Handlungen nach sich. Das ist der Schöpfer. Laut dem Kausalitätsgesetz entstehen Handlungen durch eine bestimmte Motivation. Die Handlung oder das Karma* bewirkt die nächste Frucht. Das verstehen wir unter Kausalitätsgesetz. Betrachtet man es also von dieser Seite, so basiert Nächstenliebe auf der Verwirklichung jeglicher fühlenden Existenz, nicht nur der menschlichen, sondern überhaupt. Fühlende Existenz bedeutet hier, dass ein Lebewesen die Möglichkeit hat, Schmerz oder Freude zu erleben. Das verstehen wir unter fühlender Existenz. Alle fühlenden Lebewesen mit unterschiedlichen Lebensformen haben dieselbe Erfahrung oder denselben Wunsch, glücklich zu werden und Schmerz und Leid zu besiegen. Alle haben denselben Wunsch und dasselbe Recht.

Darauf basiert die Sorge um ihr Leid – so lautet das buddhistische Konzept der Nächstenliebe, das besagt, dass Nächstenliebe eine Art Wunsch darstellt, das Leid zu besiegen. ...
Ich sage meinen westlichen Zuhörern immer: Es ist besser, wenn ihr eure Tradition beibehaltet. Echte Religion ist nicht einfach, manchmal kommt es zur Verwirrung. Anfang und Mitte der sechziger Jahre traten einige Menschen zu einer anderen Religion über und waren nach einiger Zeit jedoch noch mehr verwirrt. Im Allgemeinen ist es daher besser, bei der eigenen Tradition und der eigenen Religion zu bleiben. Natürlich gibt es unter Millionen Menschen einige, deren mentale Möglichkeiten mit der eigenen traditionellen Religion nicht ausgenutzt werden können, und die daher völlig das Interesse verlieren. Darum werden einige zu radikalen Atheisten. Vielleicht wäre es einfacher, eine leichtere Form des Atheismus anzunehmen, und das wäre der Buddhismus. Radikaler Atheismus bedeutet, überhaupt keine Religion zu haben. Aber auch der Buddhismus ist eine Form des Atheismus, da es keinen Schöpfer gibt. Der Buddhismus akzeptiert jedoch Werte, Meditation* oder Wiedergeburt, eine Reihe von Konzepten. Der Unterschied zwischen einem radikalen Atheisten und einem buddhistischen Atheisten: Der buddhistische Atheist sorgt sich um die anderen und denkt nicht nur an sein eigenes, sondern an eine unbegrenzte Zahl von Leben. Dadurch erweitert sich automatisch der Horizont. Der radikale Atheist sieht nur sein eigenes Leben.

Tenzin Gyatso, XIV. Dalai Lama, 1998

Die Fremdartigkeit des Buddhismus

Der Buddhismus ist in seiner ursprünglichen Form, soweit diese heute rekonstruierbar ist, eine Lehre und ein Weg; das meiste ist den Impulsen und Anschauungen christlich geprägter Menschen diametral entgegengesetzt. Der Buddha ist seinem Selbstverständnis nach kein Gott, auch kein Gottmensch nach Art des Christentums und auch kein von irgendwoher transitiv „Erleuchteter", sondern ein intransitiv „Erwachter": ein Mensch, dem nach langen Wegen und Irrwegen die Selbsterlösung geglückt, nicht eine Fremderlösung zuteil geworden ist. Wenn er lehrt, leitet er zur Selbsterlösung an. Wenn er ein Mittler ist, so der Vermittler dieses Weges. Auf den Weg kommt es an, so sehr, dass es völlig gleichgültig ist, ob man das eine Religion oder eine Philosophie nennen will.

Ludger Lütkehaus, 1994

1. Der Buddhismus fasziniert viele Menschen im Westen. Wie beurteilen Sie diese Faszination? Welche Gründe dafür können Sie erkennen?

2. Nach eigener Aussage will der Dalai Lama nicht für den Buddhismus missionieren. Welche Gründe lassen sich im buddhistischen Glauben für diesen Verzicht erkennen?

3. Erörtern Sie die Behauptung von L. Lütkehaus, der Buddhismus sei „den Impulsen und Anschauungen christlich geprägter Menschen diametral entgegengesetzt".

➡ Seite 96

Wie frei möchten Sie sein?

Ein weiter, offener Horizont – und das definitive Ende des Stegs. Holzweg.

Grenzenlose Freiheit – und nichts geht mehr. Da hilft auch das postmoderne bunte Gefieder nicht weiter.

Ein ziemlich genaues Abbild unserer gegenwärtigen Lebenserfahrung: Alle Möglichkeiten scheinen uns offen zu stehen – aber so gut wie nichts können wir wirklich ändern. Wir sind, wie die Soziologen sagen, „individualisiert", freigesetzt aus allen traditionellen Bindungen – und sogleich eingefangen in neue Standardisierungen, Sachzwänge, Selbstlähmungen. *Gefallene* Engel.

Aus umgekehrter Perspektive, mit galgenhumorischem Optimismus formuliert, hört sichs kaum erfreulicher an: „Du hast keine Chance. Aber nutze sie."

„WIE FREI MÖCHTEN SIE SEIN? ... SIE (HABEN) DIE WAHL. ABER EIGENTLICH KEINE ALTERNATIVE."

Je unbegrenzter sich die Freiheit selbst imaginiert, desto enger scheinen die Begrenzungen und Unfreiheiten zu werden, in die die Menschen sich verstricken. Das gilt nicht nur im Lebensalltag. Die ökologische Krise zeigt: Die immer uneingeschränktere Machbarkeit, die immer ausgedehntere Verfügungsgewalt schlägt unversehens ins Gegenteil um. Von der Selbstvergötterung zur Selbstvergiftung.

Freiheit – jedenfalls die, die sich aus sich selbst zu begründen versucht, die sich niemandem verdankt und folglich auch niemandem verpflichtet weiß – diese Freiheit endet in einer *Verstrickung*.

Das *eigene* Leben soll gestaltet werden können – geradezu lächerlich: *mittels* der Verstrickung. Überall an der Strippe sein, wenigstens bildlich, mit Handy. Völlig losgelöst? Denkste Puppe. Ist die ironische Pointe ein unfreiwilliger Treffer des Werbepsychologen oder subtile Selbstironie? Immerhin wird klar: Freiheit heiße, zum „Herrn der Lage" *gemacht* zu werden. Wodurch? Durch die Allgegenwart der Anbindung an die virtuelle Strippe.

Freiheit ist eine Art Alltagsreligion des modernen Menschen. Jedenfalls die als Selbstbehauptungsvermögen und pure Mobilität vorgestellte Freiheit:

„HERR DER LAGE" SEIN – „PROBLEMLOS ... GRENZEN ÜBERSCHREITEN KÖNNEN."

Wer Freiheit so zu verstehen sucht, verfehlt sie gleich doppelt: Im Zwang, sich unentwegt selbst zu behaupten – und für diese Selbstbehauptungsfähigkeit von der Anbindung an das Mobilitätsversprechen der modernen Technik abhängig zu sein. So endet die Wahlfreiheit, der Zwang zur dauernden Wahl:

„WIE FREI MÖCHTEN SIE SEIN?: SIE HABEN EIGENTLICH KEINE ALTERNATIVE."

Diesen merkwürdigen Umschlag von Freiheit in Unfreiheit hat schon der Apostel Paulus bedacht. Eine Freiheit, die sich selbst zu verdanken meint, verliert sich. *„Alles ist mir erlaubt, aber nicht alles dient zum Guten. Alles ist mir erlaubt, aber es soll mich nichts gefangen nehmen"* (1.Kor 6,12). Wie das? *„Euch gehört alles, doch ihr gehört Christus* und Christus gehört zu Gott" (1.Kor 3,22f.). Oder, anders gesagt: „Zur Freiheit hat uns *Christus befreit* ... ihr seid ja doch zur Freiheit berufen, Brüder. Nur: Sorgt dafür, dass die Freiheit nicht eurer Selbstsucht die Bahn frei gibt, sondern dient einander in der Liebe" (Gal 5,1,13).

Der farbige Engel: Ein Rest, ein Surrogat der Erinnerung daran, dass wir zuvor Gott gehören, bevor wir frei sind? Dass aus sich selbst begründete Freiheit, Freiheit ohne jedes Zugehörigkeitswissen ins Bodenlose stürzt? Dass wahre Freiheit das Faktische übersteigt, eine Instanz außerhalb unseres Weltzusammenhanges – dessen also, was der Fall ist – zur Voraussetzung hat?

Falsche Freiheitsversprechungen sind es, die den bunten, aber doch wohl flugunfähigen Engel ans Stegende manövriert haben. Keine Alternative. Da sitzt er nun, träumt hin zum offenen Horizont, der unerreichbar bleibt. Und die Freiheitssehnsucht bleibt ungestillt.

Bernhard Dressler, 1993

Es ist Ihr eigenes Leben. Motorola hilft Ihnen, es auch nach Ihren eigenen Vorstellungen zu gestalten.

Weltweit ist Motorola der führende Name für Mobiltelefone. Wir haben die Technologie entwickelt, die Sie zum Herrn der Lage macht.

Unsere Telefone sind so klein, dass Sie mit ihnen problemlos internationale Grenzen überschreiten können und trotzdem in Kontakt bleiben – wenn Sie es wollen.

Seien Sie, wo Sie sein wollen, tun Sie, was Sie tun wollen, und rufen Sie an, wen Sie anrufen wollen.

Mit Motorola haben Sie die Wahl. Aber eigentlich keine Alternative.

MOTOROLA

Wie frei möchten Sie sein?

Bibliothek

P.L. BERGER *hat den Begriff des Wahlzwangs geprägt. Sein Buch ist ein Klassiker.*

Die von der SYNODE DER EKD *herausgegebene Broschüre enthält einen Vortrag von* P.L. BERGER, *in dem seine Position pointiert und knapp zusammengefasst wird.*

D. COHN-BENDIT *setzt sich zusammen mit* T. SCHMID *grundsätzlich mit den Problemen und Chancen einer multikulturellen Gesellschaft auseinander. In dem von* P.E. KALB *u.a. herausgegebenen Buch werden dagegen vor allem Alltagsprobleme von Jugendlichen unterschiedlicher religiöser und kultureller Herkunft dargestellt.*

Die Studie „Religionen, Religiosität und christlicher Glaube" fragt nach den Möglichkeiten, aus christlicher Sicht Wahrheitsansprüche anderer Religionen zu respektieren. K. ROMMEL *stellt, ohne seine christliche Perspektive zu verbergen, die großen Weltreligionen dar.*

A. SCHIMMEL *führt knapp und allgemein verständlich in die wesentlichen Grundlagen des Islam ein. Die Hefte dieser Reihe bieten parallel einen deutschen und einen englischen Text.* P. HEINE *liefert regelrecht spannendes Hintergrundwissen, das dem Abbau der geläufigsten Vorurteile über den Islam dienen kann. Der Koran ist in der Übersetzung von* M. HENNING *gut lesbar. Ein Register ermöglicht die Suche nach besonderen Themen.*

In der gleichen Reihe wie A. *Schimmels Islam-Heft stellt der Religionswissenschaftler* M. BAUMANN *Grundzüge des Buddhismus vor. Das Buch von* K.H. GOLZIO *bietet dagegen buddhistische Quellentexte, überwiegend Erzählungen.*

Pluralismus und der Zwang zur Wahl
- Peter L. Berger, Der Zwang zur Häresie. Religion in der pluralistischen Gesellschaft, S. Fischer, Frankfurt a.M. 1980
- Synode der EKD: Leben im Angebot. Das Angebot des Lebens. Protestantische Orientierung in der modernen Welt, Gütersloher Verlagshaus, Gütersloh 1994

Multikulturelle Gesellschaft
- Daniel Cohn-Bendit / Thomas Schmid, Heimat Babylon. Das Wagnis der multikulturellen Demokratie, Hoffmann und Campe, Hamburg 1993
- Peter E. Kalb / Christian Petry / Karin Sitte (Hg.), Leben und Lernen in der multikulturellen Gesellschaft, Beltz, Weinheim / Basel 1993

Religionen im Dialog
- Religionen, Religiosität und christlicher Glaube. Eine Studie, hg. von der Geschäftsstelle der Arnoldshainerkonferenz mit dem Lutherischen Kirchenamt Hannover, Gütersloher Verlagshaus, Gütersloh 1991
- Kurt Rommel (Hg.), Was andere glauben. Weltreligionen aus christlicher Sicht, Quell, Stuttgart 1992

Zum Islam
- Annemarie Schimmel, Islam. Reihe: Kompass Weltreligionen, Lutherisches Verlagshaus, Hannover 1998
- Peter Heine, Konflikt der Kulturen oder Fremdbild Islam. Alte Vorurteile – neue Klischees – reale Gefahren, Herder, Freiburg i.Br. 1996
- Der Koran, übersetzt von Max Henning, Reclam, Stuttgart 1960ff.

Zum Buddhismus
- Martin Baumann, Buddhismus. Reihe: Kompass Weltreligionen, Lutherisches Verlagshaus, Hannover 1999
- Karl Heinz Golzio, Der Kaufmann, der eine bessere Predigt forderte. Lesebuch zum Buddhismus, Patmos, Düsseldorf 1995

Zeit(t)räume

Dann sah ich einen neuen Himmel und eine neue Erde;
denn der erste Himmel und die erste Erde sind vergangen; und auch das Meer ist nicht mehr.
Ich sah die heilige Stadt, das neue Jerusalem, von Gott her aus dem Himmel herabkommen;
sie war bereit wie eine Braut, die sich für ihren Mann geschmückt hat.
Und ich hörte eine laute Stimme vom Thron her rufen:
Seht die Wohnung Gottes unter den Menschen!

Offenbarung 21,1–3

AURELIUS AUGUSTINUS
(354–430 n.Chr.*), Bischof in Hippo/Nordafrika, hat mit seinen „Confessiones" („Bekenntnissen") dogmatische* Theologie* in persönliche Frömmigkeit übersetzt.

Augustins Zeitbegriff

Augustin fragt nach dem Wesen und der Bedeutung der Zeit. Dabei entdeckt er, dass die Zeit weder als Vergangenheit noch als Gegenwart noch als Zukunft zu fassen ist, dass die Zeit sich vielmehr unentwegt im Fluss befindet. Dies deutet Augustin als ein Zeichen für die menschliche Zerrissenheit. Zwar kann der Mensch in seinem Bewusstsein die zerrinnenden Zeitmomente zusammenhalten, aber das Jetzt, die Gegenwart, vermag er nicht zu greifen. Daraus ergibt sich die Paradoxie, dass unsere Seele wohl der Ort jeder einzelnen Zeitbestimmung ist, dass aber der Mensch vom Strom der Zeit mitgerissen wird, sofern ihm nicht von Gott her die Einheit gesichert wird. Damit stellt Augustin dem Zeitlichen, dass er als das von Nichtsein zu Nichtsein Hinströmende benennt, das stehende Jetzt der göttlichen Ewigkeit entgegen.
Kurt Flasch, Philosophiehistoriker, 1980

Rennt dem scheuen Glücke nach!
Freunde, rennt euch alt und schwach!
Ich nehm Teil an eurer Müh:
Die Natur gebietet sie.
Ich, damit ich auch was tu,
– Seh euch in dem Lehnstuhl zu.
Gotthold Ephraim Lessing, 1729–81

Dies ist, so glaube ich,
die Fundamentalregel alles Seins: Das Leben ist gar nicht so, es ist ganz anders.
Kurt Tucholsky, 1890–1935

Zeitzeichen – Phänomen Zeit

Was ist Zeit? Gibt es sie überhaupt? Und wenn, dann seit wann? In unserem Kulturkreis wird Zeit linear gedacht, in östlichen Regionen als ewige Kreisbewegung. Sind diese Ordnungsprinzipien alternativ oder ergänzen sie sich gar? Kann Zeit Druck ausüben? Zeitdruck! Läuft Zeit auf der Nordhalbkugel schneller als im Süden, in der Stadt schneller als auf dem Lande? Wie stark sind die Vorstellungen der Weltentstehung, des Gottes- und Menschenbildes von Zeitkonzepten geprägt? Warum ist die Herrschaft über den Kalender so begehrt, dass säkulare wie religiöse Revolutionen immer mit Veränderungen des Kalendariums verbunden sind? Wieso ist die Bestimmung von Geschäfts- und Haushaltsjahr, von Winter- und Sommerzeit, von Kirchenjahr und Feiertagen gesellschaftspolitisch so wichtig? Lässt sich Zeit in Vergangenheit, Gegenwart und Zukunft einteilen? Muss, darf, kann man in der Gegenwart leben?

Was ist Zeit?

Was ist denn also die Zeit? Wer kann das leicht und schnell erklären? Wer kann das auch nur so weit denkend erfassen, dass er dann davon sprechen kann? Was kommt uns in unseren Reden vertrauter und bekannter vor als das Wort „Zeit"? Wir wissen sogar, wenn wir das Wort aussprechen, was das ist; wir wissen es auch, wenn ein anderer darüber zu uns spricht. Was also ist die Zeit? Wenn niemand mich danach fragt, weiß ich es; wenn ich es jemandem auf seine Frage erklären soll, weiß ich es nicht. Dennoch sage ich zuversichtlich, ich wisse, wenn nichts vorüberginge, dann gäbe es keine Vergangenheit, und wenn nichts herankäme, gäbe es keine Zukunft, und wenn gar nichts wäre, dann gäbe es auch keine Gegenwart. Aber auf welche Weise sind denn diese beiden Zeiten, die Vergangenheit und die Zukunft, wenn doch das Vergangene schon nicht mehr und das Zukünftige noch nicht ist? Eine Gegenwart aber, die immer gegenwärtig bliebe und nicht überginge in die Vergangenheit, wäre nicht mehr Zeit, sondern Ewigkeit. Wenn also die Gegenwart nur dadurch Zeit ist, dass sie in die Vergangenheit übergeht, wie können wir von ihr sagen, sie sei, wo doch der Grund ihres Seins der ist, dass sie nicht sein wird? So können wir in Wahrheit von der Zeit nur sagen, sie sei, weil sie zum Nichtsein übergeht.
Aurelius Augustinus, 4./5. Jh. n.Chr.

Eine kleine Geschichte der „Zeit"

Bis zum 14./15. Jahrhundert war „Zeit" kein Thema. Und diejenigen, die mit der Zeit rechneten, landeten auf dem Scheiterhaufen. So z.B. diejenigen, die Zinsen verlangten. Mit der Zeit zu schachern war eine Sünde und wurde hart bestraft. Zeit war Natur und man lebte mit der Natur. Die regelmäßig wiederkehrenden Zyklen der Jahreszeiten, der Rhythmus von Tag und Nacht, Ebbe und Flut, Wachsen und Vergehen, Geburt und Tod waren die individuellen und sozialen Maßstäbe des Verhaltens. Das Erlebnis von Zeit und Natur, durch Gesellschaften und durch Generationen hindurch, gab die zeitliche Orientierung im Lebenslauf ab. Ein gutes Beispiel dafür gibt der Bericht über eine der ersten Volkszählungen. Da steht im Lukasevangelium: „Es begab sich aber zu der Zeit, da erging ein Erlass von Kaiser Augustus, den ganzen Erdkreis aufzeichnen zu lassen. Diese Aufzeichnung war die erste, und geschah als Quirinius Landpfleger in Syrien war." Die Zeitorientierung ist hier an die konkreten Erfahrungen mit der Regentschaft von Augustus und Quirinius gebunden. D.h., wir wissen, wann das passiert ist, nicht weil da eine Jahreszahl steht, sondern weil wir wissen, wann und dass Augustus gelebt hat. Alle früheren Hochkulturen bestehen aus Darstellungen von Ereignissen und nicht von Jahreszahlen. Abgelöst wurde diese Erfahrungsbezogenheit von der Erfahrungslosigkeit eines Stichtages. So weiß man noch heute, wer für die Volkszählung vor zweitausend Jahren verantwortlich war. Früher ging man mit den Hühnern schlafen und stand auch wieder beim ersten Hahnenschrei auf. Die Orientierung fand anhand der Hühner und anhand des eigenen Körpers statt. Quellen aus dem fränkischen Raum wiesen nach, dass bis ins 17. Jahrhundert die Bevölkerung das eigene Alter nicht zu datieren vermochte. Dies gilt sogar bis ins 19. Jahrhundert für einen großen Teil der Landbevölkerung. Man wusste nur anhand von Ereignissen, wann man geboren war. Das Jahr hatte noch Jahreszeiten und der Frühling fing nicht am 20. März um 11.15 Uhr an, sondern dann, wenn man es sah und merkte. In alten Kochbüchern lassen sich diesbezüglich originelle Zeitangaben finden. Schnecken z.B. dürfen laut eines solchen Kochbuches nur ein Vaterunser lang im Wasser bleiben. Zeitbewusstsein und Erfahrungen in der Zeit sind hier sozial und situativ unterschiedlich, da sie an dem Maßstab äußerer und innerer Natur festgemacht sind.

Karlheinz A. Geißler, 1996

1. Entwerfen Sie eine mögliche Definition von „Zeit".

2. Informieren Sie sich in einschlägigen Lexika über Zeit-Definitionen.

3. Je nach wissenschaftlichen Zusammenhängen wird „Zeit" unterschiedlich definiert: physikalische, philosophische, soziologische, religiöse Definitionen. Entfalten Sie den Zeitbegriff innerhalb eines Denksystems, das Ihnen vertraut ist.

4. Suchen Sie sich eine/n Gesprächspartner/in. Jede/r liest den Text von Augustin und merkt sich, welche Gedanken er/sie beim Lesen hat. Führen Sie nun 10 Minuten lang zu zweit ein stilles Schreibgespräch durch.

5. Erstellen Sie eine „Freizeit-Top-Ten-Liste". Jede/r formuliert für sich in Rangfolge seine/ihre zehn liebsten Freizeitbeschäftigungen. Vergleichen Sie diese mit den Listen ihrer Mitschüler/innen.

6. Informieren Sie sich, wann die Minuten- und wann die Sekundeneinteilung der Uhr erfunden wurden.

7. Sammeln Sie Darstellungen von Uhren und interpretieren Sie deren Zeiteinteilung und damit auch ihren Zeitbegriff.

KARLHEINZ A. GEISSLER, *geb. 1944, lehrt in München als Professor Pädagogik. Er ist Mitglied der Kammer der EKD für Bildung und Erziehung.*

Der Jüngste Tag, 11. Jh., Bamberger Apokalypse

Max Beckmann,
Er wird alle Tränen abwischen von ihren Augen
(Offb 21,4), 1941

➡ Seiten 126, 170

Zeitziele – Eschatologie

Eschatologie bedeutet in der wörtlichen Übersetzung des Griechischen „die Lehre von den letzten Dingen". Unter diesem Begriff werden in der christlichen Theologie* Themen verhandelt wie z.B. das Weltende, der Anbruch einer neuen Welt, das Jüngste Gericht*, das Reich Gottes*, die Auferweckung* der Toten oder die Wiederkunft* Christi. Hinter diesen Sprachsymbolen stehen Traditionen, die ihren Ursprung vor allem in der Apokalyptik (siehe Seite 284f.) haben. Zugleich sind sie Ausdruck für Fragestellungen, die den Menschen seit jeher bewegen: Was passiert mit mir, wenn ich sterbe? Gibt es eine ausgleichende Gerechtigkeit für das Leiden in dieser Welt? Welches Ziel hat die menschliche Existenz bzw. der Kosmos insgesamt? Wie werden die Brüche meines Lebens geheilt? In diesen Fragen formuliert sich das Bewusstsein für die Zweideutigkeit des Lebens und die Sehnsucht nach Ganzheit und Vollkommenheit. Im Folgenden werden die zentralen Problemfelder benannt, mit denen sich die Eschatologie beschäftigt. Es sind Grundfragen, die jeweils eine Facette der Erlösungssehnsucht aufgreifen.

Zukunft des Einzelnen oder Zukunft des Kosmos?

Zukunft kann *individuell* oder *kollektiv* gedacht werden, kann sich auf den Menschen beschränken oder den Kosmos als Ganzes mitdenken. Insofern wird zwischen „personaler" und „universaler" Eschatologie unterschieden. Individuell fragt der Mensch: Was geschieht mit mir nach meinem Tod? Werde ich auferstehen und wenn, mit welchem Körper? In welchem Verhältnis steht mein irdisches Leben zum ewigen Leben? Kollektiv wird gefragt: Welche Zukunft hat die Menschheit insgesamt? Wird die Erde bzw. der Kosmos unendlich fortbestehen? Was passiert mit all den Menschen, Tieren und Lebewesen, die je existiert haben?

Erlösung* jetzt oder Erlösung in Zukunft?

Erlösung kann zeitlich zweifach gedeutet werden: Erlösung als Gegenwartserwartung oder als ausstehende Erwartung in der Zukunft. Beschränkt sich Hoffnung allein auf einen Zeitpunkt X in der Zukunft, besteht die Gefahr, dass Religion* vertröstend wirkt: heute das Jammertal, morgen das Paradies*. Beschränkt sie sich allein auf ein Jetzt, so wird das Unerlöstsein des Lebens nicht ernst genommen: Glaube wird leicht zur Triumphreligion. Beide Pole müssen in der Spannung ausgehalten werden: Erlösung beginnt schon jetzt, doch die Vollendung ist eine Erwartung für die Zukunft.

Zerstörung der Welt oder Verwandlung der Welt?

In diesem Problemfeld geht es um die Verknüpfung von Schöpfung und Erlösung: Liegt die Welt derart im Argen, dass nichts Teil der neuen Schöpfung sein kann oder gibt es Anknüpfungspunkte zwischen alter und neuer Welt? Kurzum: Muss das Alte erst zerstört werden, um etwas Neues entstehen zu lassen oder wird das Alte in etwas Neues verwandelt?

Erfüllung in der Geschichte oder jenseits der Geschichte?

Wird mit der Vollendung der Welt Geschichte enden oder wird das Reich Gottes als eine Größe verstanden, die sich innerhalb der Geschichte verwirklicht? Muss Erlösung *geschichtsimmanent* oder *geschichtstranszendent* gedacht werden? Zur letzten Auffassung tendieren einige moderne eschatologische Entwürfe, sie gewinnen damit konkrete Hoffnungsziele sozialer und politischer Utopie (siehe Seite 288 f.), auf die Menschen „hinarbeiten" können. Geschichtsimmanente Utopien finden sich auch in säkularen Entwürfen: etwa in der esoterischen Rede vom Zeitalter des Wassermanns oder in den politischen Entwürfen des Kommunismus* und des Nationalsozialismus, mit seinen Visionen vom sog. „Dritten Reich". Aber verloren geht dabei die eschatologische Hoffnung auf Leben für die Toten, deren Teilhabe am Reich Gottes in der Geschichte nicht vorstellbar ist. Eine Theologie aber, die die Hoffnung auf Leben für die Toten preisgibt, kann schwer vor dem biblischen Zeugnis verantwortet werden. Umgekehrt muss eine Theologie, die Erlösung jenseits der Geschichte erwartet, sich fragen lassen, welche Bedeutung die gegenwärtige Geschichte und das Handeln des Menschen für die Verwirklichung des Reiches Gottes hat.

---

1. Die Bilder zeigen die beiden Perspektiven: „universale" (Der Jüngste Tag, Bamberger Apokalypse) und „personale" Eschatologie (M. Beckmann). Überlegen Sie, auf welche Fragen die Bilder Antworten zu geben versuchen.

2. Wie stellen Sie sich die Zukunft der Welt vor? Versuchen Sie Sprachbilder oder auch gemalte Bilder zu finden, die Ihre Zukunftsauffassung ausdrücken.

3. Leben nach dem Tod – informieren Sie sich, wie die unterschiedlichen Religionen die Frage beantworten.

Eschatologie [griech. „die Lehre von den letzten Dingen"], in der christlichen Glaubenslehre die Lehre vom Weltende und Anbruch der neuen Welt, aber auch vom Tode und vom Jenseits. Grundlage der Eschatologie ist die Verheißung Jesu, bei seiner Wiederkunft* das Reich Gottes* zu bringen nach oder inmitten von Weltkatastrophen.
Die christliche Eschatologie umfasst
1) die Vorzeichen des Weltendes,
2) das Weltende selbst,
3) das Kommen Christi,
4) die Auferweckung* der Toten,
5) das Gericht über die Gesamtmenschheit,
6) das Erscheinen des Reiches Gottes und damit einer neuen Welt.
In altchristlicher Zeit, und in neuester Zeit wieder mehr als früher, wird ein Zwischenzustand zwischen dem eigentlichen Gottesreich und der Wiederkunft Christi eingeschaltet, das Tausendjährige Reich (Chiliasmus/Millenarismus*).

dtv-Lexikon: Brockhaus, 1966

Fortschrittsglaube und Aufklärung

Die Philosophen* der Aufklärung* hingen dem damals weit verbreiteten Glauben an, dass die Menschheit auf dem Weg zu einer besseren Welt sei, in der alle Formen von Kummer und Leid, Unrecht und Unwahrheit aufgehoben sind. „Das Paradies* auf Erden liegt nicht hinter, sondern vor uns, und es kann Wirklichkeit werden", schrieb D'ALEMBERT *1751 in seinem berühmten Vorwort zur „Encyclopédie". Der unerschütterliche Glaube an den Fortschritt, der vor allem durch die rasante Entwicklung der Naturwissenschaften genährt wurde, charakterisiert das Denken vieler Philosophen in der zweiten Hälfte des 18. und im gesamten 19. Jahrhundert.*

1. Vergleichen Sie die Geschichtsauffassung der Aufklärung mit der Geschichtsinterpretation der Gegenwart von J. Baudrillard. Diskutieren Sie, welche Folgen beide Auffassungen für das Lebensgefühl haben.

2. Halten Sie Referate über die hier erwähnten Bücher von J. Baudrillard, Fukuyama und H. Lefebvre. Vergleichen Sie dabei deren Deutung des Terminus „Das Ende der Geschichte".

3. Welche Unterschiede bzw. welche Gemeinsamkeiten entdecken Sie zwischen der „christlichen" und der „säkularen"* Eschatologie? Inwiefern greifen der Nationalsozialismus und der Stalinismus „eschatologisches Gedankengut" auf?

➡ Seite 149f.

Zeitziele – säkulare Eschatologie

Am Ende des 20. Jahrhunderts findet sich in den Titeln von Widerspruch anmeldenden Werken am häufigsten ein Wort, eben das Wort: Ende. Der Reihe nach wird uns angekündigt: das Ende der Geschichte, der Politik, der Ideologien*, der Intellektuellen, der Wissenschaft, der moralischen Werte, verbunden mit der Aufforderung, endlich „mit dem Mittelalter Schluss zu machen", d. h. mit der Vergangenheit, mit der Erinnerung.

Das Ende der Geschichte

In *L'Illusion de la fin* (Die Illusion des Endes) stellt Jean Baudrillard die Sterbeurkunde für die Geschichte aus. Merkwürdigerweise ist das Buch Baudrillards im selben Jahr erschienen wie das Werk *La Fin de l'histoire et le dernier homme* (Das Ende der Geschichte und der letzte Mensch) des amerikanisierten Japaners Fukuyama, das wie eine kleine Bombe eingeschlagen hat. Beide Bücher erschienen zwanzig Jahre nach dem Werk von Henri Lefebvre, *La Fin de l'Histoire* (Das Ende der Geschichte), der das Problem in einem anderen Kontext diskutiert hat.

Baudrillard beschreibt das Ende der Geschichte wie folgt: „Die Geschichte hat keine Finalität mehr. Sie hat nichts Transzendentes mehr. Sie weist nicht mehr wie einst über sich selbst hinaus. Sie vollführt nicht mehr diese lineare oder dialektische Bewegung in Richtung auf die Vollendung und auf ein Ende im positiven Sinne des Wortes."

Das Ende der Geschichte bedeutet nicht nur das Ende einer Kontinuität der Ereignisse, es bedeutet auch das Ende einer Disziplin. Der Gefallen, den der moderne Mensch an den Ursprüngen, der Ahnenforschung, den Gedenkstätten, dem historischen Roman, der Rückkehr zu den Quellen findet, deutet scheinbar auf eine Wertschätzung der Geschichte hin. Doch dies sind nach Baudrillard nur Zuckungen wie bei einem aus dem Wasser gezogenen Fisch, der nach Luft schnappt. „Man muss sich dessen bewusst sein, was man mit den Materialien der Vergangenheit macht. Entweder man revitalisiert sie in einer Art ideologischer Flickschusterei, die etwas von einer folkloristischen Rettungsmaßnahme an sich hat, oder man versucht, sie zu aktualisieren und in Szene zu setzen." Die Geschichte zerbröckelt in Fragmente, als ob die Geschichte nur ein Puzzle wäre.

Totalitarismus und Eschatologie

Unter den Anstrengungen, die die Menschen unternehmen, um in ihr eigenes Verderben zu rennen, müssen auch die totalitären Systeme genannt werden: der Nationalsozialismus und der Stalinismus. Nach Ansicht Mircea Eliades „ist die eschatologische und millenaristische* Mythologie* in Europa in letzter Zeit in zwei totalitären politischen Bewegungen wieder aufgekommen. Obwohl beide in einer scheinbar radikal säkularisierten* Form auftreten, enthalten sowohl der Nationalsozialismus als auch der Stalinismus eine Fülle eschatologischer Elemente; sie verkünden das Ende dieser Welt und den Beginn einer Ära des Überflusses und der Glückseligkeit."

Was den Kommunismus* angeht, macht Mircea Eliade für den Begründer des Marxismus* messianische* Absichten geltend: „Marx hat einen der großen eschatologischen Mythen der mediterranen Welt aufgegriffen, nämlich die Erlöserrolle des Gerechten (des Proletariats), dessen Leiden den ontologischen* Zustand der Welt ändern soll. Tatsächlich finden die klassenlose Gesellschaft von Marx und das Überwinden der geschichtlichen Widersprüche ihren exakten Vorläufer im Mythos* vom Goldenen Zeitalter, der in den unterschiedlichen Traditionen den Anfang und das Ende der Geschichte charakterisiert." Dadurch, dass Marx diesen Mythos um ein messianisches Programm ergänzt, indem er dem Proletariat eine Erlöserrolle zuspricht und den Sieg des Guten über das Böse prophezeit, macht er sich die jüdisch-christliche eschatologische Hoffnung auf ein absolutes Ende der Geschichte zu eigen.

Was den Nationalsozialismus angeht, so wissen wir, dass er seine traurige Karriere 1933 begonnen hat. 1900 Jahre nach dem Leiden Christi. Hitler hielt sich für einen neuen Messias. Zu seinem Vertrauten, Hermann Rauschning, sagt Hitler einmal: „Es gibt einen entscheidenden Wendepunkt der Welt, jetzt befinden wir uns an der Zeitenwende. Es wird eine gewaltige Umwälzung des Planeten geben, den Ihr anderen, nicht Eingeweihten, nicht begreifen könnt. Was hier vor sich geht [mit dem Nationalsozialismus], das ist mehr als der Anfang einer neuen Religion." Wir wissen, dass der Nazi-Messias mit seiner angemaßten Rolle jämmerlich gescheitert ist, dass er dabei aber eine sehr reale Apokalypse über die Welt gebracht und einen Leichenberg von Millionen Menschen hinterlassen hat.

Jean-Paul Clébert, 1998

Unsere Tage füllten den glücklichsten Zeitraum des 18. Jahrhunderts. Kaiser, Könige, Fürsten steigen von ihrer gefürchteten Höhe menschenfreundlich herab, verachten Pracht und Schimmer, werden Väter, Freunde und Vertraute ihres Volkes. Die Religion zerreißt das Pfaffengewand und tritt in ihrer Göttlichkeit hervor. Aufklärung geht mit Riesenschritten. Tausende unserer Brüder und Schwestern, die in geheiligter Untätigkeit lebten, werden dem Staat geschenkt. Glaubenshass und Gewissenszwang sinken dahin, Menschenliebe und Freiheit im Denken gewinnen die Oberhand. Künste und Wissenschaften blühen, und tief dringen unsere Blicke in die Werkstatt der Natur. Handwerker nähern sich gleich den Künstlern ihrer Vollkommenheit, nützliche Kenntnisse keimen in allen Ständen. Hier habt ihr eine getreue Schilderung unserer Zeit. Blickt nicht mit Stolz auf uns herab, wenn ihr höher steht und weiter seht als wir; erkennt vielmehr aus dem gegebenen Gemälde, wie sehr wir mit Mut und Kraft euren Standort emporhoben und stützten. Tut für eure Nachkommenschaft ein Gleiches und seid glücklich.

Originaldokument von 1784, entnommen aus einer Gedächtnisurkunde der Margarethenkirche zu Gotha

Albrecht Dürer,
Die vier apokalyptischen Reiter,
1497/98

Ulrich Loose,
Die apokalyptischen Reiter, 1996

Zeitbedrängnis – Apokalyptik

Die Apokalypse des Johannes ist nicht die einzige ihrer Art. Im Neuen Testament* steht sie zwar fast allein, wenn man von der „kleinen Apokalypse" der Evangelien (Mk 13) absieht; im Alten Testament (z.B. Dan 2; 4; 7-12) und noch mehr im apokryphen* Umfeld der Bibel hat sie viele Verwandte. Man spricht von „apokalyptischem Schrifttum" oder von „Apokalyptik". Der Name stammt vom ersten Wort der Johannesoffenbarung, das griechisch „apokalypsis" lautet und „Offenbarung", „Enthüllung" bedeutet. Vom Wort her haben Apokalypsen nichts mit „geheimnisvoll", „rätselhaft" zu tun, sondern mit der Aufdeckung von Geheimnissen durch Gott, der den Menschen etwas enthüllt.

Entstehung der apokalyptischen Bewegung

Die Blütezeit apokalyptischen Schrifttums liegt in der ersten Hälfte des 2. Jahrhunderts v. Chr., einem Tiefpunkt der Geschichte Israels. Das Land stand unter der Oberherrschaft der Seleukiden, einem der Diadochenreiche des zerfallenen Reichs Alexanders des Großen. König Antiochos IV. Epiphanes (175-164 v. Chr.) setzte rücksichtslos die hellenistische* Kultur durch und verbot die Ausübung der jüdischen Religion. Als Fanal zum Widerstand wirkte offenbar die Aufstellung einer Statue des Zeus im Tempel von Jerusalem. Der Aufstand der Makkabäer war die eine Reaktion (vgl. 1. Makk 1). Die andere Reaktion war das Entstehen der apokalyptischen Bewegung. Diese war eine Art Untergrundbewegung jahwetreuer Juden. In einer Sprache, die nur für Eingeweihte verständlich war (Verfolgungssituation), verbreiteten sie ihre Botschaft: Das Entsetzliche, das wir erleben, ist das Zeichen des nahen Endes. Gott wird nicht mehr lange zögern; er wird eingreifen zu unserer Rettung und zum Verderben derer, die uns verderben wollen. Alle Anzeichen sprechen dafür, dass das bald geschieht. Deshalb gilt es jetzt, die verbleibende Zeit im Vertrauen auf Jahwe durchzustehen. Gott hat alles in seiner Hand. Irdische Zustände und Ereignisse wurden als die Folge kosmischer Vorgänge und endzeitlicher Auseinandersetzungen im Himmel gedeutet. Die Entscheidung aber würde durch Gott kommen. Die kleine Zahl der Frommen und Treuen werde schließlich auf der Seite der Sieger stehen, selbst wenn sie vordergründig die Schwächeren sind.

Diese Tradition der Apokalyptiker hat gegen Ende des ersten nachchristlichen Jahrhunderts ein Christ namens Johannes aufgegriffen und auf die in Bedrängnis befindliche junge

Kirche übertragen (Offb 1,9). Ihr schreibt er (die sieben Gemeinden stehen stellvertretend für die ganze Kirche) seine Trostbotschaft: Jesus Christus liebt uns und hat uns schon erlöst, er ist auf unserer Seite. Bald wird sich seine Macht in unserer Rettung erweisen (1,5–7); er hält uns alle (1,20) und das ganze Weltgeschehen (5,7) in seiner Hand.

Die Bildsprache der Apokalyptik

Die „Enthüllungen" der Apokalyptik erfolgen in einer ganz eigenen Symbolsprache, in der uns überirdische Tierwesen und hintergründige Zahlenangaben begegnen. Diese Ausdrucksform hat zwei Gründe: Einerseits müssen die Eingeweihten ihre Botschaft so verschlüsseln, dass Außenstehende nicht verstehen, was gemeint ist; andererseits haben die Apokalyptiker ihre Schriften nicht am Schreibtisch erdacht, sondern in Visionen und Träumen erfahren (z.B. Dan 7,1). Die offensichtliche Nähe von apokalyptischer Bildsprache und Trauminhalten legt es nahe, auch Erstere nach Art der Traumarbeit nicht nur rational, sondern auch assoziativ zu „lesen". Dabei ist aber zu beachten, dass die Bilder der Apokalypsen einen realen Bezug haben und zeitgeschichtlich zu deuten sind.

Merkmale apokalyptischen Denkens

Die Geburtsstunde der Apokalyptik ist die äußere Bedrohung. Der Apokalyptiker betrachtet seine Zeit völlig negativ und er sieht ihr Ende kommen. Er erwartet eine kosmische Katastrophe, ein gewaltiges Eingreifen Gottes, der den alten Äon* beendet, alles Gottfeindliche vernichtet und eine herrliche neue Zeit heraufführt. Der Apokalyptiker nennt alles beim Namen, was seinen Zeitgenossen Angst macht, und er zeigt damit: Gott weiß um euer Leiden. Bald wird er all dem ein Ende machen und euch retten. Der Apokalyptiker will also nicht Angst vor der Zukunft erzeugen, sondern Angst in der Gegenwart nehmen. In diesem Denken ist alles schwarz oder weiß. Hier ist kein Raum für Mitleid mit den Unterdrückern. Die Frage, ob Gott ihnen vergeben wird, stellt sich nicht. In einem Augenblick, da es um Leben oder Tod geht, ruft der Apokalyptiker zum Festhalten an der Hoffnung auf, zum Durchhalten und Vertrauen.

Peter Schmid, 1996

1. Informieren Sie sich über den zeitgeschichtlichen Hintergrund der „Offenbarung des Johannes" und versuchen Sie, Bilder dieser Apokalypse daraufhin zu deuten.

2. Apokalyptische Sprache wird oft mit symbolischer Sprache von Träumen verglichen. Welche Parallelen entdecken Sie?

3. A. Dürer illustriert mit dem Bild „Die vier apokalyptischen Reiter" den Bibeltext aus Offb 6,1–8. Lesen Sie den Text und vergleichen sie diesen mit A. Dürers Darstellung.

4. U. Loose greift A. Dürer auf und aktualisiert diesen. Halten Sie die Modernisierung für gelungen?

Zahlensymbolik der Johannesapokalypse

Vier = *die ganze Welt.*
Vier Lebewesen (4,6), vier apokalyptische Reiter (6,2–8), vier Ecken der Erde, vier Winde (7,1), eintausendsechshundert Stadien = 4x4x100 (14,20).

666 = *Zahlenwert des Tieres (13,18), dreimal die Zahl der Bosheit. Auf welchen Namen die Zahl gemünzt ist (Nero?, Domitian?), wird von alters her gerätselt.*

Sieben = *Zahl der Vollkommenheit und Fülle.*
Sieben Gemeinden = sieben Leuchter (1,4), sieben Sterne = sieben Engel (1,16.20), sieben Geister Gottes (4,5; 5,6), sieben Siegel, Posaunen, Donner (10,3f.), Plagen, Schalen, sieben Köpfe (12,3; 13,1), sieben Könige (17,9).

Buchstaben: *Die einzelnen Zeichen des hebr.* ALEPHBETH *sind zugleich Buchstaben, Zahlen und Symbole.*

Star Trek

Raumschiff Enterprise (Star Trek) ist ein echtes TV-Phänomen. Was 1966 als bescheidene NBC-Serie mit drei Staffeln begann, wurde zum ständig wiederholten Sciencefictionklassiker, der drei TV-Ableger und über ein halbes Dutzend Leinwandhits sowie Trickfilme, Kongresse und Internetseiten hervorbrachte. Star Trek ist ein echtes Kind der 60er-Jahre.
Als sich das verbissene Wettrennen um die Eroberung des Alls zwischen den USA und der UdSSR beschleunigte, stieg das öffentliche Interesse am Weltraum deutlich an. Zudem war diese Ära eine revolutionäre Periode der US-Geschichte: Die Bürgerrechtsbewegung, die Emanzipation der Frau und die sexuelle Befreiung nahmen Einfluss auf die Zukunft, sodass Gene Roddenberry, der Schöpfer und Produzent der Serie, eine Enterprise-Mannschaft zusammenstellte, die diese Veränderungen reflektierte:
Mr. Spock, Captain Kirks Erster Offizier, ist keine Dutzendgestalt, sondern halb Mensch, halb Vulkanier.
Die Funkzentrale wird von einer afroamerikanischen Frau befehligt; Steuermann und Navigator des Raumschiffs sind ein Russe und ein Japaner.
Das Gefühl der Brüderlichkeit der einzelnen Episoden bildet das eigentliche Fundament der Serie. 1987 kreierte G. Roddenberry dann Star Trek: Das nächste Jahrhundert mit einer neuen Crew um Captain J.L. Picard.

Forrest J. Ackerman, 1998

Zeitbedrängnis – Sciencefiction

Sciencefiction und apokalyptische Literatur haben Strukturähnlichkeit. Beide gehen von einem klaren Gut-Böse-Schema aus, in dem das Gute zwar zunächst unterliegt, aber am Ende gewiss den Sieg davon trägt. Die so genannte „Erlösung" erfolgt zumeist durch eine Rettergestalt oder wie z.B. bei *Star Wars* durch die geheime Bruderschaft der Jedi-Ritter.
Zu den modernen Apokalypsen kann etwa der 1999 in den Kinos gelaufene Sciencefictionfilm *Matrix* (Regie: Larry und Andy Warchowski) gezählt werden. Im Mittelpunkt des Films steht der Computer-Experte Neo (Keanu Reeves). Wie alle Menschen, so hatte auch dieser angenommen, dass unsere Welt real sei. Eines schrecklichen Tages wird er jedoch eines Besseren belehrt: Tatsächlich ist die Welt, wie wir sie kennen, nur eine komplexe Illusion in unseren manipulierten Gehirnen. Erschaffen wurde die so genannte *Matrix* von intelligenten Maschinen, die auf diese Weise die gesamte Menschheit zum Sklaventum verdammten. Gemeinsam mit dem Rebellenführer Morpheus (Laurence Fishburne) kämpft Neo als messianische Erlösergestalt für ein irdisches Sein ohne Schein.
Sciencefiction handeln von Illusionen und Möglichkeiten, aber auch von Alpträumen und Warnungen. Um es in den Worten John Clutes zu sagen, Autor des Buches *Sciencefiction – Die illustrierte Enzyklopädie*: „Zu den närrischsten Vorwürfen, die man der Sciencefiction gemacht hat, zählt der, dass es ihr nicht gelinge, die Zukunft zu prophezeien." Aber Sciencefiction ist nun mal keine illustrierende Futurologie*; sie ist nur dazu da, ihre Leser auf die Zukunft vorzubereiten.

Sciencefiction auf der Leinwand

Einer der ersten Sciencefictionfilme war der Drei-Minuten-Streifen *La Lune à un Mètre* (1899) von dem Regisseur Georges Méliès. Bereits 1917 flog in der dänischen Produktion *Das Himmelsschiff* eine Rakete zum Mars, entdeckte dort eine utopische Gesellschaft und nahm einen marsianischen Gesandten mit zur Erde. Die 30er- und 40er-Jahre brachten relativ wenige interplanetarische Reisen. In den 50er-Jahren kamen gleich mehrere Klassiker auf den Markt.

Dazu gehörte z.B. *Der Tag, an dem die Erde stillstand (The Day the Earth Stood Still)* von Robert Wises. Dort landet ein Fremdling in Washington D.C., um uns vor der Selbstvernichtung durch die Atombombe zu warnen. Stanley Kubricks Klassiker *2001: Odyssee im Weltraum (2001: A Space Odyssey, 1968)* hat den Weltraumfilm für immer verändert. Das Drehbuch stammt von Kubrick und dem Sciencefiction-Autor Arthur C. Clarke. Im Gegensatz zu früheren Weltraumfilmen, die im Kalten Krieg entstanden und uns unserer Überlegenheit versicherten (die Aliens wurden immer besiegt, auch wenn sie zeitweilig überlegen waren), beschäftigte sich dieser Film eher mit der unbedeutenden Rolle der Menschheit in einem riesigen Universum und ihrer permanenten spirituellen* Suche. *2001* untersucht u.a. die Frage, was wir uns selbst angetan haben und wohin wir gehen – physisch und philosophisch*.

1977 geschah in der Welt der Sciencefiction und des Films etwas wirklich Erstaunliches und zwar der Rundumschlag, den Georg Lucas mit *Krieg der Sterne (Star Wars)* und Steven Spielberg mit *Unheimliche Begegnung der dritten Art (Close Encounters of the Third Kind)* führten. Beide Filme bauten auf den revolutionären Bildern von Kubricks *2001* auf.

Diese Sciencefictionfilme wurden Hollywoods größte Kassenschlager. Lucas ließ *Krieg der Sterne* zwei Fortsetzungen folgen: *Das Imperium schlägt zurück (The Empire Strikes Back, 1980)* und *Die Rückkehr der Jedi-Ritter (Return of the Jedi, 1983)*. 1997 wurde die Trilogie als *Star Wars Special Edition* mit neuem digitalen Soundtrack, verbesserten Tricks und Szenen neu aufgeführt. Danach übertraf Spielbergs *E.T. – Der Außerirdische (E.T. – The Extraterrestrial, 1982)* mit 460 Millionen Dollar Umsatz alle bisherigen Kassenschlager. Der technische Fortschritt verändert den Film ständig. Die Filme werden immer teurer und aufwendiger. Dann wachsen die Produktionskosten zwar in den Himmel, doch wenn der Zuschauer überwältigt ist, dann steigen auch die Einnahmen. Allein im Sommer 1997 spielte *Vergessene Welt: Jurassic Park* über 225 Millionen Dollar ein. Zwei weitere große Sciencefictionfilme wurden fast gleichzeitig aufgeführt: *Contact* mit Jodie Foster und Matthew McConaughey basiert auf dem Bestseller von Carl Sagan und spielte über 100 Millionen Dollar ein. *Men in Black* machte 237 Millionen Dollar Umsatz, *Independence Day* sogar 306 Millionen Dollar.

Forrest J. Ackerman, 1998

1. Analysieren Sie einen Sciencefictionfilm, indem Sie:

1.a) die Merkmale einer Sciencefiction zusammenstellen, z.B. Außerirdische, technischer Fortschritt, Gut-Böse-Schema, Krise-Rettungs-Ablauf;

1.b) Personen, Handlungen und Schauplatz einer Sciencefiction untersuchen;

1.c) den Einfluss einer Sciencefiction auf die Gefühle der Zuschauer/innen umschreiben, z.B.: Was zieht mich in den Bann, was macht mir Angst, was schafft mir Erleichterung?

2. Vergleichen Sie die typischen Merkmale einer Sciencefiction mit einer apokalyptischen Vision aus der Bibel, z.B. Offb 12,1–18. Wo erkennen Sie Gemeinsamkeiten bzw. Unterschiede?

3. Entwickeln Sie ein Drehbuch für einen eigenen Sciencefictionfilm: Was erhoffen Sie, was befürchten Sie für sich selbst, für die Zukunft der Menschen und den Kosmos?

4. „Star Trek", eine Produktion der 60er-Jahre, thematisiert indirekt die politische und ideologische Situation seiner Zeit. Diskutieren Sie: Inwiefern haben sich in den letzten Jahren die Grundthemen der Sciencefiction-Serien geändert? Welche gegenwärtige Problematik wird derzeit in ihnen implizit verarbeitet?

Utopie* [griech. „Nirgendheim"]: Schilderung eines erdachten (erhofften oder befürchteten) Gesellschaftszustandes; ursprünglich wird meist ein Idealzustand dargestellt, so in dem namengebenden Roman von Th. More „De optimo rei publicae statu deque nova insula Utopia" (1516).

Historisch erscheint U. bereits im apokalyptischen Judentum, in dem allerdings Eschatologie* und Chiliasmus* ineinander übergehen. Darüber hinaus stellt sie sich damals schon als sozialer Aspekt dar.

Die klassische U. des Humanismus hat sich aus der Verbindung der stoischen Ethik und aus frühchristlichen Elementen gebildet, wie sie bei Xenophon, Platon („Politeia"), Aristoteles und Augustinus („Civitas Dei") vorkommen.

Für die Entstehung der eigentlichen U. ist die Erfahrung der jeweiligen Gegenwart als des Zeitalters der vollendeten Sündhaftigkeit (Joachim von Fiore, Fichte) entscheidend, dem die humanistische Renaissance (Morus, Campanaella, Bacon) den Menschen mit seinem Willen zur autonomen Erneuerung entgegensetzt. Die neuzeitlichen U.en des Humanismus, der Aufklärung* (Mably, Morelly, Rétif de la Bretonne) und des Frühsozialismus (Fourier, Saint-Simon, Owen, Proudhon) vertreten den radikalen pädagogischen Idealismus und das Bewusstsein der sozialen Verantwortung. Damit verbunden ist der Gedanke, dass das Glück der Menschen von der Umwandlung ihrer gesellschaftlichen und politischen Zustände abhängt. Bei Hegel tritt dann das historisch-dynamische Denken in den Vordergrund, welches bei Marx erst (Entfremdung des Menschen von Staat und Natur) wirksam wird.

Hoffnungszeit – Utopie
Träume der Menschheit

So alt wie die Menschheit ist, sind ihre Träume. Darum ist es ebenso schwer: Neues zu träumen, wie: Altes nicht zu träumen. Der Wach- oder Schlaftraum ist die Schaltstelle, wo Erlebnis und Charakter sich umsetzen in Ängste und Wünsche – darum ist der Traum die Quelle der Geschichte.

Utopien erwachsen aus dem Leiden an der Geschichte. Weiße Utopien hoffen auf den Sieg des Guten, schwarze Utopien fürchten den Triumph des Bösen. Jene wollen eine *self-fulfilling prophecy*, diese eine *self-destroying prophecy* sein. Beide steigern bestimmte, positive oder negative Züge ihrer Gegenwart. Die Utopie ist eine Zukunft ohne Zukunft, sie fordert das Ende der Geschichte in einem zeit- und ziellosen Finale. Die Hoffnung auf den Hafen ist die Sehnsucht nach der Sackgasse.

Der Reiz utopischen Träumens liegt darin, der politischen Phantasie einmal die Zügel schießen zu lassen und zu sehen, wohin sie, angestachelt von Hoffnungen oder gepeitscht von Ängsten, am Ende führt. Nach menschlichem Ermessen aber sind himmlische wie höllische Staatsvisionen gleichermaßen unwahrscheinlich. Können wir den Himmel auf Erden auch nicht schaffen, lässt sich doch die Hölle auf Erden verhindern.

In der Nachfolge der frühen Christen wollten die Kommunisten* und die Nationalsozialisten für ihr Endreich einen neuen Menschen schaffen, den „Menschenstoff gemächlich komponieren", doch hat es kein „kristallisiertes Menschenvolk" ergeben, der Golem [ein künstlich geschaffener Mensch] ist ausgeblieben. Noch immer gilt die Devise: Fürchte deinen Nächsten wie dich selbst!

Die liberal-demokratisch-sozialen Anthropologien begnügen sich dagegen im Allgemeinen mit dem alten Menschentyp, dem sie selbst angehören, aber ob aus ihm ein stabiles *Commonwealth of Nations* zu errichten ist, bleibt füglich zu bezweifeln. Vermutlich müssen wir doch den neuen Menschen anziehen, *induentes novum hominem,* und die mit dem Austritt aus der Geschichte stets verbundene Zweiteilung der Menschen in Sünder und Gerechte, in Böcke und Schafe vornehmen.

Der voll integrierte, durchhumanisierte Idealbürger der posthistorischen Gesellschaft muss vernünftig, lernwillig und friedlich sein, arbeitsam, tolerant und zuverlässig. Er muss Selbständigkeit und Flexibilität verbinden, Verantwortungsbewusstsein und Kompromissbereitschaft zeigen. Werte wie Mut und Stolz, Ehre und Würde weist er ab - sie führen zu Zwietracht. Es gibt nur noch wohltemperierte Weltbürger, die das sie Verbindende über das Auszeichnende stellen. Solidarität steht auf den Stirnen. Die Universalzivilisation hat sie aller konflikthaltigen Identitätsmerkmale entkleidet.

Alexander Demandt, 1993

Über die Bedeutung der Utopie

Nötig aber ist es, dass genau die üblicheren Träume nach vorwärts wohlgesichtet werden. Ihre Entwürfe haben zwar das bloß private Wishfulthinking verlassen, meist überhaupt nichts mit ihm gemein. Doch muss zwischen Utopistischem und Utopischem unterschieden werden; das eine bringt sich nur unmittelbar, abstrakt an die Verhältnisse heran, um sie rein aus dem Kopf zu bessern, das andere nahm immerhin dazu auch das Bauzeug von draußen. Wobei freilich selbst das Utopistische, wie es abstrakt *über* die Wirklichkeit greift, sich vor einem bloß Empiristischen, das nur anders abstrakt *unter* die Wirklichkeit greift, nicht zu genieren braucht. Kritik des Utopischen kann nur von einem Standort erfolgen, der adäquat ist, der nicht etwa Überfliegen durch faktizistisches Kriechen richtet, gar ersetzt. „Etwas sei utopisch", als Abwertung im Mund von Geschäftsmännern, die sich besonders klug vorkommen, diese Abwertung in Bausch und Bogen ist ohnehin Provinz oder Phrase geworden, garniert mit der Angst vor Zukunft überhaupt. Dennoch und gerade deshalb aber muss zwischen abstrakten und konkret werdenden Utopien gründlichst unterschieden werden. Besonders Sozialutopien konnten abstrakt sein, weil ihr Entwerfen mit der vorhandenen gesellschaftlichen Tendenz und Möglichkeit nicht vermittelt war; und sie konnten nicht nur, sondern *mussten* abstrakt sein, sofern sie - genau wegen der vorhandenen Tendenzen und Fälligkeiten - zu früh kamen.

Ernst Bloch, 1965

ERNST BLOCH, *geb. 1885 in Ludwigshafen, 1933 Emigration nach den USA, ab 1949 Professor für Philosophie in Leipzig, 1957 Konflikt Blochs mit der SED, seit 1961 Gastprofessur in Tübingen, gestorben 1977, Hauptwerk: „Das Prinzip Hoffnung" (1954-59).*

Dass die Kategorien der geschichtlichen Entwicklung mit dem Sozialismus* verschmelzen müssen, haben Marx und Engels in ihrer Abwertung der bloß „phantastischen Schilderung der zukünftigen Gesellschaft" im „Kommunistischen Manifest" (1848) klar ausgesprochen.
Oft wird die U. als Inbegriff politischer, sozialer oder technischer Zukunftserwartungen entwickelt: „Rückkehr zur Natur", der „ewige Frieden", „klassenlose Gesellschaft". Die bis etwa 1900 vorherrschende klassische, idealisierende U., die eine Begleiterscheinung des Glaubens an Fortschritt und allgemeine Weltverbesserung war, ist seit den beiden Weltkriegen einer modernen Form der U. gewichen, die Ausdruck der Skepsis, des Pessimismus, des Zynismus oder der Verzweiflung ist. Sie gipfelt in der Darstellung eines gespenstischen Inferno, in dem die Perfektion von Technik, Wissenschaft, Massenpsychologie und Machtausübung endet.

dtv-Lexikon: Brockhaus, 1966

1. Stellen Sie aus den Texten die Aussagen über den Begriff „Utopie" zusammen und arbeiten Sie Unterschiede und Gemeinsamkeiten heraus.

2. Informieren Sie sich über E. Bloch. Laden Sie Ihren/Ihre Philosophielehrer/in in den Religionsunterricht ein und befragen Sie diese/n über E. Blochs „Das Prinzip Hoffnung".

3. Entwickeln Sie eigene Vorstellungen von einer „utopischen Gesellschaft": Wie müsste Gesellschaft organisiert werden, damit sie als „gerecht" bezeichnet werden kann?

Hoffnungszeit – die Hoffnung der Christen

Paulus sagt in dem großen Kapitel über die Auferstehung*, 1. Kor. 15: „Hoffen wir allein in diesem Leben auf Christum, so sind wir die elendesten unter allen Menschen." Das ist ein starkes Wort und es scheint die Hoffnung der Christen auf das Leben nach der Auferstehung von den Toten zu beschränken. Es scheint die populäre Auffassung vieler Christen und vieler Gegner des Christentums zu bestätigen, dass das Ziel des christlichen Lebens das Jenseits des Lebens ist, wie immer man sich dieses „Jenseits des Lebens" vorstellt.
Sicherlich, niemand kann bestreiten, dass die Ausrichtung des Lebens auf das Jenseits des Lebens ein starkes Element in der Entwicklung des Christentums ist. Christliche Hoffnung ohne Hoffnung auf ewiges Leben* ist undenkbar. Darin stimmen das NT* in allen seinen Teilen und die Lehre der Kirchen in allen Perioden überein. Aber damit ist wenig gesagt, wenn nicht zugleich drei Fragen beantwortet sind: *die erste* nach dem Verhältnis dieses Lebens mit seinen Hoffnungen zu der Hoffnung des ewigen Lebens; *die zweite* nach dem, was mit dem Wort, genauer mit dem Symbol „ewiges Leben" gemeint ist, und *die dritte* nach den Bedingungen, unter denen diese Hoffnung erfüllt ist.
[Zu eins:] Gegenstand der Hoffnung ist das Reich Gottes; aber nicht als etwas, das jenseits von Raum und Zeit einer anderen Ordnung angehört, in die der Einzelne nach seinem Tode eingeht oder nicht eingeht. Das Reich Gottes in der Hoffnung des NT ist nicht der jenseitige Himmel, sondern es ist die Herrschaft Gottes auf Erden wie im „Himmel". Das bedeutet aber, dass die christliche Hoffnung sich nicht nur auf das Jenseits von Raum und Zeit richtet, sondern auch auf etwas innerhalb der menschlichen Geschichte; und dass es nicht nur die Hoffnung des Einzelnen ist, am ewigen Leben teilzuhaben, sondern die Hoffnung aller Menschen und des Universums, verwandelt zu werden durch die Aufrichtung der Herrschaft Gottes auf Erden.
[Zu zwei:] Was bedeutet das Symbol des ewigen Lebens? Auf diese Frage muss man zunächst negativ antworten. Es bedeutet nicht, was populärer christlicher Aberglaube mit Hilfe eines missverstandenen Plato daraus gemacht hat: Es bedeutet nicht zeitliche Fortdauer des Einzelnen nach dem Tode.

Walter Habdank, In Erwartung

PAUL TILLICH *(1886–1965), Professur in Marburg, Dresden, Leipzig, Frankfurt a.M., 1933 Emigration in die USA, dort Professur in New York, Havard und Chicago. Einer der bedeutendsten Theologen des 20. Jahrhunderts.*

1. Arbeiten Sie die drei Fragen heraus, die P. Tillich benennt und rekapitulieren Sie seine Antworten mit Ihren eigenen Worten.

2. Vergleichen Sie P. Tillichs Antworten zur Hoffnung der Christen mit den Zukunftshoffnungen im Judentum und Islam.

3. Was zeichnet nach W. Habdank Menschen in Erwartung aus?

Ewiges Leben ist Leben in der Gegenwart Gottes, in der Zeit und in Ewigkeit, aber es ist nicht endlos verlängerte Zeit. Es reicht zurück in die Ewigkeit, aus der alles Zeitliche kommt, und es reicht vorwärts in die Ewigkeit, zu der alles zurückkehrt. Die christliche Hoffnung ist die Hoffnung, an dem ewigen Leben, dem Leben Gottes, teilzunehmen. Ewiges Leben ist nicht endloses Leben. Was endlich ist, bleibt endlich in sich selbst; aber es kann teilhaben an dem, was jenseits von Endlichem und Unendlichem liegt, dem Ewigen. Ewigkeit ist nicht Zeitlosigkeit. Zeitlos sind mathematische Sätze. Ewiges Leben ist *Leben* und Leben schließt Zeitlichkeit ein; aber nicht *unsere* Zeitlichkeit, nicht die Zeitlichkeit des Nacheinander, der vergangenen Vergangenheit und der unbekannten Zukunft, der endlosen Wiederholung endlicher Erlebnisse. Sondern eine Zeitlichkeit, wie wir sie zuweilen wahrnehmen, wenn Ewiges in unsere zeitliche Existenz einbricht. Mehr können wir nicht sagen; denn all unser Sagen ist ans Endliche gebunden und kann das Ewige nicht erreichen. Darum ist es unmöglich, aus der christlichen Hoffnung eine himmlische Utopie zu machen, und wenn es versucht wird, kann es nur in reiner Poesie geschehen. Jedes Wort darüber hinaus ist absurd und verfällt der Lächerlichkeit.

[Zu drei:] Etwas muss jedoch noch gesagt werden über die christliche Hoffnung auf die Auferstehung des Leibes und das Ende der Zeit. Paulus kritisiert zwei Missdeutungen dieser Hoffnung. Die eine ist die spiritualistische*, die andere die materialistische*. Gegen die erstere, die griechisch-platonische, sagt er, dass ohne Leib der Geist nackt ist, ohne Verkörperung und darum ohne Erfüllung. Seine Auffassung des Menschen verträgt nicht die Trennung von Geist und Leib. Seine jüdische Tradition schützt ihn gegen den Gedanken einer leiblosen unsterblichen Seele. Der ganze Mensch stirbt und der ganze Mensch wird auferweckt. Und der ganze Mensch, das heißt seine einmalige, unvergleichliche, unwiederholbare Individualität, die sich im Leibe ausdrückt, gehört zur Ewigkeit. Das ist der tiefe Sinn des Symbols der Auferstehung des Leibes. Paulus wehrt sich aber zugleich dagegen, dass dieses Symbol wörtlich, das heißt materialistisch aufgefasst wird. Er spricht von einem geistlichen Leib – ein Wort, das nur negativ verstanden werden kann: Leib? Ja! Aber nicht materieller Leib. Geist? Ja! Aber nicht leibloser Geist. Und wieder gilt: Mehr können wir nicht sagen, denn hier geht das Zeitliche über in das Ewige.

Wir müssen nun noch von dem Übergang des Zeitlichen in das Ewige sprechen, symbolisch genannt der „Jüngste Tag"*. Gewöhnlich ist das, was der Jüngste Tag bedeutet, nämlich der Übergang des Zeitlichen in das Ewige, ein Gegenstand der Angst; denn dieser Übergang bedeutet Gericht, das heißt Scheidung dessen, was wahrhaft ist, von dem, was nichtig ist. Nur das Wahrhafte hat Ewigkeit; das Nichtige ist vom Ewigen ausgeschlossen. Hier sind die Wurzeln der Angst, die der Hoffnung entgegensteht und die zu Hoffnungslosigkeit, also zu Verzweiflung treiben kann. Die Hoffnung der Christen ist nichts Selbstverständliches; sie ist ein Element des Glaubens und ist gegründet in dem Mut des Glaubens, der das Ewige bejaht, auch wenn alles Endliche dagegensteht. Wer diesen Mut hat, erfährt das Ewige hier und jetzt. Und er kann hoffen, dass alles Zeitliche, wie es aus dem Ewigen kommt, in das Ewige zurückkehrt – sodass, wie Paulus sagt, Gott sein wird alles in allem. Das ist die Hoffnung der Christen.

Paul Tillich, 1961

➡ *Seite 127*

Bibliothek

Der Pädagoge K.A. GEISSLER plädiert für Lebensformen, die der alltäglichen Hast entgegengesetzt sind: das Warten, die Pausen, das Innehalten, Trödeln und Abschalten.

– Karlheinz A. Geißler, Zeit. „Verweile doch, du bist so schön!", Beltz, Weinheim 1996

J. RIFKIN, amerikanischer Wirtschaftswissenschaftler und Völkerrechtler, vertritt die Überzeugung, dass ein revolutionärer Wandel im menschlichen Zeitbewusstsein stattfinden muss.

– Jeremy Rifkin, Uhrwerk Universum. Die Zeit als Grundkonflikt des Menschen, Kindler, München 1988

Im Aufsatzband von K. WEIS diskutieren Wissenschaftler/-innen unterschiedlicher Fachrichtungen über ihr Verständnis von „Zeit".

– Kurt Weis (Hg.), Was ist Zeit? Zeit und Verantwortung in Wissenschaft, Technik und Religion, Akademischer Verlag München, 1994

A. DEMANDT, Professor für Alte Geschichte fragt, wie in der Geschichte „Endzeitstimmungen" bewältigt wurden und wie sie heute bewältigt werden können.

– Alexander Demandt, Endzeit? Die Zukunft der Geschichte, Wolf Jobst Siedler Verlag, Berlin 1993

Das Buch von H. GASPER und F. VALENTIN informiert aus dem Blickwinkel unterschiedlicher Wissenschaftler/innen über Sekten, Psychogruppen und über Fragestellungen, die mit dem Endzeitfieber zusammenhängen.

– Hans Gasper / Friederike Valentin (Hg.), Endzeitfieber. Apokalyptiker, Untergangspropheten, Endzeitsekten, Herder, Freiburg i.Br. 1997

Der Theologieprofessor G. SAUTER zeichnet die Problemgeschichte der Eschatologie nach: Was heisst Erlösung, Vollendung, Tod? Wie ist Hoffnung begründet? Welche Rolle spielt die Hoffnung im Leben der Kirchen?

– Gerhard Sauter, Einführung in die Eschatologie, Wissenschaftliche Buchgesellschaft, Darmstadt 1995

Anhang

Glossar

In den vorangehenden 8 Kapiteln sind Begriffe, die im Glossar erklärt werden, mit einem * gekennzeichnet. Ein → vor einem Begriff innerhalb des Glossars bedeutet, dass es auch zu diesem Begriff im Glossar eine Erklärung gibt.

Es ist nicht unmissverständlich, vom **Alten Testament** („AT") zu sprechen, wenn die hebräische Bibel gemeint ist, und vom **Neuen Testament** („NT") zu reden, wenn es um die christlichen heiligen Schriften geht. Da Christen jahrtausendelang ihr Neues Testament gegen die vermeintlich längst überholte Bibel der Juden emporgehoben haben, besteht unter Jüdinnen und Juden gelegentlich die Sorge, diese Diskriminierung könne sich beim Reden vom Neuen Testament weiterhin fortsetzen. Nur wenn keine Abwertung der jüdischen Schriften damit verbunden ist, können daher die Begriffe Altes Testament und Neues Testament benutzt werden.

Der Begriff **Äon** (griech.: Ewigkeit) bezeichnet einen unendlich langen Zeitraum, ein Weltalter.

Ästhetik (griech.: sinnliche Wahrnehmung) ist zum einen die Wissenschaft vom Schönen, die Lehre von der Gesetzmäßigkeit und der Harmonie in Kunst und Natur, zum anderen die praktische Suche nach einem guten Stil.

Die → Theologie nennt religiöse Hoffnungen auf ein zukünftiges Weltgericht, durch das eine neue, bessere Welt entstehen kann, **Apokalyptik** (griech.: Enthüllung). Entsprechend heißen Schriften, denen es um das Beschreiben verborgener Offenbarungen über die Ereignisse unmittelbar vor dem Ende dieser Welt und dem Anbruch des Gottesreiches geht, **Apokalypsen**. Das Adjektiv **apokalyptisch** beschreibt Unheimliches und Geheimnisvolles, das auf erschütternde Enthüllung drängt. Da apokalyptische Vorgänge meist als Katastrophen erwartet werden, steht heutzutage der Begriff Apokalypse oft auch ganz allgemein für unermessliche Katastrophen. Von den zahlreichen jüdischen und christlichen Welt-Ende-Schriften wurden nur die *Daniel-Apokalypse* und die *Johannes-Apokalypse* in die Bibel aufgenommen.

Neben den Schriften, die in den jüdischen und christlichen Bestand zentraler Glaubens- und Vergewisserungstexte unter dem Begriff Bibel aufgenommen wurden, gibt es ein reiches Schrifttum, welches von Synagoge und Kirche aufbewahrt, aber nicht der breiten Öffentlichkeit zugänglich gemacht wurde. Es sind die so genannten **apokryphen** (griech.: verborgenen) Werke. Einige dieser Apokryphen sind in manchen Bibelausgaben mit abgedruckt, z.B. die Makkabäerbücher, Esra und Tobit.

Von einer **Auferweckung** oder **Auferstehung der Toten** spricht die jüdische und christliche Lehrtradition, wenn sie das von Gott gewirkte Geschehen meint, in dem dieser kraft seines Geistes die Toten aus dem Todeszustand heraus zu einem Leben in der Herrlichkeit seines Reiches führt. Dabei meint Auferweckung mehr das Handeln Gottes; Auferstehung betont die Perspektive der Toten. Auferweckung und Auferstehung sind zu unterscheiden von den Vorstellungen einer Unsterblichkeit der Seele.

Der Begriff **Aufklärung** wurde im 18. Jahrhundert in Europa geprägt und bezeichnet seitdem eine Geistesrichtung in der Literatur und → Philosophie, welche die Selbstbefreiung des Menschen aus der Bevormundung durch kulturelle und religiöse Tradition und Autorität mithilfe der Vernunft betreibt. Kennzeichnend ist der Glaube an eine durchgehende Vernunftstruktur der Welt. Die Aufklärung wurde zur rational-philosophischen Grundlage der Grund- und Menschenrechte, der parlamentarischen Regierungssysteme, ferner der modernen Technik, Wissenschaft und Bildung.

Chiliasmus ist die griechische, **Millenarismus** die lateinische Bezeichnung für die → apokalyptische Lehre vom tausendjährigen Reich Jesu Christi bis zu seiner → Wiederkunft vor dem Ende der Welt (vgl. Offb 20,4f.).

Die Zeitangaben **v. Chr.** und **n. Chr.** sind im interreligiösen Gespräch nicht unproblematisch, weil sie die Weltgeschichte in einen Teil vor und einen Teil nach Jesus Christus einteilen. Da aber auch solche Angaben wie „vor Beginn unserer Zeitrechnung" nicht weniger selbstbezogen sind, bleibt dieses Buch bei der traditionellen Schreibweise, eingedenk der Tatsache, dass die Jahreszählung von der Geburt eines Kindes armer Leute an einst ein Widerstandsdatum gegen die Verehrung des römischen Kaisers und seiner Regierungszeiten war.

Christus (griech.: Gesalbter) → Messias

Mit der **Confessio Augustana (CA)** legte *Philipp Melanchthon* (1497–1560) auf dem von Kaiser Karl V. (1500–58) nach Augsburg einberufenen Reichstag (1530), wo der Streit zwischen *Martin Luther* (1483–1546) und seinen Anhängern einerseits und der (katholischen) Kirche andererseits geschlichtet werden sollte, die neue lutherische Glaubenslehre dar. Martin Luther stimmte dieser bekenntnishaften Darstellung vollständig zu. Nicht zuletzt ihres um Verständigung werbenden Tones wegen ist die CA auch heute noch Bekenntnisgrundlage der lutherischen Kirche in der ganzen Welt.

Deismus (gesprochen: De'ismus, von lat.: deus – gespr. de'us -, Gott) ist eine am Ende des 17. und während des 18. Jahrhunderts vor allem in England verbreitete Auffassung, nach der Gott als Schöpfer seine Schöpfung sich selbst überlassen habe, in ihren Lauf auch nicht mehr eingreife. Im deistischen Sinne kann Gott als Anstoß, als erste Ursache im vollkommenen Ablauf der Naturprozesse erkannt werden.

Dekalog (griech.: Zehnwort) heißen im wissenschaftlichen Sprachgebrauch die Zehn Gebote der Bibel in ihren beiden Fassungen Ex 20,1–17 und Dtn 5,6–18.

Der **Deus ex Machina** (lat.: der Gott aus der Maschine) wurde im griechischen und römischen Theater von oben mit einem Kran in einem Korb oder von der Seite mit einem Wagen auf die Bühne gebracht. Dieser Deus war meist eine Götterstatue, durch deren Erscheinen abrupt die Lösung des dramatischen Konflikts herbeigeführt werden konnte. Heute ist der Deus ex Machina Bezeichnung für eine göttliche Kraft, die plötzlich und ohne menschliches Tun Hilfe bringt.

Ein **Dogma** (griech.: Beschluss, Lehrsatz) bezeichnet in der christlichen → Theologie den Versuch, Glaubensüberzeugungen als theoretischen Lehrsatz zu formulieren. Nach katholischem Verständnis meint der Begriff eine allgemein verbindliche, normative Glaubensaussage. Der Zweig der Theologie, welcher sich mit der Produktion und kritischen Sichtung von Dogmen beschäftigt, wird **Dogmatik** genannt. Erst im Zusammenhang mit der → Aufklärung erhielt der Begriff auch eine abwertende Bedeutung im Sinne von Starrheit und theoretischer Intoleranz (Dogmatismus).

Doketismus (griech.: dokein, scheinen) wird innerhalb des Christentums eine Christologie genannt, welche Jesu irdische Existenz als nur scheinhaft bezeichnet, sodass angenommen werden kann, der irdische Tod habe ihm nichts anhaben können.

Die **Entwicklungspsychologie** ist ein Zweig der → Psychologie, der sich mit den Entwicklungsstadien und -prozessen beschäftigt, die im Laufe eines menschlichen Lebens auftreten.

Die Rede von **Erlösung** hat das Leiden des Menschen unter Schwäche, Vergänglichkeit und Schuld, seine Erlösungsbedürftigkeit zur Voraussetzung. Der Weg der Erlösung ist in den verschiedenen Religionen unterschiedlich gedacht. So kann z.B. die Erlösung durch eine *Erlösergestalt* (im Christentum), durch *Erkenntnis* (im Hinduismus und Buddhismus), aber auch durch *gute Werke* (im Islam) erwirkt werden.

Eschatologie (griech.: die Rede vom Letzten) ist die Lehre vom Endschicksal des Menschen und der Welt, vom Ziel und Ende der Geschichte. Eschatologische Motive im → Alten Testament sind z.B. die Wiederherstellung einer guten Sozialordnung (Mi 5), die Hoffnung auf einen zukünftigen Friedensherrscher (Jes 9;11) oder die → Auferstehung der Toten (Dan 12). Auch im → Neuen Testament stehen unterschiedliche eschatologische Erwartungen nebeneinander. Gemeinsam ist die Spannung zwischen einer noch ausstehenden, künftigen Heilsvollendung und der Gewissheit bereits spürbarer Heilsverwirklichung. Für die frühe Christenheit war die Auferstehung Jesu als Zeichen der bereits angebrochenen Heilszeit das eschatologische Ereignis schlechthin. Die → Theologie des 20. Jahrhunderts hat Eschatologisches besonders in der Gotteslehre entfaltet, in der Wahrnehmung eines dynamischen, kommenden und sich wandelnden Gottes.

Esoterik (griech.: Innerstes) umfasst die Geheimlehren einer → Religion. Das Adjektiv **esoterisch** benennt ursprünglich etwas, das im Bereich der Religion nur für Eingeweihte einsichtig ist. Zurzeit werden die Wörter in ganz allgemeinem Sinn benutzt, um geheimnisvolle, mehr oder weniger religiöse Strömungen jenseits der verfassten Religionen zu bezeichnen.

Ethik ist die Theorie der menschlichen Lebensführung. Dagegen ist **Moral** der Grundbestand sittlicher Verhaltensweisen (in etwa gleichbedeutend mit dem Begriff **Ethos**). Nicht immer werden die Begriffe so deutlich unterschieden.
Ethik lässt sich untergliedern in verschiedene Aufgabenfelder:

- **Deskriptive Ethik** (auch „empirische Ethik" genannt) versucht, die verschiedenen Erscheinungen und Ausprägungen von Sittlichkeit zu verstehen und zu beschreiben.

- **Normative Ethik** stellt Normen auf und macht Vorschläge für die Begründung sittlichen Verhaltens.
- **Präskriptive (vorschreibende) Ethik** versucht (ähnlich wie die normative Ethik), Leitlinien für menschliches Handeln zu formulieren.
- **Metaethik** versucht zu erklären, was denn überhaupt (sinnvollerweise) unter Ethik zu verstehen sei. Sie fragt nach den Bedingungen und Voraussetzungen ethischer Reflexion.

Ewiges Leben meint als → theologischer Begriff nicht nur die Fortdauer einer Person nach ihrem Tode. Vielmehr ist damit die Hoffnung bezeichnet, die Gemeinschaft mit Gott werde sich in jenem Ewigen Leben vollenden. Insofern ist es ein → eschatologischer Heilsbegriff.

Der **Existenzialismus** ist eine Richtung innerhalb der → Philosophie des 20. Jahrhunderts, welche insbesondere von *Jean-Paul Sartre* (1905–80) angestoßen wurde. Sie behauptet die Absurdität des Daseins, die Existenzangst, die Vereinzelung der Menschen, aber auch seine Freiheit zum Selbstentwurf als menschliche Grunddaten. Freiheit, Tod und Entscheidung sind Grundthemen existenzialistischer Literatur.

Fraktal (lat.: fractum, gebrochen) ist ein künstlicher Begriff, 1975 von Benoit Mandelbrot (geb. 1924) für eine neue Form der Geometrie erfunden. Fraktale können bestimmte mathematisch-komplexe Strukturen von Vorgängen (z.B. Aktienkursen, Wettermustern), aber auch in der Natur vorkommende Formen (Küstenlinie, Baum) beschreiben. Sie sind häufig selbstähnlich, d.h. einzelne Ausschnitte der Form gleichen der Gesamtstruktur (wie z.B. bei Schneeflocke und Blumenkohl).

Ursprünglich bezeichnete sich eine protestantische Bewegung in den USA am Beginn des 20. Jahrhunderts als **Fundamentalismus**. Diese Bewegung entstand als Reaktion auf liberale Strömungen im Protestantismus, insbesondere gegen die historisch-kritische Bibelauslegung; sie hielt an der wortwörtlichen Interpretation der Bibel als unmittelbar gültigem Wort Gottes fest. Inzwischen wird der Begriff allgemein auf antimoderne Bewegungen übertragen, die für die kompromisslose Gültigkeit einer Tradition oder Glaubensüberzeugung eintreten.

Die **Futurologie** (lat./griech.: Lehre von der Zukunft) existiert in ihrer heutigen Form erst seit dem Zweiten Weltkrieg. Ihre Wurzeln reichen allerdings zurück bis in die Anfänge der → utopischen Literatur. Futurologie ist ein Wissenschaftszweig, der versucht, mögliche künftige Veränderungen im menschlichen Leben und in der Welt festzustellen, zu analysieren und zu bewerten.

Das Wort **Häresie** (griech.: hairesis, Wahl) hat im Verlauf der Kirchengeschichte eine ausschließlich negative Bedeutung erhalten. Es bezeichnet eine der kirchlichen Lehre widersprechende Glaubensüberzeugung oder Meinung, etwa im Sinne von Ketzerei. **Häretiker** wurden im Mittelalter mit schweren Strafen einschließlich Folter und Hinrichtung verfolgt.

Der Begriff **Hellenismus** (griech.: hellenizo, hellenisch sprechen) bezeichnet das komplexe kulturell-sprachliche und politisch-religiöse Gebilde des nachklassischen Griechentum seit Alexander dem Großen (336–323 v. Chr.) bis zur römischen Kaiserzeit (Augustus, gest. 14. n.Chr.). Der Hellenismus ist ein *Synkretismus*, d.h. eine Verschmelzung höchst unterschiedlicher Kulturen und Religionen. Da dem Christentum die Aufnahme der Heiden am Herzen lag, öffnete es sich schnell und bereitwillig für den Hellenismus mit seinen vielfältigen Frömmigkeitsstrukturen und Erlösungsperspektiven. Die **Hellenisierung** der Christusbotschaft brachte neue Fragestellungen nach dem Sein und Wesen Jesu Christi und Gottes in die kirchliche → Theologie.

Das Amt des (jeweils einzigen) **Hohen Priesters** war im antiken Israel und Judentum die oberste kultische Instanz. Aus dem Priesteradel der *Sadduzäer* wurde er gewählt. Oft stand seine Autorität der des Königs entgegen, doch ohne dieses Gegengewicht ist ein israelitisches Königtum kaum denkbar. Nur der Hohe Priester hatte Zutritt zum Allerheiligsten des Tempels; allein er durfte am *Jom Kippur*, dem großen jährlichen Versöhnungstag, beim abschließenden Gemeindesegen den Gottesnamen aussprechen. Nach der Zerschlagung des judäischen Staates waren die Hohen Priester wichtige Ansprechpartner für die römischen Besatzungsbeamten. Nach der Zerstörung des Tempels verschwand allerdings der Einfluss der Sadduzäer. Ein Hoher Priester wurde nicht mehr eingesetzt.

Holocaust (griech.: Ganzverbrennung, Ganzopfer) ist eines der Wörter, mit dem man heutzutage die grauenvolle Vernichtung jüdischer Menschen und jüdischer Kultur in Europa zu benennen versucht. Wie alle Begriffe für das Unaussprechliche ist auch dieses Wort missverständlich, denn die Rede vom „Ganzopfer" könnte die Assoziation nahe legen, als handele es sich bei dem Mord an den Juden um ein (gar noch sinnvolles) Opfer.

Ideologie (griech.: Lehre von den äußeren Erscheinungen) meint die Weltanschauung, Grundeinstellung und das Wertesystem einer nicht religiösen Gruppe. Der französische Philosoph *Étienne Bonnot de Condillac* (1715–80) entwickelte unter diesem Begriff einen eigenen Wissenschaftsbereich, der praktische Regeln für Erziehung, → Ethik und Politik durch Aufgliederung der seelischen Tätigkeiten gewinnen sollte. Oft wird heutzutage dieses Wort aber auch polemisch benutzt, um das Unrealistische, die Unbeweglichkeit oder die Verführungskraft einer Denkweise zu entlarven.

Immanenz (lat.: das Innewohnen, Anhaften) meint die Beschränkung auf das innerweltliche Dasein, das Diesseits, die Innerweltlichkeit im Gegensatz zur → *Transzendenz* (lat.: Überschreitung). Entsprechend bedeutet das Adjektiv **immanent**: den Bereich des menschlichen Bewusstseins nicht überschreitend.

Als **Individuum** (lat.: das Unteilbare) wird – aus der Perspektive einer Gemeinschaft – der Einzelmensch benannt. **Individualismus** ist eine Anschauung und Lebensweise, die dem einzelnen Menschen, dem **Individuum** mit seinen Bedürfnissen und Wünschen den Vorrang vor der Gemeinschaft einräumt. Der Trend zur Individualisierung ist eine Begleiterscheinung des gesellschaftlichen → Pluralismus.

Das **Jüngste Gericht** ist – nach christlicher Lehre – das am Jüngsten Tag auf die → Wiederkunft Christi folgende Weltgericht.

Karma ist ein ursprünglich hinduistischer, aber auch im Buddhismus aufgegriffener Begriff für das Ergebnis aller Taten eines Menschen. Das Karma hält den Kreislauf der Wiedergeburten aufrecht. Nach ihm entscheidet sich, in welchem neuen (auch nicht-menschlichen) Körper eine Seele wieder geboren wird.

Ein **Katechismus** (griech.: Unterricht) ist ein Unterrichtsbuch, in dem die grundlegenden Vorstellungen des christlichen Glaubens und Lebens in einprägsamer Sprache formuliert sind. *Martin Luther* (1483–1546) verfasste 1529 den *Großen Katechismus* für die Pfarrherren, im gleichen Jahr den *Kleinen Katechismus* für den Unterricht in der Hausgemeinde durch das Familienoberhaupt. Beide Katechismen Luthers gehören zu den Bekenntnisschriften der evangelisch-lutherischen Kirche. Der Kleine Katechismus ist z.B. auch im Evangelischen Gesangbuch abgedruckt.

Nach *Karl Marx* (1818–83) ist der **Kommunismus** die dem → *Sozialismus* folgende gesellschaftliche Entwicklungsstufe, in der (durch eine Revolution) alle Produktionsmittel und Erzeugnisse (durch Aufhebung des Privateigentums) in den gemeinsamen Besitz aller Staatsbürger/innen übergehen und in der damit alle sozialen Gegensätze aufgehoben sind.

Eine → Ethik der **Konvivialität** (von lat.: convivere, zusammenleben) plädiert im Zusammenleben verschiedener Religionen für Formen von Gemeinsamkeit, die über bloße Toleranz hinaus gehen.

Die heilige Schrift des Islam, der **Koran** (arab.: Lesung), geht auf Offenbarungen zurück, die dem *Propheten Mohammed* (ca. 570–632 n.Chr.) zuteil geworden sind. Etwa zwanzig Jahre nach seinem Tode (653) wurde der Koran unter dem Kalifen Othman (Kalifat: 644–656), dem dritten Stellvertreter des verstorbenen Propheten Mohammed, in seiner endgültigen schriftlichen Form niedergelegt. Er besteht aus 114 Suren (Abschnitten) und 6348 Ayat („Zeichen", Versen). Von Jesus wird in 15 Suren an mehr als 70 Stellen gesprochen.

In der Französischen Revolution wurde historisch erstmalig das Prinzip des **Laizismus** (von griech.: laos, Volk) als strikte Trennung von Kirche und Staat und als weitgehende Ausschaltung des Einflusses der Kirche oder anderer Religionsgemeinschaften auf das öffentliche Leben durchgesetzt. Frankreich und die Türkei verstehen sich z.B. gegenwärtig als **laizistische** Staaten.

Liberalismus (lat.: liber, frei) wird eine im 19. Jh. entstandene Denkrichtung genannt, die in wirtschaftlicher, gesellschaftlicher und politischer Hinsicht die Freiheit, Autonomie, Verantwortung und freie Entfaltung der Persönlichkeit vertritt.

Libretto (ital.: Büchlein) heißt das Textbuch von Opern, Singspielen und Oratorien.

Marxismus ist die Bezeichnung für die besonders von *Karl Marx* (1818–83) und *Friedrich Engels* (1820–95) entwickelte philosophische, ökonomische und politisch begründete Gesellschaftstheorie, die als Grundlage für weitere → sozialistische und → kommunistische Gesellschaftstheorien diente.

Materialismus (lat.: materia, Stoff) ist eine philosophische Denkrichtung, welche die ganze Wirklichkeit (einschließlich der Seele, des Denkens und des Geistes) auf Kräfte und Bedingungen der *Materie* zurückführt. In der Umgangssprache wird der Begriff aber auch polemisch benutzt, um das Streben nach bloß materiellem Lebensgenuss zu benennen.

Die **Makkabäer** (auch „Hasmonäer" genannt) sind Angehörige einer Priesterfamilie, die nach der Zerschlagung des judäischen Staates durch die babylonischen Streitkräfte und nach der Besetzung des Landes durch verschiedene andere Eroberer um 166 v. Chr. eine neue jüdische Dynastie begründeten. Die Herrschaft der Makkabäer endete 64 v.Chr. mit der Vereinnahmung Israels ins römische Imperium.

Meditation (lat.: Nachsinnen, Vorbereitung) ist einerseits allgemein das sinnende Bedenken, doch hat es meist eine religiöse Bedeutung und meint dann die Annäherung an das Heilige durch die geistige Versenkung.

Messias (hebr.: Gesalbter) hieß in der Geschichte Israels bis zum babylonischen Exil jeder von Gott für Israel/Juda eingesetzte König. Mit dem Zusammenbruch der Dynastien in Israel entstand eine Hoffnung, die in unterschiedlicher Weise über die Erwartungen an einen irdischen König hinausgingen und das Kommen des Messias an das Anbrechen der Gottesherrschaft knüpften. Im Laufe der jüdischen Geschichte gab es mehrere Versuche, einen je besonderen Menschen zum Messias zu erklären. Doch da sich jeweils die Ankunft des Gottesreiches nicht einstellte, wurde die Deklaration des Messias wieder zurückgenommen. So steht für das heutige Judentum die Erwartung des Messias und des Gottesreiches noch aus. Das Christentum sieht in *Jesus von Nazareth* den Messias, nennt ihn den **Christus** (griech.: der Gesalbte) und erwartet die Vollendung des Gottesreiches bei seiner → Wiederkunft.

Der Begriff **Metaphysik** (griech.: hinter/nach [den Schriften über] Physik) wurde geprägt von der Anordnung der aristotelischen Schriften her. Der griechische Philosoph *Aristoteles* (384–322) hatte seinen physikalischen Schriften diejenigen folgen lassen, welche sich mit den Prinzipien und Ursachen des Seienden auseinander setzen. Die Reihenfolge hatte nicht nur räumlich-zeitliche Bedeutung, sondern signalisierte zugleich, dass menschliches Denken über die sichtbare Erfahrung weiter hinausgehen kann in den metaphysischen Bereich.

Nach katholischer Lehre ist ein religiöser Glaube ohne **Mysterium** (griech.: Geheimnis) nicht möglich. So bleibt z.B. trotz aller Erklärungsversuche die Anwesenheit Christi beim Abendmahl der Gläubigen ein Geheimnis, wie auch Wesen und Wirkung von Brot und Wein letztlich unerklärbar.

Mystik (griech.: myein, die Augen schließen) ist eine in der Religionsgeschichte weit verbreitete Sonderform religiösen Erlebens, die in ganz unterschiedlichen Religionen vorkommt. Mystik hebt die Trennung zwischen dem menschlichen Ich und dem göttlichen Sein auf (unio mystica). Dies kann in Askese, → Meditation, Tanz und Ekstase angestrebt werden. Aufgrund der Orientierung am individuellen kultischen Erlebnis tritt die Anbindung an religiöse Institutionen in den Hintergrund. Die Mystik entwickelt oft eine eigene symbolhafte Sprache, spricht z.B. vom „Zerfließen eines Tropfens im Ozean", um die Vereinigung der Seele mit dem Göttlichen nachfühlbar zu beschreiben.

Ein **Mythos** (griech.: Wort, Rede) ist eine von Generation zu Generation überlieferte Erzählung, welche im Rückgriff auf urzeitliche Vorgänge bestimmte weltliche Erscheinungen oder Ereignisse aus dem Eingreifen übernatürlicher Mächte erklärt. Die Themen der Mythen sind begrenzt: Ursprung der Götter, Entstehung der Welt und der Menschen, Verlust des → paradiesischen Urzustandes. Die griechische Kultur hat ein ganzes mythologisches Götterwelt-System hervorgebracht, eine Mythologie hoher religiöser und literarischer Qualität. Im → Alten und Neuen Testament sind einzelne mythologische Erzählungen und Motive zu finden, allerdings durchbricht die Geschichtlichkeit der jüdischen und christlichen → Theologie die Ungeschichtlichkeit mythologischer Rede immer wieder. Im unwissenschaftlichen Sprachgebrauch wird oft von Mythen gesprochen, wenn es um antike Erzählungen mit legendärem Charakter geht oder wenn in alten Texten – aus heutiger Perspektive – unzutreffende Vorstellungen nachweisbar sind.

Observanz (lat.: observare, beobachten) ist das aufmerksame Einhalten religiöser Regeln und Bräuche. Jede regelorientierte Religion hat observante und weniger observante Gruppen.

In der frühen griechischen → Philosophie beschäftigt sich die **Ontologie** (griech.: die Lehre vom Sein) mit der Frage nach dem letzten Grund aller Dinge (d.h. den Grundprinzipien, mit denen sich die Existenz der Welt ordnen und bestimmen lässt). Später beginnen die **ontologischen** Denker der Antike – u.a. *Platon* (427–348/347) und *Aristoteles* (384–322) – zu unterscheiden zwischen dem, was wahrhaft oder nur scheinbar ist. Die katholische Theologie des Mittelalters hat die philosophischen Fragestellungen mit den theologischen verknüpft und die Differenz zwischen der ewigen Welt Gottes und der vergänglichen Welt herausgestellt.

Als **Oratorium** (lat. Anbetung) wird ein Musikwerk bezeichnet, welches ein religiöses Handlungsgefüge ohne szenische Darstellung im Zusammenspiel von Solist/inn/en, Chor und Orchester darbietet.

Die **orthodoxen** (griech.: rechtgläubigen) Kirchen in Griechenland und Osteuropa (v.a. Russland) bezeichnen sich selbst mit dem Begriff **Orthodoxie** und stellen sich damit in den Gegensatz zur römisch-katholischen oder protestantischen Christenheit. Davon losgelöst ist der Begriff Orthodoxie zu einer generellen Bezeichnung für die Übereinstimmung mit der Kirchenlehre geworden. Auch in anderen Religionen, etwa dem Judentum, bedeutet Orthodoxie das betonte Festhalten an traditionellen Verhaltens- oder Lehrtraditionen.

In der griechischen Übersetzung des → Alten Testaments heißt der Garten, in dem die ersten Menschen zunächst leben, **Paradies** (persisch). Im verallgemeinernden Sinne ist es der Garten Gottes, der Himmel oder ein märchenhafter Ort der Seligkeit.

Phänomenologie (griech.: die Lehre von den Erscheinungen) ist im Sinne *Edmund Husserls* (1859–1938) die Lehre von den Wesenheiten, die von der Anschauung der Phänomene ausgeht und durch die Methoden der **phänomenologischen** Reduktion (Rückführung) und Ideation (Anschauung) zu deren Wesen gelangt. *Reduktion* bedeutet im Sinne E. Husserls das Zurückgehen vom Komplizierten zum Einfacheren; die *Ideation* erfasst einen Gegenstand unabhängig von seiner zufälligen Erscheinungsform in seiner wesentlichen Beschaffenheit.

Philosophie (griech.: Weisheitsliebe) ist einerseits allgemein das forschende Fragen und Streben nach Erkenntnis des letzten Sinnes, der Ursprünge des Denkens und des Seins, der Stellung des Menschen im Universum, des Zusammenhanges der Dinge in der Welt. Andererseits bezeichnet der Begriff auch speziell die Wissenschaft von den verschiedenen **philosophischen** Systemen und Denkgebäuden.

Pluralismus (lat.: Vielfältigkeit) ist innerhalb der → philosophischen Lehrtradition die Annahme, dass die Welt aus mehreren voneinander unabhängigen Sphären bzw. Seinsschichten besteht. Heutzutage bezeichnet das Wort meist die Vielgestaltigkeit weltanschaulicher, politischer und gesellschaftlicher Phänomene und die Unterschiedlichkeit ihrer Bewertung.

Forschungsgegenstände der **Psychologie** (griech.: die Lehre von der Seele) sind das Verhalten, Erleben und Bewusstsein des Menschen, ferner deren Veränderungen und deren innere – auf das → Individuum bezogenen – und äußere – auf die Umwelt bezogenen – Bedingungen und Ursachen.

Max Planck (1858–1947) untersuchte die Strahlungen erhitzter Körper und erkannte, dass die Energie nicht kontinuierlich, sondern in Form kleinster Pakete, den so genannten **Quanten**, abgestrahlt wird. Mit dieser Entdeckung wurde M. Planck zum Wegbereiter der **Quantenphysik**; sie erlaubt heute eine widerspruchsfreie mathematische Beschreibung atomarer Vorgänge.

Ein Rabbiner/eine Rabbinerin hat die Aufgabe, in einer oder mehreren jüdischen Gemeinden → *Tora* zu lehren, die biblischen und nachbiblischen Schriften auszulegen und religionsgesetzliche Gutachten (z.B. zur jüdischen Identität) auszustellen. Teilweise ist eine standesamtliche und richterliche Funktion mit diesem Amt verbunden. Seit dem Mittelalter wird die Tätigkeit von den Gemeinden bezahlt. Sie haben das Recht, das Rabbineramt jederzeit neu zu besetzen oder auch unbesetzt zu lassen. Im → NT wird *Jesus* mit „Rabb(un)i" angeredet. Ob er allerdings anerkannter Rabbiner war, wird vor allem wegen seiner Ehelosigkeit in Zweifel gezogen.

Die Hoffnung auf ein **Reich Gottes** ist im → Alten Testament mit der Vorstellung eines religiösen und nationalen Gottesstaates auf Erden verknüpft, dessen Errichtung vom → Messias erwartet wird. Im → Neuen Testament bedeutet der Begriff einerseits die Realisierung von Gottes Willen auf der Erde, andererseits die Aufrichtung der Gottesherrschaft in der Endzeit. Es ist der Zentralbegriff der Botschaft Jesu.

Religion (lat.: religere, sorgsam beachten oder religare, anbinden) ist Ausdruck für Gottes- oder Götterverehrung. In christlicher Sicht ist Religion an die Offenbarung Gottes gebunden. Im gegenwärtigen Sprachgebrauch meint der Begriff oft auch sehr allgemein eine überweltliche Sehnsucht oder Interessiertheit.

Säkularisierung (lat.: Verweltlichung) ist die Loslösung aus den Bindungen an die Kirche bzw. an die → Religion.

Schoa(h) (hebr.: Vernichtung, totale Zerstörung) ist einer der – letztlich unzulänglichen – Begriffe, welche die Absicht der deutschen Nationalsozialisten, das Judentum und seine Menschen vom Erdboden zu vertilgen, in ein Wort zu fassen versuchen.

Die **sozialgeschichtliche** (lat.: socius, Gefährte, Genosse) **Bibelauslegung** bzw. Exegese interpretiert die biblischen Texte im Zusammenhang ihrer Entstehungssituation und deren speziellen sozialen Problemen und Fragestellungen.

Sozialismus (lat.: socius, Gefährte, Genosse) ist im Sinne von *Karl Marx* (1818–83) die dem → Kommunismus vorausgehende gesellschaftliche Entwicklungsstufe, welche auf gesellschaftlichen oder staatlichen Besitz der Produktionsmittel und eine gerechte Verteilung der produzierten Güter an alle Mitglieder der Gesellschaft hinzielt.

Soziologie (lat.: socius, Gefährte, Genosse) ist die Wissenschaft (griech.: logos, Wort, Gedanke), welche sich mit der Gesellschaft und ihren Entwicklungen beschäftigt.

Spiritualität (lat.: spiritus, Geist) ist eine – von höheren Kräften berührte – Geistigkeit und Geistesgegenwart.

Die Mehrzahl der Muslime (ca. 85–90 %) sind **Sunniten**, Leute der Sunna, die eine möglichst genaue Nachahmung der Gewohnheiten (arab.: sunna) des *Propheten Mohammed* (ca. 570–632) für bindend halten. Von ihnen unterscheiden sich die **Schiiten**, welche nur die Nachkommen des Neffen *Mohammeds Ali ibn Abi Tahid* (um 600–661) und seiner Frau Fatima als Lehrautoritäten anerkennen.

Das **Synhedrion** (griech.: Versammlung) oder (latinisiert) Synhedrium war zwischen 200 v.Chr. und 70 n.Chr. die oberste jüdische – religiös-politische – Behörde in Israel. 70 Männer gehörten ihm an. Hinzu kam der → Hohe Priester als Vorsitzender. Unter der römischen Besatzung hatte das Synhedrion nur beschränkte Rechtsgewalt.

Der **Talmud** (hebr.: Lernen, Lehre, Studium) ist eine Sammlung von jüdischen Bibelauslegungen aus nachbiblischer Zeit. Er besteht aus einem sehr alten Kern (entstanden zwischen 200 v.Chr. und 200 n.Chr.), der *Mischna* (Wiederholung), ferner aus Ergänzungen der folgenden 200 Jahre, der *Gemara* (Studium), und schließlich aus mittelalterlichen Kommentaren. In hebräischen Talmud-Drucken werden bis heute die späteren Zufügungen nach einer bestimmten Reihenfolge um die Mischna und Gemara angeordnet, sodass immer zu sehen ist, worauf sich die Kommentare beziehen. Der Talmud enthält zwei verschiedene Sorten von Texten, *halachische* (hebr.: gehend), in denen es um den rechten Wandel, um Regelinterpretationen geht, und *hagadische* (hebr.: erzählend), die in weisen und pointierten Geschichten die Lehren der → *Tora* anschaulich machen.

Der **Taoismus** (chin.: Tao, Weg, Urgrund der Welt und des Seins) ist eine spirituelle und praktische Lebensphilosophie China, als deren Begründer *Laotse* gilt. Dieser lebte wohl im 6. Jh. v.Chr., ist aber als historische Person nicht genauer zu bestimmen. In seinem weitgehend naturphilosophischen Nachdenken geht es vor allem um den Urgrund des Seins und um die Harmonie zwischen Mensch und Kosmos.

Das griechische Wort **Theodizee** bedeutet „Rechtsstreit um Gott". In diesem Streit wird gefragt, wieso es in der von Gott geschaffenen Welt Leid und Unrecht geben kann. Dies ist eine Anfrage an Gottes Gerechtigkeit, zugleich aber auch eine Aufgabe für die Menschen, einen Sinn in der Existenz von Leid und Unrecht innerhalb einer von Gott erschaffenen Welt zu entdecken. Die Frage ist uralt, aber der religionsphilosophische Begriff Theodizee wurde erst 1710 von *Gottfried Wilhelm von Leibniz* (1646–1716) geprägt.

Theologie (griech.: die Rede oder Lehre von Gott) ist die systematisch reflektierende, wissenschaftliche Entfaltung des Gottesglaubens einer → Religion.

Mit dem Wort **T(h)ora(h)** (hebr.: Wegweisung) sind im engeren Sinne die 10 Gebote (Dekalog) gemeint, im weiteren Sinne die Fünf Bücher Mose, die den → Dekalog in zweifacher Form enthalten. Noch weiter gefasst meint „Tora" jede schriftliche oder mündliche Auslegung der göttlichen Weisungen, die von einer Mehrheit jüdischer Gelehrter autorisiert ist.

Transzendenz (lat.: transcedere, überschreiten) ist der Bereich jenseits der Grenzen menschlicher Erfahrung und der sinnlich erkennbaren Welt.

Das Wort **Trinität** (lat.: tres, tria, drei) meint Dreiheit oder Dreifaltigkeit. Als → theologischer Fachbegriff bezeichnet es den Zusammenhang von Gott, Jesus Christus und Heiligem Geist im Sinne einer wesenhaften Einheit. Das Substantiv **Trias** – und mit ihm das Adjektiv **triadisch** – ist nicht deutlich theologisch besetzt, sondern meint einfach eine sinnvoll verbundene Dreiheit.

Der **Utilitarismus** (lat.: utilis, nützlich) macht das Prinzip des größtmöglichen Glücks („greatest happiness principle") zur Grundlage der Moral: Gut und nützlich ist jenes Verhalten, das der Maximierung des Glücks dient. Möglichst viele Menschen sollen möglichst viel Glück genießen.

Eine **Utopie** (griech.: ou topos, Nicht-Ort) ist ein Plan (noch) ohne reale Grundlage. *Utopia* ist der Titel einer von *Thomas More* (lat.: Morus, 1478–1535) im Jahre 1516 veröffentlichten Schrift, in der er seine Vorstellungen von einem idealen Gemeinwesen als Gegenbild zu den realen sozialen, wirtschaftlichen und politischen Zuständen skizziert. Vorbild der mittelalterlichen Utopien war *Platons* (427–348/347) idealisierter Ständestaat *Politeia*. Umgangssprachlich wird das Adjektiv **utopisch** meist zur Charakterisierung von Verhältnissen und Erwartungen benutzt, die der Phantasie entsprungen und unrealistisch sind.

Die **Wiederkunft Christi** wird als zweites Kommen des Gekreuzigten und Auferstandenen am Ende der Zeiten erhofft. Es ist verknüpft mit der Erwartung der → Auferweckung bzw. der Auferstehung der Toten und des → Jüngsten Gerichts.

Wissenschaftspropädeutik ist die lehrhafte Einführung in die Vorkenntnisse, welche zu einem wissenschaftlichen Studium nötig sind.

Die **Wissenschaftstheorie** untersucht – als Theorie von der Wissenschaft überhaupt – die Vorgehensweisen und -bedingungen der Wissenschaften.

Zen ist eine Form des chinesischen Buddhismus, die später nach Japan überführt wurde und sich dort in zwei unterschiedlichen Richtungen weiterentwickelte. In Europa finden zurzeit vor allem die paradoxen Gleichnisse und die Meditationstechniken des *Zen-Buddhismus* großen Anklang.

Namenregister

Abu Hamid Al-Ghazzali 94
Ackermann, Forrest J. 286f.
Agricola, Georg 45
Albrecht, Horst 223
Alexander der Große 295
Ancona, Cyriacus v. 44
Andrade, Eugènio de 184
Apel, Karl-Otto 205
Aquin, Thomas v. 73
Archimedes 13
Aries, Wolf D. Ahmed 95, 138
Aristoteles 51, 71, 180, 206, 288, 297
Asad, Muhammad 94
Auden, Wystan Hugh 173
Augustin(us) 38, 230, 278, 288

Barth, Karl 212, 242
Bastian, Hans-Dieter 231
Baudrillard 282
Bäumer, Wilhelm 236
Bechmann, Arnim 49
Beck, Nathan 164
Beck, Ulrich 159f., 160, 162, 220
Becker, Jürgen 133
Beckmann, Max 43, 155, 280
Bentham, Jeremy 202
Bergau, Wilfried 225
Berger, Peter L. 221, 244, 255, 276
Bernhardt, Reinhold 269
Betzler, Kuno 181
Bingen, Hildegard v. 72
Birnstein, Uwe 248
Bizer, Christoph 142
Bloch, Ernst 289
Blume, Claudia 176
Bolz, Norbert 222
Bonhoeffer, Dietrich 57, 216, 229, 242
Bopp, Jörg 158
Bösen, Willibald 102, 144
Bosshart, David 222
Brakelmann, Günther 224
Brecht, Bertolt 76
Büchner, Georg 77
Buddha (Shakyamuni),
  Siddharta Gautama 96f., 273
Bultmann, Rudolf 114
Burow, Olaf-Axel 50

Canterbury, Anselm v. 71, 73
Cartier-Bresson, Henri 145, 164
Castanis, Muriel 53
Chapman, Jake und Dinos 157

Cicero 71, 206
Clébert, Jean-Paul 283
Cohn-Bendit, Daniel 259, 276
Condillac, Étienne Bonnot de 296
Conzelmann, Hans 126, 144
Cranach d.Ä., Lucas 230
Czepko, Daniel v. 174

D'Alembert 282
Dalai Lama 273
Darwin, Charles 28, 35, 37, 51, 152
Demandt, Alexander 289, 292
Derkau, Wolfgang 101
Descartes, René 45
Dilthey, Wilhelm 14
Dürer, Albrecht 42, 44, 284
Dürr, Hans-Peter 11, 52
Dürrenmatt, Friedrich 93

Eco, Umberto 23
Einstein, Albert 22, 51
Eliach, Yaffa 86f.
Eliade, Mircea 283
Engels, Friedrich 80, 289, 296
Erikson, Erik 153
Ernst, Max 99
Ewald, Günther 24

Festenberg, Nikolaus v. 247
Feuerbach, Ludwig 79f., 83
Fischer, Johannes 204, 217
Fliege, Jürgen 247
Flusser, David 138
Forst, Rainer 208
Foucault, Michel 189
Frank, Karl Suso 237
Freud, Sigmund 51, 81ff., 152, 182
Fried, Erich 182
Frisch, Max 18, 186

Fukuyama 282

Galilei, Galileo 13, 31
Gardavsky, Vitezslav 171
Gebhard, Ulrich 47
Geisler, Ralf 263
Geißler, Karlheinz A. 279, 292
Geyer, Christian 244, 269
Gibson, Ralph 167
Gindt, Jean-Louis 106, 143
Ginzel, Günther Bernd 129, 144
Gleiser, Marcelo 28

303

Goethe, Johann Wolfgang von   168
Göller, Wolfgang   236
Gollwitzer, Helmut   182
Göttner-Abendroth, Heide   85
Gräb, Wilhelm   169
Graf, Friedrich Wilhelm   259
Greschat, Hans-Jürgen   272
Gutmann, Hans-Martin   249

Habdank, Walter   290
Habermas, Jürgen   204f., 210
Halbfas, Hubertus   25
Halkes, Catharina J.M.   40
Härle, Wilfried   227
Hartmann, Nicolai   204
Hauschild, Wolf-Dieter   237
Hawking, Stephen W.   34, 52, 157
Haydn, Joseph   147
Hegel, G.W.F.   288
Heiligenthal, Roman   102, 144
Heine, Heinrich   77, 80
Heinrich, Rolf   217
Herbert, Karl   243
Herder, Johann Gottfried   148
Heschel, Abraham Joschua   93
Hitler, Adolf   243, 283
Honecker, Erich   238
Horstmann, Ulrich   23
Huber, Wolfgang   206ff., 257, 266
Hundertwasser, Friedensreich   16
Husserl, Edmund   298

Imhof, Arthur   220

Janke, Klaus   253ff.
Janowski, Hans Norbert   249
Jastrow, Robert   34
Jesus, J. von Nazareth, J. Christus
  65ff., 68f., 99ff., 154, 172, 195ff., 226ff., 258, 281, 285, 293ff.,
Jonas, Hans   215
Jüngel, Eberhard   170f., 179, 185
Justinus   69

Kähler, Martin   114
Kant, Immanuel   22, 47, 75, 146, 214, 203f.
Käsemann, Ernst   114
Käßmann, Margot   245
Kätsch, Hans-Martin   172
Kattmann, Ulrich   48
Kepler, Johann   31
Kirsner, Inge   164
Kitaj, R.B.   183
Knížák, Milan   187
Kolmar, Gertrud   92

Kopernikus, Nikolaus   31, 51, 152
Korczak, Janusz   53, 58, 90
Kremers, Helmut   252f.
Küng, Hans   79, 106, 143, 235

Lamettrie, Julien Offray de   32
Landmann, Salcia   132, 144
Langlet, Jürgen   49
Laotse   29
Lapide, Pinchas   129, 131, 137, 144
Lapide, Ruth   137, 144
Laplace, Pierre Simon   32
Lasker-Schüler, Else   92
Lefebvre, Henri   282
Leibniz, Gottfried Wilhelm   299
Lessing, Gotthold Ephraim   112f., 270f., 278
Lévinas, Emmanuel   188
Lichtenberg, Johann Christoph   9
Lindemann, Andreas   126, 144
Lohse, Bernhard   243
Loose, Ulrich   284
Lusseyran, Jacques   55
Luther, Henning   166, 172
Luther, Martin
  61, 65, 74, 146, 168ff., 194, 201, 211, 221ff., 293ff.
Lütkehaus, Ludger   273
Lyotard, Jean-François   160

Magritte, Renè   83
Mandelbrot, Benoit   295
Manetti, Gianozzo   44
Marquard, Odo   158f.
Marquardt, Friedrich-Wilhelm   91
Marx, Karl   80, 83, 150, 283, 288f., 296, 298
McGrath, Alister E.   140
Melanchthon, Philipp   201, 293
Mertin, Andreas   104, 175
Merz, Annette   120, 124, 134, 144
Metz, Johann Baptist   259
Milet, Thales v.   13
Mill, John Stuart   202
Mirandola, Pico della   44
Mohammed (Muhammad), der Prophet
  94, 138, 296, 299
Moltmann, Jürgen   179
More, Thomas (= Morus)   288, 299
Morrison, Toni   184
Moser, Tilmann   56, 82
Müller, Peter   117
Munch, Edvard   178
Mußner, Franz   91

Newton, Isaac   31f., 51
Nida-Rümelin, Julian   191

Niehues, Stefan   253
Nietzsche, Friedrich   156f.
Nordhöfer, Eckard   83
Notovich, Nikolai   100

Ockham, Wilhelm v.   73
Oelmüller, Willi   190

Paracelsus   45
Paulus   38, 69, 103, 115, 117, 132, 167, 170, 197, 201, 226, 229, 258, 266, 290f.
Peikert-Flaspöhler, Christa   93
Pilatus, Pontius   100f., 119, 130, 132, 143
Planck, Max   298
Plato(n)   180, 196, 288, 290, 297, 299
Pogge, Thomas   208
Popper, Sir Karl Raimund   12, 22
Postman, Neil   223
Ptolemäus   29

Radbruch, Gustav   207
Radford Ruether, Rosemary   85
Raffée, Hans   248
Rassem, Mohammed   45
Raupach-Rudnick, Wolfgang   86, 91
Reimarus, Hermann Samuel   103f., 111f.
Rendtorff, Trutz   189
Robespierre, Maximilien de   77
Rosenzweig, Franz   99

Saenredam, Pieter Jansz   174
Safranski, Rüdiger   24
Sakzejer, Baruch   90
Sartre, Jean-Paul   151, 295
Sauter, Gerhard   271
Schavan, Annette   260
Scheler, Max   204
Scherzberg, Lucia   84
Schiller, Friedrich von   40
Schimmel, Annemarie   276
Schlatter, Adolf   128
Schleiermacher, Friedrich   234, 244
Schmid, Peter   285
Schmid, Thomas   259, 276
Schmid, Wilhelm   188
Schönherr, (Bischof) Albrecht   238

Schroeder, Claus Christian   21f.
Schulze, Gerhard   161
Schwarz, Andrea   93
Schweitzer, Albert   114
Scotus, Johannes Duns   73
Siemens, Werner v.   45
Singer, Peter   202, 209
Sokrates   180
Sölle, Dorothee   17, 40, 93, 141
Sommer, Theo   256
Spaemann, Robert   149, 210, 267
Steffensky, Fulbert   263ff.
Sternberg, Lucia   85
Stöcklein, Ansgar   45
Stöhr, Hermann   107
Strauß, David Friedrich   104

Theißen, Gerd   104, 120f., 124, 134, 144
Thompson, John A.   123
Tillich, Paul   245, 290f.
Tödt, Heinz Eduard   191
Treppte, Carmen   269
Troeltsch, Ernst   222
Tucholsky, Kurt   278
Tykwer, Tom   186

Ulrich, Hans G.   199, 213

Walser, Martin   83
Walter, Sonja   92
Walzer, Michael   257
Weber, Max   215, 226
Weder, Hans   266
Welsch, Wolfgang   205, 221
Werbick, Jürgen   268
Westermann, Claus   39
Wiens, Paul   15
Wiesel, Elie(ser)   88f.
Witte, Helmut   96
Wolf, Christa   46f.
Wrede, William   114
Wuketits, Franz M.   35, 51

Zahrnt, Heinz   105, 144, 154f., 226
Ziegler, Ulf Erdmann   162
Zink, Jörg   93

Die Autorinnen und Autoren

Dr. Frauke Büchner arbeitet als Dozentin am Pädagogisch-Theologischen Institut (PTI) der Kirchenprovinz Sachsen in Drübeck und bildet dort u.a. Religionslehrer/innen aus.

Dr. Bernhard Dressler war Religions- und Politiklehrer und ist seit 1995 Rektor des Religionspädagogischen Instituts (RPI) der evangelisch-lutherischen Landeskirche Hannovers in Loccum.

Dr. Albrecht Geck unterrichtet evangelische Religion und Englisch an einem Gymnasium in Iserlohn.

Karl Friedrich Haag leitet die Gymnasialpädagogische Materialstelle der Evangelisch-Lutherischen Kirche in Bayern; er unterrichtet evangelische Religion an einem Gymnasium.

Dr. Birgit Zweigle ist akademische Rätin für Religionsdidaktik an der Martin-Luther-Universität in Halle/Wittenberg.

Carolin Schaper ist Lehrerin für evangelische Religion und Deutsch; zurzeit bereitet sie sich auf die Erweiterungsprüfung Psychologie vor und ist in der Lehrerfortbildung tätig.

Dr. Michael Wermke arbeitet als Dozent am Religionspädagogischen Institut (RPI) der evangelisch-lutherischen Landeskirche Hannovers in Loccum und ist außerdem Lehrbeauftragter an den Universitäten Braunschweig und Hannover.

Dr. Albrecht Willert unterrichtet evangelische Religion und Deutsch an einem Gymnasium in Datteln und ist Fachleiter für Religion am Studienseminar in Recklinghausen.

Quellenverzeichnis

o. = oben u. = unten m. = Mitte R. = Randspalte
zit. n.: zitiert nach Fft./M. = Frankfurt/Main
GVH = Gütersloher Verlagshaus
V&R = Vandenhoeck & Ruprecht

Dieses Werk folgt der reformierten Rechtschreibung und Zeichensetzung. Ausnahmen bilden Texte, bei denen künstlerische, philologische oder lizenzrechtliche Gründe einer Änderung entgegenstehen.

1. Texte

S. 11/12: H.-P. Dürr, Das Netz des Physikers. Naturwissenschaftliche Erkenntnis in der Verantwortung, Hanser, München/Wien 1988, S. 29-35. – S. 13: Dorn (Hg.), Physik Oberstufe Ausgabe A, Schroedel, Hannover 1968[12], S. 10. – S. 14: W. Dilthey, Gesammelte Schriften, Bd. 5, Teubner, Leipzig/Berlin 1924, S. 317ff. – S. 14 R.: L. von Werder, Lehrbuch des kreativen Schreibens, Schibri, Berlin/Milow 1993, S. 18. – S. 14/15: W.-H. Friedrich/W. Killy (Hg.), Das Fischer Literatur Lexikon, Bd. II/1, Fischer, Fft./M. 1965. – S. 15 R.: E. Neis, Der Mond in der deutschen Lyrik, Bange, Hollfeld 1984, S. 12. – S. 16: H. Freudenberg/K. Goßmann, Sachwissen Religion, V&R, Göttingen 1990[2], S. 5f. – S. 17 o.: Schülerduden, Meyers Lex./Duden, Mannheim 1980. – S. 17 u.: D. Sölle, Gott denken. Einführung in die Theologie, Kreuz, Stuttgart 1990, S. 9ff. – S. 18/19: M. Frisch, Homo faber, Suhrkamp, Fft./M. 1977, S. 150-152 (alte Rechtschreibung). – S. 21/22: Schulfunksendung des Bayerischen Rundfunks III. – S. 23 o.: U. Horstmann, Wie kompliziert ist die Wirklichkeit?, in: Religion heute 18/1994, S. 76-81. – S. 23 u.: U. Eco, Der Name der Rose, dtv, München 1986, S. 624. – S. 24 o.: R. Safranski, Wieviel Wahrheit braucht der Mensch?, Hanser, München/Wien 1990, zit. n.: Religion heute 11/1992, S. 204f. – S. 24 m.: G. Ewald, Naturwissenschaftliche und religiöse Ideologien (Ev. Zentralstelle für Weltanschauungsfragen - Texte, Impulse Nr. 35, III), Stuttgart 1993, S. 11. – S. 24 u. /25: H. Halbfas, Religionsunterricht in Sekundarschulen. Lehrerhandbuch 8, Patmos, Düsseldorf 1997[2], S. 86ff., 120f. – S. 26: Papyrus Bremner Rhind, in: W. Trutwin, Zeichen der Hoffnung, Patmos, Düsseldorf, S. 127. – S. 27, 28 R.: P.M. History 4/1998, S. 9. – S. 34 o.: Biologie in der Schule, Heft 6/46, 1997, S. 358. – S. 34 u.: St. Hawking, Eine kurze Geschichte der Zeit, Rowohlt, Hamburg 1998, S. 237. – S. 35: F.M. Wuketits, Evolutionslehre und Kreationismus: Wissenschaft kontra Ideologie, in: Praxis der Naturwissenschaften, Heft 8/38, 1989, S. 6. – S. 36/37: F.M. Wuketits, Evolutionslehre und Kreationismus: Wissenschaft kontra Ideologie, in: Praxis der Naturwissenschaften, Heft 8/38, 1989, S. 8.- S. 38/39: C. Westermann, Schöpfung, Kreuz, Stuttgart 1983, S. 154-156. – S. 40/41: D. Sölle, Uns ist noch nicht erschienen, was wir sein werden, dtv, München 1987. – S. 40 R.: Religion betrifft uns 6/1991, Text 18. – S. 44 o.: A. Dürer, Schriften und Briefe, Reclam, Leipzig 1982, S. 150f. – S. 44 u.: K. Vorländer, Philosophie der Renaissance, Rowohlt, Reinbek 1975, S. 188f. – S. 44 R.: Entdecken und Verstehen, Bd. 2, Cornelsen, Berlin 1995, S. 34-36. – S. 45: G. Aslam-Malik u.a. (Hg.), Leseheft Ethik, Natur und Mensch, Klett, Stuttgart 1988, S. 48f. – S. 45 R.: A. Stöcklein/M. Rassem (Hg.), Technik und Religion, VDI, Düsseldorf 1990, S. 1. – S. 46/47, Ch. Wolf, Störfall, dtv, München 1996[3], S. 107-111 (alte Rechtschreibung). – S. 47 R.: U. Gebhard, Länger leben hat schon seine Vorteile, in: Mensch, Natur, Technik. Jahresheft, Friedrich, Seelze 1999, S. 68ff. – S. 48: U. Kattmann, Wer hat Angst vorm Klonen, in: Mensch, Natur, Technik. Jahresheft, a.a.O., S. 86-89. – S. 49: J. Langlet, Ich esse keine Gene, in: Mensch, Natur, Technik. Jahresheft, a.a.O., S. 96-99. – S. 49 R.: A. Bechmann, Vom Technikoptimismus zur Auflösungsgesellschaft, in: Zukunft. Schüler 1998, Friedrich, Seelze 1998, S. 16f. – S. 50: O.-A. Burow, An der Jahrtausendschwelle, in: Mensch, Natur, Technik. Jahresheft, a.a.O., S. 68ff. – S. 51: F.M. Wuketits, Fortschritt ist eine Illusion (Interview), in: Psychologie heute 5/1998, S. 44-49. – S. 53: J. Korczak, Die Kinder und die Bibel: Mose, in: Sämtliche Werke, Bd. 5, GVH, Gütersloh 1997, S. 178. – S. 55: J. Lusseryran, Das wiedergefundene Licht. Autobiographie eines Menschen, den seine Blindheit sehen lehrte, Klett-Cotta, Berlin/Wien 1981, S. 9f. – S. 56: T. Moser, Gottesvergiftung, Suhrkamp, Fft./M. 1976, S. 9ff. (gek.). – S. 57: D. Bonhoeffer, Widerstand und Ergebung, Chr. Kaiser, München 1985, S. 307f., 401 (gek.). – S. 57 R.: U. Hinze, Ergebnisse einer Unterrichtsreihe. Thema Gottesbilder in einer 9. und 10. Klasse der Realschule, in: Christenlehre/Religionsunterricht - Praxis 1996/2, S. 49. – S. 58 R.: J. Korczak, a.a.O., S. 178 (gek.). – S. 69: Justinus, in: J.N. Kelly, Altchristliche Glaubensbekenntnisse, V&R, Göttingen 1972, S. 77. – S. 69 R.: Ev. Theologie 1/1995, S. 26. – S. 71 o.: A. v. Canterbury, Ep. II,41, in: Migne, SL 158, Sp. 1193, zit. n.: Sachwissen Religion. Texte, V&R, Göttingen 1989, S. 101. – S. 71 u.: A. v. Canterbury, Monologien, Proslogien, hg. u. übers. v. R. Allers, Köln 1966, S. 204f., zit. n.: Sachwissen Religion. Texte, a.a.O., S. 109 (gek.). – S. 72: M. Veit, Hildegard von Bingen, in: L. Schottroff/J. Thiele (Hg.), Gotteslehrerinnen, Kreuz, Stuttgart 1989, S. 59ff., 62, 65f. – S. 73: Th. v. Aquin, Summa Theologica 1272-1274. Gottes Dasein und Wesen, Bd. 1, hg. v. Albertinus-Magnus-Akademie, Wallerberg bei Köln/Graz 1982, S. 44ff., zit. n.: Sachwissen Religion. Texte, a.a.O., S 102, 158 (gek.). – S. 74, Text 1: WA 39,1; 174-180. – S. 74, Text 2: WA 19,207f. – S. 74, Text 3: Sachwissen Religion. Texte, a.a.O., S.103. – S. 74, Text 4: WA 1,354. – S. 75: I. Kant, Kritik der reinen Vernunft 1781, Insel, Fft./M. 1956, zit. n.: K.F. Haag, Bausteine für eine chtistliche Gotteslehre, Gymnasialpäd. Materialstelle, Erlangen 1989, S.126ff. (gek.). – S. 76 R.: B. Brecht, Gesammelte Werke, Suhrkamp, Franfurt/M. 1967. – S. 77 o.: H. Heine, Anfrage, in: Sämtliche Werke, Bd. 2, hg. v. E. Elster, Leipzig 1887-1890, S. 91, zit. n.: Einsichten gewinnen, Cornelsen, Berlin 1987, S. 73. – S. 77/78: G. Büchner, Dantons Tod, Dritter Akt, Fischer, Fft./M. 1962, S. 90ff. (gek.). – S. 79: L. Feuerbach, Das Wesen des Christentums, Reclam, Stuttgart 1978, S. 52ff. (gek.). – S. 79 R.: H. Küng, Existiert Gott? Antwort auf die Gottesfrage der Neuzeit, dtv, München 1991[6], S. 244. – S. 80 o.: L. Feuerbach, Werke III, S. 244ff., hg. v. E. Thiess, zit. n.: H. Küng, Existiert Gott, a.a.O., S. 251. – S. 80 u.:

K. Marx, Werke, Bd. 1, S. 348f., zit. n.: K.F. Haag, Bausteine für eine Gotteslehre, a.a.O., S. 192f. (gek.). – S. 80 R.: K. Marx, Werke, Schriften, Briefe, Bd. 1, hg. v. H.-J. Lieber/P. Furth, Darmstadt 1962. – S. 81 o.: S. Freud, Die Zukunft einer Illusion, Fischer, Fft./M. 1982, S. 163-183 (gek.). – S. 81 u.: A. Mitscherlich (Hg.), Das Unbehagen in der Kultur, Bd. 9, Fft./M. 1930. – S. 81 R.: Der Spiegel 53/1998, S. 98f. (gek.). – S. 82 u. R.: Dt. Allg. Sonntagsblatt v. 29.5.1998 (gek.). – S. 83 o.: M. Walser, Der Grund zur Freude. 99 Sprüche zur Erbauung des Bewußtseins, Eremiten Presse, Düsseldorf 1978. – S. 83 u.: E. Nordhofen, Bei uns bleibt er tot, in: Die Zeit, Nr. 53 v. 22.12.1998, S. 43 (gek.). – S. 84/85: R. Ruther, Sexismus und die Rede von Gott, GVH, Gütersloh 1990[2], S. 17 (gek.). – S. 85: H. Göttner-Abendroth, Für die Musen. Neun Essays, Zweitausendeins, Fft./M. 1988[2], zit. n.: K. Deschner (Hg.), Zweifle dich durch. Lust auf Religion. Ein Lesebuch, Kösel, München 1994, S. 27 (gek.). – S. 85 R.: L. Sternberg, Grundkurs Feministische Theologie, Grünewald, Mainz 1995, S. 154. – S. 86 o.: W. Raupach-Rudnick, Wo war Gott?, in: EZ, Nr. 16 v. 19.4.1998, S. 8. – S. 86/87: Y. Eliach, Träume vom Überleben. Chassidische Geschichten aus dem 20. Jahrhundert, Herder, Freiburg i. Br. 1997, S. 175ff. – S. 88/89: E. Wiesel, Alle Flüsse fließen ins Meer. Autobiographie, Hoffmann und Campe, Hamburg 1995, zit. n.: Goldmann, München 1997, S. 154ff. – S. 89 R.: E. Wiesel, Die politisch-moralische Aufgabe des Schriftstellers heute, Loccumer Protokolle 25/1986, S. 118f. – S. 90: J. Korczak, Von Kindern und anderen Vorbildern, GVH, Gütersloh 1985, S. 138, zit. n.: K. J. Lesch, Allein mit Gott. Beobachtungen und Gedanken Janusz Korczaks zur religiösen Erziehung des Kindes, in: Relgionspädagogische Beiträge 39/1997. – S. 91 o.: W. Raupach-Rudnik, Wo war Gott?, in: EZ, Nr. 16 v. 19.4.1998, S. 8 (gek.). – S. 91 m.: F.-W. Marquardt, Eia, wärn wir da - eine theologische Utopie, GVH, Gütersloh 1997, S. 572f. (gek.). – S. 91 u.: F. Mußner, Theologie nach Auschwitz, in: Kirche und Israel 1/1995 (gek.). – S. 92 o.: G. Kolmar, Das lyrische Werk, Kösel, München 1960, zit. n.: P. K. Kurz (Hg.), Höre Gott. Psalmen des Jahrhunderts, Benziger, Zürich/Düsseldorf 1997, S. 39. – S. 92 m.: E. Lasker-Schüler, Sämtliche Gedichte, hg. v. F. Kemp, Kösel, München 1966, S. 167, zit. n.: Conrady, Das Buch der Gedichte. Deutsche Lyrik von den Anfängen bis zur Gegenwart, Cornelsen/Hirschgraben, Fft./M. 1987, S. 337. – S. 92 u.: P. K. Kurz (Hg.), Höre Gott, a.a.O., S. 107. – S. 92 R./93 R.: A.J. Heschel, Der Mensch fragt nach Gott, Neukirchener Verlag, Neukirchen 1993[3], S. 39ff. (in Auswahl). – S. 93 o.: Ch. Peikert-Flaspähler, Du träumst in mir, mein Gott. Frauen beten, Lahn, Limburg, 1990[2], zit. n.: Bundesleitung d. Kath. Jungen Gemeinde (Hg.), AusZeiten. Texte und Gedichte, KJG, Düsseldorf 1993, S. 139. – S. 93 m. 1: F. Dürenmatt, Die Wiedertäufer, Diogenes, Zürich, 1980. – S. 93 m. 2: A. Schwarz, Ich mag Gänseblümchen, Herder, Freiburg i. Br. 1995[14], zit. n.: Bundesleitung d. Kath. Jungen Gemeinde (Hg.), AusZeiten, a.a.O., S. 143. – S. 93 u.: J. Zink, Wie wir beten können, Kreuz, Stuttgart 1991, zit. n. Bundesleitung d. Kath. Jungen Gemeinde (Hg.), Beten durch die Schallmauer, KJG, Düsseldorf 1994[8], S. 201. – S. 93 R.: D. Sölle, Gott denken, a.a.O., S. 241f., zit. n.: Spuren Gottes. Akzente Religion, Patmos, Düsseldorf 1995, S. 28. – S. 94 R.: A.H. Al-Ghazzali, Dein Wille geschehe. Die schönsten islamischen Gebete, Gorski & Spohr, Bonndorf 1995[3], S. 53 f. – S. 94 R. m./95 R. o.: Khoury/Adullah (Übersetz.), Korantexte, GVH, Gütersloh 1987. – S. 95 R. u.: Der Gottesbegriff im Islam, WAMY-Reihe über den Islam Nr. 9. – S. 96/97: Originalbeitrag. – S. 96 R. o.: Udana VIII,3, in: V. Zotz, Buddha, Rowohlt, Reinbek, S. 78. – S. 96 R. u.: Ratnagotrvibhaga I,27 und 40, in: E. Conze, Im Zeichen Buddhas, Fischer, Fft./M. 1954. – S. 97 o.: D. Suzuki, Zen-Lehre vom Nichtbewußtsein, Barth, München 1957, S. 86. – S. 100/101: W. Derkau, Doch Pilatus verurteilte ihn, in: Publik-Forum, Nr. 5 v. 12.3.1993, S. 37f. (gek.). – S. 102: R. Heiligenthal, Der verfälschte Jesus, Wissenschaftliche Buchgesellschaft, Darmstadt 1997, S. 105, 107f. – S. 102/103: W. Bösen, Der letzte Tag des Jesus von Nazareth, Herder, Freiburg 1995[3], S. 298-300 (gek.). – S. 103: H.S. Reimarus, Vom Zwecke Jesu und seiner Jünger, 1778, in: G.E. Lessing, Werke, Bd. 7, Wissenschaftliche Buchgesellschaft, Darmstadt 1996, S. 590. – S. 104: G. Theißen/A. Merz, Der historische Jesus, V&R, Göttingen 1997[2], S. 443. – S. 105: H. Zahrnt, Jesus aus Nazareth, Piper, München 1997[3], S. 232-234. – S. 106: H. Küng, Credo. Für Zeitgenossen des 21. Jahrhunderts zusammengefaßt von J.-L. Gindt, in: Publik-Forum, Dossier 1999, S. 16. – S. 107: Jana. Ausschnitte aus einem „Biografischen Porträt" in: Jugendwerk der Deutschen Shell (Hg.), Jugend '97, Leske+Budrich, Opladen 1997, S. 106-114. – S. 108/109: E. Röhm, Sterben für den Frieden, Calwer, München, S. 13-17. – S. 111/112: H.S. Reimarus, in: G.E. Lessing, Werke, Bd. 7, a.a.O., S. 332f., 375. – S. 113: G.E. Lessing, Werke, Bd. 7, a.a.O., S. 711f. – S. 117: P. Müller, Neue Trends in der Jesusforschung, in: Zeitschrift für Neues Testament (ZNT), Jg. 1/1998, S. 11. – S. 118/119: P. Lapide, Jesus - ein gekreuzigter Pharisäer?, GVH, Gütersloh 1990, S. 89-96. – S. 120: G. Theißen/A. Merz, Der historische Jesus, a.a.O., S. 138. – S. 122 R.: Ev. Erwachsenenkatechismus, GVH, Gütersloh 1989[5], S. 391. – S. 123: J.A. Thompson, Hirten, Händler und Propheten. Die lebendige Welt der Bibel, Brunnen, Gießen 1996[2], S. 266-268. – S. 124: G. Theißen/A. Merz, Der historische Jesus, a.a.O., S. 280f. – S. 126: H. Conzelmann/A. Lindemann, Arbeitsbuch zum Neuen Testament, Mohr/Siebeck, Tübingen 1998[12], S. 474-477. – S. 128: A. Schlatter, Das Evangelium nach Matthäus, EVA, Berlin 1952, S. 50f., zit. n.: F. Büchner, Der Jude Jesus und die Christen (Studienbuch Religionsunterricht Sek. II, Bd. 3), V&R, Göttingen 1993, S. 109. – S. 128/129: P. Lapide, Jesus - ein gekreuzigter Pharisäer?, a.a.O., S. 11f. – S. 129: G.B. Ginzel, Die Bergpredigt, Lambert Schneider, Heidelberg 1985, S. 32f. – S. 130: Jerusalemer Bibellexikon, Hänssler, Neuhausen-Stuttgart 1990, S. 700f. – S. 130/131: P. Lapide, Jesus - ein gekreuzigter Pharisäer?, a.a.O., S. 115f. – S. 132/133: S. Landmann, Jesus und die Juden oder Die Folgen einer Verstrickung, Herbig, Fft./M. 1989, S. 244-246. – S. 133: J. Becker, Jesus von Nazareth, de Gruyter, Berlin/New York 1996, S. 410f. – S. 134 u.: G. Theißen/A. Merz, Der historische Jesus, a.a.O., S. 383. – S. 136/137: R. Lapide, Warum glauben Juden nicht an Jesus Christus?, in: F. Crüsemann/U. Theissmann (Hg.), Ich glaube an den Gott Israels, GVH, Gütersloh 1998, S. 87-90. – S. 138: D. Flusser, Das Christentum - eine jüdische Religion, Kösel, München 1990, S. 164. – S. 138/139: Originalbeitrag. – S. 140: A. E. McGrath, Der Weg der christlichen Theologie, C.H. Beck, München 1997, S. 422f. – S. 140/141: D. Sölle, Gott denken, a.a.O., S. 150-155. – S. 142: Ch.

Bizer, Jesus Christus, der Heiland, in: Jahrbuch der Religionspädagogik 10/1999. – S. 143: J.-C. Gindt, Apostolisches Glaubensbekenntnis, in: Publik-Forum, 1999. – S. 146: I. Kant, Beantwortung der Frage: Was ist Aufklärung?, zit. n.: E. Bahr (Hg.), Was ist Aufklärung, Reclam, Stuttgart o.J., S. 9f. – S. 146 R.: Religionslexikon Cornelsen, hg. v. G. Bubolz, Cornelsen, Fft./M. 1990, S. 39. – S. 147: J. Haydn, Oratorium: Die Schöpfung. Text von einem Unbekannten nach Miltons „Paradise Lost", Hob XXI Nr. 2, Textbuch, Verlag Breitkopf & Härtel, Wiesbaden o.J. – S. 148: J.G. Herder, Werke, Bd. 6, Ideen zur Philosophie der Menschheit, hg. v. M. Bollacker, Deutscher Klassiker Verlag, Fft./M. 1989, S. 145-147. – S. 149: R. Spaemann, Unter welchen Bedingungen kann man noch von Fortschritt sprechen?, in: R. Löw u.a. (Hg.), Fortschritt ohne Maß?, Piper, München 1981, S. 96-112. – S. 150: K. Marx, Ökomomisch-philosophische Manuskripte (Pariser Manuskripte), zit. n.: P. Vranicki, Geschichte des Marxismus, Bd. 1, Suhrkamp, Fft./M. 1972, S. 100-106. – S. 151: J.-P. Sartre, Bariona oder Der Sohn des Donners. Ein Weihnachtsspiel, Die Fliegen. Drama in drei Akten, Rowohlt, Reinbek 1998, S. 181ff. – S. 152 o.: S. Freud, Vorlesungen zur Einführung in die Psychoanalyse und Neue Folge, Fischer, Fft./M 1997[13], S. 283f. – S. 152 u.: S. Freud, Das Unbehagen in der Kultur und andere kulturtheoretische Schriften, Fischer, Fft./M. 1997[5], S. 77f. – S. 153: Ev. Erwachsenenkatechismus. Kursbuch des Glaubens, GVH, Gütersloh 1975, S. 264f. – S. 154/155: H. Zahrnt, Aufklärung durch Religion. Der dritte Weg, Piper, München 1980, S. 19f., 33f. – S. 156: F. Nietzsche, WW III, S.126ff. (Die fröhliche Wissenschaft), zit. n.: Ch. Türcke, Der tolle Mensch. Nietzsche und der Wahnsinn der Vernunft, Fischer, Fft./M. 1989, S. 13ff. – S. 158: J. Bopp, in: Publik-Forum, Heft 18 v. 11.9.1987, S. 7f. – S. 159: U. Beck, Risikogesellschaft. Auf dem Weg in eine andere Moderne, Suhrkamp, Fft./M. 1986, S. 156. – S. 159 R.: O. Marquard, Der angeklagte und der entlastete Mensch in der Philosophie des 19. Jahrhunderts, in: ders., Abschied vom Prinzipiellen, Stuttgart 1981, S. 50. – S. 160: U. Beck: Eigenes Leben, C.H. Beck, München 1995, S. 10f. – S. 161: G. Schulze, Die Erlebnisgesellschaft. Kultursoziologie der Gegenwart, Campus, Fft./M./New York 1997[7], S. 58f. – S. 162/163: U. Beck, Eigenes Leben, a.a.O., S. 152. – S. 164/165: Originalbeitrag. – S. 166: Religion und Alltag. Bausteine zu einer Praktischen Theologie des Subjekts, Radius, Stuttgart 1992, S. 168ff. – S. 168: Luther Deutsch. Der Reformator, V&R, Göttingen 1981[2], S. 251ff. – S. 169: Originalbeitrag. – S. 170/171: E. Jüngel, Tod, Güterloher Verlagshaus, Gütersloh 1993, S. 146, 150ff. – S. 171: Gott ist nicht ganz tot. Betrachtungen eines Marxisten über Bibel, Religion und Atheismus, Chr. Kaiser, München 1971[5], S. 27ff. (gek.), zit .n.: R. Kaldewey/F. W. Niehl (Hg.), Möchten Sie unsterblich sein?, Kösel, München 1992, S. 109f. – S. 172/173: Originalbeitrag. – S. 173: W.H. Auden, Funerals Blues, in: Tell me the Truth about Love. Fifteen Poems by W. Auden, Faber and Faber, London 1991, S. 39. – S. 174: D. von Czepko, Geistliche Schriften, hg. v. M. Milch, Breslau 1930, zit. n.: Deutsch betrifft uns. Einführung in die Dichtung des Barock, Bergmoser & Höller, Aachen, S.18. – S. 175: Originalbeitrag. – S. 177: Einheitsübersetzung der Heiligen Schrift, © 1980 Katholische Bibelanstalt, Stuttgart. – S. 179: J. Moltmann, Mensch, Kreuz, Stuttgart 1971, S. 152ff. – S. 180: Platon, Symposion: griechisch-deutsch, hg. u. neubearb. v. R. Nickel, Artemis & Winkler, Düsseldorf/Zürich 1998, S. 51ff. – S. 181: K. Reschke (Hg.), Texte zum Anfassen. Frauenlesebuch, Weismann/Frauenbuchverlag, München 1980[4], S. 48-53. – S. 182: H. Gollwitzer, Das hohe Lied der Liebe, Chr. Kaiser, München 1978, S. 37-44 (gek.). – S. 182 R.: E. Fried, Liebesgedichte, Klaus Wagenbach, Berlin 1979, S. 35. – S. 183: R. B. Kitaj, An American in Europe, ed. by Marco Livingstone, Astrup Fearnley Museet for Moderne Kunst, Oslo 1998, S. 23 (Ausstellungskatalog). – S. 184 o.: T. Morrison, Jazz, Rowohlt, Reinbek 1993, S. 248f. – S. 184 u.: E. de Andrade, Stilleben mit Früchten. Ausgewählte Gedichte, Hanser, München 1997, S. 15. – S. 185: E. Jüngel, Schmecken und Sehen. Predigten III, Chr. Kaiser, München 1983, S. 93f. – S. 188: W. Schmid, Philosophie der Lebenskunst. Eine Grundlegung, Suhrkamp, Fft./M. 1998, S. 259-261 (gek.). – S. 188 R.: E. Lévinas, Außer sich. Meditationen über Religion und Philosophie, Hanser, München/Wien 1991, S. 62. – S. 189: T. Rendtorff, Vom Beruf der Ethik. Abschiedsvorlesung am 22. Febr. 1999, in: Nachrichten der Evang.-Luth. Kirche in Bayern, 54. Jg., 6/1999, S. 161-167. – S. 190: W. Oelmüller, Versuch einer Orientierungshilfe für sittliche Lebensformen, in: W. Oelmüller u.a. (Hg.), Philosophische Arbeitsbücher, Bd. 2: Diskurs: Sittliche Lebensformen, UTB, Schöningh, Paderborn 1978, S. 9-86, hier: S. 36, 54f., 65 (gek.). – S. 190/191: H. E. Tödt, Versuch zu einer Theorie ethischer Urteilsfindung, in: Zeitschrift für Ev. Ethik, 21. Jg., 1977, S. 81-93. – S. 191: J. Nida-Rümelin (Hg.), Angewandte Ethik. Die Bereichsethiken und ihre theoretische Fundierung. Ein Handbuch, Kröner, Stuttgart 1996, S 63 (gek.). – S. 193 R.: In enger Anlehnung an: WA 18,76,4; WA 16,380,9. – S. 198 R.: D. Ritschl, Das „story"-Konzept in der medizinischen Ethik, in: ders., Ökumene, Medizin, Ethik. Gesammelte Aufsätze, Chr. Kaiser, München 1986, S. 207-210 (überarbeitet). – S. 198/199: In enger Anlehnung an: H.G. Ulrich, Wie Geschöpfe leben. Explorationen zur ev. Ethik, Kohlhammer, Stuttgart 2000 (voraussichtlich), vom Autor autorisierter „Zusammenschnitt" aus dem Einleitungskapitel. – S. 201: WA 10,3,4. – S. 201 R.: Unser Glaube. Die Bekenntnisschrift der Ev.-Luth. Kirche, GVH, Gütersloh 1986, S. 76ff. (gek.). – S. 202 o.: J.St. Mill, Was heißt Utilitarismus?, in: ders., Der Utilitarismus, Reclam, Stuttgart, 1976, S. 13ff. (gek.). – S. 202 u.: P. Singer, Praktische Ethik, Reclam, Stuttgart 1994[2], S. 30 (gek.). – S. 203: I. Kant, Werkausgabe, Bd. 7, hg. v. W. Weischedel, Suhrkamp, Fft./M. 1974, S. 18, 19, 24, 25f., 42, 43, 51ff. (überarbeitet u. gek.). – S. 204: J. Habermas, Diskursethik. Notizen zu einem Begründungsprogramm, in: ders., Moralbewußtsein und kommunikatives Handeln, Suhrkamp, Fft./M. 1983, S. 73, 103. – S. 204 R.: J. Fischer, Christliche Ethik als Verantwortungsethik?, in: Ev. Theologie, 52. Jg., 1992, S. 114-128, hier: S. 124. – S. 205: S. Welsch, Ästhetisches Denken, Reclam, Stuttgart 1990, S. 171; K.-O. Apel, Ethnoethik und universalistische Makroethik?, in: W. Lütterfelds/Th. Mohrs (Hg.), Eine Welt - Eine Moral?, Wissenschaftliche Buchgesellschaft, Darmstadt 1997, S. 60-76, hier: S. 64. – S. 206: Cicero, De re publica, III, 22/23. – S. 206 R.: W. Huber, Die tägliche Gewalt, Herder, Freiburg i.Br. 1993, S. 173 (gek.). – S. 207 R.: G. Radbruch, Rechtsphilosophie, 1932[3], S. 83f. (gek.). – S. 207-209: W. Huber, Gerechtigkeit und Recht,

GVH, Gütersloh 1996, S. 225, 239, 234, 228 (gek.). – S. 208 R. o.: R. Forst, Kontexte der Gerechtigkeit. Politische Philosophie jenseits von Liberalismus und Kommunitarismus, Suhrkamp, Fft./M. 1994, S. 351 (gek.). – S. 208 R. u.: Th. Pogge, Menschenrechte als moralische Ansprüche an globale Institutionen, in: St. Gosepath/G. Lohmann (Hg.), Philosophie der Menschenrechte, Suhrkamp, Fft./M. 1998, S. 378ff., hier: S. 400 (gek.). – S. 210: J. Ross, Die Geister, die der Krieg rief, in: Die Zeit, Nr. 25 v. 17.6.1990 (Dossier), S. 11ff, hier: S. 12 (gek.). – S. 211: M. Luther, Von weltlicher Obrigkeit, wie weit man ihr Gehorsam schuldig sei, in: Luther-Ausgabe, Bd. 4, hg. v. W. Metzger, Siebenstern, München/Hamburg 1965, S. 11ff. (überarbeitet und gek.). – S. 212 u.: Das Bekenntnis zu Jesus Christus und die Friedensverantwortung der Kirche. Eine Erklärung des Moderamens des Reformierten Bundes, GVH, Gütersloh 1982, S. 4ff. (gek.). – S. 213 o.: U. Durchrow, Weltwirtschaft heute. Ein Feld für die Bekennende Kirche?, Kaiser, München, 1987[2], S. 135. – S. 213 u.: H.G. Ulrich, Volk, Nation, Bürger-Sein. Fragestellungen und Perspektiven zur politischen Bildung, in: Arbeitshilfe für den ev. Religionsunterricht an Gymnasien, Heft 2/1993, hg. v. der Gymn.-päd. Materialstelle in Erlangen, S. 3-17 (überarbeitet und gek.). – S. 215 o.: M. Weber, Politik als Beruf, 1919, in: ders., Gesammelte politische Schriften, hg. v. J. Winckelmann, Tübingen 1958[2], S. 493-548, zit. n.: W. Oelmüller, Philosophische Arbeitsbücher, a.a.O., S. 287f. (gek.). – S. 215 m.: H. Jonas, Prinzip Verantwortung. Versuch einer Ethik für die technologische Zivilisation, Suhrkamp, Fft./M. 1979, S. 7f., 35f., 85 (gek.). – S. 216: D. Bonhoffer, Ethik, hg. v. Ilse Tödt u.a., Chr. Kaiser, München 1992, S. 145, 160, 267ff., 283 (gek.). – S. 216/217: J. Fischer, Christliche Ethik als Verantwortungsethik?, in: Ev. Theologie, 52. Jg., 1992, S. 114-128, hier: S. 120ff., 124. (gek.). – S. 217 R.: R. Heinrich, Lass mich Zuflucht haben unter deinen Fittichen, in: Heimat - Fremde. Jahrbuch der Relgionspädagogik 14/1997, S. 109ff., hier: S. 115-122 (Auszüge). – S. 220: U. Beck/E. Beck-Gernsheim, Das ganz normale Chaos der Liebe, Suhrkamp, Fft./M. 1990, S. 66. – S. 220 R.: A. E. Imhof, Die verlorenen Welten, C.H. Beck, München 1984. – S. 221: P.L. Berger, Pluralistische Angebote: Kirche auf dem Markt?, in: Leben im Angebot - das Angebot des Lebens: Protestantische Orientierung in der modernen Welt, Synode der Ev. Kirche in Deutschland, hg. v. Kirchenamt der Ev. Kirche in Deutschland, GVH, Gütersloh 1994, S. 33-48, hier: S. 36f., 40. – S. 221 R. o.: M. Brecht, Martin Luther, Bd. 1: Sein Weg zur Reformation 1483-1521, Calwer, Stuttgart 1983[2], S. 438f. – S. 221 R. m.: W. Welsch, Vernunft. Die zeitgenössische Vernunftkritik und das Konzept der transversalen Vernunft, Suhrkamp, Fft./M. 1995, S. 782. – S. 222: N. Bolz/D. Bosshart, Kult Marketing. Die neuen Götter des Marktes, Econ, Düsseldorf 1995[2], S. 254-258. – S. 222 R.: N. von Festenberg, Das Reden der Lämmer, in: Der Spiegel 9/1999, S. 189. – S. 223: H. Albrecht, Die Religion der Massenmedien, Kohlhammer, Stuttgart 1993, S. 98f. – S. 223 R. o. /m.: Westdeutsche Allgemeine Zeitung v. 29.4.1999. – S. 223 R. u.: Th. Hüetlin, Caligula in der TV-Arena, in: Der Spiegel 13/1999, S. 114. – S. 224: G. Brakelmann, Theologische Anmerkungen zum Problem der Arbeit, in: ders., Zur Arbeit geboren? Beiträge zu einer christlichen Arbeitsethik, swi, Bochum 1988, S. 9-25, hier: S. 9f. – S. 224 R.: G. Brakelmann, Sinn der Arbeit - Sinn des Lebens, in: ders., Zur Arbeit geboren, a.a.O., S. 197-213, hier: S. 199. – S. 225: W. Berggau, Der Traditionsabbruch bei Jugendlichen - Ursachen und Folgen, in: ders. (Hg.), Die neuen Schüler - Jugend ohne Gott? (Arbeitshilfe für den evang. Religionsunterricht an Gymnasien, Nr. 47), Hannover 1989, S. 17-46. – S. 225 R.: M. Luther, Die Schmalkaldischen Artikel 1537, in: K. Aland (Hg.), Luther deutsch, Bd. 3, UTB, V&R, Göttingen 1983[4], S. 335-367, hier: S. 366. – S. 226 R.: H. Zahrnt, Das Dilemma der Kirche, in: ders., Warum ich glaube, Piper, München 1980, S. 250f. – S. 227 links: W. Härle, Dogmatik, de Gruyter, Berlin 1995, S. 575. – S. 227 rechts: Katechismus der katholischen Kirche, Oldenbourg, München 1993, S. 242, 257. – S. 228/229: Originalbeitrag. – S. 230: M. Luther, Der große Katechismus, in: K. Aland (Hg.), Luther deutsch, Bd. 3, a.a.O., S. 11-144, hier: S. 87, 89f. – S. 230 R. o.: Die Bekenntnisschriften der ev.-luth. Kirche, V&R, Göttingen 1986[10], S. 31-137, hier: S. 67. – S. 230 R. m.: Ev. Erwachsenenkatechismus. Kursbuch des Glaubens, GVH, Gütersloh 1989[5], S. 1134f. – S. 231: Ev. Erwachsenenkatechismus. Kursbuch des Glaubens, GVH, Gütersloh 1975[2], S. 1170, 1176, 1116. – S. 231 R.: H.D. Bastian, Verkündigung, in: Lexikon für junge Erwachsene, Kreuz, Stuttgart/Berlin 1970, S. 796. – S. 232: M. Luther, Daß eine christliche Versammlung oder Gemeinde Recht und Macht habe, alle Lehre zu beurteilen und Lehrer zu berufen, ein- oder abzusetzen: Grund und Ursache aus der Schrift 1523, in: K. Aland (Hg.), Luther deutsch, Bd. 6, UTB, V&R, Göttingen 1983[4], S. 47-55, hier: S. 48f. – S. 232 R.: M. Luther, Deutsche Messe und Ordnung des Gottesdienstes, in: K. Aland (Hg.), Luther deutsch, Bd. 6, a.a.O., S. 86-102, hier: S. 90. – S. 233: J. Kluge (Hg.), Entdeckungen machen. Werkbuch - Materialien für Lehrer, Cornelsen-Schwann, Berlin, S. 254f. – S. 234: J. Neuner/H. Roos (Hg.), Der Glaube der Kirche in den Urkunden der Lehrverkündigung, Pustet, Regensburg 1971[12], S. 298-299, 300. – S. 234 R. o.: F. Schleiermacher, Praktische Theologie nach den Grundsätzen der Ev. Kirche im Zusammenhang dargestellt, hg. v. J. Frerichs, Reimer, Berlin 1850, S. 22. – S. 234 R. m.: G. Bubolz (Hg.), Religionslexikon, Cornelsen, Fft./M. 1990, S. 328. – S. 235: J. Neuner/H. Roos (Hg.), Der Glaube der Kirche ..., a.a.O., S. 277f., 284, 313ff. – S. 235 R.: H. Küng, Die Kirche, Herder, Freiburg i.Br. 1967, S. 531. – S. 236: W. Göllner, Die Konstantinische Wende, in: G. Sternberger (Hg.), 2000 Jahre Christentum. Illustrierte Kirchengeschichte in Farbe, Karl Müller, Erlangen 1994, S. 741. – S. 236 R.: Staat und Kirche, Gebr. Mallinckrodt, Dortmund 1808, S. 54f. – S. 237: K.S. Frank/W.-D. Hauschild, Konstantinische Wende, Kirche und Staat (Funkkolleg Religion, Studienbegleitbrief 6), Beltz, Weinheim, S. 47-95, hier: S. 94f. – S. 237 R.: Weimarer Verfassung; Grundgesetz für die Bundesrepublik Deutschland v. 23.5.1949. – S. 238: A. Schönherr, Gespräch zwischen Staat und Kirche (Ansprache bei dem Empfang des Vorstandes des Bundes der Evang. Kirchen in der DDR durch den Vorsitzenden des Staatsrates der DDR, Erich Honecker, am 6.3.1978), in: ders., Abenteuer und Nachfolge, Wichern, Berlin 1988, S. 272-276. – S. 238 R.: A. Schönherr, ... aber die Zeit war nicht verloren. Erinnerungen eines Altbischofs, Aufbau, Berlin 1993, S. 376. – S. 242, Text 1: Brief von K. Barth an G. Merz, in: M. M. Lichtenfeld, Georg Merz. Pastoraltheologie zwischen den Zeiten, GVH, Gütersloh 1997, S. 310. – S. 242, Text 2: D. Bonhoeffer, Die Kirche vor der Judenfrage, Gesammelte Schriften, Bd. 2, 1959, S. 48, zit. n.: H.-W. Krumwiede, Neuzeit, Bd. 6,2: Kirchen- und Theologiegeschichte in Quellen, Neukirchener, Neukirchen-Vluyn 1986², S. 116. – S. 242, Text 3 und R.: Theologische Erklärung zur gegenwärtigen Lage der Deutschen Ev. Kirche, in: K. Barth, Texte zur Barmer Theologischen Erklärung, TVZ, Zürich 1984, S. 1-5, hier: S. 1f., 4. – S. 242, Text 4: Brief von K. Barth an G. Weber, in: K. Herbert, Der Kirchenkampf. Historie oder bleibendes Erbe?, de Gruyter, Berlin 1985, S. 288. – S. 243 o.: B. Lohse, Epochen der Dogmengeschichte, Kreuz, Stuttgart 1986⁶, S. 231. – S. 243 u.: K. Herbert, Der Kirchenkampf. Historie oder bleibendes Erbe?, Ev. Verlagswerk, Fft./M. 1985, S. 286, 289-292, 294. – S. 244: P.L. Berger, Pluralistische Angebote: Kirche auf dem Markt?, in: Leben im Angebot – das Angebot des Lebens, a.a.O., S. 45-47. – S. 244 R. o.: Ch. Geyer, Mach mit! Vorweihnachtliche Milieus, in: FAZ v. 16.12.1997. – S. 244 R. u.: F. Schleiermacher, Praktische Theologie nach den Grundsätzen der Ev. Kirche..., a.a.O., S. 569. – S. 245: M. Käßmann, Kirchentagsbewegung in der Spannung zwischen Vielfalt und Eindeutigkeit, in: U. Kühn u.a. (Hg.), Christlicher Wahrheitsanspruch zwischen Fundamentalismus und Pluralismus, EVA, Leipzig 1998, S. 133-140, hier: S. 139f. – S. 245 R. u.: P. Tillich, Protestantisches Prinzip und proletarische Situation, Gesammelte Werke, Bd. 7, Ev. Verlagswerk, Stuttgart 1962, S. 84-104, hier: S. 85f. – S. 246: Gesprächskreis an der Stadtkirche St. Michael zu Jena. – S. 247: Jürgen Fliege. – S. 247 R.: N. von Festenberg, Das Reden der Lämmer, in: Der Spiegel 9/1999, S. 188-190. – S. 248 o.: H. Raffée, Kirchenmarketing - die Vision wird Wirklichkeit, in: Arbeitskreis Ev. Unternehmer in Deutschland (Hg.), Marketing - Irrweg oder Gebot der Vernunft? Vom Nutzen des Marketing für die Kirche, Karlsruhe 1998, S. 11-39, hier: S. 22. – S. 248 u.: U. Birnstein, Unternehmen Kirche - Image statt Imago dei, in: Junge Kirche 4/1997, S. 18-22, hier: S. 19f. – S. 249 links: H.N. Janowski, Vorwort, in: W. Nethöfel/M. Schnell (Hg.), Cyberchurch? Kirche im Internet. Gemeinschaftswerk Ev. Pulizistik, Fft./M. 1998, S. 7f. – S. 249 rechts: H.-M. Gutmann, Der Herr der Heerscharen, die Prinzessin der Herzen und der König der Löwen. Religion lehren zwischen Kirche, Schule und populärer Kultur, GVH, Gütersloh 1998, S. 173. – S. 252 R.: H. Kremers, Die leidige Vielfalt. Pluralität und Pluralismus; in: Im Tempodrom. Kritik in der Postmoderne, Lutherisches Verlagshaus, Hannover 1996, S. 66-69, hier: S. 67. – S. 252/253: K. Janke/St. Niehues, Echt abgedreht. Die Jugend der 90er Jahre, C.H. Beck, München 1995, S. 135f., 138f. – S. 254/255: P.L. Berger, Pluralistische Angebote: Kirche auf dem Markt?; in: Leben im Angebot - das Angebot des Lebens, a.a.O., S. 35-40. – S. 254/255 R.: K. Janke/St. Niehues, Echt abgedreht, a.a.O., S. 133f. – S. 256: Th. Sommer, Der Kopf zählt, nicht das Tuch; in: Die Zeit v. 16.7.1998, S. 3. – S. 256/257: W. Huber, Viele Kulturen – eine Gesellschaft. Multikulturalität in europäischer Perspektive; in: P. E. Kalb u.a. (Hg.), Leben und Lernen in der multikulturellen Gesellschaft, Beltz, Weinheim/Basel 1993, S. 78-98, hier: S. 82f., 85 f. – S. 257: M. Walzer, Zivile Gesellschaft und amerikanische Demokratie, Berlin 1992, S. 136. – S. 258/259: J.B. Metz, Das Christentum und die Fremden. Perspektiven einer multikulturellen Religion; in: F. Balke u.a., Schwierige Fremdheit, Fischer, Fft./M. 1993, S. 217-228, hier: S. 218f. – S. 258/259 R.: F.W. Graf, Das Grundrecht auf Provinzialität. Interkulturelle Theologie und die multikulturelle Lage; in: Lutherische Monatshefte 4/1991, S. 170-172, hier: S. 172. – S. 259: D. Cohn-Bendit/Thomas Schmid, Heimat Babylon. Das Wagnis der multikulturellen Demokratie, Hoffmann und Campe, Hamburg 1992, S. 319. – S. 260/261: FAZ v. 14.7.1998. – S. 260/261 R.: Die Zeit v. 16.7.1998. – S. 262: B. Bender, in: Tageszeitung v. 21.7.1998. – S. 262/263: F. Steffensky, Der Streit um das Kopftuch; in: ru. Ökumenische Zeitschrift für die Praxis des Religionsunterrichts 2/1999, S. 76. – S. 263: R. Geisler, Das eigene als Fremdes. Chancen und Bedingungen des christlich-islamischen Dialogs, Lutherisches Verlagshaus, Hannover 1997, S. 51. – S. 264/265: F. Steffensky, Die Gewissheit im eigenen und die Wahrnehmung des Fremden; in: ru. Ökumenische Zeitschrift für die Praxis des Religionsunterrichts 1/1997, S. 2-5, hier: S. 4f. – S. 266 o.: W. Huber, Konfessorische Freiheit oder relativistische Offenheit? Ein theologisches Streitgespräch (Wolfgang Huber und Friedrich Wilhelm Graf); in: Ev. Kommentare 11/1991, S. 669-673, hier: S. 669f. – S. 266 u.: H. Weder, Eleutheria und Toleranz; in: T. Rendtorff (Hg.), Glaube und Toleranz. Das theologische Erbe der Aufklärung, GVH, Gütersloh 1982, S. 243-254, hier: S. 252. – S. 267: R. Spaemann, Moralische Grundbegriffe, C.H. Beck, München 1986³, S. 21f. – S. 268: J. Werbick, Heil durch Jesus Christus allein? Die „pluralistische Theologie" und ihr Plädoyer für einen Pluralismus der Heilswege; in: M. von Brück u.a. (Hg.), Der einzige Weg zum Heil?, Herder, Freiburg i. Br. 1993, S. 11-61; hier: S. 36f. u. 49f. (überarbeitet). – S. 268/269 R.: C. Treppte, Das Fremde als Spiegel. Kolportagen zur interkulturellen Entwirrung, Beltz, Weinheim/Basel 1992, S. 174-176. – S. 269: R. Bernhardt, Zwischen Größenwahn, Fanatismus und Bekennertum. Für ein Christentum ohne Absolutheitsanspruch, Kreuz, Stuttgart 1994, S. 210f. – S. 269 R.: Ch. Geyer, Mach mit! Vorweihnachtliche Milieus; in: FAZ v. 16.12.1997. – S. 270/271: G. Sauter, Wahrheit und Toleranz. Die Wurzeln der Toleranz im christlichen Glauben und ihre Bestimmung in der christlichen Hoffnung; in: T. Rendtorff (Hg.), a.a.O., S. 128-144, hier: S. 135f. – S. 270/271 R.: K. Schuller, Hoffnung auf einen deutschen Islam, in: FAZ v. 9.11.1998. – S. 272 R.: H.-J. Greschat, Toleranz in nichtchristlichen Religionen; in: T. Rendtorff (Hg.), a.a.O., S. 302-311, hier: S. 310. – S. 272/273: 14. Dalai Lama, Das buddhistische Konzept der Nächstenliebe; aus: Conturen. Das Magazin zur Zeit 1/1999, S. 5-13, hier: S. 7f. u. 11f. – S. 273: L. Lütkehaus, Schöner meditieren; in: Die Zeit, Nr. 31 v. 29.7.1994, S. 28. – S. 278: Augustinus Bekenntnisse, hg. v. K. Flasch und B. Mojsisch, Reclam, Stuttgart 1989, S. 314. – S. 278 R.: K. Flasch, Kap. XIII: Zeit (396/397), in: Augustin. Einführung in sein Denken, hg. v. K. Flasch, Reclam, Stuttgart 1980, S. 263-286. – S. 279: K. A. Geißler, Ach du liebe Zeit!, Vortrag Hospitalhof/ Ev. Bildungswerk, Stuttgart (Kasettenaufnahme, überarbeitet). – S. 280: Eschatologie, nach: W. Joest, Dogmatik, Bd. 2: Der Weg Gottes mit dem Menschen, UTB, V&R, Göttingen 1977, S. 627-629. – S. 281 R.: dtv-Lexikon, Bd. 5, dtv, München 1966, S. 217f. – S. 282/283: J.-P. Clébert, Die Angst vor dem Weltuntergang. Eine Geschichte der Endzeitstimmung, Bastei-Lübbe, Bergisch Gladbach 1998, S. 291-299 (Auszüge). – S. 284/285: P. Schmid, in: Religion betrifft uns 6/1996: Apokalyptik. Weltuntergang -

alle Jahre wieder, S. 2. – S. 286 R.: F. J. Ackerman, Science-Fiction, Benedikt Taschen, Köln 1998, S. 218-222. – S. 286 u. /287: F. J. Ackerman, Science-Fiction, a.a.O., S. 137-175. – S. 288/289: A. Demandt, Endzeit? Die Zukunft der Geschichte, Siedler, Berlin 1993, S. 201-221 (Auszug). – S. 288/289 R.: dtv-Lexikon, Bd. 19, dtv, München 1966, S. 112f. – S 289 u.: W. Trutwin/D. Zilleßen, Materialien für den Religionsunterricht. Die zukünftige Welt, Diesterweg, Fft./M. 1971, S. 36. – S. 290/291: P. Tillich, Die Hoffnung der Christen, in: ders., Offenbarung und Glaube. Schriften zur Theologie II, Gesammelte Werke, Bd. 8, Ev. Verlagswerk, Stuttgart 1970.

2. Abbildungen

Umschlagabbildung: Victor Vasarely, Werke (1968/70), ©VG Bild-Kunst, 1999 (bearb.). – S. 9: KNA-Pressebild, Fft./M. – S. 10: Kurt Wuchterl, Lehrbuch der Philosophie, 5. aktualisierte Auflage, Bern 1998, Copyright© by Paul Haupt, Bern. – S. 15: Nik Ebert/Rheinische Post. – S. 16: Hundertwasser (224) Der große Weg, 1955, © 1999 Joram Harel, Wien. – S. 20, Abb. 1, 2: Gerd Mietzel, Wege in die Psychologie, 9. aktualisierte Aufl., Klett-Cotta, Stuttgart 1998. – S. 20, Abb. 3: M.C. Escher. Leben und Werk, hg. v. J. L. Locher, Rheingauer Verlagsgesellschaft, S. 98. – S. 20, Abb. 4: Gerd Mietzel, Pädagogische Psychologie des Lernens und Lehrens, 5. vollst. überarbeitete Aufl., Hogrefe, Göttingen 1998, S. 29. – S. 26: Andreas Baur u.a., Mitten unter euch. Schülerbuch für den katholischen Religionsunterricht 7. und 8. Jahrgangsstufe, Verlag Ludwig Auer, Donauwörth 1995, S. 131. – S. 29: Veit-Jakobus Dieterich, Glaube und Naturwissenschaft (Oberstufe Religion. Heft 2 Materialheft, hg. v. Eckhart Marggraf und Eberhard Röhm), S. 8, © 1996 by Calwer Verlag, Stuttgart. – S. 31 o.: Veit-Jakobus Dieterich, Glaube und Naturwissenschaft , a.a.O., S. 12. – S. 31 u.: Quelle unbekannt. – S. 33: Axel Justus/Alfred Kall, Schöpfung und Evolution (Religion betrifft uns 3/94), Bergmoser+Höller Verlag, Aachen, S. 10. – S. 41: Schülerzeichnung. – S. 42: Bildarchiv Foto Marburg. – S. 43, 53, 83, 99, 155, 280 u. , 290: © VG Bild-Kunst, Bonn 1999. – S. 55: Jan Saudek. – S. 56: Helmut Hanisch, Die zeichnerische Entwicklung von Gottesbildern bei Kindern und Jugendlichen, Calwer/EVA, Stuttgart/Leipzig 1996, S. 127. – S. 57: Ute Hinze, Ergebnisse einer Unterrichtsreihe. Thema Gottesbilder in einer 9. und 10. Klasse der Realschule, in: Christenlehre/Religionsunterricht-Praxis, EVA 1996/2, S. 49. – S. 59: Herzog August Bibliothek Wolfenbüttel: Bibel-S. 2° 22. – S. 60: Österreichische Nationalbibliothek Wien: E 5.289-C/Cod.Theol.gr. 31, fol. 4v. (pag.8). – S. 63, 247, 248 u.: Gerhard Mester, Wiesbaden. – S. 70: Meister der Darmstädter Passion, Heilige Dreifaltigkeit, Gemäldegalerie Staatliche Museen Berlin-Tiergarten. – S. 71, 72, 73, 74, 75, 77, 79, 80f., 103, 113, 148: Interfoto, München. – S. 76: Bert Heller, Brecht am Regie-Tisch. – S. 82: Dt. Allg. Sonntagsblatt v. 29.5.1998. – S. 86: Yaffa Eliach, Träume vom Überleben, Herder/Spektrum Bd. 4478, Freiburg i.Br. 1997. – S. 88, 154, 170: epd-bild, Fft./M. – S. 90: Verlagsarchiv. – S. 97: Hans Wolfgang Schumann, Buddhistische Bilderwelt, Eugen Diederichs Verlag, München. – S. 107: Jugend 97, Verlag Leske+Budrich, Opladen 1997, S. 105. – S.108: Eberhard Röhm, Leonberg. – S. 110: Spätgotisches Kruzifix in der Krieger-Gedächtniskapelle München Heiligen Geist. – S. 117: Jesus und die Apostel, © Bettina Rheims/Serge Bramly, Kehayoff Verlag, München. – S. 135: Hetty Krist/Erich Purk, Durchkreuzt, Verlag Josef Knecht, Fft./M. 1998. – S. 145: Focus, Hamburg. – S. 157: Sensation. Young British Artists from the Saatchi Collection, Nationalgalerie im Hamburger Bahnhof, Berlin/Cantz Verlag, Ostfildern 1998, S. 66. – S. 165: Weltenblicke. Reportagefotografie und ihre Medien, hg. v. Urs Stahel/Martin Gasser, Offizin Verlag, Zürich 1997, S. 136 o. . – S. 167: Ralph Gibson, Overtones. Diptyches and Porportions, hg. v. Ray Merrit, Edition Stemmle, Zürich 1998, S. 39. – S. 173, 230: AKG, Berlin. – S. 174: Das Bild vom Tod. Grafiksammlung der Heinrich-Heine-Universität Düsseldorf, hg. v. Eva Schuster, Verlag Aurel Bongers, Recklinghausen 1992, S. 92. – S. 176: Claudia Blume, Kassel. – S. 178: © The Munch Museum/The Munch Ellingson Group/VG Bild-Kunst, Bonn 1999. – S. 183: © R.B. Kitaj, Los Angeles/Sprengel Museum, Hannover. – S. 187: Rechte beim Künstler. – S. 219: Michael Schirner, in: Heaven. An Exibition that will break your heart, hg. v. Doreet LeVitte Harten, Hatje Cantz Verlag, Ostfildern (Katalog zur Ausstellung in der Kunsthalle Düsseldorf v. 30.7.-17.10.1999). – S. 221: Jupp Wolter, LCS 30. – S. 224: Handelsblatt. – S. 225: E. Forster/V. Ostermayer, Kirche in der gegenwärtigen Gesellschaft. Ein Unterrichtsentwurf für die 11. Jahrgangsstufe (Arbeitsstelle für den ev. Religionsunterricht an Gymnasien, Themenfolge 108), S. 61, Gymnasialpädagogische Materialstelle der Evang.-Luth. Kirche in Bayern. – S. 226: Ivan Steiger sieht die Bibel, Deutsche Bibelgesellschaft/Verlag Katholisches Bibelwerk, S. 238. – S. 233: Entdeckungen machen. Werkbuch - Materialien für Lehrer, hg. v. Jürgen Kluge, Cornelsen/Schwann, S. 255. – S. 235: Wege 4: Kirche. Zeichen des Heils. Ein Lehr- und Arbeitsheft zur Pflichtunterrichtseinheit C1 des Lehrplans für katholische Religionslehre, Jahrgangsstufen 12 und 13 der Gymnasien in Baden-Württemberg, hg. v. Siegfried Brischar, Süddeutsche Verlagsgesellschaft, Ulm 0., S. 17. – S. 239-241: H. Geck (Hg.), Zustimmung, Anpassung, Verweigerung, Widerstand. Die Ev. Kirche und der Nationalsozialismus im Vest Recklinghausen (1933-1945). Dokumentenmappen zur Kirchen- und Religionsgeschichte des Ruhrgebiets 1, Recklinghausen o.J., Dokumente 1 und 2. – S. 248: Johannes Plenio. – S. 249: HH 1100.01 Ev. Friedensgemeinde. – S. 251: idea Spektrum Nr. 24/97. – S. 275: Motorola GmbH, Wiesbaden. – S. 277: Universitätsbibliothek Gent, ms.92, f° 65r. – S. 280 o.: Perikopenbuch Heinrich II. („Bamberger Apokalypse"), Reichenau, Anfang 11. Jh. – S. 284 u.: Ulrich Loose, Aachen.

Der Verlag hat sich bemüht, die Rechteinhaber aller verwendeten Materialien ausfindig zu machen. Leider ist dies nicht in allen Fällen gelungen. Der Verlag ist für weitere Hinweise dankbar.